Deutsch 12
Oberstufe Bayern
Lehrermaterialien

W0314678

Herausgegeben von Wilhelm Matthiessen und Wieland Zirbs

Erarbeitet von
Stefanie Baumgartner, Thomas Fischer, Gertraud Fuchsberger-Zirbs, Michael Gollnau, Katja Guhl-Leuchtweis, Martin Hann, Iris Knöpfle, Wilhelm Matthiessen, Christl Ostertag, Johanna Schlagbauer, Annegret Schneider, Stephan von Weinrich, Konrad Wieland, Wieland Zirbs

Oldenbourg

Verwendete Symbole und Abkürzungen:

AB Arbeitsbuch

LM Lehrermaterialien

TH Trainingsheft

Hinweise und Tipps

Literaturempfehlungen

www. Linktipps

Das Papier ist aus chlorfrei gebleichtem Zellstoff hergestellt, ist säurefrei und recyclingfähig.

© 2010 Oldenbourg Schulbuchverlag GmbH, München
www.oldenbourg-bsv.de

Das Werk und seine Teile sind urheberrechtlich geschützt. Jede Nutzung in anderen als den gesetzlich zugelassenen Fällen bedarf der vorherigen schriftlichen Einwilligung des Verlages. Hinweis zu § 52 a UrhG: Weder das Werk noch seine Teile dürfen ohne eine solche Einwilligung eingescannt und in ein Netzwerk eingestellt werden. Dies gilt auch für Intranets von Schulen und sonstigen Bildungseinrichtungen.

Der Verlag übernimmt für die Inhalte, die Sicherheit und die Gebührenfreiheit der in diesem Werk genannten externen Links keine Verantwortung. Der Verlag schließt seine Haftung für Schäden aller Art aus. Ebenso kann der Verlag keine Gewähr für Veränderungen eines Internetlinks übernehmen.

1. Auflage 2010
Druck 14 13 12 11 10
Die letzte Zahl bezeichnet das Jahr des Drucks.
Alle Drucke dieser Auflage sind untereinander und
im Unterricht nebeneinander verwendbar.

Umschlagkonzept: Mendell & Oberer, München
Umschlag: Christiane Gerstung, München
Lektorat: Carola Jeschke, München
Herstellung: Angelika Brandtner
Illustration: Dorothee Mahnkopf, Berlin
Satz und Reproduktion: fidus Publikations-Service GmbH, Nördlingen
Druck: Tutte Druckerei GmbH, Salzweg bei Passau

ISBN 978-3-637-00714-7

© 2010 Oldenbourg Schulbuchverlag

© 2010 Oldenbourg Schulbuchverlag

© 2010 Oldenbourg Schulbuchverlag

© 2010 Oldenbourg Schulbuchverlag

Deutsch Oberstufe Bayern – Konzeption

Zielsetzung

DEUTSCH OBERSTUFE BAYERN ist ein Lehr- und Arbeitsbuch für das Gymnasium in Bayern, das
- sich an den neuesten didaktischen und methodischen Entwicklungen orientiert;
- alle im Lehrplan ausgewiesenen Lernbereiche und Inhalte berücksichtigt und Themen anbietet, die für Jugendliche dieses Alters interessant sind;
- Klassiker und innovative Lektüre präsentiert;
- eine systematische und aus dem Unterricht genuin hervorgehende Vorbereitung der Leistungserhebungen ermöglicht;
- die Schülerinnen und Schüler umfassend auf das für alle Schüler verbindliche Deutsch-Abitur vorbereitet.

DEUTSCH OBERSTUFE BAYERN berücksichtigt vor allem die folgenden grundlegenden Zielsetzungen:
- Lernen in ganzheitlichen und integrativen Zusammenhängen
- selbsttätiges Erarbeiten der Inhalte
- Förderung von vernetztem Denken
- besondere Berücksichtigung der neueren Schreibdidaktik und der (variierenden Schreibmethodik (situations-, kontext-, adressaten- und prozessbezogenes Schreiben)
- Berücksichtigung der neueren Schreibformen wie argumentierendes Schreiben, auch in Form journalistischer Stilformen (Essays, Kommentar, Glosse)
- Funktionalisierung der Sprachbetrachtung für die Schreibmethodik und die Texterschließung
- Betonung des Bereichs Sprechen (Referieren, Präsentieren, freies Sprechen; Formen des Diskutierens und Debattierens)
- Förderung und Erweiterung der Medien- und Methodenkompetenz
- Integration der Seminarfächer und der wissenschaftspropädeutischen Kompetenzvermittlung
- Fokussierung des Abiturwissens
- Ermöglichung offener Unterrichtsverfahren und -formen

Konzeption: Struktur des Lehrwerks

- Das **Inhaltsverzeichnis** führt die Kapitel inklusive Teilkapitel auf.
- Im Mittelpunkt stehen **10 Kapitel**, die je ca. 30 Seiten umfassen.
- Das Lehrwerk berücksichtigt folgende Schwerpunkte: Literatur – Sprache – Medien.
- Im Sinne des ganzheitlichen Lernens sind die Kapitel in der Regel als **„Tandem-Kapitel“** angelegt, d. h., es gibt zu jedem Thema/Lehrplanbereich zwei Kapitel: Ein Kapitel bietet z. B. einen Zugang über Texte und Gattungen (z. B. Kapitel 1: *„Was ist modern?“ – Von der Jahrhundertwende zum Expressionismus*, S. 10 ff.), während ein zweites Kapitel den Zugang über die (geistes-)geschichtlichen und epochalen Kontexte her ermöglicht (z. B. Kapitel 2: *„Worte: Wirbel ..., in die hinabzusehen mich schwindelt“ – Krise und Möglichkeiten der Sprache*, S. 46 ff.). Abgeschlossen wird ein Tandem jeweils durch **Schlusszusammenfassungen oder Querschnitte** (z. B. *Epochenwissen im Überblick: die Literatur der frühen Moderne (1890–1920)*, S. 82 f.).
- Im **Serviceteil** am Ende des Buches werden zur zusätzlichen aktiven Abiturvorbereitung Basiswissen und Methoden thematisch geordnet als **Kompendium** dargeboten (*Deutsch kompakt: zum Nachschlagen*, S. 322 ff.).

© 2010 Oldenbourg Schulbuchverlag

- Am Ende des Serviceteils finden sich **Textsortenverzeichnis** (S. 358 f.), **Personen- und Sachregister** (S. 360 f. bzw. S. 362 ff.) sowie **Bild- und Textquellenverzeichnis** (S. 365 bzw. S. 365 ff.).

Konzeption: Aufbau der Kapitel

- Jedes Kapitel wird durch eine **Doppelseite** (Kombination aus Bild und Text) eingeleitet, die Transparenz schafft, Neugierde weckt und den Schülerinnen und Schülern motivierend signalisiert, worum es in dem jeweiligen Kapitel geht (vgl. S. 10/11).
- In jedem Kapitel wird durch die **Verknüpfung der Lernbereiche** *Sprechen, Schreiben, Sprache untersuchen, Sich mit Literatur und Sachtexten auseinandersetzen* sowie *Medien nutzen und reflektieren* – so weit es sich **funktional** anbietet – ganzheitlich und **integrativ** gelernt.
- Die Schülerinnen und Schüler erarbeiten sich **exemplarische Lerngegenstände** induktiv und selbsttätig. Auch werden sie zu wissenschaftspropädeutischem Arbeiten angeregt.
- Dabei werden die für das Abitur notwendigen Kenntnisse und Techniken in den Vordergrund gestellt und nachhaltig gesichert: **Abitur**- bzw. wichtiges **Basiswissen** wird übersichtlich in Kästen zusammengefasst (z. B. S. 19). Das methodische „Handwerkszeug" wird dort, wo es benötigt wird, **systematisch** entfaltet und in **Methodenkästen** präsentiert (z. B. S. 45).
- Die **Aufgabenformulierungen** berücksichtigen durchgehend feste Operatoren – so wie sie auch in den **E**inheitlichen **P**rüfungsanforderungen für die **A**biturprüfung Deutsch gefordert werden.
- Gleichzeitig werden den Schülerinnen und Schülern **vielfältige Möglichkeiten eigenen Erkennens und Tuns**, spielerische (kreative) Zugänge und Erprobungen, Möglichkeiten des Übens und Wiederholens und konkrete (fächerübergreifende) Projekte angeboten (freie Unterrichts- und unterschiedliche Sozialformen).
- Darüber hinaus werden – dort, wo es sich funktional anbietet –, den Lernstoff **erweiternde Inhalte** (*Plus*) angeboten, die deutlich gekennzeichnet sind (z. B. S. 31).
- Zusätzlich finden sich in jedem Kapitel **Angebote zum Erweitern und Vertiefen** der Kenntnisse in Form von Lektüreanregungen sowie weiterführenden Arbeitsaufträgen, z. B. für Referate, Präsentationen und schriftliche Aufgaben.
- **Verweise** in der Marginalspalte schaffen Verbindungen und Zusammenhänge mit anderen Kapiteln und ermöglichen so auch verschiedene Zugangsweisen (Förderung von vernetztem Denken).
- Jedes Kapitel schließt mit einem **Methodenteil** (z. B. in Kapitel 1: *„Sprache ein bloßer Zusammenfluss von Bildern und Emfpindungen?" – Ein Gedicht der frühen Moderne erschließen und interpretieren*, S. 41 ff.), der die zentralen Methoden des Kapitels vertieft und zusätzliches Übungsmaterial bereitstellt und zum Beispiel das Schreiben mit dem Literaturunterricht verbindet.
- Besondere Bedeutung erfährt auch die vielschichtige Verankerung des Konzepts der ästhetischen Bildung innerhalb des Buches, so zum Beispiel im Lernbereich *Schreiben* als Stillehre und als Anleitung zum Verfassen von Essays oder im Literaturkapitel als Interpretation von Bildern und literarischen Texten.

Zusatzmaterial zum Unterrichtswerk

- Ein Trainingsheft mit CD-ROM bietet zu jedem Schülerband vertiefende Aufgaben für den Unterricht und für die häusliche Übung und bereitet die Schülerinnen und Schüler gezielt auf das Deutsch-Abitur vor.
- Die Lehrermaterialien zum Schülerband stellen Lösungen, Hilfestellungen zur Methodik sowie zusätzliches Material für den Unterricht bereit.

© 2010 Oldenbourg Schulbuchverlag

S.10

„Was ist modern?“ – Von der Jahrhundertwende zum Expressionismus

Es gibt kaum einen Zeitraum in der deutschen Literatur, der eine solche Vielfalt an literarischen und künstlerischen Strömungen aufweist wie die sog. frühe Moderne zwischen 1890 und 1920. Während Großautoren des Realismus – etwa Fontane und Raabe – ihr Alterswerk verfassen und Protagonisten des Naturalismus erste große Erfolge auf der Bühne feiern (Hauptmann mit „Die Weber“, 1892, und „Der Biberpelz“, 1893; Holz mit „Familie Selicke“, 1890), stimmt eine Reihe junger Autoren in Lyrik und Prosa einen neuen Ton an. Es sind Dichter, die vor allem zweierlei eint: Die radikale Abkehr vom Naturalismus und das Bewusstsein, in eine neue Epoche aufzubrechen, die sie schon damals als „Moderne“ begreifen.
Um nun die Vielfalt dessen, was am Ende des 19. Jahrhundert im Übergang zum 20. Jahrhundert entsteht, einordnen zu können, greift die Wissenschaft zu Hilfskonstruktionen wie „Stilpluralismus“ oder Umschreibungen wie „Aufbruch in die Moderne“. Die Einzelströmungen heißen – je nach literarischer, künstlerischer oder gar sozialer Verankerung – Impressionismus, Symbolismus, Ästhetizismus, Neuromantik, Jugendstil, Décadence, Fin de Siècle, Bohemekunst, Wiener Moderne o. Ä. Und als wäre damit dem Bedürfnis nach Ausdifferenzierung nicht Genüge getan, kommt es um 1910 erneut zu einem Bruch mit der Vergangenheit: Der Expressionismus setzt sich für ca. ein Jahrzehnt als bislang letzte geschlossene Epoche in der europäischen Kulturgeschichte durch.

S.12–27 Im **ersten Teilkapitel** „Aufbruch – moderne Strömungen“ wird vor allem anhand lyrischer Texte ein Überblick über Literatur und Kultur der Jahrhundertwende vermittelt. So konzen-
S.12–18 triert sich der Unterabschnitt 1.1 „Die Literatur der Wiener Moderne – Décadence und Nervenkunst“ darauf, das Phänomen dieser Kunstbewegung aus verschiedenen Blickwinkeln heraus zu betrachten. Von Gedichtbeispielen ausgehend und ergänzt durch einen literaturtheoretischen Text wird die Literatur der Décadence beleuchtet. Schnitzlers Novelle „Leutnant Gustl“ eröffnet neue Wege in der Erzähltechnik. Die Texte zu Freuds Psychoanalyse und der Ausschnitt aus Machs „Antimetaphysische[n] Vorbemerkungen“ erlauben einen Blick auf zwei wissenschaftliche, aber auch geistesgeschichtliche Entwicklungen jener Zeit.
S.18–22 Der Abschnitt 1.2 „Rilke und George – vom Ästhetizismus zur Avantgarde-Literatur“ behandelt die der Wiener Moderne nahe stehenden Literaturströmungen des Impressionismus und der Avantgarde. Gerade die Dichtung Georges ist dabei schwer einzuordnen. Seine Texte lassen sich ebenso dem Symbolismus oder der (als eigene Strömung kaum zu differenzierenden) Literatur des *l'art pour l'art* zuweisen.
S.22–27 Schließlich lernen die Schülerinnen und Schüler im Abschnitt 1.3 „Erlebnis des Künstlers – Expressionismus“ einige kanonisierte Texte des Expressionismus kennen, aber auch (heute) eher unbekannte Texte wie Bernhard Kellermanns Roman „Der Tunnel“. Das Kapitel konzentriert sich auf die Themen moderne Industriegesellschaft und Technik, Großstadt als neuer Lebensraum und Krieg. Auf das neue, von Nietzsches Nihilismus bestimmte Menschenbild, wie es in der expressionistischen Dichtung Gottfried Benns deutlich wird, finden sich in den vorliegenden Lehrermaterialien ergänzende Materialien.

S.28–40 Im **zweiten Teilkapitel** „Franz Kafka – Wegbereiter der Moderne“ wird mit Kafka eine Persönlichkeit der frühen Moderne herausgehoben, die wie keine andere die deutsche Literatur geprägt hat. In diesem Zusammenhang erhalten die Schülerinnen und Schüler erste Einblicke in soziale, historische und kulturelle Hintergründe der Lebensbedingungen um 1900, z. B. anhand von Gustav Meyrinks Roman „Der Golem“ sowie analytischen Texten. Zentral nähern sie sich am Beispiel einer kurzen Phase in Kafkas Schriftstellerleben der Einzigartigkeit seines Werks.
Hierzu als lohnende Textsammlung: Die unheimliche Stadt. Ein Prag-Lesebuch. Hg. v. Hellmut G. Haasis. München 1992.

© 2010 Oldenbourg Schulbuchverlag

S. 41–45

Das **dritte Teilkapitel** „Sprache ein bloßer Zusammenfluss von Bildern und Empfindungen?' – Ein Gedicht der frühen Moderne erschließen und interpretieren" leitet die Schülerinnen und Schüler dazu an, einen lyrischen Text dieser Epoche unter Berücksichtigung eines zeitgenössischen poetologischen Textes zu erschließen und zu interpretieren.

S. 10/11

Die **Auftaktdoppelseite** setzt sich (auf der linken Seite) aus einer Collage dreier Bilder zusammen. Für den Impressionismus steht Max Liebermanns (1847–1935) Gemälde „Papageienallee", das er 1902 nach Studien im Amsterdamer Zoo schuf. Einer der profiliertesten Vertreter der modernen Kunst ist der visionäre Zeichner, Illustrator und Autor Alfred Kubin (1877–1959), den die Fachwelt von Jugendstil über Impressionismus und Symbolismus bis hin zu Expressionismus und Neuer Sachlichkeit so gut wie jeglicher Stilrichtung des frühen 20. Jahrhunderts zugeordnet hat. Als eindeutig expressionistisches Bild kann hingegen Ernst Ludwig Kirchners (1880–1938) Gemälde „Zirkusreiterin" aus dem Jahre 1913 eingestuft werden. Alle drei Bilder regen dazu an, über die neue Kunst zu Beginn des 20. Jahrhunderts zu sprechen. Ausgehend von einem „aktuellen" Modernitätsbegriff (Stichwort „Jugendkultur"), dessen Facetten in einem Brainstorming zusammentragen werden, regen die Zitate der rechten Seite dazu an, ein Gespür für die Prägung, Bedeutung und Verwendung des Begriffs „Moderne" um 1900 zu erlangen. Anschließend kann man die Ergebnisse leicht mit dem Gedicht „Modern" von Julius Schaumberger kontrastieren:

Zusatzmaterial 1: Julius Schaumberger: Modern, LM, S. 34

Die ersten vier Zitate aus den Gesprächen Kafkas mit Janouch können nicht als authentische Aussagen Kafkas gelesen werden. Janouch hat Kafka 1920 kennengelernt und die dabei geführten Gespräche später in seinem Tagebuch notiert. Da sie gleichwohl seinen künstlerisch-literarischen Intentionen, wie wir sie aus seinen Schriften kennen, weder in Stil noch Gehalt widersprechen, ist ihre Verwendung als Gedankensplitter und Zeitzeugnisse unbedenklich.

Die Äußerungen von Kranich, Freud und Mach sprechen die Schülerinnen und Schüler auch ohne den Rückgriff auf die Epoche an und bieten eine weitere Diskussionsgrundlage. Die Zitate von Hermann Bahr zum Naturalismus und von Peter Altenberg zum Zustand der Kunst stellen sie vor die Aufgabe, die Charakteristika dieser Epoche zu wiederholen, und ermöglichen in Kombination mit den Bildern auf der linken Seite ein Nachdenken darüber, welche anderen Wege von der Kunst um die Jahrhundertwende beschritten werden.

S. 12

1. **Aufbruch** – moderne Strömungen

S. 12

1.1 **Die Literatur der Wiener Moderne** – Décadence und Nervenkunst

S. 13, Aufgabe 1

Um einen angemessenen Vortrag zu erreichen, sollte er ggf. in Partnerarbeit vorbereitet oder von der Lehrkraft selbst übernommen werden. Als Vorbereitung für Aufgabe 2 erscheint es sinnvoll, die vom jeweiligen Text ausgehende Stimmung herausarbeiten zu lassen. Ein kreativer Einstieg – etwa das Entwerfen eines Bildes zu den Gedichten – ist ebenso denkbar.

S. 13, Aufgabe 2

Koloman Moser: „Ver Sacrum": Bei der Besprechung herausgehoben werden könnten z. B. die Gestaltungsprinzipien des Kunstwerks (geschwungene Linie, Ornament, Blütenhaftigkeit der Haare, Jugendlichkeit des Mädchens, sehnsüchtiger Blick) und die Farbgebung.

Zum kunsthistorischen Hintergrund: Beim Bild (Tusche auf Karton, 425 × 418) handelt es sich um einen Entwurf für den Umschlag der zweiten Ausgabe der Zeitschrift „Ver Sacrum", in der sich die Gestaltungsprinzipien der jungen österreichischen Künstler der sog. Secession festigen: secessionistische Flächenkunst, Vorliebe für lange, geschwungene Linien, großflächige, an- und abschwellende Formen, Abstraktion, dunkle Felder, die sich inselhaft voneinander absetzen und von einem Netzwerk hell ausgesparter Linien durchzogen werden.

→ Zusatzmaterial 2: Zusatzinformation zur sog. Secession, LM, S. 34

© 2010 Oldenbourg Schulbuchverlag

Der japanische Schablonenholzschnitt wirkt in vielen Fällen vorbildhaft. Die Künstler der Secession versuchen hier, die Realität zu reduzieren, zu verzerren, Stimmungen zu vermitteln, Sinneseindrücke zu produzieren und wiederzugeben. In dieser Hinsicht ist der Jugendstil das bildnerische Pendant zur Nervenkunst der Wiener Literaten.

Franz von Stuck: „Die Sünde": Angesprochen werden könnten neben dem Bildinhalt (Eva als erotische Verführerin, der sich eine Schlange über die Schulter windet) und dessen Symbolgehalt hier die markante Farbgebung, das Spiel von Hell und Dunkel und die Betonung der Fläche. Ganz offensichtlich kreist das Gemälde um die Begriffe von Lust und Sünde und verweist damit auf den zeitgenössischen Diskurs über die Psyche des Menschen.
Franz von Stuck, selbst Mitbegründer der „Münchner Secession" (1892), stand in enger Verbindung zu den Wiener Künstlern der Secession und stellte dort selbst einige Werke aus.
Vgl. dazu: Marian Bisanz-Parkken: Heiliger Frühling. Gustav Klimt und die Anfänge der Wiener Secession 1895–1905. Wien: Brandstätter 1999.

S.13, Aufgabe 3 Auch die Gedichte thematisieren Nervenreize, Gefühle, Stimmungen und (geheime) Wünsche. Ungestillte Sehnsucht und (erotisches) Verlangen stehen im Mittelpunkt. Beide Male wirkt die Szenerie künstlich, arrangiert und doch emotional kalt.

S.14, Aufgabe 4 Die Décadents
- sind keine klar definierbare Gruppe;
- lehnen eine Darstellung der äußerlich sichtbaren Natur ab, abgebildet werden sollen vor allem innere Vorgänge, Seelenzustände, Stimmungen, Nervenreize;
- Begriff der „Nerven" nimmt einen zentralen Platz ein, wird zum Sammelbegriff für alles, was die Sinne, Stimmungen, Psyche ... betrifft;
- haben eine Vorliebe für alles Dunkle, nicht genau Definierbare;
- streben nach einer künstlich gestalteten, von Kunst und Kultur völlig bestimmten Welt;
- wenden sich dem Mythischen, Allegorischen und nicht eindeutig Bestimmbaren zu;
- versuchen, in Stimmungsbildern die vielfach zu deutende Wirklichkeit darzustellen;
- lehnen das Alltägliche und Mittelmäßige ab, sind ausschweifend;
- häufige französischen Wendungen weisen auf Kulturverständnis der Dekadenten hin (geben sich großbürgerlich, weltgewandt, elitär).

S.14, Aufgabe 5 Die Naturalisten
- wollen genaue Darstellung der äußerlich sichtbaren Welt;
- bemühen sich um detaillierte Milieustudien;
- versuchen, die Kunst der Wirklichkeit anzugleichen (Arno Holz: Kunst = Natur – x; äußerst genaue Regieanweisungen und Beschreibungen der Szenerie in Dramen sollen naturalistische Wiedergabe ermöglichen, Sekundenstil);
- lehnen die Verwendung von Symbolen, Metaphern ... weitgehend ab;
- wenden sich auch Themen wie Alkoholismus, soziale Not ... zu;
- begreifen den Menschen als von seiner Geschichte, Herkunft und sozialen Umgebung determiniertes Wesen.

S.15, Aufgabe 6
- In beiden Gedichten spielen die Stimmungen, Seelenzustände und sinnlichen Eindrücke (Nervenreize) eine große Rolle (Wehmut, Traum von zügellosem Schwelgen und Wonne).
- Die Szenerie in „Römische Villa" ist vollständig vom Menschen geprägt, keine unberührte Natur, sondern vom Menschen gestalteter Garten. Raum in „Interieur" ebenfalls durch und durch vom künstlerischen Willen geprägt.
- In beiden Gedichten Hinwendung zum Unterbewussten, nicht genau Bestimmbaren.
- In beiden Gedichten wird der Hang zum Ausschweifenden deutlich.

S.15, Aufgabe 7 Koloman Moser: „Ver Sacrum": Ausdruck einer Stimmung, Sehnsucht; realistische Darstellungsweise wird abgelöst von Stilisierung; Flächen, Ornamente und geschwungene Linien

© 2010 Oldenbourg Schulbuchverlag

als Gestaltungsmerkmale; stilisierte Schrift; insgesamt zeigt Gestaltung die Ablehnung vom Alltäglichen.
Franz von Stuck: „Die Sünde“: Thematisierung unterbewusster Sehnsüchte und Ängste; künstlerisch überspitzte Darstellung der Szenerie (vgl. das Spiel von Hell und Dunkel); Hinwendung zum Allegorischen und Mythischen (Schlange als Symbol der Sünde verweist auf die Vertreibung Adams und Evas aus dem Paradies); Gegenstand der Darstellung hat keinen Bezug zu konkreten realen Situationen, ist ausschließlich im Kunstdiskurs aussagekräftig.

S. 15, Aufgabe 8 www.

Linktipp: www.secession.at: Die Wiener Secession ist auch heute noch eines der interessantesten Museen Wiens und bietet viele Informationen zu ihrer Geschichte. Von Interesse ist auch hier der bei Aufgabe 2 genannte Ausstellungskatalog von Marian Bisanz-Parkken.

S. 15, Aufgabe 9
Zusatzmaterial 3: Lexikonauszug, LM, S. 35

Zu den Gestaltungsprinzipien der Jugendstilkunst vgl. den Lexikonauszug: „Secession“.

S. 16, Aufgabe 10

Erzähltechnik:
- „Stream of consciousness“ (Gedankenstrom);
- Erzählform: Ich-Erzähler, Erzählverhalten: (radikal) personal, Darbietungsart: innerer Monolog, Sichtweise: (radikale) Innensicht.

S. 16, Aufgabe 11

Möglichkeiten der Erzähltechnik:
- Das Innenleben des (Anti-)Helden kann schonungslos beleuchtet werden, sichtbar werden seine Ängste, Begierden, Gedankengänge, aber auch seine sensorischen Reize.
- Der Leser ist gefordert, die Gedanken des Helden gleichsam auszuwerten, zu bewerten und zu interpretieren. Eine richtungsweisende auktoriale Erzählinstanz, die darüber entscheidet, was gut und schlecht ist, fehlt.
- Ebenso fehlt eine ordnende Instanz, die Zusammenhänge erklärt, die die Handlung rafft oder dehnt. Angestrebt ist hingegen eine möglichst objektive Wiedergabe des Innenlebens des (Anti-)Helden (worin eine deutliche Weiterentwicklung zur Literatur des Realismus und Naturalismus zu sehen ist).
- Möglich wird aber durch diesen „objektiven“, ungeschönten Blick ins Innere des Protagonisten eine schonungslose Offenlegung seines Charakters.

S. 16, Aufgabe 12

Charakterisierung Leutnant Gustl:
- Leutnant Gustl ist einerseits getrieben von seinem inneren Verlangen und seinen Wünschen, andererseits ist er in den gesellschaftlichen Konventionen völlig gefangen. Auch versteckt sich der im Grunde ängstliche Gustl hinter den gesellschaftlichen Konventionen, die ihm als Leutnant eine verhältnismäßig hohe und angesehene Position zugestehen. Er ist nicht fähig, für sich selbst zu denken, ein starkes unabhängiges Selbstbewusstsein aufzubauen. Seine Persönlichkeit ist degeneriert, verkrüppelt.

S. 17, Aufgabe 13

Gründe für die Wirkung des „Leutnant Gustl“ um 1900:
- Dem Rang des Leutnants kam in der österreichischen Monarchie eine wichtige Stellung zu. Leutnant zu werden war auch den bürgerlichen Schichten noch möglich, während die höheren und höchsten Ränge (zumeist) dem Adel vorbehalten waren. Der Leutnant stellt so also im militärisch geprägten Österreich der Jahrhundertwende gleichsam die Spitze des von den Bürgern Erreichbaren dar. Ihn zu kritisieren galt schon von daher als undenkbar.
- Mit Gustl tritt erstmals ein Antiheld auf, der als Militär einer staatstragenden Schicht des österreichischen Staates angehört. Leutnant Gustl kann als Prototyp des Soldaten gesehen werden. Unweigerlich stellt der Text damit einen Affront gegen eine wesentliche Säule der Gesellschaft und die Werte, die sie vertritt, dar.

S. 17, Aufgabe 14

Determinismus: Überzeugung, dass der Mensch nicht frei entscheiden und nach seinem Willen entwickeln kann, sondern von äußeren (gesellschaftliche Umstände, Denken der Zeit, soziale Herkunft ...) und inneren Gegebenheiten (Veranlagung) bestimmt wird

© 2010 Oldenbourg Schulbuchverlag

Skepsis: Vorsichtige, kritisch hinterfragende Haltung einer Sache gegenüber
Pessimismus: Überzeugung, dass sich Gegebenheiten stets negativer gestalten, als sie sich auf den ersten Blick darstellen

S. 17, Aufgabe 15

Schnitzler reagiert eher kühl auf die Annäherung Freuds, hält die Psychoanalyse zwar für den richtigen, aber nicht alles erfassenden Ansatz.

S. 17, Aufgabe 16

Vgl. auch Lösung zu Aufgaben 11 und 12. Gemäß den – hier stark vereinfachten (!) – Kategorien der Freud'schen Psychoanalyse werden Gustls Handlungen und sein Denken von einem sehr starken Es (Trieben) einerseits und einem übermächtigen Über-Ich (Konventionen ...) andererseits bestimmt. Die vermittelnde Instanz, das Ich, ist kaum ausgebildet. Gustl ist daher sprunghaft, hin- und hergerissen, auf die eigene Triebbefriedigung und gleichzeitig Erfüllung der Norm (aus Ehrsucht und Angst vor Konsequenzen) fixiert.

S. 17, Aufgabe 17

Das Gemälde spricht die triebhaften Seiten der menschlichen Natur an (Sexualität, Verlangen) und verweist (sowohl im Titel als auch allegorisch) auf die negative Bewertung dieser Natur durch die Gesellschaft. Letztlich wird also das Verhältnis von Ich und Über-Ich zum Thema gemacht.

S. 18, Aufgabe 18

Zusammenfassung der Feststellungen Ernst Machs:
- Der Mensch setzt sich zusammen aus einer Vielzahl von Empfindungen (Elementen), die gemacht werden, ihn beeinflussen, aber auch wieder verschwinden. Der Mensch ist also keine dauerhaft fest bestimmbare Größe oder Einheit, sondern ein Bündel sich ständig verändernder Elemente, ein Elementkomplex. Unbewusst, instinktiv, versucht der menschliche Intellekt aber, diese Einheit herzustellen, weshalb sich der Mensch als Individuum mit Körper, Geist und Seele definiert. Der Mensch ahnt dies, bzw. er versucht instinktiv, dieses Wissen zu verdrängen, weshalb er laut Mach allerlei religiöse oder philosophische Theorien ersinnt. Die Einsicht aber, dass der Mensch lediglich ein Bündel von Einzelelementen ist, lässt Mach (und viele seiner Zeitgenossen) zu dem Schluss kommen, dass das Ich unrettbar sei.
- Für das Selbstverständnis des Menschen ist die Aussage von fundamentaler Bedeutung. Der Mensch ist z. B. nicht – wie im christlichen Glauben verankert – ein beseeltes, von einer höheren Instanz geschaffenes Wesen oder gar die „Krone der Schöpfung". Begriffe wie Entwicklung, Selbstverwirklichung oder Autonomie des Menschen werden deutlich relativiert. Philosophische, moralische und ethische Lehren/Überzeugungen müssen überdacht werden.

S. 18, Aufgabe 19

Auch Leutnant Gustl wird gezeigt als Wesen, dessen Charakter vielfach gespalten ist. Die Darstellung reduziert sich auf die Wiedergabe der Gedanken und Sinnesreize, also letztlich der Elemente, die Gustl ausmachen.

S. 18

1.2 **Rilke und George –** vom Ästhetizismus zur Avantgarde-Literatur

S. 19, Aufgabe 1

Hinweise zur Erschließung und Deutung:
- Wiedergabe der Farbeindrücke, die die Blumen auf das lyrische Ich ausüben. Versuch der möglichst ausdrucksstarken und genauen Wiedergabe der Farbschattierungen.
- Verwelkende Blüten – bzw. deren Farben – werden mit Gegenständen aus der Sphäre der Menschen verglichen, wodurch sich Parallelen zur menschlichen Existenz aufdrängen. Die Blüten werden so zum interpretierbaren Dingsymbol.
- Neu sprießende Blüten weisen hin auf den Kreislauf des Lebens oder auf den Neubeginn nach einem abgeschlossenen Lebensabschnitt.
- Zur Gedichtform: Sonett, regelmäßiger Rhythmus, Reimschema abba, bccb, ded, fef; formale Gestaltung sehr geschlossen, in sich ruhend, Reimschema verknüpft die Strophen,

© 2010 Oldenbourg Schulbuchverlag

bewirkt Harmonie; Form spiegelt unterstützt/trägt Deutungsrichtung, dass Lebensabläufe als sinnvoll und harmonisch begriffen werden, obwohl das Einzelschicksal des Menschen (Verwelken, Tod) eine andere Aussage erwarten ließe.
- Das Gedicht stellt somit einen Versuch dar, einer Welt in einer Zeit Sinn abzugewinnen, in der religiöse Erklärungsmuster an Gültigkeit längst verloren haben.

S.19, Aufgabe 2

S.19, Aufgabe 3
Zusatzmaterial 4: Zur Symbolik der Farben, LM, S.35

Das Gedicht lässt sich dem Impressionismus und Symbolismus zuordnen. Die Blüten werden zum Dingsymbol, zum Zeichen der Erkenntnis einer tieferen Wahrheit. Zugleich versucht der Text, die sinnlich-subjektiven Eindrücke und Seelenzustände des lyrischen Ich präzise wiederzugeben, ohne in eine minutiöse, detailversessene Darstellung zu verfallen.

Zur Symbolik der Farben vgl. Zusatzmaterialien.

S.20, Aufgaben 4 a und c

Hinweise zu Erschließung und Interpretation:
- Sonett, Reimschema abba, cddc, eef, gfg, rhythmisch und metrisch regelmäßig (aber Betonung des letzten Satzes), Enjambements verknüpfen Verse, sprachlich wird der den Torso umkreisende Blick verdeutlicht;
- Inhalt: Ich spricht im Plural, fasst Eindrücke und Wirkung in Worte, die der Torso auf den Betrachter ausübt (Torso erscheint ihm leuchtend, gar blendend, übt animalischen Reiz auf ihn aus, gemahnt ihn daran, sein Leben zu ändern), die im letzten Vers formulierte Aufforderung steht in der 2. Person Singular und erhält damit Aufforderungscharakter auch für den Leser des Gedichts
- Deutung: Antikes Kunstwerk vermag selbst im entstellten Zustand den Menschen noch daran zu gemahnen, sein Leben zu ändern. Der Torso repräsentiert zum einen die vollkommene, klare, reine Form. Dem Ideal wohnt aber auch eine tiefe Sinnlichkeit inne, die nicht einfach unterdrückt, sondern beherrscht wird und zum idealen Äußeren beiträgt. Das Gedicht ist damit auch als Reflex auf die Zeit nach Nietzsches Nihilismuspostulat zu deuten. Der Torso rückt in die Nähe des Übermenschen, der sich über die Trostlosigkeit einer Welt ohne Transzendenz erhebt und trotz des nihilistischen Abgrunds existiert.
  Die Apostrophe am Gedichtende lässt sich als Aufruf an den Menschen der Moderne, als Wegweiser aus der Sinnkrise nach Nietzsche verstehen.

S.20, Aufgabe 5 www.

Linktipps:
- www.rilke-projekt.de
- www.rilke-gedichte.de
- de.wikipedia.org/wiki/Rilke_Projekt
- gutenberg.spiegel.de/?id=19&autorid=495

S.21, Aufgabe 6a

Bildlichkeit des Gedichts:
- Garten als zentrales Motiv, Garten jedoch vom Sprecher selbst erbaut, unbelebt und steril (leblose Vogelschwärme, schwarze Früchte, die nie vom Baum fallen, Zeitlosigkeit, staubige Dünste).
- Garten ist nicht real, sondern künstlich im wahrsten Sinne des Wortes; Garten existiert nur als Kohlezeichnung.
- In diesem „heiligen" Garten wandert das lyrische Ich und fragt sich, wie es dort eine große schwarze Blume zeugen könne.
- Die schwarze Blume wird damit zum Schlüssel des Verständnisses für den Text. Ohne ihre Deutung bleibt der Text kryptisch.

S.21, Aufgabe 6b

Hinweise zur Interpretation:
- „Blaue Blume" der Romantik: Symbol der (unbestimmten) Sehnsucht, Symbol der Sehnsucht nach einer wiedergewonnenen Einheit des Menschen mit seiner Umwelt, Symbol der Sehnsucht nach einer wieder heilen Gesellschaft, die den Menschen wieder als Ganzes betrachtet, Symbol der Sehnsucht nach einer vergangenen – glorifizierten – Zeit

© 2010 Oldenbourg Schulbuchverlag

(Mittelalter), in der die Menschen menschlich handelten (und vom Christentum geprägt waren). Die Dichtung/Kunst wird als das Medium angesehen, die es ermöglichen könnte, die Welt wieder in einen harmonischen Zustand zu versetzen.
- Hier steht eine schwarze Blume im Mittelpunkt; Deutungsmöglichkeiten: Symbol der vollendeten Kunst, nach der nur noch der (begnadete, berufene) Dichter strebt, als Symbol der Abkapselung der Kunst von allem Alltäglichen, Natürlichen, Gewöhnlichen, als Symbol für die Kunstrichtung des l'art pour l'art. Der Dichter wendet sich von der realen Welt völlig ab, seine Dichtung ist elitär, will nichts in der wirklichen Welt erreichen, ja will die wirkliche Welt außen vor lassen.

S. 21, Aufgabe 6c

Zuordnung:
- Teil des l'art pour l'art, Literatur des Ästhetizismus (Kunst genießt einen absoluten Rang, ist losgelöst von allen realen Bezügen);
- George empfand sich explizit als Vertreter einer Avantgarde-Literatur, die – bis auf wenige Vorläufer wie Goethe, Hölderlin und manche Romantiker – die Kunst anderer Stilrichtungen verwarf, verlachte oder bestenfalls ignorierte.

S. 21, Aufgabe 7

Fotografie:
- George links, aus dem Bild blickend, strenge, nachdenkliche Mimik, strahlt Unnahbarkeit aus.
- Die Stauffenberg-Brüder in deutlichem Abstand dahinter, Claus (links) in schwärmerischer, George anhimmelnder Pose, Berthold (rechts) mit etwas kritischem Blick zu seinem Bruder (bzw. in Richtung Betrachter des Bildes).
- Über den Köpfen der beiden Brüder – symbolisch deren Gedanken beherrschend – eine Fotografie Georges.
- Insgesamt erscheint die Komposition des Bildes äußerst durchdacht. Es spiegelt das Verhältnis Georges zu seinen „Jüngern" wider: Souveräne Führerschaft, umgeben von einer Aura der Unnahbarkeit einerseits, Schwärmertum und beinahe ins Religiöse übersteigerte Verherrlichung andererseits. (Anmerkung: George achtete zeitlebens genauestens darauf, welche Bilder von ihm in die Öffentlichkeit gelangten. So finden sich z. B. überwiegend Profilaufnahmen seiner linken Seite, da er diese als markanter und beeindruckender empfand.)

S. 21, Aufgabe 8

Hinweise zur Interpretation:
- Im Gedicht äußert sich ein lyrisches Ich, das in heroischer Pose auf die Rückkehr seines „Königs" wartet und das bereit ist, sein Leben für diesen König zu geben. Wie schon im Titel genannt, sieht sich das Ich als letzter treuer Anhänger seines Führers, während die „Anderen" sich von ihm abgewandt haben und ihren Gelüsten frönen. Die gesamte Welt erscheint dem lyrischen Ich leer, solange sein Führer fehlt. Lebenssinn gibt ihm lediglich das Hoffen darauf, einst für/mit seinem „König" sterben zu können.
- Das lyrische Ich nimmt damit in etwa diejenige Pose ein, die Claus von Stauffenberg auf der Fotografie einnimmt. Zwangsläufig lässt sich damit George mit dem König im Gedicht in Verbindung bringen. Betrachtet man Georges Biografie, erscheint diese Deutung durchaus naheliegend. Andererseits verstand sich George selbst als der Hohepriester des sog. Maximin-Mythos. (Maximin – Vorbild war ein früh verstorbenes Mitglied des George-Kreises – erscheint in Georges Dichtung als unerreichbares Ideal des perfekten Menschen. Allerdings bleibt die genaue Bedeutung Maximins letztendlich vage.) George selbst stilisierte sich als derjenige, der als Letzter der absoluten Kunst huldigt. Insofern lässt sich das Gedicht auch so deuten, dass es um das Aufbäumen der absoluten Kunst gegen das Allgemeine, Profane geht.
- Eine dritte Lesart darf aber nicht vergessen werden: Georges Denken kreiste in Nachfolge an Nietzsches Nihilismus um den Gedanken eines neuen, vollkommenen Menschengeschlechts. Der Weg zur Entwicklung eines solchen „Übermenschen" kann aber nur von

© 2010 Oldenbourg Schulbuchverlag

großen Männern gewiesen werden. Obwohl George nach dem Ersten Weltkrieg keinerlei Anstalten mehr machte, aktiv in die Politik einzugreifen, zeigen seine Äußerungen doch immer wieder eine geistige Nähe zum Führerkult der Nationalsozialisten, die ihn in seinen letzten Lebensjahren auch heftig (aber erfolglos) umwarben.

Zusatzmaterial 5: weitere Materialien, LM, S. 36

Literaturtipp: Thomas Karlauf: Stefan George: Die Entdeckung des Charisma. München 2007.

S. 22

1.3 Erlebnis des Künstlers – Expressionismus

S. 22

Literatur als Spiegel der modernen Industriegesellschaft

S. 22, Aufgabe 1

Stimmung: Das Gedicht wirkt heiter ironisch und ist von großer Leichtigkeit geprägt, obwohl äußerst dramatische Inhalte dargestellt werden.

S. 22, Aufgabe 2

Hinweise zu den sprachlichen und bildlichen Gestaltungsmitteln: Aufgabe 2
- Satzbau: vollständig und eindeutig;
- Wortwahl: Standardsprache, allerdings zeigt sich eine Diskrepanz von Inhalt und Wortwahl (vgl. V. 3: Verdinglichung der Menschen, Verbum „entzwei gehen" völlig unangemessen; ähnlich V. 5: Verlebendigung des Meeres, Verbum „hupfen" wirkt verniedlichend, ironisierend);
- Bildlichkeit: V. 1: Bürger mit spitzem Kopf lässt an Pickelhauben, an von außen geformte Köpfe und Gesinnungen, an Militarismus und borniertes Bürgertum denken; V. 5 f.: ansteigende Meere: Katastrophenszenario, das als solches aber nur in ironisierender Distanz und Brechung wahrgenommen wird; V. 7: angesichts der zuvor genannten Katastrophen völlig absurd erscheinende Feststellung („Schnupfen"); V. 8: Eisenbahnunglück erscheint aufgrund des im Grunde unpassenden Verbs eher als Unfall einer Modelleisenbahn.

Insgesamt zwar kühne, aber unproblematisch zu entschlüsselnde Bilder, die in sich unstimmig wirken und den Eindruck von Chaos und Aufruhr einerseits und abgeklärt-distanzierter Wahrnehmung andererseits (vgl. „liest man", V. 4) erwecken.

S. 22, Aufgabe 3

Hinweise zur Interpretation: Die im Gedicht dargestellte Realität scheint aus den Fugen geraten zu sein. Katastrophenmeldungen gehen einher mit banalen Feststellungen, Menschen erscheinen als Dinge, während die unbelebte Umwelt dynamisiert wird. Von Wichtigkeit sind zudem zwei Textpassagen: „liest man" (V. 4) und „In allen Lüften hallt es wie Geschrei" (V. 2). Ist erstere leicht als Verweis auf Zeitungsmeldungen zu erkennen, bereitet letztere etwas mehr Mühe bei der Deutung. Betrachtet man jedoch die Medienlandschaft jener Jahre, wird die Bedeutung der Verszeile klar. In der Zeit um 1900/1910 ändert sich der Zeitungsmarkt radikal, Zeitungen werden nicht mehr vornehmlich im Abonnement verkauft, sondern am Kiosk. Straßenverkäufer werben lautstark mit Sensationen, Katastrophenmeldungen und Provokantem um Kunden – es hallt wie Geschrei. (Der erste öffentliche Radiosender nahm erst 1923 in Deutschland seinen Betrieb auf, weshalb dieses Medium im Gedicht nicht gemeint sein kann.)

So lässt sich das Gedicht als Reflex auf die Veränderungen deuten, die Deutschland (ebenso wie England und Frankreich) zu bewältigen hatte: Industrialisierung, immenses Bevölkerungs- und Städtewachstum, Anonymisierung des Einzelnen, technischer Fortschritt, Sinnkrise ...

S. 23, Aufgabe 5

Anmerkungen zu Alfred Lichtenstein, „Die Dämmerung":
- Kühne Bilder, die die Menschen ihrer Menschlichkeit berauben, ihnen jegliche Sympathie absprechen. Die Szenerie wird bevölkert von einem „dicke[n] Jungen" (V. 1), „zwei Lahme[n]" (V. 6), einer „Dame" (V. 8), über die wie im Schachspiel (V. 8) ein „Pferdchen" stolpert, einem voyeuristischen „fetten Mann" (V. 9), einem Freier und einem „graue[n]

© 2010 Oldenbourg Schulbuchverlag

Clown (V. 11). Den Höhepunkt der Entmenschlichung und Verdinglichung stellt das weinende Kind im Kinderwagen dar: Nicht mehr das Kind ist es, das weint, sondern der Kinderwagen. Im Mittelpunkt des Gedichts aber steht der Dichter, der die Wahrheit erkennt und an ihr „vielleicht verrückt" (V. 7) wird.

- Die Stadt erscheint damit als Ort der Entfremdung des Menschen von sich selbst, als Raum, der die Menschen zu Objekten reduziert. Haltung und Ton des lyrischen Ich erscheinen melancholisch und hoffnungslos.

Anmerkungen zu Georg Heym, „Die Stadt":

- Gedichtform, sprachliche Gestaltung: Sonett, regelmäßig in Metrum und Rhythmus, durchgehend gereimt, Wortwahl expressiv, pathetisch (vgl. „Zerreißet vor des Mondes Untergang", V. 2, „Unzählig Menschen", V. 6, „ewig stumpfer Ton", V. 7, „gewirktes Einerlei", V. 9), Satzbau z. T. invertiert (vgl. V. 5), nachgestellte Hauptsätze innerhalb längerer Satzstrukturen, die die Satzaussage hinauszögern (vgl. V. 9–11), anaphorisch gebaute Verse („Und", V. 3, 4, 7, 12, 14; ebenso im Versinneren bei V. 1), Alliterationen (vgl. V. 7 f., 9 f., 12, 13 f.), mit „und" verbundene Begriffspaare (vgl. „rot und klein", V. 4, „aus und ein", V. 6, „Schein und Feuer", V. 12, „Fackeln rot und Brand", V. 12). Insgesamt lässt die sprachliche Gestaltung das Gesagte getragen, gewichtig und bedeutungsvoll daherkommen.
- Bildliche Gestaltung: Personifikation der Nacht (vgl. „Wolkenschein//Zerreißet", V. 1 f.), Personifikation und Dynamisierung der Stadt, Häuser scheinen lebendig zu sein (vgl. V. 3 f.), der in den Straßen pulsierende Verkehr und Menschenstrom wird mit dem Blutkreislauf verglichen (V. 5). Das Leben dieses städtischen Organismus ist geprägt vom Werden und Vergehen, von organischen Vorgängen, vom Erhaltungstrieb (vgl. „Wehen", V. 10). Geistiges Leben, kulturelle Errungenschaften ... spielen in diesem „Einerlei" (V. 9) keine Rolle. Beeindruckend sind hingegen „Feuer, Fackel rot und Brand" (V. 11), was sehr wahrscheinlich auf die neu entstandenen Industriebetriebe (z. B. Eisenherstellung) abzielt. So wird die Stadt zum riesigen schmiedenden Organismus, den die Menschen am Leben erhalten, der sie aber beherrscht wie ein mächtiges Wesen. Dessen Größe, Gewalt und Wucht wird nicht zuletzt aufgrund der expressiven sprachlichen Gestaltung deutlich.

Die Stadt erscheint also auch hier letztlich lebensfeindlich, entindividualisierend. Im Vergleich zu Lichtensteins Gedicht wirkt diese Stadt aber ehrgebietend und furchteinflößend.

S. 24, Aufgabe 6

Hinweise zur Erschließung:
Die Technik wird als grausames Untier dargestellt, das Menschen verschlingt, um sich fortzubewegen. Die Menschen sind dessen Sklaven, eine dumpfe Masse, die dem grausamen Wesen dient. Ein Widerstand gegen dieses Wesen erscheint völlig aussichtslos.

S. 24, Aufgabe 7

Sprachliche und bildliche Gestaltungsmittel:

- Vergleich der Maschine mit einem Phantasiewesen, einem „gepanzerten Tintenfisch" (beginnend in Z. 2). Technische Details werden mit anatomischen Begriffen aus der Tierwelt verglichen oder als solche metaphorisiert (z. B. „betastete mit seinen Fühlern, Tastern, Lefzen", Z. 6)
- Ausdrucksstarke Wendungen (vgl. Wortwahl, Attribuierungen ...) tragen dazu bei, die Maschine als bedrohliches Tier darzustellen (z. B. „Seine Rückennarbe funkelte böse drohend", Z. 14 f.; „Die Schlacht bei der Bohrmaschine", Z. 18).
- Aufzählungen und nachgestellte Attribute, eingeschobene Attributsätze usw. tragen dazu bei, den Gedankengang voranzutreiben und die Eindringlichkeit des Gesagten zu steigern.

© 2010 Oldenbourg Schulbuchverlag

S. 24, Aufgabe 9

Mindmap moderne Industriegesellschaft:

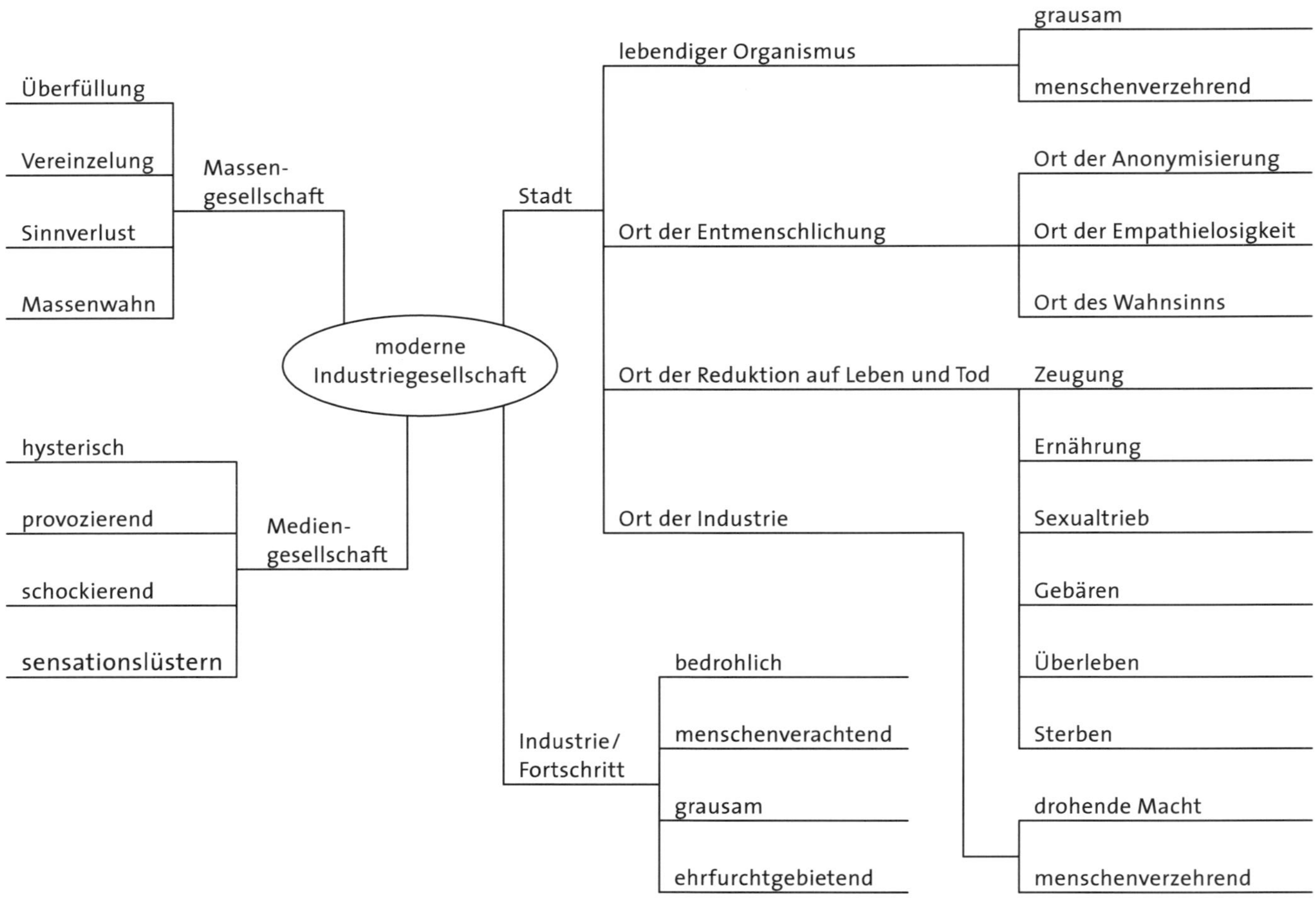

S. 25

Expressionismus – die Revolution in der Kunst

S. 25, Aufgabe 1a

Der Expressionismus wird als Revolution verstanden, weil er den Ausdruck individueller Empfindungen verabsolutiert. Die tatsächliche Form und Gestalt der Erscheinungen in der wirklichen Welt spielen für den Künstler keine wesentliche Rolle mehr. Wesentlich ist vielmehr der Ausdruck der inneren Zustände, die diese Erscheinungen der wirklichen Welt auf den sich ausdrückenden Künstler machen. So ist es Lichtenstein und Heym eben nicht daran gelegen, das z. B. das tatsächliche, empirisch feststellbare Erscheinungsbild einer Stadt festzuhalten. Es geht ihnen darum, ihre Reaktion auf die Reize dieses Umfeldes auszudrücken.

S. 25, Aufgabe 1b

Von jeher nahmen (und nehmen) viele Künstler (und Kunstrichtungen) für sich in Anspruch, Neues, ja sogar Revolutionäres zu schaffen, dass sich auf unerhörte Weise vom Vorhergegangenen unterscheidet und das Alte auch qualitativ überbietet. Sich vom Etablierten absetzen zu wollen, sich weiterzuentwickeln ist mit Sicherheit eines der Antriebsmomente künstlerischen Schaffens überhaupt – wobei damit nicht behauptet werden soll, dass es sich dabei nur um eine Weiterentwicklung um ihrer selbst Willen handle.
Die Verabsolutierung des Subjekts spielt zudem spielt spätestens seit dem Sturm und Drang in der deutschen Kunst eine entscheidende Rolle.

S. 25, Aufgabe 2

Franz Marc, „Turm der blauen Pferde“:
- Die Erscheinung der äußeren Welt (etwa das reale Aussehen der Pferde und des Himmels) ist unerheblich, wichtig ist das Bewusstsein des Künstlers, dessen Eindrücke und Stimmungen, die er im Gemälde zum Ausdruck bringt;

© 2010 Oldenbourg Schulbuchverlag

- Farbgebung und Art der Darstellung sind ausgesprochen ausdrucksstark, auf einen nachhaltigen Eindruck beim Betrachter hin verdichtet.

S. 26, Aufgabe 3

Man kann hier auf eine Vielzahl von Quellen zurückgreifen. Gerade für die bayerischen Schülerinnen und Schüler dürfte interessant sein, dass Bayern – und hier vor allem München und das bayerische Oberland – ein Zentrum des Expressionismus darstellt (vgl. z. B. die Maler des Blauen Reiter). Gewinnbringend ist der Verweis auf folgende Internetseiten:

www.

- www.buchheimmuseum.de
- www.lenbachhaus.de
- www.murnau.de/de/munterhaus_p2
- www.franz-marc-museum.de

S. 26, Aufgabe 4

Bereits zu Beginn der neueren deutschen Literatur steht der Anspruch, Neues zu schaffen und sich vom Althergebrachten abzusetzen: Bewusst sucht Martin Opitz Anschluss an die europäische Literatur zu finden und sich vom Althergebrachten – etwa dem Meistersang – abzugrenzen. Dass er aber dabei auf traditionelle Formen zurückgreift (z. B. die romanischen Dichtungstraditionen), ist im Denken der Zeit begründet. In den folgenden Jahrhunderten erfolgte die Abgrenzung zum Vorausgegangenen aber wesentlich deutlicher, so z. B. im Sturm und Drang, in der Romantik, im Naturalismus oder in der Literatur der Moderne.

S. 26

Expressionismus und Krieg

S. 26, Aufgabe 1

Aus dem Tagebucheintrag sprechen ein Gefühl von Überdruss und Langeweile, von Sehnsucht nach Veränderungen – egal, wie diese aussehen könnten. Letztlich spiegelt sich in ihm die Stimmung des Fin de siècle.

S. 26, Aufgabe 2

Auch in der Wiener Moderne wird eine auf den ersten Blick ähnliche Gemütsverfassung deutlich: das Wissen darüber, dass das alte politische und gesellschaftliche System an einem Ende angekommen war. Freilich gründete diese Gemütsverfassung in der Wiener Moderne vor allem im Wissen darum, dass die herrschenden politischen und gesellschaftlichen Strukturen, die in der Person des alten Kaisers Franz Joseph I. ihre Verkörperung fanden, sich überlebt hatten und das Reich politisch aber auch geistig-kulturell im Zerfall begriffen war. Im Expressionismus, dessen Zentren vor allem in Deutschland lagen, hingegen dürfte vielmehr eine andere Grundstimmung von Bedeutung gewesen sein: Das aufstrebende Deutsche Reich, das unter Wilhelm I. seinen „Platz an der Sonne“ einforderte, verlangte danach, alte Strukturen zu überwinden, um endlich in voller Größe glänzen zu können.

S. 27, Aufgaben 3a/b

Hinweise zur Erschließung des Gedichts „Grodek“:

Motive	übergeordneter Motivkomplex	traditionelle Bedeutungskomponenten
Abend und Nacht („Abend“, V. 1, „Sterne“, V. 11 ...)	Naturerscheinungen	Herbst und Abend als Metaphern des Abschieds, der Ernte und des Todes
Herbst („herbstliche Wälder“, V. 1, „goldene Ebenen“, V. 2 ...)		
Natur („herbstliche Wälder“, V. 1, „goldene Ebenen“, V. 2, „blaue Seen, ... Sonne“, V. 4 ...)		

© 2010 Oldenbourg Schulbuchverlag

Motive	übergeordneter Motivkomplex	traditionelle Bedeutungskomponenten
elegische Trauerklage in antiker Tradition („wilde Klage“, V. 5, „Geister der Helden“, V. 13, „die dunkeln Flöten“, V. 14, „eherne Altäre“, V. 15 ...)	antike Mythologie (Homer)	Ausdruck der Trauer und des Leides, aber auch Glorifizierung der Helden, der Verstorbenen; Versuch, den Tod der Helden als nötig, sinnvoll und ruhmreich zu stilisieren
antike Schlachtenbilder („sterbende Krieger“, V. 5, „zerbrochene Münder“, V. 6, „das vergossene Blut“, V. 9, „zürnender Gott“, V. 8, „Helden“, V. 13, „blutende Häupter“, V. 13 ...)		
sterbende Menschen („zerbrochene Münder“, V. 6, „das vergossene Blut“, V. 9, „rotes Gewölk“, V. 8, „die blutenden Häupter“, V. 13, „die ungebornen Enkel“, V. 17 ...)	menschliches Leid und Trauerklage	

S. 27, Aufgabe 3c

Sprache an antikes Vers- und Strophenmaß angenähert; Satzinversionen zur Rhythmisierung und Poetisierung des Gesagten, Sprache wirkt getragen und hymnisch; Wortwahl pathetisch, z. T. archaisierend (vgl. „Krieger“, V. 5, „mondene Kühle“, V. 9, „eherne Altäre“, V. 15).
Trakls Gedicht schildert bei genauer Betrachtung eindringlich die schrecklichen Folgen der Schlacht bei Grodek: gefallene Soldaten, vom Blut gefärbtes Wasser und getränkter Boden, Trauer der Angehörigen, zerstörte Leben und damit die Trauer über niemals geborene Menschen.
Die antikisierende Darstellung in Form, Sprache und Bildlichkeit überhöht das Geschehen bis in mythische Dimensionen hinein, was weniger als Rechtfertigung der Schlacht als vielmehr als Versuch zu sehen ist, das unvorstellbare Grauen in Worte zu fassen und erträglicher zu machen.

S. 27, Aufgabe 4

Hinweise zur Erschließung des Gedichts „Sturmangriff“: Die Syntax ist völlig aufgelöst, Satzfetzen, einzelne Wörter und Wortbruchteile prägen das Gedicht. Ein zusammenhängender Gedankengang ist nicht zu erkennen, sondern höchstens zu rekonstruieren. Onomatopoetische Wendungen tragen zur Eindringlichkeit bei. Zu erkennen ist eine Reduktion des Menschen auf dessen (Überlebens-)Ängste. Der Himmel ist in den Plural gesetzt und dynamisiert. Vermittelt werden letztlich bruchstückhafte Gedanken eines Soldaten beim Sturmangriff, die ruckhaften Bewegungen des Soldaten spiegeln sich in der Verseinteilung wider. Leitbegriffe wie „Wollen“, „Leben“, „Tod“ und „Entsetzen“ prägen sich dem Leser ein und vermitteln das Grauen des Frontkrieges.

S. 27, Aufgabe 5

Krieg erscheint als grausam, unerbittlich und unfassbar. Der Mensch wird im Krieg auf seinen Überlebensdrang reduziert oder als heldenhaftes Opfer stilisiert.

S. 27, Aufgabe 6

Georg Trakl, „Grodek“: Typisch für den Expressionismus ist die Bild- und Sprachgewalt des Gedichts sowie das Pathos der Darstellung.
August Stramm, „Sturmangriff“: kühne Verwendung der Syntax und Bildlichkeit, das Innenleben des Subjekts wird verabsolutiert.

© 2010 Oldenbourg Schulbuchverlag

S. 28

2. Franz Kafka – Wegbereiter der Moderne

S. 28

2.1 Prag – „Die Stadt mit dem heimlichen Herzschlag“

S. 29, Aufgabe 1

Zur Biografie: z. B. bei Wilpert („Lexikon der Weltliteratur – Autoren“) oder bei Killy („Literaturlexikon“) (beide auch digital verfügbar)
Zum Inhalt:
- Gero von Wilpert: Lexikon der Weltliteratur – Werklexikon. Digitale Bibliothek Bd. 13, S. 18104 f.
- Kindlers Literaturlexikon. München 1988 [Studienausgabe], Band 11 Ma – Mo, S. 627 ff.
- Harenbergs Lexikon der Weltliteratur. Autoren – Werke – Begriffe. Dortmund 1989, Bd. 2 Coc – Hea, s. v. Der Golem, S. 1143 ff.
- Harenberg Kulturführer, Roman und Novelle. Mannheim 2007 (Meyers Lexikonverlag), s. v. Meyrink, Gustav, S. 502 f.

Eine ausführliche, wissenschaftliche Beschäftigung mit dem „Golem“ findet sich in:
- Peter Cersowsky: Phantastische Literatur im ersten Viertel des 20. Jahrhunderts. München 1983 (vor allem S. 34–66).
- Marianne Wünsch: Die Fantastische Literatur der Frühen Moderne. München 1991.

Als Anregung kann auch dienen:
- Die Banalität des Horrors. Günter Kunert über Gustav Meyrink: *Der Golem* (1915). In: Romane von gestern – heute gelesen. Bd. I 1900–1918. Hg. v. Marcel Reich-Ranicki, Frankfurt/M. 1989, S. 231–237.

S. 29, Aufgabe 2

Metaphorisierung der Häuser:
- „… wie verdrossene alte Tiere im Regen nebeneinanderhockten.“ (Z. 1 f.): Häuser als Tiere
- „Wie unheimlich und verkommen …“ (Z. 2 f.): Häuser als Gespenster
- „… wie Unkraut, das aus dem Boden dringt.“ (Z. 4 f.): Häuser als Pflanzen
- „… schiefwinkliges Haus mit zurückspringender Stirn – ein andres daneben: vorstehend wie ein Eckzahn.“ (Z. 9 f.): Häuser anthropomorphisiert
- „… als ob es gewisse Stunden […] für sie gäbe, wo sie erregt eine lautlose, geheimnisvolle Beratung pflegen.“ (Z. 16 f.): Häuser anthropomorphisiert
- „… ein schwaches Beben durch ihre Mauern, das sich nicht erklären lässt, …“ (Z. 18 f.): Häuser als Gespenster
- „… in ihrem spukhaften Treiben …“ (Z. 23 f.): Häuser als Gespenster
- „…, dass sie die heimlichen eigentlichen Herren der Gasse seien, sich ihres Lebens und Fühlens entäußern …“ (Z. 24 ff.): Häuser anthropomorphisiert

Es entsteht eine eigentümliche geheimnisvolle Stimmung, in der die Häuser beinahe zu eigenwillig handelnden und fühlenden Individuen werden. Die von den anderen Beschreibungen (Urzidil, Kafka und Meyrink, AB, S. 28) des jüdischen Gettos, der Altstadt Prags schon bekannten Besonderheiten wirken durch die metaphorische Zuspitzung noch prägnanter und eindringlicher.

© 2010 Oldenbourg Schulbuchverlag

S. 30, Aufgabe 3 In einer Tabelle kann die Gegenüberstellung so aussehen:

Sichtweise Kafkas	Wirkung	Darstellung im „Golem"	Wirkung
– spricht bzgl. des Gettos nicht von der Realität, sondern von der Erinnerung an früheren Zustand – Erleben der Realität bezieht sich auf „Neustadt – Gefühle beziehen sich auf die alte Judenstadt	– authentische Darstellung – Thematisieren der Verhältnisses „Wachsein" vs. „Traum" – Umkehr dieser Beziehung: Traum wirklicher als Realität	– Wahrnehmung und Beschreibung durch Erzähler in fiktivem Text – Wiedergabe der Gefühlslage – Traum als Beleg für Empfinden – Bilder und Vergleiche – Häuser des Gettos metaphorisiert	– Erzeugen einer geheimnisvollen Stimmung (anthropomorphes Verhalten der Häuser) – Darstellung bleibt innerliterarisch
Darstellung in der Realität – gezeigt wird das Verhältnis zwischen altem und neuem Prag	nachdenkliche Reflexion, wie sich Veränderungen in der Wirklichkeit der Stadt auf den Einzelnen auswirken	Darstellung bleibt fiktiv – gezeigt wird das alte Prag	geheimnisvolles Eigenleben des Gettos als literarisches Muster

S. 32, Aufgabe 4 Mögliche Aspekte sind:
- Verhältnis Deutsche – Tschechen: 7 % : 93 %
- Deutsche fühlen sich als überlegene soziale Klasse.
- Deutsche verfügen über reichhaltige kulturelle Infrastruktur (Schulen, Theater, Zeitung).
- Unfähigkeit, Überholtheit der eigenen Situation zu begreifen
- Versuch, sich selbst über Bedrohungslage zu täuschen
- Selbsteinschätzung: elitärer Elfenbeinturm
- Beschreibung der vier ethnischen Quellen für Schriftsteller durch Johannes Urzidil

S. 32, Aufgabe 5 Bezugsquadrat nach Johannes Urzidil:

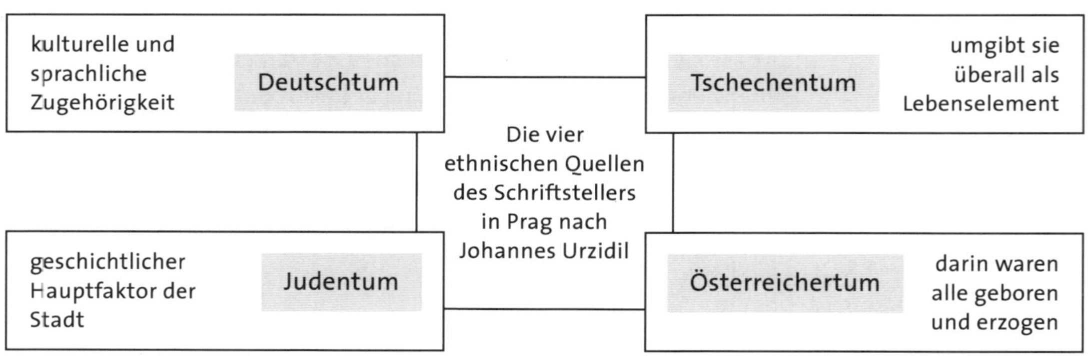

S. 32, Aufgabe 6 Vielfältige Anregungen zu dieser Thematik finden sich in:
- Willi, Jasper: Deutsch-jüdischer Parnass. Literaturgeschichte eines Mythos. Berlin 2004, [insbesondere das Kapitel „Kafkas Geheimnis", S. 195–214].
- Max Brod: Über Franz Kafka. Franz Kafka – Eine Biographie. Franz Kafkas Glauben und Lehre. Verzweiflung und Erlösung im Werk Franz Kafkas. Frankfurt/M. 1976.
- Hans J. Schütz: „Eure Sprache ist auch meine". Eine deutsch-jüdische Literaturgeschichte, Zürich 2000 [insbesondere das Kapitel „VII. Das jüdische Prag", S. 253–288].

© 2010 Oldenbourg Schulbuchverlag

- Das Kafka-Buch. Eine innere Biographie in Selbstzeugnissen. Hg. v. Heinz Politzer. Frankfurt/M. 1970 [insbesondere das Kapitel „III. Judentum“, S. 53–107]

Linktipp: http://de.wikipedia.org/wiki/Kunst_und_Kultur_in_Prag

S. 32

2.2 **Zur Person:** der Dichter Franz Kafka und seine literarische Selbstfindung

S. 33, Aufgabe 1

Charakteristik Franz Kafkas nach der Beschreibung durch seinen Freund Max Brod:
- Äußeres: schlank, groß, etwas vorgebeugt; kühne, blitzend-graue Augen; bräunliche Gesichtsfarbe; hoher, pechschwarzer Haarbusch; schöne Zähne; schönes, scharf geschnittenes Gesicht; Anzug dunkelgrau oder dunkelblau; sorgfältig u. geschmackvoll gekleidet; schmale ausdrucksvolle Hände
- Verhalten: möchte immer im Hintergrund bleiben; spricht mit leiser Stimme; verstummt in Gesellschaft; verliert Schüchternheit im kleinen Kreis; freundliches, höfliches Lächeln; sparsam in Bewegungen der Hände
- Wesenszüge: Phantasiereichtum; Bescheidenheit; geistiger Riese; jungenhaft aufgeschlossen; fröhlich, naiv, witzig; Neigung zu boshaften Wendungen, ohne verletzend zu sein

S. 33, Aufgabe 2

Zur Biografie, z. B. Wilpert (Lexikon der Weltliteratur – Autorenlexikon. Digitale Bibliothek Band 13, S. 6875 f.) oder bei Walter Killy („Literaturlexikon“). Weitere Informationsquellen sind ferner die folgenden, für den Schulgebrauch zugelassene Literaturgeschichten:
- Epochen der deutschen Literatur. Hg. v. J. Bark, D. Steinbach, H. Wittenberg. Stuttgart: Klett 1989, S. 421–427.
- Hoffmann/Rösch: Grundlagen, Stile, Gestalten der deutschen Literatur. Eine geschichtliche Darstellung. Berlin: Cornelsen ²2006 , S. 387–391.
- Helmuth Nürnberger: Geschichte der deutschen Literatur. 25. völlig neu bearbeitete Aufl. München: Bayerischer Schulbuch Verlag 2006, S. 379–382.
- Hans Gerd Rötzer: Geschichte der deutschen Literatur. Epochen, Autoren, Werke. Bamberg: C. C. Buchners Verlag 1996, S. 323–326.

S. 35, Aufgabe 3a

Innere Spannung in Krisensituation – Gegenüberstellung von literarischen Ansprüchen und Sehnsucht nach der Geliebten:

	Literarische Ansprüche	**Sehnsucht nach der Geliebten**
18.XI.12	– Versagensgefühl – nicht am Roman „Der Verschollene“ gearbeitet – Nachtarbeit als Ausweg	kein Bezug
24.XI.12	– Distanz („ekelhafte Geschichte“) – Zufriedenheit mit Geschichte – Schreiben als Befreiung – „wollüstiges Geschäft“	– Gedanken an F. als Erholung von Geschichte – aus dem gleichen Herzen kommt ekelhafte Geschichte und Liebe zu F. – Schreiben als Reinigung, um würdig zu werden
4./5.XII.12	– Furcht vor dem Schreiben – Geschichte bleibt bis morgen unvollendet	kein Bezug
6./7.XII.12	Geschichte beendet, ist jedoch mit Schluss unzufrieden	kein Bezug

© 2010 Oldenbourg Schulbuchverlag

S.35, Aufgabe 3b

Genuss des Schreibens:
- „Hätte ich die Nacht frei, um sie, ohne die Feder abzusetzen, durchschreiben zu können ...“ (Z.3 f.)
- „..., denn, wer weiß, je mehr ich schreibe und je mehr ich mich befreie, desto reiner und würdiger werde ich ...“ (Z.14 f.)
- „..., für meine kleine Geschichte ist nun wirklich schon zu spät, ...“ (Z.19 f.)

Zusatzmaterial 6: Auszüge aus Tagebüchern und Briefen von Franz Kafka, LM, S.38

Stellenwert des Schreibens für Kafka: ständiges Reflektieren des eigenen Schreibprozesses, der Selbstzweifel, der Befriedigung, aber auch der Erfolglosigkeit belegen, dass das Schreiben für Kafka die erste und wichtigste Form der Selbsterfahrung und stetige Kraftquelle für das Bestehen des Alltags bildete. Als Beleg finden sich einige zusätzliche markante Textbeispiele aus den Tagebüchern und Briefen in den Zusatzmaterialien.

S.35

2.3 Kafkas Werk – Chiffre der Moderne

S.37, Aufgabe 1

Zunächst sollten Textsignale für das Außergewöhnliche, Irreale, Phantastische gesucht werden, um herauszufinden, was Kafka mit der subjektiven Kategorie des ‚Ekelhaften‘ meinen könnte. Demgegenüber stehen Textsignale, die eine ‚realistische‘ Lesart erlauben.
In der Diskussion kann erörtert werden, wie es gelingt, phantastische und realistische Elemente gleichzeitig zu setzen und wie diese Gleichzeitigkeit zu interpretieren ist.
Die Diskussion wird wohl ergeben, dass man sich von der Beschreibung der Geschichte als „ausnehmend ekelhaft[e]“ trennen muss, um sich der eigentlichen, hinter dem Bild des „Ungeziefers“ und der „Verwandlung“ stehenden Metaphorik zuzuwenden.

Textsignale, die für Kafkas Einschätzung einer „ausnehmend ekelhafte[n] Geschichte“ sprechen:
- „... fand er sich in seinem Bett zu einem ungeheuren Ungeziefer verwandelt“ (Z.1 f.)
- „Seine vielen, im Vergleich zu seinem sonstigen Umfang kläglich dünnen Beinen flimmerten ihm hilflos vor den Augen.“ (Z.6 ff.)
- „‚Was ist mit mir geschehen?‘, dachte er.“ (Z.9)
- „..., schloss die Augen, um die zappelnden Beine nicht sehen zu müssen, ...“ (Z.25 f.)
- „... juckende Stelle, die mit lauter kleinen weißen Pünktchen besetzt war, ...“ (Z.37 f.)
- „Gregor erschrak, als er seine antwortende Stimme hörte, ..., in die sich aber, wie von unten her, ein nicht zu unterdrückendes, schmerzliches Piepsen mischte, ...“ (Z.44 ff.)
- „... und durch Einschaltung von langen Pausen zwischen den einzelnen Worten seiner Stimme alles Auffallende zu nehmen.“ (Z.61 ff.)

Textsignale, die gegen Kafkas Einschätzung sprechen:
- „Es war kein Traum.“ (Z.9)
- „... ein richtiges, nur etwas zu kleines Menschenzimmer, ...“ (Z.10)
- „... in einem hübschen, vergoldeten Rahmen ...“ (Z.14)
- „... – machte ihn ganz melancholisch.“ (Z.19 f.)
- „‚Wie wäre es, wenn ich noch ein wenig weiterschliefe und alle Narrheiten vergäße‘, dachte er, ...“ (Z.20 f.)
- „... , was für einen anstrengenden Beruf habe ich gewählt!‘“ (Z.29 f.)
- „Die sanfte Stimme!“ (Z.43 f.)
- „... denn die Mutter beruhigte sich ...“ (Z.52 f.)

© 2010 Oldenbourg Schulbuchverlag

S.37, Aufgabe 2
Vgl. AB, S.111, 328

Erzähltechnische Gestaltung:

Erzählkategorie	Beleg	Bestimmung	Wirkung
Erzählform/ Erzählsituation	„Als Gregor Samsa eines Morgens aus unruhigen Träumen erwachte, fand er sich in seinem Bett …“ (Z.1f.)	– Er-Erzähler – personale Erzählsituation	– Objektivität der Beschreibung der Handlung – Subjektivität im Erleben Gregors – Distanz und Nähe zum Geschehen
Erzählhaltung	„… und sah, wenn er ein wenig den Kopf hob …“ (Z.3f.) „… war die Veränderung in Gregors Stimme draußen wohl nicht zu merken, dann die Mutter …“ (Z.51f.)	– differenzierende Bewertung – abwägende Bewertung	– Erfahren des Gegensatzes zwischen Realem und Irrealem – Leser muss sich ein eigenständiges Urteil bilden
Erzählperspektive	„Gregors Blick richtete sich dann zum Fenster, …“ (Z.18) „Gregor erschrak, als er seine antwortende Stimme hörte …“ (Z.44)	– Leser erfährt Geschehen dominant aus der Sicht Gregors – von innen (Innensicht)	– subjektive Beschreibung von Gregors Handlungen und Gefühlen – Darstellung der anderen Figuren scheint gefiltert
erzähltechnische Mittel	„… dass man nicht wusste, ob man recht gehört hatte.“ (Z.48f.) „Die sanfte Stimme!“ (Z.43f.) „Es war kein Traum.“ (Z.9)	– Bewusstseinsstrom – innerer Monolog – erlebte Rede	– Verstärken der subjektiven Perspektive – Leser wird stärker ins Geschehen gezogen

S.37, Aufgabe 3

Der Inhalt der Erzählung kann über die bekannten Quellen (Wilpert: „Lexikon der Weltliteratur – Werke“ und „Kindlers Literaturlexikon“) ermittelt werden. Darüber hinaus finden sich viele Darstellungen, die als Grundlage für die Erarbeitung der Aufgaben dienlich sein können.

S.37, Aufgabe 3a

Stellung des Protagonisten in seinem sozialen Umfeld:
- ältestes **Kind** (kleinbürgerliche Familie bestehend aus: Vater, Mutter, Sohn, Tochter)
- **Sohn** als einziger „Ernährer“ (muss die vom Vater verursachten Schulden abtragen)
- **Handlungsreisender** (abhängiger Angestellter einer Handelsfirma)
- **Kollege** (Außenseiter unter anderen Handlungsreisenden)

Deutungshypothese bzgl. Veränderung des Sohnes als Ausdruck eines Familienkonflikts:
- **biografische Ebene:** virulenter Konflikt mit dem Vater (dessen Einstellung zu literarischen Ambitionen des Sohnes; Verurteilung von dessen Interesse am Judentum), Flucht aus Verantwortung (Vater übertrug 1912 dem Sohn Aufsicht über familieneigene Asbestfabrik)
- **textimmanente Ebene:** Familie beutet den Sohn aus wie ein „Tier“; Verwandlung als konsequenter Ausdruck dieser Behandlung; Sohn wandelt sich „real“ zu dem, wozu ihn Familie längst gemacht hat; er erträgt Erniedrigung und Ausbeutung in der „Rolle“ des Parasiten (Verwahrlosung des Zimmers) pflichtbewusst bis in den Tod (Hungertod) und wird soweit erniedrigt, dass er schließlich als Abfall beseitigt wird.

© 2010 Oldenbourg Schulbuchverlag

S. 39, Aufgabe 4a

Kategorien, mit denen Žmegač die „fiktionale Wirklichkeit" der Kafka'schen Prosa beschreibt:
- [parabolisch – abgeleitet von Gattungsbegriff „Parabel":] dargestellte Wirklichkeit ist gestört, defekt, alogisch mit Anschein von Logik, wodurch Eindruck von Vertrautheit entsteht (Z. 1 ff.)
- paradox: Figuren verhalten sich scheinbar normal, ihre Reaktionen sind hingegen mechanisch, ähnlich denen von Marionetten (Z. 6 ff.)
- rätselhaft: mit Eigenheiten des zeitgenössischen Lebens gestaltete Texte stiften größere Verwirrung (Z. 19 ff.)
- absurd: unmotivierte Verhältnisse sind so dargestellt, als wären sie vernünftig, alltäglich (Z. 21 f.)
- traumhaft: pervertierte Welt trägt Siegel universeller Realität (Z. 23 f.)
- surreal: unbegreifliche, gegenständliche Welt wird zum Bild für die Entfremdung des Menschen (Z. 24 f.)

S. 40, Aufgabe 4b

Sprache	„Die Verwandlung"	„Vor dem Gesetz"
„leidenschaftslos ruhig"	„Gregors Blick richtete sich dann zum Fenster, und das trübe Wetter – man hörte Regentropfen auf das Fensterblech aufschlagen – machte ihn ganz melancholisch." (AB, S. 36, Z. 18 ff.)	„Vor dem Gesetz steht ein Türhüter. Zu diesem Türhüter kommt ein Mann vom Lande und bittet um Eintritt in das Gesetz." (AB, S. 38, Z. 1 ff.)
„objektivistisch, auf das ... Detail gerichtet"	„Seine vielen, im Vergleich zu seinem sonstigen Umfang kläglich dünnen Beine flimmerten ihm hilflos vor den Augen." (AB, S. 35, Z. 6 ff.)	„Der Türhüter gibt ihm einen Schemel und lässt ihn seitwärts von der Tür sich niedersetzen." (AB, S. 39, Z. 16 f.)
„karg" / „nicht metaphorisch" / „farblos"	„Gregor aber dachte gar nicht daran aufzumachen, sondern lobte die vom Reisen her übernommene Vorsicht, auch zu Hause alle Türen während der Nacht zu versperren." (AB, S. 37, Z. 64 ff.)	„‚Hier konnte niemand sonst Einlass erhalten, denn dieser Eingang war nur für dich bestimmt. Ich gehe jetzt und schließe ihn.'" (AB, S. 39, Z. 47 f.)

Natürlich lassen sich auch Sätze finden, die diesen Zuordnungen nicht oder z. T. nicht entsprechen. Es wird also darauf ankommen, den gesamten sprachlichen Duktus zu untersuchen und den „lapidaren Ton" (Harenberg Kulturführer Roman und Novelle, S. 384) von Kafkas Prosa zu erfassen.

S. 40, Aufgaben 5a/b

Ansätze zu einer Deutung der Parabel „Vor dem Gesetz":
- Einbinden in Kontext des Romans „Der Prozess" (Situation, in der Parabel von Gefängnisgeistlichem erzählt wird; Streit um Auslegung zwischen Josef K. und Gefängnisgeistlichem; Vergleich des realen Prozesses von Josef K. und des „Gesetzes" als Instanz in der Parabel)
- Herausarbeiten des Gleichnischarakters („Parabel", Bezugnahme auf Basiswissen, AB, S. 40)
- Beschreiben des Geschehens (Wiedergabe der reinen Handlungsebene)

© 2010 Oldenbourg Schulbuchverlag

- Erzählsituation (Bezug zu „realem“ Erzähler innerhalb der Fiktion des Romans „Der Prozess“; immanente Erzählsituation ohne Bezug zum Roman)
- Verhältnis der beiden Protagonisten (Türsteher vs. Mann vom Lande)
- Figurencharakteristik (Herausarbeiten anhand einer Merkmalsmatrix für die Protagonisten)
- Deutung der Schlüsselbegriffe „Gesetz“, „Türhüter“, „Mann vom Lande“, „Tor/Tür“, „Eintritt“, „Saal“, „Macht“, „Zeit“, „Alter“, „Zufall“, „Einlass“, „Eingang“

S. 40, Aufgabe 6a

Kafkas Roman „Der Prozess“ ist in zahlreichen TB-Ausgaben zugänglich. Hilfreich für den Unterricht ist u. a. die Ausgabe in der Suhrkamp BasisBibliothek (SBB 18, Frankfurt/M. 2000), die Text und Kommentar enthält (Gespräch zwischen Josef K. und dem Gefängnisgeistlichen ab S. 231).

Als Hörbücher bieten sich an:

- Franz Kafka: Der Prozeß, gelesen von Christian Brückner, parlando prosa (Edition Christian Brückner 2002) – 7 CDs, ungekürzte Lesung [Kapitel „Im Dom“, Gespräch mit dem Gefängnisgeistlichen auf CD 7, Track 2]
- Kafka: Der Prozess, gelesen von Katharina Thalbach, GoyaLiT 2008–7 CDs, ungekürzte Lesung [Kapitel „Im Dom“, Gespräch mit dem Gefängnisgeistlichen auf CD 6, Track 12/13]

S. 40, Aufgabe 6b
Zusatzmaterial 7: Elias Canetti: Briefe an Felice, LM, S. 39 f.

Argumente des Gefängnisgeistlichen im Vergleich mit denen von Josef K.:

Josef K.	**Gefängnisgeistlicher**
– Türhüter hat Mann getäuscht. – Erlösende Mitteilung kommt zu spät. – Pflicht nicht erfüllt – hätte Mann einlassen müssen – …	– beim Wortlaut der Schrift bleiben – kein Wort von Täuschung – hat als Türhüter seine Pflicht erfüllt – mahnt Achtung vor der Schrift ein – keine Veränderung der Geschichte – …

S. 41

3. „Sprache ein bloßer Zusammenfluss von Bildern und Empfindungen?“ – Ein Gedicht der frühen Moderne erschließen und interpretieren

Ernst Stadler wurde am 11. August 1883 in Colmar im Elsass geboren und fiel kurz nach Beginn des Ersten Weltkriegs am 30.10.1914 bei Ypern in Flandern. Nach dem Studium der Germanistik und Anglistik in München, Straßburg und Oxford lehrte er ab 1910 an der Universität in Brüssel. Beeinflusst von Georg Heym und Georg Trakl gilt Stadler als formstrenger Lyriker des frühen Expressionismus. Seine Sprache, seine modernen Themen und seine rhythmisch-hymnischen Formen wirkten bei den späteren Expressionisten fort. 1905 erschien sein erster Gedichtband „Präludien“, in seinem Todesjahr erschien sein zweiter, „Der Aufbruch“, in dem auch das Gedicht „Fahrt über die Kölner Rheinbrücke“ veröffentlicht wurde. Daneben verfasste Stadler Essays und Kritiken, literarhistorische Schriften und gab die Shakespeareübersetzungen Christoph Martin Wielands heraus.

S. 42, Aufgabe 1

Der Titel weist bereits auf die im Gedicht dargestellte Situation hin: Ein Schnellzug fährt nachts in Köln stadtauswärts über die Eisenbahnbrücke.

Das Gedicht lässt sich in drei Handlungsabschnitte unterteilen:

- die Fahrt des Zuges durch die Nacht (V. 1–10), im Vorbeifahren blitzen Lichter von Ansiedlungen oder Industrieanlagen entlang der Strecke oder aus der Ferne auf, seine Annä-

© 2010 Oldenbourg Schulbuchverlag

herung an die Stadt (V. 11–16), Gebäudeumrisse tauchen aus der Dunkelheit auf, eine Vorahnung auf einen besonderen Streckenabschnitt macht sich bemerkbar
- das Überqueren der Brücke (V. 17–29), man sieht den Fluss, der Erdboden als fester Untergrund ist verschwunden, die Brückenkonstruktion wird sichtbar, der Blick auf die nächtlich beleuchtete Stadt ist frei
- die Weiterfahrt in die nächtliche Landschaft (V. 30–35), die Umgebung wird wieder dunkel, nächtliche Stille, Ziele erahnbar

S. 42, Aufgabe 2

Das Gedicht baut zunächst eine eher beklemmende, düstere Stimmung auf. Der Zug bahnt sich kraftvoll seinen Weg durch die beengende Dunkelheit. Wie die Einfahrt in ein Bergwerk wirkt die nächtliche Fahrt, der Zug gleicht einem wilden Tier. Die Stadt erscheint grau, leblos und verlassen. Als der Zug die Brücke überquert, dröhnt die Metallkonstruktion, der Zug scheint über den Fluss zu fliegen. In dem Moment schwenkt die Stimmung um. Der Zug kann hier der Enge entfliehen, auf der anderen Seite wird er freudig begrüßt und gefeiert, bevor er mit fast religiös anmutenden Zielvorstellungen in die Dunkelheit entschwindet. Bedenkt man die Lage der Eisenbahnbrücke in Köln, kann man den Weg des Schnellzugs nachvollziehen. Sie spannt sich in der Nähe des Kölner Doms und des Hauptbahnhofs, also dem Zentrum Kölns, über den Rhein und führt über einige, teils industriell geprägte Vororte, ins Hinterland. Die Stimmung im letzten Abschnitt des Gedichts wirkt widersprüchlich. Zunächst tritt ein Moment der Stille, des Innehaltens ein, der sich aber kurz darauf wieder in emotional weiter drängende Anspannung wandelt.

S. 42, Aufgabe 3

Die Schülerinnen und Schüler sollen sich mit dieser Aufgabe von der Vorlage lösen und den Inhalt des Gedichts mit eigenen Worten zusammenfassen. Besonderes Gewicht bei der mündlichen wie auch der schriftlichen Bearbeitung der Aufgabe wird deshalb darauf liegen, dass sie die Bilder und Metaphern in „Alltagssprache" umsetzen. Mögliche Inhalte der Zusammenfassung:
- Ernst Stadler beschreibt in seinem Gedicht „Fahrt über die Kölner Rheinbrücke bei Nacht" aus dem Jahr 1913 das alltägliche Ereignis einer nächtlichen Zugfahrt über eine Eisenbahnbrücke als Stimmungsbild.
- Der Weg des Zugs scheint zu Beginn des Gedichts in feste Bahnen gedrängt, aus denen es kein Entweichen gibt.
- Die Fahrt wird zunächst mit der Einfahrt in eine Mine verglichen. Hier zeigt sich das Gefühl von Ausweglosigkeit, Begrenztheit, Enge, Dunkelheit, die nur von vereinzelten Lichtern durchbrochen wird.
- Die Brückenüberquerung wird als Befreiung empfunden, Aufheben der Erdgebundenheit.
- Die Brückenkonstruktion wird als Begrüßungskomitee dargestellt, die Lichter der Stadt als Festbeleuchtung.
- Der Zug verlässt die Stadt. Es wird wieder dunkel um ihn. Ein Augenblick der Ruhe tritt ein.
- Weitere Zielvorstellungen sind aber wieder gefühlsbeladen.
- Es wird angedeutet, dass noch weitere faszinierende Erlebnisse wie die Brückenüberquerung in Verlauf der Zugfahrt denkbar sind.
- Daneben wird aber auch wiederum Bedrohliches als möglicher Endpunkt deutlich.

S. 42, Aufgabe 4

Von Schüler- wie auch von Lehrerseite wird bei der Betrachtung von Literatur, insbesondere aber bei Behandlung von Lyrik immer wieder der Vorwurf laut, man „zerpflücke" die Verse, z. B. werde der Formanalyse zu viel Eigengewicht zugestanden, sodass die unmittelbare Begegnung mit einem Gedicht völlig in den Hintergrund trete. Dabei wird übersehen, dass sich gerade die expressionistische Lyrik ihrem Leser wegen ihrer Metaphorik und Bilderflut nicht auf den ersten Blick erschließt. Da wähnt man sich im Formraster sicher, mit dessen Hilfe man das Gedicht zunächst einmal „formal" erfassen kann. Was jedoch bleibt, ist ein fleischloses Skelett aus Definitionen und Fachtermini. Es empfiehlt sich daher, dem folgenden

© 2010 Oldenbourg Schulbuchverlag

Vorschlag zu folgen: „Das Prinzip der systematischen Interpretation soll also verlassen werden zugunsten einer sofortigen Beschäftigung mit dem Auffälligen, den Reibungspunkten.“ Im expressionistischen Gedicht bieten sich daher Metaphorik, Vergleiche und Bilder als Einstieg an.
Im Hinblick auf die Abiturvorbereitung darf natürlich das formale Erfassen eines Gedichts nicht vernachlässigt werden. Den Schülerinnen und Schülern sollte aber bewusst sein, dass die Form eines Gedichts seine Aussage nur unterstützen, bestätigen oder aber durchbrechen kann. Deshalb wurde auch im AB eigens darauf hingewiesen, dass sprachliche Gestaltung und Form zum Inhalt in Beziehung zu setzen ist.

Im ersten Abschnitt (V. 1–16): Der Schnellzug fährt durch die nächtliche Landschaft, entlang der Strecke sieht man in der Ferne ab und zu erleuchtete Häuser, Dörfer, Städte vorbeiziehen. Je näher er der Stadt kommt, desto häufiger und vermehrt tauchen Lichter auf („... und sammeln sich ... und werden dicht“, V. 12) und bilden zusammen mit den Umrissen der Häuser („Gerippe grauer Häuserfronten“, V. 13) die nächtliche Kulisse der Stadt Köln. Mit einer Vorahnung wird auf ein besonderes Ereignis hingedeutet („etwas muss kommen ... o, ich fühl es schwer“, V. 15), das Überqueren der Eisenbahnbrücke.
- Personifizierung des Zugs: Schnellzug als handelnde und erlebende Instanz (er „tastet sich / und stößt die Dunkelheit entlang“, V. 1 / 2)
- Vergleich der Welt mit einem Bergwerk: „Die ganze Welt ist nur ein enger, / nachtumschienter Minengang (V. 3 f.), „Förderstellen / blauen Lichtes“ (V. 5 f.), „Schloten, / dampfend“ (V. 7 f.), „Als führen wir ins Eingeweid der Nacht zur Schicht“ (V. 10)

Im zweiten Abschnitt (Z. 17–29): Die Auffahrt auf die Brücke ist wie das Abheben eines Flugzeugs („Wir fliegen, aufgehoben“, V. 18). Die nächtliche Kulisse scheint den Zug jetzt wie einen Ehrengast auf der Durchreise (Z. 29) zu bejubeln („Biegung der Millionen Lichter, stumme Wacht“, V. 20; „Vor deren blitzender Parade“, V. 21; „Endloses Spalier, zum Gruß gestellt bei Nacht!“, V. 23; „Freudiges! / Salut von Schiffen“, Z. 24 f., „Bestirntes Fest!“, V. 26)
Im dritten Abschnitt (Z. 30–35): Nachdem der aufregende Tross vorbeigezogen ist, kehrt mit der Ruhe ein erhabener Augenblick („Besinnung. Einkehr. Kommunion“, V. 31) ein. Doch im nächsten Moment drängt sich in diese Phase bereits wieder die Spannung auf weitere denkbare Stationen, die religiös anmuten („Und Glut und Drang / Zum Letzten. [...] / Zum Untergang“, V. 32–35).

S. 42, Aufgabe 5 Gegensatzpaare:

hell	**dunkel**
„Stern“ (V. 3), „blauen Lichtes“ (V. 6), „Horizonte (V. 6), „Feuerkreis (V. 6), „Kugellampe“ (V. 7), „Lichter“ (V. 11), „Zwielicht bleichend“ (V. 14), „Millionen Lichter“ (V. 20), „blitzende Parade“ (V. 21), „Fackeln“ (V. 24), „mit hellen Augen“ (V. 27), „Glut“ (V. 32)	„Dunkelheit“ (V. 2), „nachtumschienter Minengang“ (V. 4), „schwarz“ (V. 9), „Eingeweid der Nacht“ (V. 10), „Nacht“ (V. 23), „Untergang“ (V. 35)
Technik	**Mensch**
„Schnellzug“ (V. 1), „Minengang“ (V. 4), „Förderstellen“ (V. 5), „Schlote“ (V. 7), „Schiffe“ (V. 25)	„Eingeweid“ (V. 10), „vereinsamt“ (V. 11), „Gerippe“ (V. 13), „ich fühl es“ (V. 15), „Blut“ (V. 16), „Fest“ (V. 26), „Besinnung. Einkehr“ (V. 31), „Zeugungsfest“ (V. 33), „Wollust“ (V. 34), „Gebet“ (V. 34)

© 2010 Oldenbourg Schulbuchverlag

Dynamik	Ruhe
„stößt" (V. 2), „reißen" (V. 6), „dampfend" (V. 8), „strömend" (V. 8), „fliegen" (V. 18), „nachtentrissne Luft" (V. 19), „Strom" (V. 19), „schwer ... rollen" (V. 22), „stürmend" (V. 24), „Wimmelnd" (V. 27)	„taumeln" (V. 11), „verirrt" (V. 11), „sammeln" (V. 12), „tot" (V. 14), „stumme Wacht" (V. 20), „die langen Einsamkeiten" (V. 30), „Stille" (V. 31), „Besinnung" (V. 31), „Einkehr" (V. 31), „Gebet" (V. 34)

Weitere mögliche Gegensatzpaare: Freiheit – Gebundenheit, Sehnsucht nach Neuem – Furcht vor Veränderung, Profanes – Religiöses.
Die Schülerinnen und Schülern stellen möglicherweise überrascht fest, dass die Wirkung mancher gegensätzlichen Bereiche nicht ihrem ersten Eindruck von der Stimmung des Gedichts entspricht. Die Bereiche „Technik" und „Dynamik" beschreiben Bewegung zwar kraftvoll und vorwärtsdrängend, wirken jedoch nicht so bedrohlich, wie es auf den ersten Blick erscheint. Dagegen vermitteln die Bereiche „Mensch" und „Ruhe" das Gefühl von Einsamkeit, Stillstand, Unbelebtheit, Tod.

S. 43, Aufgabe 6

Die Mehrzahl der Verben (auch von Partizipien abgeleitete) beschreibt starke, schnelle, fast ekstatische Bewegung: „tasten" (V. 1), „stoßen" (V. 2), „reißen" (V. 6), „dampfen" (V. 8), „strömen" (V. 8), „fahren" (V. 10), „taumeln" (V. 11), „verirren" (V. 11), „sammeln" (V. 12), „bloß liegen" (V. 13), „kommen" (V. 15), „dröhnen" (V. 17), „fliegen" (V. 18), „abwärts rollen" (V. 22), „stürmen" (V. 24), „hindrängen" (V. 27), „entlassen" (V. 29)
Einige beziehen sich auf menschliche Regungen, z. B. „vereinsamen" (V. 11), „fühlen" (V. 15), „singen" (V. 16) oder auf einen festen Zustand, z. B. „sein" (V. 3), „dicht werden" (V. 12).
Adjektive (auch als Partizipien) bezeichnen ebenfalls überwiegend Kraft, kräftige Bewegung, Energie, aber auch Düsternis und Bedrängtheit: „eng" (V. 3), „nachtumschient" (V. 4), „blau" (V. 6, 26), „jäh" (V. 6), „dampfend" (V. 8), „strömend" (V. 8), „schwarz" (V. 9,) „verirrt" (V. 11), „trostlos" (V. 11), „vereinsamt" (V. 11), „dicht" (V. 12), „bleichend" (V. 14), „tot" (V. 14), „schwer" (V. 15, 22), „aufgehoben" (V. 18), „königlich" (V. 19), „nachtentrissen" (V. 19), „hoch" (V. 19), „stumm" (V. 20), „blitzend" (V. 21), „endlos" (V. 23), „stürmend" (V. 24), „freudig" (V. 24), „bestirnt" (V. 26), „wimmelnd" (V. 27), „hell" (V. 27).

S. 43, Aufgabe 7

Die formale Gestaltung fällt bei diesem Gedicht nicht sofort ins Auge. Bei genauerer Betrachtung aber erkennt man in den Langzeilen Paarreim und ein jambisches Metrum. Die langen Zeilen und die unterschiedliche Anzahl von Hebungen innerhalb der Verszeilen bewirken einen unruhigen, vorwärtsdrängenden Rhythmus, der möglichst selten durch Verszäsuren unterbrochen wird.

S. 43, Aufgabe 8

Die Schülerinnen und Schüler sollen hier losgelöst von Einzelbeispielen die Verknüpfung von Inhalt, Stimmung des Gesichts mit seiner Gestaltung durch Sprache und Formgestaltung erfassen. In diesem Zusammenhang kann auch auf den Satzbau eingegangen werden, die Aneinanderreihung von Satzfetzen, die die Dynamik des Textes und den Eindruck verstärken, sodass das Geschehen durch Gefühlseindrücke wahrgenommen wird.

S. 43, Aufgabe 9

Kernthesen gemäß den Leitfragen:
- Die Menschen entwickelten die Sprache, indem sie mithilfe von Lauten die Natur nachahmten und wiederkehrende Lautfolgen zuordneten und schließlich Strukturen hinter den Lautfolgen erkannten (Z. 1–20).
- Wenn die Anwendung dieser Muster Erfolg zeigt, d. h., andere diese Strukturen verstanden und selbst variierten, fand Kommunikation statt. War zunächst Sprache noch nahe an der erlebten Wirklichkeit, entfernte sie sich zunehmend davon und entwickelte abstrakte Begriffe und inhaltslose Worthülsen (Z. 21–50).

© 2010 Oldenbourg Schulbuchverlag

- Die Expressionisten wenden sich von der formal geregelten Sprache ab, weil sie die dafür notwendigen Voraussetzungen nicht mehr gegeben sehen. Logische Begriffe und Muster setzen eine übersichtliche Welt voraus.
- Der Expressionismus aber „bemächtigt sich der Welt" (Z.77 f.). So wie sie sich ihm darstellt, will er ihr Ausdruck verleihen. In grammatikalisch korrekten Strukturen und vorgefertigten Begriffen ist ihm das nicht möglich. Daher äußern sich die expressionistischen Dichter – auf der Suche nach der „neuen Sprache" (Z. 87) – zumeist mit Wortneuschöpfungen und jenseits der gültigen grammatikalischen Regelungen.

S. 43, Aufgabe 10

Inhaltlich zeigt sich die expressionistische Auffassung von Sprache in der Dichtung, indem er die Vorgänge in der Welt, hier eine Zugfahrt über eine Eisenbahnbrücke, nicht einfach abbildet, sondern sie mit allen Sinnen erfährt, einen Sturm der Gefühle nachempfindet, der sich vom äußeren Geschehen gelöst hat.
In formaler Hinsicht lassen sich bei Stadler noch gestaltende Strukturen finden. Das Gedicht weist ein Reimschema und ein metrisches Muster auf. Zwar ordnet er Beobachtungen, Gefühle und Empfindungen ohne durchgehende grammatikalische Verknüpfung an, es sind jedoch Satz- und Reihungsmuster erkennbar:

- kurze, einfach gebaute Sätze, z. B.: „Der Schnellzug tastet sich/[...] entlang./Kein Stern will vor." (V. 1 ff.)
- unverbundene Aneinanderreihungen, z. B.: „Nun taumeln Lichter her ... verirrt, trostlos, vereinsamt .../mehr ... und sammeln sich ... und werden dicht." (Z. 11 f.)
- Aufzählungen, z. B. „Stille. Nacht. Besinnung. Einkehr. Kommunion." (V. 31), „Zum Letzten, Segnenden. Zum Zeugungsfest./Zur Wollust. Zum Gebet. Zum Meer./Zum Untergang." (V. 33 ff.)
- Ausrufe, z. B. „ Wie Fackeln stürmend! Freudiges!/Salut von Schiffen/über blauer See! Bestirntes Fest!" (V. 24 ff.)
- Beispiele für Wortschöpfungen: „nachtumschient" (V. 4), „nachtentrissne Luft" (V. 19), „Bestirntes Fest" (V. 26)

S. 45, Aufgabe 11

Beispiel 1:

A Bedeutung der Technik in der Lyrik des Expressionismus

B Interpretation von Ernst Stadlers Gedicht „Fahrt über die Kölner Rheinbrücke bei Nacht" unter Berücksichtigung des poetologischen Textes „Revolution der Sprache" von Oswald Pander

- I. Inhalt des Gedichts
- II. Form und Sprache
- III. Kernthesen des poetologischen Textes übertragen auf Stadlers Gedicht

C Die Verknüpfung von Sprache und Weltsicht

Beispiel 2:

A Bedeutung der Technik in der Lyrik des Expressionismus

B Ernst Stadlers „Fahrt über die Kölner Rheinbrücke bei Nacht" als Übergang zu einer neuen Weltsicht

- I. Umgang der Expressionisten mit Sprache
- II. Die neue Sprache im Gedicht von Ernst Stadler

C Die Verknüpfung von Sprache und Weltsicht

S. 45, Aufgaben 12/13/14

Gegebenenfalls muss das sinnvolle und richtige Zitieren von Textstellen wiederholt werden. Den Schülerinnen und Schülern soll bewusst sein, dass im Aufsatz zu den einzelnen Aspekten der Interpretation und literarhistorischen Einordnung (hier anhand eines poetologischen Textes) jeweils Behauptungen aufgestellt oder Feststellungen getroffen werden, die am Text belegt werden müssen. Ein weiterer wichtiger Schritt ist darüber hinaus, die Bedeutung dieser Erkenntnis für die Aussageabsicht und die Wirkung des Gedichts darzulegen.

© 2010 Oldenbourg Schulbuchverlag

Bei der schriftlichen Ausarbeitung sollten Lehrkräfte darauf achten, dass sich die Schülerinnen und Schüler nicht in unübersichtlichen, hochtrabenden, vermeintlich wissenschaftlichen Formulierungen verlieren.
Wenn genügend Zeit (mindestens eine Doppelstunde) zur Verfügung steht, können die Schülerinnen und Schüler in einer Art Schreibkonferenz oder Schreibverbund ihre Texte gegenseitig beurteilen und überarbeiten.

Lösungen zu den Zusatzmaterialien

Zusatzmaterial 5, Aufgaben 1/2

	Benn, „Kleine Aster“	**Heynicke, „Aufbruch“**
Inhalt	Pathologe (lyrisches Ich) seziert Leiche eines Ertrunkenen, in dessen Mund eine Aster gesteckt wurde; während der Sektion, die lapidar dargestellt wird, bettet er die Aster in den geöffneten Brustkorb und verschließt den Körper wieder, mit einer Trauerformel („lebe wohl“) verabschiedet er sich von der Aster	lyrisches Ich (nicht weiter bestimmt; die Formulierung in V. 10 lässt es als göttlichen/gottgleichen Anführer erscheinen) appelliert an die Menschen, sich auf den (nicht näher beschriebenen) „Weg ins Licht“ zu machen, Ziel – so darf man annehmen – ist die Erlösung des Menschen; V. 7 deutet darauf hin, dass das neue Menschengeschlecht von Brüderlichkeit bestimmt sein soll
Sprache	nüchtern, unpathetisch; ganze, grammat. vollständige Sätze, weitgehend frei von rhetorischen Gestaltungsmitteln, lediglich die Anrede an die Aster (V. 13–15) ist (unangemessen) pathetisch; ungereimt, prosaisch; Versgliederung setzt aber inhaltliche Akzente (vgl. z. B. V. 5 und 6)	hymnischer, euphorischer, ekstatischer Ton voller emphatischer Ausrufe; verkürzte Sätze, Neologismen wie „gottesnackt“; Apostrophen an den Menschen
Bildlichkeit	Mensch wird verdinglicht, zum Gegenstand (Objekt des Spotts – Blume zwischen den Zähnen einer Leiche –, Sektionsobjekt, Vase und Sarg der Blume); Schicksal des Ertrunkenen spielt keine Rolle; Aster wird zum Symbol der Schönheit und Unschuld, ihr gehört das Mitgefühl des Sprechers	Das Gedicht zitiert eine Reihe typischer Bildbereiche religiöser Dichtung: dunkel/Nacht (Jetzt) – hell/Licht (Zukunft), unten (Jetzt) – oben (Zukunft); Nacktheit vor Gott, Aufbruch ins Licht, Erwachen/Erweckung

© 2010 Oldenbourg Schulbuchverlag

	Benn, „Kleine Aster“	Heynicke, „Aufbruch“
Menschenbild	Mensch erscheint als wertloses, seelenloses Objekt, das dem Spott preisgegeben werden darf; eine über den Tod hinausgehende Beachtung wird ihm nicht geschenkt; deutlich wird der tiefe Nihilismus Benns, der jegliche religiöse Betrachtung/Deutung der menschlichen Existenz schroff ablehnt	Mensch erscheint als Subjekt, das nun – von einem neuen Gott – erlöst werden und zum Heil geführt werden kann. Der ins Licht aufbrechende, neu erweckte Mensch lässt an Nietzsches Konzept vom Übermenschen denken

Zusatzmaterial 5, Aufgabe 3

Mach: Ich als objektivierbare Größe nicht mehr existent, Ich lediglich Hilfskonstrukt, um darüber hinwegzutäuschen; Religion und Philosophie, aus dem Bereich der Religion abgeleitete ethische Werte sind damit irrelevant
Freud: Ich (neben Es und Über-Ich) lediglich eine von drei Instanzen, die den Menschen ausmachen, Mensch wird von Trieben einerseits und übermächtigen moralischen Instanzen andererseits gedrängt
Nietzsche: Mensch hat erkannt, dass es keine göttliche, transzendente Sphäre gibt, daraus erwächst für ihn die Aufgabe, angesichts dieser Leere dennoch existieren zu können

Gesellschafts-, Menschen- und Gottesbild in der Moderne: tiefe Verunsicherung über den Menschen und sein Wesen, Verlust von Glaubenssicherheiten und der Versuch, dennoch Sinn im Dasein zu finden; Gesellschaft als Gemeinschaft von Menschen, die vor einem Neubeginn, einer Neuorientierung steht

© 2010 Oldenbourg Schulbuchverlag

→ LM, S. 10
Zusatzmaterial 1

Modern (1891) *Julius Schaumberger*

Modern! Modern! Was will das Wort denn sagen,
Das heut von Mund zu Mund geschäftig fliegt,
Mit lautem Weckruf stört das Wohlbehagen,
Das träg an der Gewohnheit Kette liegt?
Was will es uns für neue Botschaft bringen,
Was ist der Sinn, was ist des Pudels Kern?
Was will dies kühne, kampfesfreud'ge Ringen?
Was ist *modern?*

Modern ist jener Drang zur Neugestaltung,
Der rücksichtslos die alten Formen sprengt,
Und allem feind ist, was in der Entfaltung
Des starken Geistes freie Tat beengt.
Modern ist jener Trieb, der eigenwüchsig
Dem Bann der Überlief'rung widersteht
Und sich nicht beugt in frommem Kinderglauben
Dem Götzenzauber der Autorität.

Modern ist jener schönste aller Züge
In unsrer Zeit freiblickendem Gesicht,
Der Zug, aus dem der Ekel vor der Lüge,
Aus dem die Liebe zu der Wahrheit spricht;
Der alle Täuschung haßt und überwindet
Der Schmeichelschönheit himmelblauen Dunst, –
Der nur die Schönheit in der Wahrheit findet,
Wahrheit im Leben, Wahrheit in der Kunst.

(Aus: Die Münchner Moderne. Die literarische Szene in der „Kunststadt" um die Jahrhundertwende. Hg. v. Walter Schmitz. Stuttgart: Reclam 1990, S. 133 f.)

→ LM, S. 10
Zusatzmaterial 2

Secession, auch *Sezession* (aus dem Lateinischen *secessio* für *Abspaltung, Absonderung*) bezeichnet in der Kunst die Abwendung einer Künstlergruppe von einer als nicht mehr zeitgemäß empfundenen Kunstrichtung. Tatsächlich ging es um den vom Wirtschaftsverband der Künstler, der Allgemeinen Deutschen Kunstgenossenschaft und deren Juroren beherrschten Kunstmarkt und den Zugriff auf staatliche Förderungen.
Die bekanntesten Beispiele für eine künstlerische Abspaltung sind die im Vorfeld der Weltausstellung Chicago gegründete Münchner Sezession (Katalogausgabe [15. Juli]] 1893), an der sich auch einige Berliner Bildhauer und Maler beteiligten (u. a. Adolf Brütt, Max Kruse, Walter Leistikow, Reinhold Lepsius, Lesser Ury, Max Liebermann), die Wiener Secession von 1897 und die Berliner Secession von 1898 im Vorfeld der Weltausstellung Paris 1900, der Deutsche Künstlerbund als Dachverband der Secessionen Deutschlands im Vorfeld der Weltausstellung St. Louis 1904.
Programmatisch waren die Secessionen einer Hinwendung zum Jugendstil verpflichtet. In Österreich wie auch Ungarn wurde „Secession" geradezu ein Synonym für Jugendstil. Die deutsche Sezessionsbewegung mündete im Projekt des Neuen Weimar (u. a. Gründung des Deutschen Künstlerbundes, Ausbau der Weimarer Kunstschule mit der Weimarer Bildhauerschule).

(Aus: Wikipedia, 2005/06, Digitiale Bibliothek, Berlin 2005, S. 722837)

© 2010 Oldenbourg Schulbuchverlag

→ LM, S. 12
Zusatzmaterial 3

Lexikonauszug

Das charakteristische Merkmal der stark symbolträchtigen, dekorativen Aussage der Jugendstilmalerei ist ein weitgehender Verzicht auf räumliche Illusion und plastische Wirkung zugunsten von Linie, Form und Fläche, ein Betonen des Ornamentalen, wobei das floreale Ornament überwiegt: wuchernd rankende Pflanzen, deren rhythmischer Linienfluss gelegentlich in vegetabile Abstraktionen übergeht; dementsprechend im Figürlichen: langgestreckte, in rhythmisch fließende Gewänder gehüllte Gestalten mit flammenartig wallenden Haaren und den schlangenhaften Gesten orientalischer Tänzerinnen; daneben Tiere wie Schwäne, Flamingos, Polypen oder Reptilien, deren Körperformen einer flächig-linearen Darstellung entgegenkommen. Zugleich damit erhalten Linie, Fläche und Farbe einen vom Inhalt ganz unabhängigen Eigenwert.

(Aus: Kindlers Malerei Lexikon. Copyright © 1964–1971 by Kindler Verlag GmbH, München. Abdruck mit freundlicher Genehmigung des Rowohlt Verlags.)

→ LM, S. 14
Zusatzmaterial 4

Zur symbolischen Bedeutung von Farben

Grün hat symbolkundlich, wie die meisten Farben, zwei Aspekte, die vom positiv gewerteten „satten Moosgrün" bis zum „Giftgrün" reichen. In der volkstümlichen Symbolik bedeutet es das Grünen der Hoffnung, und nicht nur in China werden Träume, in welchen die grüne Farbe eine Rolle spielt, als positiv angesehen. [...] Die christliche Symbolkunde sieht diese Farbe „im gleichen Abstand von dem Blau des Himmels und dem Rot der Hölle [...] eine mittlere und vermittelnde Farbe, beruhigend, erfrischend, menschlich (Jesus Sirach 40, 22), Farbe der Beschaulichkeit, der Auferstehungserwartung" (Heinz-Mohr). Christi **Kreuz** wurde als Symbol der Hoffnung auf die Erlösung oft grün dargestellt, der Gral als **smaragd**grün, der **Thron** des Weltenrichters als aus grünem Jaspis bestehend (Johannes-Apokalypse 4, 3). [...] Die „grüne Seite" ist die **Herz**seite, also die des pulsierenden Lebens.

Blau ist unter den **Farben** jene, die meist als Symbol für alles Spirituelle angesehen wird. Im Gegensatz zum **Rot** wirkt sie „kühl" und stimmt die meisten Menschen nachdenklich. Tiefenpsychologen bringen es mit einer „seelischen Gelöstheit, einer milden, leichten und überlegenen Lebensgestaltung" in Verbindung. Es ist die **Himmels**farbe, in Altägypten mit dem Himmelsgott Amûn assoziiert. G. Heinz-Mohr nennt das Blau die „tiefste und am wenigsten materielle Farbe, das Medium der Wahrheit, die Transparenz der kommenden Leere: in der Luft, dem **Wasser**, dem **Kristall** und dem **Diamant**. Darum ist Blau die Farbe des Firmaments. Zeus und Jahwe stellen ihre Füße auf Azur." Amulette in blauer Farbe sollen den „bösen Blick" neutralisieren. Der Mantel des nordgermanischen Gottes Odin ist blau wie jener der **Jungfrau** Maria, die poetisch auch als „blaue **Lilie**" angesprochen wurde. Vishnu im altindischen Mythus ist als Krishna blau gefärbt, der lehrende Jesus wird in blauem Gewand dargestellt. „Das Blau, Symbol der Wahrheit und der Ewigkeit Gottes (denn was wahr ist, ist ewig), wird immer das Zeichen der menschlichen Unsterblichkeit bleiben" (P. Portal).

Gelb war in der altchinesischen Symbolik die **Farbe** der Löß**erde** und damit Symbol des Ortes „Mitte". Vielfach wird die Farbe des **Goldes** „gelb" genannt, Götter wurden oft mit goldgelber Hautfarbe dargestellt. Goethe nannte in seiner Farbenlehre das Gelb „eine heitere, muntere und sanfte Farbe; aber sie gleitet leicht ins Unangenehme, durch die leiseste Beimischung wird sie entwertet, unschön und schmutzig". Lediglich ein leichter **Rot**stich wird im Allgemeinen als „erwärmend" toleriert. Grelles Gelb wird in der volkstümlichen Farbsymbolik mit Neid und Eifersucht verbunden („gelb vor Neid"), wohl im Zusammenhang mit dem Körpersaft „gelbe Galle" der antiken, bis in die Neuzeit verbreiteten Lehre von den **vier** Körpersäften, die jenem Stoff (griech. chole) den Typ des „Cholerikers" zuordnete. Häufiger wird sonst das Gelb als **Sonnen**farbe aufgefasst: Es ist in seiner zwiespältigen Natur „die Farbe der so leicht irritierbaren Intuition, des Ahnens, Witterns, in welchem ja eine eigenartige Sonnenkraft

© 2010 Oldenbourg Schulbuchverlag

steckt, eindringend und erhellend“ (Aeppli). Goldgelb mit leichtem Rotstich steht meist für Weisheitsglut, Fahlgelb für hinterlistige Aggression, etwa bei Darstellungen der Kleidung des **Judas**. Danach mussten im Mittelalter die Juden gelbe Kleider tragen.

Violett, die Veilchenfarbe, ist aus **Blau** und **Rot** gemischt und symbolisiert traditionsgemäß Spiritualität, verbunden mit dem Blut des Opfers. Im liturgischen Gebrauch ist sie mit dem Begriffsfeld Buße verknüpft, mit Sühne und Einkehr. Die zu gleichen Teilen verbundenen Grund**farben** vereinigen Weisheit und Liebe; auf alten Passionsbildern trägt der Erlöser einen violetten **Mantel**. Ebenso ist das Violett die Kirchenfarbe während der Besinnungszeit des Advents, die zum Weihnachtsfest hinleitet. – Ein ähnlicher, aber mehr zum Rot tendierender Farbton ist das Purpur der antiken **Kaiser**mäntel und der Prunkkleider der Reichen, aus dem Körpersekret zweier Meeresschneckenarten gewonnen und überaus kostspielig; daher wurden Purpurstoffe ein geschätztes Statussymbol.

Grau: [...] G. ist die Farbe der Geister wie Schwarz und Weiß, Licht und Dunkel, zwischen denen es die Mitte hält wie der Schatten, weshalb es zur Bezeichnung des schattenhaften Wesens der Geister besonders geeignet ist. G. sind Elementargeister, Spukgeister und schatzhütende Wesen. Auch Seelengeister erscheinen in G. Besonders sind Zwerge von grauer Farbe, wobei nicht immer streng geschieden wird, ob von Natur oder nur von grauer Kleidung; eisgrau ist ihr Bart. Bekommen schwarze Seelengeister graue Flecken, so sind sie erlösungsfähig. Auch der Teufel liebt einen grauen Rock. Gespenster- und Hexentiere sind vielfach grau.

(Zur symbolischen Bedeutung von Farben. Aus: Hans Biedermann: Knaurs Lexikon der Symbolik. München: Knaur 1998, S. 171–172 (Grün), S. 64 (Blau), S. 162 (Gelb), S. 462 (Violett) © 1989 Droemersche Verlagsanstalt Th. Knaur Nachf. GmbH & Co. KG, München; Grau. Aus: Handwörterbuch des deutschen Aberglaubens, Bd. 3. Berlin/New York: de Gruyter 1930/1931/1986, S. 1123 f.)

→ **LM, S. 16**
Zusatzmaterial 5

Wenn Gott tot ist – Reaktionen auf Nietzsches Nihilismus

Aufbruch (1917) *Kurt Heynicke*

Es blüht die Welt.
Ja, hocherhoben, Herz, wach auf!
Erhellt die Welt,
zerschellt die Nacht,
brich auf ins Licht!
In die Liebe, Herz brich auf.
Mit guten Augen leuchte Mensch zu Mensch.
Händefassen.
Bergentgegen gottesnackt empor.
O, mein blühend Volk!
Aus meinen Händen alle Sonne nimm dir zu.
Erhellt die Welt,
die Nacht zerbricht.
Brich auf ins Licht!
O Mensch, ins Licht!

Kurt Heynicke (1891–1985) begann seine schriftstellerische Karriere mit Publikationen in Herwarth Waldens Zeitschrift „Sturm“. Zur Zeit des Nationalsozialismus diente er sich als Drehbuchautor und Dramatiker sog. Thingspiele (völkisch-nationale Stoffe, Verherrlichung des Rassengedankens, Einbindung des Publikums) an.

(Aus: Menschheitsdämmerung. Ein Dokument des Expressionismus. Hg. v. Kurt Pinthus. Reinbek: Rowohlt 1980, S. 224.)

© 2010 Oldenbourg Schulbuchverlag

Kleine Aster (1912) *Gottfried Benn*[1]

Ein ersoffener Bierfahrer wurde auf den Tisch gestemmt.
Irgendeiner hatte ihm eine dunkelhellila Aster
zwischen die Zähne geklemmt.
Als ich von der Brust aus
unter der Haut
mit einem langen Messer
Zunge und Gaumen herausschnitt,
muß ich sie angestoßen haben, denn sie glitt
in das nebenliegende Gehirn.
Ich packte sie ihm in die Brusthöhle
zwischen die Holzwolle,
als man zunähte.
Trinke dich satt in deiner Vase!
Ruhe sanft,
kleine Aster!

[1] Der Text folgt der originalen Rechtschreibung.

Gottfried Benn (vgl. auch AB, S. 165) Dichtung spiegelt das Krisenbewusstsein der Moderne wider. Die tiefe Skepsis des praktizierenden Arztes (Psychiater, Pathologe, Facharzt für Haut- und Geschlechtskrankheiten) gegenüber traditionellen bürgerlichen Positionen und Werten wird schon in seiner frühen, expressionistischen Dichtung deutlich.

(Aus: Gottfried Benn: Sämtliche Gedichte. Klett-Cotta, Stuttgart 1998.)

1 ***Erschließen und vergleichen Sie Inhalt, Sprache und Bildlichkeit der beiden Gedichte.***

Friedrich Nietzsche (1844–1900), Altphilologe und Philosoph, verneinte in seinen Werken die Existenz Gottes und damit die Geltung religiös motivierter Moralvorstellungen (Nihilismus). In der daraus resultierenden Welt ohne metaphysische Werte und Sinngebungen könne sich nur ein „Übermensch" zurechtfinden, der dem nihilistischen Nichts unerschrocken ins Auge blicken könne.

(Aus: Friedrich Nietzsche: Werke in drei Bänden. Bd. 2. Hg. v. Karl Schlechta. München: Hanser 1954, S. 127 f., 280.)

Die fröhliche Wissenschaft. 125. Stück (1882; Ausschnitt) *Friedrich Nietzsche*

Hören wir noch nichts von dem Lärm der Totengräber, welche Gott begraben? Riechen wir noch nichts von der göttlichen Verwesung? – auch Götter verwesen! Gott ist tot! Gott bleibt tot! Und wir haben ihn getötet! Wie trösten wir uns, die Mörder aller Mörder? Das Heiligste und Mächtigste, was die Welt bisher besaß, es ist unter unsern Messern verblutet – wer wischt dies Blut von uns ab? Mit welchem Wasser könnten wir uns reinigen? Welche Sühnefeiern, welche heiligen Spiele werden wir erfinden müssen? Ist nicht die Größe dieser Tat zu groß für uns? Müssen wir nicht selber zu Göttern werden, um nur ihrer würdig zu erscheinen? Es gab nie eine größere Tat – und wer nur immer nach uns geboren wird, gehört um dieser Tat willen in eine höhere Geschichte, als alle Geschichte bisher war!

Also sprach Zarathustra (1884; Ausschnitt) *Friedrich Nietzsche*

Seht, ich lehre euch den Übermenschen!
Der Übermensch ist der Sinn der Erde. Euer Wille sage: der Übermensch sei der Sinn der Erde!
Ich beschwöre euch, meine Brüder, bleibt der Erde treu und glaubt denen nicht, welche euch von überirdischen Hoffnungen reden!

2 ***Arbeiten Sie die unterschiedlichen Menschenbilder der beiden Gedicht „Kleine Aster" und „Aufbruch" heraus. Greifen Sie dabei auf den Informationstext zur Philosophie Friedrich Nietzsches und die abgedruckten Auszüge aus dessen Werk zurück.***

3 ***Vergleichen Sie die Ansätze Ernst Machs, Sigmund Freuds und Friedrich Nietzsches. Versuchen Sie anschließend in einem zusammenfassenden Überblick darzustellen, welches Menschen-, Gesellschafts- und Gottesbild die Autoren der Moderne prägt.***

© 2010 Oldenbourg Schulbuchverlag

→ LM, S. 24
Zusatzmaterial 6

Auszüge aus Tagebüchern und Briefen *Franz Kafka*

16. Dezember 1910 [Tagebuch]
Ich werde das Tagebuch nicht mehr verlassen. Hier muss ich mich festhalten, denn nur hier kann ich es. Gerne möchte ich das Glücksgefühl erklären, das ich von Zeit zu Zeit wie eben jetzt in mir habe. Es ist wirklich etwas Moussierendes, das mich mit leichtem angenehmen Zucken ganz und gar erfüllt und mir die Fähigkeiten einredet, von deren Nichtvorhandensein ich mich jeden Augenblick, auch jetzt, mit aller Sicherheit überzeugen kann.

23. Dezember 1911 [Tagebuch]
Ein Vorteil des Tagebuchführens besteht darin, dass man sich mit beruhigender Klarheit der Wandlungen bewusst wird, denen man unaufhörlich unterliegt, die man auch im Allgemeinen natürlich glaubt, ahnt und zugesteht, die man aber unbewusst immer dann leugnet, wenn es darauf ankommt, sich aus einem solchen Zugeständnis Hoffnung oder Ruhe zu holen. Im Tagebuch findet man Beweise dafür, dass man selbst in Zuständen, die heute unerträglich scheinen, gelebt, herumgeschaut und Beobachtungen aufgeschrieben hat, dass also diese Rechte sich bewegt hat wie heute, wo wir zwar durch die Möglichkeit des Überblickes über den damaligen Zustand klüger sind, darum aber desto mehr die Unerschrockenheit unseres damaligen, in lauter Unwissenheit sich dennoch erhaltenden Strebens erkennen müssen.

Kafka an Felice [Prag,] Nacht vom 17. zum 18.XII.1912
Mein liebstes Mädchen, das ganze heutige Schreiben an meinem Roman [„Der Verschollene“] war nichts anderes als unterdrückte Lust, Dir zu schreiben, und nun bin ich auf beiden Seiten gestraft, das dort Geschriebene ist recht elend (um nicht immerfort zu klagen, gestern war eine schöne Nacht, ich hätte sie ins Unendliche fortsetzen können und sollen) und für Dich, Liebste, bin ich von dorther verärgert und ganz und gar unwürdig.

Kafka an Felice [Prag,] vom 15. zum 16.I.1913
Zwei Abende hintereinander gut zu schreiben ist mir schon lange nicht gelungen. Was für eine unregelmäßig geschriebene Masse das sein wird, dieser Roman! [„Der Verschollene“] Was für eine schwere Arbeit, vielleicht eine unmögliche das sein wird, nach der ersten Beendigung in die toten Partien auch nur ein halbes Leben zu bringen! Und wie viel Unrichtiges wird stehen bleiben müssen, weil dafür keine Hilfe aus der Tiefe kommt.

Kafka an Felice [Prag,] 1.V.13
Schreiben sollte ich, sagt mein innerster Arzt. Schreiben, trotzdem mein Kopf so unsicher ist und trotzdem ich vor einem Weilchen die Unzulänglichkeiten meines Schreibens zu erkennen Gelegenheit hatte. Ja, ich habe Dir noch gar nicht geschrieben, dass nächsten Monat ein ganz kleines Buch (es hat 47 Seiten) von mir erscheinen wird, eben habe ich hier die zweite Revision. Es ist das erste Kapitel des unglücklichen Romans und heißt „Der Heizer. Ein Fragment“. Es erscheint in einer billigen Bücherei, die Wolff herausgibt und die ein wenig komisch „Der jüngste Tag“ heißen wird, das Bändchen zu 80 Pfennig. Das Ganze gefällt mir nicht sehr, wie jedes nutzlose künstliche Herstellen einer Einheit, die nicht da ist. Aber erstens bin ich Wolff doch verpflichtet, zweitens hat er mir die Geschichte ein wenig herausgelockt und drittens war er so liebenswürdig sich zu verpflichten, den „Heizer“ später mit Deiner Geschichte und noch einer andern in einem größern Bande nochmals herauszugeben.

(Aus: Franz Kafka: Tagebücher. Hg. v. H.-G. Koch, M. Müller u. M. Pasley = Franz Kafka Schriften Tagebücher. Kritische Ausgabe. Hg. v. J. Born, G. Neumann, M. Pasley u. J. Schillemeit. Frankfurt/M.: Fischer 1990, S. 131, 307 f.; aus: Ders.: Briefe an Felice und andere Korrespondenz aus der Verlobungszeit. Hg. v. Erich Heller und Jürgen Born. Frankfurt/M.: Fischer 1976, S. 187, 251, 374.)

© 2010 Oldenbourg Schulbuchverlag

→ LM, S. 27
Zusatzmaterial 7

Der andere Prozeß. Kafkas Briefe an Felice (1968) *Elias Canetti*

Nun sind sie also publiziert, diese Briefe einer fünfjährigen Qual, in einem Band von 750 Seiten, der Name der Verlobten, während vieler Jahre diskret als F. mit einem Punkt bezeichnet, ähnlich wie K., sodass man lange nicht einmal wusste, wie dieser Name lautete und oft darüber grübelte, und unter allen Namen, die man erwog, nie auf den richtigen kam, es wäre ganz unmöglich gewesen, auf ihn zu kommen –, dieser Name steht in großen Lettern auf dem Buch. Die Frau, an die diese Briefe gerichtet waren, ist seit acht Jahren tot. Fünf Jahre vor ihrem Tod hat sie sie an Kafkas Verleger verkauft, und wie immer man darüber denkt, Kafkas „liebste Geschäftsfrau" hat ihre Tüchtigkeit, die ihm viel bedeutete und die ihm sogar Zärtlichkeit entlockte, noch zum Schluss bewiesen.

Es ist wahr, dass er schon 43 Jahre tot war, als diese Briefe erschienen, und doch war die erste Regung, die man verspürte – man war sie der Ehrfurcht für ihn und sein Unglück schuldig –, eine der Peinlichkeit und Beschämung. Ich kenne Menschen, deren Beschämung beim Lesen der Briefe wuchs, die das Gefühl nicht los wurden, dass sie gerade hier nicht eindringen dürften.

Ich achte sie dafür sehr, aber ich gehöre nicht zu ihnen. Ich habe diese Briefe mit einer Ergriffenheit gelesen, wie ich sie seit Jahren bei keinem literarischen Werk erlebt habe. Die Briefe gehören nun in die Reihe jener unverwechselbaren Memoiren, Autobiografien, Korrespondenzen, von denen Kafka selbst sich nährte. Er, dessen oberste Eigenschaft Ehrfurcht war, hat sich nicht gescheut, die Briefe von Kleist, von Flaubert, von Hebbel immer wieder zu lesen. In einem der bedrängtesten Augenblicke seines Lebens hielt er sich daran, dass Grillparzer nichts mehr empfand, als er die Kathi Fröhlich auf den Schoß nahm. Für das Entsetzen des Lebens, dessen sich die meisten zum Glück nur manchmal, einige wenige aber, von inneren Mächten als Zeugen eingesetzt, immer bewusst sind, gibt es nur einen Trost: seine Einbeziehung in das Entsetzen vorangegangener Zeugen. So muss man Felice Bauer wirklich dankbar dafür sein, dass sie die Briefe Kafkas an sie bewahrt und gerettet hat, auch wenn sie es über sich gebracht hat, sie zu verkaufen.

Von einem Dokument hier zu sprechen, wäre zu wenig, es sei denn, man gebrauchte dasselbe Wort für die Zeugnisse des Daseins von Pascal, Kierkegaard und Dostojewski. Ich für mich kann nur sagen, dass diese Briefe in mich eingegangen sind wie ein eigentliches Leben, und sie sind mir nun so rätselhaft und so vertraut, als gehörten sie mir seit jeher schon an, seit ich versucht habe, Menschen ganz in mich aufzunehmen, um sie immer wieder von neuem zu begreifen. – [...]

Aber hier soll nur festgehalten werden, was als die tiefere Absicht der ersten Periode dieser Korrespondenz offenkundig wird: Es soll eine Verbindung, ein Kanal hergestellt werden zwischen ihrer Tüchtigkeit und Gesundheit und seiner Unentschlossenheit und Schwäche. Über diese Entfernung hin, zwischen Prag und Berlin, will er sich an ihre Festigkeit klammern. Das schwache Wort, das er an sie richten darf, kommt in zehnfacher Kraft von ihr zurück. Er schreibt ihr zwei- oder dreimal täglich. Er führt – sehr im Widerspruch zu den Beteuerungen seiner Schwäche – einen zähen ja unerbittlichen Kampf um Antworten. Sie ist – in dieser Hinsicht – launenhafter als er, sie steht nicht unter demselben Zwang. Aber es gelingt ihm, ihr seinen eigenen Zwang aufzuerlegen, es dauert gar nicht lange, und auch sie schreibt ihm einmal, oft sogar zweimal täglich.

Denn der Kampf, den er um diese Kraft führt, die ihre regelmäßigen Briefe ihm geben, hat einen Sinn, es ist keine eitle Korrespondenz, kein Selbstzweck, keine bloße Genugtuung, sie dient seinem Schreiben. Zwei Nächte nach seinem ersten Brief an sie schreibt er das „Urteil" nieder, in einem Zug, einer Nacht, in zehn Stunden. Man möchte sagen, dass mit diesem Stück sein Selbstgefühl als Dichter etabliert ist. Er liest es seinen Freunden vor, die Zweifellosigkeit des Stückes erweist sich, er ist nie wieder davon abgerückt, wie von so vielem anderen. In der Woche darauf entsteht der „Heizer" und im Fortgang zweier Monate weitere fünf Kapitel von

© 2010 Oldenbourg Schulbuchverlag

„Amerika" [„Der Verschollene"], im Ganzen also sechs. Während einer Unterbrechung des Romans von vierzehn Tagen schreibt er die „Verwandlung".

Es ist also, nicht nur von unserem späteren Standpunkt aus gesehen, eine großartige Periode; es gibt nur wenig Zeiten in seinem Leben, die sich mit dieser vergleichen lassen. Darf man nach den Ergebnissen urteilen, und wonach sonst soll man das Leben eines Dichters beurteilen, so war Kafkas Verhalten in den ersten drei Monaten der Korrespondenz mit Felice für ihn genau das richtige. Er hat gefühlt, was er brauchte: eine Sicherheit in der Ferne, eine Kraftquelle, die seine Empfindlichkeit nicht durch zu nahe Berührung in Verwirrung brachte, eine Frau, die für ihn da war, ohne mehr von ihm zu erwarten als seine Worte, eine Art Transformator, dessen allfällige technische Fehler er so weit kannte und beherrschte, dass er sie durch Briefe auf der Stelle beheben konnte. Die Frau, die ihm dazu diente, durfte den Einwirkungen seiner Familie, unter deren Nähe er sehr litt, nicht ausgesetzt sein, er musste sie von ihr fernhalten. Sie sollte alles ernst nehmen, was er über sich zu sagen hatte. Er, der mündlich verschlossen war, sollte sich schriftlich vor ihr ausbreiten können; rücksichtslos über alles klagen; nichts zurückhalten müssen, was ihn beim Schreiben verstört hätte: die Wichtigkeit, den Fortgang, die Zögerungen dieses Schreibens in jeder Einzelheit berichten. Sein Tagebuch in dieser Zeit setzt aus, die Briefe an Felice sind sein erweitertes Tagebuch, es hat den Vorteil, dass er es wirklich täglich führt, dass er sich hier häufiger wiederholen und damit einem wesentlichen Bedürfnis seiner Natur nachgeben kann. Was er ihr schreibt, sind nicht einmalige Dinge, die nun für immer dastehen, er kann sich in späteren Briefen korrigieren, er kann bekräftigen oder zurücknehmen, und selbst Sprunghaftigkeit, die sich ein so bewusster Geist innerhalb der vereinzelten Eintragung eines Tagebuches nicht gern erlaubt, weil er sie als Unordnung empfindet, ist in der Abfolge eines Briefes sehr wohl möglich. Der größte Vorteil, wie schon angedeutet wurde, ist aber zweifellos die Möglichkeit von Wiederholungen bis zur „Litanei". Wenn jemand sich über die Notwendigkeit und die Funktion von „Litaneien" klar war, so war es Kafka. Es ist unter seinen sehr bestimmten Eigenschaften die, die am meisten zu den „religiösen" Fehldeutungen seines Werks geführt hat.

Aber wenn die Einrichtung dieses Briefwechsels so wichtig war, dass sie während dreier Monate ihre Wirksamkeit bewies und zu Gebilden führen konnte, die so einzigartig sind wie etwa die „Verwandlung" – wie kam es dann dazu, dass im Januar 1913 das Schreiben plötzlich stockte? Man darf sich hier mit allgemeinen Sätzen über produktive und unproduktive Zeiten bei einem Dichter nicht zufrieden geben. Alle Produktivität ist bedingt, und man muss sich die Mühe nehmen, die Störungen zu finden, durch die sie aussetzt.

Vielleicht sollte man nicht übersehen, dass die Briefe der ersten Periode an Felice, so wenig man sie als Liebesbriefe im üblichen Sinn des Wortes empfindet, doch etwas enthalten, was ganz besonders zur Liebe gehört: Es ist ihm wichtig, dass Felice etwas von ihm erwartet. Bei jener ersten Begegnung, von der er so lange zehrte, auf die er alles baute, hatte er das Manuskript seines ersten Buches bei sich. Als Dichter, nicht nur als den Freund eines Dichters, von dem sie schon etwas gelesen hatte, hat sie ihn kennengelernt, und der Anspruch auf ihre Briefe ist darauf gegründet, dass sie ihn dafür hält. Die erste Erzählung, mit der er zufrieden ist, eben das „Urteil", ist ihre, er verdankt sie ihr, sie ist ihr gewidmet. Er ist ihres Urteils in literarischen Dingen allerdings nicht sicher und sucht in seinen Briefen Einfluss darauf zu nehmen. Er verlangt eine Liste ihrer Bücher, die er nie bekommt.

(Aus: Elias Canetti: Das Gewissen der Worte (mit Rede). Wörtlichkeit © 1975 Carl Hanser Verlag, München.)

© 2010 Oldenbourg Schulbuchverlag

S. 46

„Worte: Wirbel ..., in die hinabzusehen mich schwindelt“ – Krise und Möglichkeiten der Sprache

Wie im Untertitel angekündigt, versucht das Kapitel den Raum dessen, was Sprache vermag, abzuschreiten: Was ist ihr möglich, was kann sie leisten, wo stößt sie an ihre Grenzen, wo liegen ihre Beschränkungen?

Dass diese Fragen der im Eingangskapitel „‚Was ist modern?' – Von der Jahrhundertwende zum Expressionismus“ vorgestellten Literatur des beginnenden 20. Jahrhunderts inhärent sind, dass Literatur und Gesellschaft der Jahrhundertwende sich mit ihnen auseinandersetzten und auseinandersetzen mussten, zeigt das **erste Teilkapitel** „‚Die Sprache ist die Peitsche' – Sprachkrise in der Moderne“. Es macht dabei anhand vor allem des berühmten Chandos-Briefs von Hofmannsthal (ihm auch der Titel des Kapitels entnommen) sowie von Auszügen aus Fritz Mauthners „Beiträgen zu einer Kritik der Sprache“ nicht nur das Bewusstsein der Zeit von den Grenzen der Sprache und ihr Leiden daran deutlich, sondern zeigt vielmehr auch, wie das Krisenbewusstsein in der Entwicklung neuer literarischer Formen sprachproduktiv wirken konnte (Morgenstern, Dadaismus). (S. 48–57)

An genau dieser Stelle setzt das **zweite Teilkapitel** „Sprachkrise und Sprachwandel – Tendenzen der Gegenwartssprache“ mit seinem Sprung in die Gegenwart des Deutschen an: Es zeigt, wie sich vor dem Hintergrund einer andersgearteten – herbeigeredeten oder tatsächlichen? – „Sprachkrise der Postmoderne“ in der aktuellen Literaturszene ebenfalls wieder neue Möglichkeiten des Umgangs mit Sprache und der literarischen Gestaltung von Sprache ergeben (Poetry-Slam, Wortneubildungen). Ausgehend von der Beobachtung der Entwicklung neuer literarischer Formen werden die generellen Sprachentwicklungsphänomene Bedeutungswandel, Verschiebungen im Verhältnis von Standardsprache und Sprachvarietäten sowie der Einfluss der Medien auf die Gegenwartssprache untersucht. (S. 57–70)

Das **dritte Teilkapitel** „Alle Philosophie ist Sprachkritik – philosophische Texte analysieren“ schließlich greift **inhaltlich** auf das Thema des Anfangs des Gesamtkapitels zurück, also das Bewusstsein von der Krise der Sprache, das Bewusstsein davon, dass, was gesagt wird, vielleicht nicht auszudrücken vermag, was der Sprecher, die Sprecherin „eigentlich“ sagen möchten. Dabei wird von einem nichtsprachlichen Medium, einem Bild (Vermeer, „Das Mädchen mit dem Perlenohrgehänge“) ausgegangen und gefragt, ob ihm eine eindeutige Aussage zukommt (3.1). Ins andere Medium verschoben ist das die Frage, ob Mitteilungen (hier nicht die eines Wortes, eines Textes, sondern die eines Bildes) eindeutig entschlüsselbar sind, ob ihnen eine bestimmte Wahrheit eignet. Nachdem die Frage nach der Eindeutigkeit einer Botschaft vom Bild her exponiert ist, wird sie im Anschluss anhand philosophischer Texte – inhaltlich erweitert – genauer untersucht: Gefragt wird nun a) nach der Bedeutung der Begriffe Wahrheit bzw. Wirklichkeit (3.2) und b) danach, inwieweit Sprache Wirklichkeit abbildet, abzubilden in der Lage ist oder gar schafft (3.3). Hier werden unterschiedliche philosophische Ansätze, von Kant (ausgehendes 18. Jh.) bis zu Wittgenstein und Heidegger (1. Hälfte 20. Jh.), zur Frage, was Wahrheit sei bzw. ob diese sprachlich erfassbar sei, vorgestellt und diskutiert. In schreibdidaktischer Hinsicht werden an den Texten zu Vermeers Bild und zu dessen Rezeption als auch an den philosophischen Texten methodische Einzelschritte der Sachtextanalyse wiederholt. Weiter wird mit den philosophischen Texten dahingehend gearbeitet, dass die Schritte des Erörterns im Anschluss an einen oder an mehrere Texte wiederholt und geübt werden. Schließlich wird auf der Basis des erarbeiteten Materials zum Themenkomplex „Wahrheit, Wirklichkeit, Sprache“ zum Verfassen einer Rede angeleitet. (S. 70–81)

S. 45/47 Die linke Hälfte der **Auftaktdoppelseite** zeigt das von Theo van Doesburg und Kurt Schwitters entworfene Plakat „Kleine Dada Soirée“ aus dem Jahr 1922. Theo van Doesburg initiierte am

© 2010 Oldenbourg Schulbuchverlag

10.1.1923 den „Dada-Feldzug“ in den Niederlanden mit dem Ziel, diese Kunstrichtung auch dort populär zu machen. Das Plakat eignet sich sowohl zur Einführung in das Thema des Kapitels im Allgemeinen als auch zur Einführung des Abschnittes zum Dadismus im Besonderen. Bei genauerer Betrachtung des Plakats zeigt sich, dass es beinahe alle Charakteristika des Dadaismus aufweist und dessen Programmatik widerspiegelt. Nicht zuletzt deshalb kann es auch gewinnbringend zur Abschlussbesprechung der Sequenz verwendet werden.

Rechte Seite:

S. 48 f.
- Das Zitat von Hugo von Hofmannsthal gehört wohl zu den bekanntesten der deutschen Literaturgeschichte und markiert eine Zäsur zwischen der Zeit des Realismus/Naturalismus einerseits und der Moderne andererseits. Hofmannsthals „Ein Brief“ gilt nicht zuletzt deshalb als Signaltext der Moderne, da er die tiefgreifende Verunsicherung seiner Zeit pointiert zum Ausdruck bringt. Die Wahrnehmung der Welt als in sich geschlossenes, sinnvolles System ist dem Menschen der Moderne nicht mehr möglich. Mehr noch: Selbst die Sprache versagt dabei, eindeutige und wahre Aussagen über die Welt, die sich in der Zeit seit der Aufklärung fundamental verändert hat, zu machen.

S. 51 ff.
- Mauthner richtet sich in seinem Werk „Beiträge zu einer Kritik der Sprache“ vor allem gegen der „Wortaberglauben“ von der vermeintlichen Erkenntnisfunktion der Sprache. In seinen z. T. zynisch überspitzten Äußerungen betont er die Möglichkeit der wortlosen Erfahrung, die für ihn größeren Wahrheitswert besitzt als eine durch Sprache gewonnene Erkenntnis. Sein Werk kreist um die Fähigkeit der Sprache, die Menschen systematisch in die Irre zu führen; sie ist nicht mehr als ein „Gesellschaftsspiel“, zur Kommunikation geeignet, nicht aber zum Erkenntnisgewinn.

S. 79 f.
- Satz 5.6 aus Ludwig Wittgensteins erstem Hauptwerk „Tractatus logico-philosophicus“ (1921) verweist auf beide der im Untertitel genannten Aspekte des Kapitels:
  - „Krise der Sprache“; spürbar wird in Wittgensteins Satz das Bewusstsein davon, dass dem Sagbaren Grenzen gesetzt sind, d. h., dass es Bereiche gibt, die nicht mehr oder kaum mehr ausdrückbar sind. Das Leiden an dem, was Sprache nicht mehr vermag, wird greifbar. Wenn die Grenzen der Sprache dann aber auch die Grenzen der je individuellen Welt („meiner Welt“) markieren, dann kann das auch heißen, dass es viele verschiedene subjektive Welten geben mag, die sich möglicherweise in weiten Bereichen decken, die aber an ihren Rändern isolierte Einzelwelten bleiben: Was der eine noch sagen kann, kann die andere nicht mehr ausdrücken. Man mag also in Wittgensteins Diktum von den Sprachgrenzen, die Weltgrenzen sind, auch das Bewusstsein von der Isolation des Einzelnen in einer nicht mehr klar aussagbaren „Gesamtwelt“ gespiegelt sehen.
  - Allerdings kann man den Satz auch in positiv gestimmtem Sinne als Beschreibung der Möglichkeiten von Sprache lesen: Welt wird benennbar. Durch seine Sprache kann ein Individuum seine Welt schaffen. Anhand der Sprache kann sich der Mensch eine – genau umgrenzte – Welt bilden; also nicht nur Verlorenheit des Ichs in einem großen Unfassbaren markiert Wittgensteins Aussage, sondern vielmehr auch eine – bescheidene – Sicherheit in klar umrissenen Grenzen.

Das aus einem größeren Kontext herausgeschnittene Auge im unteren Drittel der Seite symbolisiert diesen isolierten Zugriff auf Welt („meine Sprache“, „meine Welt“). Zugleich kann
S. 76 f.
es gesehen werden als bildliche Umsetzung der erkenntnistheoretischen Perspektive Kants: Wirklichkeit entsteht in der Wechselwirkung zwischen Wahrnehmendem und Wahrgenommenem. Oder: Es ist der spezifische Blick des Beobachters, der die Wahrheit des Wahrgenommenen mitkonstituiert. So wie er mit den Erkenntnismöglichkeiten seines Auges schaut, so zeigt sich ihm die Welt; nicht zeigt sie sich ihm in „absoluter“, von ihm, dem schauenden Beobachter unabhängiger Weise.

© 2010 Oldenbourg Schulbuchverlag

S.48

1. „Die Sprache ist die Peitsche" – Sprachkrise in der Moderne

S.48

1.1 Hat uns die Sprache „frech verraten"? – Ankläger und Verteidiger der Sprache

S.49, Aufgabe 1

Lord Chandos erklärt seinem Freund Francis Bacon, weshalb es ihm unmöglich ist, Zusammenhängendes und Abstrahierendes zu schreiben, ja sogar nur auszusprechen und zu denken. Seine Zweifel, so Chandos, begannen mit einer wachsenden Unfähigkeit, klare moralische Urteile zu fällen. Mit der Zeit breitet sich diese Unsicherheit auch auf Alltagsgespräche aus. Jegliche eindeutige Aussage zu Gegebenheiten der Realität wird ihm unmöglich. Chandos kommt zunehmend die Fähigkeit abhanden, generalisierende Aussagen zu treffen.

S.49, Aufgabe 2

Chandos vermag keine klaren Urteile zu treffen, da ihm die mit den Begriffen gut und böse bezeichneten Kategorien zunehmend unscharf und willkürlich erscheinen. Letztlich gelingt es ihm nicht mehr, eine sichere Erkenntnis über die Realität zu gewinnen und in adäquate Worte zu fassen. Stets treibt ihn sein Geist an, alle Erscheinungen der Wirklichkeit exakt zu benennen, was ihm angesichts der Komplexität der Welt zum Ding der Unmöglichkeit wird. Chandos verstummt, da er mit der problematischen Beziehung der Sprache zur Wirklichkeit nicht fertig wird.

S.49, Aufgabe 3

Chandos' Problem erscheint insofern nachvollziehbar, als die Realität bei genauer Betrachtung nur schwer bis gar nicht eindeutig zu fassen ist. Erkenntnistheoretische Überlegungen seit der Antike legen davon ein beredtes Zeugnis ab.
Andererseits erscheint Chandos' Überlegung insofern fragwürdig, da er äußerst wortreich, treffend und präzise von seiner Sprachlosigkeit spricht. Chandos reflektiert erkenntnisbringend auf sprachlich hohem Niveau über die Unmöglichkeit der Sprache, genau dieses zu tun.

S.49, Aufgabe 4

Das Wien der Jahrhundertwende wird von vielen Intellektuellen nur noch als verlogene Inszenierung eines Systems verstanden, das sich längst überlebt hat. Die Idee der k. u. k. Monarchie vom Vielvölkerstaat unter österreichischer Führung gelangt an ihre Grenzen, kulturell kann Wien seit der Zeit der Klassik kaum mehr etwas nachsetzen, alte Traditionen verkommen zu bloßer Fassade. Der österreichische Schriftsteller Hermann Broch (1886–1951) spricht gar von der „fröhlichen Apokalypse Wiens um 1880".
Auf all diese Entwicklungen reagieren die Literaten der Wiener Moderne. Zudem ist Hofmannsthals „Ein Brief" in größerem Zusammenhang zu sehen mit den Überlegungen Sigmund Freuds über das tatsächliche Wesen des Menschen, mit den sprachphilosophischen Überlegungen Fritz Mauthners und Ludwig Wittgensteins und freilich auch mit den Thesen Ernst Machs über die Unmöglichkeit, den Menschen als eindeutig abgrenzbares und bestimmbares Individuum zu fassen.

S.49, Aufgabe 5

Im poetischen Realismus versuchen die Literaten, die wahre Wirklichkeit hinter der oberflächlich sichtbaren zu entdecken. So fordert Fontane, die Wahrheit aus der Gesamtheit des alltäglichen Lebens herausarbeiten wie der Künstler die Statue aus dem Marmorsteinbruch (Fontane, „Unsere lyrische und epische Poesie seit 1848"). Anhand der Darstellung des Kleinen und Überschaubaren soll das Ganze verstehbar und erklärbar bleiben oder (wieder) werden. Die Naturalisten wiederum halten das Vorgehen der Realisten für Schönfärberei. Ihre Absicht ist es deshalb, die Realität ungeschönt und ohne poetische Stilisierung darzustellen und der Wahrheit auf diese Weise auf den Grund zu kommen (vgl. etwa Arno Holz' viel zitierte Formel Kunst = Natur – x). Der Versuch, große Zusammenhänge zu erklären und die großen Sinnfragen zu beantworten, wird aufgegeben.
In der Moderne schließlich geht die Sicherheit darüber verloren, dass der Mensch als Einheit, als Subjekt verstanden werden kann. Der Sprache wird die Fähigkeit abgesprochen, die Realität tatsächlich abbilden und zur Wahrheitsfindung beitragen zu können. Damit verliert

© 2010 Oldenbourg Schulbuchverlag

die Literatur endgültig ihre erkenntnisstiftende Funktion, sie dient nur noch dem Schönen (l'art pour l'art).

S. 50, Aufgabe 6

Angeführt werden
- die im Zuge der Industrialisierung sich verändernden Wertvorstellungen und Gepflogenheiten wie z. B. die Bedingungen des Finanzmarktes und
- die in der Gesellschaft gepflegte Doppelmoral (Tabuisierung der Sexualität).

Der Sprache kommt bei dieser „Verschwörung" eine besondere Rolle zu, da sie es erst möglich macht, Dinge in einem anderen Licht darzustellen, als sie in Wirklichkeit sind.

S. 50, Aufgabe 7

Auch Hofmannsthals Figur Lord Chandos verzweifelt am Fehlen der Eineindeutigkeit der Sprache. Sie verzweifelt daran, dass die Worte nicht mehr die Wahrheit ausdrücken können.

S. 50, Aufgabe 8

Mögliche Diskussionspunkte:
- Die Sprache ist voll von Euphemismen und Umschreibungen, insbesondere wenn es darum geht, Unangenehmes auszudrücken („Gewinnwarnung" anstatt Gefahr des Einbruchs der Aktienkurse, „ableben" für sterben ...).
- In der Werbung sollen mithilfe der Sprache Wünsche erzeugt und Kunden zum Kauf animiert und überredet werden.
- In der Politik finden häufig Floskeln Verwendung, um unangenehmen Fragen auszuweichen oder unpopuläre Maßnahmen möglichst schadlos zu überstehen.
- Im tagtäglichen Umgang der Menschen untereinander werden fortwährend Sprachäußerungen gemacht, deren Intention nicht mit der scheinbaren Aussage deckungsgleich ist (Höflichkeiten, indirekte Sprechakte ...).

S. 52, Aufgabe 9a

Mauthner arbeitet die Problematik heraus, wonach die Bedeutung eines Wortes erst im Satz (mehr oder minder) fixiert wird, während die Bedeutung/der Aussagegehalt eines Satzes erst aus der Kombination der Einzelbedeutungen seiner Wörter entsteht. Auf keiner der beiden Ebenen, der der Worte und der des Satzes, kann es demnach eine sichere Aussage über den Wahrheitsgehalt geben, weshalb für Mauthner die Sprache keinerlei erkenntnissichernde oder erkenntnisstiftende Funktion haben kann.

S. 52, Aufgabe 9b

Mauthner gibt vor, empirisch und genau zu arbeiten und seine Aussagen so zu untermauern. Allerdings übergeht er bei seiner Argumentation, dass sprachliche Konventionen die Verwendungsmöglichkeiten von Wörtern recht genau regeln und der kompetente Sprecher diese Regeln problemlos anwenden kann (kein Hörer wird das Verb „füllen" in dem verwendeten Goethe-Zitat mit dem „füllen" der Köchin in Verbindung bringen). Zudem kann der kompetente Sprecher problemlos mehrere semantische Ebenen eines Begriffs unterscheiden und bildhaftes Sprechen als Möglichkeit des Ausdrucks nutzen. Die von Mauthner herangezogenen Übersetzungen aus dem Französischen sind für die Argumentation in Bezug auf die Verwendung im Deutschen bedeutungslos (kein Sprecher und kein Rezipient wird beim Nomen „Glanz" an die französische Entsprechung „éclat" denken).

S. 52, Aufgabe 9c

Möglicher Diskussionspunkt: Sprache kann missverständlich sein, Missverständnisse lassen sich aber durch außersprachliche Kommunikationsmittel wie Mimik und Gestik reduzieren. Zudem können kompetente Sprecher zur Klärung von Unsicherheiten auf die metasprachliche Ebene wechseln. Vgl. auch Lösung zu Aufgabe 8.

S. 53, Aufgabe 10

Zusammenfassung:
- Die Sprache wird von den Mächtigen benutzt, die Menschen zu belügen, zu verführen, zu unterdrücken und zu bestrafen.
- Die Sprache hat deshalb die Menschen „vergiftet", sodass sie sich ihren paradiesischen Lebensraum selbst zur Hölle machen.
- Es wäre am besten, wenn die Menschen die Sprache verlören und sich wieder wie die Tiere auf die Verständigung durch bloße Laute besinnen würden.

© 2010 Oldenbourg Schulbuchverlag

S.53, Aufgabe 11

Mauthner verwendet eine sehr emotionale Sprache, die geprägt ist von bildlicher Ausdrucksweise. Er verwendet Aufzählungen, Satzreihen und Satzgefüge, um seine Thesen zu stützen. Insgesamt stützt er jedoch Behauptungen durch neue Behauptungen, ohne konkrete Belege anzuführen. Die vom Text ausgehende Stimmung ist aggressiv und aufrüttelnd. Es handelt sich also eher um eine Streitschrift als um einen sachlich-argumentativen Text.

S.53, Aufgabe 12

Hinweise:

- Wie leicht sich durch Sprache die Wirklichkeit verändern lässt, zeigen beispielsweise Börsennachrichten, die das Handeln der Anleger unmittelbar beeinflussen.
- In vielen Bereichen der Realität schafft die Sprache Wirklichkeit und Tatsachen (vgl. z.B. illukotionäre Sprechakte wie „ich verspreche dir ..." oder deklarative Sprechakte wie „ich taufe dich ...", „hiermit erkläre ich ...").
- Zur Frage nach der Vergiftung des Menschen durch die Sprache könnte angemerkt werden, dass auch im von Mauthner idealisierten Tierreich durchaus keine paradiesischen Zustände herrschen, sondern ein klares Ringen um Fortpflanzungs- und Überlebensmöglichkeiten die Existenz bestimmt.
- Mauthners Abhandlung sollte nicht wörtlich genommen werden, seine Darstellung ist eher ironisch bis bitter zynisch zu nennen. (Seine Forderung, die Menschen sollten sich wieder der Tiersprache bedienen und die Menschensprache ablegen, stünde ohnehin im grellen Widerspruch zu seinen voluminösen Abhandlungen zum Thema Sprache.)

S.53, Aufgabe 14

Die Sprache in der Kritik:

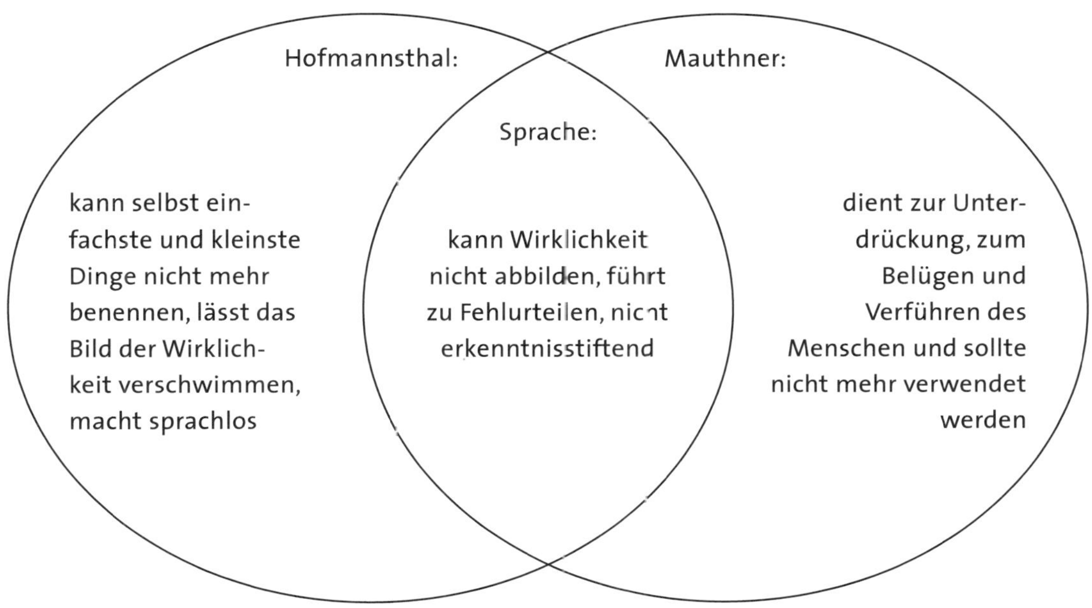

S.54, Aufgabe 15
→ Zusatzmaterial 1: weitere Texte zur Reflexion über Sprache, LM, S.70 f.

Ansatzpunkte für die Recherche bieten die

- Diskussion um die Rechtschreibreformen
- Diskussion um das normative Sprachverständnis von Autoren wie Sebastian Sick („Der Genitiv ist dem Dativ sein Tod. Wegweiser durch den Irrgarten der deutschen Sprache". 4 Bände. Köln: Kiepenheuer & Witsch) und Antworten darauf wie etwa die André Meinungers: Sick of Sick. Ein Streifzug durch die deutsche Sprache als Antwort auf den ‚Zwiebelfisch'. Berlin: Kulturverlag Kadmos 2008.
- Versuche Frankreichs, durch gesetzliche Regelungen das Vordringen des Englischen einzudämmen und die eigene Sprache „rein zu erhalten".
- Versuche Sloweniens, mithilfe gesetzlicher Regelungen die Verwendung des Ungarischen einzudämmen, um mgl. separatistische Bestrebungen der dort ansässigen ungarischen Minderheiten zu unterdrücken.

© 2010 Oldenbourg Schulbuchverlag

S. 54

1.2 „Das große Lalulā" – Literatur im Zeichen der Sprachskepsis

S. 55, Aufgaben 1/2

Zu „Das große Lalulā":

- keine sinntragenden Wörter, (scheinbar) sinnlose Lautfolgen; Satzzeichen geben Betonung der Lautfolgen an; deutliche Versgliederung; Strophen kreuzgereimt und von refrainartigem Vers abgeschlossen
- Interpretationsmöglichkeit 1: Das Gedicht zeigt, dass Wörter keinen Sinn mehr ergeben und Lyrik nur noch inhaltsloses Geplänkel ist. Diese Lyrik existiert nur noch um des Klanges, der Ästhetik Willen (l'art pour l'art), wohingegen Inhalte uninteressant geworden sind.
- Interpretationsmöglichkeit 2: Das Gedicht spiegelt wider, dass die Wörter in den Zeiten der Moderne ihren Sinn verloren haben. Dennoch aber verstummt der Dichter nicht, dennoch verliert er nicht seine Freude am Spiel mit Worten.

Zu „Fisches Nachtgesang":

- Loslösung von Sprachkonventionen, Lauten; Reduktion auf grafische Zeichen, die (wohl) die Mundbewegungen des Fisches andeuten (und zudem traditionell in der Lyrik für lange (—) und kurze (◡) Silben stehen); Zeichen aber symmetrisch angeordnet: Gedicht ist insgesamt symmetrisch gebaut (zeilenweiser Wechsel zwischen ◡ und —, Zu- bzw. Abnahme der Zeichenanzahl, Vorherrschen von Zeilen mit drei —); Sprechsituation: lyrisches Ich als Fisch, der am Abend singt, ohne einen für den Leser verständlichen Laut von sich zu geben
- Interpretationsmöglichkeit 1: Der Fisch gilt gemeinhin als stumm, kalt, gefühllos, glitschig; er gehört der menschlichen Sphäre nur bedingt an; den stummen Fisch zum Sprecher eines Gedichtes zu machen, erscheint auf den ersten Blick absurd. Dennoch könnte er gedeutet werden als Poet, der – glatt und gefühllos wie ein Fisch – seine Lyrik in die Welt setzt, ohne dass wir ihn verstehen. Allenfalls der Gestaltungswille und die künstlerische Form sind für uns noch erkennbar. So gesehen könnte es sich um eine zugespitzte Kritik am Lyrikbetrieb und der Dichtung der Moderne (etwa die Kunst des l'art pour l'art) handeln.
- Interpretationsmöglichkeit 2: Das lyrische Ich versucht, sich auszudrücken und seine Intentionen mitzuteilen. Der Leser begreift jedoch den Sinn dieser Botschaften (nicht) mehr, Dichter und Leser gehören unterschiedlichen Sphären an und finden keine gemeinsame Verständigungsbasis.
- In der Bilderwelt des Christentums steht der Fisch für die Urgemeinde, er ist das Erkennungssymbol der verfolgten Christen inmitten der Heiden und somit eine der ältesten Christusallegorien überhaupt (Christus beauftragt Petrus, Menschen zu fischen; in der Taufe werden die Täuflinge mit Wasser aus dem *piscina*, dem Fischbecken, begossen). So gesehen könnte dem Gedicht eine weitere Tiefendimension zugesprochen werden: Das lyrische Ich erscheint nun als Heilsbringer, dessen Worte nicht mehr verstanden werden. Die Kraft der Dichtung ist verloren gegangen, sie wirkt im Gegenteil nur noch absurd, ist bedeutungslos und allenfalls zur Belustigung zu gebrauchen. Gerade in der Zeit nach dem Nihilismus-Diktum Nietzsches sollte diese Deutung nicht von vornherein ausgeschlossen werden.

Beide Gedichte sind Vertreter einer Literatur im Zeichen der Sprachskepsis, von Literatur in Zeiten verloren gegangener Sicherheiten und aufgebrochener Konventionen. Sie bewegen sich auf einem schmalen Grat zwischen Abwendung von der Sprache und dem Spiel mit ihr. Beide Gedichte können aber auch als geistreiche Spielereien verstanden werden, als neue Pointe, die alle diejenigen Leser amüsieren soll, die die zeitgenössische Literatur kennen. So gesehen würde es sich bei beiden Gedichten um geistreiche Meta-Literatur handeln.

© 2010 Oldenbourg Schulbuchverlag

S.55

Wenn Wörter keinen Sinn mehr geben – die Literatur des Dadaismus

S.56, Aufgabe 1

Die Dadaisten behaupten von sich, einer neuen Realität zum Ausdruck zu verhelfen. Der Dichter soll sich der Realität „primitiv“ und ohne programmatische Vorannahmen nähern. Die Dadaisten versuchen, die zeitliche Simultanität der Vorgänge in der Wirklichkeit abzubilden, konventionelle Strukturen aufzubrechen und neue Ausdrucksformen zuzulassen. Jegliche poetologische Forderungen – auch die eigenen – werden vehement abgelehnt.

S.56, Aufgabe 2

Mögliche Diskussionspunkte:
- Dichtungstraditionen, herkömmliche Formmuster, Stoffe und Gattungen werden (möglicherweise) gegenstandslos.
- Die für die Lyrik kennzeichnende Verwendung bildhafter Sprache, das Spiel mit Metaphern, Symbolen und Allegorien wird (möglicherweise) für den einzelnen Dichter bedeutungslos.
- Wörter können auf ihre lautliche Gestalt reduziert werden, um die vom Autor gewünschte Ausdruckskraft zu erhalten.
- Nichtsprachliche Elemente rücken in den Vordergrund (Art des Vortrags, Musikbegleitung, grafische Elemente bei gedruckten Gedichten ...).
- Herkömmliche Erschließungs- und Interpretationsmethoden werden nutzlos.

S.56, Aufgabe 5

Wirkungsabsicht:
- Der Gedichtvortrag wird – zusammen mit dem Autor bzw. Rezitator – zum Kunstereignis.
- Die Intention des Textes bzw. des gesamten Vortrags kann nur erschlossen werden, wenn die Vortragssituation unmittelbar erlebt wird. Die Dichtung wird in diesem Falle zum multimedialen Gesamtkunstwerk.
- Kunst wie diese widersetzt sich dem herkömmlichen Kunstverständnis, sie ist nicht beliebig reproduzierbar und in der Masse verkäuflich.
- Zudem wirkt die Kostümierung auf das traditionelle (bürgerliche) Publikum befremdend, vielleicht sogar abstoßend. Denkprozesse sollen so angestoßen und alte Konventionen überwunden werden.

S.56, Aufgabe 6

Literaturtipp: Angela Merte u. a.: DADA total. Manifeste, Aktionen, Texte, Bilder. Ditzingen: Reclam 1994.

S.57

2. **Sprachkrise und Sprachwandel –** Tendenzen der Gegenwartssprache

S.57

2.1 **Sprachspiele heute –** Poetry-Slam und neue Wörter

S.58, Aufgabe 1a

Der Ausschnitt aus der Reportage verdeutlicht den Wettbewerbscharakter der Veranstaltung. Es geht darum, den Sieg zu erringen. Zwei Akteure prägen dabei die Veranstaltung: Zum einen natürlich der Vortragende. Die Reportage macht deutlich, dass es weniger um den Text geht – der Begriff „Naturgedicht“ ist in Anführungszeichen gesetzt (Z.4) und damit relativiert –, sondern dass die Art des Vortrags entscheidend ist (vgl. Z.4–7). Zum anderen tritt das Publikum als lautstarker Akteur auf – direkt bei der Veranstaltung, indem es das Dargebotene kommentiert, indirekt durch eben diese Kommentare, die einen Einfluss darauf haben, wie der Vortragende seine Texte konzipiert.
Die Sprache der Reportage möchte die spontane, „jugendliche“ Atmosphäre der Veranstaltung nachbilden – durch umgangssprachliche Elemente („wies geht“, Z.1), Wortspiele („als der Mikrofonständer am Boden und der Sieg in der Luft liegt“, Z.6 f.) und kurze, pointierte Sätze („Das Publikum tobt, die Jury ist überzeugt“, Z.7).

© 2010 Oldenbourg Schulbuchverlag

S. 58, Aufgabe 1b

Oberflächlich bestehen zwei Gemeinsamkeiten zwischen Poetry-Slams und den dadaistischen Vorstellungen im „Cabaret Voltaire“: Zum einen die Idee, Literatur auf die Bühne zu bringen. Zum anderen die Lust am pointierten Spiel mit Sprache. Beides bedingt einander. Denn die Texte sind von vornherein nicht für die private Lektüre gedacht, sondern müssen sich vor Publikum bewähren.
Den Dadaisten völlig fremd war der Wettbewerbscharakter der Poetry-Slams. Es ging im „Cabaret Voltaire“ nicht um einen Wettstreit, an dessen Ende vom Publikum ein Sieger gewählt wird. Im Gegenzug wäre den Teilnehmerinnen und Teilnehmern von Poetry-Slams heute der „theoretische Überbau“ der Dadaisten fremd. Es geht nicht darum, überlieferte Normen zu demaskieren. Ja, es geht nicht einmal um die Provokation eines wie auch immer gearteten Bürgertums. Poetry-Slams sind längst im Literaturbetrieb angekommen.
Bei Poetry-Slams ist es entscheidend, das Publikum zu gewinnen. Provokante Texte sollen allenfalls einen gewissen Überraschungseffekt hervorrufen. Im „Cabaret Voltaire“ dagegen sollten die Texte und die Art ihrer Provokation verstören. Die Unterschiede zwischen beiden „Eventformen“ von Literatur wirken sich also direkt auf die Texte aus.

S. 59, Aufgabe 2

Das augenscheinlichste Merkmal ist die Wiederholung des Begriffs „bekommbar“. Erst in einer Vortragssituation entfaltet sie ihre ganze, den Text stark strukturierende Wirkung. In der letzten Versgruppe gilt Ähnliches für die Wendung „call a …“. Überhaupt wiederholt sich die gesamte Struktur des Textes.
Schließlich wirkt der reihende Charakter erst, wenn man den Text laut vorliest. Das gilt insbesondere für die Versgruppen 2 (V. 6–9) und 4 (V. 14–17). Im Vortrag entfaltet der Text wegen der zahlreichen Alliterationen und Assonanzen seine Musikalität.

S. 59, Aufgabe 3

Der sehr globale Arbeitsauftrag kann differenziert werden, um den Schülerinnen und Schülern die Erarbeitung des Vortrags zu erleichtern, z. B. mit folgenden Hinweisen:
- Überlegen Sie, wie Sie die Sprechgeschwindigkeit effektvoll variieren können und an welchen Stellen Sie Pausen setzen sollten.
- Überlegen Sie, welche Passagen Sie lauter und welche Sie leiser sprechen können.
- Überlegen Sie, wie Sie Ihren Vortrag durch Mimik, bestimmte Gesten oder auch durch Requisiten unterstützen können.
- Experimentieren Sie mit mehreren Vortragenden. Wo unterstützt ein Wechsel die Textaussage?

Die Erarbeitung eines Vortrags ist in der Klassensituation schwierig, weil in der Regel nur ein Raum zur Verfügung steht. Nicht zuletzt aufgrund mangelnder Zeit spricht einiges dafür, die Aufgabe zu Hause erledigen und im Unterricht lediglich das Ergebnis präsentieren zu lassen. Andererseits ermöglicht eine Vorbereitung des Vortrags in der Gruppe ein gemeinsames Experimentieren. Verschiedene Varianten können ausprobiert, verworfen oder verfeinert werden. Außerdem steht die Lehrkraft als Ansprechpartner zur Verfügung. Es lohnt sich also, das Raum- und Zeitproblem zumindest halbwegs zufriedenstellend zu lösen.

S. 59, Aufgabe 4

„Bekommbar“ markiert drei Versgruppen, indem es zu Beginn jedes Verses wiederholt wird. Es ist ein Neologismus, der eine Adjektivbildung simuliert, die es für das Verb „bekommen“ eigentlich nicht gibt, die im heutigen Deutsch häufig bei anderen Verben vollzogen wird, um einen bestimmten Effekt zu erzielen. „Etwas ist machbar“ klingt entschlossener und definitiver als: „Etwas kann gemacht werden.“ Man vermeidet dadurch die etwas unbestimmter wirkende Passivkonstruktion.
Der Autor spielt mit seinem Neologismus also auf den Zeitgeist an, den er mit seinem Text karikiert: So wie für uns heute alles „machbar“ ist, so ist in der Konsumgesellschaft auch alles „bekommbar“ – an jedem Ort und zu jeder Zeit, per Handy bestellbar (vgl. letzte Versgruppe).

S. 59, Aufgabe 5

- „im Doppelpack“ (V. 4): Begriff aus der Werbesprache. Es handelt sich um ein Kompositum aus einem Adjektiv und einem Nomen, das sich aus dem Verb „packen“ bzw. „zusammen-

© 2010 Oldenbourg Schulbuchverlag

packen“ ableitet und das es in dieser Bedeutung eigentlich nicht gibt. Der Begriff soll dem Konsumenten signalisieren: Hier bekommst du nicht einfach nur zweimal, sondern gleich doppelt so viel – für wenig Geld. Er soll einen Kaufanreiz schaffen, indem er dem potentiellen Kunden suggeriert, dass er hier sparen kann.

- „Rohlinge“ (V. 6): Ableitung vom Adjektiv „roh“, die wegen der technischen Entwicklung, die sie bezeichnet, notwendig geworden ist. Interessant ist, dass es diese Ableitung bereits in anderer Bedeutung gegeben hat: Der Begriff bezeichnet auch noch unbehauenes Material in der Bildhauerei und – in einer übertragenen Bedeutung – einen grobschlächtigen Menschen.
- „Tanke“ (V. 10): Abkürzung zu „Tankstelle“. Der Begriff ist nicht nur kürzer, sondern wirkt auch spritziger und lockerer.
- „Glasfaser“ (V. 14): Kompositum, das wegen der technischen Entwicklung, die es bezeichnet, notwendig geworden ist und das versucht, diese Entwicklung im Begriff zu veranschaulichen.
- „Call a Pizza“ (V. 22): Die Wendung entlehnt aus dem Englischen das Verb „call“, das kürzer und prägnanter wirkt als das deutsche „jemanden anrufen“. Es handelt sich allerdings um eine Scheinentlehnung, denn die eigentliche Bedeutung wird nicht übernommen. Es geht ja nicht darum, eine Pizza anzurufen, sondern telefonisch zu bestellen, damit sie geliefert wird. Dieser doppelte Vorgang (Bestellung und Lieferung) kann im Deutschen offensichtlich nicht pointiert genug ausgedrückt werden, weshalb man auf die (eigentliche falsche) englische Wendung zurückgreift. Den beiden englischen Wörtern „call a“ folgt dabei das, was man bestellt und geliefert bekommen möchte – in der Regel mit einem deutschen Begriff: „Pizza“ wird in dieser Wendung ja nicht englisch ausgesprochen. (Hinweis: Man kann überlegen, ob man in dem Gedicht von Bas Böttcher die analog gebauten Verse 22, 23 und 24 durchgängig englisch ausspricht – also auch , Pizza“ und „Taxi“ – um so der Pointe im Vers 25 noch mehr Wirkung zu verleihen.)

Die Ergebnisse können in folgender Weise zusammengefasst werden: Wörter werden neu gebildet, weil das, was sie bezeichnen, neu entstanden ist (z. B. aufgrund des technischen Fortschritts), oder weil der Sprecher einen bestimmten Effekt erzielen möchte.

S. 60, Aufgabe 6

- „Grabbeltische“ (V. 1): Begriff, der eher wieder am Aussterben ist, obwohl andererseits die „Discounter-Kultur“ nach wie vor blüht. Es handelt sich um ein Kompositum aus dem Nomen „Tisch“ und dem Verb „grabbeln“ (norddeutsch für herumtasten), das eine in Kaufhäusern der Nachkriegszeit entstandene Verkaufsstrategie bezeichnet: Die Waren werden in großer Menge ungeordnet auf einen Tisch gelegt. Der Kunde bedient sich selbst. Die Botschaft ist: „Die Ware ist besonders günstig, weil wir viel davon eingekauft haben und weil wir auf eine aufwendige Präsentation – zugunsten des Kunden – verzichten.“
- „Restposten“ (V. 3): ebenfalls ein Begriff aus der Warenwelt. Es handelt sich um ein Kompositum aus zwei Nomen. Das Wort wird eher euphemistisch gebraucht: Es soll deutlich machen, dass der Kunde mit dem Kauf der mit diesem Begriff bezeichneten Ware ein Schnäppchen machen kann, ohne zu klar zum Ausdruck zu bringen, dass es sich z. B. um ein Auslaufmodell handelt.
- „Content“ (V. 6): Entlehnung aus dem Englischen. Der Begriff ist kürzer als das deutsche Wort „Informationsgehalt“ und passt sich besser in die meist englische Begrifflichkeit der EDV ein.
- „Bringdienst“ (V. 11): Kompositum aus einem Verb und einem Nomen. Der Begriff wurde gebildet, um eine neu entwickelte Service-Leistung zu bezeichnen.
- „Zehnerpack“ (V. 12): Kompositum aus einem Numerale und einem Nomen, das sich aus dem Verb „packen“ bzw. „zusammenpacken“ ableitet und das es in dieser Bedeutung eigentlich gar nicht gibt. Unter Umständen handelt es sich um eine Lehnübersetzung aus dem Amerikanischen (vgl. „sixpack“).

© 2010 Oldenbourg Schulbuchverlag

- „Daten“ (V. 14): eigentlich die Pluralform von „Datum“. Der Begriff wird aber heute völlig losgelöst von der Zeitangabe verwendet. Vorbild ist das englische „data“. So bezeichnet das Wort mittlerweile in erster Linie Informationen, die digital kodiert werden.
- „Breitband“ (V. 14): Kompositum aus einem Adjektiv und einem Nomen. Es bezeichnet bildhaft eine technische Entwicklung.
- „Schlussverkauf“ (V. 20): Ein Begriff, der aus der Zeit der „Grabbeltische“ (V. 1) stammt und der mittlerweile ebenfalls am Aussterben ist. Das hat zum einen etwas mit der Lockerung von gesetzlichen Bestimmungen bzgl. der Rabattmöglichkeiten zu tun, zum anderen aber auch damit, dass der Begriff etwas verstaubt klingt. Geschäfte, die auf den Kaufanreiz nicht verzichten wollen, die auf einen bestimmten Zeitraum befristete Preisnachlässe auslösen, weichen auf andere Bezeichnungen aus (z. B. „sale“).

S. 60, Aufgabe 7

„Spender“ (V. 19) ist eine Ableitung vom Verb „spenden“, die es eigentlich schon länger gibt – allerdings in einer anderen Bedeutung: Jemand, der etwas spendet – z. B. einen Geldbetrag –, ist ein Spender. Diese Bezeichnung, die sich eigentlich auf eine großherzige Person bezieht, wird nun übertragen auf einen Behälter, der so konstruiert ist, dass er per Knopfdruck oder nach der Betätigung eines Hebels etwas ausspuckt. Wie der echte „Spender“ gibt er also etwas her. Es geht aber nicht um eine ethisch motivierte Gabe.
„Spender“ ist damit keine Wortneubildung, sondern ein Beispiel für eine Bedeutungsübertragung. Die Auseinandersetzung mit dem Begriff leitet somit zum Kapitel 2.2 „Verlinkung der Gehirne“ – Bedeutungswandel über.

S. 60

2.2 „Verlinkung der Gehirne“ – Bedeutungswandel

S. 61, Aufgabe 1

Die Textbox ist eine ausgefeilte technische Konstruktion. Sie übernimmt mit ihrer Bezeichnung, mit der Art und Weise, wie sie geplant (vgl. Skizze) und ausgeführt (vgl. z. B. „Sitzgelegenheiten aus Stahlrohr“) wurde den Gestus einer technisierten – und damit im landläufigen Sinn lesefeindlichen, insbesondere lyrikfeindlichen – Welt und verkehrt ihn in sein Gegenteil: Die Textbox ist die Voraussetzung, dass Dichter und Rezipient zusammenkommen. Ein unmittelbarer Kontakt ohne ein dazwischen geschobenes Medium ist heute offensichtlich nicht mehr möglich – aus welchen Gründen auch immer: Weil sich die Ansprüche des Rezipienten bezüglich der Vermittlung so gesteigert haben (er braucht eben „Studioqualität“) oder aber – wahrscheinlicher – weil nur mit einer auffälligen medialen Aufbereitung ein Text noch wahrgenommen wird. Bas Böttcher erregte mit seiner Textbox Aufmerksamkeit auf der Frankfurter Buchmesse, sodass viele Besucherinnen und Besucher seine Texte hören wollten. Die Frage ist, ob er genauso großen Erfolg gehabt hätte, wenn er die Gedichte nur an einem Tisch sitzend vorgetragen hätte.
In diesem eher oberflächlichen Sinne funktioniert also die Textbox als „universeller Adapter für Poesie in einer ‚poesiefeindlichen‘ Umgebung“ (Z. 8 f.).

S. 61, Aufgabe 2

- „Verlinkung“ (Z. 7): Ein „Link“ bezeichnet eigentlich eine feste Kabelverbindung, die zwei Vermittlungsstellen miteinander verbindet, ist also zunächst auf die Hardware bezogen. Heute wird der Begriff aber hauptsächlich als Abkürzung für den ursprünglichen „Hyperlink“ verwendet, also für eine Stelle auf dem Bildschirm, die durch Anklicken zu weiteren Informationen führt. Eine Verlinkung bezeichnet damit die Verknüpfung zweier Internetseiten, die es ermöglicht, dass der Nutzer von einer zur anderen weitergeleitet wird.
- „Adapter“ (Z. 9): Ein Adapter ist eine Vorrichtung, der elektrische Geräte so einander anpasst, dass man sie verbinden kann (z. B. Steckdosen-Adapter). Mit Adapter wird auch ein Zusatzgerät zu einem Hauptgerät bezeichnet.

Beide Begriffe sind Entlehnungen aus dem Englischen.

© 2010 Oldenbourg Schulbuchverlag

S. 61, Aufgabe 3

Umformulierung: „Durch Sprache und Kabel entsteht eine direkte Verbindung der Gehirne von Poet und Zuhörer. Die Textbox ist somit eine Vorrichtung, mit deren Hilfe sich eine Verbindung zur Poesie in einer „poesiefeindlichen“ Umgebung herstellen lässt.“
Die beiden Begriffe erfahren also eine Ausdehnung ihrer Bedeutung, die ursprünglich auf den EDV-Bereich bzw. den technischen Bereich beschränkt war.

S. 61, Aufgabe 4

Heute verwenden wir „billig“ dann, wenn eine Ware nicht viel kostet – gerade auch im Vergleich zu Preisen anderer Anbieter. Allerdings schwingt mittlerweile neben dieser reinen Sachinformation auch ein deutlicher Wertungsaspekt mit. Er kommt besonders zum Tragen, wenn das Adjektiv nicht in Verbindung mit „sein“, sondern mit „aussehen“ verwendet wird. Ein Kleid, das „billig aussieht“, muss noch lange nicht billig gewesen sein. Das Adjektiv „billig“ vollzieht also offensichtlich seit einigen Jahren eine Bedeutungsverschiebung im Sinne einer Abwertung. In der Werbesprache wird es deshalb eher vermieden und durch andere Begriffe – z. B. „günstig“ – ersetzt.

S. 61, Aufgabe 5

- Bedeutung 1: „Billig“ wird hier als Synonym für „rechtmäßig“ im Sinne von „gerecht“ verwendet.
- Bedeutung 2: „Billig“ kann hier durch „angemessen“ ersetzt werden.
- Bedeutung 3: In den beiden Beispielsätzen würden wir heute „wie billig“ mit „zurecht“ ersetzen.
- Bedeutung 4: „Billig“ bezeichnet hier ein angemessenes Preis-Leistungs-Verhältnis.

S. 61, Aufgabe 6

Die Bedeutungen eins bis drei ähneln einander. Die vierte bringt einen neuen Aspekt hinzu, indem „billig“ im Sinne von „rechtmäßig“ bzw. „angemessen“ auf die Warenwelt übertragen wird. Ein Preis, der „billig“ ist (im Sinne des Grimm'schen Wörterbuchs), ist ein Preis, der für das, was man bekommt, gerechtfertigt ist. Die heute gebräuchliche Verwendung des Wortes knüpft an diese letzte Bestimmung an.

S. 62, Aufgabe 7

Während die ersten Bedeutungen seit dem 19. Jahrhundert zunehmend verschwinden und heute nur noch in der – allerdings sehr altertümlich wirkenden – Wendung „recht und billig“ überlebt haben, verengt sich die Bedeutung des Begriffs auf die vierte Bedeutung. Sie unterliegt dabei einem weiteren Wandel – vielleicht weil das Wort in einen Bereich kam, der stark durch die dynamische Werbesprache bestimmt ist. Es geht nun gar nicht mehr so sehr um ein angemessenes Preis-Leistungs-Verhältnis, sondern um ein für den Kunden äußerst günstiges Preis-Leistungs-Verhältnis. Da man aber bei einer Ware, die nur wenig kostet, in der Regel auch bei der Qualität Abstriche machen muss, erfährt „billig“ mittlerweile eher eine Abwertung.

S. 63, Aufgabe 8

- Ursache 1: Sprache verändert sich, weil die Sprecher nach „Energieersparnis“ (Z. 5) streben. Dadurch werden feste Wendungen, die häufig gebraucht werden, verkürzt, sodass die verbleibenden Wörter unter Umständen eine veränderte bzw. zusätzliche Bedeutung erhalten.
- Ursache 2: Die Höflichkeit eines Sprechers verleitet ihn bei seiner Wortwahl in gewissen Situationen eher zu hoch zu greifen, weil er den Angesprochenen lieber schmeicheln als ihn möglicherweise verletzen möchte. Setzt sich diese Tendenz beim gleichen Wort bei einer Vielzahl von Sprechern durch, entsteht eine neue Wortbedeutung.
- Ursache 3: Wenn ein Sprecher durch seinen Sprachgebrauch auffallen möchte, verwendet er häufig eine besonders bildhafte, farbige Sprache. Manche der Metaphern sind offensichtlich so schlüssig, dass sie in den allgemeinen Sprachgebrauch übergehen und damit eine neue Wortbedeutung generieren.

S. 63, Aufgabe 9

Eine Reihe von Wortneubildungen stammen aus dem Bereich der Werbesprache. Dort geht es auch darum, aufzufallen. Die Bezeichnung „Tanke“ kommt eher aus dem Bereich der Jugendsprache. Sie passt ebenfalls zu der Darstellung des Textes.

© 2010 Oldenbourg Schulbuchverlag

Allerdings gibt es bei der Wortneubildung eine Reihe von Begriffen, die einfach deshalb neu entstehen, weil sie ein neues Phänomen, also z. B. eine technische Entwicklung, bezeichnen.

S. 63, Aufgabe 10

Der Anstoß zum Bedeutungswandel wird in einem gewissen Sinn durchaus bewusst vollzogen: Eine Gruppe von Sprechern möchte durch einen variierten Gebrauch von Wörtern eine bestimmte Wirkung hervorrufen, setzt also die veränderte Bedeutung bewusst ein (vgl. S. 63, Aufgabe 8). Der Prozess ist aber insofern unbewusst, als die Gruppe von Sprechern mit ihrem Sprachgebrauch zwar vieles im Sinn hat, aber keinen Bedeutungswandel anstreben. Dass also manche veränderte Bedeutung von immer mehr Sprechern außerhalb dieser Gruppe übernommen wird, war von dieser nicht beabsichtigt, wahrscheinlich nicht einmal gewollt.

S. 63, Aufgabe 11

„Gruppen" innerhalb einer Sprachgemeinschaft können sich verschieden definieren. Im Text ist vor allem an eine Eingrenzung über das Alter gedacht: Die Jugend verfügt über spezifische Sprachcodes, die eine Abgrenzung ermöglichen müssen und einer ständigen Aktualisierung unterliegen. Jugendsprache ist damit ein dynamisches Element in einer Sprachgemeinschaft. Gruppen können sich z. B. auch regional oder über ihre Schicht definieren.

Vgl. Basiswissen „Standardsprache und Varietäten", AB, S. 64

Gemeinsam ist den Gruppen, dass sie eine Art „Experimentierfeld" innerhalb einer Sprachgemeinschaft bilden. In ihnen entsteht – etwa aus dem Bedürfnis der Abgrenzung – Bedeutungswandel, der dann unter Umständen von einem größeren Teil der Sprachgemeinschaft übernommen wird.

S. 64

2.3 „Nivellierung" oder „Verschiebung im Varietätenspektrum"? – Wandel im Verhältnis zwischen Standardsprache und Varietäten

S. 64, Aufgabe 1

Debus legt mit dieser Grafik nahe, dass die Gegenwartssprache einem deutlichen Nivellierungsprozess unterliegt. Unterschied die Sprachgemeinschaft bisher zwischen Standardsprache, Umgangssprache und Dialekten, verstärkt sich der „mittlere Bereich" der Umgangssprache zunehmend.

S. 64, Aufgabe 2

Es ist wohl kein Zufall, dass die drei Bereiche nicht nebeneinander angeordnet sind – was ja durchaus möglich wäre, da man annehmen muss, dass ein und derselbe Sprecher sowohl über Umgangssprache als auch über Standardsprache verfügen kann – vielleicht sogar noch über Dialekt. Die Anordnung von unten nach oben legt eine hierarchische Gliederung nahe, was bedeuten würde, dass die Standardsprache in ihrer Wertigkeit deutlich über der Umgangssprache liegt und durch die Veränderungsprozesse nun auf das niedrigere Niveau hinabgezogen wird. Die Tendenzen der Gegenwartssprache zeigen damit Züge eines Sprachverfalls.

S. 65, Aufgaben 3/4

Es können hier ganz unterschiedliche Sätze gebildet werden. Die Schülerinnen und Schüler werden, wenn die Sätze schriftlich fixiert sind, protestieren. Diese Reaktion und die nachfolgende Aufgabe kann zeigen, dass sich die Hauptsatzstellung bei „weil" mittlerweile im mündlichen Sprachgebrauch praktisch etabliert hat, während sie im schriftlichen noch als falsch empfunden wird. Mit diesem Beispiel kann illustriert werden, dass sich Sprache verändert – und dass Sprecher diesen Veränderungsprozess unterschiedlich wahrnehmen.

S. 66, Aufgabe 5

Auch Bär negiert den Sprachwandel nicht und auch er stellt fest, dass „die Grenzen zwischen den Varietäten [...] insgesamt immer unschärfer werden" (Z. 2 ff.) und dass die gesprochene Sprache einen größeren Einfluss auf die geschriebene hat (Z. 20 f.). Er möchte allerdings nicht von einer Nivellierung sprechen, sondern definiert die Veränderungen als „Verschiebungen im Varietätenspektrum" (Z. 6). Der Unterschied ist bedeutend: Die Veränderung ist bei ihm weniger ein Verlust im Sinne einer Verarmung von Sprache, sondern führt dazu, dass verschiedene Sprachebenen nun gleichrangig sozusagen „nebeneinanderstehen".

© 2010 Oldenbourg Schulbuchverlag

S. 66, Aufgabe 6

- „Veränderte historische Bedingungen“: Zunächst ist Westdeutschland, ab 1990 dann Gesamtdeutschland Teil des europäischen Einigungsprozesses geworden. Die Grenzen zu den Nachbarländern sind damit durchlässiger geworden, der Austausch intensiver.
- „Veränderte kulturelle Bedingungen“: Deutschland ist Teil einer „westlichen“ Kultur geworden – allen Bemühungen um eine „deutsche Leitkultur“ zum Trotz. Außerdem hat sich im Laufe der 1960er-Jahre ein tiefgreifender Umsturz im Wertesystem ereignet.
- „Veränderte kommunikationstechnische Bedingungen“: Aufgrund der neuen Kommunikationstechniken ist Kommunikation heute leichter, schneller und umfassender möglich – was nicht bedeutet, dass diese Möglichkeiten auch zu besserer Kommunikation genutzt werden.

Das Schaubild muss die vertikale Ausrichtung der Grafik von Debus in eine horizontale umwandeln. Die drei Ebenen müssen also nebeneinanderstehen.
Die von außen wirkenden Antriebskräfte der Veränderungen (siehe oben) können außerhalb eines Rahmens aufgeführt werden.

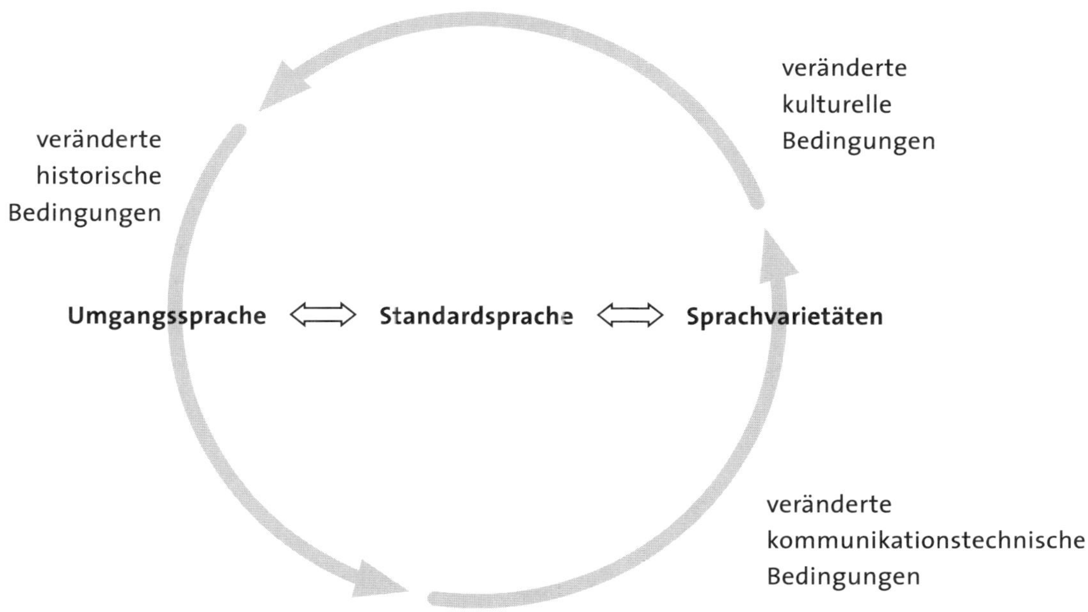

S. 66

2.4 Willkommen im Netz – vom stetigen Einfluss der Medien auf die Gegenwartssprache

S. 69, Aufgabe 1

Erzähltechnische Gestaltung:

- Ich-Erzähler mit allen entsprechenden Merkmalen (als Person festmachbar, Erzähler ist Teil der Handlung, verfügt über Kenntnisse/Informationen, Innenperspektive, Erzählhaltung sehr emotional bestimmt, Mischung aus Erzählbericht und Figurenrede)
- Erzählhaltung bestimmt die hier gewählten, spezifischen Kommunikationsformen: Einerseits Erzählerbericht, der allerdings in Form direkter Leseranrede („Da muß ich erst mal ausholen. Sorry und: ...“, Z. 1) gestaltet ist – simuliert die „Mündlichkeit“ der schriftlichen Kommunikation im Internet (Foren, Bloggen, Twittern). Andererseits Figurenrede (Telefonat mit Service-Einrichtung), die dem Leser in Berichtform präsentiert wird („Meldete sich eine müde Männer-Stimme. Ich: ‚Meine Postings werden nicht angezeigt! Ist schon das vierte Mal.‘ Stimme drauf: Wie, was, wo Postings? Überzog gar nichts.“ (Z. 50 ff.)
- Mit dem Wechsel innerhalb bekannter Erzählformen (Schriftlichkeit als Mündlichkeit und Mündlichkeit als Schriftlichkeit zu präsentieren) verstärkt der Erzähler das auch im Stil angelegte und damit bewusst inszenierte Durchbrechen traditioneller Vermittlungsmuster.

© 2010 Oldenbourg Schulbuchverlag

S. 69, Aufgabe 2

Zur Erstellung der Liste mit Fachtermini (vornehmlich aus der Computer-Sprache) kann auf das Wissen der Schülerinnen und Schüler rekurriert werden oder man sucht die Begriffe im Internet (z. B. bei Wikipedia oder Wiktionary). Bei der Diskussion der Begriffe sollte die Verwendung im Text mitberücksichtigt werden.

Fachterminus	Übersetzung	Bedeutung
Posting (Z. 2); posten (Z. 11)	von engl. „to post" = etwas abschicken, einwerfen, anschlagen, bekannt geben	urspr. eine Mitteilung innerhalb einer Newsgroup, inzwischen werden auch Beiträge in Webforen oder Blogs unter diesem Begriff verstanden.
Flaming (Z. 3)	von engl. „to flame" = brennen, aufflammen	beleidigender oder polemischer Kommentar in Webforen, einer E-Mail oder einem Chat. Da Flaming in den meisten Foren als Unsitte empfunden wird, greifen Moderatoren in diesen Fällen mäßigend ein oder sanktionieren es entsprechend.
Hardcore (Z. 6)	von engl. „hard core" = harter Kern	Begriff wird in unterschiedlichen Zusammenhängen verwendet: z. B. in der Halbleiterindustrie, in der Pornografie, zur Bezeichnung von Musikrichtungen. Hier meint „Hardcore-Fan" wohl, dass sich der Blogger zum harten Kern, also zu den regelmäßigen Teilnehmern dieses Forums zählt.
scannen (Z. 9)	von engl. „to scan" = etw. absuchen, durchsuchen, abtasten	berührungsfreies Abtasten von Objekten mit einem Aufnahmegerät. Hier wird der Begriff als Überwachung des Verhaltens im Forum verwendet.
Container (Z. 12)	von engl. „to contain" = enthalten	Behältertyp, z. B. im Schiffs-, Eisenbahn-, Straßenverkehr. Hier meint „voller Container", dass innerhalb der Forums zahlreiche Meldungen ausgetauscht („gepostet") wurden.
Username (Z. 16)	von engl. „to use" = benutzen	Name, der zum Schutz des Nutzers meist verschlüsselt ist
Website (Z. 43)	von engl. „web" = Netz, Gewebe; „site" = Ort, Platz	virtueller Platz im World Wide Web, an dem sich meist mehrere Webseiten, Dokumente oder andere Ressourcen befinden
public gehen (Z. 43)	von engl. „public" öffentlich	hier: an die Öffentlichkeit gehen, d. h. anderen Mitgliedern im Forum zur Kenntnis bringen

© 2010 Oldenbourg Schulbuchverlag

Fachterminus	Übersetzung	Bedeutung
IP-Adresse (Z. 56)	IP = Internet-protokoll	Adresse in Computernetzen, die – basierend auf einem Internetprotokoll – Geräten zugewiesen wird, um sie erreichbar zu machen
Ethernet ID (Z. 56)	von engl. „ether" = Äther, „net" = Netz	Ethernet: Technik für kabelgebundenes Datennetz, dass urspr. für lokale Datennetze (LAN) gedacht war und daher auch als LAN-Technik bezeichnet wird. Ethernet ID: Identifikationsnummer im Netz
auf Alert (Z. 68)	von engl. „alert" = Alarm	total aufmerksam
Reason (Z. 71)	von engl. „reason" = Grund, Verstand, Vernunft	hier im Sinne von „Ordnung reinbringen"

S. 69, Aufgabe 3

Charakterisierung des Ich-Erzählers unter Einbezug seiner sozialen Kontakte:

- beschreibt sich selbst als Mann „Mitte dreißig, ziemlich sehr groß, vollschlank" (Z. 20 f.)
- lebt in zwei Welten: einerseits in der Welt des Internets („postet" in verschiedenen Foren wie „Supermovies", „Abendnachrichten", „literature4YOU" oder „Diskussionsseiten" (Z. 17 f.); andererseits im „Real Life" (Z. 20) als Angestellter bei einer „Mobiltelefongesellschaft" (Z. 25)
- im wirklichen Leben äußerlich angepasst („Krawatte, Officezwang", Z. 21), mit versteckter Aggression gegen seinen angepassten Bürokollegen Lobenmeier („Lieblings Mann vom Boss [...], immertäglich pünktlich, immerja fleißig", Z. 30)
- überträgt Sprache, die er – wie anzunehmen ist – in den Foren pflegt, auf Erzählung bzw. Beschreibung beider Welten (Wortwahl, Syntax, Stil, Bedeutungsverschiebungen)
- tut sich offensichtlich mit sozialen Kontakten schwer (wie im weiteren Verlauf des Kapitels noch deutlicher wird); lebt am Wochenende ausschließlich in der Welt des Internets (Diskussionsforen und Chatrooms), wo er mit Selbstbewusstsein und Tatendrang agiert: „... und es gab so viel zu tun, daß ich nicht mehr drüber nachdachte. Die Diskussion war schon weit, und höchste Zeit, daß einer Reason reinbrachte." (Z. 69 ff.)
- zwei Beispiele für „reale" soziale Kontakte, die jeweils scheitern: Einmal Konflikt mit seinem Bürokollegen Lobenmeier, der ihn wegen seiner Internetleidenschaft (kritisch) beäugt: „„Ey, schon wieder Internet?"" (Z. 32 f.). Das andere Mal ist es das erfolglose Telefonat mit einer Servicestelle: „Er zum dritten Mal. Führte alles zu nichts. Ich legte auf." (Z. 66)

S. 69, Aufgabe 4

a) Moderne Kommunikation im Licht der sprachlichen Gestaltung/Vergleich mit eigenem Sprachverhalten, Beispiele für sprachliche Gestaltung:
   - auf der Wortebene: Verwendung von Fremdwörtern (z. B. „Sorry", Z. 1; „Hardcore-Fan", Z. 6), von Fachtermini aus der Welt des Computers und des Internets (z. B. „Flaming", Z. 3; „posten", Z. 11), Neologismen und Anglizismen (z. B. „Lifesense", Z. 22; „Screen glancen", Z. 34;), Wortschöpfungen (z. B. „Geldverdienmist", Z. 21 f.; „immertäglich", Z. 30)
   - auf der Syntax-Ebene: häufiger Verzicht auf das Subjekt (z. B. „Sorry und: weiß ja, dass", Z. 1); Wechsel von langen hypotaktisch gebauten Sätzen und Parataxen oder einfachen Hauptsätzen (z. B. Z. 1 ff.), bewusste Satzbrüche (z. B. „Ich schwörs euch, wär der nicht dauernd Fitneß-Studio", Z. 37)

© 2010 Oldenbourg Schulbuchverlag

- auf der Stilebene: Alltagssprache (z. B. „muss man aber fertig werden mit“, Z. 14), elliptische Wendungen (z. B. „Ganz kurz Vorgeschichte.“ Z. 13), Schöpfung neuer Wendungen durch Verknüpfungen (z. B. „public gehen“, Z. 43; „Workzeug“, Z. 31; „Herz beaten“, Z. 48 f.); Verschriftlichen von Mündlichkeit (z. B. „Okay, okay, okay, okay, schon klar. Unüberlegt. Weiß ich.“ Z. 47); Einsatz von Fremdwörtern, Fachwortschatz, Neologismen, Anglizismen, Wortschöpfungen (s. Wortebene)
- Bildhaftigkeit der Sprache (z. B. „da könnt ihr drauf Kies essen.“, Z. 27), Einsatz von Metaphern (z. B. „Stahlidee“, Z. 7)

Beim Vergleich mit dem eigenen Sprachverhalten werden sich einerseits Übereinstimmungen ergeben, die vornehmlich die Verwendung von Fachtermini, Anglizismen und Neologismen betreffen. Andererseits wird bei genauer Analyse des Textes seine Künstlichkeit und bewusste Konstruiertheit – und damit letztlich seine Literarizität – deutlich werden.

b) Diskussion über Einfluss der Medien auf Sprechen und Schreiben
Zunächst sollte der Einleitungstext intensiv analysiert werden. Folgendes Vorgehen bietet sich an:
- genaues Lesen und Klärung unbekannter Begriffe
- Herausarbeiten des gedanklichen Aufbaus
- Zusammenfassen der einzelnen Abschnitte und Bildung von Kernthesen

Anschließend bietet es sich an, über das Thema in einer selbst zu wählenden Form in der Klasse zu diskutieren (z. B. Expertenrunde, Fishbowl, Talkshow, Debatte).

S. 70, Aufgabe 5 Beim Umschreiben des Textes sind verschiedene Variationen denkbar, z. B. als Sachtext, als moderne Erzählung, als Märchen, als Fantasy ...

S. 70, Aufgabe 6 Lesen des Kapitels „Ein Beitrag zur Debatte“ in Kehlmanns Roman „Ruhm“:
Als Alternative kann das Kapitel in der Hörbuchfassung (Deutsche Grammophon. Literatur, Hamburg 2009; gelesen von Ulrich Matthes und Nina Hoss) gemeinsam angehört werden.

S. 70

3. „Alle Philosophie ist Sprachkritik“ – philosophische Texte analysieren

S. 70

3.1 Kommt einem Bild eine Wahrheit zu? – Textsorten und Aufsatzformen

S. 70 Zum Bild: Jan Vermeer (1632–1675), zeitgenössisch Joannis ver Meer oder Joannis van der Meer, einer der bedeutendsten holländischen Maler des Barock. Kleines – heute bekanntes bzw. erhaltenes – Gesamtwerk (37 Bilder): Historienmalerei (biblische und mythologische Szenen), Stadtansichten, (teilweise moralisierende) Genreszenen (= Großteil des Werks), Frauenbilder, Darstellungen der Wissenschaften, Allegorien. „Das Mädchen mit dem Perlenohrgehänge“ (um 1665) zählt zu seinen bekanntesten Gemälden. – Über Vermeers Leben ist wenig bekannt: Geboren und gestorben in Delft, verbrachte er fast sein ganzes Leben dort. Große Familie (Gattin Catharina Bolnes, 15 Kinder, davon vier im frühen Kindesalter verstorben). Stabile wirtschaftliche Situation (Unterstützung durch Mäzene, weitere Tätigkeiten neben der Malerei), die sich in den letzten Lebensjahren aber deutlich verschlechterte. Hinweis: Der „Wikipedia“-Artikel zu Vermeer ist ausgezeichnet!

www.

S. 71, Aufgabe 1 Textsorte: (kunsthistorische) Sachtexte (also nichtfiktionale Texte); sprachlich-stilistische Eigenheiten: klarer Satzbau, nicht zu komplexer Satzbau, treffende Adjektive

S, 71, Aufgabe 2 Absicht der Texte: Information über das Bild (A: Bildbeschreibung, B: verwendete Materialien)

S. 72, Aufgabe 3 Der Schulaufsatz knüpft an das „sehr, sehr kleine Lächeln im Gesicht“ des Mädchens sowie an dessen Ohrschmuck an und entwickelt dazu eine Geschichte.

© 2010 Oldenbourg Schulbuchverlag

Eine Sammlung interessanter Schulaufsätze findet sich in: Dieter Borchmeyer (Hg.): Der goldene Fisch. Die besten Schulaufsätze. Wettbewerb der Bayerischen Akademie der Schönen Künste, 2008. München: Langen Müller 2008.

S. 73, Aufgabe 4

Strukturierte Inhaltsangabe: Beim vorzustellenden Text handelt es sich um Auszüge aus einer 2004 erschienenen Rezension der Leiterin des Literaturressorts der „FAZ" Felicitas von Lovenberg, in der sie Peter Webbers Film „Das Mädchen mit dem Perlenohrring" bespricht.
Z. 1–11: Das Anliegen des 1999 erschienenen Romans „Das Mädchen mit dem Perlenohrring" der Amerikanerin Tracy Chevalier wird vorgestellt: Ziel des Buches sei nicht, eine Biografie Vermeers zu schreiben, sondern sein künstlerisches „Geheimnis" herauszufinden. Die Autorin wolle dies erreichen, indem sie eine Entstehungsgeschichte zu Vermeers berühmtem Bild erfindet, in der Griet, das Dienstmädchen des Malers, die zentrale Rolle spielt.
Z. 12 f.: Hinweis auf die Verfilmung des Romans durch den jungen englischen Regisseur Peter Webber.
Z. 14–27: Beschreibung von Teilen der Filmhandlung:

a) Z. 14–20: Die siebzehnjährige Griet, die 1665 in die Dienste Vermeers eintritt und insbesondere das Putzen seines Ateliers liebt, fällt dem Maler durch ihren künstlerischen Sachverstand auf, sodass er ihr im Gefühl, gut von ihr verstanden zu werden, sogar das Mischen seiner Farben überlässt.
b) Z. 20–24: Die anderen Mitglieder der Familie Vermeer sind Griet gegenüber missgünstig eingestellt, wohl aus Eifersucht.
c) Z. 24–27: Als Vermeers Gönner Pieter van Ruijven ein Bild von der Magd, die er bewundert, bei Vermeer in Auftrag gibt, löst dieser Auftrag Griets Entlassung aus, da das Gemälde geheim gehalten werden soll.

S. 74, Aufgabe 5

Textzusammenfassung:

– Der Text macht deutlich, dass die Texte sich Vermeers Bild unterschiedlich nähern, dass sie es in seiner Aussage und Bedeutung unterschiedlich zu erfassen versuchen.
– Das Märchen begreift als Zentrum des Bildes das scheue Lächeln des Mädchens. Hinter diesem Lächeln muss ein Grund verborgen sein, der Zielpunkt des Märchens ist.
– Roman und Film begreifen das Bild als Mittel, den Maler besser verstehen zu können.
– Die Kunsthistoriker versuchen sich dem Bild analytisch zu nähern:
  a) durch Beschreibung des Bildinhalts. Der Text macht darauf aufmerksam, dass auch hier distanzierte Objektivität nicht gelingt, indem von einer besonderen Wirkung des Bildes („bezaubert", Z. 2, „Mystik", Z. 8) gesprochen wird.
  b) durch die Beschreibung der für das Bild verwendeten Materialien und der angewandten Maltechniken. Hier gibt der Autor zu erkennen, dass er der Ansicht ist, dass mit dieser Annäherung sicher nur ein Teil des Bildes erfasst wird.

S. 74, Aufgabe 6

Klassisches Vorgehen bei einer Erörterung: Klärung zentraler Begriffe. Hier: „Wahrheit". – Normalsprachlich: Aussagen, Sätze, Behauptungen sind wahr oder nicht. In diesem Sinn kann der Terminus „Wahrheit" im Erörterungsthema nicht verwendet worden sein; denn ein Bild ist kein Satz, keine Behauptung, keine Aussage, von der gesagt werden könnte, sie sei wahr oder falsch. Also muss die Formulierung „Wahrheit eines Bildes" in einem übertragenen Sinn zu verstehen sein. Am ehesten: Kommt einem Bild eine eindeutige Aussage zu? Ist es eindeutig, in einem bestimmten Sinn zu verstehen?
Vorüberlegung: Bilder können mit festen ikonografischen Topoi arbeiten. Es kann sein, dass bestimmte Bildelemente allegorisch oder symbolisch gedeutet werden müssen. Hier geht es aber um Bildelemente, denen eine spezifische Bedeutung zukommt. Sie tragen zum Verständnis des Bildes als einer Ganzheit bei, aber sie bilden nicht einfach das Ganze dieses Verständnisses.

© 2010 Oldenbourg Schulbuchverlag

S.74

3.2 Was ist Wahrheit? – Erörtern im Anschluss an philosophische Texte

S.76, Aufgabe 1

Gliederung: vgl. Aufg. 2. Die strukturierte Inhaltsangabe muss sprachlich und sachlich treffend das umsetzen, was in Aufgabe 1 vorbereitet wird.

S.76, Aufgabe 2

Strukturierte Inhaltsangabe:
Z. 2–3: Exposition der Frage: Was versteht man unter Wahrheit?
Z. 4–10: erster Antwortversuch: Das Wahre ist das Wirkliche. Scheingold z. B. ist kein wirkliches und damit kein wahres Gold.
Z. 10–14: Einwand: Scheingold ist, auch wenn es kein echtes Gold ist, doch *etwas Wirkliches.* Denn es kann ja sein, dass ein Ding nur etwas zu sein scheint, was es aber gar nicht ist, wie eben beim Scheingold der Fall. Das ist zwar wirklich vorhanden wie echtes Gold auch, es ist also etwas Wirkliches, aber es ist eben kein echtes, kein „wahres" Gold.
Z. 14–18: zweiter Antwortversuch = tatsächliche Antwort: Etwas Wahres ist etwas Wirkliches, das sich tatsächlich als das erweist, wofür man es bereits im Vorhinein gehalten hat. Wahrheit ist also Stimmigkeit: Eine Sache und unsere Vorstellung von ihr stimmen überein.
Z. 19–25: Erweiterung des Anwendungsgebiets von „wahr sein": Wahr können nicht nur einzelne Objekte (in Heideggers Sprache: „einzelnes Seiendes") sein, Wahrheit ist vor allem eine Eigenschaft von Aussagen, von Sätzen. Eine Aussage, ein Satz ist dann wahr, wenn das, was der Satz sagt, übereinstimmt mit der Sache, über die der Satz spricht. Auch in diesem erweiterten Sinn ist Wahrheit Stimmigkeit.
Z. 26–30: Wiederholung und abstrakte Zusammenfassung des bisher Erkannten: Wahr können Sachen oder Sätze sein. In beiden Fällen ist Wahrheit Stimmigkeit:
a) Die Sache stimmt überein mit der Meinung, die man von ihr hatte.
b) Ein Satz über einen Sachverhalt stimmt mit dem Sachverhalt selbst überein.
Z. 31–36: Anwendung auf eine traditionelle Wahrheitsdefinition: „veritas est adaequatio rei et intellectus" (Wahrheit ist Angleichung von Sache und Erkenntnis).
Das kann heißen: Es stellt sich heraus, dass die Sache mit meiner Erkenntnis von ihr übereinstimmt, sich ihr angleicht. Oder: Es stellt sich heraus, dass meine Erkenntnis (meine Aussage über eine Sache) mit der Sache selbst übereinstimmt, sich ihr angleicht.

S.76, Aufgabe 3a

Zwei Fälle sind möglich:
1. Eine Sache ist dann wahr, wenn sie sich als übereinstimmend erweist mit der Ansicht, der Erkenntnis, die das erkennende Subjekt im Vorhinein von der Sache hatte. Sache und Ansicht, mithin Erkenntnis von ihr passen also zueinander, stehen im Verhältnis der Richtigkeit zueinander. Gegeben ist die Ansicht, die Meinung, die Erkenntnis. Die Sache selbst erweist sich als übereinstimmend mit ihr, insofern als wahr, insofern als richtig. Die Sache passt zur Erkenntnis.
2. Ein Satz, ein Aussage über eine Sache, ist dann wahr, wenn die Aussage sich als übereinstimmend erweist mit der Sache, dem Seienden selbst. Die Aussage über eine Sache, mithin die Erkenntnis von einer Sache und die Sache selbst passen also zueinander, stehen im Verhältnis der Richtigkeit zueinander. Gegeben ist die Sache selbst. Eine Aussage, eine Erkenntnis über sie erweist sich als übereinstimmend mit ihr, insofern als wahr, insofern als richtig. Die Erkenntnis passt zur Sache.

S.76, Aufgabe 3b

Bei den Aufgaben 3a) und b) kommt es darauf an, begrifflich scharf zu arbeiten. Aufgabe 3a) fragt nicht nach Heideggers Wahrheitsdefinition. Denn das „adaequatio" aus der überkommenen philosophischen Wahrheitsdefinition hat Heidegger selbst nicht mit „Übereinstimmung" (der in Aufgabe 3a) verwendete Terminus, der als Übersetzung von adaequatio möglich ist), sondern vielmehr exakt wörtlich mit „Angleichung" übersetzt. Die Auffassung als „Übereinstimmung" ist in gewisser Weise einfacher; wie sie verstanden werden kann, hat Aufgabe 3a) geklärt. Was akzentuieren die Aussagen:

© 2010 Oldenbourg Schulbuchverlag

1. „Wahrheit ist die Angleichung der Sache an die Erkenntnis“?
2. „Wahrheit ist die Angleichung der Erkenntnis an die Sache“?

Aussage 2 scheint eingängiger: Es gibt einen Sachverhalt. Man stellt 1. fest, wie er genau ist, und 2., dass die eigene Erkenntnis exakt zu ihm passt, ihn wirklich erfasst, wie er ist. Man stellt fest, dass die Erkenntnis sich als dem Sachverhalt angeglichen erweist, dass sie somit wahr, richtig ist.

Mit Fall 1 verhält es sich folgendermaßen: Es gibt eine Erkenntnis von einer Sache. Man stellt 1. fest, worin diese Erkenntnis genau besteht, und 2:, dass die Sache, auf die sich die Erkenntnis bezieht, exakt zur Erkenntnis passt, ihr genau entspricht. Die Sache gleicht sich der vorhandenen Erkenntnis an, indem sie, die Sache, zu ihr, der Erkenntnis, passt. Tut sie dies, ist sie, die Sache, in Bezug auf die Erkenntnis wahr und richtig. Tut sie dies nicht, ist sie eben unwahr, unrichtig, falsch. – Beispiel: Wenn die Sache, um die es geht, tatsächlich Gold ist, dann passt sie sich der Erkenntnis „Das ist Gold“ insofern an, als sie eben tatsächlich Gold ist. Wenn die Sache, um die es geht, tatsächlich nicht Gold ist, dann kann sie sich der Erkenntnis „Das ist Gold“ insofern nicht anpassen, als sie eben tatsächlich nicht Gold ist. In Bezug auf die Aussage „Das ist Gold“ erweist sich die Sache dann als unwahr.

→ Zusatzmaterial 2: Der Begriff der Wahrheit (Welte), LM, S. 72

Als Zwischenschritt könnte man hier einen Text von Bernhard Welte einschieben, der an der Stelle, an der der Text von Heidegger im AB abbricht, weiterdenkt: Bevor Heidegger von Wahrheit als Richtigkeit spricht, verwendet er den Begriff des Stimmens, der Stimmigkeit. Eine Sache bzw. eine Aussage ist wahr, wenn sie stimmt. D. h., wenn es sich erweist, dass eine Sache mit der Meinung, die man von ihr hatte, übereinstimmt, ist sie, die Sache, wahr, oder wenn es sich erweist, dass eine Aussage über eine Sache mit der Sache übereinstimmt, ist sie, die Aussage, wahr.

Nun kann man doch aber fragen, wie man feststellen kann, ob eine Sache und die Meinung von dieser Sache bzw. eine Aussage über eine Sache und die Sache selbst übereinstimmen. Geht das nicht nur dann, wenn man im Grunde vorher schon, bevor man das Übereinstimmen prüft, weiß, wie die Sache, von der man eine Meinung, eine Vorstellung hat und über die man eine Aussage macht, eigentlich ist? Es wäre dann ein Irrtum zu meinen, Wahrheit entstehe, erweise sich im Akt des Prüfens der Übereinstimmung, sei nichts anderes als die festgestellte Übereinstimmung; nein, um Übereinstimmung oder Nichtübereinstimmung prüfen zu können, wird Wahrheit schon vorausgesetzt, muss also schon vorhanden, gegeben sein. Woher aber kommt diese gegebene Wahrheit dann? Ist das dieselbe Wahrheit wie die, die man feststellt, wenn man sagt, Sache und Erkenntis stimmten überein, seien einander angeglichen? Oder ist diese Wahrheit, die gleichsam einfach da ist, die der „Übereinstimmungswahrheit“ logisch vorausgehen zu müssen scheint, eine andere Wahrheit?

S. 78, Aufgabe 5

Hauptinhalte:

- Z. 1–4: Bisherige (= vor Kant) Annahme der Erkenntnistheorie: Erkenntnis von Gegenständen richtet sich nach den Gegenständen. Kant schlägt deswegen eine Änderung des Denkansatzes vor
- Z. 5–9: Änderung des Denkansatzes wird verglichen mit der Grundidee des Kopernikus: Erklärungen der Himmelskörperbewegungen nicht möglich bei Annahme einer fixen Erde. Änderung des Erklärungsmodells: sich bewegende Erde
- Z. 9–15: Übertragung auf die „Metaphysik“ (hier im Sinn von „Erkenntnistheorie“), präziser formuliert: Wissen über die „Anschauung“ der Gegenstände: Geht man davon aus, dass die Anschauung der Gegenstände sich nach der „Beschaffenheit der Gegenstände“ (Z. 12) richten muss → kein apriorisches Wissen von der Anschauung der Gegenstände möglich.

Umgekehrter Ansatz: Richtet sich der erkannte Gegenstand als Objekt der erkennenden Sinne nach der Beschaffenheit des menschlichen Anschauungsvermögens → apriorisches Wissen von der Anschauung möglich.

© 2010 Oldenbourg Schulbuchverlag

- Z. 15–22: Die *Anschauung* von einem Gegenstand stellt noch keine *Erkenntnis* von ihm dar. Damit eine solche Erkenntnis von einem Gegenstand zustande kommt, muss die Anschauung auf den Gegenstand bezogen werden, muss der Gegenstand durch die Anschauung bestimmt werden. Eine solche Bestimmung erfolgt durch Begriffe. Nun kann wiederum angenommen werden, die Begriffe, mit deren Hilfe aus der Anschauung von einem Gegenstand eine Erkenntnis dieses Gegenstandes wird, richteten sich nach dem Gegenstand: Dann aber dasselbe Problem wie oben: A priori kann von solchen Begriffen dann nichts gewusst werden.
- Z. 22–27: Wenn aber gilt: Gegenstände bzw. Erfahrung, in welcher Gegenstände als Gegenstände erkannt werden, richten sich nach Begriffen: Dann: Apriorisches Wissen über Erfahrung von Gegenständen ist möglich. Denn: Erfahrung kann dann als Erkenntnisart beschrieben werden, die Verstandesregeln folgt, die der Mensch aus sich heraus, vor aller konkreten Erfahrung, mithin a priori, erfassen kann.
- Z. 27–29: Wenn Erkenntnis von Gegenständen so erfolgt wie beschrieben, dann gilt: Gegenstände der Erfahrung richten sich notwendig nach apriorischen Begriffen (des erkennenden Verstandes) und stimmen mit ihnen überein.

S. 78, Aufgabe 6

Hauptaussage: Es ist nicht so, dass sich unsere Erkenntnis von Gegenständen als Objekten unserer Sinne nach diesen Gegenständen richtet, uns diese also so vermittelt, wie sie „in sich“ sind, es ist vielmehr so, dass sich unsere Erkenntnis von Gegenständen als Objekten der Sinne nach unserem menschlichen Erkenntnisvermögen richtet.
Die (sinnliche) Anschaung der Gegenstände, die sich nach unserem menschlichen Anschauungsvermögen richtet, stellt noch nicht die eigentliche Erkenntnis der Gegenstände dar. Diese kommt erst dadurch zustande, dass die Anschauung auf den Gegenstand bezogen, mit ihm verknüpft wird, dass der Gegenstand durch die Anschauung bestimmt wird. Das Mittel der Bestimmung des Gegenstandes durch die Anschauung sind Begriffe.
Nun gilt wieder, dass diese Begriffe, durch die erst die (sinnliche) Anschauung von einem Gegenstand zur (rational erfassten) Erkenntnis dieses Gegenstandes wird, vom Menschen, dem erkennenden Subjekt her, kommen, nicht aber von den erkannten Gegenständen selbst.
D. h.: Der erkennende Mensch formt mit seinen Begriffen, mit den aus seinem Verstand, aus seinen Erkenntnisstrukturen stammenden Begriffen seine Erkenntnis.

S. 78, Aufgabe 7

a) Erkenntnis von Gegenständen als Objekten der Sinne: Es ist ganz wesentlich der erkennende Mensch selbst, der diese Erkenntnis bestimmt; denn die Begriffe, mit deren Hilfe er eine Erkenntnis formuliert, stammen von ihm selbst, nicht von den erkannten Gegenständen. Es ist nicht so, dass der Mensch die Gegenstände völlig willkürlich „erfinden“ würde. Was ihm aber von den Gegenständen her entgegenkommt, das gestaltet er, durch seine Formen der Anschauung. Heidegger geht dagegen davon aus, dass sich Gegenstände unmittelbar in ihrer Wahrheit mitteilen. Kant legt Wert auf die Feststellung, dass es der erkennende Mensch ist, der die Erkenntnis von Gegenständen als Objekten der Sinne bestimmt.

Vgl. auch Welte, LM, S. 72

b) Erkenntnis von Gegenständen als Objekten des Geistes: Heidegger geht in der zitierten Textpassage nicht auf diesen Bereich ein; er deutet nur einmal an, dass er beim Versuch seiner Wahrheitsbestimmung nicht nur unmittelbar sinnlich Gegebenes im Blick hat, wenn er beispielhaft auch „reine, wirkliche Freude“ anführt. – Auch „reine, wirkliche Freude“ ist ein „Gegenstand“, der sinnlich vermittelt wird, der nicht nur ein Objekt ausschließlich geistiger Anschauung ist. Wenn es um wahre Erkenntnis rein geistiger Gegenstände geht, so deutet Kant in der Fortsetzung des im AB abgedruckten Textes an, dass von solchen Gegenständen nur das erkannt werden kann, was der Mensch selbst in sie hineinlegt. Mit anderen Worten: In Bezug auf Gegenstände, die nur gedacht werden können, denen jede sinnliche Gegebenheit fehlt, kann in gar keiner Weise etwas darüber gesagt werden, ob ihnen unabhängig von ihrem Gedachtwerden durch den Menschen Realität zukommt.

Vgl. Heidegger, AB, S. 75, Z. 5

© 2010 Oldenbourg Schulbuchverlag

S. 78, Aufgabe 8

Nach Kants Auffassung kann es „Wahrheit in sich“, Wahrheit als Bestimmung eines Gegenstands, die diesem unabhängig vom ihn erkennenden Subjekt zukäme, nicht mehr geben. Was es für einen erkennenden Menschen nach wie vor gibt, ist eben Erkenntnis von Gegenständen; diese kommt aber, wie gesehen, unter elementarer Beteiligung des erkennenden Menschen selbst bzw. unter Beteiligung von dessen Formen der Anschauung und der von ihm in den Erkenntnisakt eingetragenen Begriffe zustande. Diese Erkenntnis ist dann eben, wie sie ist; und an ihr beteiligt sind einerseits die Gegenstände, die erkannt werden, andererseits aber der erkennende Mensch, der die Erkenntnis mithilfe seiner Anschauung und seiner Begriffe gestaltet. Ein gedankliches Konstrukt zur Verdeutlichung des Gemeinten: Hätte der Mensch andere Formen der Anschauung als die, die er hat, würde er anderes erkennen. Vielleicht bildet dies einen Grund, warum Kant sich scheut, von der (einen, unveränderlichen, gegebenen) Wahrheit der Gegenstände zu sprechen.
Andererseits gilt: Die Erkenntnis von den Gegenständen, die wir haben, ist die einzige, die wir haben. Insofern könnte man sie auch wahre Erkenntnis nennen: Wahre Erkenntnis im Kant'schen Sinn ist Erkenntnis, die gemäß den Gesetzen der uns gegebenen Formen der Anschauung und den Gesetzen unseres Verstandes, der unsere Begriffe bildet, geformt ist. Diese Erkenntnis ist eine allgemeine, ganz und gar nicht eine beliebige oder rein subjektive oder gar bloß individuell-relative. Denn sie ist allen Menschen gegeben, alle Menschen nehmen wahr, denken, erkennen mit denselben Gesetzmäßigkeiten der Anschauung und des Verstandes.

S. 78, Aufgaben 9a/b

Schritt 1: Beide Themen verlangen zunächst die Darstellung des Wahrheitsbegriffs bei Heidegger sowie des Kant'schen Modells darüber, wie Erkenntnis von Gegenständen als Objekten der Sinne zustande kommt. – Aufgabe 9b) verlangt diese Darstellung ausdrücklich, in Aufgabe 9a) ist sie implizit verlangt; die dort geforderte Abwägung kann nur vor dem Hintergrund der genannten Darstellung (entspricht: Begriffsklärung) geleistet werden. – Dass auch Aufgabe 9a) diesen darstellenden Teil verlangt, sollte bei einer genauen Untersuchung dessen, was das typische Erörterungsthema fordert, ggf. deutlich bewusst gemacht werden. Was im Rahmen dieser Darstellungen zu sagen ist, wurde bei den Aufgaben zu den Texten erarbeitet (für Heidegger vor allem AB, S. 76, Aufgabe 3 a/b, für Kant AB, S. 78, Aufgabe 5–6).
Schritt 2: Die beiden Positionen sind gegeneinander abzuwägen, zu vergleichen, das Verhältnis, in dem sie zueinander stehen, ist zu bestimmen. Aufgabe 9a) verlangt dies ausdrücklich („Wägen Sie ab“), in Aufgabe 9b) ist die Aufforderung zu einem kritischen, abwägenden, Vergleich im Auftrag „Erörtern Sie“ enthalten. Je nach Strukturierung des Aufsatzes wird in die Bearbeitung dieses zweiten Schritts die Auseinandersetzung mit Argumenten, die für Heidegger bzw. für Kant sprechen, bereits einfließen. Evtl. wird ein Schüler die Beschäftigung mit diesen Argumenten zu einem eigenständigen 3. Schritt seines Aufsatzes ausgestalten (für Systemvergleich und Verhältnisbestimmung: AB, S. 78, Aufgabe 7 f., für weitere Argumente, für Kant: AB, S. 78, Aufgabe 8.
Aufgabe 9b) verlangt noch die Darstellung des eigenen Konzepts von Wahrheit bzw. wahrer Erkenntnis. Was hier zu sagen ist, kann im Grunde bereits die Synthese aus der Abwägung der Argumente für die beiden bearbeiteten Positionen sein.
Wirklich neue Aspekte zum Thema „Wahrheit“ wären: Überlegungen zu „Wahrheit“ im ethisch-moralischen Sinn; Wahrheit also als Gegenbegriff zur Lüge. Solche Überlegungen sind sicher möglich, liegen aber in Bezug auf das Thema, in dem „Wahrheit“ ja von „Erkenntnis“ her verstanden wird, nicht unbedingt nahe. Dennoch wird man sie einem Schüler kaum ankreiden, denn der Begriff (Wahrheit) bleibt ja derselbe.
Die beiden Aufgaben 9a) und 9b) verlangen „Erörterungen im Anschluss an Texte“. Zwar fordern sie zunächst – eher implizit – Elemente der Sachtextanalyse ein: Um Heideggers Verständnis von Wahrheit, um Kants Verständnis von wahrer Erkenntnis darstellen zu können (= 1. Schritt der Erörterung), muss man die Texte analysiert und verstanden haben, auch wenn die schriftliche Fixierung einzelner Analyseschritte (strukturierte Inhaltsangabe, Untersu-

© 2010 Oldenbourg Schulbuchverlag

chung der Argumentationsstruktur, Untersuchung sprachlicher und auffälliger rhetorischer Mittel) nicht verlangt ist. Wohl könnte man den Vergleich der beiden Positionen noch als Analyseaufgabe begreifen. – Verlangt wird weiter Erörterungstypisches, das über die gegebenen Texte hinausführt („im Anschluss an einen Text"): Die Suche nach Argumenten für die eine wie die andere Position und die kritische Abwägung der Argumente bis hin zur Aufforderung in Aufgabe 9b), ein eigenes Wahrheitskonzept zu entwickeln.

S. 79

3.3 **Sprache und Wirklichkeit:** Lässt sich alles sagen?

Ergänzung zu Leben und Werk Wittgensteins: Nach Ingenieursstudien (Berlin) gelangte er zur Philosophie (Cambridge: Entwicklung des „Tractatus"), arbeitete aber nach einer pädagogischen Ausbildung in Wien ab 1920 als Volksschullehrer, nachdem er sein Erbe unter seinen Geschwistern aufgeteilt bzw. an Künstler (u. a. Trakl und Rilke) verschenkt hatte. Als Lehrer erfolglos, deshalb Berufsaufgabe, einige Monate Gärtnergehilfe in einem Kloster bei Wien, Gedanken, Mönch zu werden, dann in Zusammenarbeit mit dem Architekten Paul Engelmann für seine Schwester Margarethe Bau des kubistischen Palais Wittgenstein in Wien; schließlich Rückkehr zur Philosophie, Promotion in Cambridge erst 1929 (mit dem „Tractatus"), ab 1939 dort Professor. Während des Zweiten Weltkriegs freiwillige Arbeit als Pfleger in einem Londoner Krankenhaus. 1947 Aufgabe der Professur, zurückgezogenes Leben in Irland. Als die Frau des Arztes, in dessen Haus Wittgenstein während der Endphase seiner Krebskrankheit lebt, ihm am Tag vor seinem Tod mitteilt, seine englischen Freunde würden ihn am nächsten Tag besuchen, antwortet er: „Sagen Sie ihnen, dass ich ein wundervolles Leben gehabt habe."
Text „Tractatus logico-philosophicus": 1918 abgeschlossen; Veröffentlichung 1921; von Fehlern befreite zweite, deutsch-englische Ausgabe 1922, nach der heute zitiert wird.
Erläuterung: Satz 7 (AB, S. 80, Z. 47) ist der Schlusssatz des „Tractatus".

S. 80, Aufgabe 1

Einerseits: Sprache ist wesentlich notwendig, um Welt erfahren, erfassen und verstehen zu können. Der Ausdruck von Wahrnehmung, ob nun nur gedanklich oder tatsächlich – schriftlich oder mündlich – mitgeteilt, braucht Sprache. Wenn Erkenntnis Gestalt annehmen soll, muss sie versprachlicht werden. Insofern ist es richtig zu sagen, dass sprachliche Grenzen Grenzen des Verständnisses, der Erfahrung von Welt sind.
Weiterer Aspekt: „Meine" Sprache als eine bestimmte (National-)Sprache verstanden: Eine Welt, deren Sprache ich nicht verstehe, verstehe ich nur in Bruchstücken.
Andererseits: Welterfassung und Ausdruck meines Verständnisses von Welt geschehen nicht nur sprachlich. Wortloses Verstehen eines Menschen, nichtsprachliches Auffassen einer Stimmung, Atmosphäre, wortloser Selbstausdruck in einer bestimmten Stimmung, Gefühlslage sind möglich.
Jedenfalls kann man sagen, dass wir das Gefühl für schwer Sagbares, kaum Ausdrückbares kennen: große Gefühle, aber auch Ahnungen geistiger Zusammenhänge, die man aber nicht genau formulieren kann.
Also: Im Sinne des klaren, wachen, hellen, präzisen Bewusstseins gilt: *„Die Grenzen meiner Sprache* bedeuten die Grenzen meiner Welt."

Vgl. auch Kommentar zu den Auftaktseiten von Kapitel 2: LM, S. 41 f.

S. 80, Aufgabe 2

Die Diskussion des Satzes 5.6 hat gezeigt, dass er „nur" ein bestimmtes, prägnantes Verständnis von „Welt" zum Ausdruck bringt. Man könnte also sagen: Die „Welt" des Satzes ist nicht die ganze Welt, auch nicht die des sprechenden Subjekts („meine Welt"). Neben der klar benennbaren Welt gibt es Weiteres, das nicht versprachlicht werden kann („Unaussprechliches"). Aber es gibt diese andere Welt offensichtlich von ihr selbst her, sie ist nicht nur Produkt des denkenden Subjekts, denn Wittgenstein formuliert: „Dies [das Unaussprechliche] zeigt sich".

© 2010 Oldenbourg Schulbuchverlag

Wenn Wittgenstein das sich zeigende Unaussprechliche „das Mystische" nennt, setzt er religiöse Terminologie ein. Ansgar Paus schreibt, Mystik sei als „Lehre bzw. außerliterarische Ausdrucksform des vorübergehenden, unmittelbaren, integralen Ergriffenseins oder -werdens des *homo religiosus* von der numinosen anderen Wirklichkeit [...] ein universales, kulturenübergreifendes Grund-Datum der Religionsgeschichte."[1] Nach Aloys M. Haas bezeichnet Mystik „zumeist ein Seelenereignis als ganzheitlich vereinigendes Gewahrwerden und Erleben des Absoluten in unmittelbarer Intuition"[2].

[1] Mystik. I. Religionsgeschichtlich. In: Lexikon für Theologie und Kirche. Bd. 7. Freiburg u. a.: Herder [3]1998, Sp. 583–6, hier Sp. 583 f.

[2] Mystik. VI. Mystik und Sprache, Literatur. In: Lexikon für Theologie und Kirche. Bd. 7. Freiburg u. a.: Herder [3]1998, Sp. 595f, hier Sp. 595

S. 80, Aufgabe 3

Erster Wirklichkeitsbereich: klar umgrenzter Bereich. Über ihn kann präzise, verständlich, vor allem analytisch gesprochen werden. Dieser Bereich scheint der Bereich der Wissenschaften, präziser noch: der Naturwissenschaften zu sein. Denn alles, was wirklich gefragt werden kann, kann beantwortet werden. Dabei denkt Wittgenstein offensichtlich nur an wissenschaftliche Fragen und Antworten. In 6.52 sagt er, wenn alle überhaupt möglichen wissenschaftlichen Fragen beantwortet seien, seien die eigentlichen Lebensprobleme noch gar nicht berührt; zugleich behauptet er, es gebe dann aber auch gar keine Fragen mehr. Das heißt, Fragen, die beantwortet werden können, sind nur wissenschaftliche Fragen. Zugleich räumt er ein, dass es über den Bereich dieser wissenschaftlichen Fragen hinaus einen weiteren Lebensbereich, den der eigentlichen Lebensprobleme, gibt.
Dass Wittgenstein mit Wissenschaft streng genommen Naturwissenschaft meint, macht 6.53 klar. Hier wird die Aufgabe der Philosophie darin gesehen, dass sie philosophische Aussagen, die offensichtlich unsinnig seien, weil sie mit Zeichen (also: Wörtern) arbeiteten, die keine Bedeutung trügen, eben als sinnlos nachweise. Als sinnvolle Sätze, so Wittgenstein, bleiben aber nur naturwissenschaftliche Sätze. Das aber heißt: Nur Naturwissenschaftliches lässt sich klar sagen.
Zweiter Wirklichkeitsbereich: Denn offensichtlich bleiben, selbst wenn alle wissenschaftlichen Fragen geklärt sind, die Lebensfragen bestehen (6.52). Dass dies so ist, „fühlen" (Z. 24) wir; nicht eine Regung des Verstandes, die auch sprachlich ausgedrückt werden könnte, macht uns dies klar, vielmehr ein Gefühl. Ein erstes Anzeichen dafür, dass dieser zweite Wirklichkeitsbereich sich der Sprache entzieht.
Darauf weist auch 6.521 hin: Die Lösung des Problems des Lebens besteht nicht in einer „Antwort" (Z. 27) auf dieses Problem, die Lösung besteht vielmehr im „Verschwinden" (Z. 28) des Problems. So wie das Lebensproblem selbst nicht versprachlicht werden kann, so auch nicht dessen Lösung. Es gibt in diesem Wirklichkeitsbereich nicht Frage und Antwort, es gibt Problem und Lösung: Beide können sprachlich nicht erfasst werden. Vgl. Klammer: Wenn die Lösung des Problems des Lebens gefunden ist, der Sinn des Lebens also, so kann er nicht beschrieben werden.
Dass der zweite Wirklichkeitsbereich dem ersten gegenüber ein völlig anderer ist, sagt deutlich 6.522 (vgl. Aufgabe 2). Dass dieser Bereich wohl der existentiell bedeutsamere ist, deutet 6.52 schon an, 6.54 macht es noch einmal deutlich: Wittgenstein spricht, er artikuliert Sätze. Der, der versteht, was er sagen will, müsse seine Sätze, nachdem er sie verstanden hat, hinter sich lassen; denn wenn er die Sätze verstanden habe, habe er sie auch als unsinnig erkannt. Unsinnig sind Sätze nur im zweiten, im mystischen Bereich der Wirklichkeit. Nur da kann nicht gesprochen werden. In den aber soll man offensichtlich vordringen, Wittgensteins Sätze wollen dahin führen. Denn erst wenn Wittgensteins Sätze überwunden sind, Sprache überwunden ist, sieht (!) man die Welt richtig (Z. 46). Wohlgemerkt: Man sieht sie richtig, gesagt wird nichts mehr über sie. – Damit ergibt sich der letzte Satz des „Tractatus" zwangsläufig: Weil auf der Ebene dieses richtigen Weltverstehens Sprechen nicht mehr möglich ist, gilt: „Wovon man nicht sprechen kann, darüber muss man schweigen." – Es gibt ja auch nichts mehr zu sagen!
Also:
Bereich 1: Bereich des wissenschaftlich, naturwissenschaftlich Erfassbaren. Hier absolute gedankliche Klarheit. Alles kann hier präzise benannt werden.

© 2010 Oldenbourg Schulbuchverlag

Bereich 2: Bereich existentieller Lebensprobleme. Fragen von Sinn und Verständnis der Welt als ganzer tun sich auf. Bereich der Mystik: Hier kann nicht gesprochen, nichts gesagt werden. Lösungen von Problemen ergeben sich, zeigen sich. Verstehen von Zusammenhängen kann nicht versprachlicht werden. Richtiges wird „gesehen".

S. 80, Aufgabe 4

Diskussionsfrage:
Argumentationsmöglichkeit a): Es gibt den offenbleibenden Bereich zwischen Sprache und Wirklichkeit, es gibt einen Wirklichkeitsbereich, der sprachlich nicht zu erfassen ist. Damit decken sich Sprache und Wirklichkeit nicht (vgl. v. a. Aufgabe 3, aber auch Aufgaben 1 und 2).
Argumentationsmöglichkeit b): Starkmachen der Position *„Die Grenzen meiner Sprache* bedeuten die Grenzen meiner Welt." (5.6). – Würde heißen: „Wirkliche Welt", „wirkliche Wirklichkeit" bedeutet nur das, was gesagt werden kann. Alles, was darüber hinausgeht, ist, weil „ungefähr", weil verschwimmend, nicht wirklich wirklich.
Man könnte aber auch – sachlich wohl mit Wittgenstein, in der konkreten Ausführung von ihm unterschieden – argumentieren: Auch der zweite Wirklichkeitsbereich (vgl. Aufgabe 3) ist für Sprache offen; allerdings nicht für die klare analytische Sprache der Wissenschaft, die Wittgensteins ersten Wirklichkeitsbereich charakterisiert, sondern für eine bildlich-metaphorische Sprache, eine Sprache bisweilen auch nur des „Irgendwie" und des „Ungefähr". Nichtsdestoweniger handelt es sich auch hier um Sprache, um eine literarisch-fiktive gleichsam, nicht um eine sachlich-unmittelbare.
Gleichwohl ist es wohl richtig, wenn Wittgenstein sagt, über diesen Wirklichkeitsbereich ließe sich nichts sagen: Dieser zeigt sich als etwas anderes, als etwas Fremdes gegenüber unserer Normalwelt und ist ihr gegenüber deswegen oft verschlossen. Weil es ein anderer Bereich ist, der sich da mitteilt, sperrt er sich gegen unsere Sprache. Diese Sperre versucht Wittgenstein zum Ausdruck zu bringen, wenn er sagt, eigentlich ließe sich über diese andere Wirklichkeit nichts sagen, eben weil sie anders ist und unsere Sprache sie letztlich nicht erfasst.
Konkretisierung: Was die Erfahrung von Liebe wirklich ist, was Schmerz wirklich ist, was Verlust, Trauer, Tod eines nahestehenden Menschen wirklich für einen bedeuten, was es eigentlich ist, das man in diesen Erfahrungen erfährt, worin die Erfahrungen von Glückhaftigkeit und Sinn eines Lebens oder Lebensabschnitts, worin die gegenteiligen Erfahrungen genau bestehen, all dies lässt sich sprachlich kaum analytisch klar sagen.
Essay: Inhalt vgl. Aufgaben 1–4. Form: vgl. „Deutsch kompakt: zum Nachschlagen" (AB, S. 345 f.). Ergänzung: Die Zitattechnik darf und soll beim Essay locker sein. Nicht jedes Zitat muss exakt wiedergegeben, exakt markiert, exakt nachgewiesen werden. Im Gegenteil: Der Essay lebt von der geistreichen Anspielung. Der zu schreibende Essay würde bereichert werden, wenn neben Wittgenstein auf andere Autoren Bezug genommen würde, z. B. Hofmannsthal, „Chandosbrief" (AB, S. 48 f.): Ungenügen der Sprache, Sprache vermag nicht zu bezeichnen, was man eigentlich sagen will.

S. 81, Aufgabe 5

Inhaltliche Aspekte:
Möglichkeiten der Sprache – was Sprache kann:
- Alltag, Zusammenleben, Gesellschaft ermöglichen: Sprache ist wichtigstes Kommunikationsmittel.
- Sprache kann präzis, scharf, prägnant benennen: Herstellung von Klarheit (mögliche Zuspitzung: beißende Schärfe, Ironie, Sarkasmus, Zynismus → kann verletzen).
- Sprache kann – durch Bilder, Metaphern, Vergleiche – verhüllen und umschreiben, kann Unangenehmes erträglicher machen, kann Lobendes und Rühmendes verstärken, ausbreiten (mögliche Wirkung auch: Verunklärung, nebulöses, unverständliches Gerede).
- Sprache kann nicht nur sachliche Inhalte mitteilen, sie kann Gefühle, Affekte, Emotionen vermitteln: tröstende Worte, die tatsächlich trösten; Worte der Liebenden, die Liebe ausdrücken; aber auch Worte des Hasses und der Aggression, die Hass und Aggression verstärken; Worte als Ausdruck und Gestaltung von Freude und Lust.

© 2010 Oldenbourg Schulbuchverlag

- Sprache kann alltäglich, pragmatisch, aber auch künstlerisch, stilisiert (Dichtung) eingesetzt werden.
- Sprache kann Klang, Rhythmus, Melodie entwickeln.

Gefährdungen durch Sprache (Liegt im weiteren Bereich des Themas; z.T. oben mitangesprochen):
- Verunklärung eines Sachverhalts durch ungenaues Gerede, Beschwichtigung durch Drumherumreden. Dies auch mit einzelnen Wörtern möglich, z.B. „Kollateralschäden" statt „Tote".
- Emotionalisierung von Menschen durch gezielten Sprachgebrauch (politische Rede) zu unlauteren, verbrecherischen Zielen: Demagogie, z.B. Reden von Hitler und Goebbels. Dadurch auch Missbrauch und Entwertung von Worten, die kaum mehr unbelastet verwendet werden können.
- Verletzen durch Schärfe, Ironie etc.

Grenzen der Sprache (von Wittgenstein herkommend): Bestimmte Wirklichkeitsbereiche, Erfahrungen können sprachlich nicht adäquat erfasst werden: Was Liebe, existentieller Verlust, Sinn bedeuten, was jemand mit „Gott" meint, lässt sich kaum sprachlich erfassen. – Sprache muss sich hier mit einer hinweisenden, andeutenden Funktion begnügen.

Möglich: Da Bezüge der Sprache zur Musik hergestellt wurden, könnte der Vergleich ausgebaut werden. Was leistet Sprache, was Musik? – Ist Dichtung durch das Benennen-Können eindeutiger, klarer als Musik? Ist Musik umgekehrt emotional tiefer, anrührender, bewegender?

Aufbau, Strukturierung der Rede: Vgl. Basiswissen, AB, S.81: auch assoziative Nebenwege, Abschweifungen

Wichtig für die inhaltliche Konzeptionierung: Thema „Lob der Sprache", „Grenzen" im Untertitel. Man wird versuchen, Gefährdungen und Grenzen der Sprache so zu thematisieren, dass der Fokus „Lob der Sprache" erhalten bleibt. – Beispiel: Von der Bewusstmachung demagogischen Sprachmissbrauchs her appellieren, verantwortungsvoll mit Sprache umzugehen. Beginnen könnte man mit einem literarischen Text, in dem die Möglichkeiten der Sprache thematisiert werden. Als Beispiele einige Gedichte von Rose Ausländer und Thomas Weiß.

→ Zusatzmaterial 3: Sprache und Wirklichkeit, LM, S.73

S.81, Aufgabe 6

Inhaltliche Aspekte:
- Kinder staunen, wenn sie etwas Neues beobachten, entdecken, wenn sie merken, dass, wenn A geschieht, B die Folge ist, und ihnen also klar wird, dass die beiden Ereignisse oder Zustände miteinander zu tun haben.
- Staunen ist die Fähigkeit, innehalten zu können, zu verspüren, dass etwas, was ist, nicht selbstverständlich ist, sondern z.B. schön, oder es ist die Fähigkeit, aufmerksam zu werden, dass bestimmte Dinge zusammenhängen.
- Staunen über sich selbst: Man hat etwas geleistet, was man sich kaum zugetraut hat, vor dem man Angst hatte: körperliche Anstrengung (Wanderung, Bergtour, Lauf etc.); geistige Leistung (schwierige Aufgabe gelöst); auch Auseinandersetzung mit anderen Menschen; man entdeckt ungeahnte Fähigkeiten in sich (kann ja tatsächlich malen!), Gefühle, die man nicht in sich vermutet hätte (Zärtlichkeit, Angst um einen Menschen, aber auch Wut, Hass, Aggression).

  All das kann man auch in Bezug auf andere Menschen empfinden, vor allem solche, die man näher kennt, von denen man bestimmte Vorstellungen darüber hat, wie sie sind.
- Natur kann vielfältig in Staunen versetzen: Schönheit des Lebendigen (Menschen, Tiere, Pflanzen), Schönheit von Landschaftsformen, Schönheit verschiedener Elemente (Wasser als Meer, See, Fluss, Strom, Bach; ruhig dahinfließend, als Wasserfall ...; Wind; Feuer; Erde in verschiedenen Formationen, Färbungen; Gestein). Diese staunende Wahrnehmung von Schönheit ist sicher immer in Verbindung mit der Gestimmtheit des Wahrnehmenden, mit seiner Empfänglichkeit für das Wahrgenommene zu sehen.
- (Erschrockenes) Staunen über Grausamkeiten, Aggression (Tierreich, unter Menschen).

© 2010 Oldenbourg Schulbuchverlag

- Staunen über Zusammenhänge in der Natur, über stimmig Zusammenpassendes
- Staunen bei der Einsicht in oft über lange Zeiträume sich erstreckende Entwicklungen in der Natur (Gletscherbewegungen, Entwicklungen des interstellaren Raums)
- Staunen bei Einsichten und Erkenntnissen generell, sei es im Bereich der Natur, der Naturwissenschaft oder der Kultur und der Geisteswissenschaft: Staunen über menschliche Leistungen, kultureller, künstlerischer oder intellektueller Art.

Immer wieder aufs Neue die Erfahrung: Im Staunen stoßen wir auf Erstaunliches, etwas, das uns gerade in seinem Zusammenhang aufgegangen ist, oder auf etwas, das uns fasziniert und dessen Geheimnis wir ergründen wollen. So weist das Staunen (Anknüpfung an das Ausgangszitat) auf bereits begriffenes Erstaunliches hin oder es eröffnet den Weg zu neuem Begreifen, ist „erkenntnisfördernd".

→ Zusatzmaterial 4: Ergänzung zum Basiswissen „Rede", AB, S. 81, LM, S. 74

Konzeption der Rede: Entscheidend ist die Kürze der Rede. Es kommt also darauf an, aus der Vielfalt der Aspekte einige wenige herauszugreifen, die dem Redner naheliegen, die er selbst gut nachvollziehen kann, Aspekte also, die ihn selbst wirklich staunen machen. Der Redner wird versuchen, diese wenigen Aspekte so darzulegen, beschreibend zu vergegenwärtigen, dass die Zuhörer das, was ihnen vermittelt wird, tatsächlich erstaunlich finden. Entscheidend bei einer Rede zu diesem Thema: Dass sich das Staunen wirklich mitteilt. – Im Hinblick auf die Kürze will jedes Wort der Rede bedacht sein; man hat nicht die Gelegenheit, durch Fülle zu überzeugen, die Knappheit, sicher auch sprachliche Prägnanz und Sicherheit müssen wirken. Wenn das Staunen sich mitteilt, ist damit im Grunde das Ziel der Rede erreicht: Lob des Staunens. Die Zuhörer staunen selbst und haben den Eindruck, dass das Staunen zu Recht gelobt worden ist. Hier kann der Redner sein Ziel nun genauer schärfen: Er kann einen Bereich des Staunenswerten besonders stark machen, von anderen Bereichen auf ihn hinführen. Er kann auch – das Thema verlangt dies nicht explizit, legt es aber durch das vorangestellte Aristoteles-Zitat nahe –, nachdem er staunenswerte Phänomene beschrieben und vorgeführt hat, das Staunen in seiner erkenntnisfördernden Funktion deutlich machen (wie Aristoteles dies tut) und seine Rede auf dieses Ziel hin konzipieren. Die Rede muss deswegen nicht zweigliedrig aufgebaut sein (1. Phänomene des Staunens, 2. Philosophische Folgerung), die erkenntnisfördernde Funktion kann auch während des Preisens der Phänomene dargestellt werden.

Lösungen zu den Zusatzmaterialien

Zusatzmaterial 1, Aufgabe 1

Menschen gebrauchen die Sprache falsch, machen Fehler, verwenden Begriffe falsch.

Zusatzmaterial 1, Aufgabe 2

Kraus ist überzeugt, dass die Sprache die Dinge der Welt eindeutig bestimmen kann, dass also die Sprache zum Erkenntnisgewinn dienen kann.
Für Mauthner ermöglicht die Sprache ein Gesellschaftsspiel, sie ist aber unbrauchbar, Verlässliches, eindeutig Bestimmbares über die Welt auszusagen bzw. zu erfahren.

Zusatzmaterial 1, Aufgabe 3

Kraus' Position ist als klare Reaktion zu verstehen. Anders als Mauthner gibt er die Sprache als Medium zum Erkenntnisgewinn nicht verloren, sondern versucht, durch besonders genaue Normierung ihren Wert und Nutzen abzusichern.

Zusatzmaterial 1, Aufgabe 4

Graf lebte weitgehend isoliert von der einheimischen Bevölkerung, kam beinahe nur mit anderen Emigranten in Kontakt und übernahm auf diese Weise nur wenig von den kulturellen Gepflogenheiten seines Gastlandes.

Zusatzmaterial 1, Aufgabe 5

Graf schrieb weiter auf Deutsch; Abnehmer konnte er so nur wenige finden, finanzielle Engpässe waren die Folge; ebenso musste er auf ein breites Echo auf seine Werke und den Diskurs mit anderen Schriftstellern beinahe gänzlich verzichten; die Situation änderte sich erst nach 1945, wobei Graf in den USA blieb.

© 2010 Oldenbourg Schulbuchverlag

Zusatzmaterial 1, Aufgabe 6

Herausgearbeitet werden sollte, dass sich Grafs Ablehnung des Englischen weniger als Abneigung gegen die Sprache seines Gastlandes verstehen lässt; seine Haltung zeigt vielmehr eine Weigerung, die deutsche Sprache (und für ihn damit auch Kultur und Heimat!) den Nationalsozialisten zu überlassen.

Zusatzmaterial 1, Aufgabe 7

Die Aufgabe bietet die Möglichkeit zum fächerübergreifenden Arbeiten mit dem Fach Geografie, das in Jahrgangsstufe 12 die Themen „grenzüberschreitende Migration und deren Folgen“ und „soziale und ethnische Segregation bzw. Integration“ behandelt.

Zusatzmaterial 1, Aufgabe 8

Hinweis: Die Aufgabenstellung gibt als Textsorte die Erörterung vor. Der Zusatz „kritisch“ deutet darauf hin, dass eine Arbeit erwartet wird, die das Thema von mehreren Seiten beleuchtet. Eine rein antithetische Gliederung erscheint jedoch schwierig umsetzbar.
Als Ausgangspunkt böte es sich an, den Begriff „Heimat‘ vorerst zu klären (Heimat als geografisch fest definierter Raum, Heimat als ideelles Konstrukt ...), abzugleichen, inwiefern der Heimatbegriff mit dem Sprechen der Muttersprache in Zusammenhang steht, und ausgehend davon zu argumentieren. Als Hilfestellung mag folgende Skizze einer Mindmap dienen:

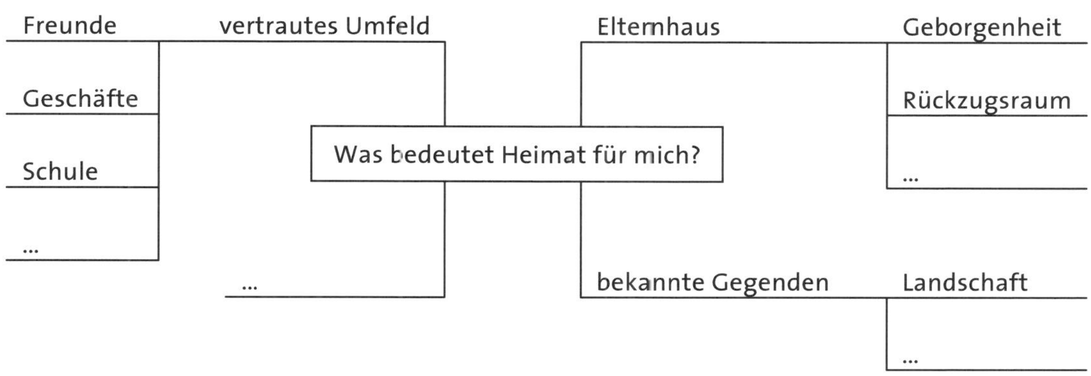

Zusatzmaterial 2, Aufgabe 1

Es wird keine vollständige, sauber ausformulierte strukturierte Inhaltsangabe erwartet, sondern ein stichpunktartiges Inhaltsexzerpt.
Thema: Klärung des Wahrheitsbegriffs
Z. 1–6: Klassische Wahrheitsdefinition: **Veritas adaequatio intellectus et rei:** Wahrheit ist Übereinstimmung des Denkens mit der Sache, operiert mit Vergleich. Verglichen werden: Denken (intellectus, Gedanke, Satz), das eine Sache erfasst, und die Sache selbst. Um sagen zu können, dass Sache und Denken übereinstimmen, **muss Sache schon gegeben sein (entscheidend!)**, sonst könnte Übereinstimmung nie festgestellt werden.
Z. 7–8: Bevor sie mit dem Denken über sie verglichen werden kann, **zeigt sich die Sache selbst in ihrer Wahrheit.**
Z. 8–13: Für die wahren Sätze (über eine Sache) bedeutet das:

- **Sätze setzen, damit sie wahr sein können, die Wahrheit der Sache (von der sie sprechen) voraus.**
- Wahre Sätze formulieren nur nachträglich das, als was sich die wahre Sache schon gezeigt hat.
- Wahre Sätze sind nicht unseres Denkens wegen wahr, sondern wegen der Wahrheit der Sache, die wir denken.

Z. 13–17: Eine Sache ist also nicht wahr, weil wir sie erkennen, wir können sie vielmehr nur deswegen erkennen, weil sie sich in ihrer Wahrheit zeigt. **Wahrheit ist also eigentlich** (mehr als adaequatio ...): **„ein Zug der Sachen selber“** (Z. 16 f.), gehört also zur Sache selbst; Sachen zeigen sich als wahr. Diese Form der Wahrheit ist **primär gegenüber der adaequatio-Wahrheit**, „gegenüber der Wahrheit wahrer Sätze“ (Z. 17).

© 2010 Oldenbourg Schulbuchverlag

Zusatzmaterial 2, Aufgabe 2a

Absatz 1 (Z. 1–6) setzt die klassische Wahrheitsdefinition (Veritas adaequatio intellectus et rei: Wahrheit ist Übereinstimmung des Denkens mit der Sache), die der Heidegger-Text erklärt hat, als gegeben voraus: Anm. 1 macht klar, dass unmittelbar vor dem in Zusatzmaterial 2 gegebenen Abschnitt offensichtlich von dieser Wahrheitsbestimmung die Rede gewesen sein muss, Z. 2 zitieren die zentralen Termini „adaequatio", „Sache", „intellectus", „Gedanke", „Satz". Allerdings macht der Absatz auch klar, dass die adaequatio-Bestimmung der Wahrheit nicht ausreicht, um das Wesen der Wahrheit zu erfassen. Ausdrücklich sagen dies Z. 14 f.: „Hier kommen wir auf einen ursprünglicheren Boden von Wahrheit gegenüber der ‚veritas adaequatio intellectus et rei'." Heideggers Text hat nichts anderes getan, als den adaequatio-Wahrheitsbegriff zu entwickeln, um ihn am Ende präsentieren zu können.

Zusatzmaterial 2, Aufgabe 2b

Die von Heidegger übernommene Aussage der philosophischen Tradition, Wahrheit sei die Übereinstimmung des Denkens (des Satzes) mit der Sache (mit dem Sein), erklärt Welte dahingehend genauer, dass er klarmacht, dass bei diesem Verständnis von Wahrheit das Denken, die Aussage über eine Sache und die Sache selbst miteinander verglichen werden. Weiter weist er darauf hin, dass, damit verglichen werden kann, das, was verglichen wird, gegeben sein muss. D. h. aber, dass die Sache selbst, deren Wahrheit – in Entsprechung zur Formel der Tradition – sich im Abgleich mit dem Denken über sie erst zu erweisen scheint, bereits in ihrer Wahrheit gegeben sein muss.

Zusatzmaterial 2, Aufgabe 3

Indem Welte darauf hinweist, dass die Möglichkeit, das Denken über eine Sache und die Sache selbst miteinander abgleichen zu können, um sie, die Wahrheit der Sache bzw. des Denkens über sie, festzustellen, – indem er darauf hinweist, dass diese Möglichkeit ein Wissen um die Wahrheit einer Sache voraussetzt, macht er klar, dass Wahrheit nicht erst im Abgleich entsteht, sondern bereits vorab gegeben sein muss. Wie aber? Gleichsam als Wesenseigenheit der Sache selbst. Diese ist eben wahr und zeigt sich dem erkennenden Menschen als wahr. Nach Welte gehört es zum Sein der Sache, dass sie wahr ist (Wahrheit ist „ein Zug der Sachen selber", Z. 16 f.); deswegen kann sie sich in ihrer Wahrheit zeigen, bildlich gesprochen: mitteilen.
Dass diese Wahrheit als Wesenseigenschaft einer Sache gegenüber dem Satz, der Aussage, etwas sei wahr, vorgängig, primär ist, leuchtet ein: Die Aussage kann nur getroffen werden, wenn das, was sie aussagt, besteht, bereits gegeben ist.

Zusatzmaterial 2, Aufgabe 4

Zum Aufgabenteil „Was meint er…?": Vgl. auch Aufgabe 3.
Der Mensch hat unmittelbaren Zugang zur Wirklichkeit. Die Sachen selbst eröffnen sich ihm gleichsam, und zwar nicht irgendwie beiläufig, oberflächlich, sondern in ihrem innersten Kern, in ihrem Wesenskern, in ihrer Wahrheit.
„Diskutieren Sie …": Hier könnten – letztlich von Kants Erkenntnistheorie geprägte – Problematisierungen von Weltes Aussage ins Spiel kommen: Stellt Weltes Aussage nicht einen naiven Unmittelbarkeitsoptimismus dar? Prägen nicht wir Erkennende durch die Art unseres Wahrnehmens und Erkennens das, was wir wahrnehmen und erkennen, mit? Entsteht also nicht „Wahrheit" im Miteinander von Erkennendem und Erkanntem? Ist es daher nicht vorschnell geschlossen, zu meinen, eine Sache zeige sich uns unmittelbar in ihrer Wahrheit? Bilden nicht wir erst diese Wahrheit wenigstens mit, indem wir sie aufnehmen? Damit ist der mögliche Haupteinwand gegen Weltes Position genannt.

Zusatzmaterial 2, Aufgabe 5

Die Aufgabe leitet zum Kant-Text AB, S. 77, und zu dessen anders geartetem Wahrheits- bzw. Wirklichkeitsverständnis über. Deswegen auch die paraphrasierende Umformulierung in der Fragestellung: „[Z]eigen sich uns die Sachen, wie sie sind?" Diese Formulierung ist näher an der Kant'schen Terminologie und bewegt sich weg vom Welte'schen „Die Sachen zeigen sich in ihrer Wahrheit".

© 2010 Oldenbourg Schulbuchverlag

Festmachen des Grundproblems (entspricht: Begriffsklärung): Wenn wir einen Sachverhalt wahrnehmen/erkennen, bestimmen wir ihn dann nicht primär durch die Art unserer Wahrnehmung, unseres Erkennens?
Der Erörterungsauftrag fragt also danach, was es ist, das wir erkennen, wenn wir etwas erkennen: Etwas Objektives, das in sich so ist, wie wir es erkennen, und das wir erkennen, weil es sich uns in seiner Wahrheit zeigt? Oder etwas, das „in sich" vielleicht nicht ganz so ist, wie wir es erkennen, das wir durch die Art unserer Erkenntnis mitbestimmen?
Von Welte her scheint die Sache eindeutig: Damit wir über die Wahrheit einer Sache urteilen können, muss sie sich uns in ihrer Wahrheit voraus gezeigt haben. Sie muss sich uns gezeigt haben, so haben wir es nun oft genug durchdacht.
Damit stellt sich die Frage, ob es Indizien dafür gibt, dass wir, was wir wahrnehmen, durch die Art unserer Wahrnehmung mitbestimmen. Diese Indizien gibt es sehr wohl. Wir alle kennen wohl die Erfahrung, dass wir, wenn wir uns in einer Materie gut auskennen, in eben dieser Materie mehr erkennen als derjenige, der ihrer unkundig ist. Der Kletterer erkennt in einer Felswand, vor der er steht, mehr als der Gelegenheitsbergwanderer. Das Beispiel macht deutlich: Was wir in die Erkenntnis, in die Wahrnehmung eintragen, bestimmt mit, was wir wahrnehmen. Die Dinge sind nicht einfach so, wie sie völlig selbstverständlich von sich aus zu sein scheinen, sie sind immer auch so, wie wir sie machen.
Heißt das nun, dass unsere Welt, die Dinge um uns herum völlig unzuverlässig geworden sind, dass wir nicht mehr sicher wissen können, wie sie denn „wirklich" sind, weil es ja doch wir sind, die sie durch die Art und Weise unserer Wahrnehmung mitbestimmen? Die Formulierung der Frage gibt das „Nein" der Antwort mit vor: Wir machen die Dinge, die wir wahrnehmen, nicht ganz, wir verfügen nicht einfach zur Gänze über sie, wir bestimmen sie in der Art und Weise, wie sie sich uns zeigen, nur mit.

© 2010 Oldenbourg Schulbuchverlag

Zusatzmaterialien

→ LM, S. 45
Zusatzmaterial 1

Karl Kraus (1874–1936) wurde vor allem für seine Literatur- und Kulturkritiken geschätzt – aber auch gefürchtet. Die Boulevardpresse geriet häufig ins Visier seiner schneidenden Kritik. Besondere Aufmerksamkeit schenkte Kraus der Verwendung der Sprache. Um unabhängig zu sein, gründete Kraus 1899 die Zeitschrift „Die Fackel", in der er bis zu seinem Tod den Großteil seiner Schriften publizierte.

[1] Schopenhauer: dt. Philosoph (1788–1860), der die Überzeugung vertrat, das der Welt ein irrationales Prinzip zugrunde liegt.
[2] Die Fackel: Zeitschrift, vgl. Informationen zu Karl Kraus.
[3] Schmöcke: Journalisten (nach einer Gestalt in Gustav Freytags Drama „Die Journalisten" von 1854)

(Aus: Karl Kraus: Die Sprache. München: dtv 1969, S. 15.)

Die grammatikalische Pest (1903) *Karl Kraus*

Schopenhauer[1] würde die Kritik, die die „Fackel"[2] auch an der sprachlichen Gemeinheit der Zeitungen übt, gewiss nicht kleinlich finden. Eher aussichtslos. Sprechen und Denken sind eins, und die Schmöcke[3] sprechen so korrupt, wie sie denken; und schreiben – so, haben sie gelernt, soll's sein –, wie sie sprechen. Fehlt nur noch die phonetische Orthografie. Was aber bis zu dieser fehlt, sind Strafbestimmungen gegen die öffentliche Unzucht, die mit der deutschen Sprache getrieben wird. Sie treiben es alle gleich arg; die pathetische Rede der „Neuen Freien Presse" ist nicht besser als die nüchterne Mauschelweis der „Zeit": dort vergisst man „an" die deutsche Grammatik, hier „auf" die deutsche Grammatik, das ist der Unterschied, und einer schreibt schlechter „wie" der andere. Wann sie endlich die Bedeutung der Konjunktion „bis" begreifen werden? Im Zeitungsdeutsch könnte man antworten: bis wir ein Strafgesetz bekommen, das die Prügelstrafe für den Missbrauch von Konjunktionen einführt. Kürzlich schrieb die „Neue Freie Presse": „Den wahren Schaden wird man erst bemessen können, bis der Schnee geschmolzen sein wird"; hier hilft noch das „erst" zur Sinnerfassung. Aber „eine Reihe von Firmen hat erklärt, von der neuen Einrichtung Gebrauch machen zu wollen, bis ihre jetzigen, zum Aufdrucke ungeeigneten Umschläge und ihre Markenvorräte aufgebraucht sein werden"; also nur so lange und dann nicht mehr. Die Firmen mögen das [...] wirklich erklärt haben; aber sie wollten zweifellos sagen, dass sie, so lange bis ihre vorrätigen („jetzigen") Umschläge und Marken verwendet („aufgebraucht") sind, von der neuen Einrichtung nicht Gebrauch machen könnten, und erst, wenn jene verwendet wären ... Die Unterrichtsverwaltungen sanieren die Orthografie, und die grammatikalische Pest greift immer weiter um sich.

1 ***Fassen Sie in eigenen Worten zusammen, was Karl Kraus meint, wenn er von der „öffentliche[n] Unzucht, die mit der deutschen Sprache getrieben wird" (Z. 5 f.) spricht.***
2 ***Stellen Sie die Position Kraus' derjenigen Mauthners gegenüber und bestimmen Sie die deutlich werdenden Unterschiede.***
3 ***Diskutieren Sie, inwiefern die Sprachkritik von Karl Kraus als Reaktion auf die Sprachkrise der Moderne verstanden werden kann.***

© 2010 Oldenbourg Schulbuchverlag

Oskar-Maria-Graf-Denkmal in Berg am Starnberger See.

Eine andere Sichtweise auf die Frage nach dem Wert der Sprache bietet sich bei der Betrachtung des Lebensweges von Oskar Maria Graf (vgl. AB, S. 145 f.). Nachdem er sich in seinem Aufruf „Verbrennt mich!" offen gegen die Nationalsozialisten gestellt hatte, musste er Deutschland verlassen und – selbst nicht des Englischen mächtig – im New Yorker Exil leben. Zu seinem Leben dort befragt, antwortete Graf in einem Radiointerview.

(Aus: Interviews beim SWF, 5. 8. 1958. © Ullstein Buchverlage GmbH, Berlin; vertreten durch die Gustav Kiepenheuer Bühnenvertriebs-GmbH, Berlin.)

Sprache als geistige Heimat (1958) *Oskar Maria Graf*

Hans Daiber (Südwestfunk): Herr Graf, Sie sehen bayerisch aus wie eh und je. Und dabei haben Sie Deutschland 1933 verlassen und wohnen in New York.

Oskar Maria Graf: Ja, das ist wohl wahr.

Daiber: Und Bairisch reden Sie auch noch. Sagen Sie, reden Sie auch mit bairischem Akzent, wenn Sie Englisch sprechen?

Graf: Ja ich kann überhaupt kein Wort Englisch.

Daiber: Sie können kein Englisch? Und seit wann wohnen Sie in New York?

Graf: Zwanzig Jahre.

Daiber: Na, ich glaube, kein Wort ist übertrieben.

Graf: Ja, das ist natürlich übertrieben. Ich kann schon ein bisschen mich verständigen oder irgendwas ... aber lesen kann ich überhaupt nicht. Ich bin also in diesem Land ein vollkommener Analphabet. Aber ich komm' ganz gut aus, denn ich verkehr' ja hauptsächlich nur mit Landsleuten und zwar nicht in Vereinen, sondern die sich selbst mit mir zusammengefunden haben. Die sind meistens in New Jersey und in New York und ich hab' in New York an Stammtisch und da finden sich Freunde zusammen. Und das habe ich in jedem Land von der Emigration gehabt und darum ist mir eigentlich niemals eine Sehnsucht gekommen, denn ich glaube immer, dass die wahre Heimat die Sprache ist. Wenn man die Sprache verlässt, dann verlässt man die Heimat.

4 ***Überlegen Sie, wie sich das alltägliche Leben für Oskar Maria Graf in New York dargestellt haben muss.***

5 ***Beurteilen Sie die Arbeits- und Publikationsbedingungen, mit denen Oskar Maria Graf in den USA konfrontiert war.***

6 ***Versuchen Sie, Oskar Maria Grafs Ablehnung des Englischen zu erklären, und bewerten Sie seine Haltung.***

7 ***Informieren Sie sich über die Situation von nicht deutschsprachigen Menschen in unserem Land (z. B. Einwanderer, ausländische Gäste ...). Stellen Sie in einem Kurzvortrag dar, wie es ihnen möglich ist, mit geringen Deutschkenntnisse hier zu leben und zu arbeiten. Vergleichen Sie deren Situation mit der Oskar Maria Grafs.***

8 ***„Wenn man die Sprache verlässt, dann verlässt man die Heimat." (Oskar Maria Graf, 1958) Erörtern Sie kritisch diese These.***

© 2010 Oldenbourg Schulbuchverlag

→ LM, S. 59
Zusatzmaterial 2

Bernhard Welte
(1906, Meßkirch–1983 Freiburg im Breisgau) Professor für christliche Religionsphilosophie in Freiburg, Schüler Martin Heideggers

Der Begriff der Wahrheit (1979) *Bernhard Welte*

Welte führt Heideggers Überlegungen zur Wahrheit (S. 74 f.) fort, indem er an der von diesem vorgestellten klassischen philosophischen „Definition" anknüpft, dass die Wahrheit einer Aussage darin bestehe, dass sie mit der Sache, über die sie spricht, übereinstimmt.
Er versucht nun aber zu zeigen, dass es nicht so sein könne, dass sich die Sache, der Sachverhalt, über den eine Aussage gemacht wird, dem Erkennen, der Erkenntnisfähigkeit anpasst oder „angleicht" (in diese Richtung hat Kant gedacht, vgl. S. 76 f.), sondern dass es unbedingt so sein müsse, dass die Wahrheit der Sache selbst, des Sachverhalts bereits gegeben sei, bevor der erkennende Mensch auch nur die Sache und seine Aussage (Erkenntnis) darüber vergleichen könne.

Die genannten richtigen Bestimmungen[1] sind ja alle so etwas wie Vergleiche. Vergleichen kann man aber nur das, was gegeben ist. Also muss für die hier geforderte adaequatio[2] sowohl die Sache gegeben sein wie der intellectus, das heißt der Gedanke oder der Satz, der die Sache erfasst. Also ist, damit diese Bestimmung der Wahrheit möglich werde, zuvor schon die Sache gegeben. Sonst könnte man doch nie sagen, die Aussage stimme mit ihr überein.
Somit gibt es zunächst die Gegebenheit oder die Erscheinung [...] der Sache selbst. Sie zeigt sich zuvor selber als das, was sie in Wahrheit ist. Die wahren Sätze setzen, um möglich zu sein, diese ursprünglichere Wahrheit voraus, jene, kraft derer sich die Sache selber zeigt als das, was sie ist. Die Sätze oder die Begriffe fassen dann nur in ihre Form oder in ihren Begriff, was diese ursprüngliche Wahrheit schon zeigte, und machen sie sich zu eigen. [...] Die Sätze sind nicht wahr, weil wir sie sagen oder denken oder setzen, sondern weil die Sache so ist, wie wir sie denken. Die Sache ist nicht so, weil wir sie sehen, sondern wir sehen sie, weil sie sich in ihrer Wahrheit zeigt. Hier kommen wir auf einen ursprünglicheren Boden von Wahrheit gegenüber der „veritas adaequatio intellectus et rei"[3], nämlich auf den, in dem sich die Sache selber zeigt als das, was sie ist, oder als das, was sie in Wahrheit ist. So ist die Wahrheit ein Zug der Sachen selber, und diese Wahrheit ist primär gegenüber der Wahrheit wahrer Sätze.

[1] Die Wahrheit sei die Übereinstimmung des Denkens (bzw. des Satzes) mit der Sache (bzw. mit dem Sein); Wahrheit sei *adaequatio intellectus et rei.*

[2] *adaequatio* (lat.): Übereinstimmung

[3] *veritas adaequatio intellectus et rei* (lat.): Wahrheit ist Übereinstimmung des Denkens mit der Sache

(Aus: Bernhard Welte: Denken in Begegnung mit den Denkern I: Meister Eckhart – Thomas von Aquin – Bonaventura. Gesammelte Schriften, Bd. II/1. © Verlag Herder GmbH, Freiburg i. Breisgau, 2007, S. 50 f.)

1 ***Exzerpieren Sie die Hauptinhalte des Textes.***
2 ***a) Formulieren Sie knapp die Aussage des Textes, die mit dem Heidegger-Text übereinstimmt. Führen Sie Belege aus beiden Texten an.***
b) Die von Heidegger übernommene Aussage erklärt Welte dann genauer. – Legen Sie in Ihren Worten diese genauere Erklärung dar.
3 ***Halten Sie schriftlich fest, worin die inhaltliche Fortführung Weltes gegenüber Heidegger besteht.***
Hilfestellung: Versuchen Sie zu verstehen und zu erklären, was Welte meint, wenn er 1) sagt, Wahrheit sei etwas, was der Sache selbst, dem Seienden selbst zukomme, und wenn er 2) betont, „die Wahrheit" sei „ein Zug der Sachen selber, und diese Wahrheit" sei „primär gegenüber der Wahrheit wahrer Sätze."
4 ***Diskutieren Sie diesen von Welte neu gewonnenen Wahrheitsbegriff. Was meint er mit der Aussage „[D]ie Sache selber zeigt" sich „ als das, was sie ist, oder als das, was sie in Wahrheit ist."?***
5 ***„Die Sache ist nicht so, weil wir sie sehen, sondern wir sehen sie, weil sie sich in ihrer Wahrheit zeigt." (Z. 13 f.) – Diskutieren Sie (und erörtern Sie ggf. schriftlich): Zeigen sich uns die Sachen in ihrer Wahrheit, zeigen sich uns die Sachen, wie sie sind?***

© 2010 Oldenbourg Schulbuchverlag

→ LM, S. 65
Zusatzmaterial 3

Rose Ausländer (1901, Czernowitz/Bukowina – 1988, Düsseldorf): Kindheit in liberal-jüdischem Elternhaus. Verschiedene Aufenthalte in den USA, immer wieder unterbrochen durch Aufenthalte in Europa zur Pflege der Mutter. Überlebt das Getto von Czernowitz. Einfluss von Paul Celan. Ab 1964 wieder in Europa. Der zweite Gedichtband „Blinder Sommer" bringt Durchbruch. Bis zum Tod 1988 zahlreiche Gedichtbände.

(Aus: Rose Ausländer: Gedichte. Hg. v. Helmut Braun. © S. Fischer Verlag GmbH, Frankfurt am Main 2001, S. 269, S. 262.)

Mutterland (1978) *Rose Ausländer*

Mein Vaterland ist tot
sie haben es begraben
im Feuer

Ich lebe
in meinem Mutterland
Wort

Das Wort I (1978) *Rose Ausländer*

„Am Anfang
war das Wort
und das Wort
war bei Gott"

Und Gott gab uns
das Wort
und wir wohnen
im Wort

Und das Wort ist
unser Traum
und der Traum ist
unser Leben

Thomas Weiß, geb. 1961 in Karlsruhe. Studium der Ev. Theologie in Bielefeld und Heidelberg. Tätigkeit in der evangelischen Erwachsenenbildung sowie als Pfarrer der badischen Landeskirche. Gedichtbände: „überstimmter laut" (2004), „schatten ersatz" (2007), „von weit" (2010). Mitglied der Gesellschaft für zeitgenössische Lyrik, Leipzig, Stipendiat des Förderkreises deutscher Schriftsteller in Baden-Württemberg. Gegenwärtig lebt und arbeitet Weiß als Pfarrer in Gaggenau (Schwarzwald).

(Aus: Thomas Weiß: von weit. Gedichte. Tübingen: Klöpfer & Meyer 2010, S. 23.)

wenn am anfang
wort war
was

wird am ende sein
verhallen schweigen
ein schrei

wird nicht wort
sein
oder ein klang

wird verstummen
sein oder wieder
erkennen und atem
holen
ein nach
wort

Thomas Weiß

© 2010 Oldenbourg Schulbuchverlag

→ **LM, S. 66**
Zusatzmaterial 4

„Die wirkungsvolle Rede wird bestimmt von den (bewusst oder unbewusst angewandten) Regeln der Rhetorik, die in der griechischen Antike ausgebildet wurden, besonders in Spätantike und Mittelalter wirksam waren und bis ins Barock die gesamte Literatur beeinflussten. [...] Infolge der politischen Verhältnisse (und vielleicht auch aufgrund der deutschen Mentalität) kann die politische Rede in Deutschland nicht auf eine lange Tradition zurückblicken. Vorherrschend war noch im 18. Jh. die affirmative[1] Rede, obwohl es seit der Aufklärung, vor allem im deutschen Idealismus und der deutschen Romantik Forderungen [...] und Ansätze zur politischen Rede gibt [...].“

[1] affirmativ: (im konkreten Kontext:) die gesellschaftlich-politische Situation bestätigend, teilweise auch mit dem Beigeschmack „huldigend“

(Aus: Otto Bantel/Irmgard Schweikle: „Rede“. In: Günther Schweikle/Irmgard Schweikle (Hg.): Metzler Lexikon Literatur. Begriffe und Definitionen. 2. Auflage. S. 378. © 1990 J. B. Metzlersche Verlagsbuchhandlung und Carl Ernst Poeschel Verlag GmbH in Stuttgart.)

Beispiel für eine „Captatio benevolentiae“: Sein Grußwort beim Finale des 50. Vorlesewettbewerbs des Börsenvereins des Deutschen Buchhandels eröffnete Bundespräsident Horst Köhler am 25. Juni 2009 folgendermaßen:
„So sehen Sieger aus! Dieser Satz ging mir durch den Kopf, als ich Euch gerade hier hereinkommen sah. Und das stimmt ja auch: Ihr alle, die Ihr heute beim Finale des 50. Vorlesewettbewerbs dabei seid, Ihr seid jetzt schon Sieger – ganz egal, welchen Platz Ihr heute belegt.“

(Nach www.bundespraesident.de.)

© 2010 Oldenbourg Schulbuchverlag

S. 84

Menschen verändern Städte, Städte verändern Menschen – Literatur in der Zeit der Weimarer Republik

Von der Literatur der Weimarer Republik zu sprechen und damit eine literarische Strömung durch einen politisch definierten Zeitabschnitt zu kennzeichnen, ist längst üblich, wenn auch nicht unproblematisch. In der Zeit zwischen der Ausrufung der Republik und der Machtergreifung durch die Nationalsozialisten entstanden Werke der sogenannten „klassischen Moderne" (Thomas Mann, Stefan Zweig, Robert Musil u. a.), Gerhart Hauptmann genoss höchste Verehrung, Rilke schrieb die „Sonette an Orpheus" und die „Duineser Elegien" und Kafka verfasste seinen letzten Roman, „Das Schloss". Während sich also z. B. der Expressionismus noch bis in die Zwanzigerjahre zieht, setzen sich andererseits in der Literatur nach 1933 Tendenzen fort, die in der Zeit der Weimarer Republik beginnen. Dennoch rechtfertigen epochenspezifische Merkmale, der Literatur in der Zeit der Weimarer Republik ein eigenes Kapitel zu widmen. Diese Merkmale zu erfassen ist ein wesentliches Ziel der Arbeit mit den vorgelegten Texten, wobei ein besonderer Reiz darin liegt, dass sich hier literarische und mediengeschichtliche Bildung, bezogen auf die „neuen" Massenmedien, überschneiden. Obwohl in den Zwanzigerjahren des 20. Jahrhunderts selbst keine neuen Medien entwickelt wurden – die entsprechenden Erfindungen waren in den vorausgegangenen Jahrzehnten seit 1850 gemacht worden –, verändert sich in dieser Zeit das Mediensystem grundlegend: Hatte das Buch als dominantes Medium schon vor allem ab der zweiten Hälfte des 19. Jahrhunderts durch Zeitungen und Zeitschriften Konkurrenz bekommen, so wird es nun durch die weitere Entwicklung der Zeitung zum Massenorgan in seiner Bedeutung weiter eingeschränkt. Dazu trägt in der Weimarer Zeit außerdem in hohem Maße die Entwicklung des Films vom Stumm- zum Tonfilm sowie die Entstehung des Rundfunks bei. Die Offenheit diesen neuen Medien gegenüber lässt sich dabei sogar definieren als entscheidendes Kriterium für die Unterscheidung „der literarischen Moderne der Weimarer Republik und der ‚klassischen Moderne'"[1]. Die Autoren der literarischen Moderne, wie Döblin, Brecht, Feuchtwanger, Tucholsky und Kisch, bedienen sich verschiedener Medien und agieren in verschiedenen Medien, indem sie z. B. Interviews geben und für den Film, für den Rundfunk und die Zeitung schreiben. Zugleich beeinflusst ihre Offenheit gegenüber den neuen Medien ihr literarisches Schreiben, wenn sie etwa neue Genres wie die literarische Reportage entwickeln oder die filmische Collage- und Montagetechnik als erzählerisches Gestaltungsmittel übernehmen.

[1] Sabina Becker: „Literatur der Weimarer Republik. Literaturgeschichte als Mediengeschichte". In: Der Deutschunterricht 6/2003, S. 58

Das vorliegende Kapitel stellt diese literarische Moderne der Weimarer Zeit vor, mit unterschiedlicher Schwerpunktsetzung in den drei Teilkapiteln.

S. 86–102

Die „Neue Sachlichkeit" als den Expressionismus ablösende, die Zeit der Weimarer Republik kennzeichnende Stilrichtung, die alle Kunstrichtungen erfasst, ist Gegenstand des **ersten Teilkapitels** unter dem programmatischen Titel „Alltag und Gegenwart im kühlen Blick". Die Überschrift des ersten Abschnitts, „‚Brennpunkte des Hohlspiegels' – Großstädte künden vom Anbruch einer neuen Zeit", setzt, ein Zitat aus „Dämmerung" von Kurt Tucholsky aufgreifend, den thematischen Rahmen für die folgenden Texte und gibt einen Hinweis darauf, weshalb das Thema „Großstadt" als zentrales Thema der Zeit auch in den folgenden Abschnitten des Kapitels immer wieder erscheint. Einen ersten Überblick über die Zeit prägende politische, gesellschaftliche und künstlerische Entwicklungen geben ein einführender Sachtext, biografische Angaben zu der Tänzerin Anita Berber und zu Kurt Tucholsky sowie zwei lyrische Texte, ein Essay und ein Romanauszug. Auf den ersten ‚breiten' Einstieg folgt im zweiten Abschnitt („Schnörkellos und ohne Pomp – ‚sachliche' Liebesgedichte") die Konzentration auf den Stil der „Neuen Sachlichkeit" in der Kunst und speziell in der Literatur. Die beiden folgenden Abschnitte des ersten Teilkapitels stellen mit einer literarischen Reportage von Egon Erwin Kisch ein neues Genre der Literatur der „Neuen Sachlichkeit" und mit einem Auszug aus

© 2010 Oldenbourg Schulbuchverlag

Brechts „Dreigroschenoper“ den größten Theatererfolg der Weimarer Zeit vor. Zugleich wird mit Kischs Reportage über das Sechstagerennen nach den zuvor bereits angesprochenen Themen „Großstadt“ und „neue Frau“ mit dem Sport ein weiteres Thema angeführt, das kennzeichnend für die Epoche ist. Zur Rolle des Sports in der Zeit der Weimarer Republik wird in Teilkapitel 1.3 auch als Vorbereitung auf das Abitur eine Aufgabe zur Erstellung einer materialgestützten Erörterung angeboten.

S. 102–110 Das **zweite Teilkapitel** „‚Man fängt nicht sein Leben mit guten Worten und Vorsätzen an …‘ – die Weimarer Republik im zeitgenössischen Roman“ beinhaltet Auszüge aus zwei bedeutenden Romanen, in denen Zeitgenossen die Weimarer Republik darstellen: Lion Feuchtwanger erzählt in „Erfolg“ (erschienen 1930), wie im Untertitel angegeben, „drei Jahre Geschichte einer Provinz“, gemeint sind damit die Jahre 1921 bis 1924 in München und dem bayerischen Oberland. Im vorgelegten Textauszug geht es um eine Revue, eine für die Weimarer Zeit ebenso typische Form der Unterhaltung wie Sechstagerennen oder Boxkämpfe. Vorgestellt wird außerdem Döblin, dessen „Berlin Alexanderplatz“ (1929) in einem Kapitel über die Literatur in der Weimarer Zeit nicht fehlen darf. Einen Erschließungsschwerpunkt bildet dabei die von ihm eingesetzte Montagetechnik.

S. 110–113 Zwei weitere Auszüge aus Döblins Welterfolg beinhaltet das **dritte Teilkapitel** „‚Ich weiß schon einiges, vielleicht sehen manche, die dies lesen, schon einiges‘ – die Erzähltechnik untersuchen“. Die Schülerinnen und Schüler sollen hier vor allem das Erschließen der erzählerischen Gestaltung literarischer Texte üben. Nach einem wiederholenden Überblick über die gattungsspezifischen Gestaltungsmittel in epischen Texten leiten die Aufgaben zur Untersuchung der Erzähltechnik in den Textauszügen und der Interpretation der Befunde an.

S. 84/85 Die Bilder und der Text auf der **Auftaktdoppelseite** zum Kapitel verweisen auf zentrale, die Zeit der Weimarer Republik kennzeichnende Aspekte: die Großstadt und speziell *die* Großstadt Berlin (Stadtplan, Romanisches Café, Romanauszug), die das Leben der Menschen verändernde Technik (Zeppelin, Telefon), die ‚neue‘ Frau („Sonja“, „Das kunstseidene Mädchen“) einschließlich der für die Zeit auch typischen Widersprüche (bei den Frauengestalten auf den Gemälden: Pagenkopf und Knabenfigur einerseits und andererseits die ein schmucksübersätes Kleid tragende tanzende Dame mit einem Fächer aus rosa Straußenfedern im Zentrum des Dix-Bildes mit ihrer fülligen Nachbarin im gelben Kleid; Widerspruch auch zwischen Glanz – die Abendtoiletten der Frauen auf dem Dix-Gemälde; die Ausstattung des „Resi“ im Romanauszug – und Elend – Kriegskrüppel und billige Huren bei Dix, das „kunstseidene Mädchen“), die neue Massen- und Freizeitkultur (Jazzkapelle, Schlagertext) und die „Neue Sachlichkeit“ in der Malerei (Schad, Dix).
Die Auftaktseiten können als Impuls eingesetzt werden (ohne bzw. mit sehr offener Aufgabenstellung), um einen ersten Zugang zur Zeit der Weimarer Republik zu schaffen. Ausgehend von den ersten Aussagen der Schülerinnen und Schüler lassen sich Bezüge zu deren geschichtlichem Vorwissen (Berlin als Hauptstadt, Zwischenkriegszeit) herstellen; wichtige Impulse liefert auch der Text zum Schad-Porträt, auf den man bei der Besprechung der ersten Seiten (Kästner, „Anita Berber“, AB, S. 86/87) sowie des Romanauszugs von Irmgard Keun (AB, S. 91 f.) und den Rechercheauftrag zur „neuen Frau“ (AB, S. 92) zurückkommen kann. Bei entsprechendem Interesse bietet es sich auch an, ein Kurzreferat zum Dix-Triptychon zu vergeben. Die beiden Gemälde bieten auch Grundlagen für die zusammenfassende Erarbeitung der Kennzeichen der „Neuen Sachlichkeit“ (AB, S. 94 f.).

Literaturhinweis:
Zur „Intermedialität“ als kennzeichnendem Merkmal der literarischen Moderne in der Zeit der Weimarer Republik: Sabina Becker: „Literatur der Weimarer Republik. Literaturgeschichte als Mediengeschichte“. In: Der Deutschunterricht 6/2003.

© 2010 Oldenbourg Schulbuchverlag

Zum Thema „Frau" in der Weimarer Republik:
- Julia Bertschik: „‚Weibliche Pioniere': Neusachliche Frauentypen zwischen Wunschtraum und Selbstreklame in der Literatur der Weimarer Republik". In: Der Deutschunterricht 4/2006, S. 5 ff.
- Anita Runge: „Geht die Kunst nach Brot? Geld und Gelderwerb in der frühen Prosa Marieluise Fleißers". In: Der Deutschunterricht 4/2006, S. 14 ff.

S. 86

1. Alltag und Gegenwart im kühlen Blick – „Neue Sachlichkeit"

S. 86

1.1 „Brennpunkte des Hohlspiegels" – Großstädte künden vom Anbruch einer neuen Zeit

S. 87, Aufgabe 1a

Das lyrische Ich ist eine verheiratete Frau mit Kindern, die bei einem Ball einen ihr offensichtlich nicht namentlich bekannten Mann zum Geschlechtsverkehr einlädt und ihm dafür einen möglichen Termin nennt, nämlich am nächsten Tag eine Stunde bevor der nächste Mann einen Termin bei ihr hat.
Sie präsentiert sich dabei als „moderne" Frau, bezogen auf ihr Äußeres (V. 2) ebenso wie auf ihr Verhalten. Zum „modernen" Äußeren gehört es für sie, auf ihre Figur zu achten (V. 15). Noch wichtiger scheint ihr jedoch die Modernität im Verhalten zu sein, wobei es fast ausschließlich um ihr Sexualverhalten geht. „Modern" zu lieben heißt für sie:
- als verheiratete Frau mit Kindern eheliche Treue offen abzulehnen und mit vielen Personen jeden Standes, Männern wie Frauen, zu schlafen, nur nicht mit dem Ehemann;
- keine Gefühle zu kennen, sondern das, was sie „lieben" nennt, als sportliche Übung zu sehen und als eine Fertigkeit, die sie beherrscht (V. 11) und in der sie nach Perfektion strebt, indem sie sich bezüglich der „neuesten Mode" (V. 9) – bezogen auch auf Worte und Gebärden (V. 13/14) – auf dem Laufenden hält.

In Strophe 5 präsentiert sie sich außerdem als eine wenig zimperliche Frau, die austeilt und einsteckt, und lebenstüchtig ist.

S. 87, Aufgaben 1b/c

Zur formalen Gestaltung des Gedichts:
- sechs vierzeilige Strophen mit Kreuzreim; in der abschließenden siebenten Versgruppe nach dem dritten Vers eine eingeschobene Zeile, paarig gereimt, vor dem erst im fünften Vers folgenden erwarteten Kreuzreim
- kein einheitliches Versmaß, aber in der Regel unbetont beginnende, überwiegend dreihebige Verse (mit ein oder zwei unbetonten Silben dazwischen)
- auffallende Abweichungen:
  - der betonte Beginn von V. 4: Hervorheben der nach dem vorausgehenden Vers überraschenden Aussage, dass sie zum einen verheiratet ist und zum andern der einzige Mann, mit dem sie nicht schläft, ihr Ehemann ist
  - der ebenfalls mit einer Betonung einsetzende V. 20: erstmaliges Ansprechen des Partners; Anrede mit „Liebchen": ohne Namen, Diminutiv, aufgrund der vorausgehenden Aussagen über das, was sie unter „Liebe" versteht, sinnentleerte Bezeichnung eines Gegenübers, dem sie sich überlegen fühlt
  - die betont beginnende letzte Strophe: übergangsloser Wechsel von der Selbstpräsentation zum Vorschlag eines genauen Termins für ein maximal einstündiges Treffen in ihrem Bett am nächsten Tag
  - der vor dem letzten erwarteten Kreuzreim eingeschobene, das Reimschema durchbrechende und die Strophe gegenüber allen anderen verlängernde Vers in der letzten Strophe (Z. 28): überraschende und in der gegebenen Situation auch ‚fragwürdige' Information (Warum spricht sie von dem anderen Mann und nennt ihn vor allem sogar beim

© 2010 Oldenbourg Schulbuchverlag

Namen?); Hinauszögern des Schlusses („Ritardando“), der dadurch mehr Gewicht erhält („Beschwerung“ der letzten Zeile) [2]

[2] Vgl. Wolfgang Kayser: Kleine deutsche Versschule. Bern: Francke [15]1971, S. 44

Zur sprachlichen Gestaltung:
- sachlich knapper Stil, entsprechend der Anweisung „sachlich zu sprechen“:
  - überwiegend kurze einfache Sätze, ab der dritten Strophe ausschließlich auf jeweils einen Vers beschränkte Sätze
  - Eindruck der auflistenden Reihung verstärkt durch gleichförmigen Satzbau (Subjekt, Prädikat) und Anapher „Ich“
  - einfacher Wortschatz, mehrfach Wiederholung von Wörtern („lieben“, „kennen“, „tollste“, „haben“)
- auffällige Abweichungen:
  - nicht mit „Ich“ beginnender V. 12 über ihr „Hündchen“, zusätzlich auffallend durch die Namensnennung
  - in V. 20 und 29 an den Gesprächspartner gerichtete Fragen, beginnend jeweils mit einer Anrede
  - erstmalig nicht mit „Ich“ beginnende Strophe: Hervorheben der Aussage, dass „Gefühl“ ihr „gänzlich fremd“ sei (V. 21)
  - die mit einem sinnwidrig gesetzten „Und“ beginnende Information, dass sie Kinder hat (V. 24)
  - letzte Strophe auch sprachlich abgesetzt: einzige Strophe ohne einen mit „Ich“ beginnenden Vers; zweimal Konjunktiv; paraphrasierendes „was tun“ (vgl. V. 3, V. 9–11 und 15/16), englisches „Mister“ und Namensnennung
  - superlativische Wendungen: „vollster“ (V. 1), „neuester Mode“/„dernier cri“ (V. 9/10), „jede Methode“ (V. 11), „tollsten Gebärden“/„tollste Wort“ (V. 13/14), „größten“ (V. 18), „gänzlich fremd“ (V. 21) → un-„sachlich“

Die angebliche Gefühllosigkeit wird erkennbar als zur Schau getragene modische Attitüde des lyrischen Ich, das in seinem Sprechen entgegen seiner Absicht sehr wohl Gefühle deutlich werden lässt:
- „Ich“ übertrieben häufig gebraucht, zu stark betont
- superlativische Wendungen zur Hervorhebung eines an der jeweils gerade aktuellen Mode ausgerichteten Sexualverhaltens

Das weist auf ein nicht an den eigenen Bedürfnissen orientiertes, sondern fremdbestimmtes Verhalten hin, auf vorgetäuschtes Selbstbewusstsein, um Unsicherheit (auch vor sich selbst) zu verbergen. Dafür spricht auch der Schluss des Gedichts, die nach Beifall/Bewunderung heischende Frage nach einer Selbstpräsentation, in der sich die Sprecherin als selbstbewusste, mit traditionellen Werten und herkömmlichen Rollenvorstellungen brechende Frau charakterisiert. Die Präsentation gipfelt jedoch merkwürdigerweise mit der Nennung eines englischen oder amerikanischen Männernamens, was fragen lässt, ob sie diesen Mann als besondere ‚Trophäe‘ sieht und warum sie es nötig hat, mit ihm zu prahlen.
Der Titel des Gedichts ist der einzige Hinweis auf die Situation, in der sich das Ich befindet und mit einem „Herrn“ spricht. Die durch das Wort „Geflüster“ geweckte Erwartung wird jedoch bereits durch die folgende Anweisung zum „sehr sachlichen“ Sprechen in Frage gestellt und dann auch insofern enttäuscht, als kein Zwiegespräch stattfindet (der Mann kommt nicht zu Wort) und der Leser nicht Ohrenzeuge eines heimlichen verliebten Sich-Näherkommens wird, sondern einer sachlichen Einladung zu einem als „Sport“ verstandenen, nach modernster Technik ausgeführten Geschlechtsakt.

S. 87, Aufgabe 2

Mögliche Stichpunkte:
- grelles Rot als dominante Farbe
- im Kontrast dazu das hart weiß gemalte Gesicht mit der sehr stark geschminkten dunklen Augenpartie

© 2010 Oldenbourg Schulbuchverlag

- selbstbewusste Haltung, erhobenen Hauptes, der Blick vom Betrachter abgewandt, der Körper aufreizend, lasziv in Pose gesetzt, sehr schlank
- im maskenhaften Gesicht kein Lächeln, keine erkennbare Gefühlsregung, gefühlloser, verschlossener Blick in die Ferne
- den Körper mehr enthüllendes als verhüllendes Kleid (anstatt ihn, wie in der wilhelminischen Ära, unter Korsett und Stoffmassen zu verbergen)

In einem Artikel anlässlich des Erscheinens zweier Berber-Biografien heißt es zu diesem von Otto Dix im Stil der „Neuen Sachlichkeit" gemalten Porträt: „Otto Dix malte sie 1925 in einem obszön enganliegenden, hochgeschlossenen roten Kleid und mit roten Haaren. Verlebt sieht sie auf seinem Porträt aus, hart – mit kalkweiß gepudertem Gesicht, einem grellrot aufgemalten Mündchen, weit aufgerissenen und dunkel umtuschten Augen. Das Zerrbild einer Frau, Sinnbild einer Epoche der Verkommenheit, es gehört zu den berühmtesten Werken des Malers." (aus dem lesenswerten Artikel über Anita Berber von Johanna Adorján: „Das nackte Leben", Beitrag im „FAZ.NET" vom 5.8.2006 und bei „SPIEGEL ONLINE" am 6.8.2006; http://www.spiegel.de/kultur/gesellschaft/0,1518,430326,00.html; empfehlenswert außerdem: „Berlin bei Nacht, 1923: Morgen früh ist Weltuntergang". In: „GEO Epoche. Die Weimarer Republik". Heft Nr. 27, Januar 2008, S. 44–53.
Mögliche Ergänzung: Gegenüberstellung des Dix-Porträts von Anita Berber und des ebenfalls im Stil der „Neuen Sachlichkeit" gemalten Porträts der Sekretärin „Sonja" von Christian Schad
Vgl. AB, S. 84 auf der Auftaktseite.)

S. 87, Aufgabe 3 Mögliche Stichpunkte zur ersten Kennzeichnung der Epoche:
- moralische Freizügigkeit, gegen traditionelle Rollenerwartungen gerichtetes Verhalten der ‚modernen' (Großstadt-)Frau
- Sachlichkeit als Prinzip, verstanden als zeitgemäßes („modern"), authentisches („echt", V. 6), nicht durch überholte Konventionen geleitetes Handeln und Verhalten, das sich auch im Kleidungsstil und im Sprechen (klare, schnörkellos direkte und einfache Ausdrucksweise) äußert
- Promiskuität, Alkohol- und Drogenexzesse als Zeichen der Verunsicherung in einer Umbruchsituation – Problem des Umgangs mit ungewohnter Freiheit

S. 89, Aufgabe 5 Mögliche Stichpunkte zur Kennzeichnung der Zeit der Weimarer Republik zu Beginn der Zwanzigerjahre:
- Verlust einer gemeinsamen Basis anerkannter Wertvorstellungen – Folge: misslingende Kommunikation („babylonische Menschen", Z. 18 f.) – fehlende Voraussetzung für Kunst und Kultur
- Probleme im Umgang mit einer veränderten Situation; Fortsetzen gewohnten Verhaltens als nicht angemessene Reaktion auf Neues
- unterschiedliche Situation in der „Provinz", wo das Leben weitgehend unverändert weiterzugehen scheint, und in den Großstädten, in denen der unwiderrufliche Untergang der alten Gesellschaftsordnung deutlich wahrzunehmen ist
- schon vor dem Ersten Weltkrieg einsetzender, durch den Ersten Weltkrieg beschleunigter und nicht auf Deutschland beschränkter Zerfall der alten bürgerlichen Gesellschaftsordnung
- aufgrund mangelnder Distanz zur aktuellen Situation Befangenheit der Zeitgenossen und Reagieren statt Agieren

S. 89, Aufgabe 6 Mögliche Aspekte:
- eigene Erfahrungen bezüglich des Unterschieds Großstadt – Provinz
- Frage nach Gründen für die Unterschiede im Lebensstil in der Großstadt und in kleinen Städten/auf dem Land
- Überlegungen, weshalb die Unterschiede in den Zwanzigerjahren noch größer waren (→ u. a. Rolle der neuen Medien heute)

© 2010 Oldenbourg Schulbuchverlag

- „Coolness“ und sexuelle Freizügigkeit als Kennzeichen auch des Lebens, jedoch nicht mehr nur der Großstadt; bei ‚Promis‘, und vor allem ‚B-Promis‘ schon fast selbstverständliche Drogen- und Magersucht mit (gefährlichem) Vorbildcharakter

S. 89, Aufgabe 7

Aufbau und sprachliche Gestaltung des Essays:
Z. 1–5: einleitende Beobachtungen – drei asyndetisch gereihte, parallel gebaute Sätze mit Anapher („Es konnte“) und Epipher („wie ein richtiger Mensch“); Subjekt: Personalpronomen 3. Person Singular Neutrum, menschlich handelnd, der abschließende Vergleich impliziert jedoch, dass „es“ kein „richtiger Mensch“ ist → Interesse weckende Frage, warum nicht bzw. was „es“ dann ist
Z. 6–23: rätselhafte Antwort auf die einleitend implizit gestellte Frage und klärende Begründung der Aussage; Neuansatz ohne explizite Anknüpfung an die vorangestellten Sätze, beginnend mit einer These; Bezug zum Vorausgehenden durch den Inhalt und die sprachliche Gestaltung (vorangestelltes Subjekt, Reihung, nach Doppelpunkt das Vorausgehende in Frage stellender Zusatz) des zweiten Satzes, in dem „es“ ersetzt ist durch „die Leute“, aber das Rätsel noch nicht gelöst wird, warum sie keine „richtigen Menschen“ sind
klärende Begründung ab Z. 10, sprachlich gekennzeichnet durch einfache, klar verständliche Formulierungen und Eindringlichkeit: z. T. knappe Aussagesätze, Z. 12–18: drei parallel gebaute Sätze, beginnend jeweils mit weitgehend gleichlautendem Hauptsatz, unterschiedlichem Subjektsatz im Mittelteil und, abgesetzt durch Gedankenstrich, (fast) gleichlautendem Nachsatz; anaphorisches „sie“ in den folgenden vier Hauptsätzen (Z. 18–20); Z. 21–23: unvollständige Sätze, Anapher „Seltsam“ → Kennzeichnung des Verhaltens der „Leute“, die nunmehr konkret als Angehörige des „Bürgertums“ bezeichnet sind; zusammenfassender Abschluss: Geminatio „Vorbei, vorbei“ und an die Leser gerichtete Frage → Wechsel von der 3. zur 2. Person: Signal, dass das Gesagte sie, die Leser, unmittelbar betrifft
Z. 24–37: Wechsel der Perspektive vom Blick zurück zur Frage nach der Zukunft; sprachlich erneut Reihung von Belegen (→ überzeugen), unvollständige Sätze, Parallelismus, Wiederholung (→ Eindringlichkeit); metaphorische Wendungen: den Titel aufgreifende Metapher („es dämmert eine Zeit herauf“), Bild des schwankenden Bodens und des Rumorens in der Tiefe, Vergleich („wie Kristalle im Wasser“, Z. 28 f.) und weitere Metapher (Z. 33) → über rationales Reflektieren hinausgehend, den emotionalen Bereich im Leser ansprechend; 1. Person Plural (Z. 30, 34) jeweils nach der wörtlich wiederholten Frage nach der Zukunft (Z. 29, 33): Autor (und eventuell ebenfalls öffentlich auftretende Gleichgesinnte) ohnmächtig gegenüber dem Neuen und unwissend, was die Zukunft betrifft, aber den Umbruch erkennend, den die angesprochenen Leser (Personalpronomen 2. Person Plural, Z. 35) leugnen
Z. 37–44: Differenzierung Großstadt – Provinz; Personalpronomen 1. Person Plural („wir“/„uns“, Z. 37, 38, 40): der Autor und die anderen Bewohner großer Städte, abgesetzt von der „Provinz“ (Z. 39); drei Fragen, nur zum Teil und zurückhaltend (Modalverb „mag“, Konjunktiv) beantwortet in einem Satzgefüge, gefolgt von der kategorischen Feststellung, „Es kommt nie wieder“ (Z. 42), und nachdrücklich veranschaulicht durch ein Bild
Z. 45–63 steigernder Abschluss durch Zuspitzung der Aussagen und Wiederaufnahme der Einstiegsmotive; knappe und unmissverständlich einfache Formulierung der zentralen Aussagen: „Der Sinn des Lebens ist in Frage gestellt“ (Z. 49 f.), „Das bürgerliche Zeitalter ist dahin. Was jetzt kommt, weiß niemand.“ (Z. 54) → klare Verständlichkeit, Eindringlichkeit; ab Z. 56 Autor und Leser vereinendes „wir“; mit dem Bild der „Schemen und Gespenster“ (Z. 60) Aufgreifen des Beginns des Textes und im letzten Satz Rückgriff auf den Titel und Weiterführung des Bildes → Leser mit beängstigender offener Frage entlassen
Einbeziehbare biografische Angaben:

- die linksliberale Einstellung des Autors und seine Kritik am Fortbestehen des wilhelminischen Geistes, die z. B. in den Zeilen 12 ff. deutlich wird

© 2010 Oldenbourg Schulbuchverlag

- das Erkennen der von den Nationalsozialisten ausgehenden Bedrohung → Möglichkeit, dass die aktuell herrschende „Dämmerung" sich als „Abenddämmerung" erweist (Untergang statt Neuanfang)

S. 89, Aufgabe 8
Vgl. Einführungstext, AB, S. 86

Im Text „Dämmerung" zum Ausdruck kommendes Zeitgefühl – mögliche Aspekte:
Epoche der Weimarer Republik als Zeit der Krisen:
- politisch-gesellschaftliche Krise: mit der Monarchie untergegangene Wertvorstellungen (dem Vaterland zu dienen als höchste Pflicht; Vorstellung von der Familie als Grundlage der Gesellschaft; Notwendigkeit und Nutzen eines kapitalistischen Wirtschaftssystems)
- kulturell-künstlerische Krise: Unwirksamkeit herkömmlicher Mittel der Gesellschaftskritik (Humor, Satire, Propaganda)

→ offener Ausgang der Krise: Möglichkeit der Wendung zum Schlechten („Abenddämmerung" – Untergang) wie zum Guten („Morgendämmerung" – Stabilisierung der Demokratie, Entwicklung einer besseren (liberalen) Gesellschaftsordnung)

S. 90, Aufgabe 9

Die Großstadt wird seit dem Expressionismus häufig auch in der Lyrik thematisiert und Brecht setzt diese Tradition fort, seit er in München Anfang der Zwanzigerjahre erste Großstadterfahrungen gemacht hat, die jedoch bei weitem übertroffen werden von dem, was er nach seinem Umzug 1924 in der Metropole Berlin erfährt. In das „Lesebuch für Städtebewohner" sind in den Jahren 1926/27 geschriebene Städte-Gedichte Brechts aufgenommen. Der Titel „Lesebuch" weist die Sammlung als Lehrwerk aus, als Unterricht in Sachen Großstadt.

Inhalt: vom lyrischen Ich an Bewohner von Städten gerichtete Aufforderung, anonym zu bleiben:
- Handlungsanweisungen zur Wahrung der Anonymität in der Stadt
- Abbruch familiärer und freundschaftlicher Beziehungen
- ausschließlich gegenwartsbezogenes Handeln, ohne für die Zukunft vorzusorgen
- Beschränkung auf rein zweckgebundene, zeitlich eng begrenzte soziale Kontakte
- auch geistige Spuren vermeiden, um anderen nicht in Erinnerung zu bleiben

formale Gestaltung:
- sechs Versgruppen (vier mit je sechs Versen, die dritte mit fünf Versen, die letzte einzeilig); unterschiedliche Länge der Verse
- ohne einheitliches Metrum, aber häufig jambischer Rhythmus sowie einige Daktylen, z. B. in den stark markierten Versen 4 und 10
- reimlos bis auf den Kehrreim am Ende der Versgruppen 1 mit 5 (Endkehrreim), wobei der Refrain zusätzlich hervorgehoben wird durch den unbetonten Einsatz, während alle anderen Verse mit einer betonten Silbe beginnen

Der formalen Gliederung folgender Aufbau des Gedichts:
Versgruppen 1 mit 5: an ein Du gerichtete Verhaltensanweisungen
1. Versgruppe: Verhalten bei der Ankunft in der Großstadt – Lösen freundschaftlicher Beziehungen
2. Versgruppe: Leugnen familiärer Beziehungen – kein Blick zurück
3. Versgruppe: kein Blick in die Zukunft, rein gegenwartsbezogenes Nützlichkeitsdenken auch im Hinblick auf soziale Kontakte
4. Versgruppe: Vermeiden, geistige Spuren zu hinterlassen
5. Versgruppe: Sichern der Anonymität über den Tod hinaus
6. Versgruppe: lyrisches Ich als Empfänger der Verhaltensanweisungen bezeichnet → lyrisches Ich ist das angesprochene Du und gibt zugleich die Anweisungen an ein Du weiter; anonym bleibende Quelle der Anweisungen.

© 2010 Oldenbourg Schulbuchverlag

→ von der 1. zur 5. Versgruppe zugleich Bewegung vom Beginn des Lebens in der Stadt bis zum Tod und Steigerung:
  - Bruch mit der Vergangenheit (Versgruppe 1 und 2) und Sich-Lösen aus bestehenden freundschaftlichen (Versgruppe 1) und familiären (Versgruppe 2) Beziehungen
  - ausschließlich gegenwartsbezogenes Leben in der Stadt (Versgruppe 3 und 4), weder körperlich-materiell (Versgruppe 3) noch geistig-medial (Versgruppe 4) Spuren hinterlassend
  - auf die Zukunft gerichtete Sorge, über den Tod hinaus Anonymität zu wahren

überraschende Wendung im letzten Vers: verwirrender Rollentausch (Ich ↔ Du), Rolle des lyrischen Ich bleibt unklar: nur (unkommentierte) Wiedergabe der an das Ich gerichteten Anweisungen oder Weitergabe der Anweisungen an ein weiteres Du

sprachliche Gestaltung:
- Häufung von Imperativformen: V.1 mit 4 mit Imperativ beginnend, ebenso der Refrain sowie eine Reihe weiterer Verse; in Versgruppe 1 und 2 jeweils Wiederholung des Imperativs, Dringlichkeit emotional verstärkt durch eingeschobene Interjektion „o“ (V. 4/10);
- überwiegend Befehlssätze mit wenigen (und daher auffälligen) Ausnahmen:
  - Satzgefüge V. 21–23, bestehend aus vier Subjektsätzen – asyndetisch gereiht, verbunden über das anaphorische „Wer“ und die Negation in allen vier Gliedsätzen –, gefolgt von einem Ausruf als Hauptsatz → Hervorheben der Aussage, dass der Städtebewohner keine „Spuren“ hinterlassen darf, um nicht zu „fassen“ zu sein → Assoziationen an das Verhalten eines von der Polizei verfolgten Verbrechers → innere Unruhe, Gehetztsein
  - „Ich sage dir“ (V. 17): fast drohend klingende Verstärkung des anschließend zum dritten Mal wiederholten Refrains; nur hier, fast genau in der Mitte des Gedichts, Erscheinen des Personalpronomens 1. Pers. Sg. Nominativ („Ich“) → lyrisches Ich klar als die einem „Du“ Anweisungen erteilende Instanz manifestiert
  - "(Das wurde mir gesagt.)“ (V. 31): nach dem „Ich“ in V. 17 einzige weitere Stelle, an der das Personalpronomen 1. Pers. Sg. erscheint, nun jedoch nicht als Subjekt, sondern als Objekt; auch „sagen“ wird aufgegriffen, jetzt aber im Passiv statt im Aktiv → miteinander korrespondierende Verse: den Leser verunsichernder letzter Vers, der die scheinbar eindeutige und klare Aussage in V. 17 in Frage stellt

→ Das lyrische Ich „verwischt“ seine „Spuren“, es verschwindet als Subjekt; die Passivform („wurde gesagt“) lässt offen, wer die Anweisungen erteilt.

sachlich knapper Stil:
- gängiger Wortschatz und einfach gebaute, klar verständliche Sätze, mehrfach Satzgefüge mit Relativ- und Temporalsätzen („wenn“ → klare Anweisungen für bestimmte Situationen)
- oft kurze Hauptsätze, stakkatoartig klingend aufgrund der Imperative und der häufig asyndetischen Reihung (z. B. V. 1–3, 8 ff., 13 ff.)
- Eindringlichkeit durch häufige Wiederholungen, z. B.
  - der fünfmal wiederholte Refrain → zentrale Aussage: Anonymität und Bindungslosigkeit (kein Erinnern) als Kennzeichen des Lebens in der Großstadt
  - der zweimal auftauchende „Hut“ zur Veranschaulichung der zentralen Aussage: nützliches Utensil, um anonym zu bleiben (V. 9) und an beiden Stellen (V. 9 und 16) verknüpft mit der Aufforderung, Beziehungen zu anderen Menschen abzubrechen bzw. zu verhindern → Sachlichkeit als Lebensprinzip, gekennzeichnet durch das Zurückdrängen von Gefühlen (nicht deren Fehlen, wie die sprachliche Erschließung zeigt), strikten Gegenwartsbezug und Nützlichkeitsdenken, das auch den Umgang mit anderen Menschen bestimmt

© 2010 Oldenbourg Schulbuchverlag

→ Zusatzmaterial 1: Brecht, „Wenn ich mit Dir rede“, LM, S.101

Sachlichkeit in der Sprache wie in der Wirklichkeitsauffassung als kennzeichnend für die Zeit der Zwanzigerjahre lässt sich an einem weiteren kurzen Brecht-Gedicht zeigen: Das letzte Gedicht im „Lesebuch für Städtebewohner“ thematisiert die „Kälte“ dieses sachlichen Stils als Ausdruck für eine ebenso abweisend „nüchterne“ Wirklichkeit.

S. 92, Aufgabe 10

Wichtige Aspekte der Erschließung:
Inhalt des Textauszugs:
- die Großstadt Berlin aus der Sicht der Ich-Erzählerin: Darstellung der Faszination, die die Großstadt auf sie ausübt aufgrund des Luxus, dem sie dort begegnet, des freieren Lebens und der alltäglichen Präsenz der neuen Medien
- Begründung ihres Umzugs nach Berlin: Flucht aus der bedrückenden Enge des kleinbürgerlichen, an überkommenen Normen orientierten Lebens in der Provinz – dargestellt am Schicksal eines durch seine Familie in den Selbstmord getriebenen Vetters – und Hoffung auf sozialen Aufstieg

Aufbau:
- Wechsel zwischen Gegenwart und Vergangenheit: Z. 1 f.: Gegenwart; Z. 2–11: Rückblick; Z. 12 f.: Gegenwart; Z. 13–25 Rückblick, unterbrochen in Z. 14 f. durch eine eingeschobene Beobachtung; Z. 26–28: allgemeinen Reflexion; Z. 29–51: Gegenwart: gewohnheitsmäßiges Verhalten (Z. 29–34) – aktuelle Situation (Z. 35–48) – gewohnheitsmäßiges Verhalten (ab Z. 49)
- assoziative Reihung der Beobachtungen und Gedanken der Ich-Erzählerin bei ihrem Weg durch Berlin, z.B:
  - Z. 2 f.: die aus einem offenen Schaufenster zum Kauf angebotenen Reibekuchen lösen die Erinnerung an ihre Verwandten aus, „die immer Reibkuchen aßen“ → Wechsel von der Beobachtung/Gegenwart (im Präsens) zur Reflexion/Erinnerung (Tempus: Präteritum)
  - Z. 36: ihr „zerstacheltes Gesicht“ erinnert sie an den Mann, der sie gestern nach Hause gebracht hat und wohl der Grund dafür ist, weshalb sie „heute“ Geld hat (vgl. Z. 48), und löst eine Reflexion über Männer aus und ihre Hoffnung, über einen der vielen Männer in Berlin Teil der Stadt zu werden und Zugang zu einer höheren Gesellschaftsschicht zu finden (vgl. Z. 40–42)

Erzählerische und sprachliche Gestaltung:
- Erzählform: Ich-Erzählerin; Erzählverhalten: personal; Perspektive: Innensicht bezogen auf die Ich-Erzählerin; Außensicht bezogen auf die übrigen Personen (die Ruhrbeins in der erinnerten Episode)
- Darbietungsarten: Reflexionen, Erzählerbericht, Figurenrede (direkte Rede in der rückblickend erzählten Episode); implizite Kritik am Verhalten ihrer Verwandten in der Provinz, indem sie an die Erzählung von ihrem Vetter Paul die Aussage anschließt, „froh“ (Z. 27) zu sein, die Provinz verlassen zu haben → kausaler Bezug trotz fehlender kausaler Verknüpfung
- wenig bis keine Distanz der Ich-Erzählerin zum erzählten Geschehen, verdeutlicht auch durch die sprachliche Gestaltung:
  - Präteritum nur teilweise in der erinnerten Episode und sogar dort Übergang ins Präsens (vgl. Z. 6), zum Teil auch umgangssprachliches Perfekt (vgl. Z. 21 f.), ansonsten Präsens
  - einfache, zum Teil auch gegen schriftsprachliche Regeln verstoßende Sprache mit umgangssprachlichen Wendungen, z. B. unvollständige und nicht korrekt gebaute Sätze („So schön.“, Z. 1; „Ich gehe …“, Z. 12), unangemessene Verknüpfungen („Und sind doch die Ruhrbeins meine Verwandten“, Z. 2), auffallend häufig verwendete Konjunktion „und“ in polysyndetischen Reihungen (z. B. Z. 12) sowie oft am Satzanfang → reihende (vgl. oben „Aufbau“) statt sinngerecht differenzierende (z. B. kausale, temporale oder konsekutive) Verknüpfung (etwa Z. 21: „Und ist Paul fortgegangen“)

© 2010 Oldenbourg Schulbuchverlag

Beispiele für umgangssprachliche Wendungen: „kriegt“ (Z.1), „Reibkuchen“ (Z.2), „mal“ (Z.10), „rein“, „raus“ (Z.31/32), „der Paul, der mein Vetter ist“ (Z.4)
ungeschickte bis unbeholfene Ausdrucksweise: „macht eine zischende Stimme ganz voll Böse“ (18), „und waren ein Leid“ (23), „ich werde ein Glanz“ (28)

→ an mündlicher Ausdrucksweise orientierte Sprache der aus einfachen Verhältnissen stammenden (Z.26: „von ärmeren Leuten“) Ich-Erzählerin, die – ohne es differenziert artikulieren zu können – spürt, was sie nicht will, nämlich die Enge, Perspektivlosigkeit und durch das Festhalten an herkömmlichen Wertvorstellungen bedingte Lebensfeindlichkeit der Provinz; die distanzlos der Großstadt begegnet, die ihr Angst macht (vgl. Z.13/43), aber sie fasziniert der Luxus („aus weißer vornehmer Seide“, Z.42; „Marmor“, Z.45; „glänzende Autos und Menschen“ Z.12 f.; „schillerndem Betrieb“ Z.39), an dem sie auch schon teilhatte, wie sie stolz berichtet („Ich habe auch schon mal in Berlin Spargelsalat gegessen“, Z.33 f.) und in den ganz einzutauchen sie naiv hofft („ich werde ein Glanz“, Z.28; „und es wird doch für mich einer sein, der atmet das ganze Berlin aus sich heraus und auf mich ein.“, Z.40 f.).

Hinweis: Im Anschluss an die Erschließung des Textauszugs AB, S.91 kann auch auf den kurzen Auszug aus dem gleichen Roman auf der Auftaktseite S.85 zurückgegriffen werden, der die distanzlose Faszination der Ich-Erzählerin bestätigt und eine ähnliche sprachliche Gestaltung aufweist.

S.92, Aufgabe 11

Die Großstadt als Thema in Brechts Gedicht „Trenne dich ...“ und der Auszug aus Keuns Roman: „Das kunstseidene Mädchen“ – in beiden Texten angesprochene Aspekte:

- die Trennung von den Eltern, der Bruch mit der Vergangenheit in der Provinz
- der auf das Heute gerichtete Blick (vgl. Brecht, V.13; Keun, Z.43 f.), das Ausblenden von Vergangenheit und Zukunft
  → „Freiheit“ (vgl. Keun, Z.28; nicht „zu fassen sein“, Brecht, V.23) als wesentlicher Vorzug des Lebens in der Großstadt; Voraussetzung und Bedingung für diese Freiheit: das Lösen aus sozialen Bindungen, der Bruch mit der Vergangenheit und ein ausschließlich auf die Befriedigung der aktuellen Bedürfnisse gerichtetes Leben

S.92, Aufgabe 12

Lektüretipp: Einen aufschlussreichen Einstieg in das Thema „Die ‚Neue Frau‘ – Frauen als neusachliche Schriftstellerinnen und ihre Protagonistinnen“ und weiterführende Literaturhinweise bietet der Artikel von Julia Bertschick: „‚Weibliche Pioniere‘: Neusachliche Frauentypen zwischen Wunschtraum und Selbstreklame in der Literatur der Weimarer Republik“. In: Der Deutschunterricht, Heft 4/2006, S.5–13.
Empfehlenswert ist außerdem der Artikel „Geht die Kunst nach Brot? Geld und Gelderwerb in der frühen Prosa Marieluise Fleißers“, ebd., S.14–24.

S.92

1.2 Schnörkellos und ohne Pomp – „sachliche“ Liebesgedichte

S.94, Aufgabe 1
→ Zusatzmaterial 2: weitere sachliche Liebeslyrik, LM, S.101

Hinweise zur Erschließung von Bertolt Brecht: „Immer wieder ...“:

- Inhalt: als vergeblich bezeichnete Hoffnung eines (weiblichen) lyrischen Ich auf das Wiederaufflammen einer erkalteten Liebe
- Form: zwei längere und eine kurze Versgruppe, reimlos und ohne festes Metrum → entsprechend Inhalt und Sprache auch in der Form nüchterne Sachlichkeit und Alltagsnähe
- Aufbau und Sprache: Versgruppe 1 und 2: Aussagen des lyrischen Ich über den gegenwärtig unbefriedigenden Zustand der Paarbeziehung und über Anzeichen, die Hoffnung auf eine bessere Zukunft nähren, sprachliche Verknüpfung der Versgruppen durch Anapher „Immer wieder“ und refrainartige, fast wörtliche Wiederholung der letzten beiden Verse; Steigerung von Versgruppe 1 zu Versgruppe 2:

© 2010 Oldenbourg Schulbuchverlag

- Versgruppe 1: nonverbale Kontaktsituation – Hinweise auf den Beginn einer Besserung der Beziehung
- Versgruppe 2: verbale Kontaktsituation – Hoffnung auf Wiederherstellung der früheren Liebesbeziehung
  sprachlich: Steigerung von „es geht besser“ (V. 5) zu „es wird gut“ (V. 16), hervorgehoben durch die jeweils vorausgehende wörtliche Wiederholung „Denke ich“; Steigerung auch im jeweils letzten Vers von „es“ (V. 10) zu „alles“ (V. 21)
  in beiden Versgruppen: einfache Wortwahl; Wiederholungen, abgesehen vom jeweils einleitenden Temporalsatz unverbunden gereihte (Reihung zum Teil durch Anaphern unterstrichen) kurze Aussagen
- Versgruppe 3: knapper Kommentar, Sprecherwechsel vom befangenen lyrischen Ich zu einem über der Situation stehenden Sprecher – Hoffnung des lyrischen Ich als Illusion entlarvt und zugleich weiteres Leiden unter der Beziehung vorhergesagt
  sprachlich: zwei unverbunden gereihte Aussagesätze, ohne expliziten Bezug zum Vorausgehenden, durch die Stellung jedoch klar darauf bezogen und metaphorisch die Aussagen des lyrischen Ich kommentierend (richtigstellend); sachlich knapp formulierte Feststellung im ersten Satz → Möglichkeit der Rückkehr der Liebe durch Wiederkehr der Vergangenheit – „einst“ (durch Endstellung in Versgruppe 1 und 2 hervorgehoben) – in der Zukunft (jeweils am Schluss des vorausgehenden Verses gesetztes „bald“ – als einziges Enjambement auffallend) als Naturgesetzen widersprechende Illusion; durch Chiasmus und Wiederholung hervorgehobene Steigerung der Aussage: im Bild getroffene Vorhersage, dass das Ich unter der Beziehung auch dann noch weiter leiden wird, wenn aus der „Wunde“ der verlorenen Liebe im Lauf der Zeit eine „Narbe“ wird; insgesamt sachlich-schnörkelloser Stil, ohne Pathos, dennoch den Schmerz über verlorene Liebe zum Ausdruck bringend

Mögliche Erschließungsergebnisse zu Mascha Kalékos Gedicht „Großstadtliebe“:
- Inhalt und Aufbau: Darstellung des Verlaufs einer typischen „Großstadtliebe“ von der ersten Begegnung (in der ersten Strophe) über gemeinsame Gesprächsthemen (zweite Strophe) und zwangsweise in der Öffentlichkeit, zuerst mitten in der Stadt (dritte Strophe), dann zurückgezogen an stilleren Orten (vierte Strophe) stattfindende Treffen bis zum Ende der Beziehung per Telegramm (fünfte Strophe)
- Form: regelmäßig gebaut: fünf Strophen zu je fünf Versen mit jeweils gleichem Reimschema (abaab); fünfhebige Jamben (Abweichungen nur zu Beginn von V. 15/24)
  → Gleichförmigkeit des Ablaufs großstädtischer Liebesbeziehungen; monotone Alltäglichkeit einer ‚im Rahmen bleibenden‘ Liebe ohne große Gefühle
- Sprache: Subjekt häufig „man“, durch Wiederholung, auch als Anapher zu Beginn jeder Strophe, stark betont → unpersönlich, ebenso beliebig wie Ort und Zeit der Begegnung („irgendwo“, V. 1, „irgendwann“, V. 2) und so vage wie das aufkommende Gefühl („Irgendwas“, V. 3), das auch später nie als „Liebe“ bezeichnet wird, sondern am Anfang der Beziehung als „sich lieb haben“, V. 6, später „konkret“ (V. 20) als „Erotik“ (V. 18)
  von Beginn der Beziehung an Störung der aufgebauten Idylle durch sachlich nüchterne Feststellungen, z. B. in der zweiten Strophe: bildhaftes Sprechen V. 6 f.; V. 8 f.: Anapher, Anreißen zentraler Begriffe einer dauerhaften tiefen Liebesbeziehung – „Sorgen“ und „Freuden“ teilen –, dann aber der lakonische Hinweis, dass ein modernes technisches Gerät, nämlich das Telefon, „Das Übrige besorgt“; ähnlich in der dritten Strophe, in der die Idylle der ihre Umgebung vergessenden Liebenden durch die sachliche Feststellung V. 12 (zwei knappe, alltagssprachlich einfach formulierte Aussagesätze) konterkariert wird
  V. 21 f.: Anspielen auf klischeehafte Vorstellungen von Liebe, negiert; Liebe reduziert auf „Weekendfahrt“ (Anglizismus → zeittypisch für das moderne Leben in der Großstadt: Orientierung am amerikanischen „way of life“) und „Küssen“; unpersönlich, sachlich und ebenso knapp wie klar beendete Beziehung

© 2010 Oldenbourg Schulbuchverlag

→ Versachlichung der Beziehung zwischen zwei Menschen; Liebe als zeitlich begrenzte Begegnung ohne große (positive oder bei der Trennung negative) Emotionen, alltäglich, beliebig wiederholbar, flüchtig, oberflächlich.

S. 96

1.3 „Und nichts Sensationelleres gibt es in der Welt als die Zeit, in der man lebt“ – der Reporter als Zeitzeuge

S. 99, Aufgabe 1

Im Text enthaltene Fakten für einen informierenden Sachtext über das Sechstagerennen im Berlin der Zwanzigerjahre:
(Hinweis: Kisch sagt, dass er vom 10. Sechstagerennen (Z. 1) berichte, das laut Nachwort zur Ausgabe von Kischs „Der rasende Reporter“ (Aufbau Taschenbuch Verlag, Berlin [4]2006, S. 349) 1924 stattfand, laut Siegerliste des Sechstagerennens (www.sechstagerennen-berlin.de) 1923; das von Kisch erwähnte Rennen von 1914 (vgl. Z. 8) war jedoch nicht das erste in Berlin; dieses startete bereits 1909. Im Jahr 2009 fand in Berlin das 98. Sechstagerennen statt, immer noch ein sportliches und gesellschaftliches Ereignis.)

- Ort: Sportpalast an der Potsdamer Straße; ovale Rennbahn mit fast senkrecht aufsteigenden Kurven
- Dauer: 144 Stunden, beginnend an einem Freitagabend, 21 Uhr
- Teilnehmer: 26 Radrennfahrer, die 13 Paare bilden, von denen jeweils ein Partner auf der Rennbahn ist, während der andere sich in unterirdischen Boxen erholt und durch Massage wieder fit gemacht wird
- zurückgelegte Strecke: bis zu ca. 700 km pro Tag (24 Stunden), Weltrekord beim Rennen 1914: 4.260,96 km in sechs Tagen
- Publikum: schon vor Beginn ausverkaufte Veranstaltung; ganztägig gefüllte Zuschauerräume, größter Andrang und am meisten Stimmung in der Zeit zwischen Mitternacht und Morgen; alle Bevölkerungsschichten vertreten: die Wohlhabenden, die das Berliner Nachtleben in den Innenraum des Rennovals verlegen, zu dem man über eine die Rennbahn überspannende Brücke gelangt, für die eine zusätzliche „Maut“ verlangt wird; die übrige Bevölkerung, das „werktätige Volk“ (Z. 87 f.), im Parkett und auf den Tribünen; mehr als die Hälfte des Publikums über die gesamte 144-stündige Dauer des Rennens anwesend

S. 99, Aufgaben 2a/b

Mögliche Gliederung des Textes:
- Z. 1–10: informierender Einstieg
- Z. 11–31: ständige Bewegung der Rennfahrer, ohne von der Stelle zu kommen
- Z. 32–65: ungegliederte Monotonie und Alltagsferne des Geschehens auf der Rennbahn
- Z. 66–75: Begründung für den Drang, sich freiwillig einer solchen folterähnlichen Tätigkeit zu unterziehen
- Z. 76–101: das Publikum des Sechstagerennens

Kennzeichnende sprachliche Mittel; Darstellung und Bedeutung des Ovals der Rennbahn sowie der Rechts-links-Bewegung der Fahrer:
- auffallend im weitgehend in sachlich-informierendem Stil gehaltenen ersten Abschnitt: ausdrucksstarke, hyperbolische Verben: „wütet“ (Z. 1), „tobt“ (Z. 5), und das Adjektiv „wahnwitzige“ (Z. 5) → nicht durch Vernunft gesteuertes, unmäßiges Tun
- Wiederholungen:
  - chiastisches „Tag und Nacht, Nacht und Tag“ (Z. 5), anaphorisches „Sechs Tage und sechs Nächte“ (Z. 11, 32), wiederholt auch Z. 40 (nur aus diesem Satzglied bestehender unvollständiger Satz) → die natürliche periodische Gliederung der Zeit in aktive Phasen und Phasen der Ruhe/Erholung außer Kraft setzend
  - häufige Wiederholungen im zweiten Abschnitt (z. B. Z. 11 f., 13, 15 f.), vor allem Reihung wiederholter Negationen (Z. 22 ff.) → im Oval der Rennbahn unsinniges Auf-der-Stelle-

© 2010 Oldenbourg Schulbuchverlag

Fahren, ständige Vorwärtsbewegung, ohne vorwärtszukommen; Veranschaulichung der Länge der zurückgelegten Strecke und dessen, was den Fahrenden entgeht, weil sie – sinnwidrig – fahren, nur um zu fahren, anstatt sinnvoll, um von der Stelle zu kommen, den Horizont zu erweitern, Neues und Schönes zu erleben („Reise" ohne jeglichen Bildungswert)

○ im dritten Abschnitt: Einführung der ständig gleichen Tret- und Kopfbewegung (Z. 33–35), die danach immer wieder durch die Wiederholung „rechts, links", als Einschub oder angehängt an Sätze, aufgegriffen wird (z. B. Z. 38 f., 64, 86, 88 f., 90, 99 → Monotonie der Tätigkeit, mechanische Bewegung (Menschen als Renn-Maschinen), In-Erinnerung-Rufen des Renngeschehens, während vom Leben außerhalb des Sportpalastes berichtet wird (mit „Draußen" beginnende Reihung knapper Aussagesätze von Z. 40–61, dem das Geschehen im Sportpalast im folgenden Adverbialsatz zugleich adversativ und temporal – „während" – gegenübergestellt wird) oder das Publikum in den Blick gerückt wird (letzter Sinnabschnitt).

S. 99, Aufgabe 3

Aufgabe A: Mögliche Aspekte zur geforderten Stellungnahme:
trotz weitgehend sachlich wirkender Darstellung deutlich im Widerspruch zu Kischs Aussage von der Neutralität des Reporters stehende Reportage; mögliche Belege:

- vor dem Hintergrund der biografischen Angaben (AB, S. 98, Randspalte) erkennbare kritisch linksliberale Tendenz des Verfassers: Z. 50 f., 81 f. und vor allem 66–75 (s. u.)
- Kritik an sinnwidrigem tagelangem Vorwärtsfahren, ohne vorwärtszukommen (Z. 11–31; s. o. Ausführungen zu Aufgabe 2)
- „todernstes, mörderisches Ringelspiel" (Z. 28 f.) → als „Spiel" darf das Rennen zweckfrei sein, durch die Attribute wird jedoch der Spielcharakter des Rennens negiert → das Rennen in Frage stellender Standpunkt des Erzählers erkennbar
- die zeitgenössische Gesellschaft kritisch betrachtender Kommentar des Verfassers im Abschnitt Z. 66–75: „Zweckhaftigkeit und Mechanisierung" als Kennzeichen der Zeit angeführt, gegen die sich die Menschen – zu Recht – wehren; Kritik jedoch an der Art ihres Protests, weil er nicht vernunftgesteuert und nicht zielgerichtet („ekstatischen Willen zum Protest", Z. 72, „fanatischen Sinnlosigkeit", Z. 74) und deshalb wirkungslos ist; Kritik daran, dass dieses falsche Verhalten unterstützt wird durch eine Gesellschaft, die die Gier nach „äußerlichen Sensationen" fördert → Verhindern eines wirksamen Protests gegen politisch-gesellschaftliche Gegebenheiten

Aufgabe B: Verfassen einer materialgestützten Erörterung

Schritt 1: die Themenstellung analysieren

Themabegriff — *Schlüsselbegriffe*

Erörtern Sie die Bedeutung, die dem Sport in der Zeit der Weimarer Republik zukommt und ihn sogar zu dem Kennzeichen der Zeit werden lässt. Beziehen Sie in Ihre Argumentation die folgenden Materialien mit ein.

Hinweis zur Bearbeitung

Art der Erörterung: die dem Sport zukommende „Bedeutung" erörtern → steigernd

Schritt 2: die Materialien analysieren
Leitfragen:

- Welche Aussagen/Thesen zur Bedeutung des Sports in der Zeit der Weimarer Republik enthalten die Texte?
- Werden die Aussagen begründet/belegt? Sind Beispiele angeführt?
- In welchem Verhältnis stehen die Aussagen der Materialien untereinander (widersprüchlich, einander stützend, ergänzend, differenzierend ...)?

© 2010 Oldenbourg Schulbuchverlag

Material 1: Egon Erwin Kisch, „Elliptische Tretmühle“, Z. 68–75
- Menschen des 20. Jahrhunderts verlangen nach „äußerlichen Sensationen“ – Beispiel: Sechstagerennen
- Begründung: unbedingter Wille, „gegen Zweckhaftigkeit und Mechanisierung“ (Z. 72 f.) zu protestieren
- Kritik an der „gleichen fanatischen Sinnlosigkeit“ (Z. 74 f.) des Protests wie des Gegenstands des Protests (dem „Erwerbstrieb“, Z. 74) → nicht vernunftgeleitet, sondern triebhaft, zudem maßlos, übertrieben

Material 2: Siegfried Kracauer, „Die Angestellten“
- Notwendigkeit („lebensnotwendig“, Z. 2), durch Sport den Körper „systematisch“ (Z. 1) zu bilden
- Begründung: erforderlicher Ausgleich zu den von der modernen Wirtschaft vermehrt gestellten Anforderungen
- Feststellung, dass der Sport auch deshalb in der Wertehierarchie der Gesellschaft einen hohen Rang einnimmt
- als Frage formulierte weitere Begründung für den hohen Stellenwert: Sport als Massenvergnügen („willkommene“ und von den Massen „voll ausgenutzte Möglichkeit der Zerstreuung“, Z. 7 f.)

Material 3: Frank Thieß, „Die Geistigen und der Sport“
Gegenüberstellung von körperlicher Bildung im wilhelminischen Deutschland und in der Weimarer Republik:
- wilhelminisches Deutschland: geprägt durch hierarchische Struktur („Autoritätsgedanke“, Z. 1, von zentraler Bedeutung); Folge: auch die Bildung des Körpers erfolgt auf Anordnung und folgt vorgegebenen Regeln, ist demnach „Drill“, „körperliche Zucht“ (Z. 5 f.)
- Weimarer Republik: Befreiung der Menschen aus den zuvor allgegenwärtigen Hierarchien; Folge: die Bildung des Körpers erfolgt nun freiwillig und nach eigenen Regeln, wird also nun zu „Sport“ nach anglo-amerikanischem Vorbild

Aussagen zur Definition von Sport („Geist des Sports“):
- aus dem anglo-amerikanischen Bereich kommend
- Wettkampf freier Menschen
- Beachten der von den Beteiligten selbst gesetzten Regeln

Material 4: Marieluise Fleißer, „Sportgeist und Zeitkunst. Essay über den modernen Menschentyp“
- These: Der „Sportsmann“ (Z. 3) repräsentiert das Zeitgefühl der Weimarer Republik.
- Definition des „Sportgeists“ (Z. 4), der den „Sportsmann“ kennzeichnet: „die aggressive Einstellung des Menschen zu seinem eigenen Körper“ (Z. 4 f.), d. h., der Versuch des Menschen Herr über seinen Körper zu werden, indem er die von der Natur gesetzten Grenzen des Körpers verändert
- den „Sportsmann“ kennzeichnendes Verhalten: sich „schwer zu erreichende Leistungen“ (Z. 5 f.) als Ziel setzen und der Wille, den Widerstand des Körpers gegen das Vollbringen dieser Leistungen zu überwinden
- über die Bildung des Körpers (Beispiel: die körperlichen Fähigkeiten eines guten Spurters) hinausgehende Auswirkungen derartiger sportlicher Tätigkeit auf die charakterliche Entwicklung des Menschen: Förderung von Willenskraft und Selbstbeherrschung („Entschlußfähigkeit“, Z. 7 f., „Kaltblütigkeit , Kontrolle ... Durchhalten“, Z. 9)

Schritt 3: die Stoffsammlung erarbeiten
Sichten und Ordnen der aus den Materialien gewonnenen Aspekte; mögliche Kategorien:
- Begriffsdefinition „Sport“
- die Zeit der Weimarer Republik kennzeichnende Merkmale
- Gründe für den hohen Stellenwert des Sports in der Weimarer Republik
- Ergänzung der Stoffsammlung durch eigenes Wissen

© 2010 Oldenbourg Schulbuchverlag

- zum Bereich Industrialisierung (Veränderung der Arbeits- und Lebensbedingungen, Verstädterung ...)
- zum Bereich politisch-gesellschaftliche Veränderungen (Weimarer Republik als Zeit der Krisen, der Verunsicherung der Menschen) → Sport als Möglichkeit der Zerstreuung/Ablenkung; Suche nach Orientierung: Amerika als Vorbild (z. B. Boxen)
- zum Bereich Sport (z. B. Stichpunkte „Wettbewerb"/„Wille" → Leistungsgedanke; körperlicher Ausgleich zu zunehmend geistiger Arbeit in der industrialisierten Gesellschaft)

Vgl. Einleitungstext, AB, S. 86; „Dämmerung" von Kurt Tucholsky, AB, S. 88 f.

Schritt 4: eine mögliche Gliederung entwerfen

A Sechstagerennen im Sportpalast als Publikumsmagnet im Berlin der Zwanzigerjahre

B Zentrale Rolle des Sports in der Zeit der Weimarer Republik

I. Bedeutung des Sports für das Individuum in der Weimarer Zeit
1. Körperlicher Ausgleich zum veränderten Arbeitsalltag in der Industriegesellschaft (fremdbestimmtes, nicht an den eigenen Bedürfnissen orientiertes Arbeiten)
2. Ausdruck selbstbestimmten Handelns in einer freiheitlich-demokratischen Gesellschaft (neues Körperbewusstsein des modernen Menschen)
3. Psychische Stabilisierung in einer verunsichernden Umbruchsituation (Herrschaft über den Körper gewinnen, Freizeitvergnügen ...)

II. Bedeutung des Sports für die Gesellschaft in der Zeit der Weimarer Republik
1. Sicherung der Arbeitskraft der Bevölkerung (Förderung der Gesundheit der zunehmend in Städten wohnenden und belastenden Arbeitsbedingungen ausgesetzten Menschen)
2. Leistungsgedanke als Sport und die moderne Gesellschaft kennzeichnendes Element (Förderung von im Leistungswettbewerb wichtigen Eigenschaften wie Willenskraft, Entschlussfähigkeit, Kaltblütigkeit, Durchhaltevermögen durch Sport)
3. Massenvergnügen für eine Massengesellschaft (große Sportveranstaltungen – Boxkämpfe, Sechstagerennen – als Teil einer neuen Massenkultur in den (großen) Städten

III. Wichtige Funktion des Sports in der Zeit der Weimarer Republik als Gegengewicht und Ausgleich zu belastenden Lebensbedingungen und zugleich als Fortsetzung der neuen Lebens- und Arbeitsbedingungen im Bereich der Freizeit

C Blick auf die Bedeutung des Sports in der heutigen Gesellschaft

S. 100

1.4 **„Erst kommt das Fressen, dann kommt die Moral"** – Theater der Zwanzigerjahre

Vgl. Rechercheauftrag, AB, S. 102, Aufgabe 3

Hinweise zum Stück und zu seiner Rezeption: Die Anregung zur „Dreigroschenoper" erhielt Brecht durch eine 1926 von Elisabeth Hauptmann erstellte Rohübersetzung der in England seit 1920 mit großem Erfolg wiederaufgeführten „Beggar's Opera" (entstanden 1728), mit der John Gay und der Komponist Pepusch eine neue musikalische Gattung begründeten, die „Ballad Opera". Bereits der provozierende Titel der Gay'schen „Bettleroper" lässt eine gegen die italienische Hofoper der Zeit gerichtete Parodie erwarten und statt Arien und Rezitativen in prunkvoller Szenerie wird dem Publikum ein Verbrecherstück mit Balladen, Moritaten und Gassenhauern geboten, das musikalisch wie inhaltlich herrschende Konventionen angreift und Vertreter einer korrupten und intriganten Herrscherschicht verspottet.
Brecht übernimmt die dreiaktige Struktur der „Beggar's Opera", an der ihn vor allem die Vielfalt der Möglichkeiten interessiert, offen Kritik an der bürgerlichen Gesellschaft zu üben, arbeitet aber die Vorlage stark um: Er verändert die Handlung und verlegt sie aus dem 18. in das 19. Jahrhundert in die Zeit des sich entwickelnden Kapitalismus (Viktorianisches Zeitalter); behält das Prinzip der ständigen Unterbrechung der Handlung durch Songs und Balladen bei, lässt diese jedoch fast alle von Kurt Weill neu komponieren, wobei dieser Elemente der zeitgenössischen populären Musik (Jazz, Tanzmusik) aufgreift.

© 2010 Oldenbourg Schulbuchverlag

Am 31. August 1928 wird „Die Dreigroschenoper“ (von Lion Feuchtwanger angeregter Titel) im Berliner Theater am Schiffbauerdamm uraufgeführt und bereits die Premiere wird vom Publikum bejubelt. Das Stück wird nicht zuletzt dank der Musik Kurt Weills rasch populär und schon im Januar 1929 an 19 deutschen Theatern und außerdem in Prag, Budapest und Wien gespielt. Die Songs der „Dreigroschenoper“ werden zu Schlagern, von Kaffeehausgeigern gespielt, als Tanzmusik verwendet und allein bis 1931 von etlichen Schallplattenfirmen auf 21 Platten gepresst.
Das Stück selbst erlebt bis zu seinem Verbot 1933 durch die nationalsozialistische Diktatur, bis dahin in 18 Sprachen übersetzt, mehr als 10 000 Aufführungen in Europa und wird nach dem Ende des Zweiten Weltkriegs erneut ein großer Theatererfolg.

S. 101, Aufgabe 1

Wesentliche inhaltliche Aspekte:
- Angesprochene: einen sittlichen Lebenswandel einfordernde Vertreter einer oberen Gesellschaftsschicht, wohlhabend bzw. zumindest ausgestattet mit gesicherter materieller Lebensgrundlage
- Sprecher: Angehörige einer unteren Gesellschaftsschicht, ständig um bloßes Überleben kämpfend
- Aussage: Unmöglichkeit, sittlich zu leben, solange Menschen durch unmenschliches Verhalten ihre Bedürfnisse – Hunger und Lust stillen – auf Kosten anderer befriedigen

S. 102, Aufgabe 2

Aufbau, sprachliche Gestaltung und eingesetzte dramaturgische Mittel:
- zweimal (Z. 5–25 und Z. 26–46) gleiche Abfolge: Figur des Stücks (Macheath bzw. Spelunkenjenny) – von „hinter der Szene“ kommende Frage – Antwort der Figur – Abschluss durch einen Chor
- dialogische Gestaltung der Ballade, mit dem Chor ein Element des antiken Theaters aufgreifend, zugleich Element des epischen Theaters: verfremdender, das Spiel als solches zeigender Effekt; ebenso wie die Unterbrechung der Dramenhandlung durch die gesungene Ballade und das Sprechen/Singen „hinter der Szene“ (Z. 16, 37)
- zweimal fast identische Verse: in der zweiten Hälfte nur drei von der ersten Hälfte abweichende Verse (die ersten beiden und der fünfte Vers der beiden Teile unterscheiden sich), alle anderen Verse wörtlich wiederholt
- auffallende sprachliche Korrespondenz der unterschiedlichen, inhaltlich einander ergänzenden Aussagen der beiden Figuren in den Zeilen 10 und 31:
  - lakonisch zugespitzte, die Widersprüchlichkeit der erhobenen Forderungen auf den Punkt bringende Formulierungen
  - parallel gebaute Verse, beginnend jeweils mit der Anrede
  - antithetisch gegenübergestellt „euren Wanst und unsre Bravheit“ (Z. 10)/„unsrer Scham und eurer Lust“ (Z. 31) (Chiasmus): sich gegenseitig ausschließend; an die „Herren“ gerichteter Vorwurf, sittliches Verhalten zu fordern und dieses durch das eigene Verhalten (Ausbeuten der Armen zur Befriedigung der eigenen materiellen und sexuellen Bedürfnisse) zugleich unmöglich zu machen
- auffallende sprachliche Mittel in den jeweils in beiden Hälften wiederholten Versen:
  - einfache, oft sehr kurze Sätze, Parallelismus (Z. 17/19), häufige Wiederholungen (auch als Anaphern) von Wörtern (z. B. das Schlüsselwort „Mensch“), Satzteilen („lebt der Mensch“) bzw. Sätzen (Z. 17/19)
  - bildhaftes Sprechen (Z. 12, 14 f.), Reihung (Z. 20), Adverbien zur Verstärkung bis hin zu hyperbolischem Sprechen (Z. 19 f., 25): einfache Verständlichkeit, eindringlich, anschaulich, einprägsam, aufklärend-belehrende Funktion
  - kindlich einfache Formulierung „brav“ (Z. 6), gefolgt von der kirchlich-religiösen Formel „Sünd und Missetat“ (Z. 7), beides kontrastrierend mit der vulgären Vokabel „fressen“ (Z. 8), in Z. 10 „Bravheit“ kontrastiert mit dem derb vulgärsprachlichen „Wanst“ (wie „fressen“ aus dem tierischen Bereich genommen): Widerspruch zwischen der Forderung

© 2010 Oldenbourg Schulbuchverlag

nach Sittlichkeit bei gleichzeitig gezeigtem triebhaft-tierischem (unmenschlichem) Verhalten

- Z. 24 f./45 f.: Paarreim, erneute Anrede, Imperativ, gefolgt von Bibelanspielung (Matthäus 4,4: „Der Mensch lebt nicht vom Brot allein."), allerdings in der Aussage ein unchristliches und unmenschliches Menschenbild zeichnend, durch Dopplung „nur"/„allein" nachdrücklich unterstrichen; die Ballade abschließender Refrain, provozierende Absage an die scheinheilig Sittlichkeit ehrenden („Sünd und Missetat vermeiden", Z. 7) Vertreter der wohlhabenden Gesellschaftsschicht

Bezug zum Basiswissen: Das „Totaltheater" der Zwanzigerjahre:

- Bewusstmachen gesellschaftlicher Zusammenhänge und Aufrütteln der Menschen auch Intention Brechts in der „Dreigroschenoper"
- „Ballade über die Frage ‚Wovon lebt der Mensch?'" als Beispiel für ein eingebautes Musikstück, in der Vertonung von Kurt Weill populäre zeitgenössische Musikelemente einbeziehend
- bei der Uraufführung: jeweils Licht- und Szenenwechsel; auf einem Podest sichtbar im Hintergrund die achtköpfige Lewis Ruth-Band; auf zwei Projektionsflächen Einblendung von Zwischentiteln und Szenenprojektionen
- „Die Dreigroschenoper" als Vertreter der „Neuen Sachlichkeit": Einsatz von „Einfühlung" verhindernden Elementen des epischen Theaters wie Zwischentitel und Songs; anti-idealistisches und anti-emotionelles Theater: „Erst kommt das Fressen, dann kommt die Moral." – „So ähnlich könnte der Slogan der ‚Neuen Sachlichkeit' lauten", schreibt der Schriftsteller Jörg-Uwe Albig zu diesem Vers aus der „Dreigroschenoper" und setzt dazu auch Brechts Auftreten in Bezug: „Brecht, der kleine, schmale Berserker, als Prolet kostümiert mit Lederjacke, Ledermütze und Zigarre, ist ein erstklassiger Soldat der neuen Coolness."

Literaturhinweis: Der informative und anregend geschriebene Artikel über Entstehung, Inszenierung und Rezeption der „Dreigroschenoper" und darüber hinaus über das Theater in der Zeit der Weimarer Republik von Jörg-Uwe Albig: „Dreigroschenoper, 1928. ‚Glotzt nicht so romantisch'". In: GEO Epoche. Die Weimarer Republik. Heft Nr. 27, Januar 2008, S. 128–143.

S. 102, Aufgabe 3

Hinweise zu den Rechercheaufträgen: Außer in Literaturgeschichten, Brecht-Ausgaben und Sekundärliteratur zu Brecht und zur „Dreigroschenoper" im Internet zur Verfügung stehende zuverlässige Informationsquellen:

- ein sehr umfangreicher Wikipedia-Artikel zu Bert Brecht sowie zur „Dreigroschenoper"
- auf den Seiten des „Deutschen Historischen Museums" (www.dhm.de) unter „LeMo" („Lebendiges virtuelles Museum online") > „Weimarer Republik" > „Kunst und Kultur" > „Theater"
- www.bert-brecht.com u. a. mit Angaben zu aktuellen Brecht-Aufführungen sowie einer langen Liste mit „Adressen für Brechtianer" incl. entsprechender Links

S. 102
Das in der Überschrift enthaltene Zitat ist dem Text des Schutzumschlags der Erstausgabe von Döblins „Berlin Alexanderplatz" entnommen, AB, S. 106 f.

2. „Man fängt nicht sein Leben mit guten Worten und Vorsätzen an …" – die Weimarer Republik im zeitgenössischen Roman

S. 105, Aufgabe 1a

Aristophanes, geb. Mitte des 5. Jahrhunderts v. Chr. (ca. 445/450), gest. ca. 380 v. Chr., gilt als Hauptvertreter der älteren attischen Komödie; 11 der 40 Stücke, die von ihm erwähnt werden, sind erhalten; zu den bekanntesten gehören „Der Frieden", „Die Vögel", „Die Frösche" und „Lysistrata".

Als die Komödien des Aristophanes kennzeichnende Merkmale werden genannt:

- handfeste und reichliche Kritik bei zugleich gegebener Aktualität des Stoffes (gegen einzelne Personen, Zeiterscheinungen sowie politische Tendenzen oder auch Fragen der Literatur und Philosophie)

© 2010 Oldenbourg Schulbuchverlag

- oft phantastisches Milieu (häufig als Tiere kostümierte Chöre und Figuren; möglicherweise, um durch diese drastische Komik von der Schärfe der Kritik an aktuellen Zuständen abzulenken)
- erotische Freiheiten (vgl. Kindler-Artikel zu „Ornithes", griech. „Die Vögel", von Aristophanes zu den für die Aristophanischen Komödien typischen Grundelementen: „erotisch-phantastische Burleskerie, scharfe politische Attacken, parodistische Bosheiten auf poetische Genossen und Rivalen, kecke Mythentravestie, beißende Kritik an Zeiterscheinungen")

S. 105, Aufgabe 1b

„Herr Pfaundler" steht für:	**„Aristophanes" steht für:**
finanzielle Interessen	künstlerischen Anspruch
harmlose Komik	politische Satire
plumpen Voyeurismus bedienendes Zurschaustellen nackter Haut	komödientypische erotische Freiheiten

Zum Verhältnis Tüverlin – Pröckl:
Pröckl:
- die Arbeit Tüverlins kritisch begleitend, dabei „höhnisch" zuschauend: den Autor verspottend, nicht an einen möglichen Erfolg glaubend
- den drohenden Verlust des künstlerischen Anspruchs und der ursprünglich beabsichtigten politischen Satire offen und kühl („sachlich", Z. 19) benennend, dabei mit einer lakonischen Formulierung seine Kritik auf den Punkt bringend

Tüverlin:
- mit Pröckl einig in der Überzeugung von der Notwendigkeit eines künstlerischen Anspruchs und politischer Satire
- mit ihm einig in der Analyse der Situation (drohender „Sieg" Pfaundlers über Aristophanes)
- Pröckls Spott und seine schonungslose Offenheit in der gegebenen Situation als verletzend empfindend („bösartig", Z. 19)

S. 106, Aufgabe 3

Auf Tüverlins Absicht verweisende Textstellen:
- Z. 3–5: „Aristophanes"/„Klassenkampf" vs. „gemütlicher Ulk"
- Z. 8–16: „Revue als ernsthafteste Kunstgattung der Zeit", auf Wirkung bedachte Umsetzung des Textes; Erfolg als „Wertmesser"
- Z. 65 f.: „Kasperl interessiert sich für die wirtschaftlichen Verhältnisse seiner Umwelt"
- Z. 66–71: Kasperls Blick auf den Kommunismus
- Z. 71–75: Stierkampfszene

Absicht, mit der Form der Revue ein breites Publikum zu erreichen und dieses mit politischer Kritik zu konfrontieren; Komik und Satire als Mittel, auf erträgliche Weise Kritik zu üben (entlastende Wirkung des Lachens); klassenkämpferisches Agieren: gegen die Ausbeutung der besitzlosen durch die besitzenden Klassen; Kritik am Kapitalismus zugleich Kritik an Pseudo-Kommunismus: Kampf gegen Ausbeutung mit dem Ziel, in die besitzende Klasse zu wechseln und sich dann selbst an der Ausbeutung der Besitzlosen zu beteiligen; Stierkampfszene: Entlarven des bewunderten, sich todesmutig dem Kampf stellenden Toreros als rücksichtslos geldgierig, finanziellen Gewinn aus dem Tod des Stiers ziehend, diesen also ausbeutend; das Leben des Stiers hingegen zählt nicht: Wertlosigkeit des Lebens der Besitzlosen, die von den Besitzenden zu deren Vorteil in ein tödliches Spiel gezwungen werden; Notwendigkeit, die

© 2010 Oldenbourg Schulbuchverlag

Spielregeln zu durchschauen und bewusst zu machen (der mit seiner Frage an den Torero aus der Rolle fallende Stier), um sie ändern zu können

S.106, Aufgabe 4

Hinweise auf Merkmale der „üblichen Revuen der Zeit": Z.58–60; Z.85 ff.
bezogen auf die darin auftretenden Revuegirls: Z.40–57, Z.85–87
- äußerst knappe Kostüme der auftretenden Revuegirls, viel nackte Haut zeigend
- in großer Menge auf der Bühne erscheinend
- Warencharakter der Mädchen („Menschenmaterial", Z.56 f.), die (ähnlich wie Soldaten im Krieg) für einen bestimmten Bedarf gebraucht und verbraucht werden
- Hoffnung der Mädchen auf sozialen Aufstieg und Befreiung aus menschenunwürdigen Lebensbedingungen, gekennzeichnet durch Armut und Abhängigkeit
- Gegensatz zwischen der auf der Bühne zu sehenden opulenten Ausstattung („Flitter", „glänzende Stoffe", Z.86 f.) und dem plump zudringlichen Umgang mit den Mädchen sowie der trostlosen Atmosphäre hinter der Bühne

Haltung des Erzählers gegenüber den „üblichen Revuen der Zeit":
- explizite abwertende Beurteilung der „üblichen Revuen" (Z.85 f.) durch das Adjektiv „sinnlos" (Z.86); rein auf Äußerlichkeiten („Flitter, glänzenden Stoffen", Z.86 f.) und auf Voyeurismus („Schaustellungen von [...] nacktem Fleisch", Z.86 f.) zielende Bühnenshows, zusammengesetzt aus kaum untereinander in Bezug stehenden Teilen („gemixt", Z.85; vgl. auch Z.58–60)
- Warencharakter der Mädchen hervorgehoben durch negativ wertende Adjektive und Nomen, z.B. „leeren Puppengesichtern", „ausdruckslosen Gliedern", „fader Geschäftsmäßigkeit" (Z.44 f.)
- Entpersönlichung der Mädchen durch das Auftreten in der Masse
- Beweggründe der Mädchen für ihre Bewerbung bei einer Revue als gerechtfertigt bewertet: Reihung negativ wertender Formulierung für ihr „Zuhause" (Z.48 f.)
- aber: antithetisch den unerträglichen und menschenunwürdigen (Tiermetaphorik: „gepfercht", Z.49) Zuständen ihres Zuhauses gegenübergestellt: die an eine Existenz als „Revuegirl" geknüpften Erwartungen: „Freiheit, die große Chance, Eintrittsbillett in eine menschenwürdige Existenz" (Z.50 f.): Reihung idealistischer Vorstellungen, gefolgt von der Wiedergabe der klischeehaften Aussagen ihrer Mütter (Z.51 f.): durch die Reihung als überzogen und unrealistisch dargestellte Erwartungen, was der Kontext, der menschenunwürdige Umgang mit den als „Menschenmaterial" gesehenen Mädchen bestätigt
- erzählerische Gestaltung: auktorial erzählte Passagen (Z.40 ff.) gefolgt von perspektivischer Darstellung aus der Sicht Tüverlins (Z.53 ff.): Übereinstimmung in der kritischen Sicht auf die Revuegirls, Tüverlins Einschätzung gestützt durch den auktorialen Erzähler, auch in der (nicht eindeutig zuzuordnenden, aber wohl eher Tüverlin als dem Erzähler zuzuschreibenden abwertenden Beurteilung der Revuen (Z.85 ff.)

Aus der Abbildung AB, S.105 zu erschließende Aspekte für den Kommentar:
- das Auftreten der Mädchen in der Masse
- die Uniformität des Aussehens und der Bewegung (Ideal der perfekt – wie eine Maschine – funktionierenden, möglichst langen Girlsreihe)

Hinweise zur Gliederung des Kommentars: Die Aufgabenstellung verlangt eine zweigliedrige Bearbeitung in einer geschlossenen Darstellung.
- Einer einleitenden Hinführung zum Thema folgt die Erschließung des Textauszugs im Hinblick auf die Merkmale der „üblichen Revuen der Zeit" (Z.85 f.) einschließlich der aus der inhaltlichen, sprachlichen und erzählerischen Gestaltung zu erarbeitenden Haltung des Erzählers dazu.
- Daran schließt als eigenständiger Textblock mit einer treffenden Überschrift der Kommentar an, der von den Erschließungsergebnissen ausgeht und die Abbildung einbezieht. Erforderlich ist darüber hinaus Wissen über die Zeit der Weimarer Republik und

© 2010 Oldenbourg Schulbuchverlag

speziell die Situation der Frauen in dieser Zeit. Ein die ganze Arbeit abrundender eigener Schlussteil wird nicht erwartet.
- Von großem Gewicht bei der Erstellung eines Kommentars sind über den Inhalt hinaus eine sprachlich anspruchsvolle und anregende Gestaltung sowie die Verbindung des aus dem Text erschlossenen Materials mit dem aus dem eigenen Wissen stammenden Material zu einer sinnvollen Argumentation.

S.107, Aufgabe 6

[1] Das von Döblin und Wilhelm verfasste Drehbuch ist mit einem einführenden Essay und Materialien zum Film als dritter Band der Reihe FILMtext, in der Drehbücher deutscher Film-Klassiker veröffentlicht werden, erschienen und bietet eine wertvolle Grundlage für eine tiefergehende Auseinandersetzung mit den künstlerischen Möglichkeiten des Films: Berlin Alexanderplatz: Drehbuch von Alfred Döblin und Hans Wilhelm zu Phil Jutzis Film von 1931. Mit einem einf. Essay von Fritz Rudolf Fries und Materialien zum Film von Yvonne Rebhahn. © Verlag edition text + kritik, München 1996

[2] Ernst Jäger, zitiert nach „Erläuterungen und Dokumente. Alfred Döblin. Berlin Alexanderplatz. Hg. v. Gabriele Sander. © 1998 Philipp Reclam jun. Stuttgart, S.238

Auf dem Plakat angedeutete Akzentverschiebung gegenüber dem Roman: Die von Döblin im Titel an zweite Stelle gesetzte Figur des Franz Biberkopf dominiert das Filmplakat, während die Stadt Berlin, die eigentliche Titelfigur, nur ganz klein zu seinen Füßen erscheint.
Der Film bestätigt auch nach Ansicht vieler Kritiker, die ihn als gescheitertes Experiment beurteilen, was das Plakat erwarten lässt: Berlin, dem Döblin die Hauptrolle zuweist, ist nur noch Szenerie für die Geschichte des Franz Biberkopf. Der Film ist vor allem ein „Starfilm“, beherrscht vom Hauptdarsteller Heinrich George, auf dessen Betreiben hin der Film entstanden ist, nachdem er zunächst für das Einverständnis des widerstrebenden Döblin und anschließend um die Finanzierung des Filmprojekts gekämpft hat.
Mögliche Gründe für die Akzentverschiebung: Werbung für den Film mit dem Star als Zugpferd; Ansprechen eines breiteren Publikums mit einer „Lebensgeschichte“; Darstellung der „Geschichte“ einer Person in dem noch jungen Medium Film einfacher zu leisten als die Umsetzung der sehr komplexen Darstellung der Großstadt Berlin.
Dass Döblin, der selbst bei der Verfilmung mitwirkte – er hat zusammen mit Hans Wilhelm 1931 das Drehbuch zu Phil Jutzis Film „Berlin-Alexanderplatz“ verfasst[1]–, das Scheitern nicht verhindern konnte, ist insofern verständlich, als „der Filmautor Döblin“, wie ein zeitgenössischer Kritiker bemerkte, „gegenüber dem Dichter Döblin ein – *Amateur* bleiben [musste]. [...] Der Roman wurde filmisch nicht vervielfältigt – man *vereinfältigte* ihn.“[2]

S.109, Aufgabe 7
Hinweis: Auf den Vorspann (Z.1–5) ist die Aufgabe 8a, auf die Zeilen 51ff. sowie 63ff., die weder der äußeren Handlung noch dem inneren Geschehen zuzuordnen sind, die Aufgabe 8c bezogen.

Inhalt:

Zeilen	äußere Handlung	inneres Geschehen
1–19	Biberkopf, nach vier Jahren aus der Haft entlassen, steht an der Haltestelle vor dem Gefängnistor, lässt trotz helfender Hinweise Trambahnen vorbeifahren.	– wiedererlangte Freiheit als beängstigend empfunden – fühlt sich ausgesetzt, aus dem schützenden Innenraum Gefängnis vertrieben
20–31	Biberkopf steigt in eine Trambahn und fährt in die Stadt.	– endgültiger Abschied vom Gefängnis (umgeben von fremden Menschen / räumliche Entfernung) als starker Schmerz – visuelle und akustische Wahrnehmungen (weitgehend grobe Eindrücke, differenziert wahrgenommen nur die Uniformen der Polizisten)
31–67	Biberkopf steigt aus der Trambahn aus, geht die Rosenthaler Straße und die Sophienstraße entlang; beobachtet ein Paar beim Essen.	– spricht sich, sich selbst tadelnd, Mut zu – körperlicher Schmerz ausgelöst durch Erinnerung an Mord – Verständnis für die Entlassung, aber Widerwillen und Angst angesichts der Notwendigkeit, sich nun noch weiter unter Menschen und in die Stadt hinein zu begeben; Ziellosigkeit; Gefühl der Bedrohung

© 2010 Oldenbourg Schulbuchverlag

Zeilen	äußere Handlung	inneres Geschehen
68–70	Biberkopf tritt in ein Haus, brummt „Oh, oh“ und schlingt die Arme um sich.	– „trauriger“ Laut, im Schutz des Hauses erste hörbare Äußerung, den auf ihm lastenden Druck (Angst) verringernd, Schutz verstärkt durch Umarmung – eine gewisse Beruhigung und einen Ansatz von Zuversicht ausdrückende Selbst-Anrede („mein Junge“ – vgl. die Anreden Z. 33, 60, 61) – Gefühl der Erleichterung, von ihm selbst nur auf den hier gegebenen Schutz vor Kälte bezogen

S. 109, Aufgabe 8a

Kurz gefasste Einführung in die Situation zu Beginn des Romans mit Verweis auf die Vorgeschichte, Überblick über den Inhalt des „Ersten Buches“ und die Situation an dessen Ende.
Funktion: Spannung nicht mehr auf das, was geschieht, sondern wie es geschieht → Aufmerksamkeit des Lesers nicht vorrangig auf die äußere Handlung gerichtet (vgl. auch den Text des Schutzumschlags, AB, S. 106 f., bzw. die dem abgedruckten Romanbeginn noch vorausgehenden Andeutungen über Biberkopfs Geschichte)
Aufmerksamkeit und Interesse des Lesers weckende ‚fragwürdige‘ Andeutungen, z. B. Evozieren der Frage, warum sein „früheres“ Leben „sinnlos“ war?

S. 109, Aufgabe 8b

Epischer Bericht / Erzählerbericht: Z. 1–12; 14–28; 29 f.; 31 f.; 35 f.; 39 f.; 42–44; 49 f.; 51–59; 59 f.; 60 f.; 63–70
Figurenrede
- direkte Rede: Z. 28; 29–31; 40 f.; 45–48; 50 f. (auf direkte Rede hinweisende Signale sind jeweils Redebegleitsätze oder Anführungszeichen)
- innerer Monolog: Z. 31 (Signal: Präsens); 60, 61–63 und 70 (Signale: Präsens, 1. Person)
- erlebte Rede: Z. 59 f. (Signal: Präteritum; umgangssprachliche Formulierung „grade“);
- Z. 32–34: nach Erzählerbericht zuerst erlebte Rede („Was war denn?“, Signal: Präteritum), dann innerer Monolog („Haltung, ausgehungertes Schwein, reiß dich zusammen, kriegst meine Faust zu riechen.“ Signal: 1. Person, Präsens); „Nichts“ und „Gewimmel, welch Gewimmel“ ebenfalls als Teil der Figurenrede zu deuten, aber grammatikalisch keiner der beiden Formen eindeutig zuzuordnen
- Z. 36–39: auf Figurenrede, und zwar erlebte Rede (Signal: Präteritum), hinweisende Formulierungen („Die gossen …“, „ja was war dabei, sie tranken eben“), aber nicht eindeutig von Erzählerbericht abzugrenzen, der danach (Z. 39 f.) in zwei Redebegleitsätzen wieder präsent ist;

Es gibt auch nicht eindeutig dem Erzählerbericht oder der Figurenrede zuzuordnende Textstellen wie z. B.:
- Z. 12–17: die in Klammern stehenden Fragen, die auch vom Erzähler an Biberkopf gerichtet sein könnten, sind wohl eher (umgangssprachliches „Franze“) als innerer Monolog zu deuten, die sprachliche Gestaltung des Satzes „Die schwarzen eisernen Torflügel …“ weist die Aussage eher dem Erzählerbericht zu, „Der schreckliche Augenblick war gekommen …“ und „Man setzte ihn wieder aus.“ könnten hingegen auch als erlebte Rede aufgefasst werden.
- Ebenso ließe sich der Satz Z. 57 f. dem Erzählerbericht zuordnen, aber aufgrund der sprachlichen Gestaltung auch als erlebte Rede („Und …“, „die schwebten …“, Wiederholung)
- Zu Z. 19 „Die Strafe beginnt.“: Vgl. die Ausführungen zu Aufgabe 2c im AB, S. 111

© 2010 Oldenbourg Schulbuchverlag

S. 109, Aufgabe 8c

Aus der „Dienst- und Vollzugsordnung …" in den Text montierte Passagen: Z. 51–56 sowie Z. 63–67:
- unvermittelt in den Text eingebaute „Wirklichkeitsfragmente"; Signalfunktion beschränkt auf sprachliche Auffälligkeit: sachlich schmucklose Ausdrucksweise, hölzern klingende Passivkonstruktionen in der ersten Passage, Gebote und Verbote, in der zweiten, Wiederholungen, Reihungen; Intention: klare Verständlichkeit und Genauigkeit, ohne Rücksicht auf ästhetische Aspekte

S. 110
Das in der Überschrift enthaltene Zitat ist dem im AB, S. 113 angeführten Textausschnitt aus „Berlin Alexanderplatz" von Alfred Döblin entnommen (Z. 18 f.)

S. 110, Aufgabe 1

Jürgen H. Petersen: Erzählsysteme. Eine Poetik epischer Texte. Stuttgart: Metzler 1993.

[1] In „Die Geschichte einer armen Johanna" von Paul Zech erzählt eine missbrauchte junge Frau ihre Lebensgeschichte der betroffenen, inzwischen verstorbenen Person „wie in einem inneren Gespräch" (Petersen, Erzählsysteme, S. 64)

3. „Ich weiß schon einiges, vielleicht sehen manche, die dies lesen, schon einiges" – die Erzähltechnik untersuchen

Die Grafik im AB, S. 111 stellt die von Jürgen H. Petersen entwickelten Kategorien vor, die für die Erschließung der Erzähltechnik besonders schlüssig und hilfreich erscheinen:
Petersen unterscheidet drei **Erzählformen:** die Ich-Form (der Erzähler erzählt von sich, ist also „Person" und doppelt präsent als erlebendes Ich und als erzählendes Ich), die Du-Form (der Erzähler erzählt vom Angesprochenen, was selten ist, aber vorkommt [1]) und die Er-Form (der Erzähler ist selbst nicht „Person", nur Medium, und erzählt von Dritten, die natürlich auch durch die Pronomina „sie" und „es" vertreten sein können).
Als mögliche **Erzählverhalten**, kombinierbar mit jeder der drei Erzählformen, führt er wiederum drei Arten an:
- das auktoriale: sich selbst ins Spiel bringender, eigene Meinungen, zusätzliche Kommentare äußernder Erzähler
- das personale: die Figurenperspektive wählende epische Darbietung, ein Erzähler also, der die Blickrichtung einer Figur einnimmt und darstellt, was diese Figur wahrnimmt
- das neutrale: ein Höchstmaß an Objektivität suggerierendes Erzählverhalten, das weder die Sicht einer Figur noch die des Erzählers in den Vordergrund rückt; im Gegensatz zum personalen Erzählverhalten auch Innensicht der dargestellten Figuren erlaubend.

Eine weitere Kategorie ist nach Petersen der **Standort des Erzählers,** nämlich das raum-zeitliche Verhältnis des Erzählers gegenüber den dargestellten Personen und Vorgängen: Wie nahe oder wie weit entfernt (lokal und temporal) von ihnen ist der Erzähler? Hat er einen geringen oder einen großen Überblick über das Geschehen?
Bezüglich der **Sichtweise** wird zwischen Außensicht und Innensicht unterschieden. „Allwissend" ist ein Erzähler, der einen „olympischen" Standort einnimmt (d. h. das gesamte Geschehen räumlich und zeitlich vollständig überblickt) und dem dabei auch der Blick in das Seelenleben der Figuren zur Verfügung steht.
Erzählhaltung ist die Kategorie, mit der die „wertende Einstellung des Erzählers zum erzählten Geschehen bzw. zu den Figuren" bezeichnet wird, wobei die Haltung, die der Erzähler dazu einnimmt, „affirmativ oder ablehnend, kritisch, skeptisch, schwankend sein, sich plakativ oder differenziert, eindeutig oder modifiziert artikulieren und dabei sehr unterschiedliche epische Mittel benutzen kann" (Petersen). Bei einem auktorialen Erzählverhalten kann z. B. die Erzählhaltung durch auktoriale Eingriffe, wie etwa Kommentare, zum Ausdruck kommen, während bei einem neutralen Erzählverhalten „der Erzähler Standpunktlosigkeit zur Schau stellt", etwa durch „objektiv-sachliches Erzählen" oder durch die Wiedergabe von Dialogen.
Schließlich sind noch die **Arten der Darbietung** anzuführen: Ein Erzähler kann Geschehen durch Erzählerbericht oder durch direkte Rede bzw. Dialog, indirekte Rede, erlebte Rede oder inneren Monolog wiedergeben. Einem auktorialen Erzähler stehen zudem erörternde Eingriffe zur Verfügung, wie etwa Reflexionen, Kommentare oder Kritiken.

© 2010 Oldenbourg Schulbuchverlag

S. 111, Aufgabe 2a

Erschließung der Rolle des Erzählers im Auszug aus dem Anfang von Döblins „Berlin Alexanderplatz“, AB, S. 107 ff., Z. 1 mit 19:

- Z. 2–5: auktoriales Erzählverhalten: ein sich selbst ins Spiel bringender Erzähler klar erkennbar: nur der Erzähler kann vorausblicken und die Situation am Ende des erst noch zu erzählenden ersten Buchs andeuten → der Figurenperspektive überlegene Position des auktorialen Erzählers mit Überblick über den weiteren Verlauf der Lebensgeschichte seines Protagonisten: Die in den Zeilen 2 mit 5 enthaltenen Wertungen („früheres sinnloses Leben“, „schwer“ wieder Fuß fassender Biberkopf, aber es „gelingt“) sind damit eindeutig ebenfalls dem auktorialen Erzähler zuzuordnen und damit für den Leser als zuverlässig ausgewiesen.
- Z. 7, Übergang vom auktorialen zum personalen Erzählverhalten: sowohl dem Erzähler wie auch der Figur Franz Biberkopf zuordenbare objektive Feststellung („Er stand vor dem Tor des Tegeler Gefängnisses und war frei.“): neutrales Erzählverhalten (zu „und war frei“ s. u.)
- Z. 7 ff. („Gestern ...“), personales Erzählverhalten: auf die Perspektive der Figur verweisende Zeit- und Ortsadverbien; „er war frei“ nun Franz Biberkopf zuzuweisende Feststellung; damit vorausgehendes „und war frei“ (Z. 7) als ebenfalls aus der Figurenperspektive getroffene Feststellung deutbar: Wiederholung als Hinweis auf die starke Verunsicherung (Angst), die der Gedanke in Biberkopf auslöst, weshalb er auch an der Gefängnismauer Halt sucht (Z. 10 f.) und statt seine Freiheit zu nutzen und zu „gehen“ (vgl. Z. 9: während die anderen an Ort und Stelle bleiben, „ging er“), nicht geht (in den Z. 11 und 12 wiederholte Feststellung); ebenfalls auf die Perspektive der Figur Biberkopf verweisende Formulierung seiner Empfindungen: „schrecklich“ (Z. 13 f.), „Widerwillen“ (Z. 15 f.)

S. 111, Aufgabe 2b

Mögliche Umformulierung: „Am Tag zuvor hatte er noch auf den Äckern im Gefängnis Kartoffeln geharkt mit seinen Mitgefangenen, in Sträflingskleidung, nun ging er im gelben Sommermantel, sie harkten innerhalb der Mauern, er war frei.“

S. 111, Aufgabe 2c

Mögliche Diskussionsaspekte: Hervorhebung des Satzes „Die Strafe beginnt.“ durch Alleinstellung, Kürze, Präsens

Zuordnung des Satzes zum Erzähler:

- Präsens als kennzeichnendes Tempus für Eingriffe eines auktorialen Erzählers wie allgemeine Reflexionen oder Erörterungen des Geschehens: Aussage, dass die „Strafe beginnt“, damit als Kommentar eines auktorialen Erzählers aufzufassen und damit für den Leser als zuverlässige (‚richtige‘) Aussage ausgewiesen, die nicht in Frage zu stellen ist
- damit Vorausdeutung auf eine unglückliche Zukunft und Deutung des weiteren Verlaufs der Lebensgeschichte Biberkopfs als eigentliche Strafe für sein bisheriges Leben

Zuordnung der Aussage zur Figur:

- Präsens als kennzeichnendes Tempus für inneren Monolog
- Aussage damit der beschränkten Perspektive Biberkopfs in seiner aktuellen Situation zugewiesen, seiner Angst vor der als bedrohlich empfundenen Freiheit zuzuschreiben: für den Leser damit subjektive Einschätzung, die zu beurteilen ihm freisteht; Befürchtung Biberkopfs, die eintreten kann oder nicht

S. 112, Aufgabe 4

Erzählerische Gestaltung von Text 1:

Erzählform: Er-Form

Erzählverhalten:

- bis Z. 21 personal, unterbrochen durch eine neutrale Aussage (Z. 13),
- dann überwiegend auktorial: eindeutig dem Erzähler zuzuschreibendes Bild für Biberkopfs Situation (Z. 22–24), nach kurzer Figurenrede („Hah, immer atmen, ruhig Luft holen“, Z. 25 f.; innerer Monolog Biberkopfs) wieder auktoriales Erzählverhalten (Blick zugleich gerichtet auf die räumlich getrennten Figuren Biberkopf und Reinhold)

© 2010 Oldenbourg Schulbuchverlag

Standort des Erzählers:
- bis Z. 21 nah (Blick auf die Situation aus Figurenperspektive)
- dann weitere Entfernung des auktorialen Erzählers mit größerem Überblick

Darbietungsarten:
- Z. 1–8: Figurenrede (in der 3. Person wie indirekte Rede, aber überwiegend Indikativ und in den Formulierungen auf weitgehend wörtliche Wiedergabe weisend)
- Z. 9–14: Erzählerbericht
- Z. 14–18: Figurenrede (innerer Monolog: assoziative Reihung)
- Z. 18–21: Übergang von Figurenrede zum Erzählerbericht; nicht eindeutig zuzuordnen
- Z. 22–24: auktorialer Eingriff (Erläuterung der Situation durch ein nicht explizit mit dem Kontext verknüpftes Bild)
- Z. 24–25: Figurenrede (innerer Monolog)
- Z. 25–28: Erzählerbericht

Sichtweisen:
- Z. 1–13: Außensicht
- Z. 13–26: weitgehend Innensicht und auch Außensicht auf Biberkopf, danach Außen- und Innensicht auf Reinhold

Erzählhaltung: In der weitgehend wörtlichen Wiedergabe der an Reinhold gerichteten ‚Ermahnungen' Biberkopfs lässt der Erzähler Biberkopfs Naivität erkennen und seine damit verbundene falsche Einschätzung Reinholds als „Freund". Deutlich wird das, auch ohne Kenntnis des Romans, aus dem Bild des schlafenden Vogels (auf Sympathie des Erzählers mit seinem Protagonisten deutend) und der auf Reinhold verweisenden Schlange und schließlich durch die vom auktorialen Erzähler formulierte Erklärung für Biberkopfs Schlaflosigkeit (Z. 25 f.), die erkennen lässt, dass Biberkopf sehr wohl Reinhold fürchtet, was sein naiv wirkendes Verhalten in anderem Licht erscheinen lässt.

Erzählerische Gestaltung von Text 2 (Beginn des „Sechsten Buchs" nach dem Vorspann):

Erzählform:
- weitgehend in der Ich-Form sich äußernder Erzähler
- in der Er-Form dargestellte Fortsetzung der Handlung (Z. 23 f. / 27 ff.)

Erzählverhalten: auktorial

Standort des Erzählers: befindet sich räumlich-zeitlich fern vom Geschehen mit großem Überblick (Rückblick und Ausblick auf das Ende der Geschichte)

Darbietungsarten:
- Z. 1–21 / 24–26 / 31–33: auktoriale Eingriffe des Erzählers: an den (fiktiven) Leser gerichteter Kommentar zur Geschichte von Franz Biberkopf, Reflexion über die Sinnhaftigkeit des Geschehens, Ankündigung der weiteren „Enthüllung" des ihm, dem auktorialen Erzähler bereits bekannten Geschehens, sich entschuldigend für die ausbleibende Strafe für Reinhold: Erzähler zwar mit dem Leser überlegenem Wissen ausgestattet, aber nicht Herr über das Geschehen
- Z. 23 f. / 27–31: Erzählerbericht, in den Bericht ‚montiertes' Chansonzitat (Z. 30 f.), unvermittelt eingefügt, wohl auf Reinholds Stimmung zu beziehen, der seine wiedergewonnene Freiheit genießt

Vgl. Basiswissen zur Montagetechnik, AB, S. 110

Sichtweisen:
- Außensicht (in den kurzen Passagen mit Erzählerbericht); Chansonzitat als möglicher Hinweis auf Reinholds Stimmung deutbar
- auch Innensicht bietender Erzähler in den Passagen in Ich-Form (z. B. Z. 5 ff.)

Erzählhaltung: mehrfach wertende Äußerungen über die Geschichte von Franz Biberkopf:
- als in seinen Handlungen zu verstehen, ebenso handelnd wie „wir" (pluralis modestiae für den Erzähler oder die Leser mit einschließende 1. Pers. Plural?) in gleicher Situation handeln würden

© 2010 Oldenbourg Schulbuchverlag

- Biberkopf als trotz „redlichster Bemühungen“ (Z. 12) in Verbrechen verstrickter Mensch, sein Unglück nicht als gerechte Strafe, sondern als „erbärmlichen Unsinn“, „verlogenen Sinn“ (Z. 15) bewertend
- Reinholds Verhalten klar als unrecht (vgl. die das bekannte Sprichwort vom nicht gedeihenden unrechten Gut ins Gegenteil verkehrende Zwischenüberschrift Z. 22) und strafwürdig (vgl. Z. 32 f.) bewertet

Lösungen zu den Zusatzmaterialien

Zusatzmaterial 1
Aufgabe 1

Hinweise zur Erschließung und Interpretation:
- zwei Versgruppen, reimlos, ohne einheitliches Metrum, unterschiedliche Länge der Verse
- ein Satzgefüge, bestehend aus Temporalsatz (Versgruppe 1) und Hauptsatz mit angehängtem Attributsatz (Versgruppe 2) mit jeweils einer Parenthese in beiden Versgruppen (vollständiger Satz in Versgruppe 1, Attribut in Versgruppe 2)
- die Versgruppen verknüpfende Wiederholungen, dabei
  - die erste Aussage aufnehmend (die „Schwierigkeit“ des Du) und weiterführend oder
  - den Bezugspunkt verändernd („besondere Artung“, V. 8, des Du/der Wirklichkeit) oder
  - Subjekt und Objekte vertauschend (V. 5/11)
- Ich – Du – Wirklichkeit zueinander in Bezug gesetzt:
  - ab V. 7 Rechtfertigung („doch“) gegenüber dem in den Versen 1 mit 4 formulierten Vorwurf:
  - die Sprache des lyrischen Ich kennzeichnende Adjektive (V. 2/3) antithetisch zur Kennzeichnung des Du in V. 6
  - Rechtfertigung der unpersönlichen, emotionslosen, lakonischen Sprache, die das Du nicht anspricht – korrespondierend dazu der verweigerte Blickkontakt (V. 4): zeitkonformes Verhalten des Ich im Gegensatz zum Du, das im Widerspruch zur gegebenen „Wirklichkeit“ steht

Kennzeichen der als gegeben gesetzten „Wirklichkeit“: emotionslos, in ihrer rationalen Sachlichkeit unbeeinflussbar, Individualität als störend ablehnend (→ das in der Anonymität der Großstadt verschwindende, persönliche Bindungen fliehende Ich; vgl. „Aus dem Lesebuch der Städtebewohner“, AB, S. 90)

Zusatzmaterial 2
Aufgabe 1

Hinweise zur Erschließung und Interpretation:
Möglich ist die Erschließung jeweils des einzelnen Gedichts oder beider Gedichte mit dem Auftrag, charakteristische Merkmale der „Neuen Sachlichkeit“ herauszuarbeiten.
Möglich ist auch ein Vergleich des Kästner-Gedichts mit dem Brecht-Gedicht „Wenn ich mit dir rede“ (LM, S. 100) oder „Immer wieder“ AB, S. 92 f. mit Schwerpunkt auf dem Bereich der Intention bzw. des angesprochenen Leserkreises.
Kästner: „Sachliche Romanze“
- Form: vierhebige Verse, jedoch ohne einheitliches Metrum; ähnlich „Ballgeflüster“ (AB, S. 86 f.), gleichmäßig gebaute Strophen mit Paarreim, in der letzten Strophe zusätzlich ein eingeschobener Vers vor dem letzten, den Paarreim vollendenden Vers (die Aufmerksamkeit auf diese beiden Verse lenkend)
- einfache Form und Sprache, Erzählstil, Alltagssprache
- Liebe als vergängliche, nicht beeinflussbare Empfindung
- Vergleich der Liebe mit (damals) alltäglichen Gebrauchsgegenständen (V. 4) → Versachlichung der Liebe, eines ansonsten stark emotional und wie hier im Bereich einer stabilen Partnerschaft auch hoch ethisch konnotiert
- (weitgehend) regelmäßige Form korrespondierend mit der versuchten Fortsetzung des gewohnten Verhaltens trotz der Trauer über den festgestellten Verlust der Liebe (V. 5/6)

© 2010 Oldenbourg Schulbuchverlag

- Verlust der gegenseitigen Liebe inhaltlich, formal und sprachlich verdeutlicht in V. 8: zwei Sätze mit den Vers teilendem Punkt in der Mitte; Subjekte: „sie“ und „er“; „Und“ nicht mehr zwei Sätze zu einem verknüpfend, sondern einen eigenen Satz einleitend, korrespondierend zum hilf- und ratlosen „Dabei-Stehen“ des Mannes;
- Strophe 3: Lösungs-/Ablenkungsversuch: Blick weg von der Ich-Du-Beziehung auf die Umgebung;
- Strophe 4: Partner außerhalb des Hauses wieder auf sich selbst zurückgeworfen; Scheitern des Versuchs; beide vereint in ihrer Sprach- und Ratlosigkeit

Absicht: Schwerpunkt eher auf ‚Lebenshilfe‘ als auf ästhetisch-künstlerischer Gestaltung; Gebrauchslyrik

Ringelnatz: „Volkslied“

- Parodie auf das Volkslied „Wenn ich ein Vöglein wär“, in dem ein liebendes Ich seine Sehnsucht nach dem fernen Du ausdrückt, dem es sich vor allem nachts im Traum nahe fühlt
- formal: Aufgreifen der Volksliedverse (Zahl der Silben, Betonungen) in einigen Zeilen (V. 1, 2, 6, 7, 8, 10, 13, 14, 16), in den anderen entgegen der Erwartung Verse verlängert; korrespondierend zu den Brüchen gegenüber der Erwartung auf inhaltlicher Ebene
  - Wortspiel mit dem Begriff „Flügel“, der in jeder Strophe in einer anderen Bedeutung erscheint
  - 1. Strophe: ebenfalls Anrede an ein fernes geliebtes Du, allerdings nur schwache (halbherzige) Sehnsucht, da der Wunsch, zu Hause zu bleiben, ebenso stark ist; „auch“ in V. 4: Sehnsucht nach dem Du reduziert auf „Zu-Bett-Gehen“ (konkret, sachlich, alltäglich)
  - 2. Strophe: geschäftliche Beziehung mit dem Du in einem erneuten irrealen Konditionalgefüge vorgestellt; Steigerung vom Unmöglichen zum Unsinn in V. 7;
  - 3. Strophe: Wortspiel – außer erneut mit „Flügel“ – auch mit dem Begriff „Vogel“; verwirrend sinnwidrige Aussage in V. 12 ff.; widersprüchliche Aussage im letzten Vers

Absicht: Spiel mit Erwartungen; Unterhaltung (Lyrik für die Präsentation auf einer Kabarettbühne); spielerischer Umgang mit tradierten lyrischen Elementen

© 2010 Oldenbourg Schulbuchverlag

→ LM, S. 83
Zusatzmaterial 1

Wenn ich mit dir rede
Kalt und allgemein
Mit den trockensten Wörtern
Ohne dich anzublicken
(Ich erkenne dich scheinbar nicht
In deiner besonderen Artung und Schwierigkeit)

So rede ich doch nur
Wie die Wirklichkeit selber
(Die nüchterne, durch eine besondere Artung unbestechliche
Deiner Schwierigkeit überdrüssige)
Die du mir nicht zu erkennen scheinst.

Bertolt Brecht (1926)

(Aus: Bertolt Brecht: Große kommentierte Berliner und Frankfurter Ausgabe, Band 11. © Suhrkamp Verlag Frankfurt am Main 1988.)

1 ***Erschließen und interpretieren Sie das Gedicht. Gehen Sie dabei insbesondere auf den Zusammenhang zwischen Sprache und Wirklichkeit ein. (Möglich ist auch ein Vergleich mit dem Brecht-Gedicht „Aus dem Lesebuch für Städtebewohner", AB, S. 90.)***

→ LM, S. 84
Zusatzmaterial 2

Sachliche Romanze (1929) *Erich Kästner*

Als sie einander acht Jahre kannten
(und man darf sagen: sie kannten sich gut),
kam ihre Liebe plötzlich abhanden.
Wie andern Leuten ein Stock oder Hut.

Sie waren traurig, betrugen sich heiter,
versuchten Küsse, als ob nichts sei,
und sahen sich an und wussten nicht weiter.
Da weinte sie schließlich. Und er stand dabei.

Vom Fenster aus konnte man Schiffen winken.
Er sagte, es wäre schon Viertel nach Vier
und Zeit, irgendwo Kaffee zu trinken.
Nebenan übte ein Mensch Klavier.

Sie gingen ins kleinste Café am Ort
und rührten in ihren Tassen.
Am Abend saßen sie immer noch dort.
Sie saßen allein, und sie sprachen kein Wort
und konnten es einfach nicht fassen.

(Aus: Erich Kästner: Gedichte. Hg. v. Volker Ladenthin. Stuttgart: Reclam 1987, S. 11. © Artium Verlag, Zürich.)

Volkslied (1928) *Joachim Ringelnatz*

Wenn ich zwei Vöglein wär
Und auch vier Flügel hätt,
Flög die eine Hälfte zu dir.
Und die andere, die ging auch zu Bett,
Aber hier zu Haus bei mir.

Wenn ich einen Flügel hätt
Und gar kein Vöglein wär,
Verkaufte ich ihn dir
Und kaufte mir dafür ein Klavier.

Wenn ich kein Flügel wär
(Linker Flügel beim Militär)
Und auch keinen Vogel hätt,
Flög ich zu dir.
Da 's aber nicht kann sein,
Bleib ich im eignen Bett
Allein zu zwein.

(Aus: Joachim Ringelnatz: Gedichte. Auswahl v. Walter Pape. Stuttgart: Reclam 2007, S. 59. © Diogenes Verlag AG, Zürich 1994.)

1 ***Erschließen und interpretieren Sie die beiden Gedichte. Untersuchen Sie dabei insbesondere, wie in ihnen Merkmale der „Neuen Sachlichkeit" verwirklicht werden.***

© 2010 Oldenbourg Schulbuchverlag

S. 114

Medienzeit und Medienbilder: Fotografie seit den Zwanzigerjahren bis heute

Das Kapitel „Medienzeit und Medienbilder“ konzentriert sich auf das Medium der Fotografie und seine gesellschaftliche Funktion. Es setzt an bei den Veränderungen, die der Fotojournalismus in der Weimarer Republik erfuhr: schnelle, spektakuläre und erstmals unzensierte Bilder erreichten die Leserinnen und Leser der Zeitungen und Zeitschriften. Produziert wurden sie von einem neuen Typus des Fotografen, der, ausgestattet mit leichten handlichen Kameras, auf der Jagd nach entlarvenden Schnappschüssen jenseits offizieller Fototermine Bilder als Nachrichten lieferte. Im zweiten Teilkapitel wird diese Bilderjagd aufgegriffen und aktualisiert. Auch die Foto-Ästhetik dieser Jahre gewann neue Programme. Unbekannte Darstellungsformen (ungewohnte Perspektiven, Bewegungsstudien und vor allem eine experimentelle Lichtgestaltung) sollten für den Betrachter wie ein Hilfsmittel für ein „Neues Sehen“ wirken, das sich der Umwelt anpasst. Foto-Kunst erhielt damit eine pädagogische Funktion für die Erweiterung der sinnlichen Kapazitäten des Menschen. Im ersten Teilkapitel kommen einzelne herausragende Vertreter zu Wort. Auch hier wird das Thema durch den Bezug auf die digitale Fotografie in einen aktuellen Rahmen gestellt. Die Weimarer Republik bringt gleichzeitig Theorien hervor, die die Wirkung des Mediums Fotografie, und vor allem seine massenhafte Erscheinung, für die menschliche Erfahrungsstruktur kultur- und gesellschaftskritisch einschränken. Die Fragen nach dem Zusammenhang von fotografischen Bildern und der interpretatorischen und konstruktiven Leistung des Betrachters wie auch die Thematisierung der Authentizität von Fotos, der Wirkung von spezifischen, gerade auch manipulativen Gebrauchsweisen des Mediums schließen das zweite Teilkapitel ab. Sie werden konkretisiert durch die Aufsatzformen der materialgestützten Erörterung und des Kommentars. Susan Sontags Essay „Das Leiden anderer betrachten“ aus dem Jahr 2005 bildet hier die Ausgangsbasis.

Das „neue Sehen“ (heute ein vereinheitlichender Begriff für ursprünglich unterschiedliche Konzepte) bezeichnet einen auch von Zeitgenossen so wahrgenommenen Wendepunkt der Fotografie in den 20er- und 30er-Jahren: neue Konzeptionen, in Abgrenzung zum Mimesis-Modell, das die Fotografietheorie bis dahin prägte. Das **erste Teilkapitel** „‚Das Raster zwischen subjektiv und objektiv‘ – neues Sehen in veränderter Wirklichkeit“ greift Textausschnitte aus diesem theoretischen Rahmen heraus, die die besondere Leistung der Fotografie im Kontext der Moderne, den sich verändernden Gebrauch des Mediums als Reaktion auf die lebensweltlichen Veränderungen, auf die Anforderungen des modernen Alltags- und Großstadtlebens reflektieren. Hinter den Auszügen stehen Höhepunkte einer theoretischen Diskussion, auf deren Argumentationsgänge bis heute zurückgegriffen wird. Das Kapitel versucht einzelne „Leitmotive“ in der Argumentation schlaglichtartig zu beleuchten, ohne die theoretischen Ansätze, die hinter jedem aufgenommenen Künstler stehen, abbilden zu können.

S. 116–120

Gemeinsam ist allen drei Textausschnitten die herausragende Bedeutung, die sie der Fotografie im Kontext der Moderne zuerkennen. Ausgehend von der Differenz von Auge und Kamera beschreiben/fordern die drei Textausschnitte eine neue, veränderte Wahrnehmung. Sie sehen in der Fotografie die Möglichkeit, die schnelle, technisierte, veränderte Welt neu und unverstellt zu erfahren. In der nüchternen Distanz, die durch den technischen Apparat entsteht, können jene, durch tradierte Kunstformen entstandene Wahrnehmungsschablonen abgestreift werden. Die Künstler glauben an ein enthüllendes und befreiendes Potenzial der Fotografie für die verstellte Wirklichkeit: eine Revolutionierung der visuellen Denkweise. Dazu gehört die Vorstellung von einer „Erweiterung“ der menschlichen Wahrnehmung, ebenso wie das Erkennen des „Optisch-Wahre[n]“, das „aus sich selbst Deutbare, Objektive“[1] in der Fotografie.

Vgl. Hausmann, AB, S. 117

[1] Aus: Moholy-Nagy: Malerei, Fotografie, Film. Passau [2]1978, S. 126.

© 2010 Oldenbourg Schulbuchverlag

Die Assoziationen wichtiger Fotografen verweisen dabei auf Vorstellungen und Modelle „objektiver Darstellung". Fotografie sei den Prinzipien des Faktischen, der materiellen Wahrheit und der wissenschaftlichen Bewusstheit verpflichtet (Moholy-Nagy).

S. 120–125 Das **zweite Teilkapitel** „Die ‚Macht der Bilder' – Entschlüsselung von Bildmedien" stellt die Fotografie in ihrer gesellschaftlichen Funktion in den Mittelpunkt. Die Kernfragen nach der Wirkung von Bildern auf den Betrachter, nach der Beziehung zwischen Fotografie und Erinnerung, nach dem Zusammenhang von fotografischem Bild und Wirklichkeit erfuhren in der Weimarer Republik, ausgehend von dem bereits mehrfach skizzierten Bedeutungsgewinn der Fotografie durch die illustrierte Presse, Eingang in eine bis heute höchst aktuelle medien- und kulturkritische Diskussion.

Den Ausgangspunkt des Kapitels setzt der zeitgenössische Fotograf Erich Salomon (promovierter Jurist), der als einer der ersten Fotoreporter die Möglichkeiten der neuen Technik (vor allem lichtstarke Objektive) nutzte und das Genre der politischen Berichterstattung mit Momentaufnahmen revolutionierte. Ihm gegenübergestellt wird ein Auszug aus Susan Sontags Essaysammlung „Über Fotografie". Die zentrale These Sontags, auf die sich das Teilkapitel konzentriert, deutet die Beziehung der Fotografie zum allgemeinen Bewusstsein und zur Realität als eine Verkehrung. Obgleich und indem sich die Fotografien als Spiegelbilder ausgäben, führten sie zwangsläufig zu einer vorgegebenen Interpretation der Wirklichkeit. Die Qualitäten eines Fotos würden von den bildersüchtigen Betrachtern auf die Wirklichkeit übertragen, konstruierten damit Realität. Ein Rekurs auf das Kapitel „Mediengesellschaft – Aufklärung oder Manipulation" im Arbeitsbuch 11 könnte hier organisch eingebaut werden, da Susan Sontag mit ihrer Vorstellung von Fotografie als einer Mortifikation des Lebens an Günther Anders Medienkritik (Arbeitsbuch 11, S. 280 ff.) anschließt. Diskutiert und in Frage gestellt wird Sontags These von ihr selbst im dritten Teilkapitel dieses Bandes.

Der Abschluss des Teilkapitels versucht, die Schülerinnen und Schüler für die verschiedenen Formen und Funktionen von manipulierten Bildmedien zu sensibilisieren und ihnen gleichzeitig ein Instrumentarium zur Analyse und Kategorisierung zu vermitteln. Dabei unterstreicht die Vergegenwärtigung der Wirkung und Präsenz von so genannten Bildikonen die Macht der Bilder für den Erfahrungs- und Erwartungshorizont des Einzelnen wie für die Gemeinschaft. Das Teilkapitel verfolgt damit einen ebenso lebenspraktischen wie fächerübergreifenden Anspruch.

S. 126–137 Im **dritten Teilkapitel** „Bilder des Krieges – materialgestützte Erörterung und Verfassen eines Kommentars" üben die Schülerinnen und Schüler beispielhaft die materialgestützte Erörterung sowie den Kommentar. Im Zentrum beider Einheiten steht die Frage nach der Wirkung und Rolle von Kriegs- und Gräuelbildern. Die theoretische Vorarbeit der vorangegangenen Kapitel wird damit zu einem folgerichtigen Abschluss gebracht. Das Kapitel präsentiert nur wenige dieser Bilder. Es wird sich im Verlauf der Sequenz sehr schnell herausstellen, dass Kriegs- und Gräuelbilder intensiv und auch massenhaft bei den Schülerinnen und Schülern gespeichert sind, auch durch den Geschichtsunterricht. Eine Präsentation scheint für die Erarbeitung deswegen nicht zwingend. Die Schülerinnen und Schüler werden eine Vorstellung haben und wissen, worüber argumentiert wird. Inwieweit weitere Bilder dennoch eingesetzt werden, steht im Ermessen der Lehrkraft. Eine einfache Internetrecherche führt zum Ergebnis,

auch die Veröffentlichung von Gerhard Paul (Hg.) „Das Jahrhundert der Bilder". Schriftenreihe Bundeszentrale für politische Bildung 734, Bonn 2008, kann bei der Bundeszentrale für politische Bildung bestellt werden.

Ausgangspunkt für die materialgestützte Erörterung bildet ein Auszug aus dem Essay „Das Leiden anderer betrachten" von Susan Sontag. Der Text ist 25 Jahre nach dem berühmten

Vgl. Auszug im AB, S. 121 f.

Essay „Über Fotografie" erschienen und stellt im Kern die Frage: „Was löst der Anblick eines leidenden Menschen im Betrachter aus?" Mit diesem Essay stellt Susan Sontag ihre eigene Position in Frage, wenn sie nun bezweifelt, dass der massierte Anblick von Kriegs- und Gräuelbildern den Betrachter zwangsläufig abstumpfen lasse. Die materialgestützte Erörterung

wird an diesem Thema schrittweise und beispielhaft erarbeitet. Als Vertiefung werden weitere Materialien zum Thema angeboten. An ihnen wird eingeübt, wie verschiedene Elemente als Versatzstücke in die Erörterung eingebaut werden können.
Mit der Betrachtung eines Kriegsbildes setzt die Sequenz zur Erarbeitung eines Kommentars an. Das Bild von Jeff Wall: Dead Troops Talk (A Vision After an Ambush of a Red Army Patrol near Moqor, Afghanistan, Winter, 1986) ist inszeniert, eine Manipulation, und sollte die Schülerinnen und Schüler gerade vor diesem Hintergrund herausfordern. Sie sollten an dieser Stelle eine persönliche Meinung zu der Frage, inwieweit ein „unechtes" Kriegsbild als Antikriegsbild wirksam werden kann, herausbilden. Die Erarbeitung des Kommentars im Zusammenhang mit dem Text von Susan Sontag scheint sinnvoll, da sie sich zu Jeff Wall äußert, kann aber auch unabhängig, mit dem Hintergrund aus dem zweiten Teilkapitel, bestritten werden.

S. 114/115

Die angebotenen Materialien auf der **Auftaktdoppelseite** reißen das Spektrum des Themas Fotografie bzw. zentrale Fragen, wie sie im Kapitel erarbeitet werden, an.
Die beiden Fotos auf der linken Seite könnten als Impulse eingesetzt werden, die die Schülerinnen und Schüler zu ersten Äußerungen über die Rolle von Bildern, über die Produktions- bzw. Rezeptionsverhältnisse in den historischen und aktuellen Medien veranlassen. Der modernen jungen Frau aus der Weimarer Republik, der Leserin der neuen Illustrierten, stehen die aneinandergedrängten Berufsfotografen gegenüber, die die Bildersucht der Massen befriedigen. Erste Fragen über den Zusammenhang von Bild und Nachricht könnten sich anschließen.
Die Zitate von Brecht und Barthes steigen in die thematischen Grundsatzfragen ein, die ebenfalls zu ersten Deutungen anregen könnten:

- Zu Brecht: Können durch Fotografien revolutionäre gesellschaftliche Veränderungen ausgelöst werden? Hilft die Existenz von Fotografien für die Beseitigung von Missständen? Wäre dieser Zusammenhang zu befürworten oder abzulehnen?
- Zu Barthes: Wie stehen Malerei und Fotografie zueinander? Wie könnte man ihr Verhältnis zur Realität jeweils beschreiben oder unterscheiden? Erscheint das Bedürfnis von Barthes, von großen Künstlern gemalt zu werden, nachvollziehbar?

S. 116

1. **„Das Raster zwischen subjektiv und objektiv"** – neues Sehen in veränderter Wirklichkeit

S. 117, Aufgabe 1
Vgl. AB, S. 84–113

Die Beispiele für die Beeinflussung von Literatur durch die neuen Medien Film und Rundfunk im vorhergehenden Kapitel „Literatur in der Zeit der Weimarer Republik" ließen sich folgendermaßen gliedern.

- Thematisierung der neuen Medien in der Literatur, in der Kunst: vgl. Verarbeitung des Lieds „Das ist die Liebe der Matrosen" als Versatzstück aus dem Film „Die Drei von der Tankstelle" in dem Roman „Das kunstseidene Mädchen" von Irmgard Keun (AB, S. 85) sowie Hinweis auf Kinos und Platten (AB, S. 92: „Aus Kinos kommt Musik, das sind Platten, auf denen vererbt sich die Stimme von Menschen.", Z. 50 f.); „Rundfunksender" von Georg Schrimpf (AB, S. 95)
- Aufnahme der neuen Medien oder medialer Techniken in das Schreiben und Inszenieren: vgl. die Hinweise zu Montagetechnik und Döblins „Berlin Alexanderplatz"(AB, S. 106 ff.); vgl. Intermedialität als Kennzeichen des „Totaltheaters der Zwanzigerjahre" (AB, S. 102)
- Entstehen eines neuen Autorentyps der in verschiedenen Medien agiert; Bedeutung journalistischer Stilformen, wie z. B. Reportagen, Beispiel im AB: Kisch, „Elliptische Tretmühle" (AB, S. 96 ff.)
- Nutzung der medialen Vielfalt durch Autoren, komplexe Wechselbeziehung Literatur und Film: vgl. Buch und Film „Berlin Alexanderplatz" (AB, S. 106 ff.); Verweis auf Radiotheorie von Bertolt Brecht in den Autorentexten

© 2010 Oldenbourg Schulbuchverlag

Entscheidend für die Beurteilung dieser Beeinflussung ist, dass die neuen Medien eben nicht einfach nur als neue künstlerische Ausdrucksformen dazukommen, sondern dass sich der Charakter der Kunst durch die neuen Medien verändert.

S. 117, Aufgabe 2 Dali lobt fast hymnisch die objektive Leistung der Fotografie bzw. die fehlerfreie Mechanik des Produktionsmittels, die die feine Tonabstufung erreiche, ohne dass handwerkliche Arbeit ihre Spuren hinterlassen könnte. Fotografien dienen ihm als künstlerische, nicht-subjektive Seh- und Inspirationsquelle, als Rohmaterial für Dichtung und Malerei.

S. 118, Aufgabe 3 Hausmann fordert ein „neues Sehen" als Konsequenz der veränderten Wahrnehmungsbedingungen der Moderne. Allerdings glaubt er durchaus an die Möglichkeiten des Sinnesapparates. Nicht in den Wahrnehmungsbildern sieht er das „Unzeitgemäße", sondern in dem Einfluss des Bewusstseins, das kulturell und historisch bedingt, diese Wahrnehmungsbilder anpasse, korrigiere und verändere.

S. 118, Aufgabe 4 Da die Kamera unbeeindruckt von den Einflüssen des Bewusstseins und damit richtig abbildet, kann Fotografie wie ein Instrument, wie eine Sehschule eingesetzt werden, vor allem durch die Komposition der fotografischen Bilder. Die Fotomontage (vgl. Überschrift des Textes) könne helfen, die menschliche Wahrnehmung neu zu „justieren", da sie eine neue Rezeptionsform beanspruche, Fotomontagen muss man erst „lesen" lernen.

S. 118, Aufgabe 5 Moholy-Nagy fordert eine Revolution der Wahrnehmung. Die Fotografie übernimmt dabei im Gegensatz zu Malerei (trad. künstlerischen Ausdrucksformen) die Aufgabe der Darstellung des Objektiv-Wahren. Nicht der Kontext der Moderne schränke die Wahrnehmungsfähigkeit des Menschen ein, sondern überkommene Wahrnehmungsformen, die die Erlebnisfähigkeit mechanisiert und verformt haben. Für die Anforderungen der Großstadt jedoch seien eine radikale Veränderung und eine Erweiterung der menschlichen Wahrnehmung notwendig. Der technische Apparat der Kamera kann für das „Sehen" die Funktion eines unterstützenden Instruments übernehmen, indem er die defizitäre menschliche Wahrnehmung schult und erweitert.

S. 119, Aufgabe 6 Da die Zitate von Moholy-Nagy nur sehr begrenzten Einblick in seine Theorie gewähren, kann hier keine erschöpfende künstlerische Erschließung der Fotografien angestrebt sein. Zudem wird die Bildanalyse im zweiten und dritten Teilkapitel mit klaren inhaltlichen Ausrichtungen erst grundsätzlich erarbeitet. Konkretisiert man allerdings die Forderungen, die sich auch aus den kurzen Ausschnitten ableiten lassen, so können die Schülerinnen und Schüler doch erste Urteile formulieren, die sich an ästhetischen Kriterien orientieren.
Überprüft werden könnte Moholy-Nagys Anspruch an Präzision und Detailtreue, der vor allem an der Fotografie „Puppen" nachvollzogen werden könnte. Auch die Perspektiven, die in beiden Bildern ungewöhnlich gewählt sind, zeigen, wie sich der subjektive (für Moholy-Nagy defizitäre) Blick von der Perspektive der Fotografien unterscheidet. Vor allem aber die Lichteffekte, die Wirkung von Licht und Schatten, erscheinen als besonderes Gestaltungsmerkmal beider Bilder mit unterschiedlicher Wirkung auf die Oberflächenstruktur der Objekte. Ausgehend von der Frage, inwieweit die Fotografien hier ein „Mehr-Sehen", eine Erweiterung der Wahrnehmung des menschlichen Sinnesapparates bedingen, könnten die Schülerinnen und Schüler zu eigenen Urteilen kommen.

S. 120, Aufgabe 7 Der Text von Bernd Stiegler, der aus dem abschließenden Kapitel eines Kompendiums zu zentralen theoretischen Positionen der Fotografiegeschichte stammt, bedarf einiger erläuternder inhaltlicher wie methodischer Hinweise:
Zunächst können die Schülerinnen und Schüler bereits an den markierten Auslassungen und Kürzungen vor und innerhalb des Auszugs erkennen, dass hier weder der vollständige wissenschaftliche Aufsatz noch ein in sich abgeschlossener Gedankengang zum Thema abgebildet sein kann. Der kontrastierende Aufriss zwischen analoger und digitaler Fotografie wird von

© 2010 Oldenbourg Schulbuchverlag

Stiegler insgesamt in weiten Teilen relativiert und als theoretische Strategie entlarvt. „Das Bild der analogen Fotografie, das in ihrem Abgesang entworfen wird, ist das eines beschönigenden, aber auch verzerrenden Nachrufs, der allerdings nicht ohne Hintergedanken ist. Die Stilisierung der Fotografie als Mutter des Realismus diente vor allem dazu, ihr diesen erst zuzusprechen, um ihn ihr dann mit der Digitalisierung wieder zu entwenden."[1] Diese Argumentation führe zu einem anderen Wirklichkeitsbegriff: „Es geht letzten Endes weniger darum, der Fotografie, sondern der Wirklichkeit insgesamt die Realität zu entziehen und sie als diskursive, bildliche oder kulturelle Konstruktion auszuweisen. Daher ist die virtuelle Infektion der analogen durch die digitale Fotografie Konsequenz eines Wirklichkeitsbegriffs, der die Simulation und Virtualität als neue Ontologie proklamiert."[2]

[1] Bernd Stiegler: „Die digitale Photographie". In: Theoriegeschichte der Photographie (Bild und Text). München 2006, S. 417

[2] ebd., S. 418

Zweifellos können die Schülerinnen und Schüler diese weiterführenden Deutungen angesichts der Wahl des Ausschnitts nicht nachvollziehen. Dennoch erscheint er gerade an dieser Stelle und mit den skizzierten Einschränkungen sinnvoll.

- In der Unterscheidung zwischen analoger und digitaler Fotografie wird eine weitere wahrnehmungstheoretische Komponente, wie sie mit Dali, Hausmann und Moholy-Nagy angerissen wurde (AB, S. 117 f.), deutlich. Die Konstruktivität wird nun zum entscheidenden Merkmal erklärt.
- Die Rückgriffe auf Dali, Hausmann und Moholy-Nagy zeigten bereits, dass der in der Fotografie erfahrene radikale Wandel genutzt wird, um einen kulturellen Umbruch zu beschreiben oder heraufzubeschwören. Die als radikal empfundene Veränderung von analoger zu digitaler Fotografie kann dazu beitragen, die gegenwärtige, allgemeine Umbruchsituation zu fassen.

Die Schülerinnen und Schüler sollten an dieser Stelle auf die vielen Kürzungen aufmerksam gemacht werden. Der Text kann in der abgedruckten Form analysiert werden, die Argumentationslinie des Verfassers ist deswegen aber noch nicht abgebildet.

- Z. 1–15: entscheidende Merkmale von digitalen Fotografien: Übersetzung in den binären Code des Mediums Computer; Unterschiede zur analogen Fotografie; manipulative Möglichkeiten; manipulativer Grundcharakter
- Z. 16–36 : Beurteilungsvarianten des Grundzuges „technische Manipulierbarkeit"; Rückblick auf die Kunstfotografie der Jahrhundertwende, die den Abbildcharakter der Fotografie zu überwinden versuchte; grundsätzliches Spannungsverhältnis zwischen Abbild und „Wirklichkeit"; zwangsläufige Subjektivität des Fotografie; Veränderung des Bildträgers als entscheidender Unterschied zwischen analoger und digitaler Fotografie
- Z. 36–44: das neue „Wesen" der digitalen Fotografie: unhintergehbare Übersetzung/ Codierung der Bilder (vgl. oben)

Analoge Fotografie	**Digitale Fotografie**
– kontinuierliche Übersetzung – kontinuierliche Übergänge – chemisch-physikalische Produktionssystem	– Codierung des Bildes in ein festgelegtes Raster- oder Gitternetz – Bestimmung jedes einzelnen Punktes oder Pixels durch einen Zahlenwert – beliebige Verarbeitung und Veränderung – Veränderung des Bildträgers

© 2010 Oldenbourg Schulbuchverlag

S. 120

2. Die „Macht der Bilder" – Entschlüsselung von Bildmedien

S. 120

2.1 Bilderjagd und Bilderbedeutung – auf der Suche nach dem Wesen eines Mediums

S. 122, Aufgabe 1

- Salomon beschreibt in einem persönlichen Erfahrungsbericht eines Fotoreporters das Ziel, möglichst ungewöhnliche, ungestellte und damit umso menschlicher und authentischer wirkende Bilder (vor allem prominenter Gesichter) zu produzieren. Ausdauer und Tricks, das Vordringen des Fotografen in Privaträume jenseits offizieller Fototermine, führten zum Erfolg.
- Susan Sontag erklärt in ihrer radikalen Medienkritik Fotoapparate zu Hilfsmitteln, mit denen man sich die Umwelt und die Menschen gewaltsam aneigne. Da eine Fotografie sein Objekt ohne Zusammenhang und Entwicklung definiere, beschneide sie ein Selbstbestimmungsrecht des Abgebildeten. Als Massenprodukt der Industriegesellschaft überflute der Fotoapparat die Menschen mit Bildern und mache sie gleichzeitig zu Fotografiesüchtigen.

S. 122, Aufgabe 2

Im Vergleich mit Susan Sontag wirkt Erich Salomon, den Aristide Briand den „König der Indiskreten" genannt haben soll, fast naiv, völlig unverstellt und eine ganze Berufsgruppe entlarvend. Mit Blick auf den zeitlichen Kontext der Weimarer Republik muss dieses Urteil aber revidiert werden.

- Revolutionäre Veränderungen in der Presselandschaft – das Bild wird zur Nachricht: Zunächst dienten Fotografien als billige Alternative, die leeren Stellen zu füllen, die in den Inflationsjahren durch den Rückgang des Anzeigenmarktes entstanden waren. Die Illustrierten entwickelten sich zum erfolgreichen Ausdruck der urbanen Moderne, sie spiegeln das Tempo, die Flut von Reizen, die den Zeitgeist treffen. Mit der Stabilisierung der Währung durch die Rentenmark kommt es zu zahlreichen Neugründungen. Sensationelle Bilder binden Leser, erfüllen Erwartungshaltungen der Käufer (hohe Gesamtauflagen).
- Neue Kameratypen, Fotojournalisten:
  1925: Leica als handliche Kleinbildkamera, die 26 Aufnahmen (ein Film) ohne umständliches Einlegen neuer Platten erlaubte.
  1924: Ermanox mit äußerst lichtstarkem Objektiv, erlaubte oft einen Verzicht auf Blitz. Das schnelle und spontane Reportagefoto entstand, die Berufsgruppe des Fotojournalisten bildete sich.
- Aufbruchsstimmung, Liberalisierung der Gesellschaft, Öffentlichkeit: Der Zusammenbruch der alten Gesellschaftsordnungen ermöglichte Freiheiten für die (politische) Berichterstattung. Fotografien erlaubten menschliche Einblicke in Sitzungssäle und geschlossene Veranstaltungen, vermittelten den Gestus von Internationalität.

Susan Sontags Band „Über Fotografie" fällt in die 70er-Jahre des 20. Jahrhunderts. Die Berücksichtigung des technikgeschichtlichen, kulturellen und politischen Kontextes ihrer Thesen entspricht ihrer eigenen „Funktionsbestimmung" als Seismograf der Welt. Allerdings sind die Zeitströmungen und Veränderungen, die Sontags Skepsis gegenüber dem Medium erklären, angesichts der komplexen und rasanten Entwicklung auf allen internationalen Ebenen sehr viel schwerer zu fokussieren. Folgende Schwerpunkte könnten die Antwort allerdings strukturieren. Sontag verweist in ihrer Essaysammlung selbst unter anderem auf folgende Zusammenhänge:

- Industrialisierung der Fotografie und Massenkunst, Konsumgesellschaft: Sontag verweist auf die Werbestrategien der Hersteller und damit auf den Einzug der Technik in alle Haushalte der Industrienationen. Kostengünstige Apparate und einfache Handhabung privatisierten den Fotoapparat. Vor allem moderne „Konsumakte"[1] wie touristische Reisen würden durch Fotografien dokumentiert, sodass die Umgebung als Ansammlung

[1] Susan Sontag: Über Fotografie. Frankfurt/M.: Fischer Taschenbuch Verlag [17]2006, S. 15

© 2010 Oldenbourg Schulbuchverlag

möglicher fotografischer Motive wahrgenommen würde. Fotografieren wurde zum gesellschaftlichen Ritus.

- Entstehung der Kleinfamilie: Auch die Veränderungen in der Institution Familie, die Kleinfamilie sieht Sontag in einer Verbindung zur Fotografie: „Als jene klaustrophobische Einheit, die Kernfamilie, aus einem sehr viel umfassenderen Familienkollektiv herausgelöst wurde, beeilte sich die Fotografie, die gefährdete Kontinuität und den schwindenden Einflussbereich des Familienlebens festzuhalten und symbolisch neu zu formulieren."[2]
- Präsenz von Schreckensbildern / Allgegenwärtigkeit des Mediums: „Die erste Begegnung mit der fotografischen Bestandsaufnahme unvorstellbaren Schreckens ist eine Art Offenbarung, wie sie für unsere Zeit prototypisch ist: eine negative Epiphanie."[3] Sontag beschreibt die Begegnung mit Aufnahmen aus den Konzentrationslagern von Bergen-Belsen und Dachau als einschneidendes Erlebnis und Ausgangspunkt ihrer Beschäftigung mit Fotografie. Zentrale Vorwürfe leitet sie gerade aus dieser Erfahrung ab: die Zunahme der Schreckensbilder führe dazu, dass wir uns an sie gewöhnen. Gleichzeitig könnten wir nicht anders, als diese Fotos ästhetisch als Bilder zu erfahren und zu genießen.

[2] ebd., S. 14

[3] ebd., S. 25

S. 122, Aufgabe 3

Salomon, „Ohne Pose. Wenn die Großen nicht wissen, dass sie fotografiert werden"

Gemeintes	Beispiele	Wirkung durch aufgerufenen Bildbereich
Der Mensch hält sich in erster Linie im Haus auf.	„Der Mensch ist ein Haustier." (Z. 1)	Irritation beim Leser durch diese Sentenz zum Einstieg, weckt Neugierde auf die weitere Entwicklung des Gedankens: Vereinfachung und Reduzierung menschlicher Gewohnheiten aus der Sicht des Fotografen, der Menschen in Räumen nicht unbemerkt fotografieren kann.
Wer unterschiedliche Gesichtsausdrücke fotografieren will	„wer sein [des Menschen] Gebärdenspiel auf die Platte bannen will" (Z. 10)	Mystifizierung des Vorgangs und des Ergebnisses beim Fotografieren.
der Fotograf	„der Jünger der linsenbewehrten Artemis" (Z. 22 f.)	Aufwertung und Glorifizierung der fotografischen Tätigkeit, Aufbau eines Berufsethos; Fotograf: dient einer fotografischen Variante („linsenbewehrt") der Göttin der Jagd.
um prominente Persönlichkeiten fotografieren zu können je prominenter das Motiv, desto mehr meidet es Fotografen.	„um das Edelwild zur Strecke zu bringen." (Z. 23 f.) „je edler das Wild, desto scheuer ist es." (Z. 25)	Die Auslegung des Vorgangs des Fotografierens als Jagd wirkt als geläufiges, tradiertes, bisweilen auch konventionalisiertes Ausdrucksschema. Salomon spielt diese Substitution in allen Details und Kombinationen durch. Das Kräfteverhältnis ist damit eindeutig zugunsten des Fotografen festgelegt, die Metapher stellt ihn und seine Bewegungen in die Nähe von „Ur-Gesten", wie Pirschen, Lauern oder Erlegen. Das Fotografieren wirkt spannend, abenteuerlich, gefährlich

© 2010 Oldenbourg Schulbuchverlag

Gemeintes	Beispiele	Wirkung durch aufgerufenen Bildbereich
sich den Motiven möglichst unbemerkt nähern	„das Wild beschleichen“ (Z. 27 f.)	und, um in stereotypen Assoziationen zu bleiben, männlich. Die Fotografierten müssen als „Wild“ unterliegen. Die Attribute, die ihnen zuerkannt werden, lassen sie schreckhaft und der Technik ausgeliefert erscheinen.
ausreichende fotografische Ausrüstung, vor allem Filme (bzw. Platten zur Belichtung)	„reichlich Munition“ (Z. 29)	Eine gelungene Aufnahme scheint durch den Vergleich mit Schuss und Treffer Befriedigung zu bringen, ebenso das Bild als Trophäe.

Sontag, „Über Fotografie“:
Susan Sontag greift ebenfalls den Vergleich von der Kamera mit einer Waffe auf, liefert aber gleichzeitig die Analyse und Deutung mit, sie diskutiert die in der Werbung hergestellte Nähe von Autos, Gewehren und Kameras: „Das Kamera-Gewehr tötet nicht, und damit scheint diese ominöse Metapher reiner Bluff zu sein [...].“ (Z. 15 f.). In ihrer Folgerung erkennt sie im Fotografieren aber dennoch „etwas Räuberisches“ (Z. 18 f.), einen Gewaltakt. Auch dieses Bild erklärt Susan Sontag selbst. Das Gewalttätige besteht in der „Definitionsmacht“ des Fotografen, der der Fotografierte ausgesetzt ist. Der Fotograf macht etwas zum unhintergehbaren Bild, das unabhängig vom Willen des Fotografierten betrachtet und besessen werden kann.
Die wirkmächtige Übertragung Sontags von der Fotografie auf eine Form von „sublimiertem Mord“ (Z. 23 f.) kann auf der Grundlage des kurzen Auszuges nur teilweise erschlossen werden. Für die Schülerinnen und Schüler sollte aber die Vorstellung nachvollziehbar sein, dass ein Foto Bewegung einfriert, alles wird in Stillstand gezwungen. Der Fotograf zwingt dem Betrachter wie dem fotografierten „Objekt“ (Z. 21) seine Interpretation, die ja ohnehin nur die eines Momentes sein kann, auf. Zusammenhänge werden gelöscht.

S. 122, Aufgaben 4/5

Bilder im Bereich des Internet finden sich im Erfahrungsschatz der Schülerinnen und Schülern sicherlich umfassender als diese Zusammenstellung aufreißen kann. Auch die Gliederung versteht sich nur als Vorschlag. Allerdings geben die Oberpunkte bereits die mögliche Funktion der Metaphern an:

- „Belebende Metaphern“: „surfen“ (Wechsel von einer Internetseite zur nächsten usw., oft ziellos, der „Surfer“ lässt sich treiben), „Trojaner“ (Programm, das wie das Holzpferd im antiken Mythos harmlos erscheint, aber geheime Informationen ausspionieren kann und an den Versender zurücksendet.), „Virus“ (zerstört sofort oder später Programme, Dateien usw.; in der Medizin ein Krankheitserreger: wie in der Medizin entstehen immer wieder neue Viren, für die noch keine „Abwehrprogramme“ existieren.)
- „Organische Metaphern“: „Cookie“ (eigentl. „Keks“; Datenpakete, die von Web-Servern an Web-Browser gesendet und dabei unbemerkt auf der Festplatte eines Empfängers gespeichert werden. Besucht man eine Homepage ein zweites Mal, melden die Cookies dies dem Ursprungsserver, dienen zur Benutzeridentifizierung, aber auch zur Erfassung von Nutzergewohnheiten), „Firewall“ (Computer mit Sicherheitssoftware, der einem Netzwerk vorgeschaltet ist, überprüft eingehende Daten auf Viren und soll das Eindringen Unbefugter verhindern.)
- „Raum- und Form-Metaphern“: alle erdenklichen Kombinationen mit „Netz“ bzw. „net“, aber auch „Portal“ (vergleichbar einem „Tor“: Internetseite, über die man viele Dienstleistungen nutzen kann), „Zugangsknoten“ (entscheidender Punkt, an dem man sich ins Internet einwählt), „Warenkorb“ (Ansammlung von Produkten, Zusammenstellung und Kostenkontrolle bei einem Einkauf im Internet.)

© 2010 Oldenbourg Schulbuchverlag

S. 122, Aufgabe 6

Gerade die Zusammenstellung zum Internet sollte die Gründe für die häufige Inanspruchnahme von Metaphern für Medien erklären:

- Medien entstehen neu, insofern braucht man neue Ausdrücke: Bildhafte Ausdrücke können Dinge beschreiben, die noch keine überzeugende Benennung haben.
- Technische Voraussetzungen und Funktionen der Medien sind für den Laien oft schwer verständlich: Bilder können abstrakte und komplizierte Zusammenhänge veranschaulichen, ihnen eine Form geben.
- Die „Erfinder", „Trägergruppen" aber auch die Nutzer eines Mediums prägen die Begriffe, sie entscheiden sich für Dynamik, Dramatisierung oder Beschönigung je nach Interessen.
- ...

Der Zusammenhang von Medium und Metapher scheint am Beispiel Fotoapparat und Gewehr ebenso wie beim Internet nachvollziehbar. In beiden Beispielen bildet die technische Ausrichtung des Mediums die Grundlage für die Verbindung.
Mehr als die Metapher „Wesenszüge" eines Mediums erfasst, scheint sie aber Rückschlüsse über unser Medienverständnis zu offenbaren. Ängste oder auch Wunschdenken, kritische und oberflächliche Wahrnehmung (...) lassen sich an beiden Beispielen ablesen.
Strukturskizze:

Fotografie		**Internet**
„Gewehr", „schießen", ...	**Semantische Einheiten / Beispiele**	„Surfen", „Netz", „Portal", ...
– Betonung einer gewalttätigen Aneignung des anderen durch die Fotografie – Inszenierung des Fotografen als Jäger – ...	**Wirkung**	– Veranschaulichung schwer vorstellbarer technischer Grundlagen – Herstellung von Vertrautheit für die Aneignung neuer Prozesse und Gegenstände – ...

S. 122, Aufgabe 7

Die vergleichende Sachtextanalyse könnte folgende Aspekte gegenüberstellen. Sie können auch als strukturierende Stoffsammlung und damit als Grundlage für eine Gliederung genutzt werden.
Funktion des Textausschnitts und Ansatz des Verfassers (vgl. auch die Ausführungen zu Aufgabe 1):

- Salomon: beschreibt als einer der ersten erfolgreichen Fotoreporter seine Versuche, möglichst überzeugende „Schnappschüsse" zu erzielen; ist beseelt von der Aufbruchsstimmung der Fotografie in den 1920er-Jahren; erhofft sich durch die Fotografien vertiefte Einblicke in das Leben, die Persönlichkeit von Prominenten
- Sontag: formuliert als Kritikerin eine Warnung vor der gesellschaftlichen Wirkung der massenhaft verbreiteten und konsumierten Fotografien. Sie fragt nach der Rückwirkung des Bildes auf den Betrachter.

Zentrale Thesen:

- Salomon: gelungene Fotografien erfassen die Menschen in unerwarteten, ungestellten Momenten; beim Fotografieren gleicht der Fotograf einem Jäger, die Fotografierten zeigen Verhaltensmerkmale seiner Beute, die entstandenen Bilder sind für die Fotografierten immer von besonderem Interesse.

© 2010 Oldenbourg Schulbuchverlag

- Kameras sind zu Produkten der Industrie- und Konsumgesellschaft geworden, die mit Bildern überflutet wird; das Fotografieren tut dem Fotografierten Gewalt an, ist „sublimierter Mord“.

Aufbau der Argumentation:

- Salomon: steigt ein mit einer herausfordernden Sentenz, in der er den Menschen als „Haustier“ (Z. 1) charakterisiert. Er stützt seine Aussage, indem er den Aufenthaltsort der Menschen überwiegend in geschlossenen Räumen belegt und schildert. Erst ab Zeile 10 erfährt der Leser, dass es dem Verfasser darum geht, Fotografien ungestellt, schnell und vor allem von prominenten Persönlichkeiten herzustellen. Ab Z. 22 erklärt der Verfasser Charakteristik und Ziel der „Bilderjagd“.
- Sontags Textauszug steigt ein, indem Versatzstücke aus der Werbesprache aufgenommen werden: Autos, Schusswaffen und Kameras werden mit denselben Attributen angepriesen. Die Verfasserin prüft die Logik der Metaphern für jedes Produkt (Z. 9–18), um dann ihre eigene Interpretation, ihre Metapher für das Medium der Fotografie zu formulieren. Indem der Fotografierte in ein Objekt, in etwas Faktisches ohne Zusammenhang verwandelt wird, wird ihm Gewalt angetan. Der Fotografierte kann die Rückwirkung des Bildes auf den Betrachter nicht beeinflussen. Diesen Zusammenhang bezeichnet Susan Sontag in der Konsequenz als „sublimierten Mord“ (Z. 23 f.). In einem anschließenden ironischen Ausblick schlägt die Verfasserin jedoch dann die Kamera als Ventil für Aggressionen vor und als Alternative zum Gewehr. Die ohnehin schon maßlose Verbreitung von Bildern würde dann aber wohl weiter steigen.

Sprachlich-stilistische Gestaltung: vgl. hierzu die Ausführungen zu Aufgabe 3.
Die beiden Texte vor dem zeitgenössischen Hintergrund: vgl. hierzu die Ausführungen zu Aufgabe 2.

S. 122, Aufgabe 8

Bereits im AB 11 finden sich Hinweise für das Verfassen eines Essays (vgl. dort S. 262 ff.). Zweifelsohne werden die Ansprüche an „stilistische Eleganz, prägnante Wort- und Bildwahl und Reichtum der Metaphernsprache“ den Schülerinnen und Schülern relative Schwierigkeiten bereiten. Die folgende Zusammenstellung versteht sich als erste Assoziationssammlung und Grundlage für den Essay. Bleibt man beim Bildbereich der Fotografie als „Waffe“ könnten sich folgende Gedanken im Text wiederfinden:

- Dass wir Fotos schießen, ist für uns selbstverständlich. Aber steht denn am Anfang eines Mediums nicht immer das Militär als Erfinder für seine spezifischen Zwecke? Ist die Fotografie Kriegstechnik? Und wirken Bilder denn oft nicht wie Waffen für den Krieg in den Köpfen?
- Moholy-Nagy nannte die Fotografie die „am meisten durchgeistigste waffe im kampf für das neue sehen“ und hoffte mit ihr, eine Veränderung der menschlichen Wahrnehmung zu erreichen.
- Was ist mit „Revolverblättern“ oder „Revolverpresse“?
- John Heartfield sah seine Fotomontagen und die Fotografie insgesamt als Waffe im proletarischen Kampf

Der Kommentar zu den Metaphern des Internets bzw. der Fotografie muss anders als der Essay einer argumentativen Struktur folgen.

- Für die Fotografie erfordert das an dieser Stelle „einfach“ eine argumentative Auseinandersetzung mit dem Text von Susan Sontag (vgl. hierzu die Ausführungen zu den Aufgaben 1, 2, 3 und 7). Nach einem provokanten Einstieg, etwa der These, wir seien alle Massenmörder und trügen unsere Geliebten als Jagdtrophäen im Geldbeutel herum, sollte die Frage, inwieweit dem Fotografieren tatsächlich etwas Gewalttätiges anhaftet, erschlossen werden. Die Auseinandersetzung kann konkretisiert werden, indem einzelne, zu Bildikonen (vgl. AB, S. 123/124) avancierte Fotografien von Kriegs- oder Katastrophenopfern berücksichtigt werden. Hier kann die Argumentation von Sontag gut nachvollzogen werden.

© 2010 Oldenbourg Schulbuchverlag

- Auch der Text von Salomon eignet sich. Davon ausgehend könnte thematisch eine Auseinandersetzung mit der Erscheinung der Paparazzi und der bildersüchtigen Gesellschaft anreißen.
- Für das Internet sollten sie ihre Fragestellung weniger auf die Analyse der Metaphern als vielmehr auf eine Beurteilung ausrichten. Anbieten würde sich ein Kommentar zu den dominanten Anglizismen in diesem Bereich. Gleichzeitig könnte sich der Kommentar natürlich auch auf die als albern wahrgenommenen Übersetzungsversuche konzentrieren.

S.122 2.2 **„Reproduktion der Wirklichkeit“** – Analyse und gesellschaftliche Funktion

S.125, Aufgabe 1

„Bildikonen“ führen „über den [...] Gegenstand hinaus zu kollektiven Einsichten“ (Z.19):
- Bilder, ‚die man kennt‘, die eine hohe Präsenz in den Medien, in der öffentlichen Kommunikation haben; immer wieder herangezogen werden; eine hohe Anzahl von Reproduktionen aufweisen; Verankerung im visuellen Gedächtnis, im ‚Gedächtnis der Öffentlichkeit‘ (Auf Problematik des Begriffs kann hier nicht näher eingegangen werden.)
- liefern oft „Grundinhalte“ (vgl. „Freiheitsdrang der Menschen in der DDR“; Z.25, Antikriegshaltung ...) über das eigentliche abgebildete Ereignis hinaus
- beruhen offensichtlich auf Konsens, ihre Rezeption und ihre Deutung haben dynamischen Charakter, sind veränderbar
- zeichnen sich meist durch besondere Emotionalität oder schockierende Wirkung aus
- können auch inszeniert sein oder durch die Begleitberichterstattung eine Bedeutungsverschiebung erfahren: auch Propaganda-Bilder können Ikonen sein

Eine Zusammenstellung und die gleichzeitige Erschließung von Bildikonen findet sich in der bereits benannten Veröffentlichung der Bundeszentrale für politische Bildung:

Gerhard Paul (Hg.): „Das Jahrhundert der Bilder. Bd. II: 1949 bis heute“ (Bundeszentrale für politische Bildung Band 734), Bonn 2008.

S.125, Aufgabe 2

Bei der Rezeption von Bildikonen besteht die Gefahr:
- besonders wirkungsvoller und mächtiger Propaganda zu erliegen: „Aus Augen-Blicken werden so Propagandabilder und Metaphern für den Zeitgeist.“ (Z.30 f.)
- falsche oder einseitige Deutungen eines Ereignisses zu verbreiten und auch in chronologischer Hinsicht fortzuführen, also ein Trugbild, eine Lüge immer fort zu produzieren: prägen „die Vorstellung von der Realität“ (Z.33 f.)
- die Abgebildeten öffentlich zur Schau zu stellen; Täter- und Opferrollen zu verkehren und festzuschreiben; Opfer in einer unendlichen Wiederholungsschleife immer wieder zu Opfern zu machen (vgl. hierzu den Textauszug von Susan Sontag, AB, S.121 f.)
- den Zusammenhang eines Ereignisses zu löschen, Erinnerung zu vereinfachen, zu verfälschen
- ...

S.125, Aufgabe 3

Der Verfasser sieht das Grundproblem in der unkritischen Rezeption der Bilder, in der auch aktuell vorherrschenden Bildergläubigkeit. Er verweist auf den Trugschluss der Betrachter, die Fotografien als präzise Reproduktion der Wirklichkeit, als Beweismittel und Dokumente verstehen wollen. Kein Bild ist objektiv, unterliegt immer zumindest dem Einfluss des Fotografen und dem Publikationsmedium. Auf diese naive Haltung der Betrachter führt Reiche auch die hohe Manipulationsdichte von Fotografien zurück.
Die oberflächliche Aneignung und Rezeption von Bildikonen ist besonders problematisch, da sie durch ihre ständige Präsenz zu kollektiven Interpretationen führten.
Bei der Diskussion über Reiches Ausführungen vor dem Hintergrund der aktuellen Medienlandschaft könnte man auf AB 11, S.286 ff., zurückgreifen. Mit der Frage „Sind Medien ‚bellende Wachhunde‘ der Demokratie“ wurde die aktuelle Medienlandschaft auf ihre poli-

© 2010 Oldenbourg Schulbuchverlag

tische Funktion hin befragt. Auf den folgenden Seiten wurden die Einflussfaktoren für die aktuelle mediale Berichterstattung aufgegriffen. Sie gelten ebenso für den Fotojournalismus und erklären seine Rahmenbedingungen. Konzentrieren sich die Schülerinnen und Schüler auf die Funktion und die Form von Bildmedien in der aktuellen Medienlandschaft, können sie die Gliederungen von AB 11, S. 291 bzw. S. 292 als Strukturierungshilfe für ihre Diskussion nutzen.

S. 125, Aufgabe 4

Rezeption von Bildern im Unterschied zu Rezeption von Texten:
- Bilder scheinen anders als Text gespeichert zu werden, sie können leichter abgerufen werden, bleiben nachhaltiger im Gedächtnis (werden zu Gedächtnisbildern).
- Bilder entsprechen einer sinnlichen Lust der Menschen nach Visualisierung.
- Bilder wirken suggestiver, einfacher, eingängiger, schneller.
- Beim Lesen eines Textes setzen wir selbstverständlicher voraus, dass es sich um eine Interpretation handelt.
- Bilder haben aber jenen „Nimbus der Objektivität“ (Z. 7).

→ Zusatzmaterial 1 Kracauer, „Die Fotografie“, LM, S. 123 f.

Als ergänzender Text bietet sich hier der Text von Siegfried Kracauer, „Die Fotografie“, an.

S. 125, Aufgabe 5

a) „Eingriffe in die Umwelt“
- Manipulatives Vorgehen: Inszenierungen und Rekonstruktionen durch planerisches Umfeld (Akteure, Öffentlichkeitsarbeiter, Berater und Spin doctors)
  → zum Beispiel: Pressekonferenzen, Planung von politischen Konferenzen, Gipfeln, Großveranstaltungen, die nach einer umfassend durchdachten Regie ablaufen
  → problematisch, wenn die Medien für „Pseudoereignisse“[1] instrumentalisiert werden, ein öffentliches Interesse für das Ereignis nicht gerechtfertigt ist
- Vorentscheidungen durch Bildproduzenten bei Bilderstellung:
  → zum Beispiel bei Fotos: Wahl der Kamera, des Objektivs, des Speichermediums, des Kamerawinkels, der Schärfentiefe, der Effekte ..., des eigenen Auftretens (verdeckt, offen), des Ausschnitts, der Nähe zum Ereignis, des Aufnahmezeitpunkts etc.
  → problematisch, wenn das Wechselspiel von Fotograf und Abgebildetem allzu eng und reaktiv ist, wenn ein Ereignis unnötig dramatisiert, emotionalisiert ... wird
- bewusste Veränderungen des Bildmotivs und des Ereignisses:
  → zum Beispiel: Sendeformate, die Ereignisse rekonstruieren; bekanntestes Negativbeispiel Michael Born: Der freie Journalist Michael Born verkaufte 1994 mehreren Sendern gefälschtes Filmmaterial. In frei erfundenen Szenen stellte Born mit Laiendarstellern zum Beispiel eine Verbindung zwischen dem amerikanischen Ku-Klux-Klan und rechtsextremen Organisationen in der Bundesrepublik her. Die Schauspieler waren in selbst genähte Kostüme gekleidet und folgten in Gestus und Wortbeiträgen den Regieanweisungen von Michael Born. Dieser wurde 1996 zu vier Jahren Haft verurteilt. (Informationen dazu unter anderem in: „X für U. Bilder, die lügen“, Begleitbuch zur Ausstellung, Stiftung Haus der Geschichte der Bundesrepublik Deutschland. Bonn 2003.)
  → eigentlich immer problematisch, da Gefährdung der journalistischen Sorgfalt und Nähe zur vollständigen Inszenierung, im Falle Borns: kriminell

b) „irreführende Kontextualisierung“
- manipulatives Vorgehen: falsche Bildunterschrift oder Bilderklärung
  → zum Beispiel: Am 29. 1. 2001 veröffentlichte die BILD-Zeitung eine Aufnahme, die Jürgen Trittin auf einer Demonstration zeigte. Durch einkopierte Kästen wurde der Zusammenhang von Trittin und Bolzenschneider bzw. Schlagstock hergestellt. Es stellte sich jedoch heraus, dass Trittin keine Waffe, sondern ein Seil in der Hand hielt, der „Bolzenschneider“ war Teil eines Dachaufbaus eines VW-Busses. (Das Foto findet man besprochen zum Beispiel in Praxis Geschichte 6/2001: Protest, Revolte, Kulturrevolution 1968, S. 5.)
  → problematisch, wenn die Täuschung vorsätzlich erfolgt, nicht aufgelöst und berichtigt wird

[1] Knieper, Thomas: Vier Hauptgruppen der Manipulation. In: Ders.: Kommunikationswissenschaft. In: Sachs-Hombach, Klaus (Hg.): Bildwissenschaft. Disziplinen, Themen, Methoden. Frankfurt/M.: Suhrkamp ^{2}2005, S. 41

© 2010 Oldenbourg Schulbuchverlag

- manipulatives Vorgehen: mehrdeutige Beschriftungen
  → zum Beispiel: Einsatz von Archivfotos zu aktuellen Ereignissen (Eventbilder)
  → problematisch, wenn das journalistische Vorgehen nicht offengelegt wird.

c) „Bildveränderung"
- manipulatives Vorgehen: „korrigierende" Veränderungen im Bildinhalt
  → zum Beispiel: Helligkeit, Kontrast, Farbton
  → problematisch, wenn die Eingriffe zu einer Dramatisierung, Verunglimpfung usw. des Dargestellten führen
- manipulatives Vorgehen: Entfernung von „bildrelevanten" Informationen
  → zum Beispiel: Freistellen und Entfernen von „ästhetisch störenden" Elementen (wie Leitungen oder Zäunen); Wegretuschieren von Politikern (vgl. stalinistische Bildmanipulation)
  → problematisch, sobald das Vorgehen Gründen der Dramatisierung oder Geschichtsfälschung dient
- Manipulatives Vorgehen: Einbauen von Bildelementen
  → zum Beispiel: Einblenden von Fotos oder Karten hinter einem Nachrichtensprecher
  → problematisch, wenn die eingebauten Bildelemente nicht als solche erkennbar sind

Beispiele finden sich in dem Kapitel „Fotos – Schein oder Wirklichkeit" In: Joachim Cornelissen (Hg.): Mosaik. Der Geschichte auf der Spur B10. München: Oldenbourg Schulbuchverlag 2008, S. 53.

d) „Erzeugung virtueller Welten"
- Manipulatives Vorgehen: Verschmelzung realer Welten mit virtuellen Elementen
  → zum Beispiel: Blue-Box-Technik im Hintergrund von Nachrichtensendungen, Infografiken
  → problematisch, wenn sie den Anspruch an Authentizität der Nachrichten in Frage stellen, die Glaubwürdigkeit der journalistischen Arbeit einschränken; unproblematisch sind diese Techniken, wenn sie als Infografiken Abläufe rekonstruieren
- manipulatives Vorgehen: Generierung selbstständiger virtueller Welten
  → zum Beispiel: vollständig computergenerierte Filme
  → eventuell problematisch, wenn Computeranimationen mit der Verwechselbarkeit von Realität und Abbildung spielen

S. 126

3. **Bilder des Krieges –** materialgestützte Erörterung und Verfassen eines Kommentars

S. 126

3.1 **„Die Leiden anderer betrachten" –** die materialgestützte Erörterung

S. 126, Aufgaben 1a/b

Für die Unterscheidung der materialgestützten Erörterung von der Erörterung im Anschluss an einen Text muss vorausgeschickt werden, dass die Übergänge fließend sind. Auch die Schülerinnen und Schüler sollten auf diese Unschärfe und diesen Spielraum hingewiesen werden. Die konkrete Aufgabe muss in dieser Hinsicht also immer wieder genau gelesen und interpretiert werden.
Folgendes Schema zur grundsätzlichen Unterscheidung kann also nur eine Orientierung geben. Auf die identischen Anforderungen an die argumentative Gestaltung wurde im Basiskasten AB, S. 126 bereits hingewiesen.

Die materialgestützte Erörterung	Die Erörterung im Anschluss an einen Text
– Das Material kann, muss aber nicht als Text angeboten werden (vgl. Tabellen, Statistiken, Bilder ...).	– Die Analyse des Textes bildet einen Schwerpunkt.

© 2010 Oldenbourg Schulbuchverlag

Die materialgestützte Erörterung	Die Erörterung im Anschluss an einen Text
– Die Inhalte des Materials stehen im Vordergrund.	– Sprachlich-stilistische Gestaltungsmerkmale des Textes sollten (je nach Aufgabenstellung) berücksichtigt werden.
– Funktion und Kontext der Inhalte des Materials müssen für die korrekte Verwendung berücksichtigt werden.	– Der argumentative Aufbau, die Struktur und die Strategie des Textes müssen erschlossen werden.
– Die Materialen werden in eine eigenständige Erfassung des Themas integriert.	– Die eigene Position wird im Anschluss oder ausgehend von den Ergebnissen des Textes formuliert (gilt nur mit Einschränkung, vor allem bei einer integrativen Gliederung schwer zu unterscheiden).
– ...	– ...

S. 127, Aufgabe 2

Die Reaktionen, die Leidensbilder beim Betrachter auslösen, beschreibt Susan Sontag vor allem als Emotionen:
- Z. 5–9: Lust, Form des Voyeurismus, Faszination, ausgelöst zum einen durch eine Ästhetik verletzter Körper (gedeutet als Form der Pornografie → „laszives Interesse", Z. 8 f.), zum anderen als Anziehungskraft des Grausigen & „Sog" (Z. 9)
- Z. 11–26: Abstumpfung, Verrohung, Verhärtung (Zynismus und Apathie, Z. 18 f.), auch Rührseligkeit, die aber Brutalität in der Realität, im Alltag nicht ausschließt (Z. 20 f.), als Konsequenz einer resignierenden nihilistischen Konsequenz, bedingt durch die empfundene Passivität in der Konfrontation mit dem Leiden (Z. 22 ff.)
- Z. 26–35: Mitgefühl, das nur scheinbar moralisch überzeugend ist, da es die kritische Auseinandersetzung mit den Machtverhältnissen, die für das Leid verantwortlich sind, verstellt
- Z. 72–74: Die Frage, inwieweit das Betrachten eines Bildes ein aktives Verhalten gegen den Krieg auslösen kann, bleibt im Textauszug unbeantwortet. Sie bildet den Ausgangspunkt für die Erarbeitung des Kommentars ab AB, S. 134.

Einsichten, die durch Leidensbilder vermittelt werden können, müssen aus einer kognitiven, kritischen Auseinandersetzung mit den politischen Rahmenbedingungen entstehen:
- Z. 47–52: Entscheidend für wünschenswerte Einsichten ist der Einsatz von Vernunft und Denkleistung, kritischer Infragestellung der eigenen Lebensbedingungen.
- Bereitschaft zur Analyse der eigenen Zugehörigkeit zu Interessengruppen, auch zu Nutznießern vom Leiden anderer

Daraus ergeben sich Forderungen für den gesellschaftlichen und persönlichen Umgang mit „Schreckensbildern":
- Z. 61–76: Dazu gehört zumindest der Versuch einer angemessenen Präsentation.
- Vor allem aber die ständige Bereitschaft und das Verlangen nach Desillusionierung, nach Aufklärung, die Schärfung des Bewusstseins, der Wahrnehmung für die Ungerechtigkeit und das Leid der Welt

S. 127, Aufgabe 3

Als Begründungen für die emotionale Wirkung, die Leidensbilder auslösen, führt Sontag folgende Muster an:
- Mangel von Vernunft und Moral in der Auseinandersetzung (Z. 6)
- Ureigener „Trieb" des Menschen, Grauen anzusehen (Z. 9 f.)
- Ablenkung und Verdrängung der Aussichtslosigkeit, der Hilflosigkeit, der Untätigkeit angesichts des dargestellten Leids führt zur Abstumpfung, da die Betrachter mit den Gefühlen der Wut und Frustration nicht anders umgehen können (Z. 11–19, 25 f.)

© 2010 Oldenbourg Schulbuchverlag

- Rührseligkeit lenkt ebenfalls von der eigentlichen Konfrontation ab (Z. 20 f.).
- Mitgefühl entsteht aus Selbstschutz: Man stellt sich vermeintlich auf die Seite des Leidenden und entlastet sich so, diese Reaktion ist einfach, weil sie eine ehrliche Auseinandersetzung mit den Machtverhältnissen und der eigenen Zugehörigkeit zur Gruppe der Verantwortlichen verstellt (Z. 33–45).

Belege in Form von Beispielen finden sich in diesem Textauszug (auch bedingt durch die Kürzungen) nur eingeschränkt:

- Genannt wird als Beleg für die Lust am Grauenhaften zum Beispiel das Verhalten von Schaulustigen an Unfallorten.
- Der Bezug auf den „Megastore" (Z. 70) belegt den fehlenden Raum für die angemessene Präsentation von Leidensbildern in der modernen Gesellschaft, aber auch das Buch hat seine Schwächen in dieser Funktion

Allgemeingültige Aussagen, anerkannte „Wahrheiten" stützen die Argumentation an verschiedenen Stellen. Oft werden sie auch also solche markiert:

- „Sentimentalität ist bekanntlich mit einer Neigung zur Brutalität und zu Schlimmerem durchaus vereinbar." (Z. 20 f.)

Eine ähnliche Funktion erfüllt das „wir" in der Argumentation, die eine gemeinsame Erfahrung der Verfasserin und der Leserinnen und Leser annimmt:

- „Solange wir Mitgefühl empfinden, kommen wir uns nicht wie Komplizen dessen vor, wodurch das Leiden verursacht wurde. Unser Mitgefühl beteuert unsere Unschuld und unsere Ohnmacht." (Z. 33 ff.)

Einschränkungen in der Argumentation lassen sich vor allem bei den ausgelösten emotionalen Reaktionen verfolgen, gerade bei der Darstellung des Mitgefühls, das zunächst als denkbare Reaktion vorgestellt, dann aber kritisiert wird.

Eingeschränkt wird aber auch die mögliche Ablehnung einer bloß theoretischen Auseinandersetzung mit den Missständen, auch hier wird der konzessive Zusammenhang sprachlich markiert.

Auch die Möglichkeit eines angemessenen Ortes für die Auseinandersetzung mit Leidensbildern wird bezweifelt bzw. eingeschränkt, und zwar auch für das Medium des Buches.
Hier könnte auch ein möglicher Widerspruch in der Argumentation erkannt werden. Zum einen sucht die Verfasserin nach dem wünschenswerten Umgang mit Leidensbildern. Zum anderen wird die Möglichkeit einer richtigen Präsentation dieser Bilder bestritten.

S. 129, Aufgabe 4

Der Schritt, die Bedingungsfaktoren für das Thema isoliert zu betrachten, soll die Schülerinnen und Schülern beim Aufbau eines komplexen, mehrgliedrigen und anspruchsvollen Argumentationsgefüges unterstützen. Das heißt, dass die einzelnen Ergebnisse des Schemas spätestens in der Gliederung, sinnvollerweise wohl aber bereits in der Stoffsammlung zusammengeführt werden müssen.

Zunächst aber können die einzelnen Punkte auch für sich abgearbeitet und konkretisiert werden.

- Produktion und Verbreitung: Hier sollte das Spannungsverhältnis zwischen der Unmöglichkeit von objektiver Wiedergabe und dem gleichzeitigen Versuch, Unrecht zu enthüllen, aufzuklären, zu informieren, zu belegen aufgegriffen werden. Gleichzeitig aber müssen bei der Produktion und der Verbreitung von Kriegs- und Gräuelfotografien immer auch unmoralische Motive und Antriebsmomente mit bedacht werden, die ideologischen, persönlichen, nationalen ... Interessen dienen: Manipulation, Inszenierung, aber auch die bewusste Vieldeutigkeit, in der ein Bild ohne eindeutigen Kontext belassen oder aufgenommen wird.

  Ergänzt werden müssen hier auch die Versuche, den Kriegstod zu ästhetisieren (vgl. die verschiedenen Möglichkeiten der Bildbearbeitung, der Zensur, der Filterung von Bildmaterial ...). Bilder wirken als Waffe im Krieg „in den Köpfen", von der militärischen Seite bewusst eingesetzt und geführt.

© 2010 Oldenbourg Schulbuchverlag

Rezeption: hier können die Schülerinnen und Schüler umfassend auf Susan Sontag zurückgreifen, vor allem auf ihre Ausführungen zur emotionalen Wirkung der Bilder, vgl. Aufgabe 2.
Ergänzt werden könnte, dass Kriegs- und Gräuelbilder je nach Nation, Kulturkreis, Zeitpunkt der Rezeption auch zum Aufbau von Feindbildern, zur Bestätigung von Klischees dienen können. Dem Anspruch zu informieren, genügen sie selten. Bilder werden oft, vor allem mit zeitlichem Abstand, ohne Zusammenhang aufgenommen und gespeichert. Sie vermischen sich so zu einer allgemeinen Vorstellung des Krieges. Sie können aber seine Akzeptanz verringern.

Thesenartig im Sinne der Aufgabenstellung könnte man die Ergebnisse zusammenfassen:

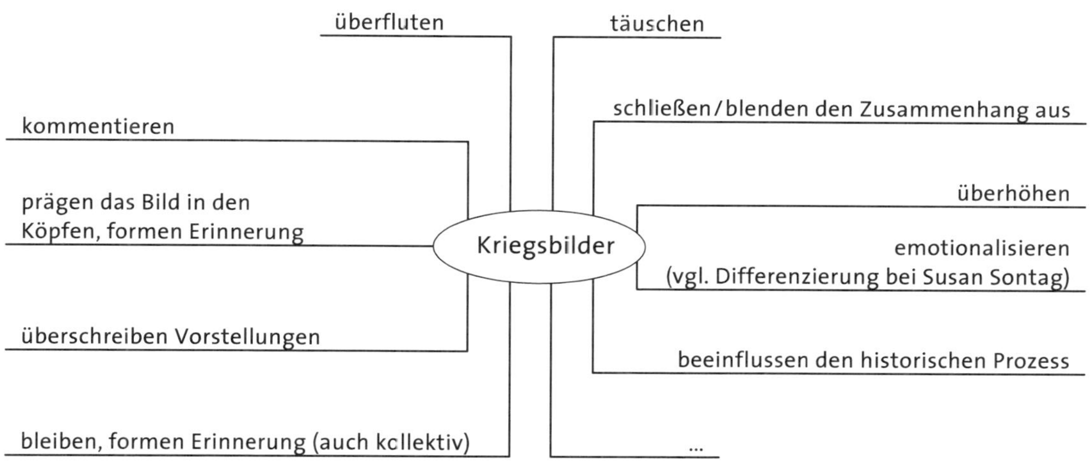

S. 130, Aufgabe 5

Die Stoffsammlung kann sich bereits an den Oberpunkten der Gliederung orientieren. Beispiel für Kriegs- und Leidensbilder können die Schülerinnen und Schüler entweder aus dem eigenen Erfahrungsbereichen abrufen oder mit einer Internetrecherche ergänzen. Es sollte aber deutlich sein, dass mit den Bildern an sich im Sinne der Aufgabenstellung noch nichts belegt werden kann. Gefragt ist die Wirkung der Bilder auf die Betrachter.

www.

Eine kurze Linksammlung:

- Für die Vergegenwärtigung der Tradition von Bildern, in denen Leiden dargestellt wird: u.a. www.louvre.fr
- Kriegsfotografie des 19. Jahrhunderts: u.a. www.museeniepce.com
- Erster Weltkrieg: u.a. www.iwm.org.uk/collections/; www.firstworldwar.com
- Zweiter Weltkrieg: www.bsb-muenchen.de; www.archives.gov/research_room/research_topics/world_war2_photos/world_war_2_photos.html
- Vietnamkrieg: www.vietnampix.com
- Kalter Krieg: http://teacheroz.com/coldwar.htm
- 11. September und Afghanistan: www.september11news.com
- www.digitaljournalist.org/issue0110/main01.htm
- www.libertynews.org/wtc/
- www.globalsecurity.org/military/world/afghanistan/darunta.htm
- Allgemein: www.konfliktbilder.de
- www.digitaljournalist.org.
- www.life.com/Life/search/covers

© 2010 Oldenbourg Schulbuchverlag

S. 130, Aufgabe 6

Gliederung zum Thema: „Die Problematik von medial vermittelten Kriegs- und Gräuelbildern in ihrer Wirkung auf den Betrachter und sein Bewusstsein gegenüber kriegerischen Handlungen"

A Kriegsfotografien als Teil der Kriegshandlungen
B Die Wirkung von medial vermittelten Kriegs- und Gräuelbildern auf den Betrachter und sein Bewusstsein gegenüber kriegerischen Handlungen
  I. Spezifische Problematik des Mediums „Kriegsfotografien"
    1. Quantität und Bedeutung von Kriegsfotografien in der aktuellen medialen Berichterstattung
    2. Frage nach der Authentizität von Kriegs- und Gräuelbildern
      a) Rolle des Fotografien und des Kontextes
      b) Zensur der Kriegsberichterstattung
      c) Bildmanipulation und Wahl des Ausschnitts
    3. Pietät gegenüber den Opfern
      a) Unmoralische Zurschaustellung entstellter Körper
      b) Missachtung von Persönlichkeitsrechten
      c) Verletzung des familiären und kulturellen Umfelds
    4. Beeinflussung der kollektiven „Kriegserinnerung bzw. -vorstellung"
  II. Kriegsbilder als Appell
    1. Visuelle Antikriegsagitation
    2. Wirkung auf eine nationalisierte Öffentlichkeit
    3. Verharmlosung des Krieges
  III. Die Wirkung von Kriegsbildern auf der affektiven Ebene
    1. „Schocktherapie"
    2. Abstumpfung des Betrachters
    3. Falsches Mitgefühl
  IV. Schärfung des politischen Bewusstseins und Einsicht in das Leiden der Welt
C Identitätsstiftende Funktion der Bilder für eine demokratische Öffentlichkeit

S. 132, Aufgabe 2

Verarbeitung des Materials als Argument:
Fotografien, im Besonderen Kriegs- und Gräuelfotografien, sind niemals einfach, niemals Tatsachen. Die fließende Grenze zwischen objektivem Abbild und subjektiver Interpretation gehört zur Spezifik des Mediums schlechthin. Beim Anblick dieser Bilder neigt der Betrachter dazu, die Politik bei der Produktion und Verbreitung dieser Fotos außer Acht zu lassen. Was er für „Wahrheit" hält, ist oft nichts anderes als gezielte Manipulation. Die Zensur in der Kriegsberichterstattung dient der psychologischen Kriegsführung, zielt auf den „Krieg in den Köpfen", der, wie man seit Vietnam weiß, ebenso wichtig ist wie der militärische Verlauf. Im Golfkrieg Anfang 1991 wurden die Medien von den Amerikanern fast lückenlos zensiert. Im zweiten Golfkrieg 2003 verfeinerten die Verantwortlichen die, angesichts der technischen Entwicklung kaum durchzuführende, Kontrolle der Berichterstattung, indem sie die Journalisten militärischen Einheiten zuordneten, mit denen sie lebten und dadurch eine emotionale Bindung aufbauten. Wolfram Schrag nannte dieses Verfahren eine „Zensur im Kopf".
Verarbeitung des Materials als Einleitung:
Ein Kriegsbild ganz anderer, unblutiger Art erreichte „den Betrachter" während des zweiten Golfkrieges im Jahr 2003: Der NBC-Journalist David Bloom mit Schutzweste und Tarnuniform auf einem Militärfahrzeug in irakischem Kampfgebiet. „Embedded Journalism" heißt diese Form der Berichterstattung, die die Journalisten am Leben der Soldaten teilhaben lässt. Dass die Nähe zwischen den Journalisten und den Soldaten die gesendeten Bilder beeinflusst, liegt auf der Hand. Die Frage nach der Wirkung von Kriegsbildern auf den Betrachter muss also zunächst einmal die Einflussfaktoren auf die Produktion und Verbreitung von Kriegsbildern klären.

© 2010 Oldenbourg Schulbuchverlag

Verarbeitung des Materials im Schluss:
Bei der Bestimmung von Kriegs- und Gräuelfotografien auf den Betrachter gilt es also, komplexe wahrnehmungspsychologische und erinnerungsgeschichtliche Zusammenhänge zu berücksichtigen. Eine abschließende Begründung für die nach wie vor ungebrochene Bildersucht der Menschen, gerade auch nach Bildern aus Krisen- und Kriegsgebieten, können sie noch nicht liefern. Der Wiener Philosoph Konrad Paul Liessmann sieht darin eine identitätsstiftende Funktion für die Mitglieder einer offenen Gesellschaft. Durch die Betrachtung dieser Bilder „vergewisserten [sie sich] aus sicherer Distanz gleichsam ihrer eigenen freiheitlichen und zivilen Identität". (Gerhard Paul, Z. 6)

S. 133

3.2 **Wahrheit durch Manipulation?** – Einen Kommentar zu einem inszenierten Kriegsbild schreiben

S. 134, Aufgabe 1

Bildinhalte und Konstruktion:

- Durch die Bildunterschrift ist der „visionäre Rahmen" abgesteckt, das Bild kann nicht „realistisch", sondern nur konstruiert sein:
  Es zeigt eine Gruppe von 13 toten sowjetischen Soldaten in einer Grube an der afghanischen Front, die einen „Dialog der Toten" führen. Nur ein Teil der Soldaten scheint dabei wirklich zu sprechen, manche liegen noch gekrümmt am Boden, andere scherzen makaber (vgl. die Dreiergruppe in der Mitte: Ein Mann mit einer offenen Bauchwunde sitzt auf dem am Boden liegenden Soldaten wie bei einem Reiterspiel. Der Dritte kniet vor den beiden und hält dem Liegenden einen Fetzen Fleisch vor die Nase). Ihre „Verletzungen" sind deutlich sichtbar: das Blut rinnt an den verschiedenen Stellen den Abhang hinunter, man sieht einen Mann ohne Beine und herausquellende Hirnmasse darunter, blutverschmierte Köpfe und Hände (vgl. rechter Bildrand). Jeder Soldat scheint sich nach seinem Tod unterschiedlich zu verhalten, empfindet den Tod anders. Manche scheinen auch die Auferstehung noch nicht ganz verstanden zu haben, liegen noch reglos am Boden.
  Im Vordergrund stehen die Sowjets, ihnen gilt das „erzählende" Interesse: nur ein afghanischer Junge durchsucht den Rucksack eines „toten" Soldaten, plündert. Die zwei Afghanen, die oben (nur die Beine sind erkennbar) am Abhang stehen haben den Toten wohl ebenfalls schon ihre Waffen wohl schon abgenommen.
- Auch die Kriegshandlung, das vorausgegangene Gefecht, lässt sich ablesen: auf dem Abhang liegen verstreute Helme, Geröll, Granathülsen, Blech, Tonnen ...
- Die Konstruktion des Bildes wurde im AB mehrfach angesprochen: Entscheidend ist damit die Inszenierung, die zugrunde liegt: Die Außenaufnahme ist simuliert, die toten Soldaten sind Schauspieler, das Blut „Theaterschminke" ... Nicht erkennbar aber ist die digitale Montage, die ebenfalls angewandt wurde. Auch die Form des Fototableaus ist in der Abbildung nicht erkennbar und muss durch die Lehrkraft ergänzt werden. Denkbar ist aber auch eine Internetrecherche.
  Wichtig erscheint die Größe (2,30 Meter hoch, ca. 4 Meter lang) und die Form des „Leuchtkastens", auf den das Cibachrome-Diapositiv montiert wurde. Das Bild ist letztlich eine Montage aus den verschiedenen Szenen, die digital zusammengesetzt wurden. Allerdings ist der Schnitt nicht sichtbar.

Die Bedeutung des Bildes, Intention von Jeff Wall:

- Die Funktion, die Jeff Wall seinem Bild zuweist, entspricht in vielerlei Hinsicht den Forderungen von Susan Sontag. Durch die Inszenierung (die digitale Bearbeitung als doppelt „künstlicher" Vorgang) möchte Wall Distanz gewinnen, die durch die groteske Umsetzung des Themas unterstützt, in eine reflektorische Auseinandersetzung mündet. Wall will ein episches Bild, er erzählt einzelne Episoden, eine Vision von Stimmungen, Erfahrungen,

© 2010 Oldenbourg Schulbuchverlag

Gefühlen nach dem Tod. Gleichzeitig fordert er eine Auseinandersetzung mit der Roten Armee und mit dem Krieg in Afghanistan 1986.

Konsequenzen bei der Rezeption und Wirkung des Bildes: Die Schülerinnen und Schüler sollten hier individuelle Einschätzungen abliefern, gedacht als Vorarbeit für den zu erarbeitenden Kommentar. Trotz der „Geschmacksurteile" sollten aber folgende Fragen als Leitlinien bleiben:

- Erkennt ein ungeübter Betrachter die Manipulation?
- Löst das Bild Gefühle wie Mitleid, moralische Empörung, Apathie (vgl. Text von Sontag) aus? Sind diese Reaktionen gewollt?
- Liefert das Bild Anlässe zum Nachdenken? Führt es dazu, dass man sich mit dem Verlauf, den Verantwortlichen, der Rolle der Roten Armee, der Bedeutung des Konflikts für die UdSSR und Afghanistan auseinandersetzt?
- Kann das Bild zu Propagandazwecken missbraucht werden?

S. 136, Aufgabe 2

<table>
<tr><th>Funktion eines Kommentars</th><th>Mittel, Gefahren, Konsequenzen für die praktische Umsetzung</th></tr>
<tr><td>– greift bewusst in den Erkenntnisprozess des Lesers ein</td><td>– Rationale Überzeugungstechniken: Begründungen, Fakten, Strukturierung, Problembewusstsein</td></tr>
<tr><td colspan="2">– Informieren Sie sich umfassend über das Thema, das Sie kommentieren.
– Erklären Sie ...
– Hinterfragen Sie Trends kritisch, suchen Sie einen unabhängigen Standpunkt.
– Berücksichtigen Sie verschiedene Perspektiven.
– Markieren Sie die argumentativen Strukturen Ihres Kommentars mit den entsprechenden sprachlichen Mitteln
– Bewerten Sie, stützen Sie Ihre Werturteile aber durch Argumente
– ...</td></tr>
<tr><td>– gibt Orientierung in Wertfragen</td><td>– Abwägen unterschiedlicher Werte, Hierarchisierung, Vermitteln ...</td></tr>
<tr><td colspan="2">– Vergegenwärtigen Sie sich „Grundwerte", die für die verschiedenen gesellschaftlichen Gruppen gelten.
– Zeigen Sie den Widerstreit verschiedener Werte auf. Wägen Sie einander widersprechende Prinzipien am konkreten Beispiel ab.
– Orientieren Sie sich an den Erfordernissen einer aufgeklärten, offenen und pluralen Gesellschaft
– ...</td></tr>
<tr><td>– erfüllt konkrete kommunikative Grundbedürfnisse einer demokratisch verfassten Gesellschaft</td><td>– Aufdecken, Beleuchten von Plänen unterschiedlicher Interessengruppen</td></tr>
<tr><td colspan="2">– Spüren Sie gruppenegoistische Standpunkte auf.
– Beleuchten Sie Vor- und Nachteile, Absichten, Hintergründe.
– Stellen Sie Behauptungen in Frage ...
– Wägen Sie die Grundwerte der Verfassung im konkreten Beispiel ab.
– ...</td></tr>
</table>

© 2010 Oldenbourg Schulbuchverlag

Funktion eines Kommentars	Mittel, Gefahren, Konsequenzen für die praktische Umsetzung
– spürt Minderheiten und deren Rechten wie Bedürfnissen nach	– Partei ergreifen, Hintergründe erforschen; Interessen abwägen, Recherchieren
– Erklären Sie auch hier „warum" und „wieso". – Überprüfen Sie, inwieweit die Minderheiten „im Trend liegen", inwieweit über eine „Machtbasis" verfügen, inwieweit den Minderheiten eine öffentliche Stimme fehlt oder gegeben ist. – Vergleichen Sie die Interessen der Minderheiten mit den Grundsätzen einer demokratischen Öffentlichkeit. – ...	
– formuliert normative Erwartungen an die Leser, will verändern.	– Appelle formulieren, Relevanz herstellen, Unstrittiges setzen
– Kommen Sie zu einer Entscheidung. – Zeigen Sie Defizite auf. – Regen Sie zu Maßnahmen an.	
– ist ein Vorbild für den gesellschaftlichen Diskurs	– Skepsis äußern, Grundrechte und Mitbestimmung einfordern, Warnungen aussprechen, Ausblicke geben
– Überlegen Sie, welche Bedeutung das Thema in der öffentlichen Meinung haben könnte, wie es eingeordnet wird. – Überprüfen Sie, ob ihre Position für eine demokratische Gesellschaft tragfähig ist oder ob sie hilft, diese weiterzuentwickeln.	

S. 137, Aufgaben 3

Problematik der Inszenierung, der Manipulation:
- Missverständnisse ohne Kontext
- authentische Wirkung und Irreführung des Betrachters
- problematische Vieldeutigkeit
- zweifelhafte Gesellschaft durch die Vorgehensweise (vgl. politische Instrumentalisierung manipulierter Bilder ...)
- ...

Frage nach der moralischen Vertretbarkeit:
- Verharmlosung des Themas „Krieg"?
- Verhöhnen der Opfer?
- Geschmacklose Grausamkeit?
- ...

Anspruch und Einlösen des Anspruchs
- Abstand zum Nachdenken?
- Herausfordern zum Nachfragen, Recherchieren ...?
- Aufforderung zum Handeln?
- Gefahr der politischen Instrumentalisierung?
- Mittel zum Begreifen des Leidens?
- Erfüllen einer voyeuristischen Lust des Betrachters
- ...

© 2010 Oldenbourg Schulbuchverlag

S. 137, Aufgabe 4

Jeder Kommentar braucht einen Anlass, der für dieses Beispiel mit der Ausstellung von Jeff Walls Fototableau, sicherlich etwas theoretisch, konstruiert werden muss. Die Relevanz der Frage sollte den Schülerinnen und Schülern aber bereits durch die Arbeit am Kapitel deutlich geworden sein. Auch scheint die Provokation, die mit dem Ansatz entsteht, auch die Spannung zu den Materialien gerade im zweiten Teilkapitel, für die Kommentierung geeignet. Die angebotenen Zitate, auch Rückgriffe auf den Text von Susan Sontag, könnten gerade zu einer stilistischen Aufwertung der Kommentare beitragen.

Lösungen zu den Zusatzmaterialien

Zusatzmaterial 1
Aufgabe 1

Kernthese: Kracauer untersucht den Zusammenhang von Erinnerungs- oder Gedächtnisbildern auf der einen und Fotografien auf der anderen Seite; beschreibt jeweils ihre Bedeutung für die Geschichte. Die massenhafte Verbreitung von Fotografien führe zu einer Blockierung der menschlichen Gedächtnisleistung und Geschichtslosigkeit.

- Z. 1–30: Am Beispiel der Fotografie der Großmutter veranschaulicht Kracauer das Momenthafte, die Zeitgebundenheit der Dargestellten. Der Großmutter wird die Fotografie (ohne mündliche Tradition) nicht gerecht. Vielmehr verstellt die Fotografie die Erinnerung. Mit ihr bleibt nur die Gegenwart der Aufnahme.
- Z. 30–54: Der Zusammenhang wird abstrahiert durch die Unterscheidung von Gedächtnisbildern und Fotografie:
  - Gedächtnisbilder erfassen weder vollständig Raum noch Zeit, filtern entsprechend der Bedeutung und bleiben lückenhaft und sind dennoch sinnhaft.
  - Fotografien sind zeit- und raumgebunden, fixieren eine räumlich-zeitliche Konfiguration, reduzieren den dargestellten auf den Moment der Aufnahme.
- Z. 54–65: Gedächtnisbilder und Fotografien in ihrem Verhältnis zur Geschichte:
  - Gedächtnisbilder: Erkenntnis und Bewusstsein formen und reduzieren die Gedächtnisbilder, sodass ein „letzte[s] Bild“ (Z. 53) und damit Erinnerung entsteht, das die Bedeutung von Geschichte hat.
  - Fotografien haben ihren Gegenstand immer in der Gegenwart der Aufnahme, vermitteln sinnfrei eine räumlich-zeitliche Oberfläche, die die Erinnerung ersetzt.

Z. 65–90: Rückschlüsse für die Wirkung der illustrierten Presse: die Bilderflut, das zusammenhangslose Nebeneinander vernichtet Geschichte und Erinnerung (an die Urbilder); vom Bewusstsein geformte Erinnerung wird ersetzt durch Oberfläche und Äußerlichkeit, konzentriert auf die Gegenwart.

© 2010 Oldenbourg Schulbuchverlag

→ LM, S. 113
Zusatzmaterial 1

Die Fotografie (1927) *Siegfried Kracauer*

Sah so die Großmutter aus? Die Fotografie, über 60 Jahre alt und schon eine Fotografie in modernem Sinn, zeigt sie als junges Mädchen von 24. Da Fotografien ähnlich sind, muss auch diese ähnlich gewesen sein. Sie ist in dem Atelier eines Hoffotografen mit Bedacht angefertigt worden. Aber fehlte die mündliche Tradition, aus dem Bild ließe sich die Großmutter nicht rekonstruieren. Die Enkel wissen, dass sie in späteren Jahren in einem engen Zimmerchen mit dem Blick auf die Altstadt wohnte, dass sie den Kindern zuliebe Soldaten auf einer Glasplatte tanzen ließ, sie kennen eine böse Geschichte aus ihrem Leben und zwei beglaubigte Aussprüche, die sich von Generation zu Generation ein wenig verändern. [...] Am Ende ist auf der Fotografie gar nicht die Großmutter wiedergegeben, sondern ihre Freundin, der sie glich. Mitlebende existieren nicht mehr, und die Ähnlichkeit? Längst ist das Urbild vermodert. Mit den erinnerten Zügen aber hat die nachgedunkelte Erscheinung so wenig gemein, dass die Enkel sich erstaunt dem Zwang unterwerfen, in der Fotografie der fragmentarisch überlieferten Ahnfrau zu begegnen. Nun gut, also die Großmutter, doch in Wirklichkeit ist es ein beliebiges junges Mädchen 1864. Das Mädchen lächelt in einem fort, immer dasselbe Lächeln, das Lächeln bleibt stehen, ohne noch auf das Leben zu weisen, aus dem es herausgekommen ist. Nichts hilft die Ähnlichkeit mehr. Puppen in Friseurgeschäften lächeln, so starr und immerwährend. Die Puppe ist nicht von heute, sie könnte im Museum mit anderen ihresgleichen in einem Glaskasten stehen, der die Aufschrift „Trachten 1864" trüge. Dort stehen die Puppen der historischen Kostüme wegen, und auch die Großmutter auf der Fotografie ist ein archäologisches Mannequin, das der Veranschaulichung eines Zeitkostüms dient. So also ging man damals: mit Chignons[1], um die Taille eng geschnürt, in der Krinoline und dem Zuavenjäckchen[2]. Vor den Augen der Enkel löst sich die Großmutter in modisch-altmodische Einzelheiten auf. Die Enkel lachen über die Tracht, die nach der Verflüchtigung ihres Trägers allein den Kampfplatz behauptet – eine Außendekoration, die sich verselbständigt hat –, sie sind pietätlos, und heute kleiden die jungen Mädchen sich anders. [...] Zwar ist die Zeit nicht mitfotografiert wie das Lächeln oder die Chignons, aber die Fotografie selber, so dünkt ihnen, ist eine Darstellung der Zeit. [...]

Das Gedächtnis bezieht weder die totale Raumerscheinung noch den totalen zeitlichen Verlauf eines Tatbestandes ein. Im Vergleich mit der Fotografie sind seine Aufzeichnungen lückenhaft. [...] Das Gedächtnis achtet der Daten nicht, es überspringt die Jahre oder dehnt den zeitlichen Abstand. Die Auslese der von ihm vereinten Züge muss den Fotografen willkürlich dünken. Sie mag so und nicht anders getroffen werden, weil Anlagen und Zwecke die Verdrängung, Verfälschung und Hervorhebung gewisser Teile des Gegenstandes fordern; eine schlechte Unendlichkeit von Gründen bestimmt die zu filtrierenden Reste. [...] Sie organisieren sich also nach einem Prinzip, das sich von dem der Fotografie seinem Wesen nach unterscheidet. Die Fotografie erfasst das Gegebene als ein räumliches oder zeitliches Kontinuum, die Gedächtnisbilder bewahren es, insofern es etwas meint. Da das Gemeinte in dem nur-räumlichen Zusammenhang so wenig aufgeht wie in dem nur-zeitlichen, stehen sie windschief zur fotografischen Wiedergabe. Erscheinen sie von dieser aus als Fragment – als Fragment aber, weil die Fotografie den Sinn nicht einbegreift, auf den sie bezogen sind und auf den hingerichtet sie aufhören, Fragment zu sein –, so erscheint die Fotografie von ihnen aus als ein Gemenge, das sich zum Teil aus Abfällen zusammensetzt.

Die Bedeutung der Gedächtnisbilder ist an ihren Wahrheitsgehalt geknüpft. [...] Ihre Transparenz erhöht sich in dem Maße, als Erkenntnisse die Vegetation der Seele lichten und den Naturzwang begrenzen. Wahrheit finden kann nur das freigesetzte Bewusstsein, das die Dämonie der Triebe ermisst. Die Züge, deren es sich erinnert, stehen in einer Beziehung zu dem als wahr Erkannten, das sich in ihnen kundgeben oder von ihnen ausgesperrt werden mag. Das Bild, in dem sich jene Züge finden, ist vor allen anderen Gedächtnisbildern ausgezeichnet; denn es bewahrt nicht wie sie eine Fülle undurchscheinender Erinnerungen,

[1] Chignon (frz. Nacken): Nackenknoten und andere Hochsteckfrisuren, vor allem in der Mitte des 19. Jh. und in den 1940er-Jahren beliebt

[2] Zuave: Angehöriger historischer Infanterieeinheiten

© 2010 Oldenbourg Schulbuchverlag

sondern Gehalte, die das als wahr Erkannte betreffen. Zu diesem Bild, das mit gutem Recht das letzte heißen darf, müssen sich sämtliche Gedächtnisbilder reduzieren, da nur in ihm das Unvergessliche dauert. Das letzte Bild eines Menschen ist seine eigentliche *Geschichte*. [...] Sie gleicht einem *Monogramm*, das den Namen zu einem Linienzug verdichtet, der als Ornament Bedeutung hat. [...] Unter der Fotografie eines Menschen ist seine Geschichte wie unter einer Schneedecke vergraben. [...] Damit die Geschichte sich darstelle, muss der bloße Oberflächenzusammenhang zerstört werden, den die Fotografie bietet. Denn im Kunstwerk wird die Bedeutung des Gegenstandes zur Raumerscheinung, während in der Fotografie die Raumerscheinung eines Gegenstandes seine Bedeutung ist. [...] Als die Großmutter vor dem Objektiv stand, war sie für eine Sekunde in dem Raumkontinuum zugegen, das dem Objektiv sich darbot. Verewigt worden ist aber statt der Großmutter jener Aspekt. Es fröstelt den Betrachter alter Fotografien. Denn sie veranschaulichen nicht die Erkenntnis des Originals, sondern die räumliche Konfiguration eines Augenblicks; nicht der Mensch tritt in seiner Fotografie heraus, sondern die Summe dessen, was von ihm abzuziehen ist. Sie vernichtet ihn, indem sie ihn abbildet, und fiele er mit ihr zusammen, so wäre er nicht vorhanden. [...] Die Tageszeitungen bebildern immer mehr ihre Texte, und was wäre ein Magazin ohne Bildmaterial? Der schlagende Beweis für die ausgezeichnete Gültigkeit der Fotografie in der Gegenwart wird vor allem durch die Zunahme der *illustrierten Zeitungen* geliefert. [...] Die Absicht der illustrierten Zeitungen ist die vollständige Wiedergabe der dem fotografischen Apparat zugänglichen Welt; sie registrieren den räumlichen Abklatsch der Personen, Zustände und Ereignisse aus allen möglichen Perspektiven. Ihrem Verfahren entspricht das der Film-Wochenschau; sie ist eine Summe von Fotografien, während dem eigentlichen Film die Fotografie nur als Mittel dient. Noch niemals hat eine Zeit so gut über sich Bescheid gewusst, wenn Bescheid wissen heißt: ein Bild von Dingen haben, das ihnen im Sinne der Fotografie ähnlich ist. Als aktuelle Fotografien beziehen sich die meisten Bilder der Illustrierten auf Gegenstände, die im Original gegeben sind. Die Abbilder sind also grundsätzlich Zeichen, die an das Original erinnern mögen, das zu erkennen wäre. [...]. In Wirklichkeit aber wird der Hinweis auf die Urbilder von der fotografischen Wochenration gar nicht bezweckt. Böte sich dem Gedächtnis als Stütze an, so müsste das Gedächtnis die Auswahl bestimmen. Doch die Flut der Fotos fegt seine Dämme hinweg. So gewaltig der Ansturm der Bildkollektionen, dass er das vielleicht vorhandene Bewusstsein entscheidender Züge zu vernichten droht. [...] In den Illustrierten sieht das Publikum die Welt, an deren Wahrnehmung es die Illustrierten hindern. Das räumliche Kontinuum aus der Perspektive der Kamera überzieht die Raumerscheinung des erkannten Gegenstands, die Ähnlichkeit mit ihm verwischt die Konturen seiner „Geschichte". Noch niemals hat eine Zeit so wenig über sich Bescheid gewusst. Die Einrichtung der Illustrierten ist in der Hand der herrschenden Gesellschaft eines der mächtigsten Streikmittel gegen die Erkenntnis. Der erfolgreichen Durchführung des Streiks dient nicht zuletzt das bunte Arrangement der Bilder. Ihr *Nebeneinander* schließt systematisch den Zusammenhang aus, der dem Bewusstsein sich eröffnet. Die „Bildidee" vertreibt die Idee, das Schneegestöber der Fotografien verrät die Gleichgültigkeit gegen das mit den Sachen Gemeinte.

(Aus: Siegfried Kracauer: Das Ornament der Masse. © Suhrkamp Verlag Frankfurt am Main 1963.)

1 ***Erstellen Sie zu dem Text von Siegfried Kracauer eine strukturierte Inhaltsangabe.***

© 2010 Oldenbourg Schulbuchverlag

S.140

„Hitler wird die verbrannten Bücher nicht zum Schweigen bringen" – Literatur von 1933 bis 1945

Die deutsche Literatur zwischen 1933 und 1945 zeigt deutlich, welche Auswirkungen eine rigide Politik auf die Kunst haben kann. Dass derlei Einschränkungen für Literaten in einigen Ländern noch immer der Fall sind, lässt sich im Moment z.B. an China nachvollziehen.
Die historischen Vorgänge bilden für dieses Kapitel eine sehr wichtige Grundlage. Ohne diese wären die Umstände von Emigrationswellen und die verschiedenen Inhalte der literarischen Werke dieser Zeit (Umgang mit Juden, Konzentrationslager, Erlebnis des Abschieds von der Heimat, Flucht, verschiedene Zufluchtsländer, Existenzängste, Selbstmord etc.) nicht zu verstehen.

S.142–148 Im **ersten Teilkapitel** „,Verbrennt mich!' – Literarisches Leben im Deutschland des Nationalsozialismus" wird das literarische Leben im Deutschland des Nationalsozialismus näher beleuchtet, sodass den Schülerinnen und Schülern ersichtlich wird, welche Einschnitte die Literaten in ihr Schaffen ertragen mussten. Deutlich wird dies an den Schilderungen von Klaus Mann aus seiner Autobiografie „Der Wendepunkt", die auf einen Auftritt seiner Schwester Erika eingehen. Hieran anknüpfend sollte kurz thematisiert werden, welchen Weg die Familie Mann ins Exil genommen hat. Der totalitäre Organisations- und Kulturbetrieb wird anhand eines originalen Dokuments zur Bücherverbrennung exemplifiziert, das den Ablauf genau wiedergibt. Eine der berühmtesten Reaktionen hierauf ist der offene Brief von Oskar Maria Graf, der wiederum die Grundlage für Bertolt Brechts Gedicht „Die Bücherverbrennung" darstellt. Einen Überblick über die Organisation des kulturellen Lebens bietet das Schema AB, S.148.

Mögliche Reaktionen auf die Vorgänge in Deutschland sowie deren inhaltlicher Niederschlag
S.149–162 werden im **zweiten Teilkapitel** „Literatur im Exil – Exil in der Literatur" erarbeitet. Hier werden zunächst Flucht und innere Emigration in Gedichten von Hilde Domin und Reinhold Schneider einander gegenübergestellt. Der Text von Alma Mahler-Werfel bietet ein eindrucksvolles Zeugnis ihrer Flucht. Ein Ausschnitt aus dem Roman „Das siebte Kreuz" von Anna Seghers zeigt eine literarische Umsetzung der Thematik ‚Konzentrationslager". Dass nicht jeder im Exil einen Neuanfang schaffen konnte, lässt sich am Beispiel von Stefan Zweig nachvollziehen. Ein Schwerpunkt dieses Kapitels liegt in der Erarbeitung des epischen Theaters Bertolt Brechts, das als literarische Opposition zu werten ist.
In beiden Teilkapiteln finden sich Aufträge für schriftliche Hausaufgaben, auch im Abiturformat, sodass die Verknüpfung mit der Prüfungsvorbereitung gegeben ist.

S.163–169 Der inhaltliche Schwerpunkt des **dritten Teilkapitels** „Diskussion über innere und äußere Emigration – Referieren" liegt auf der Diskussion über innere und äußere Emigration, die bereits 1933 zwischen Klaus Mann und Gottfried Benn einerseits und nach dem Krieg zwischen Walter von Molo und Thomas Mann andererseits stattgefunden hat. Methodischer Schwerpunkt ist hier das Referieren, das schrittweise vertieft wird.
Auch das Trainingsheft greift in einem Kapitel die Thematik der Literatur zwischen 1933 und 1945 auf. Insbesondere werden hier nochmals die verschiedenen Reaktionsmöglichkeiten der Literaten zusammengefasst.

S.140–141 Die **Auftaktdoppelseite**, welche die Bücherverbrennung vom 10. Mai 1933 in Bild und Wort darstellt, soll durch ihren illustrierenden Wert den grausamen Umgang mit geistiger Arbeit nahebringen. Sie bietet sich für einen Einstieg an und sollte gleichzeitig das Wissen um geschichtliche Hintergründe (Machtübernahme durch Hitler) aktivieren.
Das Berliner Mahnmal zur Bücherbrennung auf dem Bebelplatz (nahe der Straße „Unter den Linden") besteht aus einer Glasscheibe, durch die man eine in den Boden eingelassene leere

© 2010 Oldenbourg Schulbuchverlag

Bibliothek (Größe: 5 x 5 x 5 m) für 20.000 Bücher erkennen kann. Sie soll an den Zustand der „Alten Bibliothek" der Universität nach der Plünderung u. a. durch Studenten des deutschen Studentenbundes sowie Professoren der Berliner Universität erinnern. Auf dem Platz (heute: Opernplatz) fand die zentrale deutsche Bücherverbrennung statt – zeitgleich mit Bücherverbrennungen in vielen anderen deutschen Universitätsstädten. Eine weitere Beschäftigung mit der Bücherverbrennung ist im ersten Teilkapitel gegeben.
Der Ausschnitt aus der Goebbels-Rede offenbart das Selbstverständnis der Nationalsozialisten, die den Glauben und das Selbstbewusstsein hatten, nicht nur politisch, sondern auch kulturell eine Wende herbeizuführen. Dass die geistige Elite angesichts dieser Vorgänge Deutschland fast gänzlich verlassen musste, dürfte bereits hier deutlich werden. Das Zitat von Heine aus dem Werk „Almansor", das mehr als 100 Jahre früher erschienen ist, bezieht sich auf einen frühere Situation, liest sich aber wie eine Prophezeiung der Vorgänge in Deutschland. Der Ausspruch von John Milton kann ebenfalls hier diskutiert werden, ist aber auch Gegenstand eines schriftlichen Arbeitsauftrags im AB auf Seite 145. Inhaltliche Erläuterungen finden sich im Erwartungshorizont für diese Aufgabe.

S.142

1. **„Verbrennt mich!"** – Literarisches Leben im Deutschland des Nationalsozialismus

S.142

1.1 **„Der Nazismus erklärte unserem Haus den Krieg"** – die Situation verschärft sich

S.143, Aufgabe 1

Klaus Mann, der Autor des Textes, gibt in Z. 17 f. eine Erklärung für das Verhalten seiner Schwester, nämlich, dass sie die Situation nicht als Gefahr erkannte. Hinzu kommt eine natürliche Neugier (Z. 20). Ihre antifaschistische Einstellung sowie ihr bekanntermaßen starkes Selbstbewusstsein haben sicherlich auch eine Rolle gespielt. Dies zeigt auch ihre Reaktion auf die beruflichen Konsequenzen (Z. 51–55).

S.143, Aufgabe 2

Erika Mann wurde im „Völkischen Beobachter" massiv beleidigt. Dies hatte berufliche Konsequenzen, da der Rückhalt der Nationalsozialisten schon 1931 stark war. So wurde Erika Mann z. B. ein bestehender Vertrag gekündigt; auch vom Bayerischen Staatstheater, dem Münchner Rundfunk und der Filmgesellschaft „Emelka" wurde sie fortan gemieden. Für sie bedeutete dies beruflich einen großen Rückschlag und eine massive Schädigung. So bezeichnet es auch ihr Bruder Klaus Mann (Z. 41 f.).

S.143, Aufgabe 3

Der Brief sollte Erika Manns Einstellung deutlich machen. Er sollte die Nachteile thematisieren, die aus dem Vorfall für sie sowie für die gesamte Familie entstanden sind. (Das Ende des Textauszugs weist darauf hin.) Des Weiteren bietet sich an, dass er die Radikalisierung ihrer eigenen Haltung darstellt und erste Pläne zur aktiven Arbeit gegen die NSDAP skizziert, so z. B. die Arbeit mit dem literarischen Kabarett „Die Pfeffermühle". Auch sind erste Gedanken zur Emigration denkbar, allerdings müssten diese dann die Machtergreifung durch die NSDAP voraussetzen.

S.143, Aufgabe 4

Grundlegende Informationen zu „Der Wendepunkt":
Autobiografie Klaus Manns, 1942 in englischer Sprache („The Turning Point"), 1952 in deutscher Sprache erschienen. Der Autor erlebte die Veröffentlichung in deutscher Sprache selbst nicht mehr, nachdem er sich 1949 in Cannes das Leben genommen hatte.
In zwölf Kapiteln beleuchtet das Buch das Leben Klaus Manns von 1906 bis 1945. Dabei spielen die beiden Weltkriege eine Rolle, vor allem der Zweite, die Emigration Klaus Manns, seiner Familie und Freunde sowie die Entfremdung von den Freunden, die sich gegen die Emigration entschieden. Des Weiteren gibt sie einen Einblick in das Leben im Exil und die Arbeit gegen die Nationalsozialisten.

© 2010 Oldenbourg Schulbuchverlag

Doch auch die Lebensabschnitte in der Zeit zwischen den beiden Kriegen werden beschrieben und gewähren so nicht nur Einblick in das eigene Leben und Schaffen Klaus Manns, sondern auch das seiner Familie. Der Leser verfolgt das Entstehen seiner Werke von den ersten Ideen bis hin zur Fertigstellung. Klaus Mann porträtiert viele berühmte Literaten, Künstler und Personen des Zeitgeschehens, mit denen er bekannt war. So erzählt seine Biografie auch vom Zusammentreffen mit literarischen Größen wie André Gide, Jean Cocteau, Lion Feuchtwanger, Aldous Huxley und vielen mehr. Die wichtigen literarischen sowie politischen und gesellschaftlichen Ereignisse beschreibt Klaus Mann als Zeitzeuge und liefert so ein differenziertes Zeugnis europäischer Zeitgeschichte der ersten Hälfte des 20. Jahrhunderts.

S.144, Aufgabe 5
vgl. auch AB, S.102 ff.

Lion Feuchtwanger:
- deutsch-jüdischer Schriftsteller (1884–1958), lebte bis 1932 in München
- Schon vor 1933 hatte er mit Anfeindungen durch die Nationalsozialisten zu kämpfen, z.B. im „Völkischen Beobachter". Schon früh warnte er vor dem Nationalsozialismus. Sowohl seine politische Einstellung als auch seine jüdische Abstammung machten ihn für die NSDAP zu einem ihrer Hauptgegner. Von einer Vortragsreise in die USA kehrte er 1933 nach der Machtergreifung nicht mehr zurück.
- Er stand auf der ersten Ausbürgerungsliste der NSDAP im Jahre 1933.
- Seine Bücher wurden im Zuge der Bücherverbrennung verbrannt und verboten.
- Lion Feuchtwanger gehörte fortan zu den aktiven Exilschriftstellern. Zuerst lebte er in Sanary-sur-Mer, war in Frankreich interniert, später flüchtete er aus Frankreich in die USA, wo er bis zu seinem Tod lebte.
- Während seine frühe Werke sich hauptsächlich mit dem Judentum beschäftigen, schildert er später in einem seiner bekanntesten Romane „Exil" (1937–1939) das Leben im Exil und nimmt kritisch Stellung zu den Literaten, die in Deutschland geblieben waren.
- Auch die Bedrohung durch den Nationalsozialismus ist Thema in seinen Werken. Zu seinen bekanntesten Romanen zählen neben „Exil" die Romane „Erfolg" (1927–1930), „Jud Süß" (1925) und „Die Geschwister Oppermann" (1933).

S.144

1.2 **„Gegen Dekadenz und moralischen Verfall"** – der totalitäre Organisations- und Kulturbetrieb

Hintergrundinformationen: Die Nationalsozialisten hatten schon im August 1932 eine Liste mit unerwünschten Schriftstellern in ihrem Organ „Völkischer Beobachter" veröffentlicht. Das im März 1933 eingerichtete Reichsministerium für Volksaufklärung und Propaganda unter Joseph Goebbels befahl noch im selben Monat, die Vernichtung der Bücher „einzuleiten", die von jüdischen, marxistischen und weiteren unerwünschten Autoren stammten. Aus diesen Vorgaben wurde eine Schwarze Liste erstellt, die Namen der im Jahr zuvor erstellten und weitere enthielt und die als Grundlage für die Durchsicht der Bibliotheken dienen sollte. Zuständig für die eigentliche Bücherverbrennung war die „Deutsche Studentenschaft", eine nationalsozialistisch geführte „überparteiliche Organisation". Nach einer Propagandaaktion wurden die Bücher eingesammelt, wobei die Polizei zugegen war. So ist es wenig verwunderlich, dass es keine größeren Proteste gab.
Unter dem Motto „Wider den undeutschen Geist" fanden dann die öffentlichen Bücherverbrennungen am 10. Mai 1933 an fast allen Hochschulorten mit einem vorgegebenen Ablauf statt. Es wurden zu Beginn von den Studentenführern, auch von Professoren (sogar einigen Germanisten) Reden abgehalten. Die darauffolgende Verbrennung wurde von „vaterländischen Weisen und Marschliedern" begleitet.

© 2010 Oldenbourg Schulbuchverlag

S. 145, Aufgabe 1a

Es bietet sich an, diese Aufgabe häuslich und arbeitsteilig vorbereiten zu lassen.

www.

Linktipps:
- http://www.verbrannte-buecher.de
  (enthält u. a. eine Liste mit Titeln zu allen genannten Autoren)
- http://www.euchzumtrotz.de

Autor/Institution	Themen und Inhalte
Karl Marx (1818–1883): einflussreichster Theoretiker des Kommunismus; urspr. Jude, zum Protestantismus konvertiert	– Kommunismus – klassenlose Gesellschaft – Arbeiterbewegung
Karl Kautsky (1854–1938); Philosoph, sozialdemokratischer Politiker, slawischer Herkunft	– Kritik am Imperialismus – „Diktatur des Proletariats“
Heinrich Mann (1871–1950), Schriftsteller, Bruder von Thomas Mann	– Ablehnung des Ersten Weltkriegs – Kritik an Bürgertum und Nationalismus – Unterzeichnung des Appells zur Aktionseinheit der Kommunistischen Partei Deutschlands und der Sozialdemokratischen Partei Deutschlands gegen die Nationalsozialisten – Werke wie „Professor Unrat“ und „Der Untertan“, geschichtliche Romane zu „Henri Quatre“ – Thema der Emigration
Ernst Glaeser (1902–1963), Schriftsteller	– Werk „Jahrgang 1902“: gesellschaftliche Missstände, Pazifismus, – Unterzeichnung des Wahlaufrufs für die KPD 1930
Erich Kästner (1899–1974), Schriftsteller, Kabarettist, Drehbuchautor	– Antimilitarist – Unterzeichnung des Dringenden Appells des Internationalen Sozialistischen Kampfbundes vom Juni 1932
Friedrich Wilhelm Förster (1869–1966), Philosoph und Pazifist	– Kritik an der deutschen Kriegspolitik im Ersten Weltkrieg – Hauptwerk „Christentum und Klassenkampf“ (1905) – Warnung vor dem Nationalsozialistischen Regime in der Schrift „Die tödliche Krankheit des deutschen Volkes“
Sigmund Freud (1856–1939), österreichischer Arzt, Tiefenpsychologe, Religionskritiker jüdischer Herkunft	– Begründer der Psychoanalyse – erklärter Kriegsgegner

© 2010 Oldenbourg Schulbuchverlag

Autor/Institution	Themen und Inhalte
Zeitschrift „Imago“ (seit 1912); Zeitschrift für die Anwendung der Psychoanalyse auf die Kulturwissenschaften	– von den zum Kreis um Freud zählenden Psychoanalytikern Otto Rank und Hanns Sachs gegründete Zeitschrift mit dem Inhalt, dass sich die Psychoanalyse nicht auf den medizinischen Bereich beschränken sollte
Emil Ludwig (1881–1948), Schriftsteller und Biograf jüdischer Herkunft	– „Der Mord von Davos“ (1936) über David Frankfurter, der den nationalsozialistischen Landesgruppenleiter Wilhelm Gustloff erschossen hatte (mit Erklärung Frankfurters zum „neuen David“, der biblische David hatte den Riesen Goliath erschlagen)
Werner Hegemann (1881–1936), Stadtplaner und Publizist	– demokratische Stadtplanung – historische Romane, in denen er die deutsch-preußische Heldenverehrung satirisch desavouiert
Theodor Wolff (1868–1843), Schriftsteller, Publizist (Leiter des „Berliner Tageblatts“) und Kritiker jüdischer Herkunft	– für ziviles Bürgerrecht, für dauerhaften Frieden – gegen den antidemokratischen und antisemitischen Geist der deutschen Rechten
Georg Bernhard (1875–1944), Publizist (Chefredakteur der „Vossischen Zeitung“)	– Ausbau der Demokratie, Verständigung mit Frankreich – Werk „Die deutsche Tragödie: Der Selbstmord einer Republik“ (1933)
Erich Maria Remarque (1898–1970), Schriftsteller	– Antikriegsroman „Im Westen nichts Neues“ (1929) über die Wirklichkeit des Ersten Weltkriegs
Alfred Kerr (1867–1948), Schriftsteller, Theaterkritiker und Journalist jüdischer Herkunft	– Stellung gegen NSDAP in seinen Glossen im Berliner Rundfunk
Kurt Tucholsky (1890–1935), Schriftsteller und Journalist	– Eigenverständnis als linker Demokrat, Pazifist und Antimilitarist, ständige Kritik an den Nationalsozialisten
Carl von Ossietzky (1889–1938), Journalist und Schriftsteller	– pazifistische Haltung – „Weltbühne-Prozess“: Aufdeckung der verbotenen Aufrüstung der Reichswehr

© 2010 Oldenbourg Schulbuchverlag

S. 145, Aufgabe 1b

Einige Namen sind heute in Vergessenheit geraten (z. B. Georg Bernhard oder Emil Ludwig), während andere immer noch als Vordenker – wenn auch kritisch beleuchtet – gelten (Marx, Freud) oder immer noch als große Autoren verehrt werden (Remarque, Mann, Tucholsky) und zur deutschen Literaturgeschichte gehören.

S. 145, Aufgabe 2
Hinweise zum Verfassen eines Lexikonartikels, TH 11 → S. 23

Diese Aufgabe entspricht einem neuen Abiturformat. Für die Lösung siehe die Hintergrundinformationen zu Beginn sowie die o. g. Webseite, u. a. http://www.verbrannte-buecher.de/t3/fileadmin/user_upload/dokumente/schreiben_der_dst.pdf

S. 145, Aufgabe 3
Hinweise zum Verfassen eines Kommentars, TH 11 → S. 75

Textauszug vgl. TH 12, S. 26 ff.

Hier sollte vor allem auf die zahlreichen Werke eingegangen werden, die immer noch von Bedeutung sind (u. a. Heinrich Manns „Das Wunderbare“ oder Erich Maria Remarques „Im Westen nichts Neues“, d. h., dass Hitler die „verbotenen Bücher“ tatsächlich nicht zum Schweigen bringen konnte. Mit den Thesen von Marx und Freud setzt man sich immer noch auseinander und heute wird z. B. der „Theodor-Wolff-Preis“ verliehen für einen besonders engagierten Journalismus.

S. 145, Aufgabe 4

In dieser Erörterung sollte zum Ausdruck kommen, dass in Büchern das Wissen und die Vernunft der Menschen gespeichert wird. Die Verbrennung von Büchern wird durch diesen Ausspruch in einer religiösen-christlichen Dimension verstanden, indem die von Gott gegebene Vernunft vernichtet wird. Grundlage für die Erörterung ist die Bücherverbrennung, die kurz skizziert werden sollte. Beispiel für eine Gliederung:

A Zitat von Heinrich Heine zur Bücherverbrennung aus dem Jahr 1821
B Erörterung von John Miltons Zitat zur Bücherverbrennung aus dem Jahr 1644
- I. Die Bücherverbrennung von 1933
  - a) Erstellung einer Schwarzen Liste
  - b) Durchführung der Bücherverbrennung
  - c) Auswirkungen der Bücherverbrennung
- II. Die Vernichtung von Vernunft
  - a) Speicherung von Wissen
  - b) Religiöse Dimension des Zitats

C Die Bibliothek verbrannter Bücher

Hinweise zu C: Im Georg Olms Verlag erscheint die Reihe „Bibliothek verbrannter Bücher“ (Herausgeber: Julius H. Schoeps) unter Förderung verschiedener Stiftungen. Die Titel werden vom wissenschaftlichen Beirat ausgewählt und werden den „Schwarzen Listen“ der Jahre 1933 und 1935 entnommen. Dabei wird auf die Anziehungskraft für heutige Leser geachtet sowie darauf, dass es sich um Werke handelt, die heute kaum mehr zugänglich sind (z. B. im Buchhandel nicht mehr lieferbar). Die Bibliothek ist auf 120 Bände angelegt. Bis 2008 sind die ersten zehn Bände fertiggestellt worden, z. B.: Franz Kafka: „Beim Bau der chinesischen Mauer“; Anna Seghers: „Auf dem Wege zur amerikanischen Botschaft“; Kurt Tucholsky: „Lerne lachen ohne zu weinen“.

Günter Grass hat bei seiner Rede anlässlich der Verleihung des Literatur-Nobelpreises im Jahr 1999 ebenfalls zu dem Thema „Was macht Bücher gefährlich?“ gesprochen, was für die Erörterung genutzt werden könnte:
http://nobelprize.org/nobel_prizes/literature/laureates/1999/lecture-g.html

S. 146, Aufgabe 5

Oskar Maria Graf war Soldat im Ersten Weltkrieg. Aufgrund von Befehlsverweigerung sollte er zunächst verurteilt werden, war aber dann kurzzeitig in der Irrenanstalt in Görden und im Krankenhaus Haar. Nach einem Hungerstreik wurde er schließlich aus der Armee entlassen. Er wurde zweimal verhaftet, zunächst im Jahr 1918 wegen Teilnahme am Munitionsarbeiterstreik und 1919 wegen Teilnahme an den revolutionären Bestrebungen in München. Zudem war er mit einer Jüdin liiert. Im Jahr 1920 wurde er Dramaturg am Arbeitertheater „Die neue Bühne“ in München und begegnete Bertolt Brecht. Trotz all dieser Vorkommnisse

© 2010 Oldenbourg Schulbuchverlag

wurden viele seiner Werke von den Nationalsozialisten aufgrund ihres Heimatbezugs sogar empfohlen.
Der Text von Graf geht darauf ein, dass er beträchtliche Nachteile durch die Nationalsozialisten erfahren hatte (Beschlagnahmung von Manuskripten, von Quellenstudienmaterial, von Geschäftspapieren und von Büchern, Z. 5 ff.) und Gefahr lief, bei einer Rückkehr in sein „Heim" verhaftet zu werden. Dennoch stand er auf der „weißen Liste" im Gegensatz zu vielen namhaften Autoren, mit denen Graf befreundet war oder wenigstens sympathisierte in ihrer antinationalen Haltung. Diesen Umstand wollte Graf nicht hinnehmen, da er es als „Unehre" (Z. 34) empfand, nicht auf der „Schwarzen Liste" zu stehen.
Seiner ironischen und verzweifelten Forderung hinsichtlich der Verbrennung seiner Bücher wurde 1934 von den Nationalsozialisten entsprochen. Er selbst wurde ausgebürgert.

S. 146, Aufgabe 6

Stilistische Mittel:
- Ironie: z. B. „Segnungen" (Z. 2), „schönste Überraschung" (Z. 11), „berufen, einer der Exponenten des ‚neuen' deutschen Geistes zu sein" (Z. 14 f.), „Unehre" (Z. 34)
- Umgangssprachliche Wendungen z. B. „wichtigtuerisch" (Z. 21)
- Verwendung nationalsozialistischen Wortmaterials: z. B. „auszurotten" (Z. 24) „blutige Hände" (Z. 37)
- ausdrucksstarke Adjektive: z. B. „hemmungslos" (Z. 22), „engstirnigsten" (Z. 24), „blutig" (Z. 37)
- Adjektive im Superlativ: z. B. „schlimmsten" (Z. 9), „schönsten" (Z. 11), „engstirnigsten" (Z. 24), „geringste" (Z. 25)
- Wiederholung von „nichts" mit Klimax „auch schon gar nichts" (Z. 30)
- Alliterationen: „vergebens" (Z. 15) – „verdient" (Z. 16)
- Kontrast: z. B. „schlimmsten" (Z. 9) – „schönsten" (Z. 11), „reine Flamme des Scheiterhaufens" (Z. 36 f.) – „blutige Hände" und „verdorbene Hirne" (Z. 37 f.)
- Metapher: „braune Mordbanden" (Z. 38)
- Exclamatio: „Verbrennt die Werke des deutschen Geistes!" (Z. 39)

S. 147, Aufgabe 7

- Geburt Grafs am 22.7.1894 in Berg am Starnberger See (Vater: Bäckermeister Max Graf, Mutter: Bauerntochter Therese)
- Ausbildung zum Bäcker und Arbeit in der durch den Bruder Max übernommenen Bäckerei
- 1911 Flucht nach München vor den Misshandlungen durch den Bruder
- dort in Schwabinger Boheme-Kreisen („Jugend", „Simplicissimus"), eigene expressionistische Versuche
- 1918 Veröffentlichung des ersten Gedichtbandes „Die Revolutionäre"
- 1927 Durchbruch zum internationalen literarischen Erfolg mit der Umarbeitung und Erweiterung seiner Jugenderlebnisse „Frühzeit" (1922) zu dem Roman „Wir sind Gefangene"
- 1933 Einladung zu einer Lesereise nach Wien, ab 24.02. dort im Exil, nach der Bücherverbrennung Veröffentlichung der Schrift „Verbrennt mich!" in der Wiener Arbeiter-Zeitung
- 1934 Flucht nach Bratislava und Brünn, Ausbürgerung aus Deutschland, Reise nach Moskau zum 1. Allunionskongress der sowjetischen Schriftsteller (17.08.–01.09.) mit anderen namhaften antifaschistischen Schriftstellern wie Klaus Mann, J. R. Becher, E. E. Kisch
- 1938 Flucht nach New York
- 1940 Fertigstellung des Romans „Das Leben meiner Mutter"
- 1967 Tod in New York

www. Linktipp: http://www.oskarmariagraf.de

S. 147, Aufgabe 8

Auch Brechts Bücher wurden im Mai 1933 verbrannt, d. h., er gehört zu denen, die Bücher „mit schädlichem Wissen" veröffentlicht hatten.
- Brecht nimmt die Gedanken von Graf auf, komprimiert sie aber stark.
- Durch die sprachliche Verdichtung im Gedicht wird die Thematik stärker verdeutlicht als im Brief von Graf.

© 2010 Oldenbourg Schulbuchverlag

- Er bewertet das Vorgehen von Graf als sehr positiv und nimmt ihn in die Reihe derer auf, die aufgrund der Inhalte ihrer Bücher als Gegner des Regimes erkannt wurden.

S.147, Aufgabe 9

„Die Bücherverbrennung" ist eines der „Svendborger Gedichte" und dort in der Rubrik „Deutsche Satiren" zu finden. Die Sammlung ist nach dem Ort Svendborg benannt, der sich auf der dänischen Insel Fünen befindet, wo sich Brecht bis 1938 aufhielt. In den „Svendborger Gedichten" experimentiert Brecht mit literarischen Gattungen.

- Die „Deutschen Satiren" handeln von den Vorgängen im Hitler-Deutschland. Überschriften einiger Gedichte daraus lauten: „Schwierigkeit des Regierens", „Notwendigkeit der Propaganda", „Die Verbesserungen des Regimes" und „Die Jugend und das Dritte Reich".
- Im Dritten Reich wurden die Zeitschriften, in denen während der Weimarer Zeit Satiren veröffentlicht worden waren (u.a. von Kurt Tucholsky), eingestellt. Viele Autoren gingen ins Exil und ihre satirischen Werke (z.B. auch Heinrich Manns gesellschaftskritischer Roman „Professor Unrat") wurden verbrannt.
- An diese Tradition knüpft Brecht an und geht auf Vorgänge in Deutschland ein, die durch Propaganda verzerrt oder ganz verschwiegen worden waren. Er entlarvt die faschistischen Herrscher und ihre Praktiken.
- Die Form der Satire wurde gewählt, weil eine direkte Darstellung der Gräueltaten nicht möglich war. Es werden neue Bilder geschaffen, die dazu beitragen, dass der Leser/Hörer die Situation durchschaut-

S.147, Aufgabe 10

Hinweise zur Erschließung und Interpretation:

- Inhalt: Zunächst Beschreibung aus Sicht eines Dritten, der aber bereits die Faschisten entsprechend einordnet, dann Eingehen auf Oskar Maria Graf und dessen Antwort auf die Bücherverbrennung, die ebenfalls eine Verbrennung einfordert
- Form: eine Strophe, reimlos, unregelmäßige Metrik (Absicht: Mit der Wahl dieser Form wollte Brecht ein Verständnis der Gedichte auch bei einem Stören der illegalen Radiosender, über die diese Satiren verbreitet wurden, ermöglichen).
- Sprachliche Gestaltung:
  - Wortwahl: Vokabular aus dem bäuerlichen Bereich („Ochsen", „Karren") zur Beurteilung der Herrschenden wechselt mit gewählten Ausdrücken bzw. Wendungen („die Liste studierend")
  - Satzbau: Hypotaxe (Z.1–7) zur Darstellung der Situation (wie aus der Sicht eines Beobachters), dann Parataxe mit Imperativen und rhetorischer Frage (zur Entlarvung)
  - Stilistik: starke Verknappung und Verdichtung (um die Texte beim Vortrag schnell abgeschlossen zu haben), Tonfall der direkten Rede (satirische Nachahmung der politischen Propaganda-Reden der Nationalsozialisten), Wiederholungen (damit auch Störungen dem Verständnis nichts anhaben können), Ironie („schädliches Wissen")
- Intention: aufklärerische Gegenpropaganda, bei der die Absichten der Nazis entlarvt, die Lügen durchschaut und die Herrschenden getroffen werden sollten
- politische Lyrik: Mit der Intention der Aufklärung und Entlarvung wird der Zweck politischer Lyrik, im funktionalen Kontext eines politischen Sachverhaltes zu stehen, voll erfüllt. Sowohl die pragmatische Mitteilung des Sachverhaltes (hier die Bücherverbrennung) als auch die Erschließung eines Reflexionsraumes, durch welche die Hintergründe sichtbar werden (hier die Umstände, wie die Bücher verbrannt wurden und wie wenig durchdacht dabei vorgegangen wurde) sind vorhanden.

S.147, Aufgabe 12

Die Kulturverwaltung im Dritten Reich wurde durch die Einrichtung der Reichskulturkammer gewährleistet. Diese bestand aus sieben Kammern, der Reichsmusikkammer, der Reichskammer der bildenden Künste, der Reichstheaterkammer, der Reichsfilmkammer, der Reichsrundfunkkammer, der Reichspressekammer und der Reichsschrifttumskammer. Präsident der Reichskulturkammer mit allen Unterkammern war Reichsminister für Volksaufklärung und Propaganda, Goebbels. In den Ländern gab es zudem Landeskulturverwalter.

© 2010 Oldenbourg Schulbuchverlag

Die Reichsschrifttumskammer kontrollierte Entstehung und Publikation sämtlicher Literatur im Dritten Reich. Alle Schriftsteller, die publizieren wollten, mussten Mitglied sein. Der Reichsschrifttumskammer stand ein Präsident vor sowie die parteiamtliche Prüfungskommission. Es gab Abteilungen, die für unterschiedliche Bereiche zuständig waren, so z. B. die Gruppe Schriftsteller, die sich um die Anliegen der Schriftsteller kümmerte und zu diesem Zweck verschiedene Unterabteilungen hatte. Aufgabe war z. B. auch, sich der Urheberrechte anzunehmen. Andere galten dem Buchhandel, den Bibliotheken, dem Börsenverein des deutschen Buchhandels und der Schrifttumspflege.

S. 148, Aufgabe 13

Ziel der Reichskulturkammer war die Gleichschaltung und Kontrolle sämtlicher kultureller Aktivitäten im Land. Somit sollten die Inhalte von Filmen, Büchern, Pressemitteilungen, Kunstwerken und Musikstücken jederzeit gelenkt und überwacht werden.

S. 148, Aufgabe 14

Durch die Überwachung durch die Reichskulturkammer und Instanzen wie die parteiamtliche Prüfungskommission waren Schriftsteller und Künstler allgemein in ihrem Schaffen stark eingeschränkt bzw. gelenkt. Des Weiteren forderte diese Politik eine Stellungnahme bzw. Positionierung der Literaten, Künstler und aller, deren Arbeit es betraf. Somit wurde es unmöglich, unpolitisch zu bleiben. Nahm man die Kulturpolitik der Nationalsozialisten hin, bedeutete dies zum einen, dass man von nun an sein Schaffen nach deren Einschränkungen ausrichten und eine Kontrolle hinnehmen musste, zum anderen bedeutete es aber auch – im Gegensatz zu denen, die es nicht akzeptierten – eine Bejahung der Politik. Einige wagten den Protest, Schriftsteller wie Oskar Maria Graf oder Bertolt Brecht ergriffen öffentlich das Wort, um Stellung zu nehmen und ihren Unmut auszudrücken. Viele gingen schließlich ins Exil.

S. 149

2. **Literatur im Exil –** Exil in der Literatur

S. 149

2.1. **Reaktionen –** Wege in die Emigration

S. 150, Aufgabe 1

	Domin, „Mit leichtem Gepäck“	Schneider, „Das Opfer“
Intention	– Erfahrungsweitergabe: Situation derjenigen, die auf der Flucht sind – Darstellung des Heimatverlustes	– Hinweis auf den Tod der vielen Menschen, die keine Verantwortung für den Krieg tragen – christlicher Hintergrund
Form	– fünf Strophen mit fünf Versen – Kein Reim, kein durchgängiges Metrum	Sonett
Sprachliche Gestaltung	– direkte Anrede an den Flüchtenden (und Leser) mit Imperativen: „Gewöhn dich nicht“ (V. 1), Geboten und Verboten – Wiederholung der Motive: „Eine Rose ist eine Rose“ (V. 3), „eine Rose“ (V. 22)	– lyrisches „Ich“ Teil des „wir“ („es klagt uns an“) – Wiederholung von Wörtern: „stirbt“ – „sterben“, „Licht“: – Finsternis- und Lichtmetaphorik

© 2010 Oldenbourg Schulbuchverlag

S.150, Aufgabe 2

In beiden Gedichten taucht das lyrische Ich nicht explizit auf, sondern es gibt einen „Sprecher“, der seine Situation preisgibt:

Domin, „Mit leichtem Gepäck“	Schneider, „Das Opfer“
Das lyrische Ich hat die Erfahrung der Flucht bereits hinter sich und will diese weitergeben.	Das lyrische Ich ist mitten in der einschränkenden Situation, kann nicht fliehen und sucht nach Hoffnung.

S.150, Aufgabe 3

Domin, „Mit leichtem Gepäck“:
- Themen: Ungewissheit, zeitliche Unruhe, Nicht-Ankommen
- Inhalt: Warnung vor Gewöhnung, denn sie birgt die Gefahr der Enttäuschung
- Form: s.o.
- Sprachliche Gestaltung:
  - Aufrufe im Imperativ („Gewöhn dich nicht!“), Modalverb „dürfen“ zur Verstärkung
  - Aufzählung von Gegenständen, deren Verbindungen vom Leser herzustellen sind („Rose“, „Heim“, „Löffel“, „Zucker“)
  - Strophe 1: starke Kontrastierung zwischen der Rose, etwas Transportablem, Leichtem, an anderer Stelle Einpflanzbarem, und dem Heim des Vertriebenen, das nirgendwo ein Heim darstellt (symmetrischer Bau von Vers 3 im Gegensatz zu den Versen 4 und 5, die zusammen einen Satz ergeben)
- gleichfalls Kontrastierung durch lange Enjambements und kurze Sätze („Er irrt“, V. 9) und durch den Wechsel der Anrede mit „du“ und dem „er“ für den Schoßhund
- Hervorhebung des einen „Löffels“ (Strophen 3 und 5), der Flüssiges auffängt und dadurch Dauer geben will
- Wiederholung von „vielleicht“ (V. 23 f.) zum Ausdruck der Unsicherheit
- Deutung: Trotz der Warnung vor Gewöhnung dürfen einige Gegenstände besessen werden (u.a. ein Löffel, aber nur einer), am Ende auch ein „Herz“ und ein „Grab“, wobei dieses nicht mit Sicherheit zu erwarten ist.
  Die Einschränkungen sind hart, denn sie sind mit dem Verlust der Heimat und aller geliebten Menschen und Gegenstände verbunden. Unterwegs darf man nur „mit leichtem Gepäck“ sein, d.h., alles, was einem lieb und teuer ist, muss zurückgelassen werden und man muss jederzeit bereit zum erneuten Aufbruch sein. Dies betrifft letztlich auch allen Trost und jeden Wunsch. Die Konsequenz ist, dass man sich, wenn man auf der Flucht ist, ständig darüber im Klaren sein muss, wie nahe der Tod ist, der aber nicht unbedingt ein Grab mit sich bringt.

Schneider, „Das Opfer“:
- Inhalt: Im Deutschland des Schreckens kommt kein Widerstand zustande, es sind zu wenige, die mutig genug sind; Geltendmachung der inneren Stärke der christlich-abendländischen Tradition und gleichzeitig Frage nach dem Sinn des Todes der „Reinen“
- Form: durch die strenge Sonettform soll der herrschenden Gewalt gegenübergetreten und Dauer geschaffen werden
- Sprachliche Gestaltung:
  - sehr starke Verdichtung: Wiederholung von „sterben“ (V. 1) und „Licht“ (V. 3 f.), Anaphern „und“ (V. 7 f.), durch Alliteration „Gräber, Gericht“ (V. 12)
  - Steuerung durch Frage zum Thema „Hoffnung“, die selbst beantwortet wird
- Deutung: Klage über den fehlenden offensichtlichen Widerstand.(V.13) Im Moment herrscht „Schwermut“ (V. 7) und Dunkelheit („Nacht“, V. 5, „dunkelt“, V. 12), d.h., das Regime dauert an („die Nacht stürmt fort“, V. 5). Hoffnung gibt es dahingehend, dass die „Unbefleckten“ (V. 10), nicht umsonst gestorben sind, und damit auch die Schuldigen entsühnen.

© 2010 Oldenbourg Schulbuchverlag

Das Gedicht ist eine Aufforderung zur Auseinandersetzung mit den Gräueln des Regimes und großes Zeichen des inneren Widerstandes auf Basis eines starken Christentums.

S. 150, Aufgabe 4

Mindmap:

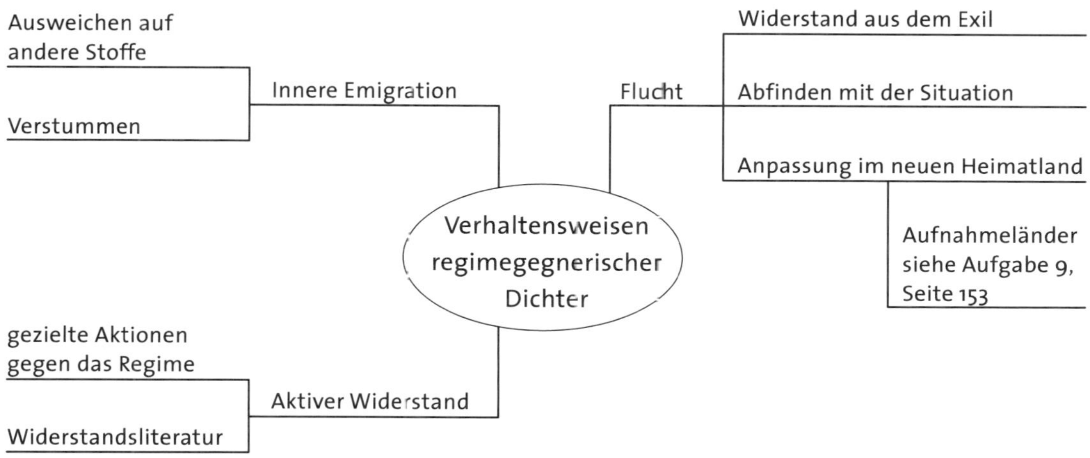

S. 150, Aufgabe 5
Vgl. auch AB → S. 172 ff.

Reinhold Schneider erhielt 1941 Publikationsverbot, das er jedoch wiederholt unterlief. Im Jahr 1944 wurde seine Wohnung von der Gestapo durchsucht. Später wurde er wegen „Vorbereitung zum Hochverrat" angeklagt, u. a. weil er religiöse Traktate für die Soldaten und die Zivilbevölkerung vorbereitet hatte. Das Kriegsende verhinderte die Verhandlung. Sein Werk spiegelt die Vorgänge wider: In seinem historischen Roman „Las Casas vor Karl V." prangert er Unterdrückung, Rassenwahn und falsche Religiosität an. Er versuchte, den religiösen Verfall aufzuhalten und mit seinen Sonetten die Menschen in religiöser Hinsicht zu stärken.

S. 152, Aufgabe 6

Das Vorzeigen des Taufscheins ermöglichte es den Grenzbeamten, jeden Menschen der keinen Taufschein besaß, also hauptsächlich Juden, zu erkennen und deren Ausreise somit zu verhindern. Ziel war, alle Juden, die noch versteckt in Deutschland lebten, aufzuspüren. Leibesvisitationen wurden durchgeführt, weil verhindert werden wollte, dass Menschen und Wertsachen das Land verließen. Die Mitnahme von Wertsachen deutete auf eine Emigration hin. Wollte man das deutsche Staatsgebiet verlassen, musste man daher den Anschein erwecken, nur für einige Tage zu verreisen, deshalb konnte man nur wenig Gepäck und keine Wertsachen mitnehmen.

S. 152, Aufgabe 7

Der Stil des Textes ist sachlich und nüchtern, es finden sich keinerlei Beschreibungen von Gefühlen, Gedanken oder etwaigen Zweifeln. Wesentliche Ereignisse im Leben der Autorin werden auf wenigen Zeilen distanziert beschrieben. Dies ist verwunderlich, da es sich um eine Autobiografie handelt, die in diesem Auszug den Aufbruch ins Exil beschreibt. Verstärkt wird der sachliche Ton durch die Tatsache, dass die Autorin ihre Schwester und ihren Mann mit deren Vor- und Nachnamen bezeichnet und auch den Verwandtschaftsbezug nicht nennt. An einigen Stellen ist der sachlich-nüchterne Ton besonders verwunderlich:

- Alma Mahler-Werfel beschreibt die Entscheidung, ihr Land zu verlassen, und den Tag der Abreise (Z. 1–20).
- Sie beschreibt den Abschied von ihrer Mutter für immer und die Tatsache, dass sie ihr diese Abreise verschweigt (Z. 11–15).
- Die Reise selbst ist mit Todesangst und Demütigung verbunden (Z. 22–24).
- Nach der Flucht erleidet sie einen Nervenzusammenbruch (Z. 49).

S. 152, Aufgabe 8

Eckdaten der Biografie von Franz Werfel (1890–1945):

- populärer deutsch-böhmischer jüdischer Schriftsteller, Expressionist, er schrieb Dramen, erzählende Werke und Lyrik.

© 2010 Oldenbourg Schulbuchverlag

- Vor dem Ersten Weltkrieg arbeitete er als Verlagslektor beim Kurt-Wolf-Verlag in Leipzig.
- Während des Ersten Weltkrieges kämpfte er an der Front in der Ukraine.
- Nach dem Krieg lebte er in Wien, wo er seine spätere Frau Alma Mahler-Werfel kennenlernte. Mit ihr bekam er einen Sohn, der im Kindesalter verstarb.
- Nach dem Anschluss Österreichs ans deutsche Reich im Jahre 1938 emigrierte Franz Werfel zuerst nach Südfrankreich, später nach Spanien und Portugal, von wo aus er schließlich in die USA flüchtete.
- Dort lebte er bis zu seinem Tod im Jahre 1943. 1941 hatte er die amerikanische Staatsbürgerschaft bekommen.

Wichtige Werke: Romane: „Der Abituriententag" (1928), „Die vierzig Tage des Musa Dagh" (1933/47), „Das Lied von Bernadette" (1941), „Der Stern der Ungeborenen" (1946); Drama: „Jakobowsky und der Oberst" (1944); bekannte Lyrik: Aufsehen erregte schon seine erste Gedichtsammlung „Der Weltfreund" (1911). Während des gesamten Expressionismus zählte Werfel zu den bekanntesten deutschsprachigen Lyrikern.

S. 153, Aufgabe 9a

1933: Emigration von Deutschland
- nach Österreich (A) bis zum „Anschluss" 1938, danach
  - in die Schweiz (CH)
  - in die Tschechoslowakische Republik (ČSR), bis zur Besetzung im Jahre 1939
- in die Tschechoslowakische Republik (ČSR), bis zur Besetzung im Jahre 1939, danach
  - in die Schweiz (CH)
  - in die UdSSR
- nach Frankreich (F), bis zum Einmarsch der deutschen Truppen in Frankreich 1940, „Collaboration" in Form des Vichy-Regimes, danach
  - nach Großbritannien (GB)
  - über Portugal (P) und Spanien (E) nach Südamerika bzw. Großbritannien (GB) und in die USA
- nach Schweden (S)
- nach Dänemark (DK) und Norwegen (N) bis 1940 zum Einmarsch der deutschen Truppen 1940, danach
  - nach Schweden (S), von dort in die UdSSR
- in die UdSSR
- in die Niederlande (NL), bis zum Einmarsch der deutschen Truppen 1940, danach
  - nach Frankreich (F), von dort nach Großbritannien (GB)
  - nach Großbritannien (GB)
  - in die Schweiz (CH)

Des Weiteren gab es Auswanderungen nach Israel, nach Indien und nach Neuseeland. Teilweise erfolgte die Emigration über Italien und Drittländer.

S. 153, Aufgabe 9b

Fluchtbewegungen der Literaten:
- Bertolt Brecht: 1933 nach Dänemark, 1939 in Schweden, 1940 in Finnland, 1941 über die UdSSR nach Kalifornien.
- Oskar Maria Graf: 1933 nach Österreich, 1934 in die Tschechoslowakische Republik, 1938 über die Niederlande in die USA
- Alma Mahler-Werfel: bis 1938 in Wien, dann Emigration über Prag, Budapest nach Italien, dann nach Sanary-sur-Mer (Frankreich), 1940 von dort aus nach Spanien, Portugal und dann in die USA
- Franz Werfel: Zum Zeitpunkt des „Anschlusses" Österreichs 1938 befand er sich in Italien, seine Frau, die in Deutschland die Emigration vorbereitet hatte, kam zu ihm, gemeinsam emigrierten sie nach Sanary-sur-Mer, 1940 weiter nach Spanien, Portugal und dann in die USA

© 2010 Oldenbourg Schulbuchverlag

- Thomas Mann: Er befand sich ab Februar 1933 auf Vortragsreise und danach im Urlaub in der Schweiz, von wo aus er nach der Veränderung der politischen Lage auch in Bayern auf Drängen seiner Kinder Klaus und Erika Mann nicht mehr zurückkehrte. Gemeinsam mit seiner Frau emigrierte er 1933 nach Sanary-sur-Mer (Frankreich), dann jedoch kehrten sie wieder zurück in die Schweiz. 1938 definitive Ausreise in die USA.
- Klaus Mann: 1933 Emigration nach Paris, dann wechselnde Aufenthalte in Sanary-sur-Mer, Amsterdam, in der Schweiz, später auch in der Tschechoslowakei und Ungarn. Emigration in die USA im Jahre 1938.

S.154

2.2 **Spiegelungen –** Schreiben im Exil

→ Zusatzmaterial 1: Zuordnung der Namen zu Arthur Kaufmann: „Die geistige Emigration", LM, S.144

Arthur Kaufmann: „Die geistige Emigration": Eine Übersicht, wie die Namen zugeordnet werden können, findet sich in den Zusatzmaterialien.

→ Zusatzmaterial 2: Informationen zur Entstehung von „Das siebte Kreuz" von Anna Seghers, LM, S.144

Anna Seghers erzählt, obwohl sie Deutschland längst verlassen hatte, in ihrem Roman über die Situation in den Konzentrationslagern und die Begebenheit mit dem „siebten Kreuz". Sie hatte regen Kontakt zu Flüchtlingen, die ihr berichtet hatten, wie geflohene Häftlinge, die man wieder aufgespürt hat, hingerichtet wurden. Die Landschaft und die Atmosphäre beschreibt sie aus ihrer Erinnerung.

S.155, Aufgabe 2

Georg Heisler ist aus dem Konzentrationslager geflohen und er versucht nun, seinen Verfolgern zu entkommen, die in nächster Nähe sind, ihn aber nicht entdecken.

S.155, Aufgabe 3

Er geht davon aus, dass er (ohne Flucht) in kurzer Zeit hingerichtet oder an den Qualen gestorben wäre. Ein Tod in Freiheit – im Sumpf – ohne das Zutun der Gefängniswärter erscheint ihm in dieser Situation akzeptabler.

S.155, Aufgabe 4

In sieben auf sieben Tage verteilten Kapiteln wird die Flucht von Georg Heisler aus dem Konzentrationslager Westhofen im Oktober 1937 erzählt. Mit Heisler (Autoschlosser) sind Ernst Wallau (Betriebsrat), Eugen Pelzer (Intellektueller), Albert Beutler (wohl ein Angestellter), Belloni (Artist), Füllgrabe (Ladenbesitzer) und August Aldinger (Bauer) entkommen.
Zur Abschreckung der anderen Häftlinge lässt der Lagerkommandant Fahrenberg sieben Kreuze errichten. Beutler wird schon in Lagernähe aufgegriffen, während Nebel Heisler unsichtbar macht. In Buchenau, einem Dorf, bekommt er mit, wie Pelzer entdeckt wird. Belloni begeht Selbstmord. Währenddessen kann Heisler mit einer Schulklasse den Rhein überqueren, getarnt mit einem Schifferpullover. In Niederrad bei Frankfurt besucht er Leni, seine Freundin, die derweil ein Mitglied der SS geheiratet hat. Eine zufällige Begegnung mit Füllgrabe, der ihm berichtet, dass Wallau verhaftet worden ist, bringt ihn in Versuchung, sich gemeinsam zu stellen. Doch bei genauerem Nachdenken kommt er auf Paul Röder, bei dem er nun Hilfe sucht. Dieser knüpft einen Kontakt zur Widerstandsgruppe um Hermann Schulz und verschafft ihm einen Pass. Mit einem niederländischen Schiff kann Heisler Deutschland verlassen. Aldinger ist derweil gestorben, kurz bevor er sein Heimatdorf erreicht hat.
Es handelt sich also um sieben Flüchtlinge, wobei das siebte aufgestellte Kreuz leer bleibt. Es wird damit zu einem Symbol des Widerstandes.

Hintergrundlektüre: Christiane Zahl Romero: Anna Seghers. Reinbek: Rowohlt 1993.

S.156, Aufgabe 5

Nach der Verbrennung seiner Bücher und einer Hausdurchsuchung in Salzburg übersiedelt Zweig 1934 nach London. Nach 1939 gelangt er über New York, Argentinien und Paraguay nach Brasilien, wo er sich 1940 niederließ. Trotz eines materiell weitgehend sorgenfreien Lebens fühlte er sich heimatlos. Die aussichtslose Lage führte zu Depressionen und veranlasste ihn – gemeinsam mit seiner Frau Lotte – Selbstmord zu begehen.

© 2010 Oldenbourg Schulbuchverlag

S. 156, Aufgabe 6

Konsequenzen der Emigration:
- Domin: Heimatlosigkeit, nie mehr Fuß fassen können, Unwichtigkeit von Gegenständen
- Mahler-Werfel: Hoffnung bis zum Ende, tiefste Enttäuschung, Heimlichkeiten (auch vor der eigenen Familie), Angst, Gefahr, Demütigungen, körperliche Härten, unwürdige Reiseschwierigkeiten, Schwierigkeiten mit Papieren
- Zweig: Kraftlosigkeit

Weiterhin lassen sich folgende Konsequenzen nennen:
- materielle Problematik: Wegen der schwierigen Bedingungen zur Veröffentlichung ihrer Werke fehlten vielen Autoren Einnahmen zum Überleben im Ausland.
- sprachliche Problematik: Die meisten Autoren litten an einem „Verlust der Sprache", da sie in ihrer Muttersprache kaum mehr Kontakt unterhalten konnten. Sie mussten z. T. in anderen Sprachen publizieren (z. B. Klaus Mann), um sich einen neuen Absatzmarkt zu schaffen.
- Verlust der Heimat, der Familie und der Freunde

S. 156

2.3 **Opposition im Exil** – episches Theater

S. 160, Aufgabe 1

Der vorliegende Textauszug stammt aus dem Drama „Schweyk im zweiten Weltkrieg" von Bertolt Brecht. Es handelt sich um das Nachspiel, die letzte Szene des Dramas. In dem Auszug begegnen sich Hitler und der Soldat Schweyk während eines Schneesturms irgendwo auf sowjetischem Gebiet auf dem Weg nach Stalingrad und kommen ins Gespräch über den Krieg, über den bevorstehenden Sieg der sowjetischen Truppen und die für die deutschen Truppen schlechten Rahmenbedingungen auf sowjetischem Gebiet. Alle Versuche der beiden, während des Gesprächs räumlich weiterzukommen, scheitern, jede Himmelsrichtung bleibt ihnen versagt. Am Ende steht Hitlers verzweifelte Einsicht, dass es keinen Ausweg mehr für ihn gibt und er am Ende ist.
Die Szene schließt mit einem Lied Schweyks, das in ein Lied des Chors übergeht, das besagt, dass sich alle Zeiten und Machtverhältnisse stets ändern.
Der Chor besteht aus allen Spielern, die beim Singen ihre Masken abnehmen und an den Rand der Bühne treten. Somit stehen sie nun im Zentrum der Aufmerksamkeit der Zuschauer, der ‚wild tanzende' Hitler rückt in den Hintergrund. Der Inhalt des Liedes besagt, dass Machtverhältnisse immer dem Wandel der Zeit unterworfen sind und niemals gleich bleiben. Im Anschluss an Hitlers Einsicht, dass keine Himmelsrichtung für ihn mehr eine Möglichkeit der Zuflucht bietet, besiegelt dies den Untergang des Dritten Reiches und bedeutet, dass eine neue Zeit anbrechen wird. Als Abschluss des Dramas steht diese Aussage somit als abschließende Botschaft.

S. 160, Aufgabe 2

Es ist für Hitler nicht mehr möglich, zu seinem Volk zu kommen, da er den Rückhalt in der Bevölkerung langsam verloren hat, weil das Volk im Jahre 1943 (Erscheinungsdatum des „Schweyk im zweiten Weltkrieg") leidet. Der Krieg ist in Deutschland angekommen, unter der Zivilbevölkerung und den Soldaten gibt es viele Opfer, den Überlebenden geht es immer schlechter. Die Akzeptanz für den Krieg wird langsam immer schwächer.

S. 160, Aufgabe 3a

Theaterformen:
- klassisches bzw. aristotelisches Drama: Goethe, „Iphigenie auf Tauris"; Schiller, „Maria Stuart"
- bürgerliches Trauerspiel: Lessing, „Emilia Galotti"; Schiller, „Kabale und Liebe"
- soziales Drama: Büchner, „Woyzeck"
- Theater des 20. Jh.:
  - episches Theater: Brecht
  - absurdes Theater: Beckett, „Warten auf Godot", Ionesco, „Die Stühle"

© 2010 Oldenbourg Schulbuchverlag

- groteskes Theater: Dürrenmatt, „Die Physiker“, Max Frisch, „Biedermann und die Brandstifter“
- Volksstück

S. 160, Aufgabe 3b

Abweichungen des Auszugs aus „Schweyk im zweiten Weltkrieg“ zu den bekannten Formen, vor allem zum klassischen Drama:
- Verwendung von Umgangssprache, teilweise vulgäre Ausdrücke
- Ironisierung der Figuren, vor allem Hitlers
- unrealistischer Inhalt: Begegnung eines einfachen Soldaten mit Hitler, der alleine unterwegs ist
- Umkehrung der Machtverhältnisse: Schweyk, ein einfacher Soldat, übernimmt das rationale Denken gegenüber Hitler.
- Chor: Einsatz eines Chores, der Erzählerfunktion übernimmt: Episierung des Theaters
- Einsatz von Masken, die abgenommen werden: Aufhebung der Illusion

S. 161, Aufgabe 4

Merkmale des epischen Theaters, wie sie in der „Straßenszene“ dargelegt werden:
- Der Inhalt muss so dargestellt werden, dass sich die Zuschauer ein Urteil darüber bilden können.
- Die Schauspieler müssen keine Künstler sein, der Vorgang ist kein „Kunstvorgang“.
- Die Darstellenden müssen keine schauspielerischen Fähigkeiten besitzen, sondern es muss nur klar werden, was sie darstellen wollen. Jeder kann also darstellen.
- Illusion wird nicht erzeugt, sie ist nicht mehr Zielsetzung des Theaters.
- Die Zuschauer sollen nur informiert werden, jedoch nicht mehr etwas miterleben.
- Emotionen sollen z. B. nicht gespielt, nicht nachvollziehbar gemacht werden.
- Die Demonstration des Gezeigten soll gesellschaftlich praktische Bedeutung haben, gesellschaftlich eingreifen.

S. 161, Aufgabe 5

Nicht für alle Kriterien sind in dieser Szene Beispiele zu finden, doch für einen Großteil:

Merkmale der epischen Form des Theaters	Entsprechung in „Schweyk im zweiten Weltkrieg“
erzählend	Erzählerfunktion des Chors
macht den Zuschauer zum Betrachter, aber weckt seine Aktivität	Die Ironisierungen Hitlers provozieren eine Reaktion.
erzwingt von ihm Entscheidungen	Die Ironisierungen und die klaren Aussagen Schweyks erzwingen eine Stellungnahme.
er wird gegenübergesetzt	Eine Identifikation ist aufgrund der Darstellung und der unrealistischen Situation kaum möglich. Daher wird der Zuschauer nur gegenübergesetzt und zum Denken angeregt.
werden bis zu Erkenntnissen getrieben	Die Szene treibt den Zuschauer bis zur Erkenntnis, dass der Krieg ausweglos und das Regime nicht zu retten ist.
Der Zuschauer steht gegenüber, studiert	Die Verfremdung durch die unreale Situation sowie die Karikierung Hitlers vermeiden ein Hineinversetzen des Zuschauers in die Figur und die Handlung und machen ihn so zum Studierenden, das Dargestellte zum Studienobjekt.

© 2010 Oldenbourg Schulbuchverlag

Merkmale der epischen Form des Theaters	Entsprechung in „Schweyk im zweiten Weltkrieg“
Der Mensch ist Gegenstand der Untersuchung	Schweyk, in dieser Szene jedoch vor allem Hitler
Der veränderliche und verändernde Mensch	Darauf nimmt vor allem das Lied des Chors Bezug.
Montage	Einfügen von Liedtexten
Das gesellschaftliche Sein bestimmt das Denken	hier bei beiden Figuren vorhanden
Ratio	Fragestellungen werden mit Vernunft behandelt.

S. 162, Aufgabe 6

Das epische Theater hebt die Illusion des Zuschauers auf und befremdet absichtlich. Es soll den Zuschauer zum Nachdenken anregen.
Die Übersicht im AB auf Seite 162 zeigt die Zielsetzungen des epischen Theaters.
Es erzwingt vom Zuschauer Entscheidungen, er soll durch das Theater zu einer Erkenntnis getrieben werden, er soll seinen Verstand einsetzen, das Gefühl zurückstellen und somit den Inhalt des Stücks, hier Hitler und das Nazi-Regime, in Frage stellen.

S. 162, Aufgabe 7

Bei dem Lexikonartikel handelt es sich um eines der neuen Aufgabenformate im Abitur des 8-jährigen Gymnasiums. Beim vorliegenden Thema sollten folgende Aspekte berücksichtigt werden:
- vor allem die durch Brecht entwickelte Form des Dramas
- Änderung der pädagogischen Zielrichtung des Dramas
- keine Besserung durch „Furcht und Mitleid“ (Drama nach Lessing), sondern Veränderung der gesellschaftlichen Verhältnisse
- Zuschauer soll Konsequenzen für eigene politische Entscheidung ziehen.
- epische Bauform
- Grundstruktur: Verfremdung der dramatischen Handlung
- setzt sich vor allem vom klassischen Drama ab (vgl. Gegenüberstellung)

S. 162, Aufgabe 8

Hinweise zur Erschließung und Interpretation:
- Sprachliche Gestaltung:
  - Sprache: Verwendung von Umgangssprache und vulgären Ausdrücken
  - Ironie, entsteht durch: Übertreibungen (Z. 31–33); absurde Situationen und Gespräche (Z. 24 f.); Dümmlichkeit Hitlers (Z. 29, Z. 41–42); rhetorische Überlegenheit Schweyks (Z. 37, 80); Regieanweisungen, die Hitler beschreiben (Z. 81); Ellipse: Hitler wird von Schweyk unterbrochen (Z. 47). Dies zeigt die Respektlosigkeit Schweyks gegenüber Hitler und die mangelnde Relevanz seiner Aussagen. Hitler akzeptiert dies und nimmt so diese Respektlosigkeit hin (Z. 51).
  - Satzbau: kurze, elliptische Sätze, Parataxen (Z. 6–22); Wechsel von Parataxe und Hypotaxe (Z. 23–37); kurze, elliptische Sätze, Parataxe (Z. 38–80)
- Dramaturgische Gestaltung:
  - Redeanteile: weitgehend ausgewogen, in den Zeilen 23–37 überwiegen die Anteile Hitlers.
  - Das letzte „Wort“ hat sozusagen Schweyk, der am Ende des Gesprächs ein Lied singt, in dem er deutlich ausspricht, was er von Hitler hält.

© 2010 Oldenbourg Schulbuchverlag

  - Regieanweisungen: Die Regieanweisungen beschreiben die beiden Personen und ihr Handeln. Durch sie wird die Hilflosigkeit Hitlers deutlich (Z. 81, 88).
- Figurenkonstellation: Kraft seines Amtes sollte eigentlich Hitler der Mächtigere von beiden sein. In dieser Szene bestimmt jedoch Schweyk den Handlungsverlauf. Dies liegt sowohl an seiner Schlagfertigkeit (s. o.) als auch an seinem selbstbewussten Auftreten und an der ausweglosen Situation, in der sich Hitler befindet. Zudem gesteht Hitler seine momentan schwache Position ein, indem er seine Orientierungslosigkeit zugibt (Z. 35).
- Darstellung Hitlers:
  - Die Figur wird karikiert und ironisiert, Hitler stellt hier keine ernstzunehmende Person dar. Dies liegt zum einen daran, wie Schweyk ihn behandelt, zum anderen an der Darstellung seiner Person: Er wird als dumm dargestellt und zeigt zudem einen Mangel an Eigeninitiative in einer Situation, aus der es keinen Ausweg zu geben scheint.
  - Behandlung durch Schweyk: s. Figurenkonstellation
  - Charakterisierung durch Schweyk im Lied (Z. 83–87)
  - Aussagen, die Hitler als dumm darstellen: Z. 28–30; 31–34, mangelnde Argumentationsfähigkeit (Z. 41–42; 46–47)
  - Mangel an Eigeninitiative, Angst, Feigheit: Z. 74–76, auch mangelnde Reaktion auf die Beleidigungen bzw. den mangelnden Respekt Schweyks (Z. 49; 83–87).
- Darstellung in den Regieanweisungen: nehmen einen wichtigen Platz in der Darstellung Hitlers ein, vor allem am Ende zeigen sie seine Hilflosigkeit und Verzweiflung in seiner Situation (Z. 81, 88).

Ziel: Brecht wollte mit diesem Stück über die Ausweglosigkeit der Situation im Jahre 1943 aufklären und somit über das Regime an sich. Inhalte wie der des Stücks waren konträr zur Propagandapolitik in Deutschland während des Krieges. In Deutschland war es kaum möglich, kritische Stimmen über die Regierung oder auch nur realistische Stimmen über die Situation der deutschen Lage an der Front zu hören.

S. 162, Aufgabe 9

Es sollte darauf geachtet werden, dass der Text Merkmale des epischen Theaters aufweist. Die Schülerinnen und Schüler können hierzu die Zusammenstellung im AB auf Seite 162 zur Hand nehmen. Es müssen keinesfalls alle Merkmale enthalten sein, der Text sollte sich jedoch klar von einem aristotelischen Dramentext unterscheiden und Brechts Theorie des epischen Theaters entsprechen. Hierzu sollten die Schülerinnen und Schüler die Szene noch einmal gut durchlesen und auch „Die Straßenszene“ gelesen und bearbeitet haben.

S. 162, Aufgabe 10

Das Drama „Mutter Courage und ihre Kinder“ ist ein Drama in zwölf „Bildern“ und spielt im Dreißigjährigen Krieg. Es handelt von einer Marketenderin, die gemeinsam mit ihren beiden Söhnen und ihrer Tochter dem finnischen Regiment folgt. Einer der Söhne wird für den Kriegsdienst angeworben und folgt diesem gegen den Willen der Mutter. Diese gerät mit den beiden anderen Kindern in Gefangenschaft, in der der andere Sohn getötet wird. In einer Friedensphase begeht der noch lebende Sohn ein Verbrechen, für das er mit dem Tod am Galgen büßen muss. Seine Mutter wird von seinem Tod gemäß seinem Wunsch nie erfahren. Die Tochter wird im Laufe des Krieges von Soldaten überfallen und misshandelt. Nach dem Tod des schwedischen Königs droht der Mutter der Ruin, da dies Frieden und den Abzug der Truppen bedeuten wird. Mutter und Tochter ziehen gemeinsam weiter und finden bei Bauern Unterschlupf. Die Tochter erfährt von einem geplanten Überfall auf das Dorf und warnt die Bewohner, muss dafür jedoch mit ihrem Leben bezahlen. Die Mutter zieht schließlich allein weiter und sucht ihren noch am Leben geglaubten Sohn, der jedoch schon vor Jahren an der Todesstrafe am Galgen gestorben war.

Merkmale des epischen Theaters in „Mutter Courage und ihre Kinder“: Abhängig von der von den Schülerinnen und Schülern ausgewählten Szene, im Drama gibt es jedoch eine ganze Reihe Lieder, die die Handlung unterbrechen, sie erklären und deuten. Auch andere Verfremdungstechniken sind zu finden, vor allem in den Regieanweisungen.

© 2010 Oldenbourg Schulbuchverlag

S. 163

3. Diskussion über innere und äußere Emigration – Referieren

S. 163, Aufgabe 1

Material 1:
- Intention des Briefes von Klaus Mann: Gottfried Benn zu einer klaren Aussage zu seiner Position dem Nazi-Regime gegenüber zu bewegen; Erklärung seines Verhaltens und Erwartung der Stellungnahme gegen die Nationalsozialisten
- Dies geschieht durch: Anerkennung der bisherigen literarischen Leistung Gottfried Benns; Ausdruck des Entsetzens und des Unverständnisses angesichts der momentanen Haltung Benns; klare Stellungnahme seinerseits zur Dokumentation seiner Position und Aufforderung, wenigstens aus der Akademie auszutreten; appellativer Charakter in Form von z.T. rhetorischen Fragen und Fragen aus Ratlosigkeit heraus
- Antwort Benns: Betonung der Zugehörigkeit zum deutschen Volk und Wachsen eines Nationalgefühls, Verantwortung des Einzelnen für den Staat, Möglichkeit des Erkennens der Vorgänge nur für diejenigen, die in Deutschland geblieben sind

→ Zusatzmaterial 3: Hintergrundinformation zum Briefwechsel zwischen Klaus Mann und Gottfried Benn, LM, S. 145

- Biografie „Doppelleben" (1950): 1938 Publikationsverbot durch die Nationalsozialisten wegen der dichterischen Inhalte und seiner zunehmenden Kritik am Regime, Tätigkeit als Militärarzt; in der Biografie Rechtfertigung für sein Verhalten im Jahr 1933 und seine Antwort an die Emigranten
- Tätigkeit für die „Sektion für Dichtkunst": Zu diesem Zeitpunkt war Benn, wie der Brief zeigt, überzeugt von der Bedeutung eines Nationalgefühls. Er war 1932 in die Sektion aufgenommen worden, was ihm zu dem Zeitpunkt viel bedeutet hatte. Die Anerkennung wollte er nicht so einfach aufgeben.

Material 2:
- Intention: Walter von Molo wollte Thomas Mann dazu bewegen, nach Deutschland zurückzukehren, damit er den vom Krieg gezeichneten Deutschen Hoffnung mache und das zurückgibt, was vorher für das Ansehen des deutschen Volkes verantwortlich war. W. von Molo sieht Thomas Mann in der Pflicht, den Deutschen zu zeigen, dass er an sie glaubt.
- Bewegen zur Rückkehr: Hinweis auf das erlittene Leid vieler Deutscher, Betonung der Wichtigkeit Thomas Manns für die Deutschen und ihr Selbstverständnis, Deutung der Rückkehr als Zeichen der Menschlichkeit
- Biografische Hintergründe: Verbot der Werke Walter von Molos und dessen Rückzug aus dem geistig-gesellschaftlichen Leben, damit innere Emigration; Wunsch nach Unterstützung und nach einer geistigen Perspektive für Deutschland – damit Wunsch nach Neuanfang und Hilfe für sein Volk
- Gründe für sein Bleiben: Zunächst Unterstützung für die Nationalsozialisten (Mitglied der Sektion für Dichtkunst) durch Unterzeichnung einer Loyalitätserklärung, später Attacken gegenüber seinen Werken. Ablehnung eines Exils, da er sich nicht vertreiben lassen wollte und seine Bekanntheit nicht aufgeben wollte.
- Argumente Thomas Manns: Zweifel, im Nachkriegsdeutschland etwas ausrichten zu können, zu viele Verletzungen innerhalb der vergangenen zwölf Jahre, Gegenwärtigkeit der Sorgen des Exils, gegenseitiges Unverständnis für erlittenes Leid und dadurch Entfremdung, Unverständnis gegenüber der Haltung der Gebliebenen und Ablehnung ihrer Werke aufgrund der Umstände der Veröffentlichung

Sprachliche Gestaltung:
Alle Briefe: argumentative Strukturen mit Aufgreifen der Fragen des Briefpartners, appellativer Charakter mit vielen Fragen (z.T. rhetorischer Art) oder Imperativen, Höflichkeitsfloskeln, Aufzählungen, Parallelismen, starke Subjektivität und Hervorhebung der eigenen Meinung

© 2010 Oldenbourg Schulbuchverlag

S. 168, Aufgabe 2

Themennennung: Plädoyers der inneren und äußeren Emigranten – Beweggründe und Hintergründe

Gliederungsvorschlag

I. Reaktionen von Literaten auf die Vorgänge im Deutschen Reich
   1. Definition von innerer Emigration
   2. Definition von Exil

II. Die schriftliche Auseinandersetzung zwischen Klaus Mann und Gottfried Benn
   1. Biografische Hintergründe zu Klaus Mann und Gottfried Benn
   2. Intentionen und Beweggründe Klaus Manns
   3. Reaktion Gottfried Benns und mögliche Erklärungen für sein Verhalten

III. Briefwechsel zwischen Walter von Molo und Thomas Mann
   1. Biografische Hintergründe von Molos und Manns
   2. Intentionen und Beweggründe aus der Sicht eines inneren Emigranten
   3. Antworten eines Exilanten

IV. Die sprachliche Gestaltung der Briefe

V. Emigration von Literaten in heutiger Zeit

S. 169, Aufgabe 5

Folgende Punkte sollten im Auswertungsformular vorhanden sein:
Inhalt und Aufbau:
- Inhaltliche Korrektheit
- Inhaltliche Differenziertheit
- Strukturierung
- Inhalt und Form des Handouts
- Bibliografische Angaben

Präsentation:
- Veranschaulichung
- Rhetorik
- Interaktion
- Bereitstellung der Hilfsmittel und Medien
- Angemessenheit im Auftreten

Bewertungskriterien zum Referieren und Präsentieren finden sich in folgenden Werken:
- Ludger Brüning: Vortragen – Präsentieren – Referieren. Praktische Unterrichtsmaterialien für die Sekundarstufe. Mit Kopiervorlagen. (Methodentraining). Donauwörth: Auer Verlag 2009.
- Wolfgang Endres / Moritz Küffner: Rhetorik und Präsentation in der Sekundarstufe II. Mit Unterrichtsideen, Kopiervorlagen und Videotraining (Methoden-Magazin). Weinheim: Beltz-Verlag 2008.

© 2010 Oldenbourg Schulbuchverlag

→ LM, S. 137
Zusatzmaterial 1

Arthur Kaufmann: „Die geistige Emigration“

1 Berthold Viertel
2 Fritz Lang
3 Günther Anders
4 Ernst Toch
5 Ernst Bloch
6 Arthur Kaufmann
7 Elisabeth Musset-Kaufmann
8 Max Wertheimer
9 Emanuel Feuermann
10 Arnold Schönberg
11 George Grosz
12 Joseph Floch
13 Heinrich Mann
14 Paul Zucker
15 Luise Rainer
16 Ulrich Friedemann
17 Otto Klemperer
18 Paul Tillich
19 Arnold Zweig
20 William Stern
21 Ferdinand Bruckner
22 Albert Einstein
23 Klaus Mann
24 Thomas Mann
25 Erika Mann
26 Ludwig Renn
27 Curt Valentin
28 Hans Jelinek
29 Bruno Frank
30 Erwin Piscator
31 Lotte Goslar
32 Oskar Maria Graf
33 Benedikt Fred Dolbin
34 Kurt Goldstein
35 Kurt Weill
36 Max Reinhardt
37 Helene Thimig
38 Ernst Toller

→ LM, S. 137
Zusatzmaterial 2

Informationen zur Entstehung von „Das siebte Kreuz“ von Anna Seghers (1982) *Christa Wolf*

[...] Das Material für ihr Buch, die Tatsachen, erfragt sie sich von Menschen, die aus Nazi-Deutschland flüchten konnten. Auch von den Kreuzen erzählt man ihr, die in einem Konzentrationslager für geflohene Häftlinge aufgestellt wurden. Sie ist gewohnt, Menschen zum Reden zu bringen, ihre Geschichten aufzunehmen und zu verarbeiten. Als Historikerin weiß sie mit Zeitungsmeldungen, Dokumenten, Archivmaterial umzugehen [...].
Sie schreibt in Cafés oder in ihrer Wohnung im Pariser Vorort Bellevue. Was niemand ihr geben kann, muss sie aus sich selbst nehmen – das Wichtigste: diese fast unheimliche Sicherheit in der Charakterisierung der Menschen, ihre Veränderung unter der faschistischen Diktatur, ihre Deformierung oder Bewährung.
Von der Echtheit in diesem Punkt, von der dokumentarischen Treue ihrer Vorstellungskraft für tausend wichtige Einzelheiten hing alles ab. Der Abstand, der durch die Trennung entstanden war, musste eingeschmolzen werden.

(Aus: Anna Seghers: Das siebte Kreuz. Mit einem Nachwort von Christa Wolf. Berlin und Weimar: Aufbau Verlag 1982, S. 413 f. Alle Rechte vorbehalten durch den Suhrkamp Verlag Berlin.)

© 2010 Oldenbourg Schulbuchverlag

→ LM, S. 142
Zusatzmaterial 3
[1] Der Text folgt der originalen Rechtschreibung.

Doppelleben[1] (1950) *Gottfried Benn*

Klaus Mann stand mir in gewisser Hinsicht nahe, besuchte mich gelegentlich, er war ein Mensch von hoher Intelligenz, weitgereist, tadellos erzogen, von besten Formen, und er hatte die schöne ausgestorbene Eigenschaft, bei Unterhaltungen dem Älteren immer einen gewissen Respekt einzuräumen. Diesen Brief [Anm.: von Klaus Mann im Frühjahr 1933] hatte ich seit fünfzehn Jahren nicht wieder gelesen, und als ich ihn heute wieder vornahm, war ich vollkommen verblüfft. Dieser Siebenundzwanzigjährige hatte die Situation richtiger beurteilt, die Entwicklung der Dinge genau vorausgesehen, er war klarerdenkend als ich, meine Antwort [...] war demgegenüber romantisch, überschwenglich, pathetisch, aber ich muß ihr zugute halten, sie enthielt Probleme, Fragen, innere Schwierigkeiten, die auch heute noch für uns alle akut sind, und auf die ich zu sprechen kommen werde. [...]
[An dieser Stelle ist der Brief Klaus Manns abgedruckt, vgl. AB, S. 164]
Dies ist der Brief, niemand wird ihn ohne Rührung lesen. Daß ich ihn trotzdem ablehnen mußte, zeigt die innere Bedrängnis, in der ich stand. Ich glaubte an eine echte Erneuerung des deutschen Volkes, die einen Ausweg aus Rationalismus, Funktionalismus, zivilisatorischer Erstarrung finden würde, die Europa dienen, dessen Bildung, seine kritischen Maßstäbe einschließen, Religionen und Rassen das lassen und sich zu Nutzen übernehmen würde, was das Beste an ihnen war. [...]
Andere Partien meiner Antwort würde ich heute nicht mehr schreiben, sie sind romantisch, haben einen unangenehmen Schwung und sind erfüllt von einer Art „Schicksalsrausch" – ich bitte dieses Wort im Gedächtnis zu behalten, es stammt aus dem Arsenal eines Erfahrenen, ich komme gleich darauf zu sprechen. Alles in allem aber ist meine Antwort weniger ein Plädoyer für den NS, als für ganz etwas anderes, und jetzt nähern wir uns dem Kernpunkt des Problems: nämlich für das Recht eines Volkes, sich eine neue Lebensform zu geben, auch wenn diese Form anderen nicht zusagt, und ich analysierte die Methode, mit der sich eine solche neue Lebensform ankündet und durchsetzt trotz aller rationalen und moralischen Einwände gegen sie.

(Aus: Gottfried Benn: Doppelleben. Zwei Selbstdarstellungen (Cotta's Bibliothek der Moderne). Klett-Cotta, Stuttgart 1984, S. 76, 82, 84 f.)

© 2010 Oldenbourg Schulbuchverlag

S. 170

Regeln und freies Spiel – Grammatik, Rechtschreibung, Stil

Das Kapitel stellt ausgewählte Bereiche der Grammatik, Rechtschreibung und Stilistik so dar bzw. wiederholt und vertieft sie, dass einerseits deren Bedeutung für das sachgemäße Erschließen und Interpretieren von Texten deutlich wird, andererseits Möglichkeiten zur Verbesserung der Schreibfähigkeit der Schülerinnen und Schüler aufgezeigt werden. Es geht also nicht um die isolierte Behandlung von Phänomenen aus den genannten Gebieten, vielmehr soll, nachdem die jeweilige Sachproblematik erarbeitet worden ist, gezeigt werden, wie sie literarisch in den Dienst genommen wird, aber auch, wie Schülerinnen und Schüler ihr Schreiben durch reflektierten Umgang mit den erarbeiteten sprachlichen Phänomenen verbessern können.

Inhaltlich führt das Kapitel die im vorhergehenden Kapitel begonnene Auseinandersetzung mit Werken der Jahre zwischen 1933 und 1945 fort, um dann – ab Teilkapitel 2, weitergeführt in Teilkapitel 3 – auch Bezüge zur Gegenwartsliteratur herzustellen.

S. 172–181

Teilkapitel 1 „Reinhold Schneider: ‚Las Casas vor Karl V.' – Aufgaben und Möglichkeiten des Konjunktivs" beschreitet dabei einen eigenwilligen Weg: „Aufgaben und Möglichkeiten des Konjunktivs" werden anhand von Auszügen aus Reinhold Schneiders historischer Erzählung entwickelt. Gründe für diese Entscheidung:

1. Die Bedeutung der von den Autoren der „inneren Emigration" hervorgebrachten, oft unterschätzten Literatur soll anhand eines großen Textes eines ihrer zentralen Vertreter unterstrichen werden.
2. Nachdem am Ende des vorhergehenden Kapitels die Phänomene „innere" und „äußere Emigration" unter Betonung des methodischen Aspekts (Referieren) und unter Heranziehung von Texten, die die Existenzweise des Schriftstellers in der Situation äußerer bzw. innerer Emigration thematisieren, behandelt wurden, bietet dieses Teilkapitel die Möglichkeit, mit einem literarischen Text, der sich als Text der inneren Emigration verstand, zu arbeiten und an ihm literarische Techniken gerade solcher Texte (Camouflage) kennenzulernen.
3. Schneiders Text provoziert ethisch orientierte Diskussionen über die Rechtsauffassung der nationalsozialistischen Diktatur, über deren Grundrechtsverletzungen, er bringt also die Dimension der Wertorientierung zur Sprache, eine Dimension, der man auch im Literaturunterricht bei der Behandlung der Jahre zwischen 1933 und 1945 nicht ausweichen kann.
4. Es versteht sich, dass in den Schneider-Texten Konjunktivformen enthalten sind, sodass die Grundfunktionen des Konjunktivs im Deutschen (K I: mittelbare Redewiedergabe; K II: Potenzialität und Irrealität sowie K I-Ersatz) erarbeitet werden können.

S. 181–190

Das **zweite Teilkapitel** „‚verwogener stirnscheitelunterschwang' – die Regelung der Getrennt- und Zusammenschreibung" nimmt sich mit dem im Titel genannten Phänomen ein zentrales Rechtschreibproblem vor. Es geht dabei weniger darum, die eventuell noch vorhandenen Rechtschreibprobleme einzelner Schülerinnen und Schüler durch entsprechende Übungen zu beheben – auch wenn der letzte Teil dieses Kapitels es ermöglicht, die entsprechenden Regeln bei Zusammensetzungen mit Verben als zweitem Bestandteil kennenzulernen. Das Kapitel legt vielmehr den Schwerpunkt darauf, grundsätzliche Überlegungen zur Rechtschreibung anzustellen. Sie soll ja der Komplexität und auch dem dynamischen Charakter der Sprache gerecht werden und gleichzeitig dem Schreibenden ein möglichst klares und übersichtliches Regelwerk an die Hand geben. Diese beiden Pole repräsentieren in gewisser Weise die Texte von Florian Kranz auf der einen Seite und von Reiner Kunze auf der anderen.

S. 190–201

Vgl. Basiswissen, AB, S. 196 f.

Stilistik ist das Thema von **Teilkapitel 3** „Verschwiegen oder ausdrücklich, reduziert oder komplex – Satzbau und Stil". Dabei geht es nicht nur um die Darstellung para- und hypotaktischer Satzbaumuster, sondern darum, zwei stilistische Grundhaltungen deutlich werden zu lassen. Beide Stile werden exemplarisch vorgeführt: Der Beginn des Teilkapitels führt dabei mit dem Beginn von Peter Stamms Erzählung „Am Eisweiher" (1999) die Linie von Texten aus

© 2010 Oldenbourg Schulbuchverlag

der Gegenwartsliteratur, mit denen Teilkapitel 2 endet, fort, um mit Thomas Manns „Vorsatz" zu seinem Roman „Der Zauberberg" (1924) ins erste Viertel des 20. Jahrhunderts zurückzukehren und so den Bogen weitgehend über den Bereich der Literaturgeschichte, der in Jgst. 12 behandelt werden soll, zu spannen. Dabei können die beiden Autoren als paradigmatisch für die beiden Schreibhaltungen angesehen werden: Der fast scheue Stil des Schweizers Stamm wird oft gerühmt, die Tatsache, dass Thomas Mann die epische Breite liebt, braucht nicht eigens betont zu werden.
Bei Stiluntersuchungen dieser Art soll immer klar werden, wie der Stil eines Textes dessen Inhalt verdeutlicht, bestimmten Intentionen zum Ausdruck verhilft und eine bestimmte Rezeptionshaltung befördert. Stiluntersuchungen stehen im Dienst einer umfassenden Erschließung und Interpretation eines Textes – und zugleich der Ausbildung und Verbesserung der Schreibfähigkeiten der Schülerinnen und Schüler (vgl. AB, S. 198, Aufgabe 2 f.).
Dieses Anliegen aufgreifend, wird das Kapitel von einer „Kleinen Stillehre" abgeschlossen. Sie wiederholt einige in Jgst. 11 gelernte Stilregeln, um dann weitere einzuführen.

S. 170/171

Die Abbildung einer von Reinhold Schneider handschriftlich bearbeiteten Seite aus dem Typoskript der von ihm erstellten Rundfunkbearbeitung (13. 1. 1955) seiner „Las Casas"-Erzählung auf der **Auftaktdoppelseite** kann den Prozess des Sichmühens um die angemessene sprachliche Gestalt verdeutlichen: Streichungen, Änderungen, Ergänzungen – ähnlich gehen Schülerinnen und Schüler bei der Abfassung eigener Texte vor. Gleichzeitig soll das Beispiel dazu anregen, eigene Texte kritisch durchzusehen und zu überarbeiten. Da die abgebildete Seite aus dem Typoskript einer Rundfunkbearbeitung stammt, weist sie auch Regieanweisungen für die Sprecher auf („sarkastisch", 9. Zeile) und gibt Hinweise auf notwendige Hintergrundgeräusche („Zustimmung", 3. Zeile von unten).
Die Seite zeigt eine entscheidende Stelle aus dem Angriff Sepulvedas gegen Las Casas, bei dem Sepulveda rhetorisch geschickt seinem Kontrahenten – in Verkehrung der Tatsachen – Rassismus unterstellt; Sepulveda selbst hat sich letztlich gegen diesen Vorwurf zu verteidigen.

Vgl. im Text der Erzählung: Reinhold Schneider: Las Casas vor Karl V. Szenen aus der Konquistadorenzeit. Frankfurt/Main: Suhrkamp 1990, S. 101.

Die Schriftstellerbilder auf der linken Seite zeigen die in Teilkapitel 1 und 3 behandelten Autoren, Reinhold Schneider, Thomas Mann und Peter Stamm, beim Schreiben:
- Thomas Mann, in Schreibhaltung, blickt den Betrachter an; distanziert sich damit vom Geschriebenen, stellt sich als Autor zwischen Text und Betrachter/Leser. Der souveräne Gestus, der sein Schreiben kennzeichnet, also auch hier im zur Schau getragenen Habitus der den Autor stilisierenden Aufnahme.
- Auch die Aufnahme von Peter Stamm wirkt gestellt. Der Schriftsteller zeigt sich konzentriert auf den Text; der fest geschlossene Mund hat etwas Strenges, sich Mühendes. Nicht selbstverständlich ist wohl, dass ein Schriftsteller im Jahr 2009 von Hand schreibt. Peter Stamm tut dies tatsächlich in aller Regel, sehr gern auch nicht am Schreibtisch, sondern unterwegs beim Zugfahren.
- Am entspanntesten wirkt Reinhold Schneider beim Schreiben im Freien. Seine Texte fließen dahin, er liebt den großen Ausdruck, auf seine Weise Thomas Mann ähnlich.

Vgl. auch die Abbildung AB, S. 193, die Entwürfe zum 2009 erschienenen Roman „Sieben Jahre" zeigt.

S. 172

1. Reinhold Schneider: „Las Casas vor Karl V." – Aufgaben und Möglichkeiten des Konjunktivs

S. 172

1.1 Gegen den Nationalsozialismus: innere Emigration

S. 173, Aufgabe 1

Sepulveda: Die Unterwerfung der Indios muss ihrer Bekehrung vorausgehen (Z. 3 f.).
Las Casas: Die Indios sind allein mit Mitteln des Glaubens zu bekehren, bei diesem „Bekehrungswerk" darf „Rücksicht auf den Staat" keine Rolle spielen (Z. 4 ff.). Las Casas legt die

© 2010 Oldenbourg Schulbuchverlag

Position Sepulvedas so dar, dass dieser Staatsinteressen gegenüber „ewigem Recht“ als höherrangig einschätze (Z. 20 ff.), ein Vorgehen, das nach Las Casas dem Recht selbst widerspricht. „Ewiges Recht“ (Z. 20 f.) wird in Las Casas' Argumentation enggeführt mit „Gottes Sache“ (Z. 22). Wenn man – auf der Ebene einer allgemeinen Diskussion – von der religiösen Engführung wegkommen will, kann man deutlich machen, dass es der Sache nach um absolutes, transzendentes Recht, in gewisser Weise auch um unhintergehbare Grundrechte geht, deren Gültigkeitsanspruch Las Casas in der göttlichen Sphäre verankert.

S. 173, Aufgabe 2

Z. 10–18: Las Casas hat als junger Mann das Recht studiert, ohne nach dessen Erfordernissen zu leben (Hintergrund: Las Casas zog nach seinen Studien in Spanien zunächst als Konquistador in die „Neuen Indien“). Möglicherweise Hinweis auf Diskrepanz zwischen Rechtsbewusstsein, moralischem Bewusstsein vieler in Deutschland und mangelnder Ausrichtung des eigenen Lebens in Entsprechung zu diesem Bewusstsein (Mitläufer-Einstellung).
Z. 18–25: Anspielung auf nationalsozialistische Rechtsbeugungen: Kritik daran, dass die Ideologie des NS-Staates gültige Rechtsnormen brach. Sepulveda schätze den Staat höher als das ewige Recht, den Dienst am irdischen, politischen Herrn höher als den Dienst an Gottes Sache (allgemeiner: den Dienst für unaufgebbare Normen und ethische Grundsätze). In Wahrheit aber müsse alle irdische (staatliche) Ordnung Gott dienen (allgemeiner: sich Absolutem unterordnen).
Z. 26 f.: Anspielung auf die Situation des deutschen Volks: Gefahr, in der Unterordnung unter den NS-Staat die eigene Seele (die moralische Integrität) „an irdische Mächte“ (Z. 26) zu verkaufen. – Betonung der Aussage durch die Anspielung auf das Faust-Motiv.
Spezifische Art und Weise der Kritik: Explizit gesprochen wird über eine historische Situation, die der Vergangenheit angehört: Verschiedene Bewertungen des spanischen Vorgehens gegenüber den Ureinwohnern der „Neuen Indien“. Dass Rechtsbeugungen und Rassen-„Politik“ der Nationalsozialisten im Blick sind, hört nur der kundige und auch hörwillige Leser: Er überträgt die historische Situation auf die gemeinte aktuelle.

S. 174

1.2 **„Man müsse sich das Unrecht ... vergegenwärtigen“** – Konjunktiv I und II

S. 174

Konjunktiv I: Modus der mittelbaren Redewiedergabe

S. 174, Aufgabe 1

Funktion des Konjunktiv I:
Z. 1–7: Der Erzähler referiert die Grundpositionen Sepulvedas und Las Casas', gibt also deren Meinungen und Gedanken wieder. Abhängig sind die beiden K-I-Formen der Passage von „Rechtsstreit“ (Z. 1): Der Erzähler erläutert, worin der Rechtsstreit bestand, indem er die in ihm vertretenen Positionen referiert („ob“, Z. 1, „oder ob“, Z. 4).
Z. 7–31: Während er zuvor selbst sprach, lässt der Erzähler nun Las Casas zu Wort kommen (Rede vor den Dominikanern von Valladolid), allerdings nicht direkt, vielmehr gibt er Las Casas' Ausführungen in indirekter Rede wieder. Abgesehen von der Redeeinleitung („erklärte Las Casas“, Z. 8) also durchgängig Konjunktiv der mittelbaren Redewiedergabe.

S. 174, Aufgabe 2

Man erzählt, die Disputation habe zunächst allein dem Rechtsstreite gegolten, ob, wie Sepulveda unter dem Beifall der Kolonisten, eines großen Teils der hohen Beamten und selbst der Geistlichen gelehrt habe, die Unterwerfung der Indios der Bekehrung vorausgehen müsse oder ob, wie es die Überzeugung des Las Casas und seines Ordens gewesen sei, das Bekehrungswerk allein mit den Mitteln des Glaubens und gewissermaßen unabhängig von der Rücksicht auf den Staat die eigentliche Aufgabe der Spanier in den Neuen Indien sei.
Wenn die ursprünglich unmittelbar gegebene Erzähleraussage indirekt wiedergegeben wird, rücken deren indikativische Passagen in den K I (Aussagereferat). Zu beachten ist, dass Formen des K-I-Perfekt gebildet werden, da der Erzähler Aussagen über Vergangenes macht,

© 2010 Oldenbourg Schulbuchverlag

das im Verhältnis der Vorzeitigkeit zur Referateinleitung „Man erzählt" steht. – Die in dem Satz bereits vor der Umwandlung vorhandenen K-I-Präsens-Aussagen (die beiden „ob"-Sätze) behalten ihr Tempus bei, da sie ja „nur" den Terminus „Rechtsstreit" (Z.1) erläutern, zu dem sie satzintern im Verhältnis der Gleichzeitigkeit stehen.

Vgl. für die Formenbildung und die Tempora: AB, S.354

S.175

Konjunktiv II: Modus der Potenzialität und der Irrealität

S.176, Aufgabe 1

Funktion: Potenzialis

Z.1–3: Was Las Casas vorschlägt, kann nicht nur gedanklich erwogen werden, es ist auch in der Wirklichkeit möglich.

Z.4–8: Dasselbe gilt für Bernardinos Aussagen; er erwägt Möglichkeiten, die in seinem Leben tatsächlich realisiert werden können.

S.176, Aufgabe 2

Konjunktiv I bzw. dessen Vermeidung/Umschreibung:

- Ausdruck der Aufforderung: „Man nehme vier Eier und schlage das Eiweiß steif."
  → „Nehmen Sie vier Eier und schlagen Sie das Eiweiß steif!"
  Der Ersatz des K I durch den **Imperativ** gibt der Aufforderung etwas mehr Schärfe. Durch den K I wird die Aufforderung eigentlich nur im Zusammenhang von Rezepten oder von Anwendungs- (Medikamente) bzw. Gebrauchsanweisungen ausgedrückt.
- Ausdruck des Wunsches: „Sie lebe hoch, sie lebe hoch, sie lebe dreimal hoch!" → „Hoch soll sie leben, hoch soll sie leben, dreimal hoch!"
  Ersatz des K I durch das **Modalverb „sollen"**.
- Gedankliche Setzung, Ausdruck einer Annahme: „Das Dreieck ABC sei rechtwinklig."
  → „Das Dreieck ABC wird als rechtwinklig angenommen."
  Ersatz des K I durch eine präzise **verbale Umschreibung** („annehmen").

Konjunktiv II bzw. dessen Vermeidung/Umschreibung:
(Im strengen Sinn trifft nur der in der Aufgabe genannte Aussagentyp zu.)

- Ausdruck der Möglichkeit/Potentialität: „Dies könnte deine Aufgabe sein." → „Vielleicht/Möglicherweise ist das deine Aufgabe."/„Könnte das etwa deine Aufgabe sein?"
  → „Wahrscheinlich ist das deine Aufgabe."
  Ersatz des im K II gebrauchten **Modalverbs „können"** durch ein **Modaladverbial** wie „vielleicht", „möglicherweise", „wahrscheinlich", „unter Umständen".
  Alle anderen Möglichkeiten sind im Grunde sinnändernd und zerstören den durch den K II erzeugten spezifischen Aussagegehalt:
- Ausdruck des höflichen Wunschs: „Ich hätte gerne eine Jeans." → „Ich möchte bitte eine Jeans haben."
  Die durch K-II-Gebrauch zum Ausdruck gebrachte Höflichkeit oder Förmlichkeit wird durch die Ersatzformulierung mit **„möchten"** eigentlich eingeebnet. Der Wunsch klingt nun direkter.
- Ausdruck des höflichen Rats: „Ich würde Ihnen dieses Buch empfehlen." → „Ich möchte Ihnen dieses Buch empfehlen."
  Wiederum wird die durch K-II-Gebrauch zum Ausdruck gebrachte Zurückhaltung bei der Empfehlung durch die Ersatzformulierung mit **„möchten"** eigentlich eingeebnet; der „möchte"-Formulierung kann – ganz im Gegensatz zur Vorsicht der „würde"-Formulierung – sogar schon etwas Dringliches eignen.
- Ironiserung der höfliche Frage/Bitte, die dadurch zur starken Aufforderung wird: „Würdest du das jetzt endlich erledigen?" → „Erledige das jetzt endlich!"
  Aber: Die Schärfe, die durch die Ironisierung der Form der höflichen Frage/Bitte („Würdest du das bitte erledigen?" statt „Erledigst du das bitte?"/„Erledige das doch bitte!") erzielt wird, geht durch die Umsetzung in den gewöhnlichen **Imperativ** verloren.

© 2010 Oldenbourg Schulbuchverlag

S. 178, Aufgabe 3

Im Grunde spielt Loaisa zweimal denselben Gedankengang durch: Welche Folgen hätte es für das Ansehen bzw. die Politik Spaniens, wenn sich Las Casas' Position durchsetzte?

- Z. 1–13: Hier wendet Loaisa sein Argument noch stark zugunsten von Las Casas: Wenn Las Casas recht habe mit seiner Einschätzung, dass die Spanier in Südamerika keine Eroberungen (hätten) durchführen dürfen, dann sei das Unrecht, das durch eben diese Eroberungen noch zum Zeitpunkt der Verhandlung Tag für Tag geschehe, unermesslich groß und furchtbar. Loaisa hält die Größe des Unrechts, das gegeben wäre, wenn Las Casas' Annahme stimme, dem Dominikaner zugute; er müsse ja protestieren, Einhalt fordern, wenn dieses Unrecht so immens sei. Zugleich liegt aber die Spitze seines Arguments, das er hier noch in der Form der Negation vorträgt, darin, dass er sagt, eigentlich sei Las Casas' Verlangen „vermessen" und „wahnwitzig" (Z. 12 f.), weil er die spanische Eroberung ins Unrecht setze. Also: Bedenkt man die Folgen von Las Casas' Ansinnen, so Loaisa, so gerät die spanische Politik in die Unrechtsposition, und das ist Wahnwitz.
- Z. 14–45: Hier, wiederum in mehreren Anläufen, das eigentliche Argument Loaisas: Wenn die Indios in ihre alten Rechte vor der Eroberung wieder eingesetzt würden, ihnen also „völlige Freiheit des Menschen vor Gott im spanischen Weltreich" (Z. 29 f.) zugestanden würde, bedeutete das nicht nur eine grundsätzliche Neuordnung des Verhältnisses Spanier/Indios (Z. 15–17, 22–26), wären nicht nur die Spanier im Nachhinein ins Unrecht gesetzt (Z. 1–13), vielmehr müssten die Folgen einer solchen Entscheidung für „den Wohlstand Spaniens, den Stand der kaiserlichen Kassen, [...] die Weltpolitik des Kaisers" (Z. 33 f.) furchtbar sein. Dass sagt Loaisa so zwar nicht, und genau in diesem Verschweigen besteht das rhetorische Raffinement seiner Rede, er meint es aber genau so, wenn er sagt, es sei „vermessen" (Z. 31), diese genannten Folgen im Angesicht des Kaisers auch nur „zu erörtern" (Z. 32).

  D. h.: Loaisa argumentiert letztlich ernüchternd pragmatisch: Weil die Folgen von Las Casas' Verlangen für die spanischen Finanzen und die Politik des Kaisers schlecht wären, kann diesem Verlangen nicht stattgegeben werden. Banaler geht es eigentlich nicht mehr, angesichts der ethischen Frage, die zur Diskussion steht. Wiederum: Loaisa sagt natürlich nicht direkt, was er eigentlich sagen will, er deutet die Frage an, um deren Entscheidung dem kaiserlichen Gewissen anheimzustellen, tückischerweise mit dem Hinweis, dass dem Kaiser seine Position ja von Gott gegeben sei, was wohl die weitere Überlegung implizieren soll, dass damit auch die durch die bisherige kaiserliche Politik beförderte spanische Macht und der spanische Wohlstand gottgegeben und gottgewollt seien, damit aber alles, was ihnen entgegengesetzt sei, sich gegen Gott selbst richte (Z. 37–45).

  Die ethische Problematik liegt klar zutage: Eine Position, die nach einem zunächst einmal nicht relativierbaren Recht, nach einem – in moderner Terminologie – absoluten Grundrecht fragt und dessen Respektierung und Durchsetzung einfordert, soll dadurch desavouiert werden, dass auf nachteilige Folgen für Wohlstand und politischen Einfluss, für höchst relativierbare, keineswegs absolute Größen also, hingewiesen wird. Die Ebenen, auf denen die Gegner sich hier begegnen, sind grundverschieden: Der eine, Las Casas, weist darauf hin, dass er eine ethische Position vertritt, die aus sich selbst heraus gar nicht bestritten werden kann, weil ihr absolute Gültigkeit zukommt. Der andere, Loaisa, ignoriert einfach das Problem der Unhinterfragbarkeit der ethischen Position Loaisas und setzt ein einfaches, letztlich materialistisches Nutzen- oder Zweckkalkül dagegen. Loaisas Position zu Ende gedacht bedeutet: Absolute Werte sind keine absoluten Werte, es gibt sie also nicht, sie werden spätestens dann irrelevant und angreifbar, wenn ein bestimmter – materieller – Nutzen gegen sie steht. Letztlich heiligt für Loaisa der Zweck die Mittel: Wenn es darum geht, Spaniens Wohlstand und Macht zu schützen, kann man ein gottgegebenes (absolutes, transzendentes) Recht opfern.

S. 178, Aufgabe 4

Loaisa macht klar, dass die Durchsetzung von Las Casas' Forderungen die Situation der Indios (und der Spanier) in den „Neuen Indien" grundlegend ändern würde (Z. 14–26), er spricht Las

© 2010 Oldenbourg Schulbuchverlag

Casas' Überlegungen also eine enorme Sprengkraft zu (für den Fall, dass sie sich entfalten können). Diese Feststellungen, Befundaufnahmen kommentiert Loaisa mit der in der Aufgabe wiedergegebenen Aussage.
Loaisa attestiert mit seiner Aussage der Idee den entscheidenden Einfluss auf den Gang der Geschichte; die Idee, die theoretische Überzeugung ändere die geschichtliche Wirklichkeit. Damit vertritt er dezidiert eine idealistische Position, gegen den marxistischen Ansatz, dass umgekehrt das gesellschaftliche Sein theoretische Entwürfe in Entsprechung zu eben der gesellschaftlich-materialistischen Basis produziere und den Gang der Geschichte bestimme. Das Denken bestimme den Gang der Geschichte, bestimme das Sein, so Loaisa mit Hegel; das gesellschaftliche Sein bestimme das Denken und den Gang der Geschichte, so Marx.
Indem Loaisa vor Las Casas warnt, macht er indirekt die – im Sinne des Erzählers – Richtigkeit von dessen Ansatz klar, damit auch die – wiederum vom Erzähler her gedacht – Richtigkeit der idealistischen Weltsicht.
Zugleich kommt hier die Überzeugung des NS-Kritikers Schneider zum Ausdruck, dass moralische Integrität in der Lage sei, Unrecht, also das NS-Unrecht, zu überwinden: Kampf des Geistes gegen die Barbarei.

S. 178, Aufgabe 5a

Vgl. Aufgabe 4. – Loaisa betont die Macht des Geistes, und er sieht Las Casas auf der Seite eines mächtigen geistigen Entwurfs (Freiheit für die Indios). Loaisa betont die Gewalt dieses Entwurfs und warnt andererseits vor den – in seinen Augen – verheerenden Folgen der Durchsetzung dieses Entwurfs (vgl. Aufgabe 3), d. h., er setzt seine Äußerung ein, um vor Las Casas und seinem Anspruch zu warnen.

S. 178, Aufgabe 5b

Grundsätzlich: Loaisa setzt sich für den Machterhalt des politischen Systems ein. Argumentation:

- Wenn sich Las Casas' ethische Position durchsetzte, hätte das fatale Folgen für das bestehende System Karls V. (Wohlstand, Staatsfinanzen, Ansehen, polit. Einfluss). – Position der NS-kritischen Instanz also: Es ist moralisch nicht haltbar, den deutschen NS-Staat schützen und rechtfertigen zu wollen mit dem Hinweis darauf, die Einforderung der Einhaltung und Respektierung von Grundrechten schade der Macht und dem Einfluss des deutschen Staates und dem Ansehen seines „Führes".
- Loaisa spitzt das Argument zu: Er verweist darauf, dass Karl V. politisch in einer Situation kurz vor dem Erfolg seines Bemühens, eine christliche Einigung des Abendlands zu erreichen, stehe: Der Sieg gegen die Mauren sei gelungen, nun müsse nur noch die Wiedervereinigung der gespaltenen Christenheit erreicht werden (vgl. Z. 34–37). Es ist wichtig zu sehen, dass Schneider an dieser Stelle historisch „fälscht", um eine Zuspitzung des Arguments zu erreichen: Weder war Karls Einsatz gegen die Mauren, auf den Loaisa anspielt, religionspolitisch motiviert, noch war er eigentlich erfolgreich; und auch Karls Einsatz im Sinne der christlich-konfessionellen Einheit des Reiches stand unter einem deutlich weniger glücklichen Stern, als Loaisa hier vorspiegelt. Darüber hinaus nahm Karl in der Zeit nach der Disputation von Valladolid auch an keinem Reichstag teil, der die Religionspolitik zum Thema gehabt hätte. D. h., Schneider lässt Loaisa massiv zuspitzen, wenn dieser Karl V. – ahistorisch – als kurz vor dem Höhepunkt erfolgreicher Bemühungen um die religiöse Einheit des Reichs stehend inszeniert. Auf die deutsche Situation übertragen: „Deutschland marschiert", die NS-Bewegung gewinnt an Stärke – ihr jetzt, vor dem Höhepunkt ihres Erfolgs in den Rücken zu fallen, das wäre Verrat an Deutschland; so – auf die deutschen Verhältnisse angewandt – das Loaisa-Argument, dem der NS-Kritiker natürlich entschieden entgegenhält, aus Gründen der vollkommenen ethischen Fragwürdigkeit der Argumentation (vgl. Aufgabe 3).

Vgl. AB, S. 178, Anmerkung 1

- die letzte Zuspitzung: Loaisa, Präsident des Indienrates zwar, aber immerhin auch Kardinal, erinnert daran, dass Karl schließlich „ein von Gott gesetzter Amtsträger" (Z. 42) und in seinen Handlungen „der Ewigkeit" (Z. 43) verpflichtet sei. D. h., der Theologe argumentiert

© 2010 Oldenbourg Schulbuchverlag

theologisch für die Stärke von Karls Position. Offensichtlich will Schneider hier die Bewegungen in den christlichen Kirchen kritisieren, die sich vom NS-Regime vereinnahmen ließen (innerhalb des Protestantismus etwa die „Deutschen Christen"), Hitler stützten und eine Art von christlich verbrämtem Nationalsozialismus entwickelten.

S. 178, Aufgabe 6

Z. 4–10: „so hätte Kolumbus [...] das Schwert auf dem Schiff lassen sollen, und die Spanier hätten nur Märtyrer [...] über das Meer senden dürfen [...]. Dann geschähe Tag für Tag himmelschreiendes Unrecht [...]; denn noch immer schwängen die Spanier [...] das Schwert". **Potenzialis:** Es wird erwogen, was gelten würde, wenn Las Casas' ethische Positionen zuträfen (Z. 2–4); und dass diese Positionen wahr sind, ist möglich, ist denkbar, auch innerhalb der Darstellung Loaisas.

Z. 15: „die Freunde des Las Casas dürften diesen Umstand nicht verhehlen." **Redereferat** (in direkter Formulierung Indikativ (Z. 14 f.): Ein kühneres Ansinnen ist [...] niemals gestellt worden, und auch die Freunde [...] dürfen diesen Umstand nicht verhehlen.), also K II als **K-I-Ersatz.**

Z. 15–17: „Denn Ordnung und Leben [...] müssten, sofern [das Ansinnen] erfüllt werden sollte, [...] völlig umgestoßen werden. Die Indios müssten [...] wieder eingesetzt werden". Typisches **potenziales Bedingungsgefüge:** Annahme / Bedingung im „sofern"-Satz. Die Umsetzung der Annahme in der Wirklichkeit ist möglich.

Z. 18 f.: „Rechte [...], die sie [...] innegehabt hätten". **Redereferat** (in direkter Formulierung Indikativ: [Sie] müssten in die Rechte wieder eingesetzt werden, die sie vor der Entdeckung innegehabt hatten.), also K II als **K-I-Ersatz.**

Z. 19 f.: „zu untersuchen, was den Spaniern alsdann noch bliebe". Schwieriger Fall. Zwei Deutungsmöglichkeiten:

- **Redereferat**, also **K-I-Ersatz:** Direkt formuliert, würde der Satz dann lauten: Es ist in dieser Stunde nicht der Versammelten Sache, zu untersuchen, was den Spaniern alsdann noch bleibt / bleiben wird. (Indikativ). Der Indikativ scheint hier vertretbar: Das, was den Spaniern noch bleibt, folgt direkt aus der Annahme der Befreiung der Indios, die hier ja gedanklich als real gesetzt wird. – Wenn man so auffasst, wäre „bliebe" freilich eine unnötige K-II-Ersatzform, da der K I als Konjunktiv erkennbar ist: „bleibe". Korrekt müsste Schneiders Satz bei dieser Auffassung lauten: zu untersuchen, was den Spaniern alsdann noch bleibe, sei in dieser Stunde ...
- **Potenzialis:** Direkt formuliert, hieße der Satz: Es ist in dieser Stunde nicht der Versammelten Sache, zu untersuchen, was den Spaniern alsdann noch bliebe. – Wenn hier im „was"-Satz der K II beibehalten wird, kommt zum Ausdruck, dass dieses, was noch bleibt, eben abhängig ist vom Faktum der Befreiung der Indios. Die innere Abhängigkeit des Inhalts des „was"-Satzes von der Annahme der Indiobefreiung wird herausgestellt, und diese Befreiung bleibt – zum Zeitpunkt der Rede Loaisas – hypothetisch. Bei dieser – potenzialen – Auffassung ist K II ganz korrekt, K I wäre falsch.

Z. 24–26: „ob alle Beziehungen [...] verändert werden sollten." Ähnlich schwierig.

- **Redereferat** (in direkter Formulierung Indikativ (Z. 21–26): Der Streit [...] kann die ungeheuersten Folgen haben und fordert [...] nichts Geringeres als die Entscheidung darüber, ob alle Beziehungen verändert werden sollen.), also K II als **K-I-Ersatz.**
- Auch hier kann man, wie im vorangehenden Beispiel, darüber streiten, ob im „ob"-Satz nicht – durch den Konjunktiv – eine **innere Abhängigkeit vom übergeordneten Hauptsatz** ausgedrückt werden soll, deren Realisierung hier allerdings vom K I zu übernehmen wäre, was die Einführung eines anderen Prädikats anstelle von „verändert werden sollen" deutlich macht (Der Streit [...] kann die ungeheuersten Folgen haben und fordert [...] nichts Geringeres als die Entscheidung darüber, ob alle Beziehungen neu zu gestalten seien.). Auch bei dieser Auffassung wäre der K II „sollten" also **K-I-Ersatz.**
- Um die Sache weiter zu verkomplizieren: Kann man nicht auch sagen: Der Streit [...] kann die ungeheuersten Folgen haben und fordert [...] nichts Geringeres als die Entscheidung

© 2010 Oldenbourg Schulbuchverlag

darüber, ob nicht etwa alle Beziehungen neu zu gestalten wären. – Wenn diese Aussage korrekt ist, würde das bedeuten, dass das „verändert werden sollten" in Schneiders Text (Z. 26) tatsächlich **potenzialen Charakter** hat, der K II somit als originärer K II geboten wäre. Zum Ausdruck gebracht würde dann wiederum die Bedingtheit des ganzen Gedankens: Veränderung der Beziehungen nur für den Fall, dass Indiobefreiung.

An keiner Stelle: K II als **Irrealis**.

S. 179 **Gutes Handeln, richtiges Handeln:** Heiligt der Zweck die Mittel?

S. 180, Aufgabe 1

Zunächst vom Themen- und Argumentationszusammenhang ausgehend: Ob es dem Christentum wirklich förderlich wäre, wenn der Bestand eines christlichen Staates auch durch unchristliche Mittel (Gewaltanwendung bei Zwangsbekehrungen etwa) gefördert würde, muss bezweifelt werden: Vielmehr ist umgekehrt davon auszugehen, dass das Christentum selbst geschädigt würde, wenn der Bestand eines „formal" christlichen Staates durch Anwendung unchristlicher Mittel gesichert oder gefördert werden sollte.
Analog: Ist es dem Islam wirklich förderlich, wenn ein islamisches Land um eines ganz bestimmten (fundamentalistischen) Verständnisses der eigenen Religion willen gegen bestimmte Menschenrechte (Religionsfreiheit etwa) verstößt, weil es meint, den Islam dadurch zu fördern? Schadet dies dem Islam nicht vielmehr, weil es ihn außerhalb der universalen Basis der gesamten Menschheit (gemeinsames Ethos aller Menschen) stellt?
Beide bisher angeführten Argumente bewegen sich im Nutzen-Kalkül des Sepulveda-Arguments, sie fragen nach dem Nutzen, nach dem Förderlichen, sind damit also Argumente innerhalb der Vorstellungswelt des Zweck-Mittel-Kalküls.
Natürlich kann und muss das Zweck-Mittel-Kalkül auch von außen angegriffen werden: Es unterstellt, dass es keine absolut gültigen Werte gibt, bzw. macht den Nutzen (hier: für den christlichen Staat bzw. für das Christentum) zu einem solchen – willkürlich gesetzten – Letztwert. Erwidern wird man hier aber doch müssen, dass es bestimmte Werte gibt, die aus sich heraus zu respektieren sind, egal ob ihre Einhaltung irgendeinen Nutzen befördert oder nicht. – Selbstverständlich kann der Fall eintreten, dass ein solcher absoluter Grundwert in Konflikt mit einem anderen absoluten Grundwert geraten kann. Dann wird zu entscheiden sein, welches der höherrangige Wert ist. Fraglich muss dann aber doch sein, ob der Nutzen eines Staates (ein vergängliches Gebilde / es geht nicht um den Verteidigungsfall in der Kriegssituation, die dem Lebensschutz der eigenen Bürger dient) oder einer Religion (Warum soll – unabhängig von differenzierteren Überlegungen, die man anstellen könnte – die eine Religion mehr wert sein als die andere oder als eine sonstige Weltanschauung?) ein solcher absolut zu respektierender Grundwert sein kann. Deutlich muss also werden, dass das Zweck-Mittel-Kalkül so tut, als gebe es keine in sich und aus sich heraus zu respektierenden Werte, die beachtet werden müssen, unabhängig von Folgeüberlegungen.

S. 180, Aufgabe 2

Rede Sepulvedas (Z. 1–29): Die Ausführungen Sepulvedas sind zunächst von großer Sachlichkeit geprägt: nüchternes Referat von Las Casas' Position und seiner eigenen: Z. 1–6. Danach Begründung der eigenen Position: Z. 7–29. Dabei trotz des sachlichen Tonfalls

- Untergrabung der Position Las Casas' dadurch, dass diese als der Ordnung des menschlichen Zusammenlebens und dem Christentum selbst schädlich dargestellt wird (Z. 7–19):
  - Sie führe zu einer „heillosen Verwirrung der menschlichen Existenz" (Z. 12 f.),
  - „zur Gefährdung eines ganzen mächtigen Volkes." (Z. 14),
  - sie „widerstreite" „der Erfüllung der Gebote Christi selbst" (Z. 16 f.).

  Also: argumentativer Dreischritt, im Kontext der Vorstellungswelt des Textes unbedingt steigernd.
- Positive Darstellung der eigenen Position (Z. 19–23):

© 2010 Oldenbourg Schulbuchverlag

- ○ „Mittel, die dem christlichen Staat dienten", seien „auch dem Christentum selbst förderlich" (Z. 19 f.)
- ○ „[W]as zur Festigung" des christlichen „Staates beitrage, sei gut" (Z. 20 f.)
- ○ Der christliche Staat begründe das Christentum. (Z. 22 f.)
  Wichtig hierbei: subtile Spitze gegen Las Casas: „was [dem christlichen Staat] schade, müsse nicht unbedingt schlecht, aber doch wenigstens falsch und töricht sein." (Z. 21 f.)
  D. h.: Scheinbares Entgegenkommen: „Moralisch schlecht ist deine Argumentation, Las Casas, nicht." Sepulveda „streichelt" den Gegner, um dann über ihn herzufallen: „Aber falsch und dumm ist sie, deine Position." Das Ganze bleibt relativ moderat, da der Vorwurf der moralischen Verwerflichkeit gerade noch nicht erhoben wird. Aber: Deutliche Verschärfung des Tonfalls: Aus der scheinbaren Sachlichkeit heraus werden Angriffe gegen Las Casas sichtbar.

– Schlussfolgerung im Hinblick auf den konkreten Streitfall „Neue Indien" (Z. 23–29): Wenn gilt: Christlicher Staat begründet Christentum, dann:
  - ○ Die „Neuen Indien" seien dann für das Christentum gewonnen, „wenn sie dem Zepter der spanischen Krone unterworfen seien." (Z. 25) (Wiederholung von Argumenten aus zweitem Redeteil, nun im Hinblick auf den konkreten Fall:)
  - ○ Was dazu führe, diene dem Glauben.
  - ○ Ergo: Die „Kriege der Spanier, deren Ziel die Unterwerfung und Bekehrung der Indios sei," seien „eine gerechte, ja [...] heilige Sache" (Z. 27–29).
    Sepulveda spitzt also zu, indem er von den allgemeinen Überlegungen auf den konkreten Fall („Neue Indien") hinführt. Dabei gipfelt der Abschluss seiner Argumentation in einer pointierten Formulierung, nämlich der vom „heiligen Krieg". Schärfer kann er sich nicht gegen Las Casas positionieren und diesen damit provozieren, da der Dominikaner ja gerade das Recht Gottes für sich in Anspruch nimmt.

Also: In Sepulvedas Rede Spannungssteigerung durch argumentative Zuspitzung (Steigerungselemente, vom Allgemeinen zum Konkreten), durch zunehmende Angriffe gegen Las Casas bis hin zur massiven Schlussprovokation. Das Ganze in sachlichem Tonfall vorgetragen und dadurch noch schärfer wirkend.

Disput (Z. 30–35): Las Casas' Verhalten korrespondiert mit dem Verlauf der Rede: „wachsende Erregung" (Z. 30), schließlich Aufspringen und Unterbrechung Sepulvedas.
Also: weitere Spannungssteigerung, Dramatisierung. Und zwar durch: Räumliche Veränderung, Änderung der räumlichen Figurenkonstellation, Körperreaktion (Aufspringen), Eingreifen in die Rede des anderen.
Weitere Steigerung inhaltlicher Art: Von Sepulveda provoziert, lässt sich Las Casas zu massivster moralischer Diskreditierung der spanischen Eroberungskriege hinreißen: Schlimmer als Untaten von „Türken und Mauren" (Z. 33). Das christl. Spanien sei also schlimmer als der Islam, das ist ein ungeheuerlicher Vorwurf. → Spannungssteigerung durch Emotionalisierung der Rede (Provokationsstrategie ist aufgegangen).
Dagegen Sepulveda: Bleibt inhaltlich scharf und entschieden, im Ton aber sachlich. Wirkt dadurch gegenüber Las Casas überlegen (kühler Denker, Las Casas emotionaler Hitzkopf). Kann Las Casas' Einwurf zur endgültigen Diskreditierung des Gegners nutzen: Verderblich sei er als Unruhestifter, und niemand sei verderblicher als dieser (Z. 34 f.). D. h. im Hinblick auf die Spannungsentwicklung: Auch Sepulveda versucht seinen Vorwurf zu steigern, indem er jetzt zum ersten Mal Las Casas moralisch angreift (Staatsschädling), was er bisher nicht getan hat.
Also: Steigerung aufgrund des Inhalts der vorgetragenen Argumente bzw. Vorwürfe und Angriffe. Steigerung durch zunehmende Emotionalisierung. Zunehmende Körperbetonung. Konsequent im Hinblick auf die Spannungssteigerung ist der Wechsel in die direkte Rede im Schlussdisput. Die Situation ist derart aufgeladen, dass ein Redereferat nicht mehr möglich scheint. Die Tatsache, dass Schneider mit dem Mittel der direkten Rede in der ganzen Erzählung sparsam umgeht, verstärkt die spannungssteigernde Wirkung.

© 2010 Oldenbourg Schulbuchverlag

S. 180, Aufgabe 3

Las Casas hatte in wachsender Erregung zugehört; nun sprang er auf, mit vor Empörung bebender Stimme rufend, im Namen Gottes erkläre er die Eroberungskriege der Spanier, die bisher geschehen seien, für rechtswidrig, tyrannisch und höllisch; für schlimmer und grausamer als das, was Türken und Mauren getan hätten. – Nichts, rief Sepulveda scharf zurück, sei ein größerer Gräuel als Unordnung; niemand verderblicher als der Unruhestifter.

S. 180, Aufgabe 4

Vgl. Aufgabe 2, letzter Absatz.

S. 180, Aufgabe 5

Die Lehrkraft sollte in diesem Zusammenhang auf die Abituraufgaben im Bereich der Themen Nr. 4 und 5 hinweisen, wo auch das Schreiben in einem vorgegebenen literarischen Format wie dem der Rede verlangt wird.
Inhaltlich wird die Rede natürlich auf die spezifische Argumentation des Las Casas eingehen müssen. Die ist den Schülerinnen und Schülern durch die Textauszüge AB, S. 173 (eigene Darstellung des Las Casas), S. 177 (Referat durch Loaisa), S. 179 (Referat durch Sepulveda) bekannt. Die Lehrkraft wird evtl. darauf hinweisen, dass auch schon AB, S. 180 f. (eigene Darstellung des Las Casas) herangezogen werden kann. Zusätzliche Informationen evtl. durch Lektüre der ganzen Erzählung, über Las Casas auch durch die biografische Notiz AB, S. 179 f.
Redestrategie: Eine Möglichkeit gibt die Sepulveda-Rede, AB, S. 179, vor. Dort argumentativ strenger Aufbau (vgl. Aufgabe 2). Möglicherweise kann man Las Casas impulsiver, weniger stringent sprechen lassen, ihn persönliche Erfahrungen, Erzählungen von Erfahrungen der Konquistadoren, Erzählungen über das von diesen verübte Unrecht einbringen lassen (Material hierzu die Szenen um Bernardino de Lares: AB, S. 172, S. 175). Dies entspräche nur der von Las Casas selbst Bernardino gegenüber ins Spiel gebrachten Strategie, mithilfe persönlichen Zeugnisses den Kaiser auf die eigene Seite zu ziehen zu versuchen (vgl. AB, S. 175).
Es wird darauf zu achten sein, dass die Rede für sie typische rhetorische Mittel einsetzt. Wie Schneider Sepulveda in seiner Rede das machen lässt, zeigt die Antwort zu Aufgabe 2. Zur Redenrhetorik generell vgl. AB, S. 351 f. und S. 332–334.

S. 180, Aufgabe 6

Z. 19 f.: „Dagegen seien alle Mittel, die dem christlichen Staat dienten, auch dem Christentum selbst förderlich ...“ – K II „dienten“ als Ersatz für K I „dienen“. Wie die K-I-Form ist auch die K-II-Form „dienten“ mit einer Indikativform (hier Ind. Prät.) identisch. Dennoch keine „würde“-Umschreibung, da vom Kontext her „dienten“ als K-II-Form auszumachen ist; „würde“-Umschreibung stilistisch unangemessen: „alle Mittel, die dem Staat dienen würden“.
Z. 26: „Maßnahmen, die dazu führten, dienten dem Glauben“ – Wie oben: Satzumgebung im K I (Redereferat), also „führten“ und „dienten“ trotz formaler Gleichheit mit Ind. Prät. als K-II-Formen erkennbar, „würde“-Umschreibung stilistisch unangemessen: „Maßnahmen, die dazu führen würden, würden dem Glauben dienen.“
Es gibt keine Stellen, an denen formal eindeutig als Konjunktive ausmachbare K-II-Ersatzformen vorliegen würden.

S. 181, Aufgabe 7

„Die Gelehrsamkeit lässt sich an ein jedes Ross hängen und von ihm fortziehn.“ (Z. 3 f.): Im Grunde gegen jede gelehrt-akademische Position, die den Erfolg dadurch sucht, dass sie sich an eine einflussreiche (politische) Strömung anhängt, auch wenn deren moralische Integrität zweifelhaft ist; Hinweis auf die Gefahr einer gewissen lebenspraktischen Blindheit, der manche im bloß Theoretischen sich bewegende Denker ausgesetzt sein können.
Etwas bestimmter (vgl. Z. 4–6): Kritik an einseitig (schein-)teleologischen ethischen Positionen, die den Nationalsozialismus in Kauf nehmen, um in ihren Augen Positives zu erreichen (Motto: „Der Zweck heiligt die Mittel.“). Dagegen Las Casas' Bekenntnis: „Wir können mit schlechten Mitteln Gutes nicht erreichen. Und unsere Mittel sind schlecht.“ (Z. 5 f.) Versuch der Konkretisierung:

1. Kritik möglicher kirchenpolitischer Positionen (Pakt mit den Nazis, um das Überleben der Kirchen zu sichern)? Auch im „Las Casas“ geht es ja um die Verbreitung des Christentums und um die Frage, welche Mittel hierfür angewendet werden dürfen.

© 2010 Oldenbourg Schulbuchverlag

2. Kritik an den Teilen der deutschen Professorenschaft („Gelehrsamkeit", Z. 3), die sich den Nazis andienten, um unbehelligt weiterarbeiten zu können.

S. 181, Aufgabe 8

Position Sepulvedas:
Basisaussage Las Casas', von der aus seine Sepulveda entgegengesetzte Position deutlich wird: „Wir können mit schlechten Mitteln Gutes nicht erreichen. Und unsere Mittel sind schlecht." (Z. 5 f.) Ferner kündigt Las Casas an, er könne eine Vielzahl von Beispielen der Anwendung solcher falscher, schlechter Mittel aus der Geschichte der spanischen Eroberung der Neuen Indien anführen: Z. 8 f. – Las Casas vertritt also eine stark gesinnungsethisch orientierte Position, wenn man mit der von Max Weber eingeführten Terminologie klassifizieren will. Sepulveda wäre dann der Vertreter einer Verantwortungsethik, allerdings in der sehr zugespitzten Form, dass er – aus der Zielorientierung „Verantwortung für den Staat als oberstes Gut" heraus – diesem Staat und dessen Zwecken oberste Priorität (vor der Respektierung allgemeinen Rechts, transzendenten Rechts, der Menschenrechte) einräumt.
AB, S. 173, Z. 1–7: Schon hier wird die „Mittel"-Diskussion angedeutet: „das Bekehrungswerk allein mit den Mitteln des Glaubens und gewissermaßen unabhängig von der Rücksicht auf den Staat [sei] die eigentliche Aufgabe der Spanier in den Neuen Indien" (Z. 5–7). Angegriffen wird also eine Position (und es ist die Sepulvedas), die Mittel staatlichen Zwangs (Unterwerfung) einsetzen will, um auf deren Basis zu bekehren.
Z. 18–25: unabhängig von der Ziel-Mittel-Argumentation: Bestritten wird Sepulvedas Position, der dem Staat und dessen positiv gesetztem Recht Priorität vor absolutem Recht/transzendetem Recht/allg. Menschenrecht einzuräumen scheint.
AB, S. 177 f.: Indirekt ist die Argumentation Loaisas von der Ansicht Sepulvedas getragen, dass Las Casas' Forderung, vor aller Unterwerfung den Indios Achtung ihrer Menschenrechte zu garantieren, dem spanischen Staat Schaden zufügen würde und deshalb zurückzuweisen sei. In Las Casas' Augen stellt diese Argumentation eine Verkehrung von Ziel und Mittel dar: Der Staat und sein Wohlergehen würden zum eigentlichen Zweck/Ziel des Handelns, nicht der Respekt vor dem Menschen und dessen Förderung im Glauben.
AB, S. 179, Z. 14–29, bes. Z. 19–22 u. Z. 26–29: Zentrale Stelle; sie bringt auf den Punkt, was Las Casas angreift, nämlich die Position, dass „alle Mittel, die dem christlichen Staate dienten, auch dem Christentum selbst förderlich" seien (Z. 19 f.) und dass, „was zur Festigung dieses Staates beitrage" (Z. 20 f.), gut sei. Las Casas vertritt die Gegenposition, dass schlechte Mittel niemals Gutes bewirken könnten (AB, S. 180, Z. 5 f.). Sepulveda pointiert: AB, S. 179, Z. 26–29: Die Unterwerfungskriege der Spanier, deren Ziel auch die Bekehrung der Indios sei, seien „eine gerechte, ja [...] heilige Sache". Las Casas dagegen: Schlechtes Mittel, deswegen verwerflich. Deutlich wird seine Position in der Erwiderung gegen Sepulveda: „Im Namen Gottes erkläre ich die Eroberungskriege der Spanier [...] für rechtswidrig, tyrranisch und höllisch" (AB, S. 179, Z. 30–32).

S. 181, Aufgabe 9

Verwendungsweise des Konjunktivs II (Z. 6–9): Las Casas weist auf eine Möglichkeit hin, die tatsächlich realisiert werden könnte: typisches **potenziales** Bedingungsgefüge.

S. 181, Aufgabe 10

Zum Hintergrund: vgl. AB, S. 180, Aufgabe 6; an den Stellen, auf die dort Bezug genommen wird, setzt Schneider, ohne zu „würde"-Umschreibungen zu greifen, im Kontext eindeutig als Konjunktive auszumachende K-II-Formen ein, die mit den Indikativformen des Präteritums identisch sind. – Und: Auch an der vorliegenden Stelle folgt in Z. 9 wiederum ein mit der parallelen Indikativform übereinstimmender, vom Satzkontext her aber eindeutig als Konjunktiv auszumachender K II ohne Umschreibung: „hineinblickten".
Vielleicht empfand Schneider die K-II-Form („spiegelte") an vorliegender Stelle übertrieben, manieriert, zumal ein weiterer mit dem Indikativ übereinstimmender K II folgt: „hineinblickten". Vielleicht wollte er den konjunktivischen, hier potenzialen Gehalt des Satzes durch die aufwendigere „würde"-Formulierung betonen. Vielleicht wollte er die Aussage betonen:

© 2010 Oldenbourg Schulbuchverlag

Aufgrund der „würde"-Umschreibung rückt das sinntragende Verb „spiegeln" ans Ende des Hauptsatzes („so würde er [...] spiegeln", Z. 8) und bekommt dadurch Gewicht.

S. 181, Aufgabe 11

Potenziale Verwendung:
- Karl V. sagte: „Sepulveda könnte irren und auch früher schon geirrt haben." (Überlegung)
- Wenn Bernardino jetzt auftreten und von seinem eigenen Schicksal erzählen dürfte, würde dies den Kaiser vielleicht in seinem Urteil entscheidend beeinflussen. (potenziales Konditionalgefüge)
- Viele Zweifel bewegten Bernardino de Lares. Hätte er damals schon milder und menschlicher mit den Indios umgehen sollen? (zweifelnde Frage)

irreale Verwendung:
- Gorbatschow würde das anders machen. / Gorbatschow hätte das anders gemacht. (Aber er hat jetzt keine politische Entscheidungsbefugnis mehr.) (irrealer Aussagesatz)
- Wenn Karl nicht ein so kluger und verständiger Mensch gewesen wäre, hätte er sich vielleicht von Las Casas' schroffem Ausfall am Ende seiner Rede beirren und in seinem eigenen Urteil erschüttern lassen. (irreales Konditionalgefüge)

Zur weiteren Information:

Reinhold Schneider
- Reinhold Schneider: Las Casas vor Karl V. Szenen aus der Konquistadorenzeit. Mit einem Nachwort v. Edwin M. Landau (= ST 1722). Frankfurt/M.: Suhrkamp 1990.
- Wolfgang Frühwald: Das Ende der Schwermut. Zum tragischen Lebensgefühl im Werk Reinhold Schneiders. In: Reinhold Schneider. Texte eines radikalen Christen. Hg. v. Michael Albus. Freiburg: Herder 2008, S. 9–34.
- Wolfgang Frühwald: Das Gedächtnis der Frömmigkeit. Religion, Kirche und Literatur in Deutschland vom Barock bis zur Gegenwart. Frankfurt/M./Leipzig: Verlag der Weltreligionen im Insel-Verlag 2008; darin die Kapitel „Widerstand aus dem Glauben: Reinhold Schneider" (S. 233–249) und „Die Grausamkeit der Frommen. Bartolomé de Las Casas und die katholische Literatur in Deutschland" (S. 280–299).
- Hans Maier: Reinhold Schneiders Leben und Werk. In: Stimmen der Zeit 226 (2008), 540–562.

Grammatik: Modi, vor allem Konjunktiv
- Duden. Grammatik der deutschen Gegenwartssprache. 6. Aufl. Hg. v. d. Dudenredaktion. Bearb. v. Peter Eisenberg u. a. Mannheim u. a.: Dudenverlag 1998, S. 156–172.
- Duden. Schulgrammatik extra. Deutsch. 5. bis 10. Klasse. Erarb. v. Monika Bornemann u. Michael Bornemann. 3. Aufl. Berlin u. a.: Duden Schulbuchverlag 2009, S. 19–23.
- Gerhard Schoebe: Schoebe®. Grammatik kompakt. 2. Aufl. München: Oldenbourg Schulbuchverlag 2002, S. 41–55; S. 128–144.

S. 181

2. **„verwogener stirnscheitelunterschwang"** – die Regelung der Getrennt- und Zusammenschreibung

S. 181

2.1 **Wörter und Wortgruppen** – Getrennt- und Zusammenschreibung

S. 182, Aufgabe 1

Neben der Information im Titel versucht das Gedicht durch einige Anspielungen anzudeuten, auf welches historische Ereignis es sich bezieht. So wird auf den Nationalsozialismus verwiesen durch Begriffe wie „nördlich" (V. 7), „Sa-Atz" (V. 11) und „hünig" (V. 12). Auf Hitler verweist der „stirnscheitelunterschwang" (V. 6).
Die Atmosphäre auf dem Heldenplatz während der Rede Hitlers vergleicht das Gedicht mit einer Orgie. Die Menschen – „maschenhaft" (V. 2) auf dem Platz versammelt – gehen in der

© 2010 Oldenbourg Schulbuchverlag

Masse unter, im „männchenmeere“ (V. 2) bzw. im „männechensee“ (V. 13), sodass der Heldenplatz „versaggerte“ (V. 2). Mit ihrer Individualität verlieren sie offensichtlich auch alle Hemmungen. Die „frauen“ (V. 3) drängen offensiv ans „maskelknie“ (V. 3) und sind „hoffensdick“ (V. 4). In der Menge „würmelte“ es „balzerig“ (V. 13), sodass manche „weiber“ (V. 14) ein „knie-ender [...] hirschelte“ (V. 15).
In der zweiten Versgruppe und zu Beginn der dritten liegt der Fokus auf dem Redner. Auch er erscheint nahezu besinnungslos, denn er „kechelte“ (V. 7), er spricht mit „aufs bluten feilzer stimme“ (V. 8) und „hinsensend“ (V. 9). Ihm steht nur ein „stimmstummel“ (V. 12) zur Verfügung, seine staccato-artige Sprechweise ist durch Ausrufe geprägt („pirsch!“, V. 10): Er „döppelt“ (V. 11) – und zwar „von Sa-Atz zu Sa-Atz“ (V. 11).
Redner und Zuhörer entsprechen einander. Sie werden mit Begriffen bezeichnet, die an Wild erinnern – die einen sind „knie-ender“ (V. 15), der andere der „gottelbock“ (V. 11).
Alle Anwesenden – ob Mann oder Frau, Redner oder Zuhörer – befinden sich im Konsens. Sie berauschen sich an der Entgrenzung und gehen in einem pervertierten Gemeinschaftserlebnis auf. Deshalb werden „eigenwäscher“ (V. 9) auch als Skandal wahrgenommen.
Neben dem lautmalerischen Spiel mit Sprache arbeitet Jandl mit einer raffinierten Form der Verfremdung von Wörtern. Er löst sie dadurch aus ihrer Eindeutigkeit, ohne sie zu sehr inhaltlich zu entleeren. So kann jeder einzelne Begriff eine Aura an Assoziationen im Kopf des Lesers erzeugen – und der Leser muss sich darauf einlassen, will er die Textinformationen in einen sinnvollen Zusammenhang bringen. Diesen Verfremdungseffekt erzielt Jandl häufig auch mithilfe von Komposita. Hier entsteht die Verfremdung unter anderem durch die Verbindung zweier Wörter, die eigentlich nicht viel miteinander zu tun haben. So wird das Knie mit dem Begriff „maskel“ kombiniert (V. 3), das an das Adjektiv „maskulin“ erinnert, vielleicht auch an das englische „muscle“. Hier wird also das männlich-martialische Auftreten der Zuhörer und auch die einer sexuellen Erregung gleichenden Atmosphäre in der Menge unterstrichen – und gleichzeitig parodiert. Denn das Knie ist nun einmal kein männliches Geschlechtsmerkmal und wirkt im Allgemeinen auch nicht erotisch.
Einen parodistischen Effekt haben auch Deminuitive („männchenmeere“, V. 2, „männechensee“, V. 13), die das stets pathetische und großmannssüchtige Auftreten der Nationalsozialisten lächerlich machen. Eine ähnliche Wirkung hat auch der „stimmstummel“ (V. 12).

S. 182, Aufgabe 2

Zusammensetzungen sind Wörter, die aus zwei oder mehreren Wörtern, die ihrerseits selbstständig vorkommen können, ohne zusätzliche Ableitungsmittel gebildet werden. In der Regel stellt das erste Wort (oder die ersten Wörter) das Bestimmungswort dar, das zweite das Grundwort. Letzteres bestimmt die grammatischen Eigenschaften des Kompositums (Wortart). Die Zusammensetzung wird durch einen Betonungsbogen aus Haupt- und Nebenakzent verdeutlicht. Manchmal werden an der Grenze zwischen den Bestandteilen Verbindungselemente wie zum Beispiel ein „s“ eingefügt. Beispiele im Text:
- Komposita aus zwei oder mehreren Nomen: „heldenplatz“ (V. 1), „männchenmeere“ (V. 2), „stirnscheitelunterschwang“ (V. 6), „gottelbock“ (V. 11), „stimmstummel“ (V. 12), „männechensee“ (V. 13), „knie-ender“ (V. 15)
- Komposita aus Adjektiv und Nomen: „maskelknie“ (V. 3), „eigenwäscher“ (V. 9)
- Kompositum aus Verb und Adjektiv: „hoffensdick“ (V. 4)

S. 182, Aufgabe 3

Die Funktion des Bindestrichs als „Ergänzungsstrich“ und als „Trennungsstrich“ soll nur der Vollständigkeit halber angeführt werden. Daneben wird der Bindestrich
- fakultativ eingesetzt, um einzelne Bestandteile in Zusammensetzungen hervorzuheben bzw. um Missverständnisse zu vermeiden, oder
- zwingend eingesetzt, wenn die Zusammensetzungen mit einzelnen Buchstaben, Ziffern oder Abkürzungen gebildet werden bzw. wenn es sich um mehrteilige Zusammensetzungen (Wortgruppen) handelt.

© 2010 Oldenbourg Schulbuchverlag

Jandl hat die Bindestriche in seinem Text gemäß den Regeln eingesetzt.

- Bei „zu-nummernder“ (V. 8) soll das „zu“ besonders betont werden und wird deshalb abgetrennt (vergleichbar mit „etwas be-greifen“, das relativ häufig zu lesen ist).
- Bei „Sa-Atz“ (V. 11) handelt es sich im Grunde genommen um keine Zusammensetzung. Vielmehr werden die ersten beiden Buchstaben des Wortes „Satz“ bewusst abgetrennt, um so auf die SA anzuspielen und die abgehackte Sprechweise Hitlers zu parodieren.
- Bei „knie-ender“ (V. 15) handelt es sich wohl – was die Regeln betrifft – um ein fakultative Setzung des Bindestrichs, die zu einer besseren Lesbarkeit führt, weil sie ein direktes Aufeinandertreffen der beiden „e“ vermeidet.

S.182, Aufgabe 4

„eigenwäscher“ (V. 9) wird offensichtlich als Zusammensetzung begriffen, während „sämmertliche eigenwäscher“ eine Wortgruppe ist. Das heißt: Das Adjektiv „eigen“ ist das Bestimmungswort zum Grundwort „wäscher“. Das Adjektiv „sämmertliche“ bestimmt dagegen das Kompositum insgesamt. Grammatikalisch schlägt sich der Unterschied deutlich nieder: „eigen“ ist fester Bestandteil des Wortes und kann deshalb natürlich nicht mehr flektiert werden. Bei „sämmertliche“ hingegen liegt deutlich erkennbar eine flektierte Form vor. Diese Konstruktion ist z. B. vergleichbar mit: „die bewusstlose Schwerverletzte“.

S.183, Aufgabe 5

Gegensatzpaare:

- In der linken Spalte wird das Adjektiv „hoch“ flektiert, in der rechten kann es nicht mehr flektiert werden (morphologisches Unterscheidungskriterium).
- In der linken Spalte kann das Adjektiv „gut“ erweitert werden, in der rechten nicht (syntaktisches Unterscheidungskriterium).
- Die Zusammensetzung „freisprechen“ in der rechten Spalte hat eine neue Bedeutung im Vergleich zu den beiden Bestandteilen „frei“ und „sprechen“. Dies wird durch die Zusammenschreibung angezeigt (Unterscheidungsschreibung).

Auch im ersten und dritten Beispiel lässt sich das syntaktische Unterscheidungskriterium nachweisen wie auch im zweiten und dritten das morphologische. Außerdem liegt im zweiten Beispiel ebenfalls eine Unterscheidungsschreibung vor. Für alle drei Beispiel gilt: Der Wortakzent gibt einen Hinweis auf die Schreibung (vgl. z. B. „frei sprechen“ vs. „freisprechen“).

S.184

2.2 Wenn etwas schwerfällt – die Entwicklung der Getrennt- und Zusammenschreibung

S.185, Aufgabe 1

„Erfassungsfunktion“ meint, dass ein Schriftsystem so gestaltet sein soll, dass Leserinnen und Leser den Graphemfolgen das entnehmen können, was sie „gespeichert“ haben, dass sie also den Sinn des Geschriebenen erfassen können.

Der im ersten Abschnitt skizzierte Zusammenhang zwischen Erfassungsfunktion, Zusammenschreibung und Getrenntschreibung könnte so dargestellt werden:

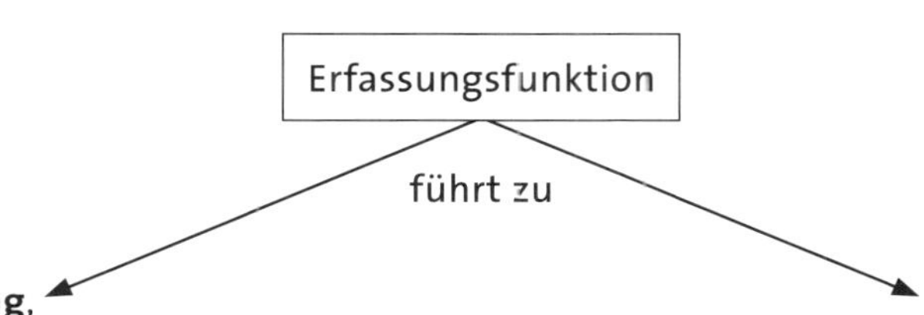

Getrenntschreibung, um Wörter als Sinneinheiten für den Leser erkennbar zu machen.

Zusammenschreibung, um Zusammensetzungen als Sinneinheiten für den Leser erkennbar zu machen.

S.185, Aufgabe 2

- Konkreter Gebrauch: Ich bin gestern auf der Treppe schwer gefallen.
  Übertragener Gebrauch: Diese Hausaufgabe ist mir schwergefallen.

© 2010 Oldenbourg Schulbuchverlag

– Prädikative Funktion: Beim Almabtrieb waren die Kühe reich geschmückt.
  Attributive Funktion: Beim Almabtrieb bestaunten viele Touristen die reichgeschmückten Kühe.

S. 185, Aufgabe 3

Der zweite Absatz argumentiert mit der „mehrseitige[n] linguistische[n] Determiniertheit dieses Schreibungsbereichs“ (Z. 31 ff.). Die Getrennt- und Zusammenschreibung wurde also mit mehreren verschiedenen, zum Teil widersprüchlichen Funktionen versehen.
Im Anschluss (ab Z. 38) wird ein weiterer Grund dafür angegeben, weshalb diesem Bereich nur so schwer mit eindeutigen Regeln beizukommen ist: Sprache ist nichts Statisches, sondern verändert sich. Oder besser: Die Sprecher verändern ihre Sprache. Das gilt nicht nur für die Semantik, sondern auch für das Schriftbild. Der Text nennt die Tendenz der Schreibenden, bestimmte Wortgruppen zu Wörtern umzudeuten und dementsprechend zusammenzuschreiben. Ursache dafür ist z. B. der häufige, standardisierte Gebrauch einer bestimmten Wortgruppe (z. B. „auf Grund“), sodass sie zunehmend als *ein* Wort wahrgenommen wird, was man auch in der grafischen Wortform ausdrücken möchte. Dieser Prozess folgt zwar – wie gesagt – einer Tendenz, allerdings in unterschiedlicher Geschwindigkeit. Das bedeutet: Die Univerbierung ist nicht an einem bestimmten Stichtag abgeschlossen, an dem man dann die Regel formulieren kann. Vielmehr wird sie bei manchen Wendungen bereits akzeptiert (z. B. „aufgrund“) bei anderen hingegen noch nicht (z. B. „bei der Hand“). Der prozesshafte Charakter der Univerbierung führt also zur Notwendigkeit, neben einer Regel eine Reihe von Ausnahmen zu formulieren.

Vgl. dazu auch Kapitel 2.2, AB, S. 55 ff.

S. 185

2.3 „Die Aura der Wörter“ – Getrennt- und Zusammenschreibung in der Diskussion

Hinweis: Das Kapitel behandelt eigentlich einen bereits überholten Gegenstand. Schließlich ist die ursprüngliche Reform der Rechtschreibung nach den Modifikationen im Jahr 2006 für die Schülerinnen und Schüler nicht mehr relevant. Und auch grundsätzlichere Fragen wie etwa die nach der Legitimierung der Rechtschreibreformer spielen in der öffentlichen Wahrnehmung keine Rolle mehr.
Deshalb werden die Regelungen der ursprünglichen Reform auch nicht im Einzelnen dargestellt. Es genügt für dieses Kapitel die Veränderungen zu kennen, auf die Florian Kranz in seinem Text eingeht (AB, S. 185 f.) und auf die sich auch Reiner Kunze bezieht (S. 186 ff.).
Ziel des Kapitels ist es nämlich, zu verdeutlichen, dass die Rechtschreibung etwas historisch Gewachsenes ist und dass es ein sehr anspruchsvolles Unterfangen ist, ein organisches und sich ständig veränderndes System wie Sprache in ein starres Regelwerk zu gießen – und zwar so, dass das Regelwerk von den Schreibenden auch verstanden und angewendet werden kann. Die Regeln müssen also möglichst eindeutig und nachvollziehbar sein und dürfen nicht eine Vielzahl von Ausnahmen aufweisen.

S. 186, Aufgabe 1

Die „Tendenz zu mehr Getrenntschreibung“ (Z. 4 f.) bei der ursprünglichen Rechtschreibreform ergibt sich dadurch, dass die „Definition dessen, was als ein Wort gilt, [...] möglichst eng gesetzt“ wurde (Z. 5–7), d. h.: Vieles, was bisher als ein Wort angesehen wurde, wird von der ursprünglichen Neuregelung als Wortgruppe interpretiert. Das liegt vor allem daran, dass die im Text von Dieter Herberg (AB, S. 184 f.) aufgeführten zusätzlichen Funktionen der Getrennt- und Zusammenschreibung gekappt wurden, so z. B. die Unterscheidung von „konkreter Bedeutung“ vs. „übertragener Bedeutung“ als grammatikalisch nicht relevant.

S. 186, Aufgabe 2

Viele der neuen Schreibweisen sind nach Kranz „kein Eingriff in die Sprache selbst“ (Z. 18 f.), sondern betreffen „in hohem Maße [...] Konventionen“ (Z. 25 f.). Das bedeutet: Widerstände gegen die Neuerungen sind nicht fachlich begründet und legen sich nach einer gewissen Zeit, nämlich dann, wenn sich der Leser an die neuen Schreibweisen gewöhnt hat.

© 2010 Oldenbourg Schulbuchverlag

Dies trifft insbesondere auf die Unterscheidung (vgl. Aufgabe 1) von „konkreter Bedeutung" vs. „übertragener Bedeutung" zu. Es ist für Kranz notwendig, sie aufzuheben, denn

- sie lässt sich grammatikalisch nicht begründen. Eine übertragene Bedeutung ist noch kein Grund dafür, aus zwei Wörtern eines zu machen (vgl. Z. 27–44),
- sie wird nur willkürlich und nicht konsequent angewendet (vgl. Z. 45–52),
- sie ist überflüssig. Der Leser kann mithilfe des Kontextes erschließen, welche Bedeutung vorliegt. Er ist also nicht auf die Unterscheidungsschreibung angewiesen (vgl. Z. 53–60),
- sie spielt im konkreten Sprachgebrauch nur selten eine Rolle; bei Umstellungen wird auch das zusammengeschriebene Wort wieder getrennt (Z. 60–65),
- sie ist häufig nicht eindeutig anwendbar. Die Entscheidung, ob eine konkrete oder übertragene Bedeutung vorliegt, ist oft nicht eindeutig zu treffen (Z. 65–70).

S. 186, Aufgabe 3

Anstoß für die Reform der deutschen Rechtschreibung gab der Wunsch, das Regelwerk eindeutiger und nachvollziehbarer zu gestalten, damit die Regeln leichter zu erlernen wären. Dahinter steckte ein sozialer Antrieb. Man dachte beim Versuch der Vereinfachung nicht so sehr an diejenigen, die Deutsch als Fremdsprache erlernen, sondern in erster Linie an die Kinder aus bildungsferneren Schichten, denen die komplizierte, mit ihren vielen Ausnahmen verwirrende Regelung der Rechtschreibung unnötige Hürden in den Weg legte.
Die ursprüngliche Neuregelung hätte „die Getrenntschreibung zum Normalfall erklärt" (Z. 7 f.) und damit eine relativ eindeutige Regel erstellt. Sie wäre auch deshalb einfacher zu erlernen gewesen, weil sie den „Schreibgewohnheiten" (Z. 9) entsprochen hätte, da „eher irrtümlich getrennt als zusammengeschrieben" wird (Z. 10 f.).

S. 188, Aufgabe 4a

Der Grundtenor von Kunzes Argumentation gegen die ursprüngliche Neuregelung der Rechtschreibung ist die Behauptung, sie würde Wörter aus der geschriebenen Sprache „eliminieren" (Z. 35) und einen sehr ertragreichen Weg der Wortneubildung verstellen (vgl. Z. 35–39). Das würde einer „sprachlichen Teil-Enteignung" (Z. 30) gleichkommen. Kunze geht also – anders als Kranz – davon aus, dass die Zusammenschreibungen nicht einfach nur Konventionen sind, sondern substantiell begründet sind.

S. 188, Aufgabe 4b

Argumente:

- Die konventionelle Regelung vor der Reform macht es möglich, zwischen konkreter und übertragener Bedeutung zu unterscheiden. Das Schriftbild stimmt damit mit der Aussprache der Wörter überein. Denn beim Gebrauch in der konkreten Bedeutung werden die Einzelwörter für sich betont, in der übertragenen bildet sich ein gemeinsamer Wortakzent. Es geht nach Kunze also nicht nur darum, dem Leser die semantische Einordnung, sondern das Vorlesen zu erleichtern (vgl. Z. 1–30).
- Mit der Regelung vor der Reform hat die Sprache zusätzliche Möglichkeiten, Differenzierungen deutlich zu machen. Dass Zusammensetzungen auch zusammengeschrieben werden, verdankt sich nämlich nicht nur einer willkürlich operierenden Konvention, sondern dem „Sprachgefühl" (Z. 72) und der „Sprachintelligenz" (Z. 73) der Sprechergemeinschaft (vgl. Z. 39–74).
- Generell entwickelt sich eine Sprache – nach Kunze – zu einem immer komplexeren und verfeinerten Gebilde. Diese Richtung würde durch die ursprüngliche Neuregelung jedoch umgekehrt.
- Die Zerstörung der „Aura" (Z. 80) von Wörtern durch neue Schreibweisen führt zu „Sprachdesensibilisierung, Abstumpfung und Resignation" (Z. 97–99).

S. 188, Aufgabe 5

Die „Aura" eines Wortes entsteht nach Kunze aus dem Zusammenspiel von Schriftbild, Klang und den Assoziationen, die das Wort auslöst. Sie wird umso „intensiver und prägender" (Z. 84), je „wichtiger und gebräuchlicher" (Z. 83) ein Wort ist. Durch die Rechtschreibreform wird eine dieser drei Grundkomponenten bei einer Reihe von Wörtern verändert, nämlich das Schriftbild, sodass als Folge die „Aura" der betroffenen Wörter zerstört wird. Für Kunze wirkt

© 2010 Oldenbourg Schulbuchverlag

sich das unmittelbar auf die Sprecher aus. Die Zerstörung der Aura „zerstört etwas in uns, [sie] tastet den Fundus unseres Unbewussten an" (Z. 85 f.).

S. 188, Aufgabe 6 Die Aufgabe soll es den Schülerinnen und Schülern ermöglichen, ihr Wissen über die Unterscheidung von Wort und Wortgruppe mit der Sensibilisierung für Rechtschreibprobleme durch die Texte von Kranz und Kunze zu verbinden. Grundlage sind also die Ausführungen von Dieter Herberg (AB, S. 184 f.). Bei der Diskussion kann auf die Argumente von Florian Kranz (vgl. AB, S. 185 f., Aufgaben 1, 2) und Reiner Kunze (vgl. AB, S. 186 f., Aufgaben 4, 5) zurückgegriffen werden – jeweils natürlich angepasst an das Beispiel „schwer fallen – schwerfallen". Im Vorgriff auf das Teilkapitel „2.4 Regeln kennen + lernen – Zusammensetzungen mit Verben" kann am Ende der Diskussion überprüft werden, wie die Zusammensetzung nach der Neuregelung von 2006 geschrieben wird.

S. 188, Aufgabe 7 Florian Kranz setzt sich ja mit dem Vorwurf auseinander, die Rechtschreibreform „würde ‚massiv in die Sprache eingreifen'" (Z. 2 f.). In seiner Argumentation versucht er, diesem Vorwurf auch mit der – durchaus polemisch gemeinten – rhetorischen Frage zu begegnen: „Könnte man also nicht behaupten, dass die Duden-Rechtschreibung ‚massiv in die Sprache eingegriffen hat'?" (Z. 39–41).
Bei Reiner Kunze fällt die drastische Wortwahl auf. Im Zusammenhang mit den Veränderungen durch die Rechtschreibreform fallen Begriffe wie „Teil-Enteignung" (Z. 30), „eliminieren" (Z. 35), „zerstört" (Z. 85), „Mikrotrauma" (Z. 96) oder „psychische Läsion" (Z. 96 f.). Die Rechtschreibreformer wenden sich gegen die „Gemeinschaft von fast hundert Millionen Menschen" (Z. 71 f.), indem sie einfach etwas „dekretieren" (Z. 68). Polemisch ist auch die Passage, in der Kunze auf die Veränderungen in der Schreibweise durch die Rechtschreibreform eingeht: „... oder weil man ihnen [also den Wörtern] eine Packung von drei ‚s' verpaßt und ihnen dann eine Spreizstange eingezogen hat" (Z. 92–94).

S. 188, Aufgabe 8 Florian Kranz argumentiert streng grammatikalisch. Deshalb lehnt er z. B. das Kriterium „konkrete Bedeutung" oder „übertragene Bedeutung" ab, da sie grammatikalisch keine Rolle spielt. Das wird daran deutlich, dass bei Wörtern, die in übertragener Bedeutung verwendet und deshalb zusammengeschrieben werden, bei Umstellungen die beiden Teile voneinander getrennt werden (z. B. „sitzen bleiben/sitzenbleiben", vgl. Z. 60–65).
Für Kunze ist die Schreibung eines Wortes hingegen nicht nur grammatikalisch begründet. Für ihn drückt sich z. B. in der Unterscheidungsschreibung die „Sprachintelligenz" (Z. 73) der Sprechergemeinschaft aus. Auch die Aussprache der Wörter soll in ihrer Schreibung abgebildet werden – schon allein um die „Gefahr, beim Vorlesen sinnwidrig zu betonen" (Z. 22 f.), zu vermeiden. Seine Argumentation gipfelt im Postulat, die Wörter hätten eine „Aura" (Z. 80), die eben auch durch ihr Schriftbild bestimmt wird (vgl. S. 188, Aufgabe 5). Damit geht es nicht mehr darum, einzelne Regelungen in Frage zu stellen und Verbesserungen zu diskutieren. Vielmehr ist mit diesem Postulat jede Veränderung der Rechtschreibregeln durch eine Reform ausgeschlossen. Verändern kann sich Rechtschreibung demnach nur in der von Kunze in den Zeilen 60 bis 68 beschriebenen Weise: In einem Prozess nimmt die Sprechergemeinschaft eine Veränderung vor – aus welchen Gründen auch immer – und die Wörterbücher vollziehen diese Veränderung nach, indem sie sie ins Regelwerk aufnehmen.

S. 188, Aufgabe 9 Stellungnahme und vor allem Erörterung sind stärker der möglichst objektiven Auseinandersetzung verpflichtet als der Kommentar. Diesen müssen die Schülerinnen und Schüler zwar auch argumentativ gestalten, sie erhalten aber gleichzeitig die Möglichkeit zu experimentieren, ihrer Meinung auch polemisch, jedenfalls pointiert Ausdruck zu verleihen. Bei beiden Schreibformen geht es darum, nicht nur die Argumentation der Gegenseite zu reproduzieren – also z. B. Kranz mit den Argumenten von Kunze zu widerlegen –, sondern die Argumentation der beiden Autoren kritisch zu durchdenken und auf Schwachstellen zu überprüfen (im Unterschied zu Aufgabe 6 der S. 188). Folgende Aspekte könnten eine Rolle spielen:

© 2010 Oldenbourg Schulbuchverlag

Argumentation Florian Kranz:

- Kranz berücksichtigt in diesem Textausschnitt nicht die „Rechte" der Sprachgemeinschaft. Wenn es um die Widerstände gegen die Rechtschreibreform geht, wird ihre Ursache schnell darin vermutet, dass eben die neuen Regeln den „bisherigen Gewohnheiten an einigen Stellen empfindlich zuwiderlaufen" (Z. 12–14). Folgerichtig formuliert er den Rat: „Besser sollte man daraus schließen, dass es um eine Konvention geht, deren Grenzen veränderbar sind, weil sie ‚von Natur aus' nicht eindeutig sind" (Z. 41–44). „Von Natur aus" natürlich nicht, aber die sogenannte „Duden-Rechtschreibung" (Z. 40) hat ihre Regeln im 20. Jahrhundert immer wieder den Modifikationen, die – zunächst als Regelbruch – von der Sprachgemeinschaft vorgenommen wurden, angepasst. Damit wären wir bei dem Problem der Legitimierung der Rechtschreibreform, also bei der grundsätzlichen Frage, ob solche gravierenden Veränderungen der Rechtschreibung „von oben" vorgeschrieben werden dürfen.
- Kritisch hinterfragen könnte man auch folgende Aussage von Florian Kranz: „Derartige Veränderungen berührten zwar das Sprachgefühl, sind aber kein Eingriff in die Sprache selbst" (Z. 17–19). Zwar ist richtig, dass z. B. die ebenfalls umfassend diskutierte Umwandlung von „ß" in „ss" nach einem kurzen Vokal eher die Sehgewohnheiten der Leser und Schreiber betrifft. Doch bei der Getrennt- und Zusammenschreibung geht es nicht einfach nur um eine andere Schreibweise, sondern auch um die Frage, ob man etwas als Wort oder Wortgruppe interpretiert. Wenn man also – wie Kranz selbst im nachfolgenden Satz – davon ausgeht, dass sich uns ein zusammengeschriebenes Wort „meist auch als ein Wort" (Z. 21) einprägt, dann betrifft die „Tendenz zu mehr Getrenntschreibung" (Z. 4 f.) eben nicht nur die Gewohnheiten der Sprachgemeinschaft, sondern auch den von ihr wahrgenommenen Wortschatz. Es gibt eben nicht nur die Neigung, dass „eher irrtümlich getrennt als zusammengeschrieben" (Z. 10) wird, sondern auch den Prozess der Univerbierung (vgl. dazu Herberg, AB, S. 184 f.).

Argumentation Reiner Kunze:

- Kunzes Postulat von der „Aura" der Wörter hat zwar seinen Reiz. Die von ihm favorisierte evolutionäre Umgestaltung der Rechtschreibung hat jedoch den Nachteil, dass diesen Prozessen keine durchgängige Systematik zugrunde liegt, dass also ein Regelsystem entsteht, das mit vielen Ausnahmen operieren muss. Außerdem verschweigt Kunze, dass während des laufenden Prozesses zunächst von einzelnen Schreibern und dann von immer mehr natürlich auch die „Aura" des jeweiligen Wortes verletzt wird. Und schließlich setzt dieser evolutionäre Prozess voraus, dass es Schreiber gibt, die sich souverän über das geltende Regelwerk hinwegsetzen – und dafür unter Umständen „bestraft" werden, weil sie ihrer Zeit voraus sind.
- Für Kunze ist es offensichtlich selbstverständlich, dass Rechtschreibregeln so gestaltet sein müssen, dass sie möglichst passgenau die Komplexität und Vielgestaltigkeit der Sprache abbilden. Dafür spricht natürlich vieles – man könnte aber auch diskutieren, ob man Rechtschreibung wirklich nur von den sprachlichen Gegebenheiten her denken muss oder ob man nicht den Schreibenden stärker in den Blick nehmen sollte. Man könnte also überlegen, ob es nicht das wichtigste Ziel einer Rechtschreibsystematik sein müsste, dass sie von möglichst vielen möglichst schnell korrekt beherrscht wird. Die Frage wäre also, inwiefern der sprachliche Verlust vom gesellschaftlichen Nutzen aufgewogen würde. Damit wäre man am Ausgangspunkt der Rechtschreibreform angelangt.

© 2010 Oldenbourg Schulbuchverlag

S. 188

2.4 Regeln kennen + lernen – Zusammensetzungen mit Verben

S. 190, Aufgabe 1

Zusammensetzungen aus dem Text von Florian Kranz:
- sitzen+bleiben: je nach Bedeutung getrennt (konkret) oder zusammen (übertragen)
- liegen+bleiben: je nach Bedeutung getrennt (konkret) oder zusammen (übertragen)
- baden+gehen: auch bei übertragener Bedeutung getrennt (zweiter Bestandteil weder „bleiben" noch „lassen")

Zusammensetzungen aus dem Text von Reiner Kunze:
- richtig+stellen: in der von Kunze verwendeten Bedeutung zusammen, da die „Zusammensetzung gegenüber den einzelnen Wörtern eine eigene Bedeutung aufweist"
- spazieren+gehen: getrennt
- kennen+lernen: fakultativ
- übrig+bleiben: fakultativ

S. 190, Aufgabe 2

Die Neuregelung von 2006 folgt keinem der beiden Autoren. Allein die Tatsache, dass es zu einer Neuregelung gekommen ist, widerspricht Kunzes favorisiertem evolutionären Prozess. So gab es auch schon früher bei der Getrennt- und Zusammenschreibung Veränderungen gegenüber der herkömmlichen Regelung (vgl. „spazieren gehen", Z. 40 bei Kunze). Andererseits verwirft die Neuregelung von 2006 die von Kranz favorisierte Beschränkung auf eine grammatikalische Begründung. Die „Tendenz zu mehr Getrenntschreibung" (Z. 4 f.) wird in vielen Fällen rückgängig gemacht. Die Unterscheidungsschreibung zwischen konkreter und übertragener Bedeutung wird als sinnvoll akzeptiert und übernommen – allerdings häufig in einer abgemilderten Form: Verglichen mit den alten Rechtschreibregeln wird in deutlich mehr Fällen die Schreibung freigestellt (vgl. Schaubild Schreibung von „kennen+lernen" bzw. bei der Kombination von Verben mit „resultativen" Adjektiven). Als Idee steckt wohl dahinter, dass elaborierten Schreibern wie Reiner Kunze, die also entscheiden können, ob z. B. ein Adjektiv resultativ ist oder nicht, die Möglichkeiten einer differenzierteren Schreibweise nicht genommen wird, während gleichzeitig die Schwelle für diejenigen, deren Schriftgebrauch sich eher auf Alltägliches beschränkt, nach unten gesetzt wird.

S. 190, Aufgabe 3

Die Aufgabe soll dazu einladen, nicht nur die Regeln bei Zusammensetzungen mit Verben zu berücksichtigen, sondern mithilfe eines Wörterbuchs die gesamte Getrennt- und Zusammenschreibung in den Blick zu nehmen. Die Argumentation des Kommentars könnte in folgende Schritte gegliedert sein:
- Gegenüber der alten Rechtschreibung hat tatsächlich eine Systematisierung stattgefunden.
- Allerdings gibt es immer noch eine Reihe von Ausnahmeregeln, die manchmal recht willkürlich erscheinen (siehe Berücksichtigung einer übertragenen Bedeutung bei Verbindungen mit dem zweiten Bestandteil „bleiben" oder „lassen").
- Bei einer Reihe von Problemfällen stiehlt sich die Neuregelung ein wenig aus der Verantwortung, weil sie eben keine eindeutige Regelung vornimmt.
- Andererseits kann man gerade den Umstand, vermehrt fakultative Schreibungen zuzulassen, als einen besonderen Pluspunkt der Neuregelung von 2006 ansehen (vgl. dazu AB, S. 190, Aufgabe 2).

© 2010 Oldenbourg Schulbuchverlag

S.190

3. Verschwiegen oder ausdrücklich, reduziert oder komplex – Satzbau und Stil

S.190

3.1 Still und zurückgenommen: Peter Stamm

Zu Peter Stamm: Aufsehen erregte der Schweizer Autor mit seinem Prosadebüt „Agnes“, für das er den Rauriser Literaturpreis (vergeben für die beste Prosa-Erstveröffentlichung in deutscher Sprache) erhielt. Mit „An einem Tag wie diesem“ (2006) auf der „Short List“ zum Deutschen Buchpreis, 2009 mit „Sieben Jahre“ auf der „Long List“. – Gerühmt für seinen meist knappen, äußerst reduzierten Stil. Literatur:

- Volker Weidermann: Lichtjahre. Eine kurze Geschichte der deutschen Literatur von 1945 bis heute. München: btb 2007, S.251–253.
- Ulrike Blattert: Die Wirkungskraft des Kargen. „Blitzeis“ – Peter Stamms kurze Erzählungen. In: Deutschmagazin 5 (2008, Heft 6) 43–48.

S.191, Aufgabe 1

Von Anfang an gegeben: Fortwährendes Durchbrechen der Normalität: „Irgendwo [...] ein Unglück [...], ein Brand“ (Z.4); Verspätung des Zuges, anderer Zug kommt (vgl. Z.5 f.); weitere Fahrtverzögerung (vgl. Z.6 f.); anderes Kommunikationsverhalten der Reisenden als gewöhnlich (vgl. Z.7 f.); Nacht (die Zeit des Schlafs), in der man nicht schläft (vgl. Z.16 f.); Raum der Gesetzlosigkeit: Polizeistunde vorüber (vgl. Z.18 f.); warmer Eisweiher (vgl. Z.21 f.); Fahrradplatten (vgl. Z.28); Ladendiebstähle (vgl. Z.40). Irritierende Atmosphäre: Nichts ist wie gewohnt. Diese Atmosphäre verschärft und heruntergespielt zugleich dadurch, dass das erzählte Geschehen insgesamt denkbar einfach, unspektakulär, alltäglich ist. Zu den Normalitätsdurchbrechungen treten Gegensätze: Arbeitsort und Ort der Beheimatung differieren (vgl. Z.2 f.); Gegensatz Elternwelt bzw. Erwachsenenwelt/Welt der jungen Erwachsenen:

- Schlaf der Eltern/nächtliche Aktivität der jungen Leute (vgl. Z.13–16)
- Ruheverlangen der Erwachsenen/Reden der jungen Leute (vgl. Z.19–21); frühere Antipathie des Ich-Erzählers gegen Stefanie, jetzt gutes Einvernehmen (vgl. Z.33–37); obwohl der Ich-Erzähler eigens Badezeug eingepackt hat, zieht er es nicht an (vgl. Z.24 f., Z.43 f.).

Reibungen, Gegensätze, Durchbrechungen des Normalen prägen also den Text. Wichtig scheint, dass die erste dieser Durchbrechungen ein „Unglück“ (Z.4), ein „Brand“ (Z.4) ist. Wenn man will, mag man im „Brand“ das Brennen des Verlangens bereits mithören. Damit ist auf den letzten Bereich, den dieser Erzählbeginn gestaltet, angespielt: Intensiv (und zugleich zurückhaltend) sinnliche Atmosphäre, die mehr und mehr erotische Untertöne gewinnt: „Brand“ (s.o.); duftendes Heu, Stille des Landes, in der das Zirpen der Grillen gehört wird (vgl. Z.9–11); „keine Nacht zum Schlafen“ (Z.15 f.); Vorschlag des nächtlichen Bads in warmem Wasser (Z.21 f.); das Erste, was der Ich-Erzähler über Stefanie mitteilt, ist, es heiße, sie treibe es mit jedem (vgl. Z.33 f.); Stefanie erzählt von manchem, von Auffälligem, darunter auch von den Kondomkäufern des Dorfes (vgl. Z.41); Nacktheit Stefanies und des Ich-Erzählers.

Etwas Unheilvolles schwebt also schon von Anfang an über dem Text. Auffällig, dass nichts wirklich Außergewöhnliches passiert. Alles scheint, obwohl ständig gegen Normalität verstoßen wird, normal. D.h.: Unheilvolles nimmt seinen Gang, und man merkt es kaum. Zugleich wird deutlich: Was sich entwickelt, muss mit Eros zu tun haben; das Netz erotischer Anspielungen wird immer dichter. Am Ende des Erzählbeginns fragt sich jeder: Was geschieht nun mit den beiden Nackten im See? Fangen sie etwas miteinander an? Was wird geschehen, wenn Urs, der Freund, hinzukommt?

S.191, Aufgabe 2a

Stilistische und erzählerische Mittel, mit denen diese Atmosphäre erzeugt wird: Erzählung fast nur des äußeren Geschehens. Radikaler Verzicht auf Innenperspektivik. D.h., das erzählte äußere Geschehen wird gleichsam metaphorisch aufgeladen, da innere Bewegungen und Entwicklungen nicht gezeigt werden.

© 2010 Oldenbourg Schulbuchverlag

Zugleich: Stilistischer Purismus. Äußerst knappe Beschreibungen des Hergangs. Das schafft so etwas wie Kühle, Zurückhaltung. Dadurch Spannungsentwicklung, Sog, weil Gegensatz zur unheilsschwangeren Eros-Atmosphäre.
Textbeispiele: An vielen Stellen kann das syntaktisch einfache, parataktisch geprägte Erzählen demonstriert werden. Verzicht auf jedes überflüssige Wort; schmuckloses Erzählen, also etwa keine Adjektiv-Reihungen, keine prätentiösen Verben.

S. 191, Aufgabe 2b

- Form: Ich-Erzähler
- Erzählverhalten: Obwohl ein Ich-Erzähler vorliegt, wird man kaum von personalem Erzählverhalten sprechen können. Der Erzähler beschränkt sich auf die asketisch dargebotene Darstellung von im Außenbereich Wahrnehmbarem und von Äußerungen der Figuren. Auch in Bezug auf sich selbst als handelnde Figur nimmt er fast nie Binnenperspektive ein; wenige Ausnahmen, die eher Andeutungen von Ausnahmen sind, bestätigen diese Aussage: Heimatgefühl des Ich-Erzählers (vgl. Z. 2 f.); Bewertung eigenen Verhaltens (vgl. Z. 43 f.). Also: neutrales Erzählverhalten.
- Erzählperspektive: Der Erzähler ist nah am Geschehen, ohne größere Distanz, verschmilzt aber so gut wie nie mit seinen Figuren. Im Grunde eine durchgängige distanzierte Mittellage, auch in Bezug auf sich selbst als handelnde Figur.
- Erzählhaltung: Vom bisher Gesagten wird klar: keine expliziten Wertungen; distanzierte Neutralität in dem, was explizit zum Ausdruck kommt.

S. 191, Aufgabe 2c

Stil, Satzbau und Erzähltechnik sind gleichermaßen durch Schlichtheit, Reduziertheit, Kargheit gekennzeichnet: Einfachster Satzbau, der über weite Strecken von Hauptsatzparataxe gekennzeichnet ist, kombiniert mit schmuck- und anspruchslosen, alltäglichen, unausgefallenen, wiederum einfachen Wörtern, die nichts mehr zu scheuen scheinen als die Besonderheit. Hinzu tritt ein Erzähler, dessen Hauptbestreben darin zu bestehen scheint, sich selbst zum Verschwinden zu bringen, der so tut, als würde die Geschichte fast mechanisch, gefühllos, rein auf die Ebene äußeren Geschehens konzentriert sich selbst erzählen. Letzteres ist ein bloßer – und trügerischer – Eindruck, auf den Stamms Erzählen es offensichtlich abgesehen hat. Scheinbare Distanziertheit, scheinbares Unbeteiligtsein auf der Ebene des direkt Erzählten – zugleich das Entstehen von Bezugsfeldern, von Stimmungen, Atmosphäre durch die Kombination der Elemente, die auf der äußeren Ebene erzählt werden (vgl. Aufgabe 1). Durch das Nichtsagen des allermeisten Innerlichen entsteht eine heftige Spannung, die den Leser in die Geschichte hineinzieht. Was zwischen den Zeilen ungesagt bleibt, ist bei dieser Art des Erzählens von größter Bedeutung. Aber weil so vieles unausgesprochen bleibt, wirkt Stamms Text neben aller Faszination, die er entwickelt, zugleich unterkühlt: Er zieht einen in sich hinein und hält zugleich auf Distanz.
Vielleicht spiegelt er in dieser Wirkung, die er auf seinen Leser ausübt, genau die Qualität von Beziehung, die zwischen seinen Figuren zu herrschen scheint: Intimität und Distanz, Unnahbarkeit und Nähe, Sehnsucht nach Nähe und Wissen um die prinzipielle Unerfüllbarkeit dieser Sehnsucht .

S. 192, Aufgabe 3

Stamms Texte nehmen den Leser gefangen, er lässt sich in sie hineinziehen, folgt ihrem Gang seltsam gespannt und ohne Widerstand leisten zu können. Die Welt der Stamm'schen Texte ist „still“: Höchst Dramatisches ereignet sich völlig unauffällig, „geräuschlos“.

S. 193, Aufgabe 4

Eigenheiten von Stamms Erzählen:

- „die Kunst der Ellipse“ (Z. 56 f.): Stamm reduziert, was er seinen Erzähler mitteilen lässt, aufs Äußerste. Reduktion auf das äußere, das vom Ich-Erzähler wahrnehmbare Geschehen. Reduktion der Ereignishaftigkeit dadurch, dass die Figuren weniger aktiv sind, ihnen vielmehr Dinge zu widerfahren scheinen. Verzicht auf Binnenperspektivik; kaum Mitteilung von Figurenempfinden, z. B. im Text AB, S. 191, Z. 41–44: Die Leser erfahren nicht, was der Ich-Erzähler beim Wahrnehmen der nackten Frau fühlt oder denkt. Im Greiner-Text

© 2010 Oldenbourg Schulbuchverlag

zitierte Passage (Z. 44–49): Stefanie und der Ich-Erzähler blicken gleichsam unbeteiligt auf das Geschehen; Stefanie steht neben dem Ich-Erzähler (vgl. Z. 48). Greiner, Z. 39 f.: Was zwischen Stefanie und dem Ich-Erzähler beim Bootshaus tatsächlich geschieht, wird nicht gesagt.

- „unwissender" Erzähler (vgl. Z. 67): Der Erzähler teilt Bruchstücke des Geschehens mit, ohne Zusammenhänge herzustellen: Von wem ist Stefanie schwanger? Er verzichtet fast vollständig auf Kommentar, Wertung, Erläuterung: z. B. AB, S. 191, Z. 41–44. Der Erzähler teilt nicht einmal alles mit, was er tatsächlich weiß; er sagt nicht, was beim gegenseitigen Schwärmen zwischen Stefanie und ihm geschieht (Greiner, Z. 38–40). Der Erzähler produziert also bewusst irritierende Leerstellen, die den Leser im Ungewisse lassen.
- Schlichte Sprache (Z. 78 ff.), die klare, vollständige Bilder einer Szene hervorbringt, zugleich melodisch. Auch von der Sprache her ein angenehmer Sog in den Text hinein. Beispiel AB, S. 191, Z. 32–37: einfache Wortwahl, wenig Adjektive („langsam", „gut"). Gegensätze (frühere Antipathie, jetziges Einvernehmen) werden einfach benannt, schmucklos nebeneinandergestellt, keine Erklärungsversuche. Ähnlich der Umgang mit den Erklärungsversuchen für die frühere Antipathie: Zwei „vielleicht" werden nebeneinandergestellt, kein Entscheidungsversuch, es bleibt bei den beiden Möglichkeiten. Die Szene, wie die zwei ihre Räder den Hügel hinaufschieben, wird klar nachvollziehbar. Beispiel auch für die einfache Syntax: AB, S. 190, Z. 4–11: fast ausschließlich parataktisch. Es gilt auch hier: Szene wird vollständig klar, wiederum mit einfachsten sprachlichen Mitteln.

S. 193, Aufgabe 5

Hier kann sinnvoll nur mit Schülerlösungen gearbeitet werden, die in Aufgabe 6 hinsichtlich ihrer Qualität vor dem Hintergrund des Originaltextes diskutiert werden.

S. 193, Aufgabe 6
→ Zusatzmaterial 1: Peter Stamm, „Am Eisweiher" (Schluss), LM, S. 173 f.

Qualitative Bewertung nach den genannten Kriterien:

- Konsistenz der Handlungsfortführung: Nach dem den Schülerinnen und Schülern bekannten Beginn der Erzählung mit seinem völlig unspektakulären, gut nachvollziehbaren Alltagsgeschehen sind keine völlig aus dem Rahmen des Normalen, nicht zur gewohnten Realität passenden Ereignisse zu erwarten. Alles sollte nach dem Unfalltod von Urs einen von diesem Unfallgeschehen her erwartbaren Verlauf nehmen. Anderes würde zu Stamms Alltagsfiguren wenig passen, d. h. auch: Wie die Gesamthandlung müssen innerhalb dieser Handlung auch die Figurenkonzeptionen in sich konsistent und schlüssig bleiben.
- Beibehaltung der sprachlichen, stilistischen und erzähltechnischen Besonderheiten: Also einfacher, weitgehend parataktischer Satzbau. Knappes Erzählen ohne Umschweife. Wortwahl: nichts Banales, aber dennoch einfache, unmittelbare Wörter. Erzählhaltung: neutrale, eher distanzierte Mittellage, so gut wie keine Gefühlsäußerungen, keine Kommentare, Beschränkung auf die Mitteilung äußeren Geschehens. Andeutung inneren Geschehens ausschließlich durch Darstellung des Außenbereichs.

Möglicherweise kann sich eine Diskussion von Stamms Text im Hinblick darauf, was nach Teil 1 der Erzählung und Greiners Würdigung von ihm zu erwarten ist, anschließen: Dabei ist sicher entscheidend: Der Moment der Nähe zwischen Stefanie und dem Erzähler bleibt das Geheimnis, um das der Text kreist. Diese Leerstelle birgt das alles entscheidende Geschehen: Sie zieht Urs' Tod nach sich; der Erzähler ändert, nachdem zur Leerstelle das Faktum von Stefanies Schwangerschaft tritt, sein Verhalten: Er fährt nur noch selten ins Heimatdorf. Weitere mögliche Diskussionspunkte: 1. Warum spricht Urs immer nur den Erzähler, nicht Stefanie an? 2. Stefanie springt nach Urs' Unfall vom Balkon des Bootshauses, von wo aus Urs in den Tod gesprungen ist. Erzählt Stamm an dieser Stelle schlampig? Oder neue Ungewissheitsstelle?: Möglicher Todeswunsch Stefanies? Kennt sie den See so exakt, dass sie genau weiß, wo die Pfähle sind? Dagegen: Nur als Kinder wussten sie genau, wo die Pfähle sind.

S. 193, Aufgabe 7

Greiner weist auf die Differenz zwischen Leben und Literatur hin. Gelebte Gefühle sind immer wieder neu, echt, eben „lebendig" und deswegen nie sentimental. Wenn Gefühle zum Gegenstand der Literatur, sie also literarisch „wiederholt" werden, kommt – im Hinblick auf

© 2010 Oldenbourg Schulbuchverlag

die Qualität der so entstehenden Literatur – alles darauf an, wie gut diese Wiederholung ist, und zwar gut nach literarischen Gesichtspunkten. Sentimental wird man – nach Greiner – die Literarisierung eines Gefühls dann nennen müssen, wenn sie literarisch schlecht gemacht ist, wenn sie also nicht ein neues, echtes Gefühl zu erzeugen vermag. Bei Stamm sieht Greiner die Gefahr, dass er sich auf das Konstruieren gewisser ‚romantischer Urkonstellationen' verlässt (Z. 3–5), von deren Heraufbeschwören er sich dann das Entstehen des echten, nicht bloß sentimentalen Gefühls erwartet. Die Gefahr, in der Greiner Stamm wähnt, hat ursächlich mit dessen Stilmerkmal der Einfachheit zu tun.
Es könnte noch diskutiert werden, ob auf „Am Eisweiher" Greiners Kritik zutrifft und warum (nicht). Zur Ergänzung: Schluss des Essays.

→ Zusatzmaterial 2: zu „Im Schnee" (2001) von Ulrich Greiner (Schluss), LM, S. 174

S. 193

3.2 **Wortreich und mit souveränem Gestus:** Thomas Mann

Für die Lehrkraft im Raum München mag interessant sein:
Dirk Heißerer: Im Zaubergarten. Thomas Mann in Bayern. München: Beck 2005. Im Kapitel „Mausloch mit Grammophon. Das ‚Villino' in Feldafing" (S. 173–189) geht Heißerer auf Manns Aufenthalte im Feldafinger Landhaus seines Freundes Georg Martin Richter in den Jahren 1919–1923 ein; während dieser Aufenthalte vielfache Anregungen für die Arbeit am „Zauberberg".

S. 195, Aufgabe 1

Der Erzähler betont zunächst den Charakter tiefster Vergangenheit seiner Geschichte, „sehr lange" (Z. 7) sei sie her. Er macht dann aber darauf aufmerksam, dass dieser Vergangenheitsgrad nicht zeitlich zu messen, also nicht etwa in einer großen Zahl von Jahren, die sie zurückliege, auszudrücken sei (Z. 15–18). Hier Nebenbemerkung des Erzählers: Schwierigkeit zu erfassen, was „Zeit" eigentlich ist (Z. 18–20). Anschließend wird die Aussage, dass der Vergangenheitscharakter der Geschichte nichts mit der zeitlich zu messenden Spanne an Jahren, die sie zurückreiche, zu tun habe, begründet: Sie spiele vor der großen Zäsur des Ersten Weltkrieges, der hier noch der „große Krieg" (Z. 26) genannt wird (Z. 21–26). Dieser Krieg habe enorm viel verändert, sodass, was vor ihm liege, ‚tief vergangen' sei, auch wenn es erst wenige Jahre zurückliege. Schließlich spielt der Erzähler mit dem Gedanken, der „Vergangenheitscharakter" (Z. 28) einer Geschichte sei desto tiefer und vollkommener, je näher an der Gegenwart sie spiele (Z. 28–30). Diese Überlegung intensiviert die Aussage, dass Tiefe des „Vergangenheitscharakters" und Größe der zeitlichen Distanz voneinander abkoppelbar seien.
Also: Was ‚tief vergangen' ist, ist auf irgendeine Art anders als das Gegenwärtige; deswegen braucht es nicht viele Jahre zurückzuliegen. Zugleich wird mit den Reflexionen über Zeit und Vergangenheit die Macht des Erzählers beschworen, der über einen Stoff gebietet, an dem Überzeitliches deutlich wird; denn durch das Neue ist das Vergangene das andere geworden, das aber durch den Erzähler gegenwärtig bleibt.

S. 195, Aufgabe 2

Das linke Bild könnte eine „echte", nicht gestellte Aufnahme aus einem tatsächlichen Gespräch sein. Thomas Mann wirkt interessiert, am Gesprächsgeschehen beteiligt; die in Querfalten gelegte Stirn weist auf Anteilnahme, konzentriertes Mitdenken hin. Er scheint gerade selbst zu sprechen (leicht geöffneter Mund): Was hier besprochen wird, spielt im Jetzt der Gesprächssituation, die Aufmerksamkeit des Spechenden ist ganz beim Aktuellen. Selbst wenn sich der Gesprächsinhalt auf Vergangenes beziehen sollte, so wäre dieses Vergangene auf eine ganz nahe, die Gesprächsgegenwart infizierende Weise präsent.
Das – vermutlich gestellte – rechte Bild signalisiert dagegen Innehalten, Nachdenken, Rückblick, stille Konzentration auf das zu Schreibende. Der „ruhende" Thomas Mann bringt eher das Lauschen des Schriftstellers auf das Vergangene zum Ausdruck, aber gerade auch auf das andere im Vergangenen (vergangen nicht, weil lange zurück; vergangen, weil ganz anders), das durch das Erzählen bleibt.

© 2010 Oldenbourg Schulbuchverlag

S. 195, Aufgabe 3

Märchenhaftes im Text: Der Erzähler verweist darauf, dass die Geschichte, die er erzählen wird, märchenhafte Züge aufweisen könnte (Z. 30 f.).

- „Vorsatz“ allgemein: Was erzählt werden soll, wird als in der „tiefsten Vergangenheit“ (Z. 9) stattfindend bezeichnet: Auch Märchen spielen im „Ehedem“ („Es war einmal“). Zugleich sind Märchen zeitlos, überzeitlich, Zeit ist eigentlich keine Kategorie für sie, sie gelten immer: „Und wenn sie nicht gestorben sind, so leben sie noch heute.“ Auf dieses Changieren zwischen „tiefer Vergangenheit“ und zeitloser Gültigkeit, spielt auch der „Vorsatz“ an: „Aber ist der Vergangenheitscharakter […] nicht desto […] märchenhafter, je dichter ‚vorher‘ sie spielt?“ (Z. 28–30)
- Sprachlich nähert sich der „Vorsatz“ manchmal der Archaik des Märchens an; so wird der Erzähler als „raunende[r] Beschwörer des Imperfekts“ (Z. 13) inszeniert.
- Dass überzeitlich Gültiges und wohl Archaisches (wie im Märchen) vergegenwärtigt werden sollen, macht auch der unmittelbare Erzählbeginn klar: Der Pluralis maiestatis (Z. 2) markiert die Erzählinstanz, nicht den individuellen Erzähler, wie auch ein Märchen ein Eigenleben führt, keinen individuellen Urheber hat. Dieselbe Allgemeingültigkeit: Die Geschichte wird um ihretwillen, um der in ihr zum Ausdruck kommenden Sachverhalte willen erzählt, nicht einer Einzelfigur (Hans Castorp) wegen.
- Nicht direkt Märchenhaftes, aber Mythisches bringt schließlich der Schlussabsatz ins Spiel: Durch die Anspielung auf das Siebentagewerk der ersten der beiden alttestamentlichen Schöpfungserzählungen (Gen 1,1–2,4a) sowie die Anrufung Gottes (Z. 41) wird die zu erzählende Geschichte in die Nähe der „Schöpfung“, der Erzähler in die zum „Schöpfer“ gerückt.

S. 195, Aufgabe 4

Es soll verdeutlicht werden, dass das im Roman Erzählte Anspruch auf überzeitliche, auf allgemeine Gültigkeit erhebt (vgl. Z. 2–5).

- Da, was erzählt wird, nach Auskunft des Vorsatzes zeitlich gesehen nicht lange zurückliegt (Z. 25–30; Zeit vor dem Ersten Weltkrieg, Roman erscheint 1924), kann die Verschiebung ins auch Irreale der Märchenwelt gut tun: Die – möglicherweise auch unangenehme – Konfrontation mit der eigenen Vergangenheit mag „im Märchenton“ leichter fallen.
- Der Roman heißt „Der Zauberberg“, er spielt „in den alten Tagen, der Welt vor dem großen Kriege, mit dessen Beginn so vieles begann, was zu beginnen wohl kaum schon aufgehört hat.“ (Z. 25–27) Das Ende der „Zeit vorher“ markiert „der große Krieg“, die Zeit vorher mündet in ihn, mündet also in die Katastrophe. Vielleicht eignet der „Zeit vorher“ aber auch Schönes, „Zauberhaftes“ eben, dem der Erzähler nachtrauert. Vielleicht will er auch im Gewand des Märchens verklären.

S. 195, Aufgabe 5

Wortwahl: Neigung zum ausgefallenen, prätentiösen Ausdruck: „sozusagen schon ganz mit historischem Edelrost überzogen“ (Z. 7 f.), „eigentümliche Zwienatur dieses geheimnisvollen Elementes“ (Z. 19 f.), „hochgradige Verflossenheit“ (Z. 22), „tief zerklüftende Wende“ (Z. 23), Geschichte „hält“ den Erzähler „umsponnen“ (Z. 40 f.) → gespreizter, kunstvoller Stil.
Satzbau: Fließen und Dahinströmen der Sätze gegeben, aber nicht dem einfachen natürlichen Sprachfluss entsprechend, vielmehr stilisiert, rhythmisiert. Ausladend, hypotaktisch: z. B. erster Absatz (Z. 2–9); erster Satz endet elliptisch bzw. wird das Satzsubjekt neu aufgegriffen (Z. 1, Z. 7), da fortwährend hypotaktische Einschübe (Z. 2–7).
Sprachlicher Duktus: Breite, ausladende Darstellung. Fortwährende Variation eines Gedankens durch je neue Formulierungen. Auch Reihungen, Aufzählungen („Sie ist viel älter als ihre Jahre, ihre Betagtheit ist nicht nach Tagen, das Alter, das auf ihr liegt, nicht nach Sonnenumläufen zu berechnen“, Z. 15–17), Attributreichtum („*vor* einer gewissen, Leben und Bewusstsein tief zerklüftenden Wende und Grenze“, Z. 22–24), Attribut auch als Apposition („den Erzähler, den raunenden Beschwörer des Imperfekts“, Z. 13).

S. 195, Aufgabe 6

- Erzählform: Wir-Erzähler (Z. 1; Z. 22: „unsere Geschichte“ – Leser kann mitgedacht sein –, wiederum am Schluss Z. 42), aber auch Er-Erzähler („der Erzähler“, Z. 37).

© 2010 Oldenbourg Schulbuchverlag

- Dadurch starker auktorialer Gestus (Erzählverhalten): Souveränes, geradezu schöpferhaftes (Z. 37–41) Verfügen des Erzählers über seinen Stoff: Geschichte wird eingeordnet (Zeitpunkt, zu dem sie spielt; dennoch überzeitlicher, ahistorischer Status), wird literarisch charakterisiert („märchenhaft") und damit kommentiert. Bei aller „Omnipotenz" des Erzählers stilisierter Demutsgestus: Die Geschichte ist dem Erzähler „vorgegeben", es ist nicht einmal Hans Castorps Geschichte (als habe sie ein Eigenleben); die Geschichte „hält" den Erzähler „umsponnen" (Z. 40 f.), verfügt also über ihn. Also: Betonung der Dominanz des Stoffs, dem sich auch der – gleichwohl auktoriale – Erzähler unterzuordnen habe. Gerade die Betonung dieses scheinbaren Unterordnungsverhältnisses (Wer schafft denn den Stoff?) unterstreicht die Allmacht des Erzählers.
- Erzählperspektive: olympisch. Die Erzählung ruht breit vor dem inneren Auge des Erzählers (Z. 2–9); er kennt Hans Castorp und weiß seine Bedeutung zu relativieren; er blendet an die Stelle, an der die Geschichte zeitlich zu verankern ist; er bewertet das Geschehen des Ersten Weltkriegs (Z. 24–28). Die Unwissenheit im Schlussabsatz (Z. 37–41) ist ironisch-manieristisch gespielt, denn dessen eigentliche Botschaft ist: Der Erzähler ist ein Schöpfer wie Gott, und dass er jedenfalls lange zu erzählen haben wird, weiß er sehr genau.
- Erzählhaltung: souveräne Distanz, da aus Überblicksposition geschrieben. Kleine Parteinahmen suchen sofort wieder die Ausgewogenheit: Gleichzeitige Relativierung und Aufwertung der Bedeutung Hans Castorps (Z. 2–7). Evtl. Selbstverteidigung des Autors Thomas Mann gegen den Vorwurf zu großer epischer Breite (Z. 32–36) (würde heißen: persönliches Engagement des Autors), diese aber, falls vorliegend, ebenfalls aus der Distanz der allg. Betrachtung heraus. – Sprechen zum Leser, wenn auch nicht explizit, so doch der Sache nach: Der Geschichte wird eine erklärende Vorbemerkung vorangestellt.

S. 195, Aufgabe 7

Eigenwilliger, bisweilen abgehobener Wortschatz, hochkomplexer Satzbau sowie die Fülle des Gesagten (epische Breite) bewirken Distanz zwischen Erzähler und Erzähltem bzw. beim Rezeptionsprozess auch zwischen Leser und Gelesenem. Satzbau und Stil sind natürlichem, unkompliziert-fließendem Sprechen bzw. Lesen eher entgegengesetzt. (Das heißt nicht, dass Manns Sprache unmelodisch wäre, im Gegenteil. Melodischer Fluss aber der eines „*Kunst*lieds".)
Dadurch, dass die Erzählinstanz gleichsam vorführt, was sie alles kann, empfindet der Leser ihr Vorhandensein, er nimmt sie als Instanz wahr, empfindet sie möglicherweise auch als eine, die sich selbst ausstellt, die auf sich hinweist. Die Erzählinstanz verschwindet nicht in dem, was sie erzählt, sie bleibt als eigene Komponente des Erzählten immer greifbar und präsent.
Ob man diesen Habitus als überzogen und manieriert oder gar als selbstgefällig empfindet, ist wohl eine Frage des persönlichen Geschmacks.

S. 196

3.3 Satzbau und Stil: Theoretisches

S. 196, Aufgabe 1
Vgl. Lösungen zu AB, S. 191, Aufgaben 1/2, S. 193, Aufgabe 4, S. 195, Aufgabe 5–7

Es liegt auf der Hand, dass Stamm und Mann sich in fast allen zu untersuchenden Kategorien konträr zueinander verhalten (vgl. Ausführungen zu Satzbau, Stil, Wortwahl).
Auch für den Bereich Erzähltechnik sind die Unterschiede mehr als deutlich.
Ergänzende Bemerkungen: Die Art der Distanz des Stamm'schen Erzählers zu dem von ihm erzählten Geschehen ist ganz verschieden von der des Erzählers bei Mann. Von einer „mittleren Distanz" war bei Stamm die Rede, entsprechend von neutralem Erzählverhalten (winzige personale Anflüge). Die Distanz des Mann'schen Erzählers zu dem von ihm Vergegenwärtigten ist dagegen enorm; er schaltet und waltet souverän, überschaut seine Geschichte. Dies trifft auf Stamms Erzähler überhaupt nicht zu; der weiß, wie Greiner meinte (AB, S. 192, Z. 61–63), weniger als seine eigenen Figuren, er geht im Geschehen gleichsam verloren.
Das bedeutet auch, dass Manns auktorialer Erzähler ständig präsent ist, immer wieder auf sich aufmerksam macht, Teil des Erzählten ist. Stamms Erzähler tritt als Erzähler nicht in Erscheinung, es sei denn im Modus der Defizienz, wenn etwa deutlich wird, dass er Dinge

© 2010 Oldenbourg Schulbuchverlag

unterschlägt, nicht sagt, die seine Ich-Figur, die er erzählen lässt, wissen muss (das vmtl. intime Geschehen zwischen Stefanie und dem Erzähler beim Bootshaus).
Auch der Umgang mit dem Erzähler macht also auf seine Weise Grundmuster von Manns und Stamms Erzählen deutlich: Der Liebe Thomas Manns zu Opulenz und Fülle bei Wortwahl und Satzanlage korrespondiert ein omnipräsenter, sich in den Vordergrund drängender Erzähler. Stamms Zuneigung zum schlichten, einfachen Ausdruck bei Wortwahl und Satzanlage entspricht ein Erzähler, der eigentlich gar nicht da ist, dessen Gegebensein man vor allem gerade dadurch bemerkt, dass er bisweilen schmerzlich zu fehlen scheint.

S.198, Aufgabe 2

Parataktisch: Vertikale Blickrichtung; neben einem zentralen Hauptweg (Bildmitte) von oben nach unten oder von unten nach oben laufen viele weitere, oft schmalere, zum Mittelweg nicht ganz parallele Nebenwege ebenfalls von oben nach unten bzw. von unten nach oben: Nebeneinanderstehende Hauptsätze.
Hypotaktisch: Man weicht, wenn man das Bild entlangwandert, vom zentralen Hauptweg ab und nach rechts oder links aus. Wenn man dabei nicht nur auf den jeweils ersten Nebenweg geht, sondern von dem aus auf den zweiten, wieder weiter gar auf den dritten usw., dann wieder allmählich zurück auf den Hauptweg, vielleicht dann sogar noch einmal in ähnlicher Weise abändert, entstehen gleichsam hypotaktische Wege, Satzgefüge 1., 2., 3. Ordnung usw. Indem man nicht mehr auf den Hauptweg zurückkehrt und auf einem der Nebenwege am zu erreichenden Bildrand ankommt, produziert man ggf. sogar eine Satzellipse.
Zweite Möglichkeit: Man wandert horizontal durch das Bild.
Parataktisch: Wanderung auf einer gleichbleibenden Höhe, auf *einem* Weg. Die Wege liegen, vertikal angeordnet, nebeneinander; Hauptsätze nebeneinander.
Hypotaktisch: Man weicht von der Horizontale ab, bricht nach oben oder unten aus, bleibt dabei näher an der Straße, auf der man zu gehen begonnen hat, oder entfernt sich weiter von ihr, um dann wieder zu ihr zurückzukehren, sich evtl. erneut von ihr zu entfernen: hypotaktische Wanderungen, Satzgefüge unterschiedlichen Grades.
Die gleiche Möglichkeit der Ellipse, wenn man am zu erreichenden Bildrand auf im Vergleich zum Ausgangsniveau höherem oder tieferem Niveau ankommt.

S.198, Aufgabe 3

Gestalterisches Schreiben:
Variante 1: Der so entstehende Text müsste geradlinig konzipiert sein. Der Erzähler geht – vertikal oder horizontal – auf einem der Wege geradlinig durch das Bild, durch seine Erzählung. Es kann auch ein Text entstehen, in dem mehrere kleine, in sich stehende Episoden nacheinander erzählt werden. Dann ist der Erzähler mehrfach durchs Bild gewandert, dabei aber immer einer geraden Straße treu geblieben.
Variante 2: Hier könnte ein Text mit einer mehr oder minder reichen Struktur von Nebenhandlungen entstehen. Je mehr Nebenhandlungen eingeführt, je stärker auch die Nebenhandlungen ineinandergeschoben werden, umso komplexer wird das hypotaktische Erzählnetz geraten.
Sprachliche Gestaltung: Vorbilder sind der Stamm-Text einerseits, der Thomas-Mann-Text andererseits. Stamm erzählt seine Geschichte stringent, keine Abschweifungen: „Entsprechend" dominiert bei ihm die Parataxe.
Mann schweift, kaum hat er zu erzählen angesetzt, ab: Von der Geschichte, um die es gehen soll (AB, S.193, Z.2), zu ihrer Hauptfigur (Z.2–4); zurück bei der Geschichte (Z.4f.), erfolgt sofort wieder der Wechsel zur Hauptfigur Hans Castorp (Z.5–7). Erneut die konkrete „Zauberberg"-Geschichte (der Erzähler ist wieder bei ihr angelangt: Z.7–9) zurücklassend, verfolgt die Erzählinstanz nun eine allgemeine Reflexion über das Wesen von Geschichten überhaupt, ihren Vergangenheitscharakter nämlich (Z.10ff.): Abschweifendes, hypotaktisches Erzählmuster lässt sich durch den ganzen Text hindurch verfolgen.

Literaturhinweis: Martin Fix/Hartmut Melenk: Schreiben zu Texten – Schreiben zu Bildimpulsen. Hohengehren: Schneider ^{2}2002.

© 2010 Oldenbourg Schulbuchverlag

S. 198

3.4 **Sprachwissen anwenden:** kleine Stillehre

S. 199, Aufgabe 1
Hermann Kurzke: Thomas Mann. Das Leben als Kunstwerk. München: Beck 1999, S. 330

Neuformulierung: „Joachim Ziemßen lernt Russsich. Es hätte nicht Italienisch sein dürfen, denn das Russische ist ein Codewort, es steht für allerlei Verlockungen."

S. 199, Aufgabe 2
Hermann Kurzke: Thomas Mann. Das Leben als Kunstwerk. München: Beck 1999, S. 327

Neuformulierung: „Die Handlung ist schnell erzählt. Der Hamburger Kaufmannssohn Hans Castorp will vor Beginn seiner Ingenieursausbildung einen Erholungsurlaub machen. Er reist deshalb zu seinem lungenkranken Vetter Joachim Ziemßen in ein Hochgebirgssanatorium in Davos, zu Besuch auf drei Wochen. Die Welt des Sanatoriums zieht ihn in ihren Bann. Er verliebt sich in Clawdia Chauchat, diskutiert mit Naphta und Settembrini und bewundert Mynheer Peeperkorn."

S. 200, Aufgabe 3
Hermann Kurzke: Thomas Mann. Das Leben als Kunstwerk. München: Beck 1999, S. 17

Neuformulierung: „Er *wollte* sein Leben geordnet. Ein ‚in sich geschlossenes Lebenswerk' sollte es sein. In Wahrheit hat er einen verzweifelten Kampf gegen das andrängende Chaos geführt. Das innere Chaos drohte durch die Faulheit und Traumverlorenheit der frühen Jahre, die unausgelebten homoerotischen Neigungen und den Wunsch, sich gehen zu lassen."

S. 200, Aufgabe 4

Korrekt. Der „was"-Satz ist ein (relativer) Subjektsatz. Er kann als von einem demonstrativen „das" abhängig gedacht werden: „Das, was der Lehrer ..." – Und dies ist einer der Standardfälle der korrekten Verwendung des relativen „was".

S. 200, Aufgabe 5

Das Buch, das ihm den nachhaltigsten Ruhm einbrachte, war tatsächlich der Roman „Die Buddenbrooks", ein Werk, das bereits 1901 erschienen war. ...

S. 200, Aufgabe 6

Die Verwendung des „was" im als Parallele heranzuziehenden Beispiel (Regel 5) ist falsch: „Der Lehrer erklärte den Aufbau der Handlung sorgfältig, was die Schüler gut verstanden." – Der „was"-Satz bezieht sich nur scheinbar auf den ganzen vorangehenden Hauptsatz, denn die Schüler verstehen ja nicht das Erklären des Handlungsaufbaus gut, sie verstehen vielmehr das, was erklärt wird, die Ausführungen des Lehrers also, gut.
Das in Aufgabe 6 zu untersuchende „was" bezieht sich dagegen offensichtlich auf den Inhalt des gesamten voranstehenden Satzgefüges, die Tatsache also, dass Thomas Mann seinen Bruder Heinrich während der Jahre des amerikanischen Exils innerlich kaum an seinem Leben teilhaben ließ, ihn vielmehr auf Distanz hielt, obwohl er ihn materiell unterstützte. Diesen ganzen Sachverhalt zu ertragen fiel Heinrich Mann nicht leicht. Man kann also sagen, dass das „was" im zu untersuchenden Satz jedenfalls nicht falsch gebraucht wird.
Alternative: „Obwohl er ihn materiell unterstützte, ließ Thomas Mann seinen Bruder Heinrich während der Jahre des amerikanischen Exils innerlich kaum an seinem Leben teilhaben, sondern hielt vielmehr auf Distanz. Das zu ertragen fiel Heinrich nicht leicht."

S. 201, Aufgabe 7

Vorbemerkung: In Bezug auf das erste der drei Beispiele, die falschen Gebrauch von „um zu" illustrieren sollen, wird man Einschränkungen vornehmen müssen: Mit dem – „eigentlich" – final aufzufassenden „um zu" kann essayistisch-ironisch gespielt werden, indem es gezielt gerade dort eingesetzt wird, wo vorderhand keine Finalität vorliegt, sondern vielleicht deren Gegenteil, oder wo Finalität allerhöchstens in den tiefsten Abgründen des Unbewussten der Figur schlummern mag, von der ein „um zu" behauptet wird, – wo dann also beispielsweise tatsächlich gelten würde, dass Hans Castorp nach Davos fuhr, *um* dort sieben Jahre zu bleiben, obwohl der das vehement bestritten hätte, wäre er bei seinem Eintreffen im schweizerischen Hochgebirgssanatorium mit eben dieser Behauptung konfrontiert worden!

A) Im Juli 1913 machte sich Thomas Mann an die Arbeit am „Zauberberg". Erst Ende September 1924 sollte er den Roman nach vielen Schreibunterbrechungen schließlich beenden können.
B) Der Lehrer unterstützt seine Schüler sehr, damit sie eine bessere Schulaufgabe schreiben.
C) Der Wasserfall war zu weit weg, als dass er hätte besichtigt werden können/als dass man ihn hätte besichtigen können.

© 2010 Oldenbourg Schulbuchverlag

→ LM, S. 167
Zusatzmaterial 1

Am Eisweiher (1999) *Peter Stamm [Teil 2]*

Stefanie war ins Wasser gesprungen und schwamm in eine andere Richtung als unsere Freunde. Ich folgte ihr. Die Luft war schon kühl gewesen und die Wiese feucht vom Tau, aber das Wasser war warm wie am Tag. Nur manchmal, wenn ich kräftig mit den Beinen schlug, wirbelte kaltes Wasser hoch. Als ich Stefanie eingeholt hatte, schwammen wir eine Weile nebeneinander her, und sie fragte mich, ob ich in Neuchâtel eine Freundin hätte, und ich sagte nein.

„Komm, wir schwimmen zum Bootshaus", sagte sie.

Wir kamen zum Bootshaus und schauten zurück. Da sahen wir, dass die anderen wieder am Ufer waren und ein Feuer angezündet hatten. Ob Urs schon bei ihnen war, konnten wir aus der Entfernung nicht erkennen. Stefanie kletterte auf den Steg und stieg von dort auf den Balkon, von dem wir als Kinder oft ins Wasser gesprungen waren. Sie legte sich auf den Rücken und sagte, ich solle zu ihr kommen, ihr sei kalt. Ich legte mich neben sie, aber sie sagte: „Komm näher, das hilft ja so nichts."

Wir blieben eine Zeit lang auf dem Balkon. Inzwischen war der Mond aufgegangen und schien so hell, dass unsere Körper Schatten warfen auf dem grauen, verwitterten Holz. Aus dem nahen Wald hörten wir Geräusche, von denen wir nicht wussten, was sie bedeuteten, dann, wie jemand auf das Bootshaus zuschwamm, und kurz darauf rief Urs: „Stefanie, seid ihr da?"

Stefanie legte den Finger auf den Mund und zog mich in den Schatten des hohen Geländers. Wir hörten, wie Urs schwer atmend aus dem Wasser stieg und wie er sich am Geländer hochzog. Er musste nun direkt über uns sein. Ich wagte nicht, nach oben zu schauen, mich zu bewegen.

„Was machst du da?" Urs kauerte auf dem Geländer des Balkons und blickte auf uns herab. Er sagte es leise, erstaunt, nicht wütend, und er sagte es zu mir.

„Wir haben gehört, dass du kommst", sagte ich. „Wir haben geredet, und dann haben wir uns versteckt, um dich zu überraschen."

Jetzt schaute Urs zur Mitte des Balkons, und auch ich schaute hin und sah dort ganz deutlich, als lägen wir noch da, den Fleck, den Stefanies und mein nasser Körper hinterlassen hatten.

„Warum hast du das gemacht?", fragte Urs. Wieder fragte er nur mich und schien seine Freundin gar nicht zu bemerken, die noch immer regungslos im Schatten kauerte. Dann stand er auf und machte hoch über uns auf dem Geländer zwei Schritte und sprang mit einer Art Schrei, mit einem Jauchzer, in das dunkle Wasser. Noch vor dem Klatschen des Wassers hörte ich einen dumpfen Schlag, und ich sprang auf und schaute hinunter.

Es war gefährlich, vom Balkon herunterzuspringen. Es gab im Wasser Pfähle, die bis an die Oberfläche reichten, als Kinder hatten wir gewusst, wo sie waren. Urs trieb unten im Wasser. Sein Körper leuchtete seltsam weiß im Mondlicht, und Stefanie, die nun neben mir stand, sagte: „Der ist tot."

Vorsichtig stieg ich vom Balkon hinunter auf den Steg und zog Urs an einem Fuß zu mir. Stefanie war vom Balkon gesprungen und schwamm, so schnell sie konnte, zurück zu unseren Freunden. Ich zog Urs aus dem Wasser und hievte ihn auf den kleinen Steg neben dem Bootshaus. Er hatte am Kopf eine schreckliche Wunde.

Ich glaube, ich saß die meiste Zeit einfach nur da neben ihm. Irgendwann, viel später, kam ein Polizist und gab mir eine Decke, und erst jetzt merkte ich, wie kalt mir war. Die Polizisten nahmen Stefanie und mich mit auf die Wache, und wir erzählten, wie alles gewesen war, nur nicht, was wir auf dem Balkon getan hatten. Die Beamten waren sehr freundlich und brachten uns, als es schon Morgen wurde, sogar nach Hause. Meine Eltern hatten sich Sorgen gemacht.

Stefanie sah ich noch bei der Beerdigung von Urs. Auch meine anderen Freunde waren da, aber wir sprachen nicht miteinander, erst später, in unserem Stammlokal, nur nicht über

© 2010 Oldenbourg Schulbuchverlag

(© Peter Stamm
Peter Stamm: Am Eisweiher. Aus: Blitzeis. Erstmals erschienen bei: Arche Verlag, Zürich 1999.)

das, was in jener Nacht geschehen war. Wir tranken Bier, und einer sagte, ich weiß nicht mehr, wer es war, es reue ihn nicht, dass Stefanie nicht mehr komme. Seit sie dabei gewesen sei, habe man nicht mehr vernünftig reden können.

Einige Monate später erfuhr ich, dass Stefanie schwanger war. Von da an blieb ich an den Wochenenden oft in Neuchâtel und fing sogar an, meine Wäsche selber zu waschen.

→ LM, S. 168
Zusatzmaterial 2

Im Schnee (2001) [Schluss] *Ulrich Greiner*

Sentimental sind die auf simple Weise reproduzierten simplen Gefühle. Das Gefühl für sich ist nie sentimental. Sentimental wird es nur in der wiederholenden Vergegenwärtigung, die den Ablauf der Zeit vergisst. In seinem ersten Roman „Agnes" hat Peter Stamm diese Tatsache erkannt. Der Held lebt als Autor von Sachbüchern, hat aber, wie er der Geliebten einmal gesteht, einen unvollendeten Roman in der Schublade. Auf ihre Bitte (sie weiß nicht, was sie tut) setzt er sich hin und schreibt die Geschichte ihrer Liebe auf. Sodass also beide Geschichten parallel laufen, die der reproduzierenden und antizipierenden literarischen Erzählung und die der wirklich gefühlten Gefühle. Die eigentliche Tragödie besteht darin, dass dem Mann der Spagat zwischen fantasiertem und gelebtem Leben misslingt.

Leben und Literatur sind zweierlei, aber beide sind aufeinander angewiesen. Peter Stamm kennt und beherrscht diese Banalität ziemlich gut, und deshalb sollte er sich hüten, seinem Illusionstalent allzu sehr zu vertrauen.

(Aus: Ulrich Greiner: „Im Schnee. Was der Schweizer Schriftsteller Peter Stamm alles kann und weshalb er nicht darauf vertrauen sollte." In: DIE ZEIT 56 (2001) Nr. 36.)

© 2010 Oldenbourg Schulbuchverlag

S. 204

„Wer Augen hat zu sehen, der sehe …" – Literatur nach 1945

In diesem und dem folgenden Kapitel setzen sich die Schülerinnen und Schüler mit der Literatur nach 1945 auseinander. Ausgehend von der Diskussion um die Stunde Null können sie anhand exemplarisch ausgewählter Texte die Entwicklung des literarischen Lebens nach 1945, zunächst in der Bundesrepublik Deutschland und anschließend in der DDR erarbeiten. Im Mittelpunkt beider Kapitel steht die Erkenntnis, dass sich das literarische Leben auf beiden Seiten der Mauer gegenseitig beeinflusste, aber vor dem Hintergrund unterschiedlicher politischer Systeme und gesellschaftlicher Entwicklungen eine jeweils unterschiedliche Ausprägung fand. Gleichzeitig erkennen die Schülerinnen und Schüler in der Auseinandersetzung mit der Literatur in Ost und West – bei aller Differenz in Inhalt und Ausgestaltung – die Basis der gemeinsamen Sprache und der gemeinsamen kulturellen Wurzeln.

S. 206–222 Das **erste Teilkapitel** „Überblick: Formen, Themen, Stile – Auseinandersetzung mit der Literatur" gibt einen Überblick über die Literatur von 1945 bis 1989 in Westdeutschland und damit der späteren Bundesrepublik und verfolgt so in Aufbau und Themenauswahl einen literaturhistorischen Ansatz. Formen, Themen und Stile werden in chronologischer Abfolge an geeigneten Texten vorgestellt. Ausgehend von der sogenannten Trümmerliteratur und der Diskussion über Adornos Verdikt zur Unmöglichkeit des Schreibens von Gedichten nach Auschwitz führt dieses Teilkapitel über das Dokumentartheater zur Politisierung der Literatur und verdeutlicht die Auseinandersetzung mit der Vergangenheit, die vor allem auch in der Literatur thematisiert wurde. Der Überblick schließt mit einem Auszug aus dem Roman „Malina" von Ingeborg Bachmann, an dem die Wendung ins Private, Bekenntnishafte der Literatur verdeutlicht wird und der somit ein Beispiel für eine „neue Subjektivität" ist.

S. 222–228 Das **zweite Teilkapitel** „Ein Phänomen des literarischen Lebens – die Gruppe 47" beleuchtet die Rolle der im Titel genannten Gruppe als Phänomen des Literaturbetriebs in den ersten Jahren deutscher Nachkriegsgeschichte. Nach einem Überblick über Hintergründe und Verfahrensweisen der Gruppe 47 zeigen Darstellungen und Äußerungen einzelner Mitglieder Motive, Erwartungen und Defizite, die die Gruppe 47 zum wichtigsten Organ im literarischen Leben jener Zeit machten, aber zuletzt auch sterben ließen. Gleichzeitig werden die Schülerinnen und Schüler an die Erzählung „Das Treffen in Telgte" von Günter Grass herangeführt, die als Hommage an die Gruppe 47 und ihren Gründer Hans Werner Richter zu verstehen ist. Die Auseinandersetzung mit der Gruppe 47 bietet gleichzeitig die Möglichkeit zur vergleichenden Sachtextanalyse. Die Schülerinnen und Schüler erweitern ihre Leseerfahrung, finden Zugang zu anspruchsvollen Sachtexten, lernen zu differenzieren und schärfen ihre Urteilsfähigkeit. Sie üben mit essayistischem Schreiben und dem Verfassen eines informativen Textes die gezielte Informationszusammenstellung und -verarbeitung und entwickeln eigene Qualitätskriterien weiter.

S. 228–237 Das **dritte Teilkapitel** „Über das Brecht'sche Theater hinaus – ein modernes Drama erschließen" bietet einen Überblick über die Entwicklung der verschiedenen Theatermodelle und Dramenformen des 20. Jahrhunderts, ausgehend von der Dramentheorie Dürrenmatts und der Erlanger Rede über das absurde Theater von Wolfgang Hildesheimer. Durch die Erschließung und Interpretation eines Dramentextes wird einmal mehr die Auseinandersetzung mit der Literatur mit dem Kompetenzbereich „Schreiben" verknüpft.

S. 204/205 Die **Auftaktdoppelseite** dient als Einstieg in die Auseinandersetzung mit der Literatur vor dem zeitgeschichtlichen Hintergrund, der diese Entwicklung beeinflusste (hier ausgewählt: Studentendemonstration gegen die Notstandsgesetze 1968, 68er-Bewegung, Tagungsfoto der Gruppe 47 und einzelne Autoren: Heinrich Böll als Vertreter der Trümmerliteratur und späterer Nobelpreisträger, Günter Grass als Repräsentant der gesamten literarischen Entwicklung in der Bundesrepublik Deutschland, Hans-Werner Richter als Gründungsvater der

© 2010 Oldenbourg Schulbuchverlag

Gruppe 47, Theodor W. Adorno, Herbert Rosendorfer, Ingeborg Bachmann, Peter Weiss. Hier können vor allem die Zitate von Böll, Handke und Arnold, die jeweils für ganz unterschiedliche Entwicklungen in der Zeitspanne bis 1989 sprechen, herangezogen werden.

S. 206

1. Überblick: Formen, Themen, Stile – Auseinandersetzung mit der Literatur

S. 206

1.1 Heimkehr aus dem Krieg – „Trümmerliteratur"

S. 207, Aufgabe 1

Das Begriff „Trümmerliteratur" verweist auf prägende Texte, die in der Zeit von 1945 bis 1950 entstanden und noch ganz unter dem Eindruck der Kriegserfahrung stehen. Die Autoren sind meist junge Männer, die aus dem Krieg zurückkamen und nach neuer Orientierung suchten; diese Suche zeigt sich in der Literatur als eine Suche nach neuen Textformaten, einer neuen Sprache.
Inhaltlich beschäftigt sich die Trümmerliteratur mit karger und direkter Beobachtung des Lebens in den Ruinenstädten oder Flüchtlingslagern. Das Schicksal der Menschen, die sowohl vor den Trümmern ihrer Heimat und ihres Besitzes als auch vor den Trümmern ihrer Wertvorstellungen stehen und damit umgehen müssen, steht im Zentrum. Die Heimkehrer-Thematik der aus dem Krieg oder den Gefangenenlagern Heimkehrenden, die sich plötzlich in einer Welt wiederfinden, die keinen Platz mehr für sie hat, sprach viele Menschen der Zeit an. Ebenso stand die Frage nach der Schuld und Kollektivschuld an Krieg und Holocaust im Vordergrund. Viele der Autoren waren als Soldaten selbst Kriegsteilnehmer und mussten nun ihre eigene Rolle überprüfen und das Erlebte verarbeiten.

S. 207, Aufgabe 2

Der Autor meint, sich gegen den Vorwurf wehren zu müssen, in der Literatur nur Kriegsfolgen und Heimkehr zu problematisieren. Er glaubt, diese Form von Literatur legitimieren zu müssen. Heinrich Böll erhebt für alle Autoren der Trümmerliteratur durch den Analogieschluss zu Homer und dem Trojanischen Krieg den Anspruch, hohe Literatur zu schreiben – über das rein Beschreibende und Autobiografische weit hinausreichend.

S. 207, Aufgabe 3
→ Zusatzmaterial 1: Borchert, „Generation ohne Abschied", LM, S. 197 f.

Der Autor identifiziert sich mit den Menschen und ihrer Situation. Seine Literatur sollte realistisch und wahrhaftig sein, sie erhebt also ein Wahrheitspostulat. Sie sollte das Geschehene und das Existierende genau erfassen. Es geht um eine unbestechliche Wiedergabe. Hinter der Wirklichkeit soll aber auch die innere Dimension des Menschen erkennbar sein. In einer Definition „Trümmerliteratur" sollten folgende Aspekte berücksichtigt werden:

- Verarbeitung der historischen Situation: Die Autoren der Trümmerliteratur waren zum Großteil junge Männer, die nach dem Krieg in Gefangenenlagern festgehalten wurden oder in die Heimat zurückgekehrt waren. Darum lagen die Anfänge der Epoche auch in den Zeitschriften der Kriegsgefangenenlager („Der Ruf").
- Thematik: Inhaltlich beschäftigt sich die Trümmerliteratur mit gewollt kargen und direkten Beobachtungen des von Not geprägten Lebens in den Ruinenstädten, in Flüchtlingslagern. Ein weiteres Thema war das Schicksal isolierter und herumirrender Menschen, die vor den Trümmern ihrer Heimat und ihres Besitzes und auch vor den Trümmern ihrer Wertvorstellungen standen und damit umgehen mussten. Viele Menschen fühlten sich von der Heimkehrer-Thematik angesprochen, Geschichten der aus dem Krieg oder den Gefangenenlagern Heimkehrenden, die sich plötzlich in einer Welt wiederfanden, die keinen Platz mehr für sie hatte. Ebenso stand die Frage nach der Schuld und Kollektivschuld an Krieg und Holocaust im Vordergrund. Dies war keine einfache Frage, da viele der Autoren selbst als Soldaten am Krieg beteiligt gewesen waren und nun ihre eigene Rolle überprüfen mussten. Die Trümmerliteratur übte Kritik an der politischen und gesellschaftlichen Restauration Deutschlands.

© 2010 Oldenbourg Schulbuchverlag

- Sprache: Die stilistischen Mittel, die benutzt wurden, sind eine einfache Sprache, die die zerstörte Welt beschreibt, aber nicht bewertet, eine für Kurzgeschichten übliche Beschränkung des Raums, der Erzählzeit und der Personen.
- Bedeutende Vertreter: Wolfgang Borchert, „Draußen vor der Tür“, „Das Brot“, „An diesem Dienstag“; „Die Küchenuhr“, „Nachts schlafen die Ratten doch“; Günter Eich, „Abgelegene Gehöfte“; Heinrich Böll, „Haus ohne Hüter“, „Wo warst du Adam?“, „Wanderer kommst du nach Spa“; Wolfdietrich Schnurre, „Ein Unglücksfall“; Wolfgang Weyrauch, „Tausend Gramm“

S. 208, Aufgabe 4

Das Gedicht gehört zu den während der Gefangenschaft verfassten und 1948 in der Sammlung „Abgelegene Gehöfte“ publizierten lyrischen Texten Günter Eichs. Der Titel „Inventur“ bezeichnet nicht nur den Inhalt dieses Gedichts, sondern kann als programmatisch angesehen werden für die Aufgabe des Schriftstellers nach 1945: Zunächst kann nichts anderes gemacht werden als eine Bestandsaufnahme. Entstanden ist dieses Gedicht in einer Situation, als Deutschland in vier Besatzungszonen unter administrativer Hoheit der Alliierten eingeteilt war; zerstörte Städte prägten das Bild, ebenso Orientierungslosigkeit der Menschen (Kriegsheimkehrer, Flüchtlinge, Displaced Persons); tägliche Anstrengungen, das Überleben zu sichern, Schwarzmarkt, Zigaretten als zweite Währung, Zwangseinquartierungen.

S. 208, Aufgabe 5

„Inventur machen“ ist ein Fachterminus eines Kaufmanns, der regelmäßig innerhalb des Geschäftsjahres seine Warenbestände in ein Verzeichnis aufnimmt.
Inventur zu machen wird hier zu einer Schlüsselsituation der Überlebenden, der Heimkehrer, der Kriegsgefangenen. Das erfordert, dass sie ihre Habseligkeiten einer Bestandsaufnahme unterziehen, zusammenzählen, was sie besitzen, ihre geringe Habe beisammenhalten. Eine Situation, die die Beschränkung auf die unmittelbare Umgebung verlangt, auf die konkreten Bedingungen und Voraussetzungen der eigenen Existenz.

S. 208, Aufgabe 6

Äußerste Verknappung der Form, strenge Konzentration auf Gegenstände des täglichen Gebrauchs, es werden keine Menschen genannt. Das Hervortreten einer elementaren Dingwelt zeigt, wie sehr die Menschen angewiesen sind auf die konkreten, materiellen Dinge. Auch das ist ein Verweis auf die eigene elementare Situation. Voraussetzung dafür ist, dass der Wert des Selbst durch die Dinge markiert wird, die ihm gehören.

S. 208, Aufgabe 7

In der Anordnung der aufgezählten Gegenstände ist eine Steigerung zu erkennen (Kleidung, Gegenstände des täglichen Bedarfs, Bleistiftmine). Der Grund für die hohe Einschätzung der Bleistiftmine liegt darin, dass sie über die materielle Existenz hinausweist.
Das Gedicht ist aber auch ein Versuch, die eigene Sprachkompetenz zu testen, konkrete, unkomplizierte Dinge zu benennen, Wirklichkeit sprachlich zu erfassen und so Verfügungsgewalt über sie zu bekommen. Diese Unsicherheit im Umgang mit Worten kann als Reaktion auf den Missbrauch der Sprache durch die Machthaber des „Dritten Reichs“ gesehen werden.

S. 209, Aufgaben 8/9

Hintergrund: Stunde Null als Neubeginn, als tabula rasa nach Kriegsende und bedingungsloser Kapitulation, als Chance steht gegen die These, dass der Begriff „Stunde Null“ zur Negierung von Schuld benutzt worden sei und die Auseinandersetzung mit der Vergangenheit zu vermeiden geholfen habe (Verdrängung statt Auseinandersetzung). Die Menschen seien nach 1945 nicht plötzlich andere gewesen. Diese Kontinuität hätte eine Auseinandersetzung mit der Vergangenheit verlangt. Die Gruppe 47 nahm für sich in Anspruch, eine neue Literatur für eine neue Zeit zu schreiben: „Doch wir fangen ganz von vorn an.“ Dass diese Literatur auch nicht bei „Null“ anfangen konnte, wurde z. B. bei der Auseinandersetzung mit der Vergangenheit, nur teilweise thematisiert. „Aber generell blieb die Literatur der 47er […] über viele Jahre blind gegenüber der Geschichte des Terrors und des Holocaust, in der ihre Autoren ja anwesend waren.“

Vgl. Hans-Werner Richter, AB, S. 224, Z. 3

Vgl. Heinz Ludwig Arnold, AB, S. 225, Randspalte

© 2010 Oldenbourg Schulbuchverlag

Zur Diskussion des Begriffs „Stunde Null“ vgl. Jürgen Schröder/Brigitte Bonath/Bertram Salzmann: Die Stunde Null in der deutschen Literatur. Stuttgart: Reclam 1995.

S. 209

1.2 **Schreiben nach Auschwitz** – die Wiederentdeckung des Poetischen

S. 210, Aufgaben 1/2

Die Meinungen gehen besonders darüber auseinander, wie die 1952 aufgestellte und später revidierte These Adornos „nach Auschwitz ein Gedicht zu schreiben, ist barbarisch“ zu interpretieren sei. War es ein generelles Verdikt über die Lyrikproduktion nach Auschwitz, ein spezielles Darstellungsverbot für Gedichte über Auschwitz oder bloß ein provokatives Diktum? Interessant ist in diesem Zusammenhang auch die Frage, wie die deutschsprachige Literatur auf die Thesen Adornos reagiert hat. Es herrscht Konsens darüber, dass die These als Verbot missverstanden und von vielen Dichtern (so Paul Celan, Nelly Sachs) widerlegt wurde. Das Unterrichtsgespräch kann um folgende Aspekte kreisen: Mit Betonung auf

- „*Lyrik* nach Auschwitz“: Stellt Adorno hier ein Verdikt auf, dass es nach Auschwitz überhaupt keine Gedichte mehr geben darf?
- „Lyrik *über* Auschwitz“: Hält Adorno noch solche Gedichte nicht mehr für möglich, die über Auschwitz handeln, dem damit verbundenen Leiden Ausdruck verleihen?
- „Lyrik *nach* Auschwitz“: Lyrik als pars pro toto: Darf Kunst überhaupt noch sein oder ist nicht das Ende der Kunst angebracht?
- Oder will Adorno provozieren? Will er, dass Kunstschaffende sich intensiv damit auseinandersetzen, welchen Einfluss der Holocaust auf künstlerisches Schaffen hat?

Heute besteht weitgehend Konsens darüber, dass sich Adorno gegen *(konventionelle) Lyrik* nach Auschwitz wendete. Die Lyrikproduktion hatte nach Beendigung des Krieges erstaunlich schnell wieder eingesetzt und genau dort angeknüpfte, wo sie vor dem Krieg aufgehört hatte, die „Trost der Geborgenheit im Provinziellen suchte“ (Adorno). „Zuallererst aber hatte Adorno Kritik üben wollen an einer Lyrik, die, verklärend und wirklichkeitsfern, sich den Erschütterungen zu entziehen suchte, die ‚Auschwitz‘, Faschismus, Kriegsgrauen, Nachkriegswirren hätten bedeuten müssen.“ (Ralf Schnell)

S. 212, Aufgabe 5

Die Faszination der „Todesfuge“ geht primär vom Verfahren des Autors aus, ein musikalisches Kompositionsprinzip auf das Material Sprache zu übertragen. Wie in der musikalischen Fuge mindestens zwei Themen angespielt und dann erweitert, gekürzt und in verschiedener Weise miteinander verflochten werden, so setzt Celan hier als Thema zwei Aussagen: „Schwarze Milch in der Frühe“ und „Ein Mann wohnt im Haus“.

Eine Gliederung des Gedichts in vier nahezu gleich lange Abschnitte ergibt sich durch die Wiederholung der beiden Themenanfänge (V. 1, 12, 23, 31), wodurch die Personenkonstellation festgelegt ist: Eine Wir-Gruppe, die als Sprecher fungiert und die Perspektive auf die Seite der Opfer verlagert, steht einem Mann gegenüber, der in einem nicht näher identifiziertem Haus wohnt.

Das Schaufeln des Grabes, zu dem die Wir-Gruppe der zur Tötung bestimmten Juden von dem Mann gezwungen wird, schafft die Verbindung. Der Mann bleibt nicht anonym, eine Aufzählung seiner Aktivitäten erlaubt Rückschlüsse auf seine Person: Er schreibt nach Deutschland an eine Margarethe mit goldenem Haar, er spielt mit Schlangen. Der Mann pfeift seine Schäferhundrüden herbei und seine Juden hervor, er lässt sich nicht nur das Grab schaufeln, sondern auch zum (Toten-)Tanz aufspielen.

Der Totentanz vollzieht sich in den Versen 10 bis 18. Als neues Thema erscheint „dein aschenes Haar Sulamith“, es steht chiastisch zu „dein goldenes Haar Margaret“.

Dann beschleunigt der Mann das Tempo und präzisiert seine Anweisungen. Die Inszenierung wird als ästhetische Meisterleistung stilisiert.

Am Ende bleibt in streng paralleler Führung „dein goldenes Haar Margarete“ als Umwandlung des Fugenthemas „Ein Mann“ und „dein aschenes Haar Sulamith“ als Hinweis auf die

© 2010 Oldenbourg Schulbuchverlag

Opfergruppe. Die Chiffre „schwarze Milch in der Frühe" erschließt sich vom Tun des Mannes her: Milch als elementares Lebensmittel ist durch das Adjektiv schwarz in ein Gegenteil verkehrt und zum Mittel zum Sterben geworden. Die fünfmalige Wiederholung des Verbs „trinken" und die Aufzählung der Tageszeitadverbien zeigt die permanente Fixierung der Gruppe auf den allgegenwärtigen Tod. Tag und Nacht sind die Verbrennungsöfen in Betrieb, ihnen entströmt schwarzer Rauch als „schwarze Milch".

S. 213, Aufgabe 6

Gelegentlich wurde gegen dieses Gedicht eingewendet, das Thema Judenmord eigne sich nicht für Formexperimente. Damit verfehlt man die Aussageabsicht des Autors, der persönlich so sehr von den Geschehnissen getroffen war, dass er an ihrer Bewältigung scheiterte. Celans „Todesfuge" greift die in der deutschen Literatur- und Musikgeschichte häufige Verbindung von Tod und Musik auf. Das Gedicht ist wohl nur zu verstehen als eine Klage der Opfer über ihr unverdientes Schicksal und als bittere Anklage der Täter und ihres Perfektionismus bei ihrem unmenschlichen Tun, obwohl sich im ganzen Text nirgends eine Anschuldigung findet.

S. 213, Aufgabe 7

Eine Ästhetik und Poetik für Gedichte nach Auschwitz entwarf Paul Celan in seiner Büchner-Preis-Rede „Der Meridian" (1960): Dichtung nach Auschwitz ist möglich, solange sie ihrer „Daten eingedenk" bleibt.

Literaturhinweis: Paul Celan: Der Meridan. Rede anlässlich des Verleihung des Georg-Büchner-Preises. Darmstadt am 22. Oktober 1960. Aus: Ders.: Gesammelte Werke in fünf Bänden. Hg. v. Beda Allemann u. Stefan Reichert unter Mitwirkung von Rolf Büchner. Bd. III. Frankfurt/M. 1983.]

S. 213, Aufgabe 8

Auf der Grundlage der in den vorangegangenen Aufgaben gewonnenen Erkenntnisse zu dem Gedicht erarbeiten die Schüler eigene Vorstellungen zum Gedichtvortrag.

S. 213

1.3 **„Die Erinnerung liebt das Versteckspiel der Kinder"** – Auseinandersetzung mit der Vergangenheit und Politisierung

S. 215, Aufgabe 1

In dem Drama „Die Ermittlung" verwendet der Autor Protokolle des Frankfurter Auschwitzprozesses, um die Schrecken in diesem Vernichtungslager vor Augen zu führen.
Die Intention ist zum einen die Darstellung des Leidens. Deshalb zeigt das Stück keine Handlungsbewegung auf, es ist statisch. Weiss arbeitet mit einer Reduktion der Darstellungsmittel, sodass eine Art szenischer Bericht entsteht: Die Geschehnisse, die Handlungen werden in Berichtform reproduziert; die einzige wirkliche Handlung ist der aus den Dialogen resultierende Prozessverlauf.

S. 215, Aufgabe 2
Vgl. AB, S. 216

Anhand einer Definition des Genres Dokumentartheater ist es für die Schülerinnen und Schüler möglich, zu erkennen, warum dieses Stück in der Phase der Politisierung der Bundesrepublik entstand: Seinen Ursprung hat das Dokumentarstück in der Vorstellung, dass die Fiktion nicht mehr in der Lage sei, gewisse Aspekte der Wirklichkeit ausreichend darzustellen. Dokumentarstücke entstehen zu Zeiten, in denen bestimmte politische oder soziale Fragen virulent und zu dringend oder überwältigend sind, um mit fiktiven Handlungen oder Figuren behandelt zu werden. Ein wesentliches Kriterium des Dokumentarstückes ist folglich seine enge Verflechtung mit dem jeweiligen (aktuellen) Zeitgeschehen. Vgl. hierzu: „Unsere Beurteilungskriterien werden durch die Zeitgebundenheit des einzelnen Stücks verändert. Das Faktenmaterial, das aus dem aktuellen Geschehen oder aus der jüngsten Vergangenheit entnommen wird, erfüllt eine Funktion, die sich auf die besondere, zur Zeit der Aufführung bestehende Konstellation sozialer und politischer Umstände beschränkt."

Brian Barton: Das Dokumentartheater. Stuttgart 1987, S. 2.

© 2010 Oldenbourg Schulbuchverlag

S. 216, Aufgabe 3

Mit dem Verfassen einer Anklageschrift kann die vertiefte Textkenntnis sichergestellt und gleichzeitig eine Transferleistung eingefordert werden, die Kreativität und selbstständiges Arbeiten fördert. Diese Aufgabe entspricht den Anforderungen, mit Schreibaufträgen die Selbsttätigkeit der Schülerinnen und Schüler zu fördern und eigenständiges Formulieren und Zusammenfassen zu üben. Durch Variation von Schreibaufträgen, durch kreative Elemente und die Möglichkeit, sprachliches Können zu entwickeln und zu zeigen, sollen sie eine produktive und positive Grundhaltung zum Schreiben ausbilden.
Aus den Zeugenaussagen und der Aussage des Angeklagten sollen die einzelnen Vergehen, deren sich der Angeklagte Hofmann schuldig machte, zusammengestellt werden. Hierbei kann auch auf die UN-Charta der Menschenrechte verwiesen werden (fächerübergreifendes Arbeiten: Sozialkunde, Geschichte). Hauptanklage: Verbrechen gegen die Menschlichkeit:

– erster Anklagepunkt: Verstoß gegen die Menschenwürde: „Es waren anderthalb Meter herab zum Boden / Da lag Schotter / Die Alten und Kranken fielen / in die scharfen Steine / Die Toten und das Gepäck wurden herausgeworfen“ (Z. 15 ff.)
  Artikel 1: Alle Menschen sind frei und gleich an Würde und Rechten geboren. Sie sind mit Vernunft und Gewissen begabt und sollen einander im Geiste der Brüderlichkeit begegnen.
  Artikel 2: Jeder hat Anspruch auf alle in dieser Erklärung verkündeten Rechte und Freiheiten, ohne irgendeinen Unterschied, etwa nach Rasse, Hautfarbe, Geschlecht, Sprache, Religion, politischer oder sonstiger Anschauung, nationaler oder sozialer Herkunft, Vermögen, Geburt oder sonstigem Stand [...].
– zweiter Anklagepunkt: Freiheitsberaubung, Körperverletzung, Folter, Mord: „Frauen und Kinder rüber / Männer auf die andere Seite / Ich verlor meine Familie aus den Augen / Überall schrien die Menschen / nach ihren Angehörigen / Mit Stöcken wurde auf sie eingeschlagen“ etc. (Z. 22 ff.)
  Artikel 3: Jeder hat das Recht auf Leben, Freiheit und Sicherheit der Person.
  Artikel 4: Niemand darf in Sklaverei oder Leibeigenschaft gehalten werden; Sklaverei und Sklavenhandel in allen ihren Formen sind verboten.
  Artikel 5: Niemand darf der Folter oder grausamer, unmenschlicher oder erniedrigender Behandlung oder Strafe unterworfen werden.
– dritter Anklagepunkt: Diskriminierung, Rechtlosigkeit der Opfer
  Artikel 7: Alle Menschen sind vor dem Gesetz gleich und haben ohne Unterschied Anspruch auf gleichen Schutz durch das Gesetz. Alle haben Anspruch auf gleichen Schutz gegen jede Diskriminierung, die gegen diese Erklärung verstößt, und gegen jede Aufhetzung zu einer derartigen Diskriminierung.
  Artikel 8: Jeder hat Anspruch auf einen wirksamen Rechtsbehelf bei den zuständigen innerstaatlichen Gerichten gegen Handlungen, durch die seine ihm nach der Verfassung oder nach dem Gesetz zustehenden Grundrechte verletzt werden.
  Artikel 9: Niemand darf willkürlich festgenommen, in Haft gehalten oder des Landes verwiesen werden.
  Artikel 10: Jeder hat bei der Feststellung seiner Rechte und Pflichten sowie bei einer gegen ihn erhobenen strafrechtlichen Beschuldigung in voller Gleichheit Anspruch auf ein gerechtes und öffentliches Verfahren vor einem unabhängigen und unparteiischen Gericht.
  Artikel 11: Jeder, der einer strafbaren Handlung beschuldigt wird, hat das Recht, als unschuldig zu gelten, solange seine Schuld nicht in einem öffentlichen Verfahren, in dem er alle für seine Verteidigung notwendigen Garantien gehabt hat, gemäß dem Gesetz nachgewiesen ist.

Zusätzlich kann auf den historischen Hintergrund verwiesen werden, sodass weitere Verstöße, die sich aus der Textstelle nicht erschließen, mit einbezogen werden können: Artikel 18: Jeder hat das Recht auf Gedanken-, Gewissens- und Religionsfreiheit; dieses Recht schließt die Freiheit ein, seine Religion oder seine Weltanschauung zu wechseln, sowie die Freiheit,

© 2010 Oldenbourg Schulbuchverlag

seine Religion oder seine Weltanschauung allein oder in Gemeinschaft mit anderen, öffentlich oder privat durch Lehre, Ausübung, Gottesdienst und Kulthandlungen zu bekennen.
Über die Zielrichtung des Dokumentartheaters bzw. dessen Intention schreibt Weiss: „Kritik an der Verschleierung [...] Kritik an Wirklichkeitsfälschungen [...] Kritik an Lügen".
Weiterführende Literatur: Peter Weiss: Notizen zum dokumentarischen Theater. Aus: Ders.: Werke in sechs Bänden. Bd. 3. Hg. v. Suhrkamp Verlag in Zusammenarbeit mit Gunilla Palmstierna-Weiss. Frankfurt/M.: Suhrkamp 1991, S. 464–472.

S. 216, Aufgabe 4

Hinweise zur Erschließung:

- Inhalt und Aufbau: Im Vordergrund bei der Verarbeitung der vorliegenden Prozessakten stand die Forderung nach Übertragbarkeit der Geschehnisse und Charaktere. Gestaltungsprinzip ist das der sachlichen Berichterstattung, in die Pointierungen zum Zwecke der Provokation integriert werden, der Provokation insofern, als durch sie ein Denkprozess beim Zuschauer initiiert werden soll.
- sprachlich-stilistische Gestaltungsmittel: Was auf den ersten Blick auffällt, ist die Uniformität der syntaktischen Gestaltung, die sich in den Zeilenversen niederschlägt: Sowohl Opfer als auch Henker sprechen in derselben Sprache. Das Geschehen wird ausschließlich mit den Mitteln der Sprache aufgerollt. Das Wort ist so einerseits als Hauptkomponente des Stücks zu verstehen, ist andererseits aufgrund seiner Uniformität aber so neutral. Weiss verwendet bei „Die Ermittlung" einen klaren, überschaubaren Satzbau mit kurzen Aussagen. Der Text ist sachlich und ohne Emotion, zudem hat Weiss redundante Wörter aus den Originalprotokollen gestrichen, um durch Nüchternheit erhöhte Sachlichkeit und eine intensivere Wirkung zu erreichen. Demselben Zweck dient die Rhythmisierung durch zahlreiche Enjambements, Wiederholungen und Anaphern in den Aussagen der Figuren. Außerdem verzichtete Weiss in „Die Ermittlung" auf die Interpunktion, um nicht vom Wort abzulenken.
- dramaturgisches Verfahren: In „Die Ermittlung" liegt der Schwerpunkt auf der formalen Berichterstattung. Der Inhalt des Geschehens wird zwar nicht geändert, wohl aber dessen sprachliche Vermittlung. Da einerseits emotionale Ausbrüche, Widersprüche usw. nicht mit einbezogen werden sollen und andererseits die Fülle des Materials nicht ungekürzt übernommen werden kann, ist eine Beschränkung auf ein gezielte Auswahl („Konzentrat") der Prozessakten notwendig. Diese Forderung bedingt eine Straffung des Sprachmaterials (Abbreviatur, geglättete Sätze), eine bündige Szenenfolge und einen zwingenden Bau, kurz, Formalisierung und Arrangement.
- Entschuldigungsstrategien des Angeklagten, mit denen er sein Handeln zu verharmlosen, abzustreiten oder zu rechtfertigen sucht:
  - er gibt ausweichende Antworten („Da war immer ein großes Durcheinander", Z. 60 ff., „Ich weiß überhaupt nicht/was man von mir will", Z. 82 f.)
  - er weist seine Schuld zurück („Ich persönlich/habe mich immer anständig benommen", Z. 68 f.)
  - er verweist auf Befehlsnotstand („Ich habe nur meinen Dienst gemacht", Z. 64 ff., „Was sollte man denn machen/Befehle mussten ausgeführt werden", Z. 70 f.)
  - er beruft sich darauf, dass andere genauso gehandelt haben („wie alle anderen auch/und da holt man mich/plötzlich raus", Z. 76 ff.)
  - er stellt sich selbst als Opfer dar („Und dafür habe ich jetzt/dieses Verfahren auf dem Hals" (Z. 72 f.)

S. 216, Aufgabe 5

Funktion der Darstellungsform: Ein Oratorium (kirchenlat. *oratorium* = Bethaus, von lat. *orare* = „beten") ist in der musikalischen Formenlehre die dramatische, mehrteilige Vertonung einer meistens geistlichen Handlung, verteilt auf mehrere Personen, Chor und Orchester, die konzertant aufgeführt wird. Es ist eine erzählend-dramatische (also mit Handlungselementen durchsetzte) Komposition.

© 2010 Oldenbourg Schulbuchverlag

Diese strenge formale Struktur dient als Distanzierungsmittel. Ebenso wie mit der Versform und der neutralen Sprache dient die strenge Form dazu, den emotionalen Gehalt des Inhalts abzumildern und eine verallgemeinernde, abstrahierende Perspektive zu schaffen. Ziel ist dabei, eine kritische Reflexion über Ursachen und Zusammenhänge der Tragödie von Auschwitz zu ermöglichen.

Die strenge Strukturierung „im Unterschied zum ungeordneten Charakter des Nachrichtenmaterials" richtet den Fokus auf ein „soziales oder politisches Thema" und macht somit die „Qualität det dokumentarischen Dramatik" (Randspalte, AB, S. 213) aus.

Konkreter Anlass zum Stück war der Frankfurter Auschwitzprozess (1963–1965), dessen Prozessprotokolle Peter Weiss verwendete, vor allem die von Bernd Naumann darüber verfassten Artikel in der FAZ (Bernd Naumann: Auschwitz. Bericht über die Strafsache Mulka u. a. vor dem Schwurgericht Frankfurt. Mit Nachwort von Marcel Atze und einem Text von Hannah Arendt. Berlin: Philo 2004).

S. 216, Aufgabe 6

Hinweise zur Interpretation:

Thema aus der Wirklichkeit	**Gestaltungsweise und Zielsetzung des Textes**	**intendierte Wirkung**
öffentlich vorliegendes Rohmaterial: – Briefe – Akten – Protokolle	ästhetische Kategorien: – Raffung, Zusammenfassung; Bearbeitung der Form: ○ Sichtbarmachung von Mustern ○ Aufzeigen des Modellhaften ○ Ordnen des chaotischen Materials – keine individuellen Konflikte, sondern sozio-ökonomische Verhaltensweisen – keine Charaktere und Milieuzeichnungen, sondern Gruppen, Kraftfelder, Tendenzen	Zuschauerwirkung: – aufmerksames, bewusstes, reflektierendes Wahrnehmen – Übernahme der Rolle von Anklägern und Angeklagten
	politische Kategorien: – Konzentration auf soziale und politische Themen – Parteilichkeit: Technik der Schwarz-Weiß-Zeichnung	politische Wirkung: – Mittel des öffentlichen Protests, Einwirken auf Zustände – Kritik an Lügen, Verschleierungen, Fälschungen – Herausforderung von Autoritäten in Staat und Verwaltung – Instrument politischer Meinungsbildung – Durchleuchten von Abhängigkeits-Strukturen – Verurteilung einseitiger Verbrechen; Tribunal
chaotische Wirklichkeit	erklärte und durchschaute Wirklichkeit	Ansätze zur Veränderung

© 2010 Oldenbourg Schulbuchverlag

S. 216, Aufgabe 8

Vergleich	Episches Theater (Brecht)	Dokumentartheater (Weiss)
Thema	Beschreibung der Welt	Konzentration auf ein Thema
Bearbeitung des Themas	theoretische Behandlung	Nutzen der Quellen und Materialien
Fiktion	Arbeit mit Fiktion	Bühne soll Echtheit bewahren
Figuren	erdichtet	authentische Personen als Vorbild
Zuschauer	nehmen am Bühnengeschehen teil	sind Beobachter

S. 219, Aufgabe 9

Als Insasse einer Heilanstalt wird Oskar von Beginn des Romans an als zweifelhafte Quelle für alle weiteren Erzählungen und Beobachtungen eingeführt. Seine Abneigung gegen die Welt außerhalb seines Krankenbettes wird durch seinen Wunsch, die Bettgitter noch zu erhöhen, deutlich. Gleichzeitig zeigt sich in seinen Aussagen über das Verhalten des Pflegers eine scharfe Beobachtungsgabe, die an seinem Verstand nicht zweifeln lässt. Dem Leser drängt sich eher der Verdacht auf, dass der eigentlich zu bemitleidende und vielleicht auch Verrückte in dieser Szene der Pfleger sei. Der Zweifel, wer in der Erzählung vertrauenswürdig und wer eigentlich nicht normal sei, wird hier gesät und zieht sich durch den ganzen Roman. Das Urteil bleibt dem Leser überlassen. Wem die Vorwürfe gegen die eigene Gesellschaft zu unerträglich erscheinen, bleibt die Flucht in die These, dass der Roman zur Gänze auf den Beobachtungen eines Insassen einer Heilanstalt beruht. Die „Gespenster“ (Z. 16), die der Pfleger aus Bindfäden, die Besucher zurücklassen, schafft, können zum Inhalt einer eigenen Interpretation in einer weiterführenden Aufgabenstellung werden.

S. 219, Aufgabe 10

Hinweise zur Erschließung:
In Schmuhs Zwiebelkeller trifft sich die zu wahren Gefühlen (Tränen) nicht mehr fähige Gesellschaft, um wenigstens beim Zwiebelschneiden zu weinen. Jenseits aller gesellschaftlichen Regeln und selbstauferlegten Konventionen wird hier hemmungslos und ohne Selbstbeherrschung geweint. Ähnlich einer falsch verstandenen Katharsis folgt nach dem künstlich herbeigeführten Gefühlsausbruch ein weiterer Kontrollverlust, der in Ehrlichkeit und Offenheit mündet. Eine Gesellschaft, die sich selbst und andere belügt und mit permanenter Verdrängung lebt, unter der sie, wenn auch nur unbewusst, leidet, schafft sich Abhilfe gegen Bezahlung. Damit werden die Perversion dieses Verhaltens und der jämmerliche Zustand der Gesellschaft offenkundig. Der Zwiebelsaft wirkt als Katalysator, der jedoch bei den Protagonisten nicht zur Erkenntnis führt – diese bleibt dem Leser überlassen.
Wichtige Aspekte: „tränenloses Jahrhundert“ (Z. 11), Wassermetaphorik, sprachliche Bilder, Wiederholungen, Klimax, rhetorische Frage. Kritik an

- verlogener Gesellschaft, Heuchelei, Gefühlskälte, bezogen auf das Leben im Dritten Reich und die ersten Nachkriegsjahre: „denen liefen die Augen über, nicht weil die Herzen so voll waren; denn es ist gar nicht gesagt, daß bei vollem Herzen sogleich auch das Auge überlaufen muß, manche schaffen das nie, besonders während der letzten oder verflossenen Jahrzehnte“ (Z. 7 ff.). (Hier auch Anspielung auf die Bibelstelle Matthäus 12, 34: „Wes das Herz voll ist, des geht der Mund über.“)
- strategischem Pragmatismus, der auf den bedauernswerten Zustand der Gesellschaft verweist, die Zuflucht im Zwiebelkeller sucht, wo sie mit profanen Hilfsmitteln versucht, Emotionen und die eigene Seele wieder zum Leben zu erwecken („ein Küchenmesser für achtzig Pfennige und eine ordinäre Feld-Garten-Küchenzwiebel für zwölf Mark servieren“,

© 2010 Oldenbourg Schulbuchverlag

Z. 14 f.; „obgleich soviel Leid allenthalben – und genau aus diesem tränenlosen Grunde gingen Leute, die es sich leisten konnten, in Schmuhs Zwiebelkeller“, Z. 11 f.). Sie sucht ihre vermeintliche Rettung vergeblich. Denn sie evoziert nur die Symptome (Tränen, Fremden das Herz ausschütten) einer zurückgekehrten Seele/eines zurückgekehrten Gefühlslebens, die Seele selbst bleibt verloren („Schaffte, was die Welt und das Leid dieser Welt nicht schafften: die runde menschliche Träne.“, Z. 17 f.; „Und nach dem Naturereignis für zwölf Mark achtzig spricht der Mensch, der sich ausgeweint hat. [...] überließen sich die Gäste des Zwiebelkellers nach dem Genuß der Zwiebeln ihren Nachbarn auf den unbequemen, rupfenbespannten Kisten, ließen sich ausfragen, wenden, wie man Mäntel wendet.“, Z. 23 ff.) → Missverständnis einer käuflichen, reinigenden Träne, eines käuflichen seelischen Gleichgewichts

S. 219, Aufgabe 11

Zu thematisieren sind die Welt als Heilanstalt aus der Sicht eines scheinbar Verrückten, doppelt gespiegelt, eine Welt, vor der man sich schützen muss, künstlich erzeugte Tränen im Zwiebelkeller als Stätte für Gefühlsregungen verlorener, gefühlskalter Seelen. Eine emotionale Regung wird auf biologische Abläufe reduziert und so sinnentleert.

Beide Textauszüge kokettieren mit einer scheinbar objektiven Darstellung, die tatsächlich jedoch angewidert/voller Verachtung, gesellschaftskritisch und überheblich ist.

Textausschnitt 1:

- scheinbare Objektivität: Der Erzähler verschweigt seine scheinbar eingeschränkte Perspektive nicht („Zugegeben: ich bin Insasse einer Heil- und Plegeanstalt“, Z. 2), verwendet Signale der distanzierten Berichterstattung, die sich um Objektivität bemüht, und belegt seine These durch konkrete Beobachtung, aus der der Leser dann scheinbar seine eigenen Schlüsse ziehen kann:„Der Gute scheint meine Erzählungen zu schätzen, denn sobald ich ihn etwas vorgelogen habe, zeigt er mir, um sich erkenntlich zu geben, sein neuestes Knotengebilde. Ob er ein Künstler ist, bleibe dahingestellt.“ (Z. 9 ff.); „Eine Ausstellung seiner Kreationen würde jedoch von der Presse gut aufgenommen werden, auch einige Käufer herbeilocken.“ (Z. 12 f.) → über Qualität und Leistung kann sich der Leser so selbst ein Bild machen.
- Die Reaktion des Pflegers als scheinbar objektiver Bericht der Beobachtung des Ich-Erzählers, die dennoch Wertungen enthält: „seine Pflegerhände“ (Z. 21), „versucht in etwas zu starrem Gesicht allen Schrecken gleichzeitig Ausdruck zu geben“ (Z. 21 f.). Der Pfleger braucht einfache Veranschaulichung, Vergleiche, die er in seiner Welt versteht.
- Mitleid mit dem Pfleger, der als naiv und etwas beschränkt dargestellt wird (eigentlich eingeschränkte Perspektive liegt beim Pfleger/der „normalen“ Seite der Welt), Überheblichkeit und Verachtung: „erzähle dem Gucker hinter der Tür, sobald er mein Zimmer betritt, Begebenheiten aus meinem Leben, damit er mich trotz des hindernden Gucklochs kennenlernt.“ (Z. 7 ff.). Der Pfleger bemerkt die Lügen nicht, die er aufgetischt bekommt, im Gegenteil, er zeigt sich dankbar und reagiert mit primitivem Tauschgeschäft: „Der Gute scheint meine Erzählungen zu schätzen, denn sobald ich ihn etwas vorgelogen habe, zeigt er mir, um sich erkenntlich zu geben, sein neuestes Knotengebilde.“ (Z. 9 ff.)
- Obwohl die Kreationen des Pflegers „von der Presse gut aufgenommen werden“, wird sein Künstlertum in Frage gestellt („Ob er ein Künstler ist, bleibe dahingestellt.“, Z. 11 f.), auch durch die Beschreibung der Kreationen („Er knotet ordinäre Bindfäden, die er nach den Besuchsstunden in den Zimmern seiner Patienten aufsammelt und entwirrt, zu vielschichtig verknorpelten Gespenstern, taucht diese dann in Gips, läßt sie erstarren und spießt sie mit Stricknadeln, die auf Holzsöckelchen befestigt sind.“, Z. 14 ff.)
- Der Ich-Erzähler erweist sich ihm überlegen bei seiner Beurteilung „seine Werke farbig zu gestalten“ (Z. 18) → „nimmt Abstand von seinen farbigen Plänen“ (Z. 23).
- Harmlosigkeit des Pflegers („Mein Pfleger kann also gar nicht mein Feind sein.“, Z. 6) → impliziert Misstrauen vor der Welt. Verachtung, von Welt abgewandt, in resignativer Traurigkeit: „Mein Bett ist das endlich erreichte Ziel, mein Trost ist es und könnte mein

© 2010 Oldenbourg Schulbuchverlag

Glaube werden, wenn mir die Anstaltsleitung erlaubte, einige Änderungen vorzunehmen: Das Bettgitter möchte ich erhöhen lassen, damit mir niemand mehr zu nahe tritt." (Z. 25 ff.)

Textausschnitt 2:
Scheinbar objektive Berichterstattung, Verachtung: Schlussfolgerungen, die argumentativ mit konkreten Beobachtungen transparent und nachvollziehbar belegt werden, Schilderung von Beobachtungen, die dann durch einen Kommentar unterbrochen, korrigiert, präzisiert werden, der immer wertend, mitleidsvoll missbilligend und voller Verachtung ist, z. B. „nein, Schmuhs Gäste sahen nichts mehr oder einige sahen nichts mehr, denen liefen die Augen über, nicht weil die Herzen so voll waren" (Z. 6 ff.); „manche schaffen das nie" (Z. 9); „obgleich soviel Leid allenthalben – und genau aus diesem tränenlosen Grunde gingen Leute [...] in Schmuhs Zwiebelkeller" (Z. 11 ff.); „bis der Saft es schaffte, was schaffte? Schaffte, was die Welt und das Leid dieser Welt nicht schafften: die runde menschliche Träne. (Z. 16 ff.); „wieder einmal geweint. Anständig geweint, hemmungslos geweint, freiweg geweint." (Z. 19 f.) etc.

S. 219, Aufgabe 12

Bild der Zwiebel:
Auch hier wird die Zwiebel mit er Erinnerung in Beziehung gesetzt. Man muss sie Schicht für Schicht schälen, um zu wahren Kern vorzudringen.

S. 219, Aufgabe 13

Gesellschaftskritik ist im Unterschied zu „Die Ermittlung" von Peter Weiss direkt formuliert, der Erzähler wertet, kommentiert und lässt seine Meinung nicht nur zwischen den Zeilen deutlich werden.

- Leserlenkung erfolgt in den Textausschnitten der „Blechtrommel" (vgl. Belege zu wertender Darstellung und zu nur scheinbarer Objektivität, Aufgabe 11).
- Für den Vergleich mit „Die Ermittlung" muss auf die Techniken des Dokumentartheaters, wie Zuspitzung, bewusste Textkürzung usw., eingegangen werden, die zu einer ganz bewussten Leserlenkung benutzt werden. Die Leser sollen sich ein scheinbar objektives Bild von dem Verhör machen können, das scheinbar unkommentiert abgedruckt wird, tatsächlich aber nur bewusst ausgewählte Passagen enthält, die dem Leser keine andere Wertung als die vom Autor intendierte ermöglichen.

S. 219, Aufgabe 14 www.

Hilfreich sind hier als provozierender Einstieg Rezensionen zu „Beim Häuten der Zwiebel", z. B. aus der FAZ oder der SZ, die alle im Internet zugänglich sind, und der Brief von Grass an die Stadt Danzig.

- Günter Grass im Interview „Warum ich nach sechzig Jahren mein Schweigen breche" In: Frankfurter Allgemeine Zeitung v. 12. 8. 2006. http://www.faz.net/s/Rub1DA1FB-848C1E44858CB87A0FE6AD1B68/Doc~ED1E99E51572441E696FB044. Das Interview führten Frank Schirrmacher und Hubert Spiegel. Das komplette Gespräch findet sich im Feuilleton der FAZ vom 12. August. Am 19. August ist in der FAZ eine achtseitige Sonderbeilage mit ausführlichen Exklusivauszügen aus dem neuen Buch enthalten, versehen mit zahlreichen Rötelzeichnungen von Grass sowie zum Teil bislang unbekannten Fotodokumenten aus der Jugend des Schriftstellers.
- Ijoma Mangold: „Seht, wie meine Augen tränen". In: Süddeutsche Zeitung v. 19. 8. 2006. http://www.sueddeutsche.de/kultur/699/4c7475/text/
- Grass-Brief an Danzig: „Für mich behalten, doch nicht verdrängt". SPIEGEL ONLINE – 22. 8. 2006 (http://www.spiegel.de/kultur/literatur/0,1518,433019,00.html)

Hier könnte auch das Motiv der Zwiebel in „Die Blechtrommel" und „Beim Häuten der Zwiebel" verglichen werden: Das Motiv wird weiterentwicklelt: Zwiebelsaft als Katalysator, unbewusstes Erinnern, passives Getriebensein in „Die Blechtrommel". „Beim Häuten der Zwiebel" als aktiver Erinnerungsprozess, als Freilegen und als Symbol für die versteckten Erinnerungen selbst: „Ich mußte eine Form für dieses Buch finden, das war das Schwierigste daran. Es ist ja eine Binsenwahrheit, daß unsere Erinnerungen, unsere Selbstbilder trügerisch sein können und es oft auch sind. Wir beschönigen, dramatisieren, lassen Erlebnisse zur Anekdote zusammenschnurren. Und all das, also auch das Fragwürdige, das alle literarischen

© 2010 Oldenbourg Schulbuchverlag

[1] Günter Grass im Interview: „Warum ich nach sechzig Jahren mein Schweigen breche." Aus: Frankfurter Allgemeine Zeitung v. 12.8.2006.

Erinnerungen aufweisen, wollte ich schon in der Form durchscheinen und anklingen lassen. Deshalb die Zwiebel. Beim Enthäuten der Zwiebel, also beim Schreiben, wird Haut für Haut, Satz um Satz etwas deutlich und ablesbar, da wird Verschollenes wieder lebendig."[1]

S. 219

1.4 „Neue Subjektivität" – Wendung ins Private und Bekenntnishafte

S. 222, Aufgabe 1

Hinweise zur Erschließung und Interpretation:
Die Gedanken der Ich-Erzählerin kreisen um ihre Verunsicherung. Sie ersehnt den Satz, der sie „versichert in der Welt" (Z. 36). Die Erschießung des Dialogs mit Ivan und des Telefonats mit Malina sollte folgende Aspekte berücksichtigen:

- gestörte Kommunikation: Gespräch über die Müdigkeit und eine Absage einer gemeinsamen Nacht, das eigentlich genau das Gegenteil intendiert (Z. 3–26): Der Wunsch, sich zu sehen, soll von Ivan ausgesprochen werden.
- Umkreisen der Gesprächsteilnehmer während des gesamten Gesprächs („Müde bin ich schon, aber du musst ja müder sein", Z. 22).
- Unfähigkeit, die eigenen Bedürfnisse zu formulieren („Dann heute Abend also lieber nicht/Wenn du natürlich jetzt nicht so müde wärst", Z. 14 f.)
- Die Erzählerin hofft auf eine Zuneigungs-/Bedürfniserklärung („Ich will dich sofort hier haben.", Z. 26).
- Unfähigkeit zuzuhören, den anderen wahrzunehmen, bewusstes Missverstehen („Ich glaube, ich höre nicht recht", Z. 16)
- Differenzierung zwischen Gesagtem und Gemeintem, Aussage auf der Metaebene („und jetzt wiederholt Ivan noch einmal alle Sätze über die Müdigkeit und ich auch alle, bis wir zu müde und zu erschöpft sind, um uns das Ausmaß unserer Erschöpfung vorklagen zu können." (Z. 29 ff.)
- auf sich zurückgeworfen, Hilflosigkeit: („zu hoffen, zu betteln und zu meinen, einen Satz gehört zu haben, [...] einen Satz, der mich versichert in der Welt", Z. 34 ff., „Aber da Ivan mich nicht liebt, mich auch nicht braucht", Z. 41, „Die Welt kennt keine Versicherung für mich,", Z. 47 f.)
- Die Ich-Erzählerin, die vor dem Alltäglichen mit Malina flieht, kann ihre Sehnsüchte mit Ivan, den sie in ihren Gedanken besucht, nicht stillen. Sie ist zerstört und aller Illusionen beraubt, sodass sie nicht mehr existenzfähig ist. „Ich habe in Ivan gelebt und ich sterbe in Malina." (Z. 53) stellt sie ernüchtert fest. In Konsequenz verschwindet die Ich-Erzählerin in der Wand (vgl. Z. 57 f.), vor der sie für Malina vorher schon nicht wahrnehmbar war.
- „Es war Mord" (Z. 99) – dieser Satz betrifft auch den Prozess des Schreibens. Schreiben ist jetzt ein unzureichender Ersatz für ihre unerfüllte Liebe und kann sie auch nicht von den Verletzungen durch die Gesellschaft heilen – Schreiben als schmerzlichste aller Todesarten.

Zusatzmaterial 2: Lexikoneintrag zu „Neue Subjektivität", LM, S. 198

Neue Subjektivität: Die Romanhandlung befasst sich nur mit den Gedanken und Gefühlen der Ich-Erzählerin – Angstträumen, Sehnsüchten und die im Kopf entstandene Liebe zu Ivan.

S. 222. Aufgabe 2
→ Zusatzmaterialien 3/4: Klappentext; Gespräch mit Botho Strauß, LM, S. 198 f.

Sprachlosigkeit in einer zwischenmenschlichen Beziehung:
Zum Vergleich könnte herangezogen werden: Gesellschaftskritik im Privaten – „Zimmerschlacht" von Martin Walser (1962/63): Ein Ehepaar muss den Abend allein verbringen, nachdem es Freunden abgesagt hat. Die Situation eskaliert. Die Beziehung wird zur „Zimmerschlacht". Mögliche Aufgaben dazu:

1 Fassen Sie Dialogführung und Gesprächsinhalt unter Beachtung der zum Ausdruck kommenden Probleme zusammen.
2 Arbeiten Sie die eigentlichen Vorwürfe der beiden Ehepartner heraus, die sich hinter diesem Dialog verbergen. Vergleichen Sie die Aussagen!

© 2010 Oldenbourg Schulbuchverlag

3 Formulieren Sie den konkreten Vorwurf und die generelle Gesellschaftskritik, die der Autor hier deutlich werden lässt.

4 Verfassen Sie, ausgehend von Ihren Ergebnissen und von einer Untersuchung der sprachlich-stilistischen und dramaturgischen Gestaltung, eine Interpretation.

Andere Möglichkeit: Martin Walser: „Das fliehende Pferd" (1978).

S. 222

2. Ein Phänomen des literarischen Lebens – die Gruppe 47

S. 222

2.1 Die Gruppe 47 – Mythos und Fakten

S. 225, Aufgabe 1

Hinweise zum Vergleich:
„Lesen auf dem elektrischen Stuhl" erschien zum 60. Jubiläum der Gruppe 47 und folgt in seiner Darstellung einem chronologischen Abriss. Im Feuilleton der ZEIT erschienen, ist der Artikel sprachlich anspruchsvoll, verwendet Bilder und Vergleiche („Romanisches Café", Z. 13 f., „Theaterstücke mit einem unbekannten Text", Z. 18 f., „Bis dahin hatte die ‚Generation der Kriegskinder' die Szene beherrscht. Nun wurden erste Risse deutlich.", Z. 29 f.), wertet offen. Gewagte Thesen oder gelungene Komplimente durch Zeitzeugen werden angeführt, teilweise auch direkt zitiert, wodurch die Argumentation an Glaubwürdigkeit und Wert gewinnt, z. B. seien nach Martin Walser die Treffen „Theaterstücke mit einem unbekannten Text" gewesen, in denen es „Szenen äußerster Peinlichkeit" (Z. 19 f.) gegeben habe. Marcel Reich-Ranicki erinnert sich, dass die Intrigen „auf keine Kuhhaut" (Z. 20 f.) gegangen seien. Richter wird zitiert mit seiner Beobachtung, dass die Tagungen zu „Massenveranstaltungen" (Z. 26 f.) zu werden drohten. „Viele Jahre hatten die Verleger skeptisch abseits gestanden. Nun kauften sie fast alles, was auf einer Tagung gelesen wurde, oft auch Manuskripte, die nur einen mäßigen Erfolg hatten" (Z. 23 ff.).
Das Ende der Gruppe 47 wird mit dem kalten Auge eines Unbeteiligten erwähnt und aus der historischen Distanz bewertet. „Verschleißerscheinungen traten auf." (Z. 44) Bewertung: „Meinungsterror" (Z. 45, Konservative), „linken Reichsschrifttumskammer" (Z. 46, CSU), „Elitenbildung" (Z. 47, 68er, Zitat von Ulrike Meinhof aus „konkret"). Schließlich: „Die offizielle Auflösung folgte erst zehn Jahre nach der letzten Tagung, 1977 in Saulgau." (Z. 48 ff.)
Hans Werner Richter schreibt hingegen eine Selbstlegitimation für sich und die Gruppe 47. Er nennt Ziele, Motive, Forderungen, rechtfertigt sogar die Organisationsform und wehrt sich gegen die These, die Gruppe 47 sei „elend zugrunde gegangen" (Z. 53 f.). Seine Darstellung ist die eines selbstbestimmtem Endes, vermischt mit dem Vorwurf an eine sich verkommerzialisierende Gesellschaft, in der eine Gruppe 47 keinen Platz mehr habe.

S. 226, Aufgabe 2

Zu problematisieren: Defizit und Manko der Gruppe 47, unvollständiges oder sogar falsches Selbstverständnis/Selbstbild?

S. 226, Aufgabe 3

Grass wurde in der Gruppe 47 und außerhalb zum moralischen Gewissen der Nachkriegszeit stilisiert. Seine letzten Enthüllungen bieten viel Material zur selbstständigen Auseinandersetzung mit der Rolle und dem Werk des Autors, zu Recherche und kritischer Medienlektüre und fördern die Entwicklung der eigenen Urteilsfähigkeit.

© 2010 Oldenbourg Schulbuchverlag

S. 226 2.2 „… wo ihnen die Sprache Weite versprochen …“ – Günter Grass: „Das Treffen in Telgte“

S. 227, Aufgabe 1

Kapitel 22: Abschiedsrede Simon Dachs über die Bedeutung und Wertschätzung der Treffen der Dichter (Z. 14 ff.).
Kapitel 23: Resignation über begrenzten Einfluss der Literatur: „So blieb ungesagt, was doch nicht gehört worden wäre.“ (Z. 6 f.) Bedauern über das Ende, Ursache wird bewusst im Unklaren gelassen. Der Vorwurf an den Literaturbetrieb und die Beteiligten wird deutlich. Grass hatte 2005 eine Neuauflage dieser Treffen versucht, die aber scheiterte oder im Sande verlief – je nach Wertung, worauf Zeilen 11 bis 16 anspielen.
Zur sprachlichen Gestaltung: Funktion – Betonung der Bedeutung der Treffen, Hommage in literarischer Form, im Stil durchgehalten, gute Kenntnisse der Literatur des Barock voraussetzend, Pathos (Kapitel 22):

- bildreiche Sprache: „von Lasten befreit, […] als wollte er die Bedeutung ihres Treffens mindern, dessen Gewicht wegplaudern.“ (Z. 8 ff.)
- Attribute: „Er stand, überblickte lächelnd den langen Tisch, sah die gehäuften, zwischen Kopf und Schwanz blanken Fischgräten, hielt links das gerollte und mittlerweile versiegelte Manifest und war zu Beginn seiner Rede nicht frei von Rührung.“ (Z. 3 ff.)
- komplexe Satzgefüge „Und wen zu Haus Enge zu bedrücken, neuer Jammer einzuholen, der falsche Glanz zu täuschen (Attributsatz zum Subjekt ‚der‘), wem das Vaterland zu schwinden drohe (zweiter Attributsatz zu Subjekt ‚der‘), der möge sich der heilgebliebenen Distel im Brückenhof vor Telgtes Emstor erinnern (HS), wo ihnen die Sprache Weite versprochen, Glanz abgegeben, das Vaterland ersetzt und allen Jammer dieser Welt benannt habe (Attributsatz – lokal zum Attribut zu Distel ‚im Brückenhof vor Telgtes Emstor‘)“ (Z. 16 ff.)
- Sprache des Barock – sogar in alter Schreibung bei besonderer Betonung: „Denn wilt vns, liebwerthe Freunde, noch so kurtz vergönnet die Zeit seyn, hie auf Erden zu bleiben, wird sich doch jeder Reim, wofern sich vnser Geist nach dem Leben gesetzet, der Dauer vermengen …“ (Z. 24 ff.)
- Konjunktiv der indirekten Rede (verbriefte, sachliche Wiedergabe eines Beobachters) „Ob man das Ganze zu günstiger Zeit wiederholen solle, wisse er nicht oder noch nicht, sosehr man ihn dränge, einen Ort und den Tag künftiger Anreise zu nennen.“ (Z. 11 ff.) „Doch gelohnt habe sich der Aufwand am Ende wohl doch. Fortan könne sich jeder weniger vereinzelt begreifen.“ (Z. 14 f.)

S. 227, Aufgabe 2

Als Referat oder im Rahmen einer Ganzschrift-Lektüre kann die Recherche z. B. zu folgenden Dichtern erfolgen: Heinrich Albert, Sigmund von Birken, August Buchner, Daniel Czepko von Reigersfeld, Simon Dach, Paul Gerhardt, Georg Greflinger, Hans Jacob Christoffel von Grimmelshausen, Andreas Gryphius, Georg Philipp Harsdörffer, Christian Hoffmann von Hoffmannswaldau, Johann Lauremberg, Friedrich von Logau, Johann Michael Moscherosch, Johann Rist, Johannes Scheffler (später Angelus Silesius), Johann Matthias Schneuber, Heinrich Schütz, Georg Rodolf Weckherlin, Philipp von Zesen.

S. 227, Aufgabe 3

Aussagen über das Zusammentreffen der Gruppe 47:

- Treffen von Gleichgesinnten
- spontane Zusammenkünfte auf Einladung von Simon Dach alias Hans Werner Richter
- Diskussionen und Vorträge, gegenseitige Kritik bei Speis und Trank
- Literatur, Pflege der Sprache, Verlangen nach ewigem Ruhm, Anerkennung
- gemeinsame Sorge um das Vaterland
- Hoffnung auf Einfluss der Literatur
- faktisches Ende der Gruppe 47 nach dem letzten „Treffen in Telgte“ (1979)

© 2010 Oldenbourg Schulbuchverlag

Als Zusatzinformation und zur Identifizierung der Figuren empfiehlt sich der Artikel von Rolf Schneider: „Eine barocke Gruppe 47". Rolf Schneider über Günter Grass: „Das Treffen in Telgte". In: DER SPIEGEL, 02.4.1979. http://abo.spiegel.de/img/picks/abos/spedit/Medienecho_belle_02_SP_02_04_1979.pdf

Folgende Zuordnungen können nach Schneider vorgenommen werden: Simon Dach – Hans-Werner Richter, Grimmelshausen – Günter Grass, August Buchner – Marcel Reich-Ranicki, Sigmund von Birken – Martin Walser oder Hans Magnus Enzensberger, Andreas Gryphius – Heinrich Böll, Georg Greflinger – Rudolf Augstein.

S. 228, Aufgabe 4
Weitere Informationen zur Gruppe 47, vgl. TH, S. 54 ff.

Hinweise zur Erstellung des informativen Textes:

- Teilnahme aufgrund von Einladung durch Hans Werner Richter 1947–1977/1990
- keine Organisationsform, keine feste Mitgliederliste
- später bedeutende Autoren, Literaturkritiker als Teilnehmer
- gegenseitige Kritik
- Förderung junger, noch unbekannter Autoren
- Preis der Gruppe 47
- Entdeckungen, z. B. Ingeborg Bachmann
- kultureller und politischer Einfluss der Gruppe 47: einflussreichste Institution im Literaturbetrieb in der Bundesrepublik Deutschland

S. 228, Aufgabe 5
→ Zusatzmaterial 5: Rede von Günter Grass beim Treffen der Gruppe 47 in Princeton, LM, S. 200

Dazu auch Günter Grass: Vom mangelnden Selbstvertrauen der schreibenden Hofnarren unter Berücksichtigung nicht vorhandener Höfe. Rede vor der Gruppe 47 im April 1966, Princeton; Aufschlüsselung der Aufgabe:

1. Erläuterung der These: Das Dokument sollte Einheit der Sprache, der Dichtkunst manifestieren und die Einheit des zerrissenen Vaterlandes vorwegnehmen, vorbereiten oder wenigstens für die Zukunft anlegen. Der Autor wertet es als bewusst gesetztes Zeichen, dass Grass dieses Dokument in Flammen aufgehen lässt, es also wirkungslos bleibt, und somit das positive Ansinnen eines geeinten Vaterlandes zum bloßen Wunschtraum der Autoren wird. Auf die Gegenwart übertragen als „melancholische Allegorie" sieht der Autor im Grass-Text das „Vanitas-Empfinden des modernen Poeten", alles vergängliche Eitelkeit und in weiten Teilen wirkungslos einerseits und daraus folgernd für Grass direkt „den politischen Kummer eines deutschen Patrioten", der an der geteilten Gegenwart, an der aktuellen Politik, die kaum Hoffnung auf ein geeintes Deutschland aufkommen lässt, verzweifelt.
2. Der Essay kann folgende Aspekte berücksichtigen: „Das Treffen von Telgte" zeigt Autoren, die meinen, sie könnten Einfluss nehmen, ihr Publikum aufrütteln, sich Gehör verschaffen. Dieser Auffassung waren auch die Mitglieder der Gruppe 47.
   1979 lässt Grass das Manifest in Flammen aufgehen – der Anspruch auf Wirkung und Einfluss durch Literatur, durch eine Instanz wie die Gruppe 47 im Literaturbetrieb, scheint nicht mehr so eindeutig.
   Mögliche Ursachen: Sich wandelnde Erwartungen? Inhomogenität des literarischen Lebens, verschiedene Generationen, Bedeutung Medienlandschaft, Entwicklung der Gesellschaft, Infotainment usw.

© 2010 Oldenbourg Schulbuchverlag

S. 228

3. Über das Brecht'sche Theater hinaus – ein modernes Drama erschließen

S. 228

3.1 „Uns kommt nur noch die Komödie bei" – Komödie und absurdes Theater

S. 228, Aufgabe 1

Max Frisch umreißt seine Idealvorstellung von der Wirkung eines Dramas auf den Zuschauer: Ihm genügt die Provokation von Fragen, existenziellen Fragen allerdings, die den Zuschauern in ihrer Bedeutsamkeit so schwer auf der Seele liegen, dass sie gar nicht umhin können, als sich in der Gestaltung ihres eigenen Lebens um eine Antwort zu bemühen. Folgende Punkte könnten von den Schülerinnen und Schülern angesprochen werden:

- Die Zuschauer soll von Stück emotional ergriffen werden.
- Das Stück soll den Zuschauer in seiner vorgefertigten Meinung erschüttern.
- Das Stück soll in Form und Gestaltung Fragen aufwerfen, möglicherweise auch Antworten geben.
- Das Stück soll Zuschauer existentiell „packen".
- Die Zuschauer soll aus dem Stück Konsequenzen für sein Leben ziehen.
- Die Zuschauer soll Zusammenhänge klarer sehen.
- Die Zuschauer soll Spaß haben, sich an schönen Bildern erfreuen, unterhalten werden.

Weiterhin: Nach Frisch ist jene Form des Theaters ungeeignet, welche Wirklichkeit detailgetreu zu spiegeln versucht, denn das befriedige nur die Neugier und erzeuge keine Nachwirkung. Es sei wichtig, den Spielcharakter zu betonen: Maske, Chor, Sprachgestaltung zeigen Distanz zum Alltagsleben. Der Schauspieler darf nicht ganz in seiner Rolle aufgehen. Die Betonung des Spiels, des Kunstcharakters des Bühnengeschehens hat Auswirkungen auf den Stoff: ungeeignet sind historische Geschehnisse, die dem Publikum bekannt sind, in ihrem Ablauf festliegen und nicht mehr zu verändern sind. Exemplarische Bedeutung und Modellcharakter gewinnt nach Frisch ein Gegenstand, wenn er auf das Wesentliche reduziert ist.

S. 230, Aufgabe 2

Strukturierte Inhaltangabe:

- Unmöglichkeit, mit der Dramatik Schillers zu gestalten: Die heutigen Staatsmänner sind im Gegensatz zu früher (Napoleon, Wallenstein) keine Machthaber und Helden mehr, die in Freiheit verantwortlich handeln können. Sie sind „nur noch zufällige, äußere Ausdrucksformen dieser Macht [...], so beliebig zu ersetzen" (Z. 15 ff.); Macht früher war sichtbar, die heutige ist „nur zum kleinsten Teil sichtbar, [...] der größte Teil [ist] im Gesichtslosen, Abstrakten versunken" (Z. 20 ff.).
- Unüberschaubarkeit des heutigen Staates: Der „heutige Staat" entspricht diesen veränderten Verhältnissen, er ist „unüberschaubar, anonym, bürokratisch" (Z. 24 f.). Es fehlen die „echten Repräsentanten [...], und die tragischen Helden sind ohne Namen" (Z. 25 f.), „Mit einem kleinen Schieber, mit einem Kanzlisten, mit einem Polizisten läßt sich die heutige Welt besser wiedergeben als mit einem Bundestat, als mit einem Bundeskanzler." (Z. 26 ff.). Als einzige Manifestation der Macht erscheint die Atombombe, vor der die Kunst versagt, da sie „selbst eine Schöpfung des Menschen" (Z. 35 f.) ist.
- Aufgabe der Kunst: „Gestalt, Konkretes zu schaffen" (Z. 39 f.):
  - Die Tragödie kann das in der heutigen Welt nicht mehr leisten, da sie „eine gestaltete Welt" (Z. 41) voraussetzt.
  - Die Komödie wird zur angemessenen Form, da sie als Kunstmittel für eine „ungestaltete, im Werden, im Umsturz begriffene" (Z. 42 ff.) Welt anzusehen ist, die mit Mythen und tragischen Konflikten nichts mehr anzufangen wisse.
- Dürrenmatts Ablehnung der Tragödie: „Die Tragödie setzt Schuld, Not, Maß, Übersicht und Verantwortung voraus." (Z. 50) Heute gibt es aber keine Schuldigen und Verantwortlichen mehr. „Alle können nichts dafür und haben es nicht gewollt. Es geht wirklich ohne jeden.

© 2010 Oldenbourg Schulbuchverlag

Alles wird mitgerissen und bleibt in irgendeinem Rechen hängen. [...] Schuld gibt es nur noch als persönliche Leistung, als religiöse Tat." (Z. 53 ff.)

- Tragik als Element in der Komödie: Auch heute gibt es noch Schuld und Verantwortung. Wegen der fehlenden weltanschaulichen Voraussetzungen kann Tragik kein gattungsbildendes Prinzip, sondern nur noch ein sehr wichtiges Element innerhalb der Komödie sein („Doch ist das Tragische immer noch möglich. [...] Wir können das Tragische aus der Komödie heraus erzielen, hervorbringen als einen schrecklichen Moment, als einen sich öffnenden Abgrund", Z. 59 ff.)
- Die Größe und Bedrohlichkeit der Welt müssen sich auf der Bühne spiegeln, die Bühne muss versuchen, die Zusammenhänge zu erläutern. Trost allein genügt hier nicht. Auch die Brecht'sche Lösung, die Welt als Unfall hinzustellen genügt hier nicht („Brecht denkt unerbittlich, weil er an vieles unerbittlich nicht denkt.", Z. 78 f.).
- Die Komödie als Mausefalle: D. h., die Zuschauer lassen sich ins Theater locken, weil sie meinen, Bekanntes und Vergnügliches vorgespielt zu bekommen. Sie wollen ein fiktives Spiel betrachten, müssen aber feststellen, dass sie einer grotesken Welt voller Bedrohung, Ausweg- und Sinnlosigkeit gegenübergestellt werden.

S. 230, Aufgabe 3
Weitere Informationen zu Dürrenmatts Dramentheorie, vgl. TH, S. 48 ff.

Ansatz Dürrenmatts, Abgrenzung zur Position Brechts:

	Brecht	**Dürrenmatt**
Gesellschaft	optimistisches Weltbild: Die ungerechte Welt ist veränderlich, verbesserbar.	chaotische, vom Künstler nicht zu erfassenden Welt. Der Mensch ist mit Mächten konfrontiert, die sich seiner Kontrolle entziehen
Menschenbild	Das Engagement Einzelner verändert die Gesellschaft zum Sozialismus hin.	keine persönliche Verantwortung oder Schuld
Theater-modell	marxistisches Lehrtheater	Komödie als beste Darstellungsform
Mittel der Verfremdung	V-Effekte (Kommentare, Zwischentexte), Nicht-Identifikation des Zuschauers mit dem Dargestellten	Verfremdung der Gegenwart, indem er die aktuellen Probleme in einer Groteske zu Ende denkt.
Publikum	Kritisch, nachdenkendes Publikum	Das Publikum ist unberechenbar und will genießen.
Aufgabe	gesellschaftsverändernde Wirkung	Komödie als Welttheater

S. 231, Aufgaben 4/5

Autor	**Epoche**	**Dramatisierung der Geschichte Scotts**	**Gattung**	**Dramenform**
Shakespeare (1564–1616)	Drama und Theater im elisabethanischen Zeitalter	Untergang findet Begründung im Charakter des Helden. Hinzu kommen Konflikte/Intrigen mit anderen Expeditionsteilnehmern.	Tragödie	aristotelisches Theater

© 2010 Oldenbourg Schulbuchverlag

Autor	**Epoche**	**Dramatisierung der Geschichte Scotts**	**Gattung**	**Dramenform**
Brecht (1898–1956)	deutschspr. Theater im 20. Jh. (Weimarer Republik/Exil/Literatur der DDR)	Expedition scheitert an wirtschaftlichen Interessen und gesellschaftlichen Bedingungen.	Schauspiel	episches Theater
Beckett (1906–1989)	Theater des 20. Jh. (Avantgarde)	Reduzierung der Vorgänge auf das Ende: Scott in Eisblock verwandelt monologisiert vor anderen Eisblöcken.	Parabel	absurdes Theater
Dürrenmatt (1921–1990)	deutschspr. Theater des 20. Jh. Nachkriegsliteratur	Scott wird beim Einkaufen für Expedition im Kühlraum eingeschlossen, erfriert durch Panne mitten in der Großstadt durch – komisches Ende durch ein Missgeschick (= Schlimmstmögliche Wendung).	Komödie	Theater des Paradoxen

S. 232, Aufgabe 6

Gedacht ist an eine Theaterfigur in Anlehnung an eine Person des öffentlichen Lebens (moderner Held, bekannte Biografie, besondere Leistung ...).

S. 232

Absurdes Theater

S. 234, Aufgabe 1

Thesen zum absurden Theater:

1. Voraussetzung des absurden Theaters ist eine als „absurd" erkannte Welt (Z. 1).
2. Der Zuschauer wird mit der „Unverständlichkeit, der Fragwürdigkeit des Lebens" (Z. 9 f.) konfrontiert, die nicht aufgelöst werden kann. (Z. 15)
3. Das absurde Theater stellt einen Zustand dar, der „in der Frage verharrt" (Z. 18), kein logisch fortschreitendes Geschehen.
4. Im absurden Theater wird der Zuschauer sowohl mit der Fremdheit des Menschen in der Welt als auch mit der Fragwürdigkeit des Lebens konfrontiert. (Z. 24 f.)
5. Das absurde Theater gibt keine Antwort auf ein zur Diskussion stehendes Problem, sondern fordert einen Dialog zwischen Publikum und Autor, in Hinblick darauf, dass das Publikum „den Schritt von der Antwort zur Frage dem Autor nachvollziehe" (Z. 23), obwohl die Welt „vernunftwidrig schweigt" (Z. 25, 28). Es kann also nur „absurde Ersatzantworten" (Z. 29) geben.
6. Da die Welt zusammenhanglos ist, was dem Zuschauer nicht unbedingt bewusst ist, desillusioniert das absurde Theater und setzt damit einen Denkprozess in Gang. Es fordert von ihm den „aktiven Mitvollzug" (Z. 32).
7. Der Zuschauer empfindet das absurde Theater oft als „verrückt" und „unzumutbar" (Z. 46), deshalb findet keine Identifikation statt.
8. Da dem Zuschauer das Bühnengeschehen manchmal zu absurd erscheint, „fühlt er sich verspottet" (Z. 50). Die gegenteilige Reaktion ist intendiert: Er soll „das Bühnengesche-

© 2010 Oldenbourg Schulbuchverlag

hen verspotten“ (Z. 52) bzw. vielmehr das Leben als Objekt das Bühnengeschehens und damit sich selbst als Fragenden, der „keine Antwort erhält“ (Z. 55).

9. Absurdes Theater kann keine Katharsis auslösen, da das absurde Theater nicht an die „Sendung des Theaters“ (Z. 64) glaubt, sondern die „Ohnmacht des Theaters“ (Z. 65) eingesteht: Darstellung des Zweifels und der Fremdheit des Menschen.
10. Nicht die äußere Welt, die Welt der Realität, wird dargestellt, sondern der seelische Innenraum des Menschen.

S. 234, Aufgabe 2

Zu diskutieren sind folgende Aussagen aus dem Hildesheimer Text:
- Das Publikum sei nicht gewillt, „die Philosophie des Absurden hinzunehmen, geschweige denn, aus sich selbst zu beziehen“ (Z. 3 ff.). Hierdurch entsteht eine „anregende Wechselbeziehung“ (Z. 7 f.).
- Das Publikum erhält keine Deutung. Die Bühne zeigt einen Zustand, der „in der Frage verharrt“ (Z. 18). Das Publikum soll den „Schritt von der Antwort zur Frage“ (Z. 23) nachvollziehen.
- Das Theaterpublikum wird als „selten gewillt“ (Z. 33) dargestellt, dem Autor in der Forderung, das Theaterstück als Frage zu verstehen, zu folgen. Es sucht Identifikation, die es beim absurden Theater nicht findet, es weist „jeden Anhaltspunkt einer Identifikation [...] entrüstet von sich“ (Z. 47 f.)
- Wenn es zu absurd wird, fühlt sich das Publikum auch „verspottet“ – ein großes Missverständnis, denn der Zuschauer „soll das Bühnengeschehen verspotten“ (Z. 52). Dafür fehlt dem Publikum aber die Einsicht. „Er (der Zuschauer) schafft es nicht, die verschiedenen Ebenen der Transposition zu erklimmen ...“ (Z. 56 f.).
- Das Publikum erkennt die Botschaften nicht, ist nicht zur kritischen Selbstreflexion in der Lage und missversteht deshalb jedes Theaterstück in seiner Intention (Z. 79–86).

S. 234, Aufgabe 5

„Das epische Theater ist die Grundlage des modernen Theaters.“
Bertolt Brecht löst die aristotelische Dramenkonzeption (Einheit von Ort, Zeit und Handlung, Identifikation mit einzelnen Figuren, Katharsis) auf:
- offene Form des Dramas, einzelne Szenen („Bilder“), die durch Songs, pantomimische Einlagen und Ansagen an das Publikum unterbrochen werden
- Bericht eines Erzählers, Verfremdungen
- kritische Distanz des Zuschauers zum Spielgeschehen
- durch Nachdenken zu einer Änderung von Ansichten

Das Theater der Groteske bis zu postdramatischem Theater nutzen die so gewonnenen Freiheiten und entwickeln eigene Konzepte.
Fazit: Das moderne Theater hat sich aus dem epischen Theater entwickelt. Es hat sich von beiden Grundlagen, von der aristotelischen Dramenkonzeption und der Konzeption des epischen Theaters, emanzipiert. Dies kann z. B. an einem Werk von Friedrich Dürrenmatt oder Max Frisch gezeigt werden.

S. 235

3.2 „Fort mit der Isolationsfolter – einen dramatischen Dialog erschließen und interpretieren

S. 237, Aufgabe 1

Inhalt/Aufbau/Gesprächsführung: Zwei, nur dem Aussehen nach anarchische Typen (A und B) treffen sich an einer S-Bahn-Linie, um den Protestslogan „Fort mit der Isolationsfolter“ so an eine Wand zu pinseln, dass dieser von den Fahrgästen in den vorbeifahrenden Zügen gelesen werden kann. B versteht alle Äußerungen von A falsch oder gar nicht oder diskutiert Nebensächliches (Satzzeichen) oder ihm wichtiger Erscheinendes (Toiletten in der S-Bahn). Dadurch verstreicht viel Zeit, in der sie bei ihrer geplanten strafbaren Handlung entdeckt

© 2010 Oldenbourg Schulbuchverlag

werden könnten. A beantwortet deshalb alle Fragen rasch, aber ungeduldig, um B endlich zum Schreiben zu bewegen.
Der Dialog zwischen A (denkender Kopf der Aktion) und B (ausführender Handlanger, Mitläufer) beginnt mit dem Hinweis von A, wie sie sich im Falle eines herannahenden Zuges zu verhalten hätten, als Auftakt für ein längeres Frage- und Antwortspiel, in dem B zu erkennen gibt, dass ihm der Inhalt des Slogans völlig egal ist. Die Ausstattung der S-Bahn-Wagons mit Toiletten erscheint ihm als Forderung gleichbedeutend mit der Abschaffung der Isolationsfolter. Es folgen weitere Änderungsvorschläge für den Slogan.
Im Verlauf des Dialogs wird klar, dass der ausführende Typ B den Inhalt der Forderung nicht begreift und der denkende Kopf A sein eigentliches Ziel eines politischen Protestes für eine banale Diskussion über praktische Aspekte der Umsetzung aus den Augen verliert. Gemeinsam einigen sie sich auf ein Palindrom (gr. *palíndromos* – Zeichenkette, die, von vorn und von hinten gelesen, gleich bleibt), weil es von beiden Zugrichtungen aus gelesen werden kann, dabei aber keinerlei Forderung mehr enthält. Der Sinn ihres Handelns wird durch diesen Satz ad absurdum geführt: „Ein Neger mit Gazelle zagt im Regen nie."
Sprachlich-stilistische Gestaltungsmittel, um die gegenseitigen Verständnisschwierigkeiten einerseits und die Beschränktheit des Dialogs andererseits darzustellen:
Ellipsen als Antwort („Gedanken gemacht schon.", Z. 44), Einwortsätze („Wie?"/„Nein."), Imperative in Umgangssprache („Jetzt quatsch nicht so endlos – mach endlich weiter!", Z. 30), bewusster Stilwechsel von Umgangssprache zu Fachsprache („Die Isolationsfolter ist ein repressives Mittel des herrschenden Systems innerhalb scheinlegaler Gegebenheiten, politische Häftlinge im Sinn der Erhaltung bestehender Zustände massiv zu beeinflussen.", Z. 45 ff.), Regieanweisungen (*B liest und prüft*: „Tatsächlich.", (Z. 101)
Am Ende sind beide Protagonisten von ihrer absurden Logik überzeugt und höchst zufrieden.

S. 237, Aufgabe 2

Komödienhaft-grotesk: hintergründige Komik (Diskussion über Toiletten in der S-Bahn, über Satzzeichen), Übertreibung ins Groteske: Vorschläge für neue Formulierungen: „Seid alle, die ihr hier vorbeifahrt und das lest, gegen die Isolationsfolter. Dafür sind wir dafür, dass in der S-Bahn Toiletten –", Z. 62 ff., inhaltsleere Fachsprache: „Die Isolationsfolter ist ein repressives Mittel des herrschenden Systems innerhalb scheinlegaler Gegebenheiten, politische Häftlinge im Sinn der Erhaltung bestehender Zustände massiv zu beeinflussen.", Z. 45 ff.)
absurd: sinnwidrig, unvernünftig, für den menschlichen Verstand Widersprüchliches, Uneinsichtiges – irreale Handlung. Es gibt keine durchgängige, logische Handlung, Nur für die Protagonisten erscheint ihre Handlung logisch und in sich stimmig. Hier handeln keine psychologisch begründeten Figuren. Es gibt keine zeitliche und örtliche Fixierung. Die Dialoge dienen nur scheinbar der Verständigung der Protagonisten, tatsächlich aber handelt es sich um banales Reden, das einem absurden Ziel dient. „Wenn eine S-Bahn aus dieser Richtung kommt, dann können die Leute das Schriftband nicht lesen./Dann schreib es andersherum." (Z. 85 ff.) – Und auf die Feststellung: „‚Isolationsfolter' kann man von hinten nicht lesen." (Z. 94), folgt zunächst ohne Erklärung: „Ein Neger mit Gazelle zagt im Regen nie." (Z. 95) Am Schluss ist das Kriterium für den Slogan nicht mehr ein politischer Inhalt, sondern einzig die Form: das Palindrom.

S. 237, Aufgabe 3

Aufbauend auf den Arbeitsergebnissen der Aufgaben 1–2 müssen folgende Teilaspekte angeführt werden:
- Handlung des Dramas, Ort, Zeit
- Dialog: Gesprächsverlauf, Gesprächsinhalt und Gesprächsverhalten und Regieanweisungen
- Charakterisierung der Figuren
- sprachliche und formale Gestaltungsmittel in ihrer Funktion für Gesamtaussage, Wirkung und Intention

© 2010 Oldenbourg Schulbuchverlag

- Intention: Gesellschaftskritik, Darstellen der Lächerlichkeit von falsch verstandenem pseudointellektuellem Engagement, gegen Aktivisten, die selbst nicht so genau wissen, wofür sie eintreten, Appell für Werte, für Vernunft und Sinnhaftigkeit

S. 237, Aufgabe 4
Zum Vergleich könnte herangezogen werden: Samuel Beckett „Warten auf Godot", Thomas Bernhard „Heldenplatz" oder Wolfgang Hildesheimer „Die Verspätung".

S. 237, Aufgabe 5
A nur scheinbar intellektuell, von sich überzeugt, geduldig mit B, der ihm nicht ganz folgen kann. Beschränktheit beider wird am Schluss deutlich.

Lösungen zu den Zusatzmaterialien

Zusatzmaterial 1, Aufgabe 1
Mögliche Adjektive: bindungslos, entwurzelt, heimatlos, der Kindheit beraubt, verwaist, enthemmt, ohne gesellschaftliche Normen, ohne Verhaltenskodex, verantwortungslos, erwartungslos, niemandem verpflichtet

Zusatzmaterial 1, Aufgabe 2
Generation ohne Abschied, verleugnet den Abschied aus Furcht vor der seelischen Belastung durch unendliche Abschiede, dramatische Art von Abschied („Oder soll sich unser Herz binden für eine Nacht, die doch einen Abschied zum Morgen hat? Und wollten wir die Abschiede leben wie ihr, die anders sind als wir und den Abschied auskosteten mit allen Sekunden, dann könnte es geschehen, dass unsere Tränen zu einer Flut ansteigen würden, der keine Dämme widerstehen.", Z. 14 ff.; „Nie werden wir die Kraft haben, den Abschied, der nach jedem Kilometer an den Straßen steht, zu leben, wie ihr ihn gelebt habt.", Z. 18 f., „Wir sind voller Begegnungen, Begegnungen ohne Dauer und ohne Abschied, wie die Sterne. Sie nähern sich, stehen Lichtsekunden nebeneinander, entfernen sich wieder: ohne Spur, ohne Bindung, ohne Abschied." Z. 29 ff.)
Folge: Generation ohne Heimkehr: „Wir sind eine Generation ohne Heimkehr, denn wir haben nichts zu dem wir heimkehren könnten, und wir haben keinen, bei dem unser Herz aufgehoben wäre – so sind wir eine Generation ohne Abschied geworden und ohne Heimkehr." (Z. 33 ff.)
Positiver Ausblick als Conclusio – Hoffnung: „Aber wir sind eine Generation der Ankunft. Vielleicht sind wir eine neue Generation voller Ankunft auf einem neuen Stern, in einem neuen Leben. Voller Ankunft unter einer neuen Sonne, zu neuen Herzen. Vielleicht sind wir voller Ankunft zu einem neuen Lieben, zu einem neuen Lachen, zu einem neuen Gott. Wir sind eine Generation ohne Abschied, aber wir wissen, dass alle Ankunft uns gehört." (Z. 38 ff.)

Zusatzmaterial 1, Aufgabe 3
Zusammenhang zwischen Ursache und Folgen:

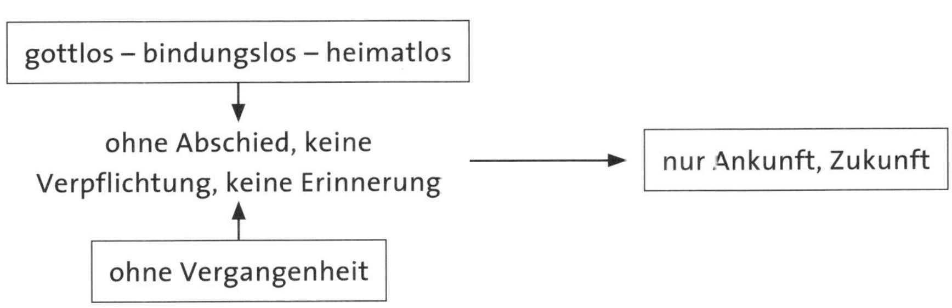

Zusatzmaterial 1, Aufgabe 4
Erläuterung der Hauptthese: Bindungslos und ohne Vergangenheit wird hier ein Plädoyer für den Neuanfang und für das Verdrängen der Vergangenheit – aus Rücksicht, aus Verzweiflung, aus übergroßem Schmerz – gehalten. Ein Neuanfang als Chance für alle Opfer des Krieges.

Zusatzmaterial 1, Aufgabe 5
Aussageabsicht: Nur diese Generation ohne Abschied und ohne Bindung hat die Kraft und die Fähigkeit, bei Null anzufangen, weil sie keine andere Wahl hat und weil sie – alleine und nur

© 2010 Oldenbourg Schulbuchverlag

auf sich gestellt, keine Verpflichtungen kennt, keine Erwartungen erfüllen muss. Zu problematisieren ist dabei die Voraussetzung, die im Text genannt wird: keine Vergangenheit, nur Zukunft. Niemand kann auf Dauer seine Vergangenheit verleugnen.

Zusatzmaterial 1, Aufgabe 6

Diese These steht dem Borchert-Text entgegen, der die Vergangenheit, den Abschied, die frühere Heimat, frühere Bindungen usw. aus Schmerz verdrängen will. Die Chance sieht er in einem Neuanfang (Ankunft), in dem die Vergangenheit nicht mehr vorkommt. Unter Berücksichtigung des historischen Kontexts wird hier – neben dem Aspekt, dass es realistisch keine Stunde Null geben kann – als Argumentation die notwendige Auseinandersetzung mit der Vergangenheit erwartet. Die daraus erwachsende Verantwortung aller Deutschen für Frieden und Freiheit, für Demokratie und Rechtsstaat, 60 Jahre Grundgesetz als Garant für ein Leben in Frieden und Freiheit, im Bewusstsein der Vergangenheit können ebenfalls angeführt werden (fächerübergreifendes Unterrichten: Sozialkunde, Geschichte).

Zusatzmaterial 3, Aufgabe 1

Werke, die hierfür herangezogen werden können: Zu Arbeitsauftrag 1: Sten Nadolny, „Die Entdeckung der Langsamkeit von Sten Nadolny“ (1983); Hans-Ulrich Treichel, „Liebe Not“ Gedichte (1986); Günter Grass, „Die Rättin“ (1986); Patrick Süßkind, „Die Taube“ (1987); Christoph Ransmayr, „Die letzte Welt“ (1988).

Zusatzmaterial 4 Aufgabe 1

Beachten Sie hierfür auch Teilkapitel 3 „Über das Brecht'sche Theater hinaus“

- „Eine Inszenierung ist gegenwärtig oft nur ein privatpsychopathisches Unternehmen, das maßgeblich von Illiteraten bestimmt wird, die überhaupt gar nichts lesen, nicht einmal das Stück, das sie gerade vor sich haben, die also keinen literarischen Assoziationsraum besitzen. Entsprechend wird Sprache als lächerliches Requisit oder chorisches Phänomen benutzt. Die Fähigkeit, einen Dialog zu entfalten und zu einem spannenden Verfahren zu machen, ist verschwunden.“ (Z. 7 ff.)
- „Das Missverhältnis zwischen der Komplexität der Texte und der subversiven Konventionalität ist grotesk. Das ist schade, aber das letzte Wort wird es nicht sein.“ (Z. 17 ff.)
- „In meine Texte sind seit je zahlreiche zeitgenössische Unmutsäußerungen eingewoben. [...] Deswegen auch mein Zweifel, ob ich Wirkung suche, denn das müsste ich anders anstellen. Ich teile nur auf den verschlungenen Pfaden, auf denen ich selber am liebsten unterwegs bin, etwas mit.“ (Z. 23 ff.)

© 2010 Oldenbourg Schulbuchverlag

LM, S. 176
Zusatzmaterial 1

Wolfgang Borchert (1921–1947) machte nach der abgebrochenen Schulausbildung eine Buchhandelslehre und besuchte die Schauspielschule. Als Soldat wurde er 1942 schwer verwundet. Wegen regimekritischer Äußerungen musste er wiederholt ins Gefängnis, war mit der Todesstrafe bedroht und wurde nach der Begnadigung schwer krank entlassen. Als Kabarettist wurde er erneut denunziert und an die Front abkommandiert. Unheilbar krank kehrte Borchert 1945 nach Hamburg zurück.

Generation ohne Abschied[1] *Wolfgang Borchert*

Wir sind die Generation ohne Bindung und ohne Tiefe. Unsere Tiefe ist der Abgrund.
Wir sind die Generation ohne Glück, ohne Heimat und ohne Abschied. Unsere Sonne ist schmal, unsere Liebe grausam und unsere Jugend ist ohne Jugend. Und wir sind die Generation ohne Grenze, ohne Hemmung und Behütung – ausgestoßen aus dem Laufgitter des Kindseins in eine Welt, die die uns bereitet, die uns darum verachten.
Aber sie gaben uns keinen Gott mit, der unser Herz hätte halten können, wenn die Winde dieser Welt es umwirbelten. So sind wir die Generation ohne Gott, denn wir sind ohne Vergangenheit, ohne Anerkennung.
Und die Winde der Welt, die unsere Füße und unsere Herzen zu Zigeunern auf ihren heißbrennenden, mannshoch verschneiten Straßen gemacht haben, machten uns zu einer Generation ohne Abschied.
Wir sind die Generation ohne Abschied. Wir können keinen Abschied leben, wir dürfen es nicht, denn unseren zigeunernden Herzen geschehen auf den Irrfahrten unserer Füße unendliche Abschiede. Oder soll sich unser Herz binden für eine Nacht, die doch einen Abschied zum Morgen hat? Und wollten wir die Abschiede leben wie ihr, die anders sind als wir und den Abschied auskosteten mit allen Sekunden, dann könnte es geschehen, dass unsere Tränen zu einer Flut ansteigen würden, der keine Dämme widerstehen.
Nie werden wir die Kraft haben, den Abschied, der nach jedem Kilometer an den Straßen steht, zu leben, wie ihr ihn gelebt habt.
Sagt uns nicht, weil unser Herz schweigt, unser Herz hätte keine Stimme, denn es spräche keine Bindung und keinen Abschied. Wollte unser Herz jeden Abschied, der uns geschieht, durchbluten, innig, trauernd, tröstend, dann könnte es geschehen, denn unsere Abschiede sind eine Legion gegen die euren, dass der Schrei unserer empfindlichen Herzen so groß wird, dass ihr nachts in euren Betten sitzt und um einen Gott für uns bittet.
Darum sind wir eine Generation ohne Abschied. Wir verleugnen den Abschied, lassen ihn morgens schlafen, wenn wir gehen, verhindern ihn, sparen ihn – sparen ihn uns und den Verabschiedeten. Wir stehlen uns davon wie Diebe, undankbar dankbar und nehmen die Liebe mit und lassen den Abschied da.
Wir sind voller Begegnungen, Begegnungen ohne Dauer und ohne Abschied, wie die Sterne. Sie nähern sich, stehen Lichtsekunden nebeneinander, entfernen sich wieder: ohne Spur, ohne Bindung, ohne Abschied.
Wir begegnen und auf der Welt und sind Mensch mit Mensch – und dann stehlen wir uns davon, denn wir sind ohne Bindung, ohne Bleiben und ohne Abschied. Wir sind eine Generation ohne Abschied, die sich davonstiehlt wie Diebe, weil sie Angst hat vor dem Schrei ihres Herzens. Wir sind eine Generation ohne Heimkehr, denn wir haben nichts zu dem wir heimkehren könnten, und wir haben keinen, bei dem unser Herz aufgehoben wäre – so sind wir eine Generation ohne Abschied geworden und ohne Heimkehr.
Aber wir sind eine Generation der Ankunft. Vielleicht sind wir eine neue Generation voller Ankunft auf einem neuen Stern, in einem neuen Leben. Voller Ankunft unter einer neuen Sonne, zu neuen Herzen. Vielleicht sind wir voller Ankunft zu einem neuen Lieben, zu einem neuen Lachen, zu einem neuen Gott.
Wir sind eine Generation ohne Abschied, aber wir wissen, dass alle Ankunft uns gehört.

[1] Der Text wird nur ausnahmsweise in der neuen Rechtschreibung wiedergegeben.

(Aus: Wolfgang Borchert: Das Gesamtwerk. Herausgegeben von Michael Töteberg unter Mitarbeit von Irmgard Schindler. Copyright © 2007 by Rowohlt Verlag GmbH, Reinbek bei Hamburg.)

1 ***Suchen Sie passende Adjektive, die das Bild „Generation ohne Abschied" beschreiben.***
2 ***Ergänzen Sie die Thesen des Textes zu einer vollständigen Argumentation, indem Sie diese mit passenden Begründungen und Beispielen in logischen Zusammenhang bringen.***
3 ***Stellen Sie in einem Schaubild den Zusammenhang zwischen Ursache und Folgen dar, die im Text explizit oder implizit angesprochen werden.***
4 ***Erläutern Sie die Hauptthese „Wir sind eine Generation der Ankunft" mit eigenen Worten.***

© 2010 Oldenbourg Schulbuchverlag

5 Interpretieren Sie den letzten Satz, „aber wir wissen, dass alle Ankunft uns gehört“, im Gesamtzusammenhang des Textes. Berücksichtigen Sie bei Ihrer Interpretation auch den historischen Kontext und die Biografie des Autors.

6 Diskutieren Sie, ausgehend von Borcherts Behauptung, die These, „Gegenwart braucht Vergangenheit. Nur wer seine Geschichte, seine Wurzeln kennt, kann Gegenwart gestalten und hat Zukunft.“

→ LM, S. 186
Zusatzmaterial 2

Neue Subjektivität

Der Begriff, der sich gegen konkurrierende Bezeichnungen wie „Neue Innerlichkeit“, „Neue Sensibilität“ oder „Neuer Irrationalismus“ durchsetzte, kennzeichnet eine Tendenzwende in der westdeutschen Literatur der 70er-Jahre, die sowohl als Gegenbewegung zu kulturellen und politischen Positionen aus dem Umkreis der Studentenproteste der späten 60er-Jahre verstanden werden kann als auch als deren Weiterentwicklung.
Die Neue Subjektivität ist geprägt vom Unbehagen an gesellschaftstheoretischen Abstraktionen und politischen Aktionismen, die die Befindlichkeit des Einzelnen vernachlässigten. Die Autoren der Neuen Subjektivität wandten sich den Träumen und Fantasien des Einzelnen zu, den Erfahrungen mit dem eigenen Körper und den persönlichen Problemen in privaten Beziehungen. Charakteristische Beispiele hierfür sind Peter Schneiders Erzählung „Lenz“ und Karin Strucks tagebuchartige Aufzeichnungen „Klassenliebe“ (beide 1973). Der heftig diskutierte Roman, in dem sie die Erlebnisse einer Arbeiterin wiedergibt, die allmählich zur Intellektuellen wird, ist ein Dokument zwanghafter Selbstanalyse und schonungsloser Selbstoffenbarung, in dem die Autorin ohne jede Distanzierung ihre eigenen Erfahrungen verarbeitet hat. Wo die Neue Subjektivität sich nicht in der weinerlichen Auseinandersetzung mit privaten Nöten erschöpfte, sondern die politischen Ansprüche der 68er-Generation fortentwickelte, gelangte sie zur Skepsis gegenüber Fortschritt und einseitiger Vernunftgläubigkeit. Thematisiert wurden Gegensätze wie Zivilisation und Wildnis, Technik und Natur, Vernunft und → Mythos, Mann und Frau (→ Frauenliteratur). Von der Rückbesinnung auf die Faszination der subjektiven Wahrheit profitierte vor allem die Lyrik. [...] Der Roman der Neuen Subjektivität ist charakterisiert durch die Vorliebe für autobiografisches und biografisches Erzählen, bei dem der Anspruch auf Authentizität, den die → dokumentarische Literatur der 60er-Jahre erhoben hatte, mit den Bedürfnissen nach Selbstaussprache verknüpft werden kann.

(Aus: Wieland Zirbs (Hg.): Literaturlexikon. Fakten und Zusammenhänge. Berlin: Verlag Cornelsen Scriptor 1998, S. 270 f.)

→ LM, S. 186
Zusatzmaterial 3

Auf der Suche – Literatur 1980–1989

Das „Ende der Geschichte“ schien erreicht am Ausgang der Achtzigerjahre, als flotte Formeln einer morbiden „letzten Welt“ miteinander konkurrierten: Neue Unübersichtlichkeit, Postmoderne, Simulation. So die Theorie. Tatsächlich entstand vor dem Fall der Mauer in beiden deutschen Staaten eine vielgestaltige Literatur, in der sich das in Endzeitstimmung und Repression befangene Individuum ebenso artikulierte wie der frei navigierende, unverpflichtete Mensch.

(Aus: Die deutsche Literatur seit 1945. Hg. v. Heinz Ludwig Arnold. Bd. 9: Letzte Welten 1984–1989. München: dtv 1999, Klappentext.)

1 Belegen Sie diese These anhand eines Werkes, das in den 80er-Jahren in der Bundesrepublik Deutschland erschien.

2 Gemeinsam mit anderen Autoren arbeiten Sie an der Erstellung eines Schülerlexikons zur Literaturgeschichte mit. Verfassen Sie zu diesem Zweck einen informativen Text über die literarische Befindlichkeit der 80er-Jahre in der Bundesrepublik Deutschland. Beziehen Sie Ihre literaturgeschichtlichen Kenntnisse in die Darstellung mit ein und verwenden Sie die

© 2010 Oldenbourg Schulbuchverlag

Informationen aus den Materialien. Die redaktionellen Vorgaben: Der Umfang soll ca. 1000 Wörter umfassen. Der Aufbau eines informativen Textes ist zu beachten.

→ **LM, S. 186**
Zusatzmaterial 4

Am Rand. Wo sonst
Ulrich Greiner im Gespräch mit Botho Strauß (2003)

ZEIT: Sie sind einer der bekanntesten Autoren.

Strauß: Das glauben Sie. Als Theaterautor vielleicht, eine Zeit lang. Das Theater hat mich inzwischen hinter sich gebracht. [...] Auf der Bühne habe ich ein Erotiker sein wollen, heute jedoch dominieren am Theater – ästhetisch oder buchstäblich – die Pornografen. Ich interessiere mich für erotische Verknüpfungen und Wechselfälle, aber heute wird nicht mehr verknüpft und gewechselt, es wird immer nur die pornografische Seite der Sache zur Schau gestellt [...]. Eine Inszenierung ist gegenwärtig oft nur ein privatpsychopathisches Unternehmen, das maßgeblich von Illiteraten bestimmt wird, die überhaupt gar nichts lesen, nicht einmal das Stück, das sie gerade vor sich haben, die also keinen literarischen Assoziationsraum besitzen. Entsprechend wird Sprache als lächerliches Requisit oder chorisches Phänomen benutzt. Die Fähigkeit, einen Dialog zu entfalten und zu einem spannenden Verfahren zu machen, ist verschwunden, so wie ein Kunsthandwerk ausstirbt. Der Corpus des Theaters ist so angekränkelt, dass alle Parasiten leichten Zugang haben, das Tanztheater oder der Kunstmarkt oder Film und Fernsehen, es ist alles möglich. Das kann zu dem einen oder anderen interessanten Ergebnis führen, es ist aber nicht tragfähig bis ins Repertoire der Stücke hinein. Die großen Texte stehen turmhoch über dem, was die kindische Intelligenz dieser Non-Reader damit anfängt. Das Missverhältnis zwischen der Komplexität der Texte und der subversiven Konventionalität ist grotesk. Das ist schade, aber das letzte Wort wird es nicht sein. [...]

ZEIT: Ihre Texte sind doch nicht allein Texte des Rückzugs.

Strauß: Mein Schreiben ist ein Nachvorneschieben, kein Rückzug. Ich habe hier keine Idylle gefunden, die ich selig schildern wollte, was im Übrigen völlig ausreichen, mir aber nicht gelingen könnte. Das entspricht nicht meinem Temperament. In meine Texte sind seit je zahlreiche zeitgenössische Unmutsäußerungen eingewoben. [...] Ich selbst bin ein Transporteur, kein Neuerer. Vielleicht ist heute der Transporteur der Neuerer, das kann schon sein. Ich habe mich immer als einen empfunden, der durchdrungen ist von dem, was war, und es weiterträgt.

[...] Ich bin kein Event. Deswegen auch mein Zweifel, ob ich Wirkung suche, denn das müsste ich anders anstellen. Ich teile nur auf den verschlungenen Pfaden, auf denen ich selber am liebsten unterwegs bin, etwas mit. Wen es angeht, der wird schon darauf aufmerksam werden. Es ist für mich unabänderlich, und das könnte man religiös nennen, eine Buchstabenfrömmigkeit, dass alles, was von mir existiert, nur durch das Buch existiert. Ich akzeptiere nichts außerhalb der Schrift. Ich meine sogar, die Literatur besteht nur für Literaten, für literarisch tingierte Menschen. Mein Leser ist mir zum Verwechseln ähnlich. Er ist nicht die Frau des Vorstandsvorsitzenden. Er gehört nicht zur Elite. Es wird jemand sein, der völlig spiegelbildlich dem Autor entspricht. Einsamkeit plus Einsamkeit.

(Aus: Am Rand. Wo Sonst. Ulrich Greiner im Gespräch mit Botho Strauß. Aus: DIE ZEIT, 06/2003.)

1 *Fassen Sie die Aussagen des Autors schriftlich zusammen. Stellen Sie die Kritikpunkte, die Botho Strauß am aktuellen Theater und der aktuellen Literatur äußert, zusammen und setzen Sie sich kritisch mit seinen Thesen anhand eines aktuellen Theaterstücks Ihrer Wahl auseinander.*

© 2010 Oldenbourg Schulbuchverlag

→ LM, S. 189
Zusatzmaterial 5

Vom mangelnden Selbstvertrauen der schreibenden Hofnarren unter Berücksichtigung nicht vorhandener Höfe[1] (1966) *Günter Grass*

[1] Der Text folgt der originalen Rechtschreibung

[...] „Soll sich der Schriftsteller engagieren?" – „Wie weit darf sich ein Schriftsteller engagieren?" – „Ist der Schriftsteller das Gewissen der Nation?" Sogar erklärte Literaturliebhaber und leidenschaftliche Kritiker wie Marcel Reich-Ranicki, den wir heute noch hören dürfen, werden nicht müde, die Schriftsteller zu Protesten, Erklärungen und Bekenntnissen aufzurufen. Nicht etwa, daß man von ihnen verlangt, sie sollten angesichts von Parteien Partei ergreifen, etwa für oder gegen die Sozialdemokraten sein, nein, aus Schriftstellers Sicht, gewissermaßen als verschämte Elite, soll protestiert, der Krieg verdammt, der Frieden gelobt und edle Gesinnung gezeigt werden. Dabei lehrt einige Branchenkenntnis, daß Schriftsteller exzentrische Einzelwesen sind, auch wenn sie sich auf Tagungen zusammenrotten. Zwar kenne ich viele, die mit rührender Anhänglichkeit die revolutionären Erbstücke hüten und also den Kommunismus, dieses weinrote Plüschsofa mit seinen durchgesessenen Sprungfedern, für nachmittägliche Träumereien benutzen, aber auch sie, die Progressiv-Konservativen, sind aufgespalten in Ein-Mann-Fraktionen, und jeder liest seinen eigenen Marx. Andere hinwiederum mobilisiert kurzfristig der tägliche Blick in die Zeitung und das Entsetzen beim Frühstück: „Man müßte was tun, man müßte was tun!" Wenn es der Ohnmacht an Witz mangelt, wird sie wehleidig. Dabei gibt es die Menge zu tun und mehr, als sich in Manifesten und Protesten ausdrücken läßt. Und es gibt auch die Menge Schriftsteller, bekannte und unbekannte, die weit entfernt von der Anmaßung, „Gewissen der Nation" sein zu wollen, gelegentlich ihren Schreibtisch umwerfen – und demokratischen Kleinkram betreiben. Das aber heißt: Kompromisse anstreben. Seien wir uns dessen bewußt: Das Gedicht kennt keine Kompromisse; wir aber leben von Kompromissen. Wer diese Spannung tätig aushält, ist ein Narr und ändert die Welt.

(Aus: Günter Grass: Essays und Reden Band I/1955–1979. (Werke: Göttinger Ausgabe Band II). © Steidl Verlag, Göttingen 2007.)

© 2010 Oldenbourg Schulbuchverlag

S.238

„Der Himmel teilt sich zuallererst" – Literatur in der DDR

Im vorliegenden Kapitel können die Schülerinnen und Schüler anhand exemplarischer Texte die Entwicklung der Literatur nach 1945 in der sowjetischen Besatzungszone (ab 1949 in der DDR) nachverfolgen. Die Entwicklung der Literatur verlief in beiden deutsche Staaten unterschiedlich, denn die Bedingungen für literarische Produktion differierten stark. Grundsätzlich gilt es zu betonen, dass in der DDR nur Literatur, die sich an dem staatlich verordneten Konzept orientierte, gefördert und oft auch zugelassen wurde. System- oder regimekritische Literatur fiel zumeist ebenso der Zensur zum Opfer wie die Literatur, die sich nicht an das von der Partei vorgegebene kulturpolitische Programm (Literatur des realistischen Sozialismus, Aufbauliteratur, Ankunftsliteratur) hielt.

Neben der Zeitversetzung einiger Tendenzen, wie die Auseinandersetzung mit dem Faschismus, Literatur der Arbeitswelt und Frauenliteratur, die in der DDR früher einsetzten als in der Bundesrepublik, lassen sich zwei grundlegende Unterschiede beobachten: Mit dem staatlich verordneten sozialistischen Realismus war die DDR-Literatur auf ein „realistisches" Schreibkonzept hin ausgerichtet, zu dem es in der Bundesrepublik nur gelegentlich Parallelen gab, etwa in der „Trümmerliteratur". In der westlichen Literatur spielte das Formexperiment eine wichtige Rolle, das in der DDR als Formalismus und Subjektivismus abgelehnt wurde.

In beiden deutschen Staaten gab es Ende der 70er-Jahre zunehmend kritische Tendenzen, sodass hier von deutlichen Ansätzen einer deutschen Literatur die Rede sein kann.

S.240–244 Im **ersten Teilkapitel** „‚Gute Leute sind überall gut' – Literaten zwischen Ost und West" wird anhand eines Briefwechsels zwischen Bertolt Brecht und Peter Hacks beispielhaft das Interesse einzelner Autoren, in diesem Falle Hacks, hinsichtlich eines Wechsels in den östlichen Teil Deutschlands thematisiert. Umgekehrt stehen Bernd Jentzsch und Reiner Kunze für die entgegengesetzte (oft erzwungene) Richtungsentscheidung: Autoren aus dem Osten verlassen die DDR und bleiben im Westen. Motive, Erwartungen und Enttäuschungen auf beiden Seiten lassen sich hier herausarbeiten. Gleichzeitig bieten die Texte der beiden Autoren die Möglichkeit zur schriftlichen Erschließung und Interpretation und zur Sachtextanalyse. Die Schülerinnen und Schüler erweitern ihre Leseerfahrung, setzen sich mit Briefen als literarischem Format auseinander, lernen zu differenzieren und schärfen ihre Urteilsfähigkeit.

S.244–264 Das **zweite Teilkapitel** „Im Überblick: literarische Strömungen in der DDR" zeigt verschiedene literarische Strömungen in der DDR von 1949 bis 1989 und verfolgt in Aufbau und Themenauswahl eine chronologische Abfolge. Formen, Themen und Stile werden an geeigneten Texten verdeutlicht. Ausgehend von der Literatur als Auseinandersetzung mit der Vergangenheit führt dieses Kapitel über staatlich verordnete Literaturkonzepte (Literatur des sozialistischen Realismus, Aufbau- und Ankunftsliteratur) zu Textbeispielen, in denen zunehmend Kritik an Staat und Gesellschaft spürbar wird. Der Überblick schließt mit einem Theaterstück von Peter Hacks, das Zensur und staatlicher Kulturpolitik beinahe zum Opfer fiel und erst nach mehrmaligem Umschreiben aufgeführt werden durfte. Auch hier wird die geforderte Auseinandersetzung mit der Literatur mit dem Kompetenzbereich „Schreiben" verknüpft: Das Teilkapitel bietet neben der schriftlichen Erschließung und Interpretation auch die Möglichkeit zur Erörterung und zu kreativem Schreiben. Die Schülerinnen und Schüler üben das Verfassen einer Rede ebenso wie die gezielte Informationszusammenstellung und -verarbeitung und entwickeln eigene Qualitätskriterien weiter.

S.264–269 Auch das **dritte Teilkapitel** „‚Was bleibt': ein Literaturstreit – literarisches Erörtern anhand von Texten" verknüpft anhand des Literaturstreits, den die Erzählung „Was bleibt" von Christa Wolf ausgelöst hat, die geforderte Auseinandersetzung mit der Literatur mit dem Kompetenzbereich „Schreiben" und die Die Schülerinnen und Schüler üben die freie literarische Erörterung anhand von Texten.

© 2010 Oldenbourg Schulbuchverlag

S. 238/239 Die **Auftaktdoppelseite** zeigt schlaglichtartig verschiedene Stationen der Zeitgeschichte (im Hintergrund ein Stadtplan des geteilten Berlin, das Brandenburger Tor als Inbegriff der Teilung, Fahnenträger der Freien Deutschen Jugend, der Volkspolizist, der über den Stacheldrahtzaun in den Westen springt, ein Bild, das oft als Inbegriff des Freiheitsdrangs der Menschen in der DDR gewertet wurde, vgl. AB, S. 124; dann der „Trabi" von Birgit Kinder als eines der bekanntesten Motive aus der East Side Gallery in Berlin, wo verschiedene Künstler 1989/90 ein 1316 Meter langes Stück Mauer gestalteten – 2009 saniert; die Konfrontation der Mauerstürmer mit den Volkspolizisten am 10.11.1989, im Hintergrund ist der Reichstag zu sehen) sowie wichtige Köpfe des literarischen Lebens in der DDR (Peter Hacks, Christa Wolf, Bernd Jentzsch, Sarah Kirsch, Johannes Bobrowski, Brigitte Reimann, Bertolt Brecht, Reiner Kunze) und stellen diesen Bildern das Gedicht „Die mauer" von Reiner Kunze gegenüber, das aus der Retrospektive, neun Jahre nach dem Fall der Mauer, einen Aspekt der grundsätzlichen Problematik der Teilung, der unterschiedlichen Entwicklung und der neuen alten Welt eines wiedervereinigten Deutschlands thematisiert.

S. 240

1. **„Gute Leute sind überall gut"** – Literaten zwischen Ost und West

S. 241, Aufgabe 1 Folgende Aspekte können genannt werden: Überzeugung, Hoffnung auf ein anderes Gesellschaftsmodell, Hoffnung auf größtmögliche künstlerische Freiheit, Wunsch, mit Literatur die Gesellschaft verändern/mitgestalten/beeinflussen zu können.

S. 243, Aufgabe 2 Einordnung der Briefe in den historischen Kontext:

Zeitleiste „sowjetische Besatzungszone"

	1949	1953	1961	1976	1979
Brecht O-Berlin	DDR	Arbeiteraufstand	Mauerbau	Ausweisung Biermanns 1. Brief Jentzschs; Exodus vieler Künstler	2. Brief Jentzschs

Berlin-Blockade – Kalter Krieg --

1949	1951	1955
BRD	Antrag auf KPD-Verbot; Hacks an Brecht	Hacks nach Ostberlin

Zeitleiste „Besatzungszonen der westlichen Alliierten"

Hier etwas ausführlicher in der Übersicht:

1948/49	Brecht zieht nach Ostberlin, Berlin-Blockade
1949 ff.	Gründung der Bundesrepublik Deutschland, Grundgesetz, Westbindung der Bundesrepublik; Staatsgründung der DDR, verschärfte Grenzkontrollen der DDR, Beginn des Kalten Krieges
1951	Antrag der Bundesregierung auf Verbot der KPD beim Bundesverfassungsgericht, Brief von Hacks an Brecht
17. Juni 1953	Niederschlagung des Arbeiteraufstands in Ostberlin und anderen Städten der DDR durch russische Panzer, Volkspolizei und Betriebskampfgruppen

© 2010 Oldenbourg Schulbuchverlag

1955	Peter Hacks zieht von München nach Ostberlin, wird Mitglied des Berliner Ensembles
1961	Mauerbau
1976	Ausweisung Wolf Biermanns, erster Protest-Brief von Bernd Jentzsch und Wechsel in den Westen, Protestschreiben/offener Brief vieler DDR-Schriftsteller gegen die Ausbürgerung Biermanns, daraufhin Sanktionen und Repressalien gegen die Protestierenden (Verhaftung, Hausarrest, Publikationsverbote, Ausschluss aus dem Schriftstellerverband, im Anschluss Exodus einer großen Anzahl von Schriftstellern und Künstlern, wird als „historische Zäsur in der kulturpolitischen Entwicklung" (Emmerich) der DDR angesehen
1979	zweiter Brief von Bernd Jentzsch

S. 243, Aufgabe 3a

Der Brief ist eine Anklageschrift, an Erich Honecker persönlich gerichtet. Die Maßnahmen gegen „unliebsame" und regimekritische Autoren und Künstler seien ein Staatsstreich, der die schwerste innenpolitische Krise seit Bestehen der DDR ausgelöst habe. Die DDR verletzte rechtsstaatliche Prinzipien, verstoße gegen die, auch in der DDR-Verfassung verbriefte, Meinungsfreiheit. Jentzsch prognostiziert für die DDR eine düstere Zukunft.
Enttäuschte Hoffnungen:

1. Kommunisten, die unter der NS-Diktatur gelitten haben, würden nicht eine neue Diktatur errichten und sich nicht der Mittel bedienen, unter denen sie selbst einst gelitten hatten.
2. Die Theorie einer Kulturpolitik als Überbau im Sinne einer marxistisch-leninistischen Philosophie führe in eine bessere Gesellschaft.

Honecker, respektive die DDR, muss sich an ihrem eigenen antifaschistischen Anspruch messen lassen und wird diesem nicht gerecht, gezeigt an drei Beispielen.
Als Fazit ein vernichtendes Urteil und eine Anmerkung in eigener Sache.

S. 243, Aufgabe 3b

Aufbau:

- Kernthese: Vorwurf, die DDR werde ihren eigenen Ansprüchen nicht gerecht
- Z. 1–5: Rückbezug auf ersten Brief
- Z. 6–25: Darstellung der Anlasses ohne propagandistische Verbrämung (Fabrikation einer Lüge des „Neuen Deutschland" aus „Ich bin zu jeder Schandtat bereit.", Z. 20), ausgehend von Honeckers eigenem Schicksal (hat Naziterror am eigenen Leib erfahren) und dem Schicksal von Wolf Biermanns Vater (im Konzentrationslager zu Tode geprügelt) → sieht eine Analogie zwischen Methoden der NS-Zeit und den Methoden, die im Fall Biermann angewendet wurden
- Z. 25–30: Exodus vieler Schriftsteller als Folge und schwerste innenpolitische Krise
- Z. 30–42: Vorwurf, die DDR werde ihren eigenen Ansprüchen nicht gerecht, anhand von Beispielen: Robert Havemann, Stefan Heym, Ausschlüsse aus dem Schriftstellerverband, Strafgesetze ohne rechtsstaatliche Grundlage
- Z. 42–51: Betroffenheit über die momentane Situation, Entsetzen über die Ankündigung, dass Honecker einen „neuen Höhepunkt" (Z. 47) anstrebe, Hinweis auf marxistisch-leninistische Philosophie, die Ökonomie (Basis) und Kulturpolitik (Überbau) als „unteilbares Ganzes" (Z. 50) sehen. Honeckers Ankündigung lässt für die Kultur Übles erwarten.
- Z. 51–65: Anmerkung in eigener Sache und abschließender Vorwurf: Wegen freier Meinungsäußerung droht Jentzsch bei Rückkehr ein Strafverfahren → Verstoß gegen das verbriefte Grundrecht auf freie Meinungsäußerung. Entscheidung fürs Exil, nun als „Republikflüchtling" kriminalisiert, Bücher „traten […] Weg in den Reißwolf an" (Z. 65).

Sprache:

- Zitate: Biermann: „Ich bin zu jeder Schandtat bereit." (Z. 20); „Neues Deutschland": „in den Medien der imperialistischen BRD […] zu jeder Schandtat gegen die DDR bereit" (Z. 22 f.), „ehemaliger amerikanischer Staatsbürger" (Z. 37 f.); „denn ich habe aus Ihrem eigenen Mund gehört, dass Sie ‚einen neuen Höhepunkt anstreben'" (Z. 46 f.); „Republikflüchtling"

Deutsch 12 Oberstufe Bayern · Lehrermaterialien
© 2010 Oldenbourg Schulbuchverlag

(Z. 63 f.); auch ohne die Zitate durch Anführungsstriche kenntlich zu machen: „in der Verfassung der DDR verbrieften Recht auf Meinungsäußerung Gebrauch gemacht" (Z. 54 f. = Behördendeutsch zitierend); „drei oder vier Jahre [...] und mildernde Umstände, weil ich ja keine Grenzanlagen beschädigt habe" (Z. 58 f. = den Richter – über Mittelsleute zitieren) → Glaubwürdigkeit seiner Ausführungen

- bildhafte Sprache: „zu Tode geprügelt" (Z. 12); „auf seinem Weg von Hamburg nach Berlin" (Z. 13 f.); „Bemäntelung dieser Unglaublichkeit" (Z. 14 f.); „die Lüge fabrizieren" (Z. 21 f.); „breite Kreise zog" (Z. 28); „Sie ließen das Haus von Robert Havemann [...] in ein Gefängnis verwandeln" (Z. 30 ff.); „die Augen öffnen" (Z. 42); „seit drei Jahren lodernde innenpolitische Flächenbrand" (Z. 42 f.); „viel Kopfzerbrechen bereiten" (Z. 44 f.); „deshalb schaudert es mich bei Ihren Worten" (Z. 50 f.); „sodass ich mich zwischen Bautzen und Zürich zu entscheiden hatte" (Z. 60); „für die Stadt Thomas Manns" (Z. 61); „meine Bücher traten [...] den Weg in den Reißwolf an" (Z. 65)
- Hyperbeln: „den bedeutendsten deutschen Liederdichter seit Heinrich Heine" (Z. 6 f.); „die finstersten Praktiken der deutschen Reaktion" (Z. 8); „schwerste innenpolitische Krise" (Z. 26); „wachsende wirtschaftliche Schwierigkeiten" (Z. 43 f.); „ohne die geringste Genugtuung" (Z. 45); „wahrhaft spektakuläre Ereignissen" (Z. 51)
- Litotes: „einer nicht der Wahrheit entsprechenden Meldung" (Z. 15 f.); „Es fällt in diesem Zusammenhang schwer" (Z. 23 f.); „Der Eklat war [...] noch nicht groß genug." (Z. 30); „durchschnittlich interessierten Bürgern" (Z. 41 f.); „ohne die geringste Genugtuung" (Z. 45); „nicht in vollem Umfang" (Z. 53)
- Antithesen: „weil er außerhalb der DDR das aussprach, was er gern in der DDR sagen würde, aber nicht sagen darf" (Z. 33 f.); „ohne die geringste Genugtuung; im Gegenteil, ich sage es mit großer Angst" (Z. 45 f.); „Neben diesen wahrhaft spektakulären Ereignissen gibt es auch kleine, ganz und gar unspektakuläre Geschehnisse" (Z. 51 f.); „sodass ich mich zwischen Bautzen und Zürich zu entscheiden hatte" (Z. 60)
- Euphemismus: „die Heimat entziehen" (Z. 12 f.)
- Andeutungen: „Erinnerung an ein bestimmtes Ministerium und dessen Umgang mit der Wahrheit zu verdrängen." (Z. 24 f.)
- Parallelismus: „Sie ließen" (Z. 30 f., 35, 38, 40)
- gehobene Sprache, hypotaktischer Satzbau, anspruchsvoll: durchgängig, aber vor allem Satz Z. 53–62: „Es wird Ihnen läppisch erscheinen, dass mir, nachdem ich ([...], weil ich [...]), sodass ich [...], und [...]."
- immer wieder direkte persönliche Ansprache Honeckers, auf Ereignisse aus seinem Leben zurückgreifend (z. B., dass auch er unter dem Naziterror gelitten hat, Z. 9 ff.; mit Havemann im Zuchthaus, Z. 31 f.), was seine Verhaltensweise noch unverständlicher macht, und den momentanen Ereignissen gegenüberstellend → Ironie, Zynismus, aber auch große Bitterkeit über die Entwicklung, Verachtung für Honecker
- stellt immer wieder seine persönliche Betroffenheit, sein Verständnis der marxistisch-leninistischen Philosophie der Handlungsweise Honeckers und der DDR-Führung gegenüber, entlarvt aus der Argumentation der DDR heraus die Verhältnisse

S. 243, Aufgabe 3c Motive: schriftliche Anklage, Wunsch, die Wahrheit zu benennen, Zeugenaussage stellvertretend für alle, die sich nicht äußern können / dürfen / wollen, persönliche Abrechnung, Erzeugen von Öffentlichkeit.

S. 243, Aufgabe 4 Zu diskutieren: Macht durch Erzeugen von Öffentlichkeit gegen Ohnmacht in einem geschlossenen System, das sich durch Mauer und Stasi abschottet und die Gesellschaft kontrolliert (kein West-Fernsehen, Zensur, Medienkontrolle), im Interview (AB, S. 241) gibt Jentzsch zu, dass er die Situation falsch eingeschätzt hat: „Das war ein schwerwiegender Denkfehler." (Z. 13)

S. 244, Aufgabe 5 Der „Draht" der Überschrift verweist auf ein Idol der Ost- und Westjugend: John Lennon, Nickelbrillenträger, und damit für den westlichen Einfluss, den man in der DDR zu unterbin-

© 2010 Oldenbourg Schulbuchverlag

den versuchte. Nickelbrillen werden somit als Zeichen der „Dekadenz“ und des „imperialistischen Modeeinflusses“ gewertet. Dass dem nicht so ist, weiß „sie“, da auch ihr Großvater, ein Bergarbeiter, eine Nickelbrille getragen hatte. Der Vorwurf gegen die Eltern und den Schüler wird also ad absurdum geführt und als irrational, unlogisch und willkürlich entlarvt – aber doch nur in Gedanken, da „sie“ ja keine Nickelbrille tragen kann.

S. 244, Aufgabe 6

Mögliche Aspekte:
Sehstörung in doppeltem Sinne zu verstehen, d. h. im realen Sinn (medizinisch) und im übertragenen Sinn (politisch), an der sie leider nicht leidet, und deshalb zwar erkennt, was gespielt wird, aber den Akt der Rebellion nur imaginieren kann. Die Jugend pocht – zumindest gedanklich – auf ihr Recht nach Individualität, widerspricht dem Idealbild der DDR-Jugend. Mit dem Bergarbeiter als Ideal des Arbeiter- und Bauernstaats gegen die These des „imperialistischen Modeeinfluss[es]“ wird das System mit den eigenen Argumenten geschlagen (kleine innere Genugtuung).

S. 244, Aufgabe 7
Zusatzmaterial 1: Interview mit Reiner Kunze, LM, S. 226 f.

Als eine Quelle empfiehlt sich der Internet-Auftritt des Ehepaars Kunze (www.reiner-kunze.com), die eine Stiftung gegründet haben, um dafür zu sorgen, dass die Menschen, die die DDR nur noch aus Geschichtsbüchern kennen, die Wahrheit über den Umgang mit Regimegegnern, kritischen Literaten und Künstlern in der DDR erfahren und eine Verharmlosung oder Idealisierung (z. B. Ostalgie usw.) nicht möglich wird. Das Verfassen eines Kommentars dient neben der Schreiberziehung der eigenständigen Auseinandersetzung mit dem Thema und der selbstständigen kritischen Urteilsbildung.

S. 244, Aufgabe 8

Beweggründe für das Verlassen der DDR:
Bespitzelung, Diktat einer parteikonformen Literatur und Kultur, Kontrolle des Literaturbetriebs. Repressionen, Ausbürgerung, Publikationsverbot, Hausarrest, Verhaftung.

S. 244

2. Im Überblick: literarische Strömungen in der DDR

S. 244

2.1 „Zurückgekehrt nach fünfzehnjährigem Exil“ – Auseinandersetzung mit dem Faschismus

S. 245, Aufgabe 1

Der Text besteht aus zwei Sätzen: einem sehr langen, komplex konstruierten und einem kurzen elliptischen. Die abschließende Frage stellt das Verhalten der Deutschen Anfang der 1940er-Jahre in eine übergeordnete geschichtliche Dimension: Das angepasste verdrängende Verhalten als typische Verhaltensweise, die als Ausgangspunkt der Nationalgeschichte herangezogen wird.
Der komplexe erste Satz zerfällt folgende Teile:

1. Z. 1–20, Nebensatzkonstruktion I mit temporalem „als“ (siebenmal) sowie mit weiteren Verästelungen, wobei die Als-Sätze in immer kürzeren Abständen aufeinanderfolgen, was den Ton drängender werden lässt. Die erste Nebensatzkonstruktion beschreibt kollektives wissentliches Verdrängen.
   - Z. 1–10, erster Als-Satz: Hier Gegensatz zwischen dem, was „jedermann meinte“ (Z. 2) – die Nachrichten von den Massenmorden seien übertrieben – und, obwohl es „jeder dennoch ganz genau wusste, dass sich das alles tatsächlich so verhielt“ (Z. 3 f.), den harten Fakten, die offensichtlich und zur Rechtfertigung eines „jeden“ oder „jedermanns“ nicht mehr zu diskutieren und zu ändern sind. Stellt eine eloquente Rechtfertigung des Zusehens und Nichtstuns eines jeden dar.
   - Z. 10 f., zweiter Als-Satz: „Schweigen [war] an der Reihe“
   - Z. 11–16, dritter Als-Satz: Steigerung des zweiten Als-Satzes: Man hatte „sich selber hinweggeschwiegen“ (Z. 11 f.), sozusagen die eigene Kritikfähigkeit mundtot gemacht,

© 2010 Oldenbourg Schulbuchverlag

selbst wenn man noch sinnlos nach Wissenden sucht, einen „stilisierten Witz“ (Z.14) macht, sich ansonsten resignativ „wider Willen“ als Teil eines „Schicksalskampf[es] von mythischem Rang“ (Z.15) sieht.

- Z.16–18, vierter Als-Satz: Mit „Als es so weit war mit denen“ wird sozusagen ein Endpunkt angekündigt. Die mit „denen“ abwertend bezeichneten Menschen werden weiter abgewertet, wenn von ihnen gesagt wird, dass sie noch „frei herumliefen“ (Z.16) und „frei herumlebten“ (Z.17), was schon fast auf ein kriminelles Verhalten verweist, das anschließend ironisch gebrochen wird: „unter den erschwerten Bedingungen des Krieges, zugegeben“ (Z.17f.).
- Z.18–20, fünfter Als-Satz: teilweise Wiederholung und Intensivierung des vierten Als-Satzes: Was bisher als eine Entwicklung dargestellt wurde, entpuppt sich jetzt als ein Zustand („denn so weit waren sie ja dann wohl schon seit je gewesen“, Z.19)
- Z.20, sechster Als-Satz: Schlussfolgerungen aus der bisherigen Argumentation
- Z.20–21, siebter Als-Satz: Zusammenfassung, Überleitung zum Hauptsatz

2. Z.20f., Hauptsatz: „läuteten die Glocken ... eines Hirnverletzten“: Das „Glockengeläut“ hat eine zentrale Stellung und ist der Angelpunkt zwischen kollektivem und individuellem Fall, dabei handelt es sich um eine Sinneswahrnehmung, einen alltäglichen Vorgang, der allerdings religiös besetzt ist: Glocken läuten für einen einzelnen Fall, haben jedoch und bringen jetzt den großen allgemeinen Fall des unsäglich unmenschlichen Verhaltens zum Schweigen, um den individuellen Fall anzukündigen.
3. Z.22–29, Nebensatzkonstruktion II: u.a. Relativsatzgefüge, die die Situation des Einzelnen charakterisiert. Wunsch eines Oberstleutnants, eine Krankenschwester zu heiraten, die seinen Selbstmord verhindert hat, die er am Abend umbringt in einem „Anfall von Geistesgestörtheit“ (Z.28). Die zweite Nebensatzkonstruktion zeigt eine kirchlich sanktionierte Wohltat für einen Oberstleutnant, dessen Geistesgestörtheit behördlich anerkannt ist.
4. Z.29–30. Hauptsatzkonstruktion: „..., denn geistesgestört zu sein war ... seither,“ an die Nebensatz mit „was auch nichts heißt“ (Z.28f.), was Wiederaufnahme von „was nichts heißen soll“ (Z.18) ist.
5. Z.31: Abschließende Frage, die beiden Ereignisse parallel setzt.
   → Die semantische Gegenläufigkeit des Satzes zeigt also die Antipoden Tradition versus Situation oder kollektives Empfinden versus individuelles Geschehen.

S.245, Aufgabe 2

Im Text gibt es zwei „Prozesse“:

1. den allgemein politisch-gesellschaftlichen (Judenverfolgung, Holocaust, Krieg, Kriegsleiden der Bevölkerung)
2. den individuellen (Schicksal eines „Hirnverletzten“ und einer Krankenschwester)

Der großen Wahrheit des Todes als Massenerfahrung („jeder“, „jedermann“, „man“) wird die banale („nichts Besonderes“, Z.21) Wahrheit des Todes der Krankenschwester entschuldigend („geistesgestört zu sein war ohnehin sein behördlicher Zustand gewesen“, Z.29f.) gegenübergestellt. Beide Wahrheiten prägen die NS-Zeit, wobei die „Geistesgestörtheit“ im Individuellen in der Logik der Geschichte als „Geistesgestörtheit“ im Großen und Ganzen des Staates und der Gesellschaft entlarvt wird, was die abschließende Frage provoziert: Die Gestörtheit des Oberleutnants bestand „seit zwei Jahren“, die Gestörtheit der deutschen Gesellschaft bestand seit wann? Seit der Judenverfolgung im Mittelalter, seit der gescheiterten Einigung Deutschlands 1848, seit Bismarck, seit dem Ende des Ersten Weltkriegs, seit dem Aufstieg der Nazis in Deutschland ...? Und – implizit enthalten – vermutlich besteht sie immer noch.
Die Kritik, die er an den beiden Formen der „Geistesgestörtheit“ im Dritten Reich übt, soll natürlich auf die Gegenwart, sicher nicht nur der Bundesrepublik, sondern auch der DDR, die sich, zumindest von offizieller Seite, als vom Erbe der NS-Zeit unbelastet gesehen hat, übertragen werden. Hier ist auch der Titel zu beachten: „Die ersten (vielleicht wichtigsten) Sätze für ein Deutschlandbuch“ – eigentlich erst wenn diese Sätze erkannt sind, kann es weitergehen.

© 2010 Oldenbourg Schulbuchverlag

S. 247, Aufgabe 3
Zusatzmaterial 2: Brechts Haltung gegenüber dem Aufstand am 17. Juni 1953, LM, S. 227

Bertolt Brecht, „Ein neues Haus“:
- Das lyrische Ich ist zwar „zurückgekehrt nach fünfzehnjährigem Exil“ (V. 1) in ein „schönes Haus“ (V. 2).
- Es hat sich auch in gewisser Weise eingerichtet: Die „No-Masken“ und das „Rollbild, den Zweifler zeigend“ (V. 3), sind aufgehängt. Es handelt sich hierbei um Gegenstände, die Brecht ins Exil retten konnte und die ihm im Mai 1949 nach Berlin geschickt wurden. Sie zeigen das Ende der Exilzeit und den Beginn der neuen Arbeit in Deutschland an. Die früher vertrauten Dinge erhalten nun auch in der neuen Wohnung einen Platz.
- Durch die Trümmer, durch die es fahren muss, wird es an das Prekäre seiner Situation erinnert: Privilegien haben ihm das Haus „verschafft“ (V. 6), das verweist auf Beziehungen, Einflussnahme von Mächtigen.
- Das lyrische Ich hofft, dass die eigenen Privilegien ihn nicht bequem, „geduldig“ (V. 7) machen und es die Nöte der nicht so Privilegierten nicht mehr wahrnimmt.
- „Mein Koffer“ (V. 10) gehört zum Inventar, erinnert aber an das fünfzehnjährige Exil, die Zeit des Aufbruchs und der Flucht. Er liegt auf dem Schrank mit den Manuskripten, d. h., ein neuer Aufbruch könnte, wenn notwendig, schnell vollzogen werden.
- „zurückgekehrt“ (V. 1), „eingezogen“ (V. 2), „aufgehängt“ (V. 4): Verbformen, die Abgeschlossenes, Endgültiges zum Ausdruck bringen, dagegen „fahrend“ (V. 4): Partizip der Bewegung, Unruhe
- Das neue Haus ist also noch nicht wirklich ein Zuhause.

Bertolt Brecht, „Die Lösung“:
Historischer Hintergrund: Arbeiteraufstand am 17. Juni 1953
- 15. Juni Bauarbeiter, Maurer protestieren gegen die Normerhöhungen (= Regierung forderte 10 % mehr Arbeitsleistung). Nach dem Protestzug nimmt das Politbüro die Normerhöhung zurück.
- 17. Juni 1953: In Ost-Berlin wird die Arbeit niedergelegt. Aus sozialen Forderungen der Arbeiter werden politische Forderungen der ganzen Bevölkerung. Parteibüros, Verwaltung und Polizeireviere werden gestürmt, Häftlinge werden aus den Gefängnissen befreit.

Brecht und der Arbeiteraufstand
- Am 17. Juni wird auch im Theater die Arbeit nicht aufgenommen.
- Brecht verfasst drei Briefe an: Walter Ulbricht, Otto Grotewohl und Semjonow.
- Innerhalb der darauf folgenden Monate schreibt Brecht die „Buckower Elegien“.

„Buckower Elegien“:
- Brecht kehrt 1948 nach 15 Jahren Exil nach Deutschland zurück, mittlerweile ist er 50 Jahre alt.
- Er schreibt die Gedichte vorwiegend im Juli und August 1953 auf seinem Buckower Landsitz am Schermützelsee:
  - als poetische Reaktion auf die Ereignisse des 17. Juni
  - als persönlich-engagierte Auseinandersetzung mit den Folgen und Ursachen
  - Zugleich verarbeitet er mit den Elegien die privilegierten Bedingungen seiner Arbeit.
  - Er stellt in Frage, wie weit sich die soziale Wirklichkeit von der Vergangenheit gelöst hat und wie weit sie noch verhaftet bleibt.
- Die „Buckower Elegien“ gelten als Brechts letzte Sammlung zusammengestellter Gedichte aus den Sommermonaten 1953.

Anlass für „Die Lösung“: Brecht schrieb das Gedicht im Sommer 1953. Es gilt als seine lyrische Reflexion der Ereignisse des 17. Juni 1953. Die Überlegung, „die Regierung solle sich ein neues Volk wählen“, hatte Brecht bereits 1930 in seinem Tui-Roman thematisiert. Der direkte Anlass für das Gedicht war ein Artikel des Sekretärs des Schriftstellerverbandes der DDR Kurt Barthel, den dieser am 20. Juni 1953 im „Neuen Deutschland“ veröffentlichen ließ und in dem er ausführte, die Arbeiter müssten sich nun besonders anstrengen, um das Vertrauen der Regierung zurückzugewinnen. Am 17. Juni 1953, dem Tag, als die Arbeiter auf der Berliner

© 2010 Oldenbourg Schulbuchverlag

Karl-Marx-Allee in den Aufstand treten, hatte Brecht einen längeren Brief an Walter Ulbricht verfasst. Im „Neuen Deutschland" bleibt davon nur noch ein Satz übrig: „Es ist mir ein Bedürfnis, Ihnen in diesem Augenblick meine Verbundenheit mit der Sozialistischen Einheitspartei Deutschlands auszudrücken." Mit diesem Satz fällt es leicht, Brecht als Parteiideologen hinzustellen, obwohl er zur gleichen Zeit, doch an anderer Stelle schreibt: „Zugleich hoffe ich aber, dass die Arbeiter, die in berechtigter Unzufriedenheit demonstriert haben, nicht mit den Provokateuren auf eine Stufe gestellt werden, damit die so dringliche große Aussprache über die allseitig gemachten Fehler nicht von vornherein unmöglich gemacht wird." Das Gedicht kann als direkte Antwort auf den Artikel von Kurt Bartel gesehen werden.
Aufbau:
- Satz 1 (Z. 1–7): ironische Darstellung der Beziehung: Regierung und Volk
- Ironie: Aufstand, also Volk gegen Regierung. Allerdings Flugblätter, die die Regierung verteilt, konstatieren Unzufriedenheit der Regierung mit dem Volk: Volk steht in der Schuld der Regierung, deshalb „verdoppelte Arbeit" (Z. 6).
- Satz 2 (Z. 7–10): logische Schlussfolgerung aus dem ersten Satz: Regierung soll das Volk auflösen, die absurd ist, da die Regierung durch das Volk eingesetzt ist.

S. 247, Aufgabe 4

Brechts Vorschlag für seinen Nachruf wenige Wochen vor seinem Tod:
„Schreiben Sie, dass ich unbequem war und es auch nach meinem Tod zu bleiben gedenke. Es gibt auch dann noch gewisse Möglichkeiten."
Brecht bezieht im Glauben an die Kraft der stetigen Veränderung in Politik, Gesellschaft usw., an die Möglichkeit neue Richtungen, Impulse und Inhalte zu geben, politisch Stellung und deckt die nach dem Krieg ausgebliebene Erneuerung auf.
Der letzte Satz von „Ein neues Haus" „Immer noch/Liegt auf dem Schrank mit den Manuskripten/Mein Koffer." ist als Mahnung, Erinnerung und Warnung zu verstehen, sich nie wirklich einzurichten, immer auf der Hut zu sein. Die Ironie des letzten Satzes aus „Die Lösung" „... die Regierung/Löste das Volk auf und/Wählte ein anderes?" kritisiert das seltsame Demokratieverständnis oder das seltsame Verhältnis Staatsführung und Gesellschaft, das am Verhalten der Staatsführung am 17. Juni 1953 offensichtlich wurde. Hier wird der Begriff Volksherrschaft ad absurdum geführt.

S. 247

2.2 „Greif zur Feder, Kumpel!" – Aufbauliteratur und sozialistischer Realismus

S. 248, Aufgabe 1

Politische und ästhetische Forderungen der SED an die Künstler:
- Kunst hat die Aufgabe, die „sozialistische Arbeitskultur in allen Stätten des Arbeitens und des Lernens" (Z. 6 f.) zu fördern, worin sie von der SED unterstützt wird.
- Kunst und Dichtung sollen die Objektivität materieller Wirklichkeit widerspiegeln, sie zeigt somit die „Wirklichkeit des Sozialismus" (Z. 17), ergreift Partei „für Frieden, Demokratie und Sozialismus" (Z. 18) und „gegen Imperialismus, Aggression und Reaktion" (Z. 18 f.). Die künstlerische Produktion dient somit dem sozialen Optimismus, d. h. der Hoffnung auf eine bessere Zukunft.
- Kunst soll auf das „Leben des Volkes" (Z. 21 f.) wirken, sie hat damit eine didaktische Funktion. Dazu gehört die Darstellung positiver Helden, die das Typische des gesellschaftlichen Wandlungsprozesses zum Ausdruck bringen.

S. 250, Aufgabe 2

Mündlicher Sprachgebrauch: Kurzreferat, um in möglichst kurzer Zeit allen Schülerinnen und Schülern denselben Kenntnisstand zum historischen Hintergrund zu ermöglichen. Ausgehend von dem Basiskasten, AB, S. 250 f., sollen sie hier durch eigene Recherche ihre Kenntnisse erweitern. Das fächerübergreifende Arbeiten als Wiederholung und Vertiefung bietet sich hier an (Sozialkunde, Geschichte).

© 2010 Oldenbourg Schulbuchverlag

www.

www.

- Tilman Spreckelsen: „Es geschah in der DDR". Arbeitertod: Werner Bräunigs großer Roman „Rummelplatz". In: FAZ vom 21.3.2007 (http://www.buecher.de/shop/Buecher/Rummelplatz/Braeunig-Werner/products_products/content/prod_id/20942460/#faz)
- Franziska Augstein: „Es gräbt der Bergmann nach Verrat". Werner Bräunigs „Rummelplatz": Ein bedeutendes Nachkriegswerk, der Arbeiterroman eines Schriftstellers, den die SED zerstört hat. In: SZ vom 20.3.2007 (http://www.buecher.de/shop/Buecher/Rummelplatz/Braeunig-Werner/products_products/content/prod_id/20942460/#sz)

Hintergrund:
- Der Roman beschreibt die ersten Jahre der DDR bis zum 17. Juni 1953.
- Bereits kurz nach dem Ende des Zweiten Weltkriegs begann im Osterzgebirge die Suche nach Uranvorräten, die die sowjetische Besatzungsmacht benötigte, um das atomare Wettrüsten mit den USA (Kalter Krieg) zu forcieren.
- Mit der Gründung der Wismut-AG 1947 Uranabbau im Osten Deutschlands unter sowjetischer Kontrolle.

S. 250, Aufgabe 3

Hintergrund:
- Werner Bräunig kehrte 1951 aus der Bundesrepublik in die DDR zurück und arbeitete zunächst als Schweißer, dann im Uranbergbau.
- In seinem 1960 begonnenen Roman zeigt er so realistisch wie schonungslos das Leben der Bergleute im von der Sowjetunion befehligten Uranbergbau in der DDR, der „Wismut-AG".
- Er zeichnet die Illusionslosigkeit der Menschen nach dem Naziregime und dem Krieg in der sozialistischen Gegenwart.

Arbeit:
- Wismut-AG ist „über Nacht in die Berge hineingestampft" (Z. 58 f.) worden, d. h. ohne Planung, überstürzt, Regen hat die „provisorische Autostraße" (Z. 59 f.) unterspült, ein Provisorium, das schon seit zwei Jahren besteht.
- Hermann Fischer, „Steiger und für die Produktion verantwortlich" (Z. 81 f.) wohnt in einer notdürftigen, kalten „Baracke", seine Kleidung wird über Nacht nicht trocken („Die Gummistiefel waren noch feucht [...] die Lederjoppe roch nach muffigem Brackwasser", Z. 41 ff.).
- Fischer selbst ist erschöpft („die eingefallenen, stoppeligen Wangen, die müden Augen", Z. 44 f.), wofür der Grund nicht nur in der harten Arbeit, sondern in den allgemeinen Rahmenbedingungen zu suchen ist.
- Es stehen ihm zu wenig Arbeiter zur Verfügung, sodass sie „den Schacht vielleicht noch zwei, drei Tage in Betrieb" (Z. 25 f.) hätten halten können, evtl. noch länger, „falls ausnahmsweise einmal nichts passiert wäre" (Z. 27) → verweist einerseits auf schlechte, unsichere Arbeitsbedingungen, andererseits auf Gefahr für die Arbeiter.
- Sie versuchen neue Leute zu bekommen („Seit vierzehn Tagen schrien, schrieben und telefonierten sie", Z. 28 f.), werden hingehalten.
- Planungsunsicherheit: „Gestern Abend aber hatte ihn plötzlich der Objektleiter angerufen" (Z. 30 f.), dennoch herrscht „Ungewissheit, ob sie auch wirklich kämen" (Z. 33).
- die neuen Arbeiter:
  - wenig motiviert: „Sie trotteten müde dahin, mit übernächtigten Gesichtern, [...] gingen gebückt [...]" (Z. 63 ff.)
  - wenig individuell: „Kolonne" (Z. 62), „bedrückend gleichförmig" (Z. 64)
  - schon bei der Ankunft erschöpft: „strauchelnd unter der Last ihrer Koffer und Rucksäcke" (Z. 65 f.)
  - falsch/unzulänglich ausgestattet: „trugen Halbschuhe [...], blieben sie im Morast stecken" (Z. 66 ff.)

Allgemeine Atmosphäre und gesellschaftliche Verhältnisse:
- Es ist das Jahr „vier nach Hitler" (Z. 4), das Land liegt noch in Ruinen („Ruinen Magdeburgs", Z. 6), „schlecht geheizten Wohnungen" (Z. 13 f.)

© 2010 Oldenbourg Schulbuchverlag

- Es herrscht alles andere als eine optimistische Atmosphäre: Hoffnung und Gleichgültigkeit, Träume und Zweifel der Menschen (Z. 15 f.).
- Es gibt Reden und Kundgebungen, die wohl Proklamationen, also nicht wirklich Taten, hervorbringen, die Plakate „welkten im Wind“ (Z. 20), dennoch geben sie den Menschen vorübergehend Kraft: „Gestern, als er [...] im Demonstrationszug marschiert war, hatte er sich für einen Augenblick frei und voller Kraft gefühlt.“ (Z. 77 ff.)
- Menschen „mürrisch“ (Z. 46), „gleichgültig“ (Z. 47), sie erkennen nicht, wohin die Entwicklung geht: „Er konnte ein Lied singen von diesen Aufbrüchen ins Ungewisse.“ (Z. 75 f.)
- Ironie der Morgennachrichten: „Wie wir heute arbeiten, [...] werden wir morgen leben.“ (Z. 39 f.) → nach der Darstellung des Romans alles andere als eine optimistische Zukunftsaussicht

S. 250, Aufgabe 4

Die Beantwortung von Aufgabe 3 macht deutlich, dass der Textauszug (und vmtl. auch der Roman) alles andere als den Optimismus verströmt, den der sozialistische Realismus fordert. Im Gegenteil, er zeichnet ein sehr realistisches Bild extrem harter und unzulänglicher Arbeitsbedingungen, die die Menschen überfordern. Es werden schwierige Produktionsaufgaben gezeigt, aber zu meistern sind sie für die Menschen aufgrund der Rahmenbedingungen nicht. Das einzig optimistische Moment, das sich im Textauszug zeigt, ist der „Augenblick [...] voller Kraft“ (Z. 78 f.), den Hermann Fischer bei der Demonstration verspürt. Theoretisch kann er sich vorstellen, dass es etwas Besseres gibt, dass man durch Ideen einiges erreichen kann, praktisch ist er täglich mit der Unmöglichkeit der Realisierung konfrontiert. Dass diese Darstellung dem System nicht gefallen konnte, liegt auf der Hand.

S. 250, Aufgabe 5

Publikationsgeschichte:
- Vorabdruck 1965 in „Neue Deutsche Literatur“ (15 Seiten)
- wurde als nestbeschmutzende Literatur empfunden, Vorwurf: „Beleidigung der Werktätigen und der sowjetischen Partner“, was um so schwerer wog, da Bräunig an das Literaturinstitut in Leipzig delegiert worden war und am Aufruf der ersten Bitterfelder Konferenz beteiligt gewesen war.
- Die Auseinandersetzungen verschärften sich im Jahre 1965, und nach einer einleitenden Pressekampagne im Zentralorgan „Neues Deutschland“ stellte das Zentralkomitee der SED auf seinem 11. Plenum im Dezember endgültig klar, dass von den Kunstschaffenden lediglich linientreue Hand- und Spanndienste erwartet wurden. Als Einzige verteidigte Christa Wolf das Buch.
- Bräunig gelobte zwar Selbstkorrektur, ließ aber das Manuskript nach geringfügigen Änderungen liegen: „Die Tragik Bräunigs liegt wohl darin, dass er diesen herrschenden politischen und literarischen Normen zu genügen suchte, die Tendenz zum eiligen Geschichten- und Geschichtemachen aber sich nicht mit der zunehmenden Gewissenhaftigkeit seines Beobachtens und Erzählens in Einklang bringen ließ.“ (Manfred Behn-Liebherz)
- Ein vorabgedrucktes „Rummelplatz“-Kapitel erschien fünf Jahre nach seinem Tod in dem Auswahlband „Ein Kranich am Himmel“, den sein Freund und Verleger Heinz Sachs herausgegeben hatte.
- Zu DDR-Zeiten wurde der Roman nie veröffentlicht und erscheint erst im Frühjahr 2007.

S. 251

2.3 „Warum soll sich ein Mensch nicht ändern können?“ – Ankunftsliteratur

S. 253, Aufgabe 1a

Streng genommen handelt es sich um einen Roman der Ankunftsliteratur. Die Helden der Arbeit werden vor dem Hintergrund der Meisterung des Lebens in der sozialistischen Gesellschaft und bei der Entlarvung des Klassenfeindes gezeigt, der den Mauerbau von 1961 rechtfertigt. Auf formaler Ebene widerspricht der Text dieser Kategorisierung, da er sich z. B. moderner Erzähltechniken (Montage) bedient, z. B. „Bist du glücklich, mein Kind?“

© 2010 Oldenbourg Schulbuchverlag

„Ach Mutter, darum geht es nun nicht mehr. […] Sie wußte auf einmal, was sie an dem Brief gestört hatte […]". (Z. 23 ff.) → Wiedergabe eines Dialogausschnitts mit der Mutter, ohne Einführung, Wechsel zu innerem Monolog und Gedanken zu Manfreds letztem Brief. „Aber dieses zufällige Wegbleiben (‚man hat mir hier Chancen geboten, die ich einfach nicht versäumen darf …'), dieses Abhängigsein von irgendwelchen ganz neuen Bekannten, die auf einmal seine Freunde sein sollen … So tut man nichts, was man tun muß. So treibt man dahin, wenn man das Steuer verloren hat und alles gleichgültig wird." (Z. 29 ff.) → innerer Monolog, der durch ein direktes Zitat aus der Erinnerung eines Gesprächs unterbrochen wird.

S. 253, Aufgabe 1b Die Grundidee des Romans ist die Konfrontation zweier unterschiedlicher Charaktere. Das Kollektiv hilft der jungen Frau, sich gegen den falschen Mann und für das richtige System zu entscheiden. Die Schwächen des Systems werden zwar nicht verschwiegen, aber als Übergangsphänomene bezeichnet. Das westliche System erscheint zwar wirtschaftlich erfolgreicher, ist aber in gesellschaftlicher Hinsicht moralisch diskreditiert.
Das formale Prinzip des Romans, eine Art Mosaik nacherlebter Ereignisse, die sich häufig als Szenen aneinanderfügen, ist auch das Prinzip der Lebensreise der Heldin, die sich auf einem Weg befindet, an dessen Ende sie in der DDR-Gesellschaft „ankommen" soll. Diese Konzeption weist den „Geteilten Himmel" als „Ankunftsroman" aus, der mit den Bitterfelder Forderungen zu vereinbaren war.

S. 254, Aufgabe 2 Die DDR-Schriftsteller sollten in Betrieben die Situation der Arbeiter kennenlernen. Der Schwerpunkt lag auf den tatsächlichen Begebenheiten statt in der zu offensichtlichen Vermittlung sozialistischer Parolen. Literatur sollte die DDR-Lebenswirklichkeit abbilden. Zum Roman: Am Ende kommt die Heldin, mit der sich die Menschen identifizieren sollen, in der Gesellschaft der DDR an. Sie hat den „Wert dieser Gesellschaft" erkannt, sich für den Sozialismus entschieden und dem „kapitalistischen Westen" den Rücken gekehrt. Besonders überzeugend ist diese Entscheidung, weil sie diese Haltung mit dem Verlust ihrer Beziehung erkauft.
Hinweise zur Erschließung und Interpretation:

- Sammeln von Erfahrungen in der Arbeitswelt: „Vor einer Woche noch war sie mit Hänschen und anderen Waggonbauern dabeigewesen, sogar in dieser Gegend. Sie wußte: Die Ernte war schlecht, und sogar das Wenige, was gewachsen war, einzubringen, machte Sorgen." (Z. 10 ff.)
- Stimme der Verführung als innerer Monolog; dem Leser wird klar, welche Entscheidung die richtige ist und dass sie sich schon für den Verbleib in der DDR entschieden hat: „Er wartet auf dich wie auf Befreiung nach langer Gefangenschaft, wie auf Speise und Trank nach Hunger und Durst? Also nimmst du dein Köfferchen – leicht oder schwer, darauf kommt es nun wirklich nicht an – und gehst zu ihm. Zwei Stunden Fahrt, das ist lächerlich wenig. Und es ist die natürlichste, richtigste Sache von der Welt. Also was ist? Dieses wehe Gefühl, das nicht nachläßt? Danach darfst du dich nicht richten. Es ist kein Maßstab." (Z. 16 ff.)
- Die Fehlentscheidung ihres Partners wird als persönliche Instabilität und Willensschwäche ausgelegt: „… dieses Abhängigsein von irgendwelchen ganz neuen Bekannten, die auf einmal seine Freunde sein sollen … So tut man nichts, was man tun muß. So treibt man dahin, wenn man das Steuer verloren hat und alles gleichgültig wird." (Z. 30 ff.)
- Verachtung für die schnelle Möglichkeit, ohne nachzudenken, zu einem geringen Preis, über das eigene Leben zu entscheiden; hier: die DDR zu verlassen. Kauf der Fahrkarte macht ihr bewusst, worin sich „diese Stadt sich von allen anderen Städten der Welt [unterschied]: Für vierzig Pfennig hielt sie zwei verschiedene Leben in der Hand." (Z. 47 ff.)
- Wer überzeugt ist, muss nicht wegen materieller Güter umkehren oder eine Entscheidung aufschieben. Idealvorstellung: Nicht mehr als eine Handtasche (Z. 73 f.) sei nötig, um auf der Grundlage einer bewussten Entscheidung neu anzufangen, um Ja zur Gesellschaft der DDR zu sagen: „Der Bahnhof war nahe. […]. Manfred blieb stehen. ‚Dein Koffer!' Er sah, daß

© 2010 Oldenbourg Schulbuchverlag

sie nicht mehr zurückgehen würde. ‚Ich schick ihn dir.' Alles, was sie brauchte, hatte sie in der Handtasche." (Z. 71 ff.)

- Die „richtige", „sozialistische" Überzeugung siegt, die Heldin hat mit sich gerungen, aber am Schluss die von ihr im System erwartete Entscheidung getroffen – und zwar selbstständig und aus innerer Überzeugung. Deshalb ist jetzt auch „alles leicht und schnell" (Z. 86): „Sie muß dann wohl durch die Sperre und die Treppe hinaufgegangen sein. Sie muß mit einer Bahn gefahren sein, die sie zum richtigen Bahnhof brachte. Es wunderte sie nicht, daß nun alles leicht und schnell ineinandergriff." (Z. 84 ff.)

S. 254, Aufgabe 3

Rita reist ihrem Freund Manfred in den Westen nach. Einen Tag ringt sie in seinem Beisein mit der Entscheidung, bei ihm im Westen zu bleiben. Sie sind sich einander schon fremd geworden. Tatsächlich ist Ritas Entscheidung schon gefallen, bevor sie im Westen ankam. Am Ende kehrt sie in die DDR zurück und beendet damit auch die Beziehung.

- Zeile 1–48: innerer Monolog als Entscheidungsfindungsprozess auf der Bahnfahrt nach West-Berlin; der Prozess wird als Verführung dargestellt, Z. 16 ff.: „Er wartet auf dich wie auf Befreiung nach langer Gefangenschaft, wie auf Speise und Trank nach Hunger und Durst? (sprachliche Bilder) Also nimmst du dein Köfferchen – leicht oder schwer, darauf kommt es nun wirklich nicht an – und gehst zu ihm. Zwei Stunden Fahrt, das ist lächerlich wenig. (Litotes zur Verharmlosung) Und es ist die natürlichste, richtigste Sache von der Welt. Also was ist? Dieses wehe Gefühl, das nicht nachläßt? (zweite rhetorische Frage löst Verharmlosung auf, Pathos) Danach darfst du dich nicht richten. Es ist kein Maßstab." (Appell ex negativo: Natürlich musst du dich danach richten. Erkenne den Maßstab!); latente Schuldzuweisung, Fehlersuche beim Freund, innere Rechtfertigung, die der Leser nachvollziehen kann, durch eingefügtes direktes Zitat verstärkt: „Aber dieses zufällige Wegbleiben (‚man hat mir hier Chancen geboten, die ich einfach nicht versäumen darf ...'), dieses Abhängigsein von irgendwelchen ganz neuen Bekannten, die auf einmal seine Freunde sein sollen ... So tut man nichts, was man tun muß. So treibt man dahin, wenn man das Steuer verloren hat und alles gleichgültig wird." (Z. 29 ff.) Unpersönliches „man" manifestiert die schon gewonnene Distanz zu ihm, gleichzeitig gelingt so eine Generalisierung, die es erlaubt, über ihn zu urteilen. Manfred hat sich falsch verhalten.
- Z. 50–70: Dialog als gescheiterte Kommunikation in bildhafter Sprache verdeutlicht: „Das Stückchen Erde, auf dem sie standen – eine Steinplatte des Bürgersteigs, nicht größer als ein Meter im Quadrat – drehte sich der Nachtseite zu." (Z. 62 ff.); „Früher suchten sich Liebespaare vor der Trennung einen Stern, an dem sich abends ihre Blicke treffen konnten. Was sollen wir uns suchen?" (Z. 65 f.); „‚Den Himmel wenigstens können sie nicht zerteilen', sagte Manfred spöttisch. Den Himmel? Dieses ganze Gewölbe von Hoffnung und Sehnsucht, von Liebe und Trauer? ‚Doch', sagte sie leise. ‚Der Himmel teilt sich zuallererst.'" (Z. 67 ff.) → Höhepunkt und Fazit des Rettungsversuchs: Sie meinen nicht mehr das Gleiche. Sie teilen nicht mehr die gleichen Gedanken und sehen im „Himmel" nicht mehr dasselbe. „Der Himmel teilt sich zuallererst" – Perspektiven, Ideen, Ideale, Lebensziele (der Himmel – auf der Metaebene auch als Überbau zu interpretieren) trennen das Paar zu allererst, lange vor der tatsächlichen Grenze.
- Z. 71–83: tatsächliche Trennung, Betonung der Endgültigkeit, Pathos, Anapher, Wiederholung
- Z. 84–87: Erleichterung; Fazit: die richtige Entscheidung. Wiederholungen und Adverb „wohl" betonen das unbewusste, aber instinktiv richtige Handeln. Aussageabsicht, intendierte Wirkung: Sie hat das Richtige getan.

S. 254, Aufgaben 4a/b

Zunächst einmal folgt Christa Wolf in ihrem ersten Roman die Vorgaben des Bitterfelder Weges. Ihre Heldin macht in einer Waggonfabrik Bekanntschaft mit der Welt kollektiver Arbeit. Dann schreibt sie über die Versuchung zur Republikflucht. Die Heldin entscheidet sich aber für die sozialistische Gesellschaft und ist damit „in der DDR angekommen".

© 2010 Oldenbourg Schulbuchverlag

Christa Wolf wurde 1964 der Nationalpreis für Kunst und Literatur der DDR verliehen. Von der Kritik innerhalb der DDR wurde ihr vorgeworfen, die Partei, die offizielle DDR und das sie vertretende Regime fehle in diesem Buch, damit es tatsächlich dem Bitterfelder Weg entspreche. Manche Interpretationen gestehen der Autorin jenseits der „Staatsdichterin" zu, dass ihr Roman aber vielleicht eher diejenigen in den Blick nimmt, die in der DDR geblieben waren und weiter bleiben mussten. Aus dieser Perspektive wird der Roman auch als Kritik an den gesellschaftlichen und politischen Zuständen in der DDR gesehen.

S. 254

2.4 „... in den Zwängen einer Doktrin ..." – scheinbare Liberalisierungstendenzen und neue Repressalien

S. 256, Aufgabe 1

Hinweise zur Erschließung und Interpretation:

- Franziska, eine junge Architektin, verlässt Berlin, weil sie von ihrem früheren Architekturlehrer Reger eine Stelle in Neustadt neben dem Architekten Schafheutlin bekommt. Neustadt ist eine Arbeiterstadt in der DDR, die sich in Planung und Bau befindet. Die Stadt bedeutet für viele einen Neuanfang und Franziska hofft, dass sie eine neue Chance für ein glücklicheres Leben bekommt. Doch Neustadt, die Stadt des Neuanfangs für viele, stellt sich als Fehlplanung heraus.
- Hintergrund: Wenige Monate nach der Gründung der DDR, im Juli 1950, wurde von der Regierung das „Aufbaugesetz" erlassen. Die DDR-Stadtentwicklung und Stadtgestaltung wurde in die Planwirtschaft integriert. Das Ziel des Städtebaus war die Schaffung von Wohnraum in kürzester Zeit, die Schaffung eines Lebensraums und somit vernünftiger Stadtplanung war nebenrangig. Eine ganzheitliche Gestaltung der Stadt, in diesem Fall von Neustadt als Paradebeispiel für den sozialistischen Wohnungsbau, geriet ins Hintertreffen. Immer wieder wurden zugunsten weiterer Wohnungen und wegen mangelnder finanzieller Mittel die Planungen für die Gestaltung des Zentrums verschoben. Der Kostenfaktor zwang die Architekten in die Rolle Bauingenieuren: Abwechslungsreiche Fassadengestaltung und unterschiedliche räumliche Anordnungen der Wohnhäuser mussten oft hinter der Rationalität und der Kostenersparnis zurücktreten. Die in den Plattenwerken vorproduzierten Fassaden („Platten") schlossen gestalterische Variationen von vornherein aus.
- Franziska ist eine leidenschaftliche Architektin, und das was in Neustadt geschieht, sieht sie als „architektonisches Verbrechen" (Z. 10) an. Sie legt sich mit Schafheutlin an, der Vorschläge von ihr „wie Anstiftung zum Brandlegen" (Z. 5 f.) aufnimmt. Sie sie will keine Einheitshäuser planen und bauen („Anpassung von Typenprojekten", Z. 3), sondern Gebäude, in denen die Menschen sich wohl fühlen können, Kontakte knüpfen und Freundschaften schließen können.
- In dem Gespräch mit Trojanowicz formuliert Franziska den Gegensatz zwischen der vom Staat propagierten Stadtplanung („Konfektionsbetrieb", Z. 12, „Fabrikation eines Massenartikels", Z. 14 f., „ohne Beziehung zur fertigen Ware", Z. 15) mit Architekten, die nur ein Planungssoll erfüllen („vorgegebene Kennziffern einhalten", Z. 16, „Zeichnungen termingerecht abliefern", Z. 16 f.) auf der einen Seite und ihren Idealen und Hoffnungen auf der anderen Seite, die sie und auch Professor Reger vertreten.
- Trojanowizc lässt sich von ihr aus der Reserve locken, obwohl er vorgibt, dass ihm an der Diskussion nichts liegt. Er sieht ihren und Regers Ansatz als konservativ an. Schafheutlin sieht er als „konservativen Neuerer" (Z. 27), der mitschuldig sei, „wenn der Bau in zwanzig Jahren die letzte Bastion der Traditionalismus und Zunftwesens ist" (Z. 28 f.).
- Darüber hinaus werden Hoffnungen thematisiert („Gedanken, die sich nicht abschalten lassen", Z. 6) und gescheiterte Illusionen beschrieben („‚Schafheutlin kennt sie [...] er sagt Sie haben sich verändert.' Trojanowicz grinste. ‚Nicht ich, – verändert hat mich

© 2010 Oldenbourg Schulbuchverlag

ein Gummiknüppel'", Z. 54 ff.). Menschen, die sich mit Optimismus und persönlichem Einsatz am Aufbau einer gerechten Gesellschaft beteiligt haben und an den Fortschritt in der Produktion geglaubt haben, zerbrechen an der Dominanz der Planerfüllung, an der Unterdrückung der Andersdenkenden, am Primat einer dogmatischen Politik über den Menschen.
- Durch die Schilderung des Scheiterns von Neustadt und des Scheiterns der Menschen in der neuen Gesellschaft von Neustadt, übt das Buch scharfe Kritik. Das zu seiner Zeit politisch heikle Romanfragment wurde 1974 postum veröffentlicht, allerdings gekürzt und entschärft. Die ungekürzte Neuausgabe von 1998 enthält dagegen die DDR-spezifischen Tabubrüche und die Systemkritik der Autorin.

S. 259, Aufgabe 2

Beziehung zwischen Vater und Tochter:
Individuelles Leben im Glauben an die vom Vater scheinbar vertretenen Prinzipien – Ehrlichkeit, Offenheit – Karin muss erfahren, dass Theorie und Praxis weit auseinanderklaffen, dass das System sogar verlangt, dass sie ihren Freund und ihre Liebe verleugnet. Zu ihrem Entsetzen distanziert sich ihr Vater zunächst nicht von dieser unmenschlichen Seite der Partei.

S. 259, Aufgabe 3a

Mögliche Aspekte, die angeführt werden können:

„Franziska Linkerhand"	„Unvollendete Geschichte"
Gesellschaftskritik nur indirekt und in Andeutungen: Dialog bruchstückhaft, vieles bleibt ungesagt und setzt Kenntnisse über das Leben in der DDR voraus – scheinbare Neutralität – Kritik nur für die Hellhörigen	Kritik wird offen thematisiert. – aus der Perspektive Karins, die an Ehrlichkeit und Offenheit glaubt, an die Prinzipien, die sie von zu Hause gelernt hat. Sie stellt fest, dass sie das System und seine Träger nicht an ihren eigenen Maßstäben und Vorgaben messen darf. – Entsetzen und ihre Fassungslosigkeit. – Erkenntnis des Vaters, dass er durch systemkonformes Verhalten sein Kind aus den Augen verloren hat, das er nun emotional zu verlieren droht, führt zu seiner Läuterung. – Der Leser soll Partei ergreifen.

S. 259, Aufgabe 3b

Wirkung und Intention:
- „Franziska Linkerhand": Die zumeist indirekte Kritik soll zum Nachdenken anregen, die eigene Haltung des Lesers zu Parteivorgaben, deren Umsetzung und zur Gesellschaft in der DDR, die in großen Teilen nach diesen Vorgaben funktioniert, sollen hinterfragt werden. Die Enttäuschung der Protagonisten soll den Prozess des kritischen Nachdenkens befördern.
- „Unvollendete Geschichte": Die offensichtliche Kritik soll Entsetzen auslösen. Eigentlich als selbstverständlich Erachtetes – die kleine private Freiheit jedes Einzelnen, der Schutz seiner Privatsphäre – wird zerstört. Die Partei mischt sich bis in die Privatsphäre von jungen, unbescholtenen Bürgern ein, beeinträchtigt Menschenrechte, die auch in der DDR-Verfassung verbrieft waren. Der Autor intendiert Emotionalisierung, weit über das rationale Nachdenken hinaus.

S. 259, Aufgabe 4

Mit dem Verfassen einer Rede kann die vertiefte Textkenntnis sichergestellt und gleichzeitig eine Transferleistung eingefordert werden, die Kreativität und selbstständiges Arbeiten fördert. Mit Schreibaufträgen dieser Art wird die Selbsttätigkeit der Schülerinnen und Schüler gefördert und eigenständiges Formulieren und Zusammenfassen geübt.

A Einleitung: Hauptthese im Sinne des Ziels der Rede als Verteidigung Karins, Plädoyer für eine Politik, die den Mensch in den Mittelpunkt stellt, nicht umgekehrt

© 2010 Oldenbourg Schulbuchverlag

B Hauptteil: Ausführung, die für die Position Karins wirbt, Verständnis hervorrufen kann
Rolle der Jugend
1. Eigenständige Persönlichkeiten fördern
2. Optimismus und positives Bild (Glaube an Partei und Staat) nicht zerstören
3. Vorbild der Etablierten gefragt – den eigenen Maßstäbe entsprechend
4. Ehrlichkeit und Offenheit bestärken
5. Dialog suchen
6. Zukunft fördern und so sichern
7. Überleitung zum Schluss: Eine Gesellschaft braucht junge Menschen, die für Werte wie Zusammenhalt, Mut, eigene Meinung eintreten. Karin entscheidet sich für Frank und das Kind – gegen System und die geforderte Abtreibung. Karin bleibt sich selbst treu, muss ihr Spiegelbild nicht fürchten

C Schlussappell für die Menschlichkeit, Verurteilung eines kalten unmenschlichen Systems, Hinweis auf die UN-Charta der Menschenrechte und die Mitgliedschaft der DDR in der UNO.

S. 260 2.5 **„Ohne Rückgrat ist Schreiben nicht möglich" –** Kritik an Staat und Gesellschaft

S. 261, Aufgabe 1

Historischer Kontext:
- DDR in sozialistischer Planwirtschaft, Diktatur; Kalter Krieg
- Wettlauf um technische Errungenschaften; Selbstbild des erfolgreichen Arbeiter- und Bauernstaates nach außen, erreicht durch Unterdrückung und auf Kosten der Bevölkerung
- 26. August 1978: Sigmund Jähn erster Kosmonaut der DDR (der erste Deutsche, da zu diesem Zeitpunkt noch kein Bürger der Bundesrepublik im All war)
- als Paraphrase für das Ende des Universums („und du/sprichst von einem Leuchten/fünfzehn Milliarden Lichtjahre fern/und welche Bedeutung wir dem zumessen", V. 7 ff.)
- Vernachlässigung der Grundversorgung der Bevölkerung (Mangelversorgung, „keine Orangen", V. 12)
- Repressalien („keine Freundlichkeit keine Freiheit/und keine Bücher über den Anlass/solchen Mangels", V. 13 ff.); die Volkskammer beschließt 1979 das 3. Strafrechtsänderungsgesetz. Mit dem 3. Strafrechtsänderungsgesetz erfuhr das politische Strafrecht eine Verschärfung. Die „Staatsfeindliche Hetze" (§ 106) konnte fortan mit einer Freiheitsstrafe von einem bis zu acht Jahren (der schwere Fall von zwei bis zu zehn Jahren) geahndet werden.
  http://www.thueringen.de/de/lzt/thueringen/blaetter/politstrafr/content.html
  Landeszentrale für politische Bildung Freistaat Thüringen
- Überwachung, Ausweisung Wolf Biermanns 1976, Protestnote der Schriftsteller, die Kunert als einer der ersten unterschrieb. Die SED entzog ihm daraufhin 1977 die Parteimitgliedschaft

S. 261, Aufgabe 2

Das lyrische Ich betäubt sich, um die Hoffnungslosigkeit „erträglicher" (V. 3) zu machen, da wohl das, worauf es gehofft hat, nicht mehr in diesem Leben eintreten kann („Eingeständnis/der Sterblichkeit", V. 4 f., „sprichst von einem Leuchten/fünfzehn Milliarden Lichtjahre fern", V. 8 f.); Kritik, dass das Instrument der Schrift zu wenig oder falsch benutzt wird („die größten Dichter kamen/aus dem Neandertal weil sie/nichts hinterließen als Rätsel", V. 17 ff.), Appell, dieses Instrument zu benutzen („Wir stattdessen/haben die Schrift/uns zu beklagen", V. 20 ff.)

S. 261, Aufgabe 3

Aussagen über Lebensumstände und die Gesellschaft in der DDR: Kritik an sozialistischer Planwirtschaft, die den Menschen in der DDR viele Genussmittel und Annehmlichkeiten vorenthielt („dass es wieder keine Orangen gibt", V. 12) als Auftakt und Hinführung zur eigent-

© 2010 Oldenbourg Schulbuchverlag

lichen Kritik: Anpassung und Unterdrückung („keine Freiheit/und keine Bücher über den Anlass/solchen Mangels“, V. 13 ff.) und Zensur, keine literarische Auseinandersetzung mit den Ursachen dieser gesellschaftlichen Defizite.

S. 261, Aufgabe 4

Politische und gesellschaftliche Zustände werden kritisch beschrieben:
- direkte Anrede: „und du“ (V. 7), „Mein Lieber“ (V. 16): Leser soll verstört, zum Nachdenken angeregt werden.
- Demontieren der Erwartung auf kleinstem Raum – harte Gegenüberstellungen, die frustrieren: „Unendlicher Fall/grüner Blätter: die Menschheit/auf dem Marsch und du/sprichst von einem Leuchten fünfzehn Milliarden Lichtjahre fern/und welche Bedeutung wir dem zumessen“ (V. 5 ff.); „dass es wieder keine Orangen gibt/und keine Freundlichkeit keine Freiheit/und keine Bücher über den Anlass/solchen Mangels“ (V. 12 ff.) – poetische Destruktion des verordneten Geschichtsoptimismus der kommunistischen Ideologie, kein Trost, keine Heilsaussicht, paradoxe Struktur
- Das Gedicht als ein Beispiel für ein „Abtötungsverfahren“ (Titel des Gedichtbandes); nicht nur die Hoffnung wird abgetötet, auch der Mensch selbst, zunehmende Entfremdung durch Repressionen, fehlende Freiheit führt zu totaler Resignation. Der Mensch in seiner Lebensfreude wird „abgetötet“.
- „Zivilisatorisches Gespräch“ – ein Gespräch „mit der Gesellschaft über die Gesellschaft“
- Dichter als Seismograph, der empfindlich auf die Erschütterungen der Welt reagiert: Dazu das Interview: „Günter Kunert zum 80. Die Unschuld des Seismografen“: „Wäre es falsch, Ihre Bücher (auch) als die Geschichte einer zunehmenden Verfinsterung zu lesen?“, fragte 1977 Dieter Zimmer den Dichter. Antwort: „Es wäre gewiss nicht falsch, vorausgesetzt, man nimmt diese ‚Verfinsterung‘ nicht als meine persönliche, sondern als eine allgemeine geistige und psychische: Ich bin auch bloß ein Seismograf, der fürs Erdbeben nicht verantwortlich zu machen ist.“ (br-online 2 Stand: 6.3.2009)

S. 262, Aufgabe 5

Referat zu Sarah Kirsch; nach der Unterzeichnung der Protesterklärung gegen die Ausbürgerung Wolf Biermanns aus der SED und dem Schriftstellerverband der DDR ausgeschlossen (1976); 1977 Umzug nach West-Berlin.

Sarah Kirsch. München: edition text + kritik 1989 (= text + kritik H.101) .“

WWW. MDR Lexikon der Literatur der DDR. www.mdr.de/damals/lexikon

S. 262, Aufgabe 6

Situation des lyrischen Ich – Zweiteilung des Gedichtes:
- sorgloses Dasein zu Beginn, angepasst an den Alltag der DDR: „Was bin ich für ein vollkommener weißgesichtiger Clown/Am Anfang war meine Natur sorglos und fröhlich“ (V. 1 f.)
- Entwicklung zu Erkenntnis, Kritikerin, Mahnerin, „Aber was ich gesehen habe zog mir den Mund/in Richtung der Füße//Erst glaubte ich das eine dann an das andere/Nun schneide ich mein Haar nicht mehr und horche/Wie dir und mir die Nägel wachsen, Hühnchen/Die Daunen ausgehn, sie Fett gewinnen“ (V. 3 ff.); sie stößt auf Passivität und Gleichgültigkeit und schließlich nicht mehr verstanden wird: „Ich sage was ich gesehen habe merkwürdig genug/Die Leute verkennen es geht um ernsthafte Dinge/Wie komisch sagen sie erzähl ich ein Unglück/Wenn sie lachen müssten, erschrecken sie“ (V. 9). Kommunikation ist nicht mehr möglich.

S. 262, Aufgabe 7

Hinweise zur Erschließung und Interpretation:
- Zwischen den Zeilen: Verständnislosigkeit der Leser für künstlerische Assoziationen („ich sage was ich gesehen habe merkwürdig genug“, V. 9; „Die Leute verkennen es“, V. 10, allerdings auch: „erzähl ich ein Unglück/Wenn sie lachen müssen erschrecken sie“, V. 11 f.)
- vom „weißgesichtigen Clown“ (V. 1) – harmlos, arglos, zu „zog mir den Mund in Richtung Füße“ – Entsetzen über die neue Erkenntnis, ein „Mitmachen und Lächeln“, ein System-Bejahen ist nicht mehr möglich

© 2010 Oldenbourg Schulbuchverlag

- Kontrolle „die in den blauen Jacken können alles mit Beispielen belegen/Haben die Koordinaten im Kopf", V. 14 f.), sozialistische Realität der DDR einbezogen
- Scheinbarer Rückzug („und horche/wie dir und mir die Nägel wachsen", V. 6 f.) für Subjektivität, Individualität;
- Vorwurf der Verdrängung und der Entfremdung („Die Leute verkennen es geht um ernsthafte Dinge/Wie komisch sagen sie erzähl ich ein Unglück", V. 10 f.)
- spricht Erschreckendes, Schreckliches mit schöner Naivität aus, als bestände es in Wirklichkeit nicht, sondern sei ein harmloses Märchen
- Teilaussagen, im luftleeren Raum schwebend: fortlaufende Zeilen, Auslassen konventioneller Zeichensetzung, fehlende Konjunktionen, Nebensätze ohne Verbendstellung („Die Leute verkennen es geht um ernsthafte Dinge", V. 10)
- Verzicht auf Interpunktion, Schwebezustand, in dem die Dinge sich aufzulösen beginnen, Atemlosigkeit
- Bildlichkeit der Sprache als Träger von Bewusstseinsinhalten: Aneinanderreihen von Bildern – der Vorgang des Sich-Besinnens, als Bewusstseinsstrom („weißgesichtiger Clown" – „Nun schneide ich mein Haar nicht mehr und horche/Wie dir und mir die Nägel wachsen" – „Hühnchen/Die Daunen ausgehn, sie Fett gewinnen" – „die in den blauen Jacken haben die Koordinaten im Kopf")
- „Matrosen und Schofföre" (V. 13) kennen die Hintergründe, die Wahrheit, weil sie die Mächtigen begleiten. Sie nicken zu den Warnungen und der Kritik des lyrischen Ichs, aber sie schweigen, keine Kommunikation, kein öffentliches Bekenntnis – das lyrische Ich bleibt mit Kritik, Appell und Mahnung allein.
- Versuch, eigene Besinnung als Anstoß für andere sichtbar zu machen, scheint zu scheitern, – eigentlicher Appell an den Leser: Wirkung durch Gedichte erzielen erfordert Anstrengung und ein Sich-Bemühen – als Anspruch an den Leser formuliert.

S. 262, Aufgabe 8

Für den Vergleich eignen sich alle Texte aus den Teilkapitel 2.4 und 2.5.

S. 264, Aufgabe 9a

Argumentationsstrategie – die Protagonisten schieben sich gegenseitig die Verantwortung zu, kreisen um unwichtige Nebenaspekte, Frage und Gegenfrage als Modell offenbaren nur, dass sie beide machtlos sind.

S. 264, Aufgabe 9b

Kritik am Sozialismus:
- Produktionsweise: brachte ungeahnte Abhängigkeiten hervor – Planerfüllung durch Quantität bei Briketts nützt nichts, wenn die schlechte Qualität die Glasfabrik als Abnehmerin in Schwierigkeiten stürzt
- Eingeständnis, dass sie lieber wegsehen, statt zu handeln und Verantwortung zu übernehmen
- hierarchische Struktur (Sekretär zieht Untergebenen zur Rechenschaft, damit ist dann der Sache Genüge getan)
- jeder erfüllt nur sein Amt („Mein Amt ist die Erziehung der Menschen und der Plan." (Z. 3 f.)

S. 264, Aufgaben 10a/b

Verstoß gegen den „Bitterfelder Weg":
- falsche Darstellung der Rolle der Partei
- kalte Zuschauerposition statt sozialistische Parteilichkeit des Autors
- Ironisierung des Bitterfelder Wegs

S. 264, Aufgabe 11

Lehrstück in der Nachfolge Brechts:
- Aufklärung ist auch hier das Ziel, aber mit vorgefundenem Material
- „Weltverbesserer"
- gegen den Strich kämmen und anders erzählen
- der Zuschauer soll sich nicht einfühlen in die dargestellten Figuren und deren Welt, er soll kritisch dazu Stellung nehmen, er soll Abstand gewinnen (kalte Zuschauerposition), er soll das Lehrstück auf seine Situation übertragen.

© 2010 Oldenbourg Schulbuchverlag

S. 264

3. „Was bleibt“: ein Literaturstreit – literarisches Erörtern anhand von Texten

Informationen zu Leben und Werk Christa Wolfs finden sich bei:
- Christa Wolf. In: Harenbergs Lexikon der Weltliteratur. Autoren – Werke – Begriffe. Bd. 5. Dortmund 1989, S. 3094–3095.
- Christa Wolf. In: Deutsche Dichter. Leben und Werk deutschsprachiger Autoren vom Mittelalter bis zur Gegenwart. Hg. v. G. E. Grimm u. F. R. Max. Stuttgart 1993, S. 827–831.
- Christa Wolf. In: Deutsche Autoren. Vom Mittelalter bis zur Gegenwart. Bd. 5. Hg. v. Walther Killy. München 1994, S. 363–365.
- Christa Wolf. In: Metzler Autorinnen Lexikon. Hg. v. U. Hechtfischer, R. Hof, I. Stephan, F. Veit-Wild. Stuttgart/Weimar 1998, S. 564–566.
- Christa Wolf. In: Metzler Lexikon der Weltliteratur. 1000 Autoren von der Antike bis zur Gegenwart. Bd. 3. Hg. v. Axel Ruckaberle. Stuttgart/Weimar 2006, S. 450–453.

S. 266, Aufgabe 2

- Textsorte: Erzählung
- Inhaltlicher Kern: Reflexion der als bedrohlich empfundenen Umstände aufgrund der Bespitzelung
- Erzählform: Ich-Erzähler
- außerliterarische Bezüge: biografische Verortung der Protagonistin (Lebensumstände) – Hintergrundwissen: im Jahre 1993 bestätigte Christa Wolf, dass sie zwischen 1959 bis 1962 als IM „Margarethe“ für die Stasi tätig war
- historisch-politische Verortung: DDR im Jahre 1979, Stasi-Überwachung einer prominenten Autorin
- Aussageabsicht: Schreiben/Erzählen als Akt der Verarbeitung und Selbstvergewisserung

S. 266, Aufgabe 3

Unbekannte Begriffe:
- Nuancen (Z. 16): feiner gradueller Unterschied
- Schrippe (Z. 51): länglich breites, an der Oberseite eingekerbtes Brötchen
- Hermann Pauls Deutsches Wörterbuch (Z. 66 f.): das 1896 erstmals erschienene etymologische Bedeutungs-Wörterbuch des deutschen Germanisten Hermann Paul erfasst den deutschen Sprachstand in Hoch- und Umgangssprache seit der Zeit Luthers. Zur 5. Auflage (1966) schreibt der das Werk nun betreuende Wissenschaftler Werner Betz: „Das Hauptziel des Buches bleibt nach wie vor im Sinne von Hermann Paul die Bedeutungsgeschichte und damit zugleich ein sehr modernes Ziel: die diachronische und synchronische Semantik des Deutschen.“
- Mittelhochdeutsch (Z. 68): mittlere, von der Mitte des 11. bis zur Mitte des 14. Jh.s reichende Stufe (2 a) in der Entwicklung der hochdeutschen Sprache.
- Arrest (Z. 69): Haft, Freiheitsentzug (bes. als Strafe innerhalb einer Gemeinschaft, z. B. Militär, früher auch Schule)

Eintrag „Kummer“ im Paul’schen Wörterbuch:

(Hermann Paul: Deutsches Wörterbuch. Bearbeitet von Werner Betz. 8. Auflage, 1981. Berlin/New York: Walter de Gruyter, S. 373 f.)

Kummer – mhd. *kumber* „Schutt; Beschlagnahme; Not“ aus mlat. *cumbrus, combrus* < gallolat. *comboros* „Verhau“. Die Bedtg. des Wortes hat sich nach sehr verschiedenen Seiten hin entwickelt. **1.** mhd., frühnhd. u. noch westnd. ist es = „Schutt“, **2.** in der älteren Rechtssprache = „Beschlagnahme, Arrest“, **3.** für die jetzt verbreitete Bedtg. ist die Grundlage „Beschwerde, Mühsal“ (und dann Übertragung auf Seelisches wie in afrz. *encombrier*), vgl. *mit K. sollst du dich darauf nähren* Lu. [Luther], woraus auch der Sinn „Dürftigkeit“ entspringt, formelhaft verbunden *Hunger und K.* Lu. u. a. Jetzt wird es nur noch auf die innere Empfindung bezogen (vgl. *Angst*).

S. 266, Aufgabe 3

Zusammenfassung der Ergebnisse: Textgliederung, Überschriften für Abschnitte, Formulieren einer Kernaussage

© 2010 Oldenbourg Schulbuchverlag

Abschnitt	Gliederung	Überschrift
I	Z. 1–20	Konfrontation mit Bedrohung und von Selbstzweifeln bestimmter Frage nach zukünftiger sprachlicher Bewältigung
II	Z. 21–39	Von Unsicherheit geprägtes Umgehen mit der Situation: Die Ausgespähte wird selbst zur Ausspäherin
III	Z. 40–60	Schockierende Erkenntnis der Unausweichlichkeit bei gleichzeitiger Banalisierung der Situation durch Alltagsereignis
IV	Z. 61–70	Reflexion der Situation über Leistungsfähigkeit der Sprache zur Bewältigung der bedrohlichen Situation

↓

Kernaussage: Schreiben und Erzählen als Versuch der bewussten Auseinandersetzung mit einer nicht fassbaren Form der persönlichen „Beschlagnahme"

S. 266, Aufgabe 4 Erzählerische Gestaltung:

Kategorie	Bestimmung	Merkmale
Erzählform	Ich-Erzähler	persönliche Selbstkundgabe: „Würde ich meine Sprache je finden?" (Z. 4)
Erzähl-verhalten	personal	durchgängig subjektives Erzählverhalten: „Der Schrecken zog etwas in mir zusammen ..." (Z. 5 f.)
Erzähl-perspektive	von innen (Innensicht)	Schildern der Geschehnisse aus der Perspektive der Erzählerin „Ich kannte sie nicht, das heißt, doch, einen kannte ich: ..." (Z. 47)
Erzählhaltung	unsicher, selbstzweif-lerisch, skeptisch	von Zweifeln über die eigenen Fähigkeiten der sprachlich-erzählerischen Verarbeitung geprägte Erzählhaltung: „Fragezeichen. Die Zeichensetzung in Zukunft gefälligst ernster zu nehmen, sagte ich mir." (Z. 35 f.)
Darbietungs-form	Reflexions- und Bericht-stil	Informationen werden sowohl durch formale Beobachtungen als auch durch Selbstflexionen vermittelt: „Es war neun Uhr fünf ... Ich hatte einen Ruck gespürt, den Ausschlag eines Zeigers in mir, der nachzitterte." (S. 41 f.)

S. 266, Aufgabe 5 Deutung des Verhältnisses Beobachter – Beobachtete vor dem Hintergrund der erzählerischen Gestaltung:

- Verunsicherung bei gleichzeitiger Selbststilisierung
- reale wie irreale Bedrohungssituation
- „Tatsache" (Realität) vs. „Tatsächlichkeit" (Wahrheit)
- Sprache als einzige „Waffe" zur Selbstbehauptung
- Verlegen der Bewältigung der Bedrohung in die Zukunft

© 2010 Oldenbourg Schulbuchverlag

- Beobachter auf unbestimmbare Personen in verschieden farbigen Autos reduziert
- Individualität der Beobachter reduziert auf Banalität (Würstchen mit Schrippen und Glatze)

Der 1945 geborene Journalist und Literaturkritiker studierte Germanistik, Philosophie und Politikwissenschaft in Frankfurt am Main und Tübingen. Er arbeitete zunächst als Feuilletonredakteur bei der FAZ, 1980 wechselte er zur Wochenzeitung DIE ZEIT. Dort leitet er seit 1998 als verantwortlicher Redakteur das Literaturressort.

S. 267, Aufgabe 6

Analyse des Textes von Greiner – Leitfragen:
- Bewertung des historisch-politischen Kontextes (1979/89): Vorwurf Greiners: zu vage Hinweise auf historische Daten („In diesem Herbst ist viel passiert, da kommt es auf das Datum an.“, Z. 7 f.); dem können die historischen Fakten zu den Zeiträumen Juni/Juli 1979 und November 1989 gegenübergestellt werden:
  - Politisch-historische Hintergrundinformationen zum gesellschaftlichen Klima und zur Lage der Intellektuellen in der DDR Juni/Juli 1979: Anfang Juni „Nationales Jugendfestival“ der FDJ mit 700.000 Teilnehmern; acht prominente Ost-Berliner Schriftsteller protestieren in Brief an Erich Honecker gegen Verurteilung ihres Kollegen Stefan Heym wg. Devisenvergehens; Ende Juni plant Stasi „geistige“ Isolation des Regime-Kritikers Robert Havemann, der mehrfach Manuskripte in den Westen schmuggeln konnte; Anfang Juli findet in Ost-Berlin Treffen der osteurop. KP-Sekretäre für Ideologie statt.
  - Herbst 1989 Zuspitzung der Lage in vielen Städten der DDR durch Massendemonstrationen, 24.10. wird Egon Krenz als Nachfolger von Erich Honecker Staatsratsvorsitzender, 3.11. Rücktritte prominenter SED-Politbüromitglieder (u.a. Axen, Hager, Mielke), 9.11. Schabowski verkündet bei Pressekonferenz neues Reisegesetz, das zur Öffnung der Mauer in Berlin führt, 26.11. Chr. Wolf, F. Schorlemmer, V. Braun, St. Heym u.a. verbreiten Aufruf „Für unser Land“
- Vorwürfe Greiners gegenüber Wolfs Verhalten: Larmoyanz wegen Bespitzelung („... durchaus lästig und vielleicht bedrückend gewesen sein, ...“ Z. 22); Bagatelle müsste man hinnehmen; Anpassung an das System und fehlende Charakterstärke: Veröffentlichung *vor* 9.11. „Sensation“ (Z. 26 f.), Veröffentlichung *nach* 9.11. „nur noch peinlich“ (Z. 29).
- Einbau von Text-Zitaten in eigene Argumentation: Beschreibung der poltisch-gesellschaftlichen Realität in bildhaften Wendungen (z.B. „... dass sie alle dem Herrn gehörten, der unangefochten meine Stadt beherrschte ...“, Z. 36 f.) stützt den Vorwurf der mangelnden Aufrichtigkeit, dass Realität („Vopo, Stasi, SED“, Z. 49) nicht benannt werden.
- Beschreibung der Sprache der Dichterin: Sprache verschleiert mehr als sie aufdeckt; „Ja, es ist dieser angenehme Christa-Wolf-Sound, diese flaue Unverbindlichkeits-Melodie“ (Z. 39 f.), „Unschärfe-Relation“ (Z. 41), „Mittel der ironischen Distanzierung“ (Z. 51).
- Absicht beim Gebrauch von Ironie und Polemik: Versuch der Entlarvung von Christa Wolfs Verhalten als ehemalige „Staatsdichterin“ (Z. 1), sich zum Opfer der Stasi zu stilisieren; wird als unaufrichtig, feige („Mehrwert noch nie so gering und so schäbig erkauft“, Z. 44 f.) und peinlich diskreditiert.

© 2010 Oldenbourg Schulbuchverlag

S. 268, Aufgabe 7

a) Auswertung des Textes kann folgende Ergebnisse erbringen:

Abschnitt	Gliederung	Inhalt und Argumentation	sprachliche Gestaltung
I	Z. 1–14	Polemischer Auftakt: ungläubiges Staunen über unerhörte Nachricht von der „Staatsdichterin" und der Stasi – vorgebliche Motivsuche für Veröffentlichung	rhetorische Fragen, vertrauliche Anrede, Möglichkeitsform (Konjunktiv-Konstruktionen), vorgebliche Appelle
II	Z. 15–30	Kontrastierung von schlimmen Stasi-Methoden und „harmloser" Bespitzelung einer Autorin – Unverständnis für Zeitpunkt der Veröffentlichung („Wasserscheide" Mauerfall) bei gleichzeitiger Abwertung und Kritik	Sachstil, Verwendung von Fachbegriffen, Oppositionsbildungen („Davor" vs. „Danach"), rhetorische Fragen
III	Z. 31–53	Zurückgreifen auf Beispiele, Zitate, um die „Unverbindlichkeit" der Botschaft und deren sprachliche Gestaltung als „schäbig" erkauftes literarisches Programm anzuprangern, das zudem im Kontrast zu Brecht steht	vertrauliche Anrede, eingeflochtene Zitate als Argumentationsstützen, Aufzählungsstil, polemische Fragen
IV	Z. 54–59	vorgebliche Entschuldigung der Autorin durch ironische gefärbten Rückgriff auf formale Aspekte (Literaturtheorie), die abschließend erneut gegen den Text gewendet werden	rhetorische Frage bei gleichzeitigem Bezug auf Autorität, abschließende Feststellung

b) Vorwürfe des Verfassers an Christa Wolf und Aussagen zur künstlerischen Qualität:
- Vorwürfe in drei Bereichen: 1. Selbststilisierung der Autorin im Vergleich zu Schwere sonstiger Stasi-Verbrechen; 2. Unlauterkeit vor dem Hintergrund des Zeitpunkts der Veröffentlichung (nach dem Mauerfall); 3. Unverbindlichkeit durch die Art der literarischen Gestaltung („Unschärfe-Relation" der Dichtung)
- Abwertung der künstlerischen Qualität mit Bezug auf Brecht, generelle Stigmatisierung des „Christa-Wolf-Sounds", der die Wirklichkeit bewusst ausblendet

© 2010 Oldenbourg Schulbuchverlag

S. 269, Aufgabe 8 Grobraster einer solchen Mindmap, die von den Schülern noch detaillierter gestaltet werden kann:

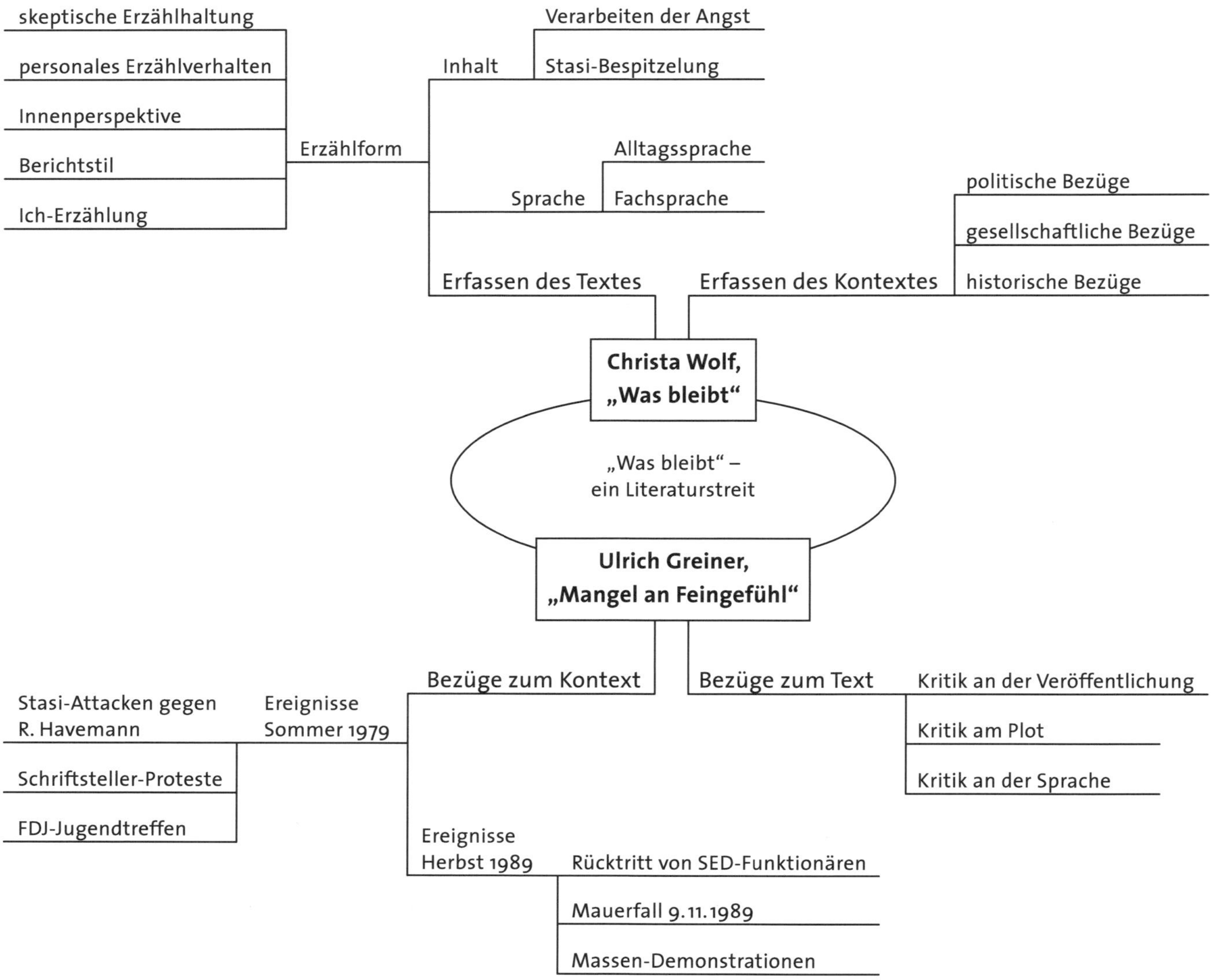

S. 269, Aufgabe 9 Untersuchung der Aufgabenstellung:
- Leitbegriffe: *Erzählung, Literatur, Fiktion, wahrheitsgetreuer Bericht, Diktatur, Verarbeiten erlittenen Unrechts*
- Behauptung im Zitat Greiners: *Fiktion darf nicht mit Wirklichkeit verwechselt werden.*
- Eingrenzen der Thematik „in einer Diktatur erlittenes Unrecht“: *Frage nach dem Abwägen von Stasi-Unrecht – subjektive Betroffenheit einer „einfachen“ Bespitzelung im Vergleich zu objektiven Verbrechen (bis hin zum Mord)*
- Verständnis von „künstlerischer Verarbeitung“: *bildhafte, unkonkrete Gestaltung (künstlerische Überhöhung) oder faktenbezogene, konkrete Beschreibung?*

S. 269, Aufgabe 10 Vorläufiger Schreibplan:

Der Schreibplan kann zwei Varianten der später zu verfassenden literarischen Erörterung aufzeigen:
1. Die lineare Form: systematisches Abarbeiten beider Texte und anschließender Erörterungsabschnitt
2. Die integrative Variante: Die Erörterung bezieht je nach Gliederungspunkt Aspekte aus den beiden Texten ein

© 2010 Oldenbourg Schulbuchverlag

Schreibplan – Variante 1:

A [Einleitung:] Schreiben in der Diktatur – historisch gesehen (Beispiel: Literatur unterm Hakenkreuz, Technik der Camouflage, Reinhold Schneider, „Las Casas vor Karl dem V." – Überleitung zur Situation in der DDR)

B [Hauptteil – Themenstellung]
- I. Texterschließung: Christa Wolf, „Was bleibt"
  - 1. Erzählsituation
    - a) Erzählform
    - b) Erzählverhalten
    - c) ...
  - 2. Sprache
    - a) Alltagssprache
    - b) Fachsprache
    - c) ...
  - 3. Gehalt
    - a) Erfahrung der Angst
    - b) Erfahrung der Ohnmacht
    - c) ...
- II. Textanalyse: Ulrich Greiner, „Mangel an Feingefühl"
  - 1. Argumentation
    - a) Gedanklicher Aufbau
    - b) Analyse und Stil
    - c) ...
  - 2. Analyse von Sprache und Stil
    - a) Analyse der Sprache
    - b) Analyse des Stils
    - c) ...
- III. Erörterung: Verhältnis von Fiktion und Wirklichkeit
  - 1. Bezüge zum historisch-politischen Kontext
    - a) Zeit der Entstehung des Textes 1979
    - b) Herbst 1989
  - 2. Bezüge zu Christa Wolf
    - a) Stasi-Vergangenheit von Christa Wolf
    - b) „Staatsdichterin" Christa Wolf
  - 3. Bezüge zum Text
    - a) Selbstzweifel
    - b) Reflexion der Leistung von Sprache
    - c) ...
  - 4. Funktion der Literatur
    - a) Anschreiben gegen Unrecht
    - b) Verarbeiten erlittenen Unrechts
    - c) ...

C [Schluss:] Überzeugende Auseinandersetzung mit Diktatur und Unrecht in der Gegenwart (Beispiel: Literaturnobelpreis an Herta Müller – Glaubwürdigkeit des Lebenswerks als Opfer des rumänischen Geheimdienstes Securitate)

© 2010 Oldenbourg Schulbuchverlag

Schreibplan – Variante 2:

A [Einleitung:] Schreiben in der Diktatur – historisch gesehen (Beispiel: Literatur unterm Hakenkreuz, Technik der Camouflage, Reinhold Schneider, „Las Casas vor Karl dem V." – Überleitung zur Situation in der DDR)

B [Hauptteil – Themenstellung]
- I. Ulrich Greiner, „Mangel an Feingefühl" und Christa Wolf, „Was bleibt"
  1. Textanalyse der Rezension
     a) Argumentationsstruktur
     b) Sprachanalyse
     c) ...
  2. Texterschließung des Erzählausschnitts
     a) Erzählform
     b) Sprache
     c) Gehalt
  3. Literaturkritik trifft Literatur
     a) Chancen der Kritik
     b) Grenzen der Kritik
     c) ...
- II. Erörterung: Verhältnis von Fiktion und Wirklichkeit
  1. Bezüge zum historisch-politischen Kontext
     a) Zeit der Entstehung des Textes 1979
     b) Herbst 1989
  2. Bezüge zu Christa Wolf
     a) Stasi-Vergangenheit von Christa Wolf
     b) „Staatsdichterin" Christa Wolf
  3. Bezüge zum Text
     a) Selbstzweifel
     b) Reflexion der Leistung der Sprache
     c) ...
  4. Funktion der Literatur
     a) Anschreiben gegen Unrecht
     b) Verarbeiten erlittenen Unrechts
     c) ...

C [Schluss:] Überzeugende Auseinandersetzung mit Diktatur und Unrecht in der Gegenwart (Beispiel: Literaturnobelpreis an Herta Müller – Glaubwürdigkeit des Lebenswerks als Opfer des rumänischen Geheimdienstes Securitate)

S. 269, Aufgabe 11

Übernahme der Erschließungs- und Analyse-Ergebnisse in den Hauptteil: Dabei kann vor allem auf die Mindmap Bezug genommen werden.
Ein Punkt des Hauptteils könnte folgendermaßen gestaltet sein:

B [Hauptteil – Themenstellung]
- I. Texterschließung: Christa Wolf, „Was bleibt"
  [...]
- II. Textanalyse: Ulrich Greiner, „Mangel an Feingefühl"
  [...]

© 2010 Oldenbourg Schulbuchverlag

III. Erörterung: Verhältnis von Fiktion und Wirklichekit
1. Bezüge zum historisch-politischen Kontext
   a) Zeit der Entstehung des Textes
      α) FDJ-Jugendtreffen
      β) Schriftsteller-Proteste
      γ) Stasi-Attacken auf Robert Havemann
   b) Herbst 1989
      α) Massendemonstrationen
      β) Rücktritt von SED-Funktionären
      γ) Mauerfall 9.11.1989
2. Bezüge zu Christa Wolf
   [...]
3. Bezüge zum Text
   [...]
4. Funktion der Literatur
   [...]

S. 269, Aufgaben 12/13 Gegebenenfalls muss das sinnvolle und richtige Zitieren von Textstellen wiederholt werden. Den Schülerinnen und Schüler soll bewusst sein, dass im Aufsatz zu den einzelnen Aspekten der Interpretation und literarhistorischen Erörterung jeweils Behauptungen aufgestellt oder Feststellungen getroffen werden, die an den Texten belegt werden müssen. Ein weiterer wichtiger Schritt ist darüber hinaus die kritische Auseinandersetzung mit den oft sehr einseitigen Thesen von Ulrich Greiner.
Bei der schriftlichen Ausarbeitung sollten Lehrkräfte darauf achten, dass sich die Schülerinnen und Schüler nicht in unübersichtlichen, hochtrabenden, vermeintlich wissenschaftlichen Formulierungen verlieren.
Wenn genügend Zeit, beispielsweise mindestens eine Doppelstunde, zur Verfügung steht, können die Schülerinnen und Schüler in einer Art Schreibkonferenz oder Schreibverbund ihre Texte gegenseitig beurteilen und überarbeiten.

– Thomas Anz: Es geht nicht um Christa Wolf. Der Literaturstreit im vereinten Deutschland. Frankfurt/M. 1991.
– Karl Deiritz/Hannes Krauss: Der deutsch-deutsche Literaturstreit oder „Freunde es spricht sich schlecht mit gebundener Zunge“. Analysen und Materialien. München 1995.
– Bernd Wittek: Der Literaturstreit im sich vereinigenden Deutschland. Eine Analyse des Streits von Christa Wolf und deutsch-deutscher Gegenwartsliteratur in Zeitungen und Zeitschriften. Tectum Verlag 1997.
– Monika Papenfuß: Die Literaturkritik zu Christa Wolfs Werk im Feuilleton. Eine kritische Studie vor dem Hintergrund des Literaturstreits um den Text „Was bleibt“. Berlin 1998.

© 2010 Oldenbourg Schulbuchverlag

Zusatzmaterialien

→ LM, S. 205
Zusatzmaterial 1

Der Text folgt der originalen Rechtschreibung.

Reiner Kunzes Vermächtnis[1]

Gespräch über eine neugegründete Stiftung

Reiner Kunze und seine Frau Elisabeth haben eine gemeinnützige Stiftung gegründet. Diese soll die Voraussetzungen dafür schaffen, daß nach dem Tod der Stifter in deren Haus ein Ort entsteht, in dem sich Zeitgeschichte, Bildende Kunst und Literatur begegnen. Mit Reiner Kunze sprach Thomas Paulwitz.

Deutsche Sprachwelt: Nach einer aktuellen Untersuchung des Forschungsverbundes SED-Staat an der Freien Universität Berlin (FU) idealisieren viele Brandenburger Schüler die DDR. Demnach neigen die Schüler dazu, die DDR allein als vorbildlichen Sozialstaat zu sehen, während sie die Diktatur ausblenden. Mehr als 80 Prozent gaben an, nur wenig über die DDR und die deutsche Teilung zu wissen, da sie in der Schule kaum etwas davon erführen. Das muß Sie doch entsetzen!

Reiner Kunze: Es ist nicht zuletzt deshalb bedenklich, weil mit denen, die die DDR noch erlebt haben, auch jene wegsterben, die sich dem politischen System widersetzten. Mit ihnen sinkt das Wissen um ihren Alltag ins Grab.

Deutsche Sprachwelt: Aber es sind nicht nur Brandenburger Schüler, die wenig über die DDR wissen. Sie und Ihre Frau haben die „Reiner und Elisabeth Kunze-Stiftung" gegründet, damit nach Ihrem Tod Ihr Haus zu einer „Stätte der historischen Wahrheit" und zu einem „Ort des Schönen" werden kann. Was ist darunter zu verstehen?

Reiner Kunze: Wir verfügen über umfangreiches dokumentarisches Material, das Auskunft gibt über die politischen und zwischenmenschlichen Verhältnisse in der DDR, in der Bundesrepublik und im vereinigten Deutschland – Material, das nicht nur junge Menschen veranlaßt, uns zu sagen, sie seien mit ähnlichem noch nie konfrontiert worden. Manches aus diesem Material soll nach unserem Tod in unserem Haus der Öffentlichkeit zugänglich gemacht werden. Außerdem hat sich über die Jahrzehnte ein Fundus von Werken der Bildenden Kunst ergeben, die auf uns persönlich oder auf Texte Bezug nehmen, oder auf die ich mich in meinen Büchern beziehe. Abgesehen davon, daß sie sichtbar machen, wie die spontane gegenseitige Inspiration von Bildender Kunst und Literatur Landes- und Sprachgrenzen überwindet, haben sie uns durch ihre bloße Existenz Halt gegeben, und so gehören sie, soll bezeugt werden, wie unser Alltag aussah, unabdingbar dazu.

Deutsche Sprachwelt: Könnten Sie, was das dokumentarische Material betrifft, ein, zwei Beispiele nennen?

Reiner Kunze: Unter anderem befindet sich im Stiftungsarchiv eine Auswahl von cirka 500 signifikanten und zum Teil bewegenden Briefen. Nach unserer Übersiedlung in die Bundesrepublik 1977 wurde in der DDR ein junger Ingenieur, Vater von zwei Kindern, wegen seiner angeblich staatsfeindlichen Briefe an mich und einen tschechischen Autor, die außer uns dreien niemand kennen konnte, zu sechs Jahren Haft verurteilt. Die Briefe waren lediglich kritisch. Wir besitzen das Schreiben der von uns beauftragten Westberliner Anwaltskanzlei, in dem uns das Urteil und die Begründung mitgeteilt wurden, und einen der handschriftlichen Briefe des Ingenieurs. Ein anderes Beispiel: Unsere Tochter, sie war damals noch ein Kind, schenkte mir zu Weihnachten 1969 einige von ihr bemalte Briefumschläge, darunter einen mit einem Löwen. Dieser Löwe gelangte, mehrfach vergrößert, auf den Umschlag des Kinderbuchs „Der Löwe ‚Leopold'", und als die Tochter davon erfuhr, fieberte sie dem Tag entgegen, an dem sie das Buch mit ihrem Löwen würde in Händen halten dürfen. Statt des an sie in Frankfurt am Main per Eilboten und eingeschrieben abgeschickten Vorausexemplars erhielt sie jedoch einen „Beschlagnahme/Einziehungs-Entscheid", und die Zollverwaltung der DDR wies meine Beschwerde gegen die Beschlagnahme mit der Begründung

© 2010 Oldenbourg Schulbuchverlag

(Aus: Deutsche Sprachwelt, Ausgabe 31. Nach: http://www.reiner-kunze.com/gespraech-ueber-die-stiftung-1.php)

zurück, der Inhalt des Buches stehe „im Gegensatz zu den Interessen des sozialistischen Staates und seiner Bürger“.

→ LM, S. 207
Zusatzmaterial 2

Hintergrundinformation: Brecht in der DDR (2006) *Bettina Baltschev*

Als Leiter des Berliner Brecht-Archivs der Akademie der Künste hat Wizisla in seinem Haus alle Vorgänge genau dokumentiert.

Zum Beispiel am 17. Juni 1953, dem Tag, als die Arbeiter auf der Berliner Karl-Marx-Allee in den Aufstand treten. Brecht hatte einen längeren Brief an Walter Ulbricht verfasst. Im „Neuen Deutschland“ bleibt davon nur noch ein Satz übrig: „Es ist mir ein Bedürfnis, Ihnen in diesem Augenblick meine Verbundenheit mit der Sozialistischen Einheitspartei Deutschlands auszudrücken.“ Mit diesem Satz fällt es leicht, Brecht als Parteiideologen hinzustellen, obwohl er zur gleichen Zeit doch an anderer Stelle schreibt: „Zugleich hoffe ich aber, dass die Arbeiter, die in berechtigter Unzufriedenheit demonstriert haben, nicht mit den Provokateuren auf eine Stufe gestellt werden, damit die so dringliche große Aussprache über die allseitig gemachten Fehler nicht von vornherein unmöglich gemacht wird.“ (Bertolt Brecht, Brief an Walter Ulbricht, 17. Juni 1953) Brecht gerät zwischen die Fronten des kalten Krieges. Das zerrissene Vaterland greift nun auch von Westen an.

(Aus: mdr-figaro Brecht in der DDR, 14. August 2006.)

© 2010 Oldenbourg Schulbuchverlag

S. 274

Jenseits der Wende – zeitgenössische Literatur

Das Kapitel „Jenseits der Wende – zeitgenössische Literatur" bietet den Schülerinnen und Schülern Einblicke in die Literatur der unmittelbaren Gegenwart. Als Anfangspunkt der „zeitgenössischen Literatur" wird mit guten Argumenten ab 1990 angesetzt. Das Kapitel ist an Schülerinnen und Schüler gerichtet, die vor dem Abitur stehen und einen exemplarischen Überblick über die aktuelle deutschsprachige Literatur gewinnen sollen. Es wird ihnen ermöglicht, sich in den spezifischen Themen, Tendenzen und Strukturen zurechtzufinden, die Texte zu lesen, zu verstehen und zu Urteilen und Bewertungen zu kommen. Das Kapitel ist Teil des Schlusstandems, welches eine motivierende Vorbereitung auf das Abitur intendiert.

Vgl. AB, S. 276 f.

Gegenstand des Kapitels sind vorrangig literarische Texte aus Epik und Dramatik sowie Sachtexte. Die Zugänge sind thematisch, aber auch literaturtheoretisch und reflexionsbezogen ausgerichtet. Der Schwerpunkt der angebotenen Schreibformen liegt auf dem Erschließen bzw. Analysieren, Interpretieren und Argumentieren und dient der nachhaltigen Festigung der geforderten Schlüsselkompetenzen. Die Formate des Abiturs sind dabei berücksichtigt. Dabei werden auch Merkmalsübersichten zu Gattungen und literarischen Strömungen bereitgestellt, die den Schülerinnen und Schülern selbstständiges Erarbeiten, aber auch Orientierung ermöglichen. Fragen von Ästhetik, Rezeption, Bewertung und Beurteilung werden im gesamten Kapitels aufgeworfen.

S. 276–293

Im **ersten Teilkapitel** „Beziehungsmuster – Familie und Gesellschaft in der Literatur der Gegenwart" sind familiäre und persönliche Beziehungen mit autobiografischem Hintergrund, häufig in die jüngere deutsche Vergangenheit zurückgreifend, als beliebter Ausgangspunkt zeitgenössischer Literatur ein zentrales Thema. Ausgehend von einer Darstellung zur Literatur der Gegenwart thematisiert dieser Kapitelteil verschiedene Formen von Familien- und anderen Beziehungen, sei es zwischen Liebenden, Ehepartnern, Brüdern oder Deutschen mit nicht migrantischem und migrantischem Hintergrund. Die ausgewählten Texte zeigen, wie es eben die Aufgabe von Literatur ist, herkömmliche und neue Sichtweisen, sie eröffnen frische Perspektiven auf Beziehungssysteme. Anhand von Sach- und literarischen Texten erarbeiten die Schülerinnen und Schüler Kennzeichen der zeitgenössischer Prosa und Dramatik und Vorgehensweisen für die Beschäftigung mit Literatur. Unterschiedliche, vorwiegend erschließende Schreibaufgaben führen sie zu den Texten.

S. 293–300

Das **zweite Teilkapitel** „Und kein Ende – postmodernes Schreiben" zeigt, dass, obwohl die Postmoderne als beendet erklärt ist, sich die deutschsprachige Literatur nicht an dieses Verdikt hält. Umberto Eco hat darauf hingewiesen, dass postmodernes Schreiben keinesfalls nur an das „offizielle" Duozenium von 1970 bis 1990 gebunden ist, sondern ein Phänomen ist, welches immer wieder in literarischen Epochen auftritt. Auch in Hinblick auf den Lehrplan ist es erforderlich, diese doch sehr bedeutsame literarische Epoche den Schülerinnen und Schülern zu eröffnen. Dies geschieht hier über konkrete Merkmalsbestimmungen, die auch die Leseerfahrung der Lernenden miteinbeziehen. Die Schülerinnen und Schüler erschließen und interpretieren die Texte und schreiben Kommentare. Referatsvorschläge dienen der Vertiefung der Kenntnisse.

S. 300–305

Im **dritten Teilkapitel** „Auseinandersetzung mit der Gegenwartsliteratur – Sachtexte vergleichen" setzen sich die Schülerinnen und Schüler mit Meinungen Florian Kesslers und Ulrich Greiners über Fragen zur Gegenwartsliteratur auseinander und verfassen nach einer vergleichenden Analyse einen argumentativen Text (abiturrelevantes Aufgabenformat).

S. 274/275

Die **Auftaktdoppelseite** stellt ein Gedicht von Kurt Drawert bereit, welches typische Merkmale zeitgenössischer Lyrik aufweist, sowie einen Überblick über Merkmale von Gegenwartslyrik. Die Schülerinnen und Schüler können beide Texte in Beziehung setzen und eine Interpretation des Gedichts erarbeiten, indem sie es in Hinblick auf die bereitgestellten

© 2010 Oldenbourg Schulbuchverlag

Kriterien untersuchen. Möglich ist auch das Führen eines literarischen, also nicht vom Lehrer strukturierten Gesprächs.
Obwohl die Schülerinnen und Schüler selbst eine Form der Auseinandersetzung mit dem Gedicht, z. B. mithilfe eines literarischen Gesprächs, finden sollen, werden hier mögliche Aufgaben bereitgestellt.

1. Bestimmen Sie das zentrale Thema, welches in diesem Gedicht behandelt wird.
2. Erarbeiten Sie den Aufbau und Redeinhalt der sechs „Sätze" dieses Gedichts.
3. Kennzeichnen Sie die unterschiedlichen Sprachebenen und die Bildlichkeit dieses Gedichts in ihrer jeweiligen Wirkungsabsicht.
4. Arbeiten Sie die charakteristischen sprachlichen und formalen Merkmale des Gedichts heraus und vergleichen Sie diese mit den Merkmalen der Gegenwartslyrik: Betrachten Sie bei der Form vor allem Strophik, Versstrukturen und Metrik.

Zusätzlich:

5. Erschließen und interpretieren Sie das Gedicht schriftlich. Gehen Sie dabei auch auf die Formen der Ironie ein. Vergleichen Sie dazu Ihre Ausführungen.

Lösungen, Auftaktseiten

1. Thema: Das Gedicht thematisiert das Verhältnis von Lyrik, häufig als die bedeutsamste der literarischen Gattungen bezeichnet, zu einem hemmungslosen Materialismus. Dabei werden in der Adaption marxistischer Theorien Parallelen zwischen industriellen und lyrischen Produktionsprozessen gezogen. Auffällig ist der dialektische Aufbau des Gedichts.
2. Aufbau und Redeinhalt:
   Problemstellung – 1): Frage nach der Zulässigkeit eines engen Verhältnisses von Kunst (Lyrik) und Geld.
   These – 2), 3), 4), 5): dialektisches Verhältnis von Lyrik und Geld
   Ausführung der These:
   – Geld ist zunächst wertfrei, ohne aber in jedem Fall genügend attraktiv zu sein, um erfolgreich manipulieren zu können. (2)
   – Die lyrische Produktion unterliegt, wie die in der Industrie, einem geradezu archaischen („frühkapitalistischen") Kapitalismus, indem der lyrische Schaffensprozess unter einem ungeheueren Wort- und Sprachverbrauch im Sinne der marxistischen Mehrwerttheorie stattfindet. (3)
   – Parallel dazu mehrt sich der Reichtum der Reichen, aber auch der Ruhm einiger Lyriker, die es verstehen, ihre Lyrik populär zu machen. (4)
   – Im Gegensatz zu den erfolgreichen Lyrikern arbeiten viele Lyriker anonym und erfolglos. (4)
   – Lyrik unterliegt strengen ästhetischen Gesetzen, sodass qualitative Trennlinien, die zwischen Erfolg und Misserfolg liegen, gnadenlose Grenzen darstellen. (4)
   Synthese / Schlussfolgerung – 5), 6)
   – Nochmalige Frage, ob sich Lyrik an der radikal materialistisch-wertfrei ausgerichteten Umwelt orientieren kann und, in einem ironisch-zynischen Prozess, von den kapitalistischen Mechanismen profitieren und diese ad absurdum führen darf, indem sie materielle Entlohnung nicht anstrebt, sondern lediglich akzeptiert, um die letztendliche Bedeutungslosigkeit des Geldes zu demonstrieren, ohne käuflich zu sein; die Frage wird bejaht, unter der Bedingung, dass materielle Belohnung lediglich als Geschenk akzeptiert wird.
3. Sprachebenen:
   – These: wissenschaftlich-marxistisch, wirtschaftstheoretisch geprägte Ebene: Aufstellen von Thesen, Ansätze dialektischer Beweisführung, Beantworten der Themenfrage mit wissenschaftlichen Methoden

© 2010 Oldenbourg Schulbuchverlag

- Antithese: ideologische Sprachebene als Ergebnis des marxistischen Denkansatzes, von einer zynischen Gebrauchssprache geprägte Bilder: Parodie der wissenschaftlichen Ebene, ironische Grundhaltung, Drastik
- Synthese: lyrische Sprachebene (aber nur als Geschenk): Auflösung der gegensätzlichen Sprachebene in einer ernst zu nehmenden Synthese.

Die gegensätzlichen Sprachebenen stehen in einem dialektischen Verhältnis: Der marxistische Denkansatz steht im Gegensatz zu den ideologischen Konnotationen des Lesers und auch im Gegensatz zu den sarkastischen Wendungen, Bildern der in manchen Passagen zu beobachtenden Gebrauchssprache. Dabei ist die Schlussfolgerung keinesfalls ironisch zu verstehen, sondern eine Synthese, die die Gegensätze aufhebt.

4. Das Gedicht entspricht geradezu idealtypisch einem Gedicht der Gegenwart. Merkmale zeitgenössischer Lyrik:
   - teils hermetisch, teils konkret oder Kombination von beidem: bei Drawert konkret einerseits; codiert durch die Bezüge auf die marxistische Theorie andererseits
   - Gegensätze werden einander gegenübergestellt: Literatur versus kapitalistisches Wirtschaftssystem
   - Gegensätze haben Gemeinsames, kapitalistische Strukturen von Lyrik und Wirtschaft
   - thematisiert auch das Unangenehme, Problematische, Hässliche: Sozialbaracke, Schamlosigkeit der Umwelt
   - verstößt dabei gegen Form- und Sprachästhetik: Abschnitte statt Strophen, Fehlen eines einheitlichen Metrums, harte Enjambements bis zur Zerstörung der Verszeilen-Einheit
   - greift auf verschiedene Sprachebenen und Soziolekte, auch auf die Umgangssprache, zurück: einerseits Wissenschaftssprache, politischer Jargon, Bildungsgut/Zitate, andererseits Gebrauchssprache
   - thematisiert auch gesellschaftliche Erscheinungen, gesellschaftliche Probleme und Tabus: hier Verhältnis von „hoher" Kunst und Materiellem
   - bildet ungewöhnliche grammatikalische Zusammensetzungen oder Formulierungen mit ungewöhnlicher Bedeutung: „Darf sich das Geld dem Gedicht zum Geschenk anbieten ..." (Z. 1 f.)
   - neigt zu Ellipsen und zum Aufbrechen verständlicher Satzkonstruktionen

S. 276

1. Beziehungsmuster – Familie und Gesellschaft in der Literatur der Gegenwart

S. 278, Aufgabe 1

Es bietet sich an, ein literarisches (= wenig gesteuertes, offenes) Gespräch über Literatur zu führen.

S. 278, Aufgabe 2

→ Zusatzmaterialien 1 und 2 www.

Informationen zum Nobelpreis, LM, S. 254 f.

Schülerinnen und Schüler präsentieren ihre Rechercheergebnisse zu Elfriede Jelinek und die Verleihung des Nobelpreises an sie und sprechen darüber.
Liste der Preisträger: www.nobelpreis.org/literatur.html

S. 281, Aufgabe 4

Erschließung unter Berücksichtigung der sprachlich-stilistischen Gestaltung

a) Strukturierter Aufbau
- Exposition (Z. 1–16) – Ausgangssituation: Nichtakzeptanz und Nichterkennen der entführten und durch Polizeibeamte zurückgeführten Ehefrau durch den Gatten als seine Frau Konfrontation der Eheleute: verständnisvolles Auftreten der Ehefrau gegenüber dem Nichterkennen und der Verstörung ihres Mannes.

© 2010 Oldenbourg Schulbuchverlag

- Steigerung (Z. 17–55):

Gedanken und Beobachtungen des Mannes (Z. 17–35)
  - Konstatieren der ihm fremden, wenn auch angenehmen Frau und ihrer Beschäftigung mit dem Fahrrad
  - Vergleich der Unbekannten mit der ersten Frau: Einschätzung als „Handwerkerin"
  - Gedanken über eine etwaige Zukunft mit der Fremden
  - Reflexion über etwaiges berechnendes Verhalten der Entführer, ihm eine Fremde zu senden, um seine Liebe zu seiner Frau zu überprüfen

Scheiterndes Gespräch zwischen Mann und Frau (Z. 36–55)
  - Formulierung seiner Verständnislosigkeit gegenüber den Vorgängen durch den Mann
  - Behauptung von Vorausahnung durch die Frau
  - Kenntnis von früheren Ereignissen und Bezugnahme darauf
  - Nichtakzeptanz dieses Wissens durch den Mann
  - Beendigung der Kommunikation

Zunehmende Verunsicherung des Mannes (Z. 56–79)
  - Treffen mit einem Freund und Enttäuschung über dessen Wandel
  - Erwägung von Identität der Entführten mit seiner Frau, wenn auch charakterlich verändert
  - Bewusstsein der Mittellosigkeit aufgrund des zu zahlenden Lösegelds und latente Schuldzuweisung an die nicht akzeptierte Frau
  - Vorstellung von seiner entführten Frau im Versteck
  - einerseits Zuversicht auf Aufklärung des Rätsels, andererseits Erwägen der Möglichkeit, keine Erklärung zu erfahren
  - Bereitschaft, mit der Lösung konfrontiert zu werden; aber auch Bereitschaft, ohne Erhellung der Situation, weiter zu leben
  - Unentschlossenheit

- Höhepunkt, Peripetie und Schluss – Mikadospiel des Paares (Z. 80–107)
  - Aufnahme der Tradition des einmaligen Mikado-Spiels mit seiner Frau mit dem Ziel einer gegenseitigen Sensibilisierung
  - burschikose Anrede an die Frau durch den Mann und taktlose Berührung
  - ärgerliche Reaktion der im Spiel erfolgreichen Frau
  - nach der Wegnahme des Mikado und dem damit verbundenen Sieg der Frau Zerstörung des kostbaren Stabes
  - sadistisches Aggressionsgefühl, Verschiebung der Rachegefühle des Mannes in eine unbestimmte Zukunft, aber Gewissheit auf spätere Reaktion

b) Erzähltechnische und sprachlich-stilistische Untersuchung:

- Er-Erzähler, Wechsel von der Außenperspektive auf die Perspektive des Mannes: Fokussierung auf die subjektive Sichtweise des Mannes; Unvermögen des Lesers, die Wahrheit zu erfahren
- direkte Rede („Es ist Ihnen ein Fehler unterlaufen", Z. 5), indirekte Rede („ihr Mann habe [...] allzu sehr gelitten", Z. 9 f.), innerer Monolog, erlebte Rede („aus seinen dunkelsten Stunden war also ...", Z. 17), berichtete Gedanken („Eine Fahrradflickerin!", Z. 24 f.), Ansätze eines Stream of consciousness („Eines Morgens bestimmt. Eines Morgens wird es zu einigen sich überstürzenden Ereignissen kommen ...", Z. 105 f.), Konjunktiv: Darstellung vor allem der Vorstellungen des Mannes, aber auch der Äußerungen der Frau aus der Sicht des Mannes; Herausstellen der Verunsicherung des Mannes und seiner Akzeptanz der Unsicherheit
- dramatische Struktur, Geradlinigkeit des Aufbaus, szenische Gestaltung: erste, noch friedliche Auseinandersetzung des Paares, Deutlichwerden der Identität der „Fremden" für den Leser; Spannungssteigerung
- fehlende Figuren-Namen: Anonymisierung, Parabolisierung und Verallgemeinerung der Geschlechterbeziehung

© 2010 Oldenbourg Schulbuchverlag

- Wechsel von kurzen Hauptsätzen, parataktisch strukturierten Satzkonstruktionen, Relativsätzen, Ellipsen, Einwortsätzen („Natürlich.“, Z. 46), Ausrufe: dynamisches Erzählen, Spannungssteigerung bis zum Höhepunkt, Herausstellen der einzelnen Erzählabschnitte
- Wechsel von Hoch- und Umgangssprache: Unmittelbarkeit des Erzählens
- Wortspiel („Zu-, jedoch nicht Zurückgeführte“, Z. 6), syndetisch verbundene Adverbien (Z. 7), Häufung von Adverbien („mit kostbaren, uralten japanischen Stäben, Z. 80 f.): Ironie; Hervorhebung
- Superlativ („dunkelsten Stunden“, Z. 17), Aufzählung z. B. von Tätigkeiten und Objekten, Z. 23 f.; Z. 60 ff.; Z. 73 f.), Adjektive: Betonung, Hervorhebung, Veranschaulichung
- gedanklicher Ausruf („Eine Fahrradflickerin!“, Z. 25): Enttäuschung und Abwertung
- Aposiopese (Satzabbruch, „Plaza-Major –“, Z. 45), Ausruf (Z. 46), Einwortsatz, Imperativ (Z. 51), Elisionen (Z. 55), Wiederholung (Z. 55): Andeutung des Charakters des Gesprächs

S. 281, Aufgabe 5

Hinweise zur Interpretation:
Die Parabel thematisiert den Entfremdungsprozess eines Paares anhand der Darstellung eines Geschlechterkampfes.
- Codierung des Geschehens durch die erzähltechnischen Mittel der Leserlenkung sowie die paradoxe Ausgangssituation
- Verfremdung einer Paarbeziehung dadurch, dass der Mann seine von den Entführern losgekaufte Frau nicht erkennt und auch nicht als seine frühere Frau akzeptiert, obwohl es für den Leser ersichtlich wird, dass es sich um seine Frau handelt
- Verklärung der Vergangenheit, Verlust einer sachlichen Wahrnehmung und Entwicklung von Wahnideen und Antipathie durch den Mann aufgrund seiner Verweigerungshaltung
- Verlust sozialer Kompetenzen als Folge von liebgewonnener Einsamkeit und selbstgewählter Isolation
- Akzeptanz seiner Unsicherheit über die Identität der Frau und Verunsicherung über die Zukunft
- Gefühl der Bedrohung pervertiert die Geschlechterbeziehung zum Geschlechterkampf
- Gegensatz von männlicher Unsicherheit und Machtverlust und weiblicher Sicherheit und letztendlicher Dominanz
- Ausartung des Mikado-Spiels, welches eigentlich der gegenseitigen Einfühlung dienen soll, zu einem offenen, ernsten Zweikampf
- Zerstörung des Mikados als Symbol für männlichen Machtverlust und Ende der bisher als Spiel empfundenen Partnerbeziehung, auch als Symbol für den Bruch mit der Tradition (= „uralte(n) japanische(n) Stäbe(n)“, Z. 81)
- Umkehr der herkömmlichen Geschlechterbeziehung als Ergebnis
- männliche Gewaltphantasien als Sublimation der Niederlage
- weitere Verrätselung durch den offenen, aber skeptischen Schluss, der eine zukünftige Gewalttat als nicht unwahrscheinlich erscheinen lässt.

S. 281, Aufgabe 6

Bestimmen der Textsorte: Der vorliegende Text enthält **Merkmale einer Kurzgeschichte** wie die Thematisierung eines grundsätzlichen Problems. Gestützt wird die Einschätzung durch die Lakonie des Stils und die unprätentiöse Sprache. Auch formal sprechen der unmittelbare Beginn, das offene Ende, die Geradlinigkeit des Erzählens für eine Kurzgeschichte. Der **Handlungsablauf** weist mit Exposition, Steigerung, Höhepunkt (Peripetie) und (offenem) Schluss Elemente des Dramas auf.
Allerdings erhebt die Parabolik des nicht alltäglichen, sondern anekdoten- bzw. **novellenhaften Geschehens** den Text trotz dramatischen Aufbaus und kurzgeschichtlicher Merkmale zu einer codierten Parabel.

S. 281, Aufgabe 7
AB, S. 40

Vergleich: Den Schülerinnen und Schülerin müsste eine Parabel von Kafka bekannt sein. Da im AB die „Kleine Fabel“ zu finden ist, liegt diese auch dem folgenden Vergleich zugrunde. Gemeinsamkeiten und Unterschiede von:

© 2010 Oldenbourg Schulbuchverlag

	Strauß, „Mikado“	Kafka, „Fabel“
Textsorte	Verrätselte Parabel	Verrätselte Parabel
Aufbau	Dramenstruktur: Exposition – Steigerung – Höhepunkt – Schluss **und** Merkmale einer Kurzgeschichte: – Schlaglicht auf ein grundsätzliches, zeittypisches Geschehen mit „Alltagstypen“ – unvermittelter Beginn – geradliniger, einsträngiger Aufbau – offener Schluss	verknappte Fabel-Struktur: – Ausgangssituation – Dialog – „Lehre“ (ohne Moral)
Sprache	präzise, lakonisch, zum Teil einfach, elliptisch	scheinbar einfache Sprache, die aufgrund widersprüchlicher Aussagen schwer zu deuten ist
Methode der Codierung	Personales Erzählen, fehlende Kommentierung des Geschehens, widersprüchliches Verhalten der Figuren	Lehre kann nicht als Handlungs-Anweisung verstanden werden.
Thema der Parabel	Entfremdungsprozess	Determiniertsein des Einzelnen, fehlende Entscheidungsmöglichkeiten

S. 281, Aufgabe 8

Zu den Merkmalen eines kommentierenden Schreibens, vgl. AB, S. 330.

S. 285, Aufgabe 9

Thesenartige Zusammenfassung:
- einzige Erinnerung Uwe Timms an den 16 Jahre älteren Bruder: Gefühl der „unbändige[n] Freude“ (Z. 4), als das kleine Kind Uwe Timm im Kreis der Familie vom Bruder hochgehoben wird
- bald nach diesem Erlebnis: Tod des älteren Bruders, eines SS-Soldaten, in Russland
- dennoch ständige Präsenz des gefallenen Bruders während Kindheit und Jugend: Bruder als Vorbild, unstillbare Trauer der Eltern, seine allmähliche Überhöhung in der Erinnerung der Eltern, Abwertung des „Nachkömmlings“ (Z. 40) als „Muttersöhnchen“ (Z. 124)
- daraus resultierende verinnerlichte Selbstzweifel des Kindes und Jugendlichen
- Versuche, sich anhand des Tagebuchs und der Feldpostbriefe des Bruders ein Bild von ihm zu machen, scheitern zunächst: Rücksichtnahme auf die Mutter; Erschrecken über den Tagebucheintrag des Bruders „Ein Fressen für mein MG“ (Z. 92 f., 99, 107 f.)

S. 285, Aufgabe 10

Thema des Textes ist zunächst, ein stimmiges Bild des Bruders zu erlangen – einerseits wird der Bruder positiv erinnert und von den Eltern als Vorbild präsentiert, andererseits weisen die Feldpostbriefe und Tagebucheinträge (vor allem der vom 21. März) den Bruder als skrupellosen, mitleidlosen SS-Soldaten aus. Die aus diesem Widerspruch resultierende Irritation des Autors, die in einer Schreibhemmung mündet, ist in dieser Textstelle zentral. Zugleich ist das Bemühen des erwachsenen Autors unverkennbar, seinem Bruder Gerechtigkeit widerfahren zu lassen, ihn weder vorschnell zu verurteilen noch in ungerechtfertigter Weise zu verteidigen. Daneben wird thematisiert, dass der Bruder in den Erinnerungen der Eltern dominierte.

© 2010 Oldenbourg Schulbuchverlag

Dies scheint das Kind/den Jugendlichen gekränkt zu haben, ohne dass er jedoch mit seinen Eltern darüber sprechen konnte.

S. 285, Aufgabe 11

Merkmale autobiografischen Schreibens sind u.a.:
- Verwendung der Ich-Form und damit verbunden die Subjektivität der Sichtweise
- andererseits: Intention der Reflexion der Vergangenheit und damit der eigenen Gegenwart
- Bezugnahme auf die eigene Lebensgeschichte und Einbettung in Zeitzusammenhänge (hier die Zeit des Nationalsozialismus bzw. des Zweiten Weltkriegs)
- Gerade durch die Thematisierung von Widersprüchlichkeiten in der Sicht des Bruders sowie im Versuch, die familiäre Situation und deren Auswirkungen auf den Schreiber zu erfassen, wird das Bemühen deutlich, zu einer vertieften Einsicht in geistig-seelische Entwicklungszusammenhänge zu gelangen.
- Literarisieren der Darstellung, hier durch einen komplexen Aufbau, durch Verwendung des Montageprinzips für den Einbau authentischen Materials sowie durch eine kunstvolle sprachlich-stilistische Gestaltung der selbst formulierten Passagen

S. 285, Aufgabe 12

Texterschließung/Interpretation:
Inhalt und Aufbau des Textes:
- Einsetzen durch eine Beschreibung einer erinnerten freudvollen Begegnung mit dem älteren Bruder Karl-Heinz
- kontrastierender Hinweis auf eine schwere Verwundung des Bruders als SS-Soldat in Russland kurze Zeit später
- erstes Zu-Wort-kommen-Lassen des Bruders durch einen zitierten Feldpostbrief: genauere Beschreibung der Verwundung
- verstärkender Nachtrag: rascher Tod des Bruders im Feldlazarett
- kontrastive Erläuterung: enorme Präsenz und Überhöhung des Toten in der Familie
- Zeitsprung: Bericht des Autors von seinen gescheiterten Versuchen, sich dem Toten über dessen Tagebücher und Briefe zu nähern
- symbolhafter Vergleich dieser Hemmung mit einer frühkindlich erfahrenen Angst vor einem als bedrohlich empfundenen Märchenschluss
- Ausweitung der Erklärung für diese Hemmung: Rücksichtnahme Uwe Timms auf Mutter und Schwester
- Einbau von Zitaten zur Verdeutlichung des Verhaltens des Bruders im Krieg
- Versuch der Empathie mit einem Kriegsopfer, für dessen Tod der Bruders verantwortlich ist
- kontrastives Gegenüberstellen der Einschätzung beider Brüder durch die Eltern (z.T. durch Zitate) und der Bevorzugung des älteren Bruders: Karl-Heinz als männliches Vorbild, Uwe als verweichlichter Nachkömmling

erzählerische Gestaltung:
- komplexe Gestaltung zeitlicher Bezüge: ständige Wechsel zwischen erinnerter frühester Kindheit, Jugendzeit und Erwachsenenzeit verdeutlichen die Bedeutsamkeit der Thematik für den Autor
- zunehmende Verknüpfung zwischen Originaltexten (Feldpostbriefe, Tagebuchpassagen) und literarischem Text: Bemühen um Wahrheit/Wahrhaftigkeit in der Darstellung, zugleich aber auch Indiz für die Überlagerung von Wirklichkeit durch (eigene, aber auch fremde) Erinnerung
- stückweises, puzzleartiges Zusammensetzen eines Bildes über die im Text angesprochenen Personen; Verzicht auf Verurteilung und Heroisierung gleichermaßen

Damit zeigt sich eine Vielzahl von Merkmalen zeitgenössischer Prosa: komplexe Erzählstruktur, Privates mit Verweischarakter, Thematisierung der Familiengeschichte, Verzicht auf Ausweisen einer „Wahrheit" durch den Erzähler zugunsten einer (z.T. widersprüchlichen) Vielschichtigkeit von Deutungsmöglichkeiten für das Verhalten der Personen, enge Verklammerung zwischen Fiktion und Realität

© 2010 Oldenbourg Schulbuchverlag

sprachlich-stilistische Auffälligkeiten:
- bei den zitierten Passagen: Übernahme der fehlerhaften Schreibung/von Grammatik- und Satzbaufehlern als Zeichen für die Authentizität
- bei den erzählten Passagen:
  - Konkretisierung, Eindringlichkeit des Erlebten/Erinnerten: Verwendung des Präsens (z.B. Z.7ff.), Doppelpunkt (z.B. Z.7, 10, 17), Reihung (z.B. Z.34ff.)
  - Verstärkung des Imaginierten: Adverb „vielleicht" (Z.99), Gedankenstrich (Z.100), Reihung elliptischer Passagen (Z.100ff.), Fragesatz (Z.102ff.), damals üblicher Soldatenjargon (Z.107)
  - Eindringlichkeit der Selbstbeschreibung bzw. der Beschreibung des Bruders: Ellipse (z.B. Z.109f.), Reihung (Z.112ff.), indirekte Rede und Übernahme vom Vater gebrauchter Ausdrücke (Z.124, 132), Relativsatzreihe (Z.135f.)
  - Hervorheben der Schwierigkeiten, sich dem Thema bzw. dem Bruder (und damit sich selbst, vgl. Z.96f.) anzunähern: Einschub in Gedankenstrichen/Personifikation (Z.94f.), Verwendung von adversativen Konjunktionen („aber", Z.42, 48), Konditionalsatz (Z.48ff.), Modalverb (Z.46), Konjunktiv II (Z.67), antizipiertes Zitat (Z.68)

Hinweise zur Interpretation:
- Auseinandersetzung mit der Familiengeschichte: Ungleichbehandlung der Geschwister und deren Ursache
- Familiengeschichte als Spiegel historischer Fragestellungen im Zusammenhang mit dem Nationalsozialismus: gleichzeitige Grausamkeit und Menschenverachtung gegen den „Russen" und liebevolles Verhältnis zum (deutschen) Bruder
- Schwierigkeiten einer Selbstfindung: notwendige, aber immer wieder unterbrochene Auseinandersetzung mit dem überhöhten Bruder
- auffindbare Merkmale zeitgenössischer Prosa (s.o.)

S.285, Aufgabe 13a Zur Autorin Julia Franck: Julia Frank und ihre Zwillingsschwester wurden 1970 in Ostberlin als Töchter einer Schauspielerin und eines Regisseurs geboren. 1978 reiste die Familie in die Bundesrepublik aus. Mit 13 Jahren verließ Julia Franck ihre Familie, holte dann 1991 das Abitur nach. Sie studierte, arbeitete aber auch als Putzfrau, Kellnerin und Kindermädchen. 1998 wurde ihr das Alfred-Döblin-Stipendium zuerkannt. Nach Reisen in die USA, nach Mexiko und nach Guatemala verbrachte sie, inzwischen Mutter zweier Töchter, 2005 als Stipendiatin der Deutschen Akademie Villa Massimo in Rom. Ihr Roman „Die Mittagsfrau" (2007) machte sie, obwohl z.T. auch kritisch rezensiert, zu einer bekannten jungen Autorin.
Zum Roman: Nach der Heimkehr des schwer verletzten Vaters aus dem Ersten Weltkrieg kümmern seine zwei Töchter sich um ihn, doch nach seinem Tod ziehen beide ins Berlin der 20er-Jahre; die jüngere Schwester Helene heiratet – nach dem Unfalltod ihrer großen Liebe, eines jüdischen Mannes – einen ungeliebten Mann, einen Nationalsozialisten, um einen Ariernachweis für sich und ihre jüdische Mutter, die mittlerweile in einer Nervenheilanstalt untergebracht ist, zu erhalten. Doch nach der Geburt eines Sohnes distanziert sich der Ehemann immer mehr von seiner Frau und seinem Kind, dem „Balg", und verlässt beide schließlich. Eines Tages lässt Helene ihren Sohn an einem Bahnhof zurück und fährt 1945 nach Berlin, um ihre Schwester zu suchen. Ihr Sohn Peter wächst – als Arbeitskraft eingesetzt – auf dem Hof des Onkels auf. Beim ersten Besuch Jahre später weigert sich Peter, seine Mutter Helene zu sehen.
Zur Gestaltung des Themas „Familie": Die Familienthematik ist zentral im Roman; besonders rücken die Frauenfiguren und deren Emanzipationsbestrebungen in den Mittelpunkt. Dabei wird „Familie" nicht idealisiert, die Ehe zwischen Wilhelm und Helene wird auch in ihren harten, brutalen Seiten gezeigt.
Zur Auseinandersetzung mit dem Nationalsozialismus: Die NS-Thematik fügt sich in diese Emanzipations- und Familiengeschichte ein und liefert den Hintergrund für das Verhalten der

© 2010 Oldenbourg Schulbuchverlag

Protagonisten, doch nur z.T. lassen sich Verhaltensweisen aus den Zeitumständen erklären. Die Thematik ist keineswegs so zentral wie in Timms „Am Beispiel meines Bruders".

S. 285, Aufgabe 13b

Übersicht zur Auseinandersetzung der Literatur nach 1989/90 mit der deutschen Geschichte von 1933 bis 1945:
In den 20 Jahren seit 1989 ist eine Fülle von Literatur entstanden, die sich mit dem Nationalsozialismus auseinandersetzt bzw. ihn als zentrales Motiv literarisch aufgreift. Eine Liste der erschienenen Titel ist daher nicht intendiert; vielmehr kann von den Schülern gezeigt werden, welche Bandbreite es bei der Behandlung dieser Thematik gibt. Dies soll durch die folgende Übersicht veranschaulicht werden:

- nichtdeutsche Literatur, z.B. Jonathan Littell, „Die Wohlgesinnten"; Robert Harris, „Vaterland"
- autobiografische Literatur von jüdischen Opfern des NS, z.B. Roman Frister, „Die Mütze oder Der Preis des Lebens"; Georges Arthur Goldschmidt, „Die Absonderung"
- autobiografische Literatur von Deutschen, z.B. Günter Grass, „Beim Häuten der Zwiebel"; Hans J. Massaquoi, „Neger, Neger, Schornsteinfeger"
- wieder aufgelegte Literatur, z.B. Edgar Hilsenrath, „Der Nazi & der Friseur"; Gert Ledig, „Vergeltung"
- Verknüpfungen mit Genrethemen, z.B. Pam Jenoff, „Der Kommandant und das Mädchen" (Liebe zwischen einer Jüdin und einem Nationalsozialisten); Ulrich Lange, „Auf Feindfahrt mit U-170 und Ritterkreuzträger Rudolf Mühlbauer" (apologetische Tendenzen, Interesse für Militärisches)
- Jugendbuch, z.B. Klaus Kordon, „Julians Bruder"
- Literatur von „Nachgeborenen", z.B. Wibke Bruhns, „Meines Vaters Land"
- Mischung aus Realität und Fiktion, z.B. Ellen Feldman, „Der Junge, der Anne Frank liebte"
- Einbettung in Familiengeschichte, z.B. Horst Bienek, „Gleiwitz"; Hans Magnus Enzensberger, „Hammerstein oder Der Eigensinn"
- Aufgreifen und Gestalten der Thematik mit Mitteln der Montage, z.B. Walter Kempowski, „Echolot"

S. 290, Aufgabe 14

Die Nachrichten (Brief, E-Mail, längere/mehrere SMS) können in Einzel- oder in Gruppenarbeit erstellt werden. Das Vorstellen dieser kreativ gestalteten Texte in der Klasse soll Anregung für eine Interpretation des Dramenschlusses sein. Folgende Aspekte zur Deutung des Dramenendes sind denkbar:

- endgültige, glaubhafte Abkehr von den Selbstmordabsichten aufgrund des Erlebten (vgl. z.B. Z.136 ff.)
- vorsichtige Annäherung der beiden Figuren (vgl. z.B. Z.142 ff.)
- noch vorhandene Unsicherheit im Umgang mit der Umwelt und den Mitmenschen, jedoch beginnende Empathie anstatt rein selbstbezüglichen Denkens, Sprechens und Handelns (vgl. z.B. Z.120 ff.)
- Bereitschaft, sich auf Neues einzulassen und nicht alles als „fake" zu sehen

S. 290, Aufgabe 15

Gründe für den Verzicht auf den geplanten gemeinsamen Selbstmord, Bedeutung des Erlebnisses mit dem Nordlicht und Erkenntnis zum Thema „Abschiedsvideo" und „fake":
Julie:

- Kritik an der eigenen Art, den „Abschied" zu inszenieren („Das ist pathetisch", Z.8)
- Erkenntnis, dass es – entgegen ihrer bisherigen Meinung – in ihrem Leben noch Erlebnismöglichkeiten gibt („ich hab gar nicht alles gehabt", Z.16 f.)
- daraus resultierende Selbstzweifel bzw. Zweifel an der Selbstmordabsicht („Ich glaub mir kein Wort mehr", Z.17 f.)
- Erlebnis mit dem Nordlicht als Auslöser dieser Bewusstwerdung („Wären wir gestern gesprungen, wir hätten's [= das Nordlicht] voll verpasst", Z.19 f.)

© 2010 Oldenbourg Schulbuchverlag

August:
- Kritik am eigenen Verhalten, durch ein Fremdzitat (Cioran) den eigenen Selbstmord zu legitimieren („Das war geklaut, das zählt nicht. Ich will was Eigenes sagen“, Z. 61)
- aus dem Widerspruch Julies resultierende Erkenntnis, dass eigenes Erleben, auch wenn es sich auf fremdes bezieht, nicht notwendigerweise unecht zu sein hat („Fake ist nur, was nichts ist. [...] Aber nichts ist doch ganz nichts. [...] Also ist nichts fake.“, vgl. Z. 80 ff.)
- Erkenntnis der eigenen (zunächst beängstigenden) Zukunftsperspektive, die den Gedanken an einen Selbstmord überlagert („Ich bin mir plötzlich nicht mehr sicher ... dass ich mich noch umbringen kann“, Z. 103 f.)
- Erlebnis mit dem Nordlicht als Auslöser der Erkenntnis, dass eigenes Erleben, auch von allgemein bekannten Dingen, Lebensfreude erzeugt („Ich meine, ich hab mich hier richtig lebendig gefühlt [...] Das Ding ist, auf dem Video sieht's [= das Nordlicht] viel kleiner aus [...] Man muss das echt erlebt haben.“, vgl. Z. 115 ff.)

S. 290, Aufgabe 16

Inhaltliche und sprachliche Charakteristika des Dramas, aufgezeigt am vorliegenden Dramenauszug:
- Aufgreifen privater und gesellschaftsrelevanter Themen: Frage nach dem Lebenssinn bei Julie und August; Gefühl der Uneigentlichkeit allen Erlebens als zeit- und generationentypische Haltung
- Brechen von Tabus: Selbstmordabsicht Jugendlicher als Thema
- Hervorheben nonverbaler Ausdrucksmittel: Videoaufnahmen, Musikstücke als Teile der dramatischen Aufführung, symbolhafte nonverbale Handlung am Dramenende (vgl. Z. 136 ff.)
- sprachliche Auffälligkeiten: Alltagssprache (z. B. Z. 51, 55,) und Soziolekt / Jugendsprache (z. B. „total“, Z. 77; „Das Ding ist ...“, Z. 120; „echt“, Z. 122)
- Die ans Mündliche angelehnte, z. T. flapsige Sprache der Figuren, die vielen Sprechpausen (angezeigt durch ... oder —) sowie der zentrale Dialog mit seinen Elementen des Understatement und den (variierenden) Wiederholungen fordern, mehr als bei „klassischen“ Stücken, eine vom Regisseur und den Schauspielern erarbeitete Realisation auf der Bühne

Hinweis: Epische Elemente sind im vorliegenden Dramenauszug nicht feststellbar, finden sich jedoch an anderer Stelle im Stück.

S. 290, Aufgabe 17

Anhand der folgenden, ausführlichen Gliederung können Inhalt, Dialogführung und Sprache der Figuren erarbeitet werden:

I. Inhalt und Dialogführung.
  1. gescheiterter Verabschiedungsversuch Julies und Augusts (Z. 1–30): Wechselrede zwischen Julie und August, wobei Julie den Gesprächsablauf bestimmt
     a) Kritik an der pathetischen Selbstinszenierung beim Abschied
     b) gescheiterter Versuch, mit Musik eine passende Stimmung herzustellen
     c) Erkenntnis (vermittelt durch das Erlebnis vom Vortag mit dem Nordlicht), dass es für beide noch vieles in der Welt zu erleben gibt
  2. Augusts Versuch einer Verabschiedung durch Zitieren existenzialistisch-nihilistischer Texte E. M. Ciorans (Z. 31–49); Monolog Augusts (wobei das Zitathafte durch die Sprechweise zu verdeutlichen wäre)
  3. Erkenntnis der Unangemessenheit der zuvor formulierten Gründe für einen Selbstmord (Z. 50–105): Julie und August als gleichberechtigte Dialogpartner; Erkenntnisgewinn ausgelöst durch Antworten des jeweils anderen; „echter“ Dialog statt Selbstinszenierung
     a) anfängliche Begeisterung Julies über die anscheinend treffenden Abschiedsworte Augusts
     b) Irritation und Widerspruch Augusts; Beharren auf der Absicht, selbstbestimmt den Selbstmord zu rechtfertigen

© 2010 Oldenbourg Schulbuchverlag

   c) im Dialog sich entwickelnde Einsicht beider Figuren, dass die Unterscheidung zwischen „fake“ und „echt“ so nicht haltbar ist; beginnende Zukunftsorientierung

4. Formulieren einer eigenen, lebensbejahenden Botschaft durch August (Z. 106–129): Monolog Augusts; im Unterschied zum zweiten Teil aber selbst formuliert statt übernommen
   1. Bekenntnis Augusts, seine Familie über seine wahren Absichten getäuscht zu haben
   2. begeistertes Schildern des bisher in Norwegen Erlebten und seiner Lebensbejahung
   3. Wunsch, dass seine Freunde und Verwandten dies auch erleben können
   4. Eingeständnis, im Selbstmord keinen Sinn mehr zu sehen
5. Ablösung beider Figuren von der Fixiertheit auf eine „Botschaft“ (Z. 130–147): Zurücktreten des Dialogs, nonverbales, oft aufeinander bezogenes Handeln der Figuren
   a) gegenseitiges Versichern der Irritation über die früheren Selbstmordabsichten
   b) symbolhafte Handlung als Abkehr vom Selbstmordplan
   c) abschließende Erkenntnis Augusts; gemeinsames Verlassen des Ortes

II. Sprache des Textes
1. klar formulierte Regieanweisungen zum Agieren der Figuren
2. Fremdzitat E. M. Ciorans durch August: aphoristisch konzipierte, auf Wirkung bedachte Schriftsprache (evtl. werden die nihilistischen Inhalte, die August ausspricht, für den Zuschauer durch den offensichtlichen Gefallen Ciorans an möglichst geschliffenen, beeindruckenden Formulierungen bereits hier unglaubhaft, da August bisher anders gesprochen hat)
3. Aspekte der Sprache Augusts und Julies:
   a) Jugendjargon, Alltags- und Umgangssprache: knappe Sätze, z. T. Ellipsen; Tendenz zur Wiederholung von Formulierungen, Aspekte des Wortschatzes
   b) zunehmend kritische Auseinandersetzung beider Figuren mit den eigenen Absichten: Fragesätze, z. T. (modifiziert) wiederholt; Ausrufe; wörtliche Wiederholungen; Auslassungen/Sprechpausen bzw. Abbrechen von Sätzen
   c) Ansätze einer lebensbejahenderen Haltung durch August: noch ungeschickter, z. T. flapsiger Versuch des vertieften Erklärens („ich meine … ich meine“, Z. 112 f.; Kausalsatz, zweimaliges verstärkendes „richtig“ in Z. 115 , „echt“ in Z. 114); Herstellen von Bezügen zu den Mitmenschen durch gehäuften Gebrauch der Personalpronomina (wir, ihr/euch); Adjektivgebrauch als Versuch der Veranschaulichung (Z. 118), Vergleiche (Z. 121 f., 123 f.); Pausen/Satzabbrüche am Ende
   d) tastendes, selbstironisches Formulieren einer allgemein gültigen Erkenntnis für beide Figuren durch August: Aufgreifen des aphoristischen Stils (vgl. insgesamt Z. 142 f.) mit dem Personalpronomen „wir“, Konjunktivgebrauch und zunächst negativ konnotierte, anscheinend im Widerspruch zum Nomen „Glück“ stehende Textstellen („getroffen“, Z. 142, „nicht so schnell erholen“, Z. 143).

S. 290, Aufgabe 18 www.

Zu Juli Zeh: vgl. ihre Webseite http://www.juli-zeh.de/; darin stichpunktartiger Lebenslauf, Publikationsliste und Liste der erhaltenen Preise
Zum Roman „Spieltrieb“ (Frankfurt/M.: Schöffling-Verlag 2004):
- Rezensionen z. B. unter www.perlentaucher.de/buch (daraus sind auch die Rezensionen des Romans in wichtigen Zeitungen zu ermitteln) und unter www.lyrikwelt.de/rezensionen
- Kurzabriss der Handlung: In einem Bonner Privatgymnasium lernt die 14-jährige, schwierige Schülerin Ada den Schüler Alev kennen, der jenseits jeder Bindung an Moral und Normen das Verhalten von Menschen steuern und studieren möchte und für voraussagbar hält. Adas gutgläubiger Deutschlehrer Smutek, der Ada auch als Lauftrainer betreut, wird zum Versuchsobjekt dieses Spiels (nach Alev „die letzte uns verbliebenen Seinsform“ in der Moderne) auserwählt; Ada verführt den Lehrer, Alev filmt und erpresst ihn. Am Ende kommt es aber zu einem unerwarteten Gewaltausbruch, der alles ans Licht bringt und

© 2010 Oldenbourg Schulbuchverlag

vieles ändert: Smutek wird vom Dienst suspendiert und kommt vor Gericht, doch zwischen Ada und Smutek entwickelt sich nun eine emotionale Bindung.
Der Roman greift Musils Zeitdiagnose in Romanform „Die Verirrungen des Zöglings Törleß“ dezidiert auf, spiegelt jedoch vor allem die von Juli Zeh in der Gegenwart verorteten Wandlungsprozesse. Rainer Moritz spricht in seiner Rezension in der NZZ (5.1.2005) von einem „zynische[n], vermeintlich moralfreie[n] Pragmatismus, den diese ‚Überlebenden der Postmoderne‘ an den Tag legen“, und verweist auf die Vielfalt der aufgegriffenen Themen (z.B. Irakkrieg, Erfurter Schulmassaker, 9/11) und Denkansätze (z.B. Robert Axelrods Spieltheorie, philosophische Überlegungen Nietzsches, Derridas).

Wie unterschiedlich der Roman aufgenommen wurde, belegen folgende Zitate aus Rezensionen:

- Ulrich Greiner („Die Zeit“, 21.10.2004) spricht von Juli Zehs „durchtrainierte[r] Sprache“, die sich beeindruckend von der „braven Deutschleistungs[kurs]prosa“ der zeitgenössischen Literatur abhebe; Hauke Hückstädt („Frankfurter Rundschau“, 6.10.2004) kritisiert die oft misslungene „brachiale Bildmetaphorik“ des Romans.
- Robin Detje („Süddeutsche Zeitung“ vom 12.11.2004) spricht – als Fazit – vom Roman als „Hanni und Nanni auf der Pornoebene“ und kritisiert damit auch, dass Juli Zeh nur literarische (und andere) Klischees aufgreife; Anne Kraume („Die Tageszeitung“, 6.10.2004) streitet genau das ab und sieht bei Zeh ein intelligentes Spiel mit Klischees.
- Ulrich Greiner („Die Zeit“, 21.10.2004) lobt den „hoch gebildeten Scharfsinn“ Zehs und empfiehlt den Roman als Pflichtlektüre für Schüler (und Lehrer!); Richard Kämmerlings („Frankfurter Allgemeine Zeitung“, 24.12.2004) spricht von seinem Gefühl, den gescheiterten Versuch einer überambitionierten Klassenstreberin vor sich zu haben.

Die jugendlichen Hauptfiguren und deren Verhältnis zur Erwachsenenwelt gestaltet sich in mancher Hinsicht ähnlich wie in „norway.today“:
Alle Hauptfiguren sind durch eine zynische, abgeklärte, ja nihilistische Haltung gegenüber sich und der Welt gekennzeichnet, bezweifeln die Sinnhaftigkeit vieler Lebensäußerungen, wirken auf (erwachsene) Leser, aufgrund ihrer trotzig-selbstbewussten Art (Julie/Ada), aber auch sympathisch. Ihr Unglück und ihre Verweigerungshaltung reizen zu einer Beschäftigung mit ihnen. Im Einzelnen zeigen sich folgende Übereinstimmungen:

- Die Erwachsenenwelt wird als falsch, verlogen und überlebt gekennzeichnet.
- Der Kontakt zu Erwachsenen gestaltet sich schwierig (z.B. zu Adas Mutter) bzw. wird gesucht, ist aber oft enttäuschend (z.B. mit Adas Vater).
- Es herrscht eine zynische, desillusionierte Haltung gegenüber den Erwachsenen und der Welt vor.
- Am Ende deutet sich jedoch die Möglichkeit von emotionalen Bindungen an.

Allerdings gibt es auch signifikante Unterschiede:

- In „norway.today“ soll eine Abschiedsbotschaft auch an die Erwachsenen formuliert werden, in „Spieltrieb“ ist die Manipulation der Erwachsenenwelt das Ziel.
- In „Spieltrieb“ kommt es zu Gewaltausbrüchen gegenüber anderen (Erwachsenen), in „norway.today“ ist eine autoaggressive Absicht (Selbstmord) grundlegend.

S.290, Aufgabe 19

Angaben zur Biografie von Botho Strauss lassen sich über das Internet finden; hingewiesen werden kann auf Band 81 (2. Auflage/Neufassung 1998) zu Botho Strauß aus der edition text & kritik (hg.v. Heinz Ludwig Arnold).
Zur Auswahl eines Theaterstücks für das Referat können die Schüler auf folgenden Sammelband verwiesen werden: Botho Strauss, Theaterstücke I und II (München: Carl Hanser Verlag 1991); aktuellere Stücke des Autors finden sich u.a. in der Reihe „Spectaculum. Moderne Theaterstücke“ des Suhrkamp Verlags, z.B. in den Bänden 55 (1993), 58 (1994), 64 (1997), 69 (1999).

© 2010 Oldenbourg Schulbuchverlag

S. 291

„Was ist normal in diesem Land?" – Zusammenleben von Deutschen und Migranten

S. 293, Aufgabe 1

Ein wesentliches Anliegen des Auftrags ist das inszenierende Vortragen des Textes: Die Bandbreite des Vortrags kann von verhaltenem Zorn bis hin zur Ironie oder Sachlichkeit oder zu einer getragenen Feierlichkeit (in einigen Passagen) reichen.

S. 293, Aufgabe 2

Die Sprache des Textes ist höchst artifiziell und basiert auf mehreren Gesprächen. In einem dichten Stilmix verbinden sich ordinäre Umgangssprache, kühne Wortbildungen, poetisch-hochsprachliche Wendungen zu einer stakkatohaften, tabubrechenden, provozierenden Sprache, die an amerikanischen Slang, aber auch an die Sprache türkischer Migranten erinnert. Die Vielzahl der Stilebenen und ihre komplexen Beziehungen, der Wortreichtum und die große Anzahl geglückter Neologismen lassen an ein nachgedichtetes Interview denken.

Z. 6–11: Reflexion über den „Nutzeffekt" (als in Bundesrepublik angeblich vorherrschendes Prinzip)

- Ellipse, Fragen (nach dem Wesen des „Nutzeffekts"), siebenmalige Wiederholung der Begriffs „Nutzeffekt": Herausstellen der Bedeutung des Begriffs für eine Charakterisierung des Denkens in der Bundesrepublik

Z. 12–38: Poetischer Tagebucheintrag („Auf dem Berggipfel ...") als Ausgangspunkt zu weitläufigen Überlegungen über deutsche Mentalität, auch anhand eines Erlebnisses

- parallelistische Reihung (Z. 11 f.), Zitat, Neologismen („Abfallalbum", Z. 11, „Damenmauligkeit", Z. 14), Umgangssprache („bescheuerte", Z. 14), Fragen: Vertiefung der Reflexion über deutsches Wesen und Suche nach verborgenem „Nutzeffekt", Z. 16)
- Ellipse (Z. 17), asyndetisch verbundene Begriffspaare in Reihung (Z. 17 ff.), Fragen (Z. 25) umgangssprachliche Bilder und Wendungen („Pillen reinpfeifen", „ist los", Z. 18), Infinitivkonstruktionen, ungewöhnliche Neologismen („Wärmebeschaffungsmaßnahme", Z. 20, „Sommersadomasokollektion", Z. 21 f., „Tamtamerrettung", Z. 20, „kotzweiß", Z. 24. „Frauenkeulenschwinger", Z. 24): Ironisierung, Darstellung von sich teilweise widersprechenden Tätigkeiten, andererseits Eigenschaften und Tätigkeiten, die eigentlich seltsam, aber normal empfunden werden wie Sektierertum, sexuelle Neigungen, Esoterik; Unmittelbarkeit des Stils
- Vergleich (Z. 26 f.), Begriffe aus der Esoterik, Neologismus („Missionskillerblick", Z. 32), Personalpronomen (Z. 32): Darstellung einer Begegnung aus dem Bekanntenkreis, Drastik
- Einwortsatz („Klar", Z. 33), Diffamierung („blöde Muselmanin", Z. 33), Umgangssprache („verarschen", Z. 34), Hochsprache („keinen Hehl", Z. 34), Synekdoche („Lametta" für deutschen Gefühlsüberschwang, Z. 35), Tabubruch („soeben ein paar Juden ...", Z. 37), Einschränkung („Ein schlimmer Vergleich ...", Z. 38), ungewöhnliche Metaphern („zerbombtes Hirn", „strahlen so krank", Z. 36); Frage („Was ist normal [...]", Z. 38): Herstellen von Allgemeingültigkeit des persönlichen Erlebten, Unterstellung

Z. 39–60: Beschreibung deutschen Verhaltens und dessen Auswirkung auf die in Deutschland lebenden Migranten türkischer Herkunft

- Aussagesätze (Z. 40 ff.), umgangssprachliche Wendung („keinen Pfifferling wert", Z. 41, „Sensationsintegration", Z. 47), Synekdoche („Sofakissen mit Borte, Solarium und Alpenglühen", Z. 42 f.), Neologismus („Kanak-Kid", Z. 43), Wiederholung von Fragen, Ausruf („Das ist ja der helle Wahnsinn!", Z. 45), Wortfelder aus der Naturheilkunde und Esoterik, Städte, Landschaften; Aufzählungen, Zitat, hyperbolisches Beispiel („Erschlagen ihren Nachbarn, weil dessen Wellensittich nachts trillert", Z. 55 f.), Umgangssprache und Slang („faseln", Z. 56, „wichtigklügeln", Z. 58, „blablabla", Z. 51), Frage: Feststellung vermeintlich deutscher Charakterzüge und deutschen Verhaltens, Kritik integrativen Verhaltens, Kritik der sozialen Stellung von Migranten, Unterstellung, Abwertung von Verhaltensweisen, Kritik am Umgang der Deutschen mit ihrer Geschichte

© 2010 Oldenbourg Schulbuchverlag

Z. 60–80: Frage nach den Moralvorstellung
- Pidgin-Fügung („What's Deutschland?, What's Moral", Z. 60), Aufzählungen, Infinitivkonstruktion, Slang-Neologismen („Straßenköterblond", Z. 87): Darstellung deutscher Spießigkeit und Kleinlichkeit, Kritik gegenüber der Stellung der Migranten

S. 293, Aufgabe 3

Der Text beinhaltet eine hyperbolische, ironische Darstellung der deutscher Charakterzüge und deutscher Verhaltensweisen. Unterstellt wird beispielweise:
- Einerseits die Ausrichtung deutschen Denkens und Verhaltens auf Nützlichkeit und Benutzbarkeit (= „Nutzeffekt")
- Andererseits das Basieren des Denkens auf einer Verschwommenheit („Auf dem Berggipfel stehen ...") in der Tradition der Romantik und Selbstbezogenheit („Memoiren schreiben", Z. 17 f.). Dies äußert sich in:
  - Sentimentalität („Lametta", Z. 35)
  - der Neigung zu Esoterik und Mysterien („Gläserrücken", Z. 17, „Astrobuch", Z. 19, „indische Tamtamerrettung", Z. 22, „Sris und Babas" = spirituelle Führer, Z. 29, „tibetanische Levitation", Z. 53)
  - einem hypochondrisch-esoterisches Gesundheitsbewusstsein („Pillen reinpfeifen", Z. 18, „indianische Schwitzhütten", Z. 54)
  - esoterisch-ökologischen Ansichten („Veganer sein", Z. 18, „Magermilchkur", Z. 22, „Vollwertköstler", Z. 47 f., „Müslicocktails", Z. 48)
  - der Sehnsucht nach fernen mystischen Ländern („Land der weißen Elefanten", Z. 30) und nach Erlösung („wimmernd nach der letzten Ölung", Z. 25)
- Das Verhalten ist gekennzeichnet durch
  - fehlende Menschlichkeit („Erschlagen ihren Nachbarn, weil dessen Wellensittich nachts trillert", Z. 55 f.)
  - das Ausleben von Neigungen („Latexkostüm", Z. 21)
  - die Demonstration von bewusster Elternschaft („Hausvater sein", Z. 18, „Kinderwagenschieben", Z. 20)
  - das Bemühen um Überzeugung anderer („Missionskillerblick", Z. 32)
  - Oberflächlichkeit (reden über Claudia Schiffer = Modell, Z. 53 f.)
  - die Wahl typischer, dem bildungsbürgerlichen Spießertum zugeordneter Reiseziele (Florenz, Toskana, Z. 54)
  - auf Abgeschlossenheit abzielende, kleinbürgerliche Lebensgewohnheit („Couch-Potatoes", Z. 68)
  - permanente Unzufriedenheit („weil das Gemetzel ausbleibt, weil der Videorecorder im Arsch ist", Z. 72 f.)
- Einstellung gegenüber dem eigenen Land ist geprägt durch
  - Verlust des Glaubens (Verlassen des Landes und Glauben daran, Z. 39 ff.)
  - provinzielles, spießiges Bewusstsein vom eigenen Land („kleindeutscher Mundraum"; Z. 22, „Sofakissen mit Borte, Solarium und Alpenglühen", Z. 42 f.)
- Einstellung gegenüber Migranten ist geprägt durch
  - fehlendes Interesse gegenüber Migranten („Im Getto brüllt das Kanak-Kid", Z. 43)
  - fehlender Wille zur Integration von Migranten („wäre ja der Mongole los", Z. 66)
  - Vorurteilen gegenüber Migranten („der Neger auf ‚unsere Frauen' eine Auge werfe. Dass der Türke frech werde", Z. 70 f.)
- Einstellung zur Geschichte geprägt durch
  - den Zwang zur Auseinandersetzung mit der nationalsozialistischen Vergangenheit und die Neigung, sich dieser Konfrontation zu entziehen („KZ-Dilemma; wir können ja nicht ewig büßen", Z. 59)

© 2010 Oldenbourg Schulbuchverlag

S. 293, Aufgabe 4
→ Zusatzmaterial 3: Lexikonartikel, LM, S. 255

Diskussion des Textes: Die literarisch bearbeitete Rede steht in einer langen Tradition von Texten, die versuchen, andere Nationen, Länder, Völker zu charakterisieren. Es liegt in der Intention solcher Texte, dass sie provozieren und zum Teil auf Vorurteilen beruhen und Vorurteile weitergeben. Andererseits geben sie Anlass zur Diskussion über die dargelegten Sichtweisen und die Frage, worauf diese beruhen, vor allem, wenn sie wie beim vorliegenden Text eine sehr interessante Perspektive aufweisen. Es liegt keine wirkliche Außenperspektive vor, da der Autor Deutscher mit türkischem Hintergrund ist, auch nicht bei der Kunststudentin Devrim, die als Vortragende angegeben ist, und bei beiden exzellente Kenntnisse über Deutschland vorausgesetzt werden können. Der Text wird zu einer Kritik an Lifestyle-Moden, an einer als typisch angenommenen deutschen Grundhaltung, am Geschichtsbewusstsein der Deutschen, aber auch am Umgang der Deutschen mit Mitbürgern mit migrantischem Hintergrund. Er bewegt sich in der Tradition der Kritik an der Romantik, deren irreale Züge seit Beginn des 20. Jahrhundert für irreale politische Ziele verantwortlich gemacht wurden. Nach eigenen Aussagen intendiert Zaimoglu Sozialkritik. In diesem Zusammenhang ist es wichtig zu wissen, dass Zaimoglu zumindest zeitweise im Gegensatz zu herkömmlichen Modellen den Standpunkt vertrat, dass eine Integration von Migranten nur durch Trennung der Kulturen vonstatten gehen könne.

S. 293

2. **Und kein Ende –** postmodernes Schreiben

S. 295, Aufgabe 1

Inhaltliche Möglichkeiten spricht das Basiswissen, AB, S. 298 f., an.

S. 298, Aufgabe 2

Erschließung und Interpretation des Textausschnitts:

a) Gedanklicher Aufbau

Erzählstrang I: Gauß

- Z. 1–7: Erzählerbericht über Gauß' widerwilligen Aufbruch zum Naturforscherkongress in Berlin im Jahre 1828 auf die Aufforderung Alexander von Humboldts
- Z. 8–26: Schilderung von Gauß' Reiseantritt
  - infantiles, sich verweigerndes Verhalten von Gauß
  - Aggressionsausbrüche
  - Beruhigung von Gauß durch seine Mutter
  - unsentimentaler Aufbruch des verstört wirkenden Gauß
- Z. 27–66: Darstellung der Reise
  - Beleidigung seines Sohnes Eugen und aggressives Verhalten ihm gegenüber
  - Frage, warum seine Tochter nicht geheiratet werde
  - Zustimmung zur Antwort Eugens, der auf das unvorteilhafte Aussehen seiner Schwester verweist
  - Forderung der Lektüre seines Sohnes
  - Klage über die Unbequemlichkeiten der befördernden Kutsche
  - resignierende Klage über das Dilemma eines Gelehrten: Verhaftung in dem Zeitalter der Geburt
  - Beleidigung Eugens
  - Wegwerfen des Buchs seines Sohns

Erzählstrang II: Alexander von Humboldt

- Z. 67–77: Retrospektiver Erzählerbericht über die Grundlagen von Alexander von Humboldts Ruhm in Europa: Erforschung des amerikanischen Kontinents in einer bis dahin unbekannten Exaktheit
- Z. 78–145: Anekdotenhafte, ausschnitthafte Darstellung der Kindheit und Jugend der Brüder Humboldt
  - Ausgangssituation: Erziehung der beiden Halbwaisen aus gutem Hause durch die Mutter

© 2010 Oldenbourg Schulbuchverlag

- Deutung eines unverständlichen Ratschlags Goethes zur Erziehung durch den (wegen des Todes des Familienvorstands) bestellten Hausvorstand Kunth: konsequente und harte Ausbildung Wilhelms (des älteren Bruders) zu einem Geistes- und Alexanders zu einem Naturwissenschaftler
- Charakterisierung Alexanders als zurückhaltend und schwächlich, aber auch trotz mittelmäßiger Noten als neugierig und erfinderisch
- Charakterisierung Wilhelms als wohlerzogen und charakterlich vorbildlich scheinend, außergewöhnlich begabt und erfolgreich einerseits, als despotisch und brutal im Umgang mit seinem Bruder, ohne dass die Umwelt dies wahrnimmt; Anschläge auf den Bruder
- Spuk im Schloss der Familie und durch Kunth verordnete Gespenstergeschichten und historische Bücher als Lektüre für die Brüder
- Bekanntwerden Alexanders mit der abenteuerlichen Geschichte des spanischen Konquistadors Franciso de Aguirre de Meneses als Auslöser für seinen Wunsch, den südamerikanischen Kontinent kennenzulernen
- zweideutiger Kommentar des Bruders

Erzähltechnische und sprachlich-stilistische Untersuchung:

- zwei parallele Erzählstränge, der eine in der Gegenwart der Erzählung verlaufend (Erzählstrang I: Gauß), der andere retrospektiv in die Kindheit Alexanders zurückführend (Erzählstrang II: Alexander von Humboldt): Herstellen des unmittelbaren Beginns, Einführen der Romanhelden, Ermöglichen eines Vergleichs zwischen den beiden Protagonisten, die (im Roman) zusammentreffen werden, Aufklärung über die Charakterbildung Humboldts; Herstellen von Gegensätzen durch die unterschiedlichen Lebensalter
- Er-Form des Erzählers; Verbindung von auktorialem (z. B. Z. 2–4; 27–77) und personalem Erzählen (Z. 4–26; z. B.: „Selbstverständlich wollte er nicht dahin", Z. 4), Erzählerbericht, szenische Gestaltung, berichtete Rede (z. B.: „Das sei seines gewesen, rief Eugen", Z. 65), szenische Gestaltung in Form berichteter Rede („..., die Antwort kam ihm plausibel vor", Z. 36), direkte Rede („Raus mit der Sprache", Z. 34): Herstellen von Unmittelbarkeit, Fokussierung auf die Perspektive von Gauß und Humboldt; Konfrontation mit dem ungewöhnlichen Verhalten von Gauß und der Kindheit von Humboldt; Einblick in die Gedanken von Gauß und Alexander („er wusste, die Wahrheit hätte keiner geglaubt", Z. 116 f.), ohne aber alle Beweggründe aufzuzeigen
- nüchterne Erzählweise, weitgehendes Vermeiden von direkter Rede: Betonen des berichtenden Stils, Bemühen um Sachlichkeit, scheinbare Selbstverständlichkeit eigentlich ungeheuerlicher Vorgänge (Anschlag des Bruders)
- chronologisches Erzählen auf verschiedenen Zeitebenen: Geradlinigkeit; Vergleichbarkeit von Zeitebenen
- unterschiedliche Verhältnisse von Erzählzeit und erzählter Zeit (Aufbruch und Reise im Vergleich zur zeitlich ungenau definierten Kindheit)
- Aussagesätze, einfache Haupt-, Nebensatzkonstruktionen, syndetische Verbindungen von Sätzen und Worten, Wechsel von kurzen und längeren Sätzen, klimaktischer Aufbau von Sätzen („... zerbrach ..., stampfte ... und schlug ...", Z. 17 ff.): betont einfache Sprache, aber Hervorheben des Gesagten, Rhythmisierung des Erzählduktus
- Konstatieren anstatt Kommentieren, fehlende Erläuterungen, Adjektivarmut, fehlende Bilder, Selbstverständlichkeit des Erzählten („stieß mit aller Kraft nach seinem Fuß", Z. 28): Betonung des ruhigen Berichtcharakters; Impuls an den Leser, zu reflektieren
- angebliches Goethezitat, Aufzählung (z. B. der Unterrichtsfächer, der Spukerscheinung): Hervorheben der Besonderheit und Komplexität der Ausbildung der Humboldts, Veranschaulichung
- Anekdoten (z. B. Anschläge von Wilhelm auf seinen Bruder), Schilderung (der Laufbahn Aguirres und seiner Expedition), geografische Namen, Nennung von geografischen

© 2010 Oldenbourg Schulbuchverlag

Begriffen, Landschaftserscheinungen: Veranschaulichung, Charakterisierung, Herstellen von Vorstellung
– deiktisches Element („hinunter", Z.15): Andeuten von Gauß' Weg in das Erdgeschoss

Interpretation (bezogen auf die vorliegenden Textausschnitte):
– Der Textausschnitt beinhaltet die Darstellung zweier genialer Menschen: Gauß wird als kommunikativ, sozial und ethisch gestörter Mensch geschildert, Humboldt mit Problemen (vaterlos, unter dem Bruder leidend, unter schulischen Zwängen) in der Kindheit und Jugend.
– Der Leser wird mit der latenten, nicht explizit gestellten Fragen konfrontiert, worauf Genialität beruht und in welchem Verhältnis sie z. B. zum abstoßenden Verhalten eines Gauß steht, ob sie vielleicht auch Ursache sein kann?
– Das Ablehnen von Friedrich Jahns „Deutsche Turnkunst" zeigt auch Misstrauen gegenüber der körperlichen Ertüchtigung und gegenüber den von Jahn vertretenen nationalen Ideen.
– Erziehung wird im zweiten Erzählstrang zum von Goethe angeregten Experiment, das unter der Fragestellung steht, welches Ergebnis die unterschiedliche Ausbildung von zwei ähnlich hervorragend begabten Kindern erbringen wird: dieselbe Leistung in allen Bereichen im Sinne der Vorstellung vom Universalgenie oder eine Spezialisierung? Die Erziehungsgläubigkeit verweist auf die Ideen der Aufklärung.
– Die Ausbildung Alexander von Humboldts erfolgt in den rational fundierten Wissenschaften, aber auch durch die Konfrontation mit dem Unerklärlichen in der Folge romantischer Vorstellungen.
– Im zweiten Erzählstrang erscheint das Motiv der feindlichen Brüder; der von der Umwelt nicht wahrgenommene Zweikampf scheint durch das Fehlen des Vaters eher unterstützt.

Zuweisung des Textes zur Postmoderne:
Im Wesentlichen lassen sich beinahe alle Merkmale postmodernen Schreibens nachweisen.

Merkmale der Postmoderne	**Entsprechende Merkmale in Kehlmanns „Die Vermessung der Welt"**
Narrative Grundmuster: detektivischer Ich-Erzähler oder eine Hauptfigur auf der Suche der zu konstruierenden Wahrheit	Zwar fehlt ein Ich-Erzähler, aber über die Mittel der Leserlenkung konstruiert sich der Leser die Biografien und die daraus entstehenden Fragen zu Gauß und Humboldt.
Ironisierung als narratives Prinzip	Gauß' gefühlloses, umkommentiertes Verhalten hat tragikomische, ironisierende Wirkung, wenn er sich z. B. an ein Kissen klammert, um die bevorstehende Reise zu vermeiden, mit aller Sachlichkeit die Hässlichkeit seiner Tochter als Hindernis für eine Heirat akzeptiert oder das Buch seines Sohnes aus dem Fenster wirft. Sein Verhalten steht in deutlichem Gegensatz zu seiner Genialität, wodurch die ironisierende, komische Wirkung erzielt wird.
Spiel-Charakter der Handlung	Die angedeutete Begegnung der beiden Genies ist frei erfunden; ein Großteil des Geschehens ist Fiktion. Auch die Ungewissheit des Lesers, welche Teile des Geschehens erfunden sind und welche Authentizität beanspruchen dürfen, ist eine Form der Ironie.

© 2010 Oldenbourg Schulbuchverlag

Merkmale der Postmoderne	Entsprechende Merkmale in Kehlmanns „Die Vermessung der Welt“
Mis-en-abyme-Struktur: Widerspiegelung des Erzählten oder von Motiven auf verschiedenen Ebenen	In der Textstelle überwindet sich Gauß zu einer Reise, durch eine Reise wird Alexander von Humboldt weltberühmt; zu dieser Reise kommt er über die Lektüre einer anderen Reise (der von Aguirre).
Aufgreifen verschiedener Motive und Anführen literarischer Zitate	In der abgedruckten Passage erscheinen die Motive – des liebelosen Vaters (Gauß) – der Reise (zweifach) – der Ausbildung (hier unter dem Aspekt eines Experiments) – der feindlichen Brüder (Wilhelm und Alexander von Humboldt) – des unterdrückten jüngeren Bruders (Alexander von Humboldt) – des Spuks und der Gespenstergeschichte Die Motive strukturieren auch den Handlungsablauf. Zitiert wird Goethe, genannt wird der Titel von Jahns Buch „Deutsche Turnkunst“, aber auch Benjamin Franklin als Erfinder des „Blitzableiters“ und in diesem Zusammenhang der Naturwissenschaftler, Mathematiker und aufklärerische Schriftsteller Georg Christoph Lichtenberg.
Neuetablierung des Helden	Gauß und Humboldt werden in ihrer angedeuteten Genialität, aber auch in der Unverwechselbarkeit ihrer Charaktereigenschaften zu „Helden“.
Aufgreifen verschiedener Erzählstile	Nüchternes sachliches Berichten wird im zweiten Teil durch Ansätze von schilderndem Schreiben erweitert (Z. 123–132, Z. 134–141); im Stil sind jedoch die vorliegenden Romanstellen relativ homogen.

S. 298, Aufgabe 3

Art des Erzählens:
Der Er-Erzähler scheint zunächst (z. B. Z. 2–4) auktorial zu erzählen. Jedoch zeigt sich bald, dass er im ersten Teil („Die Reise“) nicht wirklich allwissend ist und das Geschehen sich der Perspektive der Protagonisten nähert („Selbstverständlich wollte er nicht dorthin“, Z. 4), sodass über weite Passagen des ersten Teils personales Erzählen vorliegt. Jedoch gewinnt der nicht identifizierbare Erzähler auch immer wieder Distanz zu den Personen („Erst als seine alte Mutter ...“, Z. 22). Auch in den Passagen der szenischen Gestaltung (Z. 27–38; 46–65) bleibt die Perspektive nah an Gauß (Z. 59–62), sodass auch hier personal erzählt wird. Spezifisch für diesen Text ist im Konjunktiv berichtete wörtliche Rede. Auktoriales Erzählen in Form des Erzählerberichts liegt über weite Teile des zweiten Teils vor (Z. 68–116); aber auch hier gibt es Brüche (Z. 91, 119–123), in denen sich personales Erzählen findet. Seltene wörtliche Rede (Z. 34,145) wirft ein Schlaglicht auf die sprechenden Personen. Der Erzählstil greift die Berichtform auf, zeigt in Passagen der Aufzählung und Darstellung Ansätze des Schilderns, vor allem im zweiten Teil (Z. 123–132, 134–141).

© 2010 Oldenbourg Schulbuchverlag

S. 299, Aufgabe 4

Übersicht über die Tendenzen der Gegenwartsliteratur.

Geschichtliche Hintergründe:
ab 1989/1990: Fall der Berliner Mauer, deutsche Wiedervereinigung
Fall des Eisernen Vorhangs, Auflösung der Sowjetunion
90er-Jahre: Ausbau der Europäischen Union (Schengener Abkommen 1995; Einführung des Euro 1999)
2001: Anschlag vom 11. September

Wirtschaftliche Rahmenbedingungen:
Globalisierung, wirtschaftliche Auf- (1990–2000; 2006–2008) sowie dramatische Abschwünge (2001–2005; 2008)

Literarische Strömungen	Ausgewählte Autoren	Ausgewählte Werke
Literatur von Autoren mit migrantischem Hintergrund	Rafik Schami Feridun Zaimoglu Wladimir Kaminer	„Der ehrliche Lügner“ (1992) „Kanak-Sprak“ (1995) „Russendisko“ (2000)
Pop-Literatur	Christian Kracht Florian Illies Benjamin Stuckrad-Barre	„Faserland“ (1995) „Generation Golf“ (2000) „Soloalbum“ (1998) „Remix“ (1999)
Auseinandersetzung mit der Geschichte: Nationalsozialismus und DDR	Bernhard Schlink Erich Loest Günter Grass	„Der Vorleser“ (1995) „Nicolaikirche“ (1995) „Ein weites Feld“ (1995)
Fortführung der Neuen Subjektivität als Autobiografie/als Familienhistorie	Martin Walser Christoph Meckel	„Die Verteidigung der Kindheit“ (1998) „Suchbild. Meine Mutter“ (2002)
Fortführung der Postmoderne	Ilija Trojanow Daniel Kehlmann	„Der Weltensammler“ (2006) „Die Vermessung der Welt“ (2005)

© 2010 Oldenbourg Schulbuchverlag

Epik	Lyrik	Dramatik
– Referenzen auf andere literarische Werke – Stilmischungen – „Helden“ mit Zügen der Alltäglichkeit – Erzählen in postmoderner Tradition – z. T. bewusste Aufhebung der Grenzen zwischen Unterhaltungsliteratur und Literatur mit künstlerischen Ansprüchen	– teils hermetisch, teils konkret – Thematisierung des Unangenehmen, Hässlichen – Verstoß gegen Form- und Sprachästhetik: Abschnitte statt Strophen, Fehlen eines einheitlichen Metrums, harte Enjambements bis zur Zerstörung der Verszeilen-Einheit	– Aufgreifen und Fortsetzen der Dramenformen der Moderne – Abkehr vom Lesedrama mit gewählter Kunstsprache; Inszenierungen als Zielpunkt – Alltagssprache und Soziolekte – sprachskeptische Intentionen: Hervorheben nonverbaler Ausdrucksmittel

Kennzeichen des literarischen Lebens in Deutschland seit 1990

Einerseits: Popularisierung von Literatur	Andererseits: Marginalisierung (deutschsprachiger) Literatur
– erfolgreiche Literatursendungen („Das Literarische Quartett“) und Literatur als Event (Lesungen, z. B. von Stuckrad-Barre; Poetry-Slam) – Literaturnobelpreise als nationale Medienereignisse – Bestseller – Film als massendienliches Medium der Literatur (Romanverfilmungen) – Literaturverlage als nationales Kulturgut (z. B. Suhrkamp)	– Absetzen von Literatursendungen im Fernsehen (z. B. von Elke Heidenreich) – Klagen über Verlust von Lesekompetenz, Leselust und Literaturkenntnissen – Dominanz angloamerikanischer Literatur auf dem Literaturmarkt – Trivialisierung des Geschmacks und Verlust kultureller Vermächtnisse – weiter zunehmende Bedeutung der audiovisuellen Medien – prekäre Situation vieler Verlage

S. 300

3. Auseinandersetzung mit Gegenwartsliteratur – Sachtexte vergleichen

S. 300, Aufgabenstellung

Die Texte sind unter der Perspektive ihrer **Vergleichbarkeit** zu analysieren. Sowohl bei der Argumentationsstruktur als auch bei der sprachlichen Gestaltung sollen also vor allem jene Aspekte untersucht werden, die sich auch im Vergleichstext finden oder stark vom ihm abweichen. Daraus ergibt sich, dass der Vergleichsaspekt, auch in der Gliederung, besonders zu betonen ist:
- entweder durch eine Gliederung mit Sachaspekten als Oberpunkten (z. B. Inhalt/ Argumentation; sprachliche Gestaltung) und Unterpunkten, die auf die einzelnen Textauszüge Bezug nehmen und die Gemeinsamkeiten bzw. Unterschiede verdeutlichen, oder
- mit einem eigens formulierten Gliederungsteil zum Textvergleich.

Beide Möglichkeiten zu gliedern haben Vor- und Nachteile:
- Die erste Möglichkeit kann dazu führen, dass man den Blick auf Einzeltexte vernachlässigt und den Leser nicht hinreichend über Argumentationsaufbau und zentrale Inhalte informiert.

© 2010 Oldenbourg Schulbuchverlag

- Die zweite Möglichkeit kann beim letzten Gliederungspunkt des Hauptteils, dem Textvergleich, zu inhaltlichen Längen und Wiederholungen führen, wenn nicht deutlich genug abstrahiert wird.

Die **Argumentation** eines Textes zu analysieren bedeutet, den Aufbau des Textes bzw. die Funktion einzelner Textteile hinsichtlich des gesamten Textes zu erfassen und zu beschreiben (also z. B. die Abfolge von Thesen, Beispielen, Folgerungen, Einschränkungen, Ausweitungen usw.) und die jeweiligen Inhalte der entsprechenden Textteile so wiederzugeben, dass ein Leser ohne Textkenntnis hinreichend klar ins Bild gesetzt wird.
Die Frage nach den „**unterschiedliche[n] Schwerpunkte[n]** bei der Einschätzung von Gegenwartsliteratur" verlangt von den Schülerinnen und Schülern, von den Einzelthesen beider Texte zu abstrahieren und generalisierende, aber dennoch differenzierende Aussagen über beide Texte zu treffen. Eine reine Auflistung der Einzelthesen beider Texte zur Gegenwartsliteratur verfehlt die Fragestellung b) ebenso wie eine allzu plakative, verkürzte Bewertung (etwa nach dem Schema positive/negative Einschätzung von Gegenwartsliteratur).
Wenn von den Schülerinnen und Schülern bei einer vergleichenden Sachtextanalyse verlangt wird, zu beiden Texten **Stellung zu nehmen**, so erfordert dies:
- exakte Textkenntnisse, die sie sich bei der Analyse beider Texte erarbeitet haben (sie sollen hier auf vorhergehende Passagen ihrer Arbeit verknüpfend Bezug nehmen),
- sie sollen jedoch keinesfalls kleinschrittig und langatmig jede einzelne Position bzw. jedes Einzelargument oder -beispiel in den Texten bewerten,
- sondern vielmehr eine differenzierte Meinung zur grundlegenden Haltung beider Texte zur zeitgenössischen Literatur vertreten.
- Eigene Kenntnisse und Leseerfahrungen im Bereich der zeitgenössischen Literatur sind dabei in die Argumentation einzubauen, um die geforderte Stellungnahme abzusichern und zu veranschaulichen.

S. 302, Aufgabe 1

Aussagen zur Gegenwartsliteratur und zu deren Stellenwert im Deutschunterricht:
- Ambitionierte, nicht der Popliteratur zuzurechnende Gegenwartsliteratur findet Anerkennung (z. B. Uwe Tellkamps „Der Schlaf in den Uhren", wofür er 2004 den Ingeborg-Bachmann-Preis erhielt) und wird auch zum Abiturprüfungsstoff (z. B. Niedersachsen 2008).
- Nach anfänglicher Irritation (vor allem aufgrund der Situierung des Romans von Uwe Tellkamp in der späten DDR) finden Schüler Zugänge zu dieser Art von komplexer zeitgenössischer Literatur, wie sich an zahlreichen Internet-Einträgen feststellen lässt.
- Diese Art von Literatur stellt eine wichtige Erweiterung des Bereichs „Gegenwartsliteratur" in der gymnasialen Bildung dar, da bisher lediglich wenige, gut erschließbare Werke diesen Bereich repräsentiert haben (Frisch, Dürrenmatt, Süskind, Schlinks „Der Vorleser" und Schneiders „Schlafes Bruder").
- Gleichzeitig geht von der Literaturdidaktik die Initiative aus, anspruchsvolle Gegenwartsliteratur (und nicht massenwirksame aktuelle Bestseller) in der Schule zu behandeln, um die Lesemotivation und zugleich die Lesekompetenz von Jugendlichen zu erhöhen (z. B. von Ulf Abraham gefordert).
- Aber nur wenige Kultusministerien/Bundesländer befolgen diese Aufforderung, z. T. wird dabei zu sehr auf zeitgenössische Popliteratur statt auf anspruchsvolle, aber noch nicht durch Sekundärliteratur erforschte Literatur Bezug genommen (z. B. Brandenburg 2003).

S. 302, Aufgabe 2

Art und Weise der Argumentation:
- Einerseits zeigen die Bezugnahme auf literaturästhetische (z. B. Begeisterung über Uwe Tellkamps Lesung beim Ingeborg-Bachmann-Wettbewerb 2004) und didaktische Diskussionen (vgl. den Hinweis auf PISA sowie das Zitieren des Didaktikers Ulf Abraham) sowie die Kenntnis der verschiedensten Abiturprüfungsthemen unterschiedlicher Bundesländer und vergleichender Studien zur Behandlung von Gegenwartsliteratur im Unterricht die Sachkompetenz des Autors.

© 2010 Oldenbourg Schulbuchverlag

- Andererseits gibt sich Florian Kessler schüler- bzw. lesernah, indem er aus der Homepage eines Gymnasiums zitiert, Rezensionen erwähnt und so Rezipienten (hier: Schüler und Lehrer) zu Wort kommen lässt.
- Dabei wird ein Text bzw. ein Autor der zeitgenössischen Literatur exemplarisch in den Blick genommen; die Erwähnung weiterer Romantitel bzw. Schriftsteller dient der Stützung der zentralen Thesen, die an Uwe Tellkamp aufgezeigt werden.
- Es entsteht ein insgesamt positives Bild zeitgenössischer Literatur, das aber deren Bandbreite bzw. Qualitätsunterschiede ebenso wenig verschweigt wie mögliche Rezeptionsschwierigkeiten.
- Insgesamt wird sachlich formuliert und geurteilt; nur an einer Stelle, nämlich bei der Kritik am phantasielosen Umgang mit Gegenwartsliteratur in der Schule (vgl. Z.108–118), lässt die Wortwahl eine gewisse Polemik deutlich werden.

Intention des Textes:
- Zunächst soll mit einem (in den Augen des Autors) lesenswerten zeitgenössischen Schriftsteller bekannt gemacht werden.
- Außerdem soll für die Behandlung anspruchsvoller Gegenwartsliteratur im Schulunterricht geworben werden.
- Implizit ist auch eine Kritik an der geringen Bereitschaft der Kultusministerien herauszulesen, zeitgenössische Literatur adäquat in den Unterricht und somit als Abiturstoff aufzunehmen.
- Nicht zuletzt zeigt das häufige Zitieren von relevanten Schüleräußerungen, dass der Autor (im Gegensatz zur landläufigen Einschätzung) den Jugendlichen durchaus Lesebereitschaft und Lesekompetenz zugesteht und dies seinen Lesern vermitteln möchte.

S.302, Aufgabe 3

Sprachlich-stilistische Mittel:
- häufiger Einbau von (zumeist wörtlichen) Zitaten: Belegen und Veranschaulichen zentraler Aussagen
- Verwendung von Doppelpunkt und Gedankenstrich: Herausstellen von Zitaten, Behauptungen, Schlussfolgerungen (etwa Z.9, 24, 46, 69, 101, 127, 138)
- Adjektive/Adverbien: Illustration (z.B. Z.8, 28) und Bewertung (z.B. Z.15, 50, 57, 136, 138)
- Neologismen (z.B. Z.20 f., 130) und Personifikation (z.B. Z.35 f.): Veranschaulichung, Beeindrucken und Erzeugen von Zustimmung beim Leser
- Fachvokabular, Fremdwortgebrauch (z.B. Z.35, 37 f., 45, 77, 78, 82, 84 f., 90, 105, 116): Aufzeigen von Kompetenz, Verdeutlichen von Zusammenhängen und Folgen, implizite Bewertung
- Verwendung von Objekt-, Adverbial- und Relativsatz: Entfaltung von Zusammenhängen, Herausstellen bestimmter Inhalte
- Ellipse (z.B. Z.22 f.), rhetorische Frage (Z.56 ff.): Pointierung
- umgangssprachliche bzw. flapsig-populäre Formulierungen (z.B. Z.85 f., 110 f., 117 f.): Herstellen von Nähe zum Leser, Veranschaulichen und Kritisieren
- Rahmung durch Verwendung des Schlusszitats („Lesen Sie, es ist herrlich“, Z.141 f.) als Überschrift: Abrundung der Argumentation, Blickführung des Lesers.

S.302, Aufgabe 4

Kommunikative Absicht des Textes von Florian Kessler: „Lesen Sie, es ist herrlich!“:
- Informationsgehalt: wenig konkrete Informationen zum Autor Uwe Tellkamp bzw. zu dessen Werk, hingegen genauere, differenziertere Angaben zum Stellenwert von Gegenwartsliteratur im Unterricht, zu Positionen der Fachdidaktik und vor allem zur Haltung von Schülern
- Unvoreingenommenheit: zwar am Ende klar ersichtliche Positionierung für das Einbeziehen von Gegenwartsliteratur, jedoch argumentative, durch illustrierende Beispiele und Verweise auf Autoritäten gestützte Darlegung

© 2010 Oldenbourg Schulbuchverlag

- Nachprüfbarkeit: keine konkreten Angaben zur Fundstelle bei Zitaten (analog zur Textsorte „Reportage"), jedoch ist eine Überprüfung von Teilaspekten durchaus möglich (z. B. Preisverleihung an Uwe Tellkamp 2004; Plädoyer Ulf Abrahams für anspruchsvolle Gegenwartsliteratur im Unterricht)
- Anschaulichkeit: vor allem durch direkte Zitate erreicht, aber auch durch den Einsatz entsprechender sprachlich-stilistischer Mittel; die Anschaulichkeit wird aber nie zur Vereinnahmung des Lesers z. B. durch einseitig-drastische Bildlichkeit oder durch ein Schreiben, das die rhetorische Wirksamkeit in den Mittelpunkt stellt

→Zusatzmaterial 4, Grobgliederung, LM, S. 255 f.

- Folgerichtigkeit: insgesamt klarer, folgerichtig strukturierter Textaufbau. Die Aspekte, die für eine Behandlung ästhetisch-intellektuell ansprechender zeitgenössischer Literatur in der Schule sprechen, werden aufeinander bezogen und zu einem überzeugenden Fazit gebündelt.
- Anspruchsniveau: gemäß dem Publikationsort („Süddeutsche Zeitung") eine Leserschaft mit Allgemeinbildung, mit Interesse an kulturellen-literarischen Themen und mit einer entwickelten sprachlichen Kompetenz; spezielles Wissen über z. B. didaktische Diskurse, über Autoren oder Werke der Gegenwartsliteratur wird nicht vorausgesetzt, kann jedoch mit dem Text in Verbindung gebracht werden

S. 304, Aufgabe 5

Zentrale Thesen zur Gegenwartsliteratur sind:
- Das Ende einer literarischen Epoche kündigt sich an, da viele der renommierten Gegenwartsautoren bereits 80 Jahre oder älter sind (z. B. Grass, Walser, S. Lenz).
- Eine Generation der „Enkel", also junge Autoren, schreibt hingegen leicht verständliche Texte mit großem Erfolg beim Publikum.
- Ihre Themen sind z. B. Familiengeschichten, Liebesgeschichten oder Alltagsgeschichten, also Themen, die beim Leser ein Wiedererkennen ermöglichen.
- Die selbstreflexive Frage nach den ihrem Schreiben zugrunde liegenden Bedingungen stellt sich diese junge Autorengeneration jedoch, anders als die älteren Generationen, nicht mehr.
- Damit aber werden literarisch herausragende Kunstwerke nicht erreicht; die junge Autorengeneration schreibt lediglich handwerklich solide, sprachlich und inhaltlich leicht verständliche, gut vermarktbare Bücher.
- Anders als z. B. bei den Autoren der Romantik versuchen die jungen Gegenwartsautoren nicht einmal mehr, außergewöhnliche, experimentelle Literatur zu schreiben, die die bestehenden Auffassungen von Literatur erweitert.

S. 304, Aufgabe 6

Vergleichsaspekt	Florian Keßler, „Lesen Sie, es ist herrlich!"	Ulrich Greiner, „Mittlere Bücher, mittlere Gefühle"
Qualitätsaspekt bei Gegenwartsliteratur	Es gibt (neben der Popliteratur) ästhetisch anspruchsvolle Gegenwartsliteratur.	Die Literatur der jüngsten Autorengeneration ist zwar handwerklich solide, aber inhaltlich bieder und (selbst)kritiklos.
Rezeption von Gegenwartsliteratur	Nach anfänglichen Schwierigkeiten findet diese Literatur ihre Leser, auch bei Schülern.	Vor allem Verlage sind an dieser leicht vermarktbaren Literaturware interessiert, die sich bei der breiten Masse der Leser gut verkauft.

© 2010 Oldenbourg Schulbuchverlag

Vergleichsaspekt	Florian Keßler, „Lesen Sie, es ist herrlich!“	Ulrich Greiner, „Mittlere Bücher, mittlere Gefühle“
Vergleich mit anderer Literatur	Die Literatur der Gegenwart kann aus sich heraus bestehen; ein Vergleich mit Literatur anderer Epochen zur Qualitätsbestimmung unterbleibt.	Literatur der Gegenwart muss sich an herausragender Literatur vergangener Epochen messen lassen.
Breite der Ausführungen	Ein in den Mittelpunkt gerücktes Beispiel (Uwe Tellkamp) wird genauer beleuchtet.	Breit angelegte, verschiedene Epochen einbeziehende Ausführungen stützen die These.
Auffassungen des Lesens	Lesen wird vor allem gesehen als schulisches Lesen, das bestimmte Kompetenzen ausbilden soll.	Lesen wird (implizit) gesehen als privates, an ästhetischem Genuss ausgerichtetes Lesen von literarisch gebildeten Lesern.

S. 304, Aufgabe 7

Art und Weise der Argumentation:
- Ulrich Greiner argumentiert als renommierter Literaturkritiker, den viele Leser der „ ZEIT“ kennen und ob seiner pointierten Rezensionen sicherlich auch schätzen.
- Seine Bezugnahme auf aktuelle Veröffentlichungen (Rüdiger Safranski), die Nennung von Hochwertliteratur vergangener Epochen (Hölderlin, Kleist, Kafka), anerkannter noch lebender Autoren (Grass, Lenz, Walser, Handke, Botho Strauß) weisen ihn als Literaturkenner aus und verleihen ihm Autorität und Zustimmung bei den (wohl eher konservativen) Lesern der „ZEIT“.
- Das Einflechten aktueller Romantitel (z. B. „Mittagsfrau“) bzw. Autorennamen (z. B. Katja Lange-Müller) soll die Urteile als fundiert und überprüfbar erscheinen lassen.
- Die Haltung Ulrich Greiners ist die des Mahners, der auf Fehlentwicklungen hinweist, ohne dabei einen allzu einseitig-polemischen Eindruck vermitteln zu wollen.
- Dennoch ist, vor allem durch bestimmte sprachlich-stilistische Auffälligkeiten, wie Neologismen („Verständlichkeitsprosa“) oder rhetorische Fragen, eine (durchaus auch polemische) Abwertung der Gegenwartsliteratur nicht zu übersehen.
- Dabei scheint Ulrich Greiner daran gelegen zu sein, selbst durch stilistische Eleganz zu beeindrucken, z. B. durch Wortspiele oder durch einmontierte Anspielungen, die von gebildeten Lesern wiedererkannt werden sollen (etwa „blaue Blume“, „Zauberwort“, „und die Welt hob an zu singen“, auch „das Unerhörte“).

Daraus ergeben sich als Intentionen bei Ulrich Greiner einerseits die Wahrnehmung der Funktion als Literaturkritiker, der seine (fundierte) Meinung an die Leserschaft vermitteln will und auch literarische Entwicklungen zu kennzeichnen hat, andererseits zeigt sich auch, dass Ulrich Greiner die anspruchsvolle Unterhaltung seiner Leserschaft bezweckt, bei der vielleicht literarische Urteile eher bestätigt als aufgebrochen werden.

Im Vergleich zum Text von Florian Kessler zeigt sich:
- eher positive, z. T. euphorische Haltung bei Kessler, skeptisch-kritische Haltung bei Greiner
- Sachkompetenz bei beiden Autoren
- Rezipientenbezug bei Kessler eher partnerschaftlich (Schüler werden als Leser ernst genommen), bei Greiner steht eher das Urteilen für die Rezipienten im Vordergrund
- daher stärker entfaltete, auch relativierte Argumentation bei Keßler, pointiertere Argumentation bei Greiner

© 2010 Oldenbourg Schulbuchverlag

- daher auch weit stärkere Hereinnahme der Meinungen weiterer Personen (vor allem als Zitate) bei Kessler als bei Greiner

S. 304, Aufgabe 8

Sprachlich-stilistische Mittel:
- Parallelismen (Z. 19 ff., 34 ff.), Adversativsatz (Z. 11 ff.), ausgeführter Vergleich (Z. 69 ff.), Einschub in Klammern (Z. 14, 35 f.), Doppelpunkt (Z. 17), Klimax (Z. 23 f.): Vermitteln und Hervorheben von Informationen bzw. Positionen zur zeitgenössischen Literatur
- polysyndetische Reihungen (Z. 6 f., 60), literarische Anspielungen (Z. 87 ff.), Nennung eines Fachwissenschaftlers (Z. 90), Metapher (Z. 93 f.): Herausstellen der Qualitäten von Literatur älterer Epochen bzw. Autoren
- oft antithetische Wortspiele (Z. 5, 75 ff., 105 f.), kritischer Fragesatz (Z. 74), Neologismus (Z. 55), gezielte Verwendung von Parataxe, in Anlehnung an die unterstellte Einfachheit auch der Sprache der zeitgenössischen Autoren (z. B. Z. 52 ff., 75 ff., 103 ff.): Betonen der Kritikpunkte an der Gegenwartsliteratur

→ Zusatzmaterial 5, Grobgliederung, LM, S. 256

- Verwendung des Personalpronomens „wir" (z. B. Z. 60 ff.) bzw. des Indefinitpronomens „man" (z. B. Z. 59, 101), einräumend-adversative Satzkonstruktionen („Unzweifelhaft ... Aber ...:", Z. 56 ff., „... niemand verübeln ..., sondern ...", Z. 81 ff.): Aufzeigen der Fundiertheit und Allgemeingültigkeit der eigenen Position und Versuch, diese Position als identisch mit der des Lesers zu setzen.

S. 304, Aufgabe 9

Grobgliederung zum Sachtextvergleich:

A Zum Beispiel Gegenwartsliteratur als Streitobjekt: Offenheit statt literaturgeschichtliche Zuschreibungen [z. B. widersprüchliche eigene Erfahrungen mit Gegenwartsliteratur]

B Sachtextvergleich und persönliche Stellungnahme: „Lesen Sie, es ist herrlich!" von Florian Kessler und „Mittlere Bücher, mittlere Gefühle" von Ulrich Greiner

I. Vergleich der Argumentation in den beiden zu analysierenden Texten
  1. Differenzierte, weitgehend positive Haltung zur Gegenwartsliteratur sowie deskriptive und argumentative Vorgehensweise in Kesslers Text
    a) Verweis auf die Leseanreize von Gegenwartsliteratur
    b) Argumentation vor allem mittels Entfaltung eines zentralen Beispiels
    c) Hereinnahme der Meinungen anderer Leser (vor allem von Schülern) und Bezugnahme auf das schulische Lesen
    d) weitgehender Verzicht auf Polemik
  2. Einseitige, weitgehend negative Haltung zur Gegenwartsliteratur sowie pointierte Zuspitzungen bei der Argumentation Ulrich Greiners
    a) Marginalisierung der Gegenwartsliteratur gegenüber älteren literarischen Traditionen
    b) Argumentation durch Vergleiche und Anzitieren vielfältiger Beispiele (Autoren)
    c) Herausstellen der eigenen Kompetenz und Meinung als Richtlinie und Bezugnahme auf das private Lesen
    d) ironische, kritische und mahnende Grundhaltung

II. Vergleich der sprachlichen Gestaltung
  1. Reportageartiger Stil bei Florian Kessler
    a) wörtliche Zitate, umgangssprachliche Formulierungen, Neologismen, Rahmung durch Überschrift und Schlusssatz: Authentizität und Nähe zum Leser, Unmittelbarkeit
    b) Fachvokabular, komplexere Satzgefüge, Adjektivgebrauch, Doppelpunkt und Gedankenstrich: Vermittlung von Informationen, Gliederung der Argumentation, Hervorhebung
  2. Ironisch-journalistischer Stil beim Feuilletonisten Ulrich Greiner
    a) Wortspiele, Neologismen, Fragesätze, ausgeführte Vergleiche, Personalpronomen „wir": Betonen der Verbindlichkeit des eigenen Urteils über Gegenwartsliteratur

© 2010 Oldenbourg Schulbuchverlag

b) Polysyndetische Reihungen, literarische Anspielungen, Metapher, Namensnennung eines anerkannten Fachwissenschaftlers: Herausstellen der Sach- und Sprachkompetenz, erzeugte Nähe zum gebildeten Leser

III. Unterschiedliche Schwerpunktsetzungen bei der Einschätzung der Gegenwartsliteratur
1. Didaktische Überlegungen im Vordergrund von Florian Kesslers Einschätzung
2. Ästhetische Maßstäbe (basierend auf anerkannter Weltliteratur) im Vordergrund von Ulrich Greiners Einschätzung

IV. Stellungnahme zu den beiden Texten:
Hier sind unterschiedliche Stellungnahmen der Schülerinnen und Schüler zu erwarten; die Bezugnahme auf eigene Leseerfahrungen im Bereich der Gegenwartsliteratur ist dabei jedoch immer erforderlich, doch sollten die gelesenen Einzelwerke nicht als solche in den Blick genommen werden, sondern dazu dienen, zustimmende, ablehnende oder auch differenzierende Positionen zu den Thesen aus beiden Texten zu untermauern. Möglich wäre z. B.
- Zustimmung zur Differenzierung von Gegenwartsliteratur bei Florian Kessler
- Bestätigung der These Kesslers, dass die Behandlung von Gegenwartsliteratur im Unterricht aufgrund fehlender Interpretationssammlungen herausfordernder, aber auch interessanter ist
- Kritik an der pauschalen Abwertung zeitgenössischer junger Autoren durch Greiner
- allerdings Zustimmung zur These, dass gerade Verlage den schnellen Erfolg junger Autoren fordern und fördern
- Akzeptanz der Kriterien für Hochliteratur/Weltliteratur bei Greiner (z. B. Kleist, Kafka), jedoch Relativierung der Ausschließlichkeit, mit der diese Kriterien für die Gegenwartsliteratur angewendet werden
- subjektive, aber fundierte Einschätzung des Informations- und Unterhaltungswertes beider Texte

C [z. B. Modernität älterer Literatur; Poetry-Slam als neue Form der Gegenwartsliteratur, ...]

S. 305, Aufgaben 10 und 11

Anhand der ausformulierten Gliederung zum Sachtextvergleich sowie der Hinweise bei der Analyse der Aufgabenstellung lassen sich die Schülerarbeiten überprüfen und ggf. überarbeiten. Dies kann in Form einer Schreibkonferenz geschehen, ebenso denkbar ist, dass die Schüler die Überarbeitung als Hausaufgabe individuell leisten.
Für einen gelungenen Aufsatz sollten folgende Punkte gegeben sein:
- Einleitung, die das Interesse des Lesers weckt, die wichtigen Informationen zu den Texten gibt (Autor, Titel, Erscheinungsort und -zeit, Textsorte) und die Aufgabenstellung umreißt
- Hauptteil, der klar und übersichtlich gegliedert und auf den Vergleich hin ausgerichtet ist
- Belegen der Ergebnisse der Textanalyse durch sinnvoll ausgewählte, korrekt eingebaute Zitate bzw. durch Textverweise
- klar erkennbare, differenzierte, aber nicht kleinschrittige Stellungnahme zu den geäußerten Auffassungen zur Gegenwartsliteratur
- Untermauerung der eigenen Position durch Bezugnahme auf eigene Lektüreerfahrungen
- stimmige sprachliche Gestaltung, bei der fremde und eigene Thesen klar als solche gekennzeichnet sind, Überleitungen und das Herstellen von Bezügen, die Textkohärenz gewährleisten und keine sprachlichen Fehler die Lesbarkeit der Arbeit einschränken
- Gliederung, die formal korrekt und im Nominalstil formuliert ist und die inhaltlich mit dem Aufsatz übereinstimmt

© 2010 Oldenbourg Schulbuchverlag

→ LM, S. 230
Zusatzmaterial 1

Die Nobelpreisträger der Literatur

Nobelpreis für Literatur, internationale Auszeichnung, die seit 1901 jährlich am 10. 12., dem Todestag des Stifters Alfred Nobel (1833 bis 1896), durch den schwedischen König in Stockholm überreicht wird. – Als Jury fungiert die Schwedische Akademie der Künste, die den Preis für ein hervorragendes literarisches Gesamtwerk verleiht. Vorschlagsberechtigt sind Mitglieder der Schwedischen Akademie, ausgewählte Professoren der Literatur- und Sprachwissenschaft, Mitglieder anderer Akademien und Institutionen, Vorsitzende von Schriftstellerverbänden sowie bisherige Träger des Preises.
Die Nobelpreise gehen auf die testamentarische Verfügung von Alfred Nobel zurück, wonach die jährlich anfallenden Zinsen aus seinem der Nobelstiftung hinterlassenem Kapitalvermögen für bedeutende und nutzbringende Leistungen auf den Gebieten der Chemie, Physik, Medizin/Physiologie, des Völkerfriedens, ferner für hervorragende Leistungen auf dem Gebiet der Literatur, verwendet werden sollen. Die Preise werden den Statuten gemäß unabhängig von der Nationalität an Personen, Institutionen oder Gesellschaften vergeben. Bisher wurde der Nobelpreis für Literatur siebenmal nicht vergeben: 1914, 1918, 1935 und 1940–43. Dreimal wurde er abgelehnt: 1901 von L. Tolstoi, 1958 von B. Pasternak, der ihn unter politischem Druck wieder zurückgeben musste, und 1964 von J.-P. Sartre.
Obwohl der Preis als international ranghöchste literarische Auszeichnung anerkannt ist, werden einzelne Entscheidungen der Jury immer wieder in Frage gestellt. Die Kritik führt an, die Auswahl der Preisträger werde häufig von politischen und nationalen Erwägungen beeinflusst.

(Aus: Harenberg Lexikon der Weltliteratur. Bd. 4. Hg. v. François Bondy, Ivo Frenzel, Joachim Kaiser. Dortmund: Harenberg Verlag 1994.)

→ LM, S. 230
Zusatzmaterial 2

Das Abendland gegen den Rest der Welt (1999) *Karsten Deventer*

Der Literatur-Nobelpreis, 1901 erstmals vergeben, ist die höchst geschätzte Kulturauszeichnung der Welt. Entsprechend umstritten war häufig die Wahl der Schwedischen Akademie. 96 Autoren wurden ausgezeichnet, zu Kriegszeiten gab es ihn in sieben Jahrgängen nicht; viermal wurde er gesplittet. Gerade einmal neun Frauen wurden für preiswürdig erachtet. Dabei wurde 1909 bereits Selma Lagerlöf – eine Schwedin – gewürdigt. Zwischen 1945 und 1991 hingegen blieben Schriftstellerinnen – mit einer Ausnahme von Nelly Sachs – unbeachtet.
Jahrzehntelang war der Literatur-Nobelpreis, gedacht als schwedischer Preis für die ganze Welt, in Wirklichkeit eine Auszeichnung für europäische Literatur mit freundlicher Berücksichtigung US-amerikanischer Autoren. Nur zweimal konnten ein Inder (Tagore, 1913) und eine Chilenin (Gabriela Mistral, 1945) in diese Phalanx einbrechen. Erst mit dem Preis 1968 für Yasunari Kawabata öffneten sich die Akademiker „exotischeren" Sprachen und Kulturen. Mittlerweile sind 19 Sprachen berücksichtigt worden. Wenn nun freilich ein Australier, Nigerianer oder Ägypter ausgezeichnet wurde, gingen die Debatten in eine neue Richtung: Gilt dies wirklich der literarischen Qualität des Werkes oder waren diese Teile der Erde auch einfach mal dran? Aktueller Spielstand: Europa/USA – Rest der Welt 82:14.
Die Länderwertung wird knapp von Frankreich (12) vor den USA (10) und Großbritannien (8) angeführt. Bemerkenswert, dass bei den Franzosen fast gleichgewichtig Dichter, Denker und Romanciers prämiert wurden, während die Amerikaner neben dem Bühnenautor O'Neill ausschließlich Romanciers stellen. Deutschland bringt es nun auf sieben Titel, hatte seine starke Phase in der ersten Dekade (Theodor Mommsen, Rudolf Eucken, Paul Heyse und Gerhart Hauptmann zwischen 1902 und 1912) und nimmt nun den vierten Rang zusammen mit den Schweden ein. Zwischen Thomas Mann (1929) und Grass war mit Heinrich Böll (1972) nur noch einmal ein Deutscher bedacht worden. Mit den Emigranten Nelly Sachs, Hermann Hesse und Elias Canetti sowie dem Schweizer Carl Spitteler war die deutsche Sprache jedoch noch

© 2010 Oldenbourg Schulbuchverlag

vier Mal vertreten. 26 Lyriker wurden ausgezeichnet. Natürlich liegt die Prosa mit 51 Preisen an der Spitze, zehnmal durften sich die Dramatiker freuen (zuletzt Dario Fo). Drei Philosophen (Euken, Bergson, Russell), zwei Geschichtsschreiber (Mommsen, Churchill), zwei Epiker (Spitteler, Martinson) und zwei Allrounder wie Elias Canetti und Octavio Paz.
Bei der ersten Verleihung der Nobelpreise 1901 betrug die Preissumme 150 000 Kronen, noch 1980 waren es 880 000. Dank steigender Gewinne beträgt die Rekordprämie in diesem Jahr 7,9 Millionen Kronen (rund 1,7 Millionen Mark).

(Aus: DIE WELT, 1.10.1999.)

→ LM, S. 242
Zusatzmaterial 3

Lexikonartikel

Mit seinem Debüt „Kanak Sprak – 24 Misstöne vom Rande der Gesellschaft“ (1995) verschaffte Zaimoglu einem unvorbereiteten Publikum Zugang zu einer sprachlichen Terra incognita im deutschen Sprachraum. Dabei betraf die größte Überraschung eine in Szenen der fortgeschrittenen Migration vollzogene Synthese aus deutschem, amerikanischem und türkischem Slang. Eine weitere Besonderheit ergab sich daraus, dass in diesem Argot osmanische Anachronismen wie überhaupt ein konservativer Duktus im Vokabular der ersten, hauptsächlich ländlich-bäurischen Einwanderergeneration überlebten. „Kanak Sprak“ versammelt vom Autor bearbeitete Interviews mit Vertretern der zweiten und dritten Einwanderergeneration. Zaimoglu betonte den Dokumentationscharakter von „Kanak Sprak“.
Die große Resonanz seines literarischen Entrées verdankte sich auch der weit gespannten Aufmerksamkeit eines grundsätzlich literaturfernen Publikums, das Feridun Zaimoglu als Interessenvertreter wahrnahm. Durch ihn stellte eine polyethnische, nur von außen einigermaßen einheitlich erscheinende Subkultur erstmals Öffentlichkeit her. Eine vom Wortklang affizierte, im Neubildungsfuror vorangetriebene Schreibweise verband Zaimoglu mit politischen Absichten. Der Autor von „Kanak Sprak“ behauptet, „Ethnie sei eine Ware in der Politik“. Sein Credo lautet: „Es geht nicht um ethnische Differenz, sondern um soziale Probleme. „Die Ambivalenz von Ausdrucksstärke und wuchtiger Aussage schuf eine Spannung, die sich auch in der Rezeption entlud. Die Kritik von „Kanak Sprak“ spiegelte zunächst vor allem das Ungeregelte der Situation. Wo der innovative Aspekt von Zaimoglus Arbeit gesehen wurde, blieb gleichwohl unklar, wie er einzuordnen sei. Es ist ein Verdienst dieses Schriftstellers, die von der Gastarbeiterliteratur der Sechziger- und Siebzigerjahre und der ihr nachgekommenen Migrantenliteratur gesetzten Standards (nicht allein) im Hinblick auf die eigene Produktion für ungültig erklärt zu haben.“

(Aus: Jamal Tuschik: Lexikon der deutschsprachigen Gegenwartsliteratur. Bd. 2. Hg. v. Thomas Kraft. München: Nymphenburger 2003, S. 1364–1365. © 2003 by nymphenburger in der F. A. Herbig Verlagsbuchhandlung GmbH, München.)

→ LM, S. 250
Zusatzmaterial 4

Zum Gliederungsteil „sprachlich-stilistische Gestaltung: vgl. Ergebnisse zu Aufgabe 3

Gliederung: „Lesen Sie, es ist herrlich!“ von Florian Kessler
Sollte vom Artikel eine Sachtextanalyse gefordert werden, kann der folgende, recht ausführlich gehaltene Teil einer Gliederung herangezogen werden, wenn die Ergebnisse der Analyse der Argumentation überprüft werden sollen:

A Reportage (SZ) vom 18.1.2008; Autor: Florian Kessler; Grundaussage: Plädoyer für anspruchsvolle Gegenwartsliteratur im Deutschunterricht/im Abitur

B Sachtextanalyse

- I. Argumentation
  1. Einstieg über aktuelles Beispiel: Uwe Tellkamp als Pflichtlektüre im niedersächsischen Abitur 2008
  2. Rückblick auf den Erfolg des Autors Uwe Tellkamp: Hinweis auf den Gewinn des Ingeborg-Bachmann-Preises 2004
  3. Weiterführung des Eingangsthemas: Schüler sind irritiert, entwickeln aber auch tragfähige Zugangsweisen zum Text

4. Exemplifizierung anhand eines Schülerbeispiels: Erfassen der Aussagekraft komplexer Satzstrukturen durch Schülerin
5. Kontrastierendes Zitieren kritischer Haltungen gegenüber der Setzung des Textes von Uwe Tellkamp im Abitur Niedersachsens 2008
6. Implizites Relativieren dieser Kritik: „Gegenwartsliteratur" im Deutschunterricht bisher nur sehr eingeschränkt thematisiert bzw. reduziert auf kanonisierte, meist einfache bzw. durch Sekundärliteratur einfach zu erschließende Texte
7. Beleuchtung der Frage nach der Relevanz von Gegenwartsliteratur im Unterricht aus einer neuen, umfassenderen Sichtweise: Hoffnungen der Fachdidaktik, Leselust und Lesekompetenz steigern zu können
8. Überprüfung der Schulwirklichkeit: kaum Gegenwartsliteratur im definierten Sinne bzw. Einschränkung auf Popliteratur
9. Formulieren einer zentralen These: Gegenwartsliteratur als Chance der eigenständigen, vertieften, noch nicht vorgegebenen Auseinandersetzung mit Literatur zu nutzen
10. Beleg der zentralen These als Fazit und Appell: Hinweis auf engagierte Vorbereitung durch eine Lehrkraft und auf ernsthafte Bemühungen der Schüler

II. sprachlich-stilistische Mittel in ihrer jeweiligen Wirkung: vgl. Aufgabe 3
III. Intention: vgl. Aufgabe 2

C [z. B. eigene Leseerfahrungen, knappe Stellungnahme zu der Position Florian Kesslers, ...]

→ **LM, S. 252**
Zusatzmaterial 5

Zum Gliederungsteil „sprachlich-stilistische Gestaltung: vgl. Ergebnisse zu Aufgabe 8

Gliederung: „Mittlere Bücher, mittlere Gefühle" von Ulrich Greiner

Sollte vom Artikel eine Sachtextanalyse gefordert werden, kann der folgende, recht ausführlich gehaltene Teil einer Gliederung herangezogen werden, wenn die Ergebnisse der Analyse der Argumentation überprüft werden sollen:

A Dominanz von amerikanischer Literatur auf den Bestsellerlisten

B Analyse des Kommentars „Mittlere Gefühle, mittlere Bücher" von Ulrich Greiner, erschienen in der Wochenzeitschrift „Die Zeit" vom 11. 10. 2007

I. Argumentation:

1. Eingangsthese: bevorstehende Ablösung einer bekannten älteren Autorengeneration durch die Generation der „Enkel"
2. Spezifizierung durch eine Beschreibung der Literatur dieser jungen Generation: nachvollziehbare, rein narrative Familien-, Liebes- und Alltagsgeschichten
3. Abgrenzender Vergleich mit der Autorengeneration mittleren Alters als Aspekt der Kritik an der Gegenwartsliteratur: fehlende Selbst- und Sprachreflexion
4. Konkretisierung der Kritik an der Gegenwartsliteratur durch Vergleich mit Hochliteratur: Erfahrungspotenzial über das bereits Bekannte hinaus als Kriterium von Weltliteratur
5. Erstes Fazit: momentane Situation der deutschen Literatur gekennzeichnet durch von Verlagen gefördertes Mittelmaß ohne außergewöhnliche literarische Entdeckungen
6. Zuspitzung der Kritik durch Vergleich mit der Literatur der Romantik: literarische Wagnisse und Überschreiten des bisher literarisch Gültigen als Basis dieser außergewöhnlichen Literaturepoche
7. Fazit: zwar handwerklich solide, aber ästhetisch mittelmäßige, nicht risikobereite Gegenwartsliteratur

II. sprachlich-stilistische Mittel in ihrer jeweiligen Wirkung: vgl. Aufgabe 8
III. Intention: vgl. Aufgabe 7

C [z. B. eigene Leseerfahrungen, knappe Stellungnahme zu der Position Ulrich Greiners, ...]

© 2010 Oldenbourg Schulbuchverlag

S. 306

Wiederholungskurs Abiturvorbereitung – von der Klassik bis zur frühen Moderne

Das letzte Kapitel des Unterrichtswerkes bietet einen Blick in zwei Richtungen. Im Blick zurück werden wesentliche Themen des Literaturunterrichts der 11. Jahrgangsstufe wiederholt. Der Blick nach vorne richtet sich auf das schriftliche Abitur. Dieses Abschlusskapitel unterscheidet sich in mehrfacher Hinsicht von den anderen Kapiteln des Bandes. Es hat keinen expliziten Bezug zu einem im Lehrplan vorgegebenen Bereich. Gleichwohl ist es der dem Lehrplan zugrunde liegenden Kompetenzorientierung verpflichtet. Die Schülerinnen und Schüler sollen selbstständig in der Lage sein, die Aufgaben zu erfüllen.
Ferner ist das letzte Kapitel nicht in Teilkapitel gegliedert. Es handelt sich um einen Wiederholungskurs des Stoffes bis zum Beginn von Jahrgangsstufe 12. Inhaltlich ist ein Dreischritt von Klassik, Romantik und Realismus auszumachen. Neben der selbstständigen Abiturvorbereitung der Schülerinnen und Schüler kann und wird dieses Kapitel auch im Unterricht eingesetzt werden.
Deshalb sei hier für die Hand des Lehrers auf folgende Gesichtspunkte hingewiesen, die die einzelnen Aufgaben im Sinne einer Progression verknüpfen können:

1. Ein Rahmen wird dadurch gesetzt, dass die gewählten Texte Grundfragen der Philosophie in der Sprachgestalt der Literatur reflektieren:
   - Was kann ich wissen?
   - Was soll ich tun?
   - Was darf ich hoffen?

   Es sind diese drei Fragen, die nach Kant Philosophie definieren, und eine vierte, die diese drei Fragen zusammenfasst:
   - Was ist der Mensch?

   Goethes „Iphigenie“ und die Frage nach den Bedingungen der Möglichkeit von Humanität oder das Verhältnis von Subjekt und Objekt, von Mensch und Natur in Romantik und Realismus im Roman „Heinrich von Ofterdingen“ von Novalis oder im Gedicht „Graue Stadt am Meer“ von Theodor Storm – Literatur, wenn sie auf der Höhe der Zeit war, hat immer schon die Fragen ihrer Zeit und die zeitlosen Menschheitsfragen thematisiert.
2. Ein weiterer verknüpfender Rahmen ist die poetologische Reflexion. Im Zentrum der Wiederholung stehen immer wieder Gedichte. Dabei sind wiederholt Beispiele gewählt, die die Gedichte in einem anderen Gattungsrahmen (Drama, Roman, Novelle) verorten. Die Frage nach der Funktion solch eines „lyrischen Fensters“ formuliert implizit auch eine Poetologie.
3. Der gedrängten, „in die Enge gebrachten“ Form der Gedichte korrespondieren die Bilder. Die Zeit vor dem Abitur und zum Wiederholen ist knapp. Bilder haben den Vorzug, dass auch sie wie Gedichte in überschaubarer Form das Wesentliche einer Epoche auf den Punkt bringen. Oft ist Sehen ein erster Schritt zum Verstehen. Allerdings bedarf verstehendes Sehen einer Führung. Die ausführlicheren Informationen zu den Bildern im Lehrerband wollen eine Einladung sein, die (zugegeben sehr kleinen) Bilder im Schülerband nicht nur als auflockernde Illustrationen zu sehen.

S. 306/307

Die drei Bilder der doppelten **Auftaktseite** stehen für die Literaturepochen von Klassik, Romantik und Realismus.

Johann Wolfgang Goethe, „Zeichnungen aus Italien“ (1786–88):
Das extreme Querformat zeigt die Cestius-Pyramide. Links von ihr geht der Blick in die Campagna, man entdeckt Reste eines Aquädukts oder ist es die aurelianische Stadtmauer, in die später die Pyramide pragmatisch integriert wurde? Rechts, leicht erhöht, findet sich ein Grabmal von Bäumen umgeben. An Pinie, Zypresse und vielleicht Ölbaum, die drei Bäume

© 2010 Oldenbourg Schulbuchverlag

des Südens, kann man denken. Die Szenerie wird vom Vollmond erhellt. Im Schatten auf der Pyramide findet man die Dimension der vergehenden Zeit. Goethes Zeit in Rom ist abgelaufen, er bereitet sich auf die Abreise vor, will Abschied nehmen. So geht er noch einmal nachts hinaus zum Protestantischen Friedhof an der Porta Ostiense. Goethe wird später von diesem letzten Tag in Rom sagen, es sei der letzte glückliche Tag in seinem Leben gewesen.
Er zeichnet sich sein Grab an diesem Ort. Der Wunsch in Rom beerdigt zu werden verbindet Pilgerreisende des Mittelalters mit denen des 18. und 19. Jahrhunderts auf ihrer Grand Tour. Allerdings fand nicht Goethe, sondern sein Sohn August hier die letzte Ruhestätte: „Goethe Filius Patri Ante Vertens Obiit", „Goethes Sohn, seinem Vater vorausgegangen", so steht es auf seinem Grabstein. Auch der englische Romantiker John Keats (1795–1821) ist hier beerdigt.
Was suchten Goethe und alle, die bis heute nach Italien und Rom kamen? Für Goethe waren es Freiheit, die Begegnung mit der Antike, der Natur, die Suche nach Urphänomenen, nach dem Wahren, Guten und Schönen, nach einem Ort, an dem der Mensch „edel, hilfreich und gut" sein könne. Antike und Natur waren dabei eins, galten doch die Griechen für Humanisten und Klassiker als noch näher am Natürlichen, am Humanen. Die Kunst, die die Antike und zugleich die Natur nachahmt, findet eben diese Maßstab setzende menschliche Natur in den Bildern „der Alten". Weimarer Klassik kulminiert im Italienerlebnis Goethes. Die Zeichnung Goethes von der Cestius-Pyramide ist aber auch Dokument eines melancholischen Blickes zurück. Es ist ein Programmbild, wie das folgende.

→ Zusatzmaterial 1: Informationen zu Runge, „Der Morgen", LM, S. 266

Vgl. Christian Scholl: Romantische Malerei als neue Sinnbildkunst. München: Deutscher Kunstverlag 2007

Philipp Otto Runge, „Der Morgen" (1808):
Sicher erinnern sich die Schülerinnen und Schüler an die Bilder von Caspar David Friedrich, visualisieren sie doch romantisches Naturgefühl schlechthin. Wir meinen zu verstehen, wenn wir sie sehen.
Darin liegt zugleich das Problem: Friedrichs Bildsprache steht nach neuerer Forschung mehr in der Tradition der Emblematik als in der einer autonomen Ästhetik. Das Programmatische romantischer Bildfindungen ist im Vergleich zu Friedrich in Runges „Der Morgen" viel offensichtlicher. Es thematisiert das Kreative, den Aufbruch, die neue Sicht der Welt in der Polarität von Licht und Dunkel auf mehreren Ebenen: Die untere Hälfte im Dunkel, das Helle oben – wobei die jeweilige Brechung entscheidend ist. Unten wird das frontale Licht der Sonne durch eine Sonnenfinsternis verdunkelt. Oben wird das Licht der aufgehenden Sonne vom Mittelbild, dem Bild im Bild, verdeckt. Im Mittelbild steht vor und im Licht die Aurora. Über ihr der Blütenkelch, unter ihr das Neugeborene. Die religiöse Deutung: Gott Vater, der Ursprung allen Seins, ist selbst nicht direkt anschaubar. Sichtbar wird, vor allem durch die Kunst und die Natur, das Göttliche, auch in dem als Christus deutbaren Neugeborenen. Es ist „Lumen e Lumine", das Licht, in dem Gott indirekt und im Symbol angeschaut wird. Es ist das Licht des ersten Schöpfungstages, schöpferisches Licht des kreativen Menschen. Der Mensch, der gerade als Künstler seine Kreativität realisiert, realisiert zugleich damit das Unendliche, Unnennbare, das unbegreifbare Göttliche, für das es keinen Namen gibt. Es offenbart sich im Gefühl. Es gibt eine Wahrheit des Herzens, die der Verstand nicht kennt, an die kein Begriff, erst recht kein naturwissenschaftlicher, heranreicht.

Wilhelm Leibl, „Drei Frauen in der Kirche" (1878–1882):
Anders als seine Kollegen in Frankreich, die Realismus durch Malen unter freiem Himmel erreichen wollten, war Leibl doch vor allem Ateliermaler. Sein Realismus ist der des übergenauen Blicks. Alles ist gleich wichtig, es gibt kein Bilddetail, das bevorzugt oder vernachlässigt wäre. Solche Malweise braucht ihre Zeit. Leibl arbeitete über fünf Jahre an diesem Bild. Es ist ein Realismus, der bis in unsere Tage reicht. Sein Atelier ist in dieser Zeit die Kirche von Berbling, nicht weit von Bad Aibling und Traunstein entfernt. Bis vor kurzem gab es in diesem Dorf jemanden, der aus seinen Kindertagen noch eine alte Frau kannte, die das Modell für die jüngste dieser drei Frauen war. Einfache Menschen aus drei Generationen nebeneinander

© 2010 Oldenbourg Schulbuchverlag

und ihr unterschiedlicher Gesichtsausdruck hatten Leibl zum Malen angeregt, ebenso die Farbigkeit (bunte Tracht des jungen Mädchens) und die Lichtverhältnisse in der Kirche, die diese besondere Stimmung hervorrufen. Auch kam es Leibls sorgfältiger Malweise entgegen, in der Kirche zu arbeiten.

Die Münchner Schule 1850–1914. Katalog zur Ausstellung, Bayerische Staatsgemäldesammlungen und Ausstellungsleitung Haus der Kunst 28. Juli bis 7. Oktober 1979.

Maler und Modelle brauchten also viel Geduld. Etwas von dieser zeitenthobenen Stille ist selbst beim Betrachten einer kleinen Reproduktion dieses Bildes zu spüren.

Auch wenn die zwei Bilder von Runge und Leibl völlig verschieden sind, so können die Schülerinnen und Schüler sie auch vergleichend deuten: Bei Runge handelt es sich um ein auf den ersten Blick einfaches, weil so symmetrisch aufgebautes Bild innerer Vision von Licht und Lichtfiguren vor tiefer Landschaft. Erst einer Interpretation erschließt sich auf den zweiten Blick der religiöse, sogar christologische Gehalt.

Bei Leibl ist es ein Kirchenbild, Religiöses klingt an, aber auf andere Art: Was hier interessiert, das ist nicht mehr ein religiöses Bekenntnis, sondern der objektive, fast fotorealistische Blick. Es beten die Frauen (im Bild, nicht aber der Maler). Was ihn interessiert, ist die Wirklichkeit, wie sie ist, und keine Vision. Durch den Fotorealismus kommt eine andere Wirklichkeit nicht mehr durch das Bild, sondern durch das Wort ins Bild: Das Buch, aus dem die Alte liest, ist identifiziert worden. Es handelt sich um die Seite 427 des „Goldenen Himmelsschlüssels" von 1689 des Martin von Cochen in der Ausgabe von 1808. Aufgeschlagen ist das Gebet zum Aschermittwoch, dem Tag, an dem nach dem Fasching die Fastenzeit beginnt, die mit dem Fest von Tod und Auferstehung endet.

Leibl schreibt in einem Brief an seine Mutter „Das Bild soll auf diejenigen, die imstande sind, etwas zu fühlen, den Eindruck machen, wie ich ihn in meiner Jugend hatte, als ich im Dom, wenn der Vater dirigierte, dem Hochamte beiwohnte und die feierlichen Töne der ergreifendsten Kirchenmusik mich seltsam durchschauerten und ein Gefühl hervorriefen, das man nicht beschreiben kann." Leibls Kirchenbild wurde schlagartig berühmt. Es dokumentiert auf seine Weise die Widersprüchlichkeit im Programm des Realismus, wofür auch die Rede vom poetischen Realismus zeugt.

S.308 1. **Das Wahre, Gute, Schöne –** Weimarer Klassik (1786–1805)

S.308 Zum Bild von Johann Heinrich Wilhelm Tischbein, „Goethe in der Campagna" (1788):
Zwei Schritte zur Wiederholung, ein dritter im Sinne einer Progression seien kurz vorgestellt.

1. Beschrieben werden soll die Haltung (Drehung des Körpers), das bildfüllende, lässige Lagern, die Kleidung, der Blick. Welches Bild von Goethe wird hier nahegelegt? Welches Menschenbild zeigt sich hier auch jenseits der Individualität? (Selbstbewusstsein, Souveränität, Bildung)
2. Landschaft: das Grabmal der Cäcilia Mettella, die Aquadukte und vor allem das noch halb in der Erde steckende antike Relief, das den Stoff seiner Iphigenie thematisiert.
3. Es soll vom Bild ausgehend eine poetologische Reflexion ermöglicht werden: Goethe findet den Stoff der Iphigenie – hier wörtlich noch halb in der Erde steckend – vor. Es ist nicht so, dass ein genialischer Dichter kreativ Neues aus sich heraus entwirft. Im Gegenteil: Der Stoff will etwas vom Dichter, er will, so die Formulierung des Philosophen Hans Blumenberg, zu Ende gedacht werden. Blumenberg nennt solches „Arbeit am Mythos". Bezug genommen werden kann hier auch auf die Zueignung der Faust-Dichtung: „Ihr naht euch wieder, schwankende Gestalten, die früh sich einst dem trüben Blick gezeigt." Hier will etwas aus dem Trüben ins Klare kommen, will „Gestalt" werden. Der Dichter ist hierfür das Medium. Gestaltwerdung, Metamorphose des Stoffes und der eigenen Person, auch davon erzählt dieses Bild.

© 2010 Oldenbourg Schulbuchverlag

Hinweis: In den Lehrermaterialien 11, Seite 29, finden sich Bild und Beschreibung des Iphigenie-Orest-Sarkophags aus der Glyptothek in München. Interessant ist hierbei jedoch, dass nicht Iphigenie zentrales Thema ist, sondern Thema des Sarkophags ist die Freundschaft. Pylades steht somit im Zentrum. Auch hier kann erklärt werden, was Arbeit am Mythos bedeutet: die Aktualisierung ganz unterschiedlicher Elemente des Materials, das der Mythos bereitstellt.

S.309
→ Zusatzmaterial 2: Informationen zu Tischbein, „Goethe am Fenster", LM, S.266 f.

Zum Bild von Johann Heinrich Wilhelm Tischbein, „Goethe am Fenster" (1788): Konkretisiert werden kann das Moment der Metamorphose, der Neuorientierung Goethes in Italien auch mit diesem Bild.

Da das Kapitel die selbstständige Arbeit der Schülerinnen und Schüler im Blick hat, sollen hier für die Hand des Lehrers besonders Aspekte und Ideen für eine Vertiefung im Unterricht benannt werden.

S.309, Aufgabe 1

Zentral ist der Gegensatz von uneingeschränkter Macht der Götter und der Hilflosigkeit des Menschen. Götterherrschaft ist Willkürherrschaft. Das Glück des Menschen kann nur Schein sein, sein Fall umso sicherer und tiefer. Er ist einem blinden Schicksal ausgeliefert. Die einzelnen Bilder sind als Chiffren zu lesen, ihnen ist der unendliche Abstand zur Menschenwelt gemeinsam.

S.309, Aufgabe 2

Die letzte Strophe gehört formal zum Gedicht, inhaltlich jedoch zeigt die geänderte Sprechsituation, dass die Rede der Parzen mit der fünften Strophe endet. Der Kontext der Handlung zeigt, dass es sich um das Zitat eines Zitates handelt. Das Schreckensbild von blinder Göttermacht wird so auf Distanz gehalten. Die Wirkung ist dennoch eine unmittelbare Präsenz. Dies wird sprachlich geleistet durch den unaufhaltsamen zweitaktigen Rhythmus.

S.309, Aufgabe 3

Die Figurenkonstellation soll zugleich der Wiederholung literaturgeschichtlicher Epochen dienen. So stehen Arkas und Pylades für die Aufklärung.

S.309

1. Sturm und Drang erscheint aus der Perspektive der Klassik als „erlösungsbedürftig".
2. Dies ist eine unter Germanisten strittige Frage. Die Heilung erfolgt sicher nicht durch das gegenseitige Erkennen der Geschwister. Als erster Schritt könnte die Traumvision der versöhnten Ahnen gelten. Die entscheidende Textstelle sind die Verse 2119 f.: „Von dir berührt,/war ich geheilt".
   Im Unterricht könnte die Unmittelbarkeit der Berührung gegenüber dem auf die Ferne gerichteten Augensinn thematisiert werden.
3. Pylades, wie auch Arkas, argumentiert pragmatisch. Als Rationalist ist er Vertreter der Aufklärung. Gut ist, was ein taugliches Mittel ist, das intendierte Ziel zu erreichen. Sein Vorgehen ist strategisch.
   Hingewiesen werden kann auf das teleologische bzw. konsequenzialistische Argumentieren einer utilitaristischen Ethik.
4. Thoas ist die tragische Figur in einem Drama, das schon als eine vermiedene Tragödie beschrieben wurde. Er bleibt allein zurück.
   Hinweis: Diskutiert werden können folgende Fragen:
   - Reicht Thoas am Ende Iphigenie die Hand, wie es der Text nahelegen will?
   - Wie soll sich hier ein Regisseur entscheiden?
     Goethe gibt keine Regieanweisung.
5. Sollte diese Frage im Unterricht behandelt werden, so könnte der Gestaltbegriff Goethes thematisiert werden. Das Drama hat in Italien seine Gestalt gefunden. Hat aber auch der Autor gefunden, was er suchte?

© 2010 Oldenbourg Schulbuchverlag

S. 309, Aufgaben 5/6

Diese Aufgaben zielen wieder auf eine poetologische Reflexion. Wie Gretchen mit der Ballade vom König von Thule wird auch hier eine Gegenwelt durch die Einbindung der lyrischen in die dramatische Form thematisiert. Lyrik dient, so führt es die Handlung vor, der Bewältigung bzw. Gestaltung einer bedrohlichen Situation. Diese lyrische Reflexion kontrastiert mit der intellektuellen Reflexion des sonst üblichen Entscheidungsmonologs. Iphigenie argumentiert nicht in der Stunde der Krise, sie weiß um die Möglichkeit einer blinden, unmenschlichen Welt des Schicksals, kann diese zitieren und sich dann im Handeln, nicht im Argumentieren, gegen diese entscheiden. Stimmig ist dann die lyrische Form hinsichtlich der Merkmalsmatrix dieser Figur.

S. 309, Aufgabe 7

Iphigenie will sich und – unlösbar damit verbunden – das Bild Dianas in sich retten. Dies macht ihre Identität aus. „Bild“ bedeutet hier aber viel mehr als nur Abbild, Vorstellung. Im Bild, als Urbild, ist die Sache selbst mitgemeint, Bild ist die Erscheinungsform der Göttin. Die Göttin wird durch den Menschen substituiert, aber so, dass sie im Menschen „aufgehoben“ ist.

S. 309, Aufgabe 8

Iphigenie sagt sicher nicht naiv fromm einfach die Wahrheit. Die unerhörte Tat besteht darin, auf dieses Bild Gottes im Menschen zu setzen, dieser Wahrheit des Herzens zu vertrauen (raison du coeur).

S. 310

1. Ars imitatur naturam, die Kunst ahmt die Natur nach. Und weil in der Antike der Mensch noch nicht von der Natur entfremdet hat, kann diese Maßstab sein.
2. Die Kunst sucht im Nachahmen, diesem normativen Anspruch gerecht zu werden und dadurch selbst normativ zu wirken. Kunst ist Pädagogik zum Wahren, Guten, Schönen.
3. Vor zwei Extremen wollte die Klassik schützen, in beiden sah Goethe eine grundlegende Gefährdung der Humanität.
   - Die eine Gefahr ist eine rein instrumentelle Vernunft, verkörpert z. B. in der Figur des Franz Moor in Schillers „Räubern“.
   - Die andere Gefahr ist das Gefühlspathos einer problematischen Existenz, gestaltet z. B. in Heinses „Ardinghello“. Klassik ist die Harmonie von Gefühl und Verstand.
4. Iphigenies Tat ist eine Tat der Autonomie. Die Pointe dabei aber ist, dass Theonomie ein integrativer Bestandteil der Selbstbestimmung des Menschen ist. Um diese Pointe klar zu machen, empfiehlt sich ein Exkurs zu Nietzsche und Sartre. Hier ist der Mensch in radikaler Weise autonom. Er ist absolut frei in dem, wozu er sich machen will. Kein Gott und keine Moral könnten Gesetze geben.
   In Dürrenmatts „Der Verdacht“ formuliert es Emmenberger: „Freiheit ist der Mut zum Verbrechen.“ Hier in der Klassik ist die unerhörte Tat die freie Selbstbestimmung der Vernunft.
   Die Wurzeln des Menschenbildes der Klassik finden sich in Humanismus und Renaissance, seine Ausdifferenzierung in der Philosophie des Deutschen Idealismus. Die Französische Revolution wollte Freiheit, Gleichheit, Brüderlichkeit und endete im Terror. Für Goethe bedeutete die Revolution und ihre Folgen eine Umwertung der Figur des Prometheus. Auch dies beschreibt Hans Blumenberg als Arbeit am Mythos.

S. 310

2. „Entgrenzung“ in der Kunst – Romantik (1795–1830)

S. 312, Aufgabe 1

Das Gedicht kann auch als poetologischer Text beschrieben werden, denn es führt vor, was Programm der Romantik ist: eine progressive Universalpoetisierung (die Abfolge der Begriffe zeigt es: Stein, Zeichen, Blut, Herz, tausend Funken, lichte Flut, des Glanzes Licht). Ort des Geschehens der Universalisierung bleibt das Herz.

© 2010 Oldenbourg Schulbuchverlag

S. 312, Aufgabe 2

Der Stein ist Symbol, gleichwohl ein Symbol, das Handlung initiiert, geradezu selbst auf der Handlungsebene aktiv wird, Verbindung stiftet, Menschen bewegt und motiviert, Liebe initiiert, die Welt verwandelt.

S. 312, Aufgabe 3

Beide Male handelt es sich um ein Bild im Herzen, einmal um das Bild Gottes im Menschen, dann um das Bild der Geliebten. Für beide gilt Pascals Satz: „Das Herz hat seine Gründe, die der Verstand nicht kennt."

S. 312, Aufgabe 4

Bedenkenswert auch heute noch ist jede dieser Maximen. Nr. 19 formuliert geradezu eine Erkenntnistheorie: Das, wonach der Mensch strebt und das er noch nicht hat und vielleicht nie erreichen wird, das trägt er doch schon als Keim in sich.
Der Marxist Ernst Bloch säkularisiert diesen romantischen Gedanken in seinem Werk „Das Prinzip Hoffnung". Sein existentieller Sehnsuchtsbegriff ist der Begriff der Heimat. Romantik bedeutet dann nicht nur eine Epoche, sondern ist wie eine anthoprologische Konstante.

S. 312 f., Aufgabe 5

Der Text könnte unter folgenden Vorzeichen gelesen werden: „Nach Innen geht der geheimnisvolle Weg."

S. 313
→ Zusatzmaterial 3: Hinweise zum Vergleich der Bilder von Caspar David Friedrich, LM, S. 267 f.
AB 11, S. 134/135

Die Fragen des Tests decken sich fast vollständig mit den Seiten zum Epochenüberblick. Eine Progression stellt die Aufgabe 6 dar, sie wird die Schülerinnen und Schüler selbstständig nur ansatzweise erfassen. Der Text in den Zusatzmaterialien bietet einerseits für die Lehrer entscheidende Hinweise, zugleich kann er aber auch als Zusatztext in einer Aufgabenstellung verwendet werden. Das Gleiche gilt für das hier als Referenztext herangezogene Gedicht Goethes.

S. 316

3. Der Wirklichkeit auf der Spur – Realismus (1815–1900)

S. 317, Aufgabe 1 (oben)

- Erste Strophe: Unbestimmte Ortsangabe: Im Walde. Vage Zeitangabe, die Dauer impliziert: grünen.
  Es folgt schon eine bestimmtere Ortsangabe: Garten. Die Parenthese erzeugt Verzögerung und Spannung, dann ganz konkrete Ortsangabe: dein Grab. Noch vage Zeitangabe: Zukunft.
- Zweite Strophe: Der locus amoenus wird zum memento mori. Im Vergleich zum Grünen, Wachsen, Wurzeln steigert sich die Bewegung zum Weiden und Springen der Rösslein. Die Zeitangabe, die Zukunft, verdichtet sich im Aufblitzen der Hufeisen. Das „dein Grab" konkretisiert sich zu „deine Leiche".

Auch dieses Gedicht hat eine Funktion in der Handlung. Nach der Abreise Mozarts verdichtet sich hier die Todesahnung.

S. 317, Aufgabe 2 (oben)

Die harmlosen Bilder bekommen einen doppelten Boden. Sie fungieren als Todesboten. Für das Biedermeier mag es aber auch gelten, dass der Tod nicht mehr ein Schreckensszenario ist, sondern vielmehr wie mit in die Idylle aufgenommen erscheint.

S. 317, Aufgabe 3 (oben)

In der „Iphigenie" thematisiert das Parzenlied die fundamentale Bedrohung der Humanität. Bei Novalis verdichtet sich der Roman im Märchen und dieses dann im Gedicht. Zugleich geschieht wie eine Gegenbewegung Universalisierung, wenn das im Gedicht sprechende Herz der Ort ist, an dem die Weite des Weltalls sich spiegelt. Mörike schildert einen Tag im Leben Mozarts, durch Erzählerexkurse wird sein ganzes Leben eingespielt. Im Gedicht am Ende der Novelle steigert sich diese zeitliche Engführung bis zum Aufblitzen des Todes im letzten Vers.

© 2010 Oldenbourg Schulbuchverlag

S. 317

Graue Stadt am grauen Strand, am grauen Meer – bürgerlicher Realismus (1848–1890)

S. 317/318, Aufgaben 2–6 (unten)

- Die negativ konnotierte Merkmalsmatrix der Stadt: Grau, Stille, Monotonie, Meeresbrausen, Herbst, Nacht, Gras, Gänseschrei ...
- Positive Merkmale, die jedoch negiert werden: Waldesrauschen, Mai, Vogelschlag.
- E contrario erschlossen werden können: Frühling, Tag, blühende Wiese.
- Epochenspezifische Lesart: In der zweiten Strophe werden Topoi der Romantik benannt und negiert.
- In der dritten Strophe ändert sich die Konnotation von Grau. Die positive Umwertung geschieht durch das lyrische Ich. Es hat hier Jugend und erste Liebe erlebt.
- Die Realität der Stadt erfährt eine Poetisierung. Die Realität ist und bleibt, wie sie ist, wie sie bewertet wird, das ist Leistung eines Subjekts. Die Sache selbst kennt keine Werte. So zeigen sich hier im Gedicht Grundgedanken des Positivismus.

S. 318
AB 11, S. 204/205
TH 11, S. 42 ff.

Wieder können die Schülerinnen und Schüler mithilfe der u. U. kopierten Doppelseiten zum Epochenwissen aus dem Arbeits- und Methodenbuch oder mithilfe des Trainingsheftes selbstständig in der Lage sein, die Testfragen zu beantworten. Sollte jedoch im Unterricht die Epoche vertiefend wiederholt werden, könnten wieder im Sinne einer Progression und ausgehend von Frage 8 folgende Begriffe der Sozialtheorie von Karl Marx vorgestellt werden: Diamat (dialektischer Materialismus), Histomat (historischer Materialismus), Mehrwerttheorie, Akkumulationstheorie, Verelendungstheorie, Basis-Überbautheorie, Entfremdungstheorie.

S. 318

4. **„... aus Chiffren steigen erkanntes Leben“** – frühe Moderne (1890–1920)

Mit diesen beiden Gedichten sind die Schülerinnen und Schüler im Stoff der Jgst. 12 angekommen. Sie dienen daher weniger der Wiederholung, als vielmehr der Einübung von Schreibtechniken.
Eine dazu passende Abituraufgabe könnte der Schüler selbst formulieren. Sie könnte z. B. so lauten:

Erschließen Sie die beiden Gedichte, interpretieren und vergleichen Sie diese unter dem Gesichtspunkt von Krisenerfahrung. Arbeiten Sie hierbei auch wesentliche, epochenspezifische Merkmale heraus.

Die Aufgaben 1 bis 6 würden dann nicht einzeln abgearbeitet werden, sie könnten eher als Checkliste dafür gelesen werden, welche Schritte im Einzelnen zu erfüllen sind.
Die Testfragen beziehen sich auf den Stoff der 12. Klasse und können mithilfe des aktuellen Arbeitsbuches gelöst werden.
Sollten die Gedichte im Unterricht behandelt werden, so können folgende Hinweise für die Hand des Lehrers eine vergleichende Interpretation vorbereiten.

S. 319, Aufgaben 1/2

Albert Ehrenstein, „Der Dichter und der Krieg“
Es empfiehlt sich eine erste Annäherung über die argumentative Struktur der sieben Sätze (nach der Regel, die fast immer stimmt: Das, was auffällt, ist zugleich das, was interpretationswürdig ist).

- Herausarbeiten der Parallelen und Oppositionen, ausgehend von den Konnotationen der Begriffe und Bilder (z. B. Gesänge vs. Stille, Rache vs. See)

© 2010 Oldenbourg Schulbuchverlag

- Dreimal „ich sang“, zweimal davon mit Bezug auf ein Objekt, das mit Genitivphrase spezifiziert wird, einmal nur „für mich“. Die beiden Inhalte des Gesangs implizieren neben ihrer Parallelisierung eine Opposition: „Gesänge der Rache“ vs. „Stille des Sees“ (V. 1 f.). Das „für sich singen“ wird mit dem „sich singen“ der Zikade verglichen.
- „Rotaufschlitzende Rache“ (V. 1) und „waldumbuchteter See“ (V. 2) sind exemplarisch für Wortschöpfungen des Expressionismus.
- Die negativ konnotierte Merkmalsmatrix wird im Folgenden mit Blick auf das lyrische Ich konkretisiert: „vergeht“, „ermattet“, „Mühe“, „Müdigkeit“, „trostlos“. Parallelisierung durch Genitivkonstruktionen: müde sein „der Furten, des Überschreitens“ (V. 10 f.) und gedenken „des Schildes und Speeres“.
- In Opposition dazu stehen die folgenden Bilder und Begriffe ab Vers 14: „Birke“, „Winde“, „umweht“, „umschattet“. Hierbei fällt die gegenüber der Alltagslogik chiastische Zuordnung von umweht zu Birken und von umschattet zu Winde auf.

Gelegenheit zur Wiederholung in Sachphilosophie:
Die Logik der Sprache der Literatur und überhaupt der Kunst hat spezifische Möglichkeiten, Freiheiten, die der zweiwertigen Logik der (Alltags-)Mathematik so nicht gegeben ist. Hinweis auf den Wittgenstein der „Philosophischen Untersuchungen“ im Unterschied zum Wittgenstein des „Tractatus Logico Philosophicus“, ebenso auf Ingeborg Bachmann, die ihre Lyrik als ein Anschreiben gegen das Schweigegebot Wittgensteins und gegen eine „Männer- und Verbrechersprache“ verstand.

Als Zusammenfassung dieses neuen semantischen Raumes kann das Entschlafen „zum Klange der Harfe“ (V. 16) gelesen werden. Die „Müdigkeit“ endet in Regungslosigkeit, die offensichtlich auch „alle Gedanken und Taten“ umfasst. Das „denn“ impliziert einen Kausalzusammenhang („trüben“) von Denken und Tun hinsichtlich der „Reinheit der Welt“.
Den Zeitkontext nennt der Titel: Der Dichter und der Krieg. Das Verhältnis von Dichter und Krieg – so eine Interpretationshypothese – ist zugleich als oppositionell und als unheilvolle Legierung zu beschreiben, dies ergibt sich freilich nicht auf diskursiver, sondern auf konnotativer Ebene.

Die für den Expressionismus typischen Wortneuschöpfungen können oftmals auf die Weise erklärt werden, in der auch Vexierbilder funktionieren. Hilfreich hierfür ist ein Blick auf ein Bild des Expressionismus, den „Roten Christus“ von Lovis Corinth in der Neuen Pinakothek in München. Analog den Wortschöpfungen Ehrensteins finden sich hier in dem einen Kopf des Gekreuzigten zugleich drei Blickrichtungen. Auch dieses in seiner Brutalität extreme Werk ist unter dem Eindruck des Krieges entstanden. Hinweis auch auf Kokoschka, dem anderen Maler des Expressionismus, der einen Band von Ehrenstein illustriert hat.
Beispiele für weitere Wortschöpfungen Ehrensteins aus seinen kritischen Schriften:
- „Denkmalitis“ oder „Denkmalaria“ für die übertriebene Ehrfurcht vor Denkmälern.
- „Die Demokretitanstalt Schweiz“
- „Durchschnittsschriftsteller und Rundfurzgesellen“ (= Rundfunkhausmitarbeiter)

Den Schülern könnte auf diese Weise deutlich gemacht werden, dass im Expressionismus oftmals unorthodoxe Wortschöpfungen einen Sachverhalt nicht vernebeln, sondern geradezu präzise auf den Punkt bringen können.

S. 319, Aufgabe 2

Gottfried Benn, „Ein Wort“
Benns Gedicht reflektiert die punktuelle Wahrheitsfähigkeit eines Wortes, Satzes, einer Chiffre. So könnte dieses Gedicht geradezu als die Poetologie, die Ehrensteins Gedicht zugrunde liegt, gelesen werden.
Über den Sinn eines Wortes hinaus kommt bei Benn der Lebenssinn in den Blick: „Erkanntes Leben“.

© 2010 Oldenbourg Schulbuchverlag

In der Philosophie spricht man im Unterschied zum Partikularsinn von einem Universalsinn, wenn das Ganze von Leben und Kosmos – biblischer Begriff: Schöpfung – gemeint ist. Dieser wird hier fassbar in den Begriffen von „Sonne, Sphären". Die zweite Strophe beschreibt diese Dimension von Sinn mit „Glanz, Flug, Feuer, Flammen, Sterne".
Diese Klimax kosmischer Begriffe kippt aber sogleich in den zwei folgenden Versen in „Dunkel", „Leere", „Raum", „Welt".
Interpretationshypothese: Am Anfang steht „Ein Wort", am Ende des Gedichts das „ich" – beides umfasst die Unendlichkeit von Raum und Zeit und zumindest die Vision eines kosmischen Sinnes.

S. 319, Aufgabe 3

Vergleich:
Im Unterschied zu Ehrenstein wird man bei Benn von existentieller Krise sprechen. Beiden gemeinsam ist die Reflexion von Sprache. Die Krise der Sprache ist immer auch Krise des sprechenden Subjekts.

© 2010 Oldenbourg Schulbuchverlag

→ LM, S. 258
Zusatzmaterial 1

Otto Runge, „Der Morgen" (2009) *Rolf Selbmann*

Aus der Wirkung von Goethes Farbenlehre ist auch das in mehreren Fassungen seit 1807 entstandene Gemälde von Philipp Otto Runge „Der Morgen" hervorgegangen. Das Bild, Teil eines zeichnerisch begonnenen Zyklus der vier Tageszeiten, spannt die Allegorie eines aufgehenden Morgens in einen Bilderrahmen und setzt dieses Tafelbild vor ein zweites, allegorisches, nun zum größten Teil durch die Bildtafel verdecktes Bild. In seinen grafischen Entwürfen hatte Runge zwar eine ähnliche Rahmenstruktur konzipiert, diese aber nur als ornamentales Pflanzenwerk aufgefasst. Im Ölgemälde erhält dieser Bildraum um den Rahmen eigene Qualität; die in die Pflanzenornamentik eingewobenen Kinderfiguren nehmen unmittelbar auf die Thematik des Tafelbilds Bezug. Zugleich sind, über den Rahmen aus dem Hintergrund hervorscheinend, die Strahlen einer aufgehenden Sonne zu erahnen; folgt man den Perspektivlinien ihres vom Rahmenbild verdeckten Ursprungs, so gelangt man illusionär genau hinter die Stelle, von der aus im Tafelbild der Morgen aufsteigt. Darf man Runges Morgen-Allegorie neben aller Farbensymbolik auch als ironisches Spiel mit den Wirkungen von Rahmen lesen? Der Rahmen zieht den Blick in das Bild hinein und zugleich an ihm vorbei hinter es, ohne einen wirklichen Durch- oder Einblick zu gestatten.

(Aus: Rolf Selbmann: Die Kulturgeschichte des Fensters von der Antike bis zur Moderne. Berlin: Dietrich Reimer GmbH 2009.)

→ LM, S. 260
Zusatzmaterial 2

Johann Heinrich Wilhelm Tischbein, „Goethe am Fenster" (2009) *Rolf Selbmann*

Es gibt ein Fenster, das eine literaturgeschichtliche Epochenwende auf den Punkt bringt. Gemeint ist Johann Heinrich Wilhelm Tischbeins Aquarell von 1787, das Goethe während seines römischen Aufenthalts zeigt, wie er aus einem Fenster der Wohnung des Malers hinausblickt [...]. Dieses Aquarell fungiert für Goethe als die Bildmetapher einer Schwellenerfahrung, für den heutigen Betrachter als das Abbild eines Paradigmenwechsels. Wenn es stimmt, dass Goethes italienische Reise von 1786 für die Herausbildung dessen, was man als Klassik bezeichnen kann, konstitutiv ist, dann lässt sie sich an diesem Fensterbild festmachen. Eine Neubewertung des Fensterbildes geht zunächst von der Rückenstellung und der zwanglosen Haltung Goethes beim Blick aus dem Fenster aus, bleibt jedoch nicht dabei stehen.

Die Attraktion des Bildes liegt in der unerwarteten Perspektive. Tischbeins Aquarell vermeidet ganz offensichtlich die erwartete Porträtierung. Seine Bildaussage heftet sich an die Rückenansicht Goethes, der allein dadurch aber noch nicht identifizierbar wäre. Sein intensives Hinausschauen aus dem Fenster macht ihn zu einer Identifikationsfigur, über die ein Blicksog *aus* dem Zimmer entsteht – in einen Raum, von dem der Betrachter nur *weiß*, dass es sich um die Via del Corso handelt (er *sieht* es nicht). Das nur zur Hälfte geöffnete Fenster beleuchtet vor allen Dingen den Oberkörper des sich Hinauslehnenden, nicht das (karge) Zimmer. Es dominiert der Kontrast zwischen der den Körper einzwängenden Innenwelt und der offenen Außenwelt. Die Anspielungen auf die Lichtmetaphorik der Aufklärung sind offensichtlich: Die Morgensonne vertreibt die Nachtschatten der Finsternis. Die düstere Ordnung der Bildlinien verläuft über die Struktur der Bodenfließen und den raumerweiternden Erker in eine Körperfigur, die das Draußen mit heftiger Neugier aufnimmt. Die geöffnete Fensterhälfte spiegelt nur den Lichteinfall wider; sie reflektiert nicht etwa identifizierbare Bilder, wie man erwarten könnte. Dargestellt ist also mehrfach das, was man *nicht* sieht.

In seinen frühen Bildnissen ist Goethe nach den Gewohnheiten der Epoche so gut wie immer im Profil dargestellt. Selbst die flüchtigste Strichzeichnung sichert die Einmaligkeit des Ereignisses durch das Profilporträt Goethes, den die zahllosen zeitgenössischen Schattenrisse weithin bekannt gemacht hatten. An mehreren Stellen weist Goethe darauf hin,

© 2010 Oldenbourg Schulbuchverlag

dass er nicht in seiner gesellschaftlichen Stellung als Weimarer Minister, sondern inkognito als Maler Möller nach Rom gereist war. Dieses Inkognito war zunächst zum Schutz gegen ein vorzeitiges Bekanntwerden der geheimen Reisepläne gewählt worden; außerdem war es praktisch, weil es dem Privatmann eine zwanglose Lebensführung jenseits der höfischen Konventionen erlaubte. Goethes Inkognito hatte jedoch noch eine dritte Funktion. Der Dichter des „Werther“ und des „Götz von Berlichingen“ war nicht nur eine literarische Berühmtheit; auch sein *Gesicht* war durch zahllose Porträts und Schattenrisse bekannt. Die „Physiognomischen Fragmente“ Johann Kaspar Lavaters, an denen Goethe selbst mitgearbeitet hatte, hatten die Porträts Goethes zu Abbildern des Genies schlechthin erhoben. Das Gesellschaftsspiel, ob der berühmte Goethe genauso wie auf den bekannten Porträts aussehe, Folge der Bildnissüchtigkeit und der Silhouettenmode der Epoche, war also durchaus zu erwarten. In seiner „Italienischen Reise“ spielt Goethe selbst mehrfach mit diesem durchschauten und durchschaubaren Inkognito, bei dem es sich vor allem um ein Wiedererkennen seines Gesichts handelt: „Damit es mir denn aber doch mit meinem beliebten Inkognito nicht wie dem Vogel Strauß ergehe, der sich für versteckt hält, wenn er den Kopf verbirgt, so gebe ich auf gewisse Weise nach, meine alte These immerfort behauptend.“ Er berichtet ausführlich, wie „mehrere deutsche Künstler, zu Tischbein als Bekannte tretend“, beauftragt waren, ihn als den berühmten Goethe zu identifizieren, jedoch beim Wiedererkennen scheiterten, weil Goethes Auftreten die Bildniserwartungen nicht erfüllte: „Ich bemerkte wohl, dass mehrere deutsche Künstler, zu Tischbein als Bekannte tretend, mich beobachteten und sodann hin und wider gingen. Er, der mich einige Augenblicke verlassen hatte, trat wieder zu mir und sagte: „Da gibt's einen großen Spaß! Das Gerücht, Sie seien hier, hatte sich schon verbreitet, und die Künstler wurden auf den einzigen unbekannten Fremden aufmerksam. [...] Dieser ward aufgefordert, Sie zu betrachten und den Zweifel zu lösen, er versicherte aber kurz und gut, Sie seien es nicht und an dem Fremden keine Spur Ihrer Gestalt und Aussehns. So ist doch wenigstens das Inkognito für den Moment gedeckt, und in der Folge gibt es etwas zu lachen.“

(Aus: Rolf Selbmann: Die Kulturgeschichte des Fensters von der Antike bis zur Moderne. Berlin: Dietrich Reimer Verlag GmbH 2009.)

→ LM, S. 262
Zusatzmaterial 3

Caspar David Friedrichs Auseinandersetzung mit Goethe (2007) *Christian Scholl*

Vorerst blieb die Strategie der „Weimarer Kunstfreunde“ gegenüber Friedrich diplomatisch, und der Maler schickte weiterhin Bilder nach Weimar. Hierzu gehören zwei Gemälde, die auf bemerkenswerte Weise motivisch zusammenzugehören scheinen [...]: die „Landschaft mit dem Regenbogen“ und die „Gebirgslandschaft mit Regenbogen“, beide 1810 fertiggestellt. Schon Gustav Parthey hat 1863 festgestellt, dass es sich bei der „Landschaft mit Regenbogen“ offenbar um eine Umsetzung des Goethe-Gedichtes „Schäfers Klagelied“ handelt. Goethes Gedicht lautet:

Da droben auf jenem Berge
Da stell' ich tausendmal
An meinem Stabe gebogen
Und schaue hinab in das Thal.
Dann folg' ich der weidenden Heerde,
Mein Hündchen bewahret mir sie.
Ich bin herunter gekommen
Und weiß doch selber nicht wie.
Da stehet von schönen Blumen
Die ganze Wiese so voll.
Ich breche sie, ohne zu wissen,
Wem ich sie geben soll.

© 2010 Oldenbourg Schulbuchverlag

Und Regen, Sturm und Gewitter
Verpass' ich unter dem Baum.
Die Thüre dort bleibet verschlossen;
Doch alles ist leider ein Traum.
Es stehet ein Regenbogen
Wohl über jenem Haus!
Sie aber ist weggezogen,
Und weit in das Land hinaus.
Hinaus in das Land und weiter,
Vielleicht gar über die See.
Vorüber, ihr Schafe, vorüber!
Dem Schäfer ist gar so weh.

Tatsächlich findet man viele Elemente, die Goethe in seinem Gedicht beschreibt, in Friedrichs Gemälde wieder. Dass der Künstler das Bild nach Weimar sandte, unterstützt die These, dass es sich auf ein Werk des dort wirkenden Dichters bezieht und damit als eine Hommage an Goethe verstanden werden kann.
Auffällig ist, dass das Gemälde in einigen Punkten von den für Friedrich charakteristischen Kompositionsprinzipien abweicht. So gibt es keine Betonung der Mittelachse. Stattdessen findet man eine dominante Diagonallinie, die einen visuell betretbaren Vordergrund eingrenzt. Diese Diagonale bringt ein pittoreskes Moment in das Bild, das dem klassischen Landschaftsideal nähersteht und bewirkt, dass man die räumlichen Verhältnisse einigermaßen abschätzen kann. Es handelt sich um einen kontinuierlichen Raum, der selbst das Meer im Hintergrund einschließt. Friedrich zeigt dessen Schiffbarkeit. Landarme und eine kleine Insel verzahnen den Übergang zwischen Land und See. Der Hintergrund steht somit in keiner visuellen Opposition zum Vordergrund. Die Figuren erscheinen als aktiver Teil dieses Raumes. Als Hirte geht die Hauptperson einem für klassische Landschaftsstaffagen typischen Beruf nach. Sie hat den Hut auf und ist in leichter Untersicht gezeigt, die aber durch das Landschaftsrelief bildlich erklärt wird. In seiner Imagination steht der Betrachter auf dem selben Grund wie dieser Hirte. Anders als bei seinen meisten Rückenfiguren stellt Friedrich hier nicht die Fremdheit zwischen Mensch und Natur dar, sondern zeigt deren selbstverständliches Zusammenwirken. Der Regenbogen unterstützt dies, indem er sich vom Hirten zum gegenüberliegenden Baum spannt und auf diese Weise Person wie Gewächs gleichermaßen integriert.
Ganz anders ist die Wirkung der „Gebirgslandschaft mit Regenbogen". Schon die Grundstimmung weicht von der sommerlichen Idylle der „Landschaft mit dem Regenbogen" ab. Es ist Nacht, der Himmel ist bedeckt, und nur an einer Stelle öffnet sich die Wolkendecke, um einen Blick auf den Mond zuzulassen, der hinter dem Regenbogen hervortritt. Im Licht steht lediglich eine kleine Landzunge, die sich bugförmig in den Vordergrund des Bildes schiebt. Auf ihr befindet sich eine Rückenfigur, die sich an einen Felsen lehnt und auf einem Stock abstützt. Sie hat ihren Hut abgelegt. Der Betrachter blickt auf diese Figur von einem deutlich erhöhten, jedoch vom Maler nicht kenntlich gemachten Standpunkt. Das Gemälde erklärt das Verhältnis zwischen Rezipienten und Bildperson ebensowenig, wie es das Verhältnis zwischen Bildperson und Landschaft deutlich macht. Der Mann, der sich auf seinen Stock aufstützt, steht am Rande eines nicht definierten und damit tendenziell unendlichen Abgrundes. Auf der anderen Seite erhebt sich ein Berg in klarer Opposition zum Vordergrund. Mit seiner Kuppe markiert er die Symmetrieachse des Bildes. Für die Rückenfigur wird dieser Berg zum unerreichbaren Bezugspunkt. Der Regenbogen spannt sich über das Gebirge wie ein großes Tor, durch welches der Betrachter wie auch die Figur auf den zentralen Gebirgszug schaut. Er verbindet nicht, wie dies bei der „Landschaft mit dem Regenbogen" der Fall ist, sondern markiert eine visuelle Schwelle. Hier findet man

© 2010 Oldenbourg Schulbuchverlag

all jene Kompositionsmerkmale, die für Friedrichs Bilder charakteristisch sind: die Anlage mehrerer, hintereinander gestaffelter Bildzonen, zwischen denen verborgene, visuell nicht messbare Bereiche liegen, die Symmetrie, die Darstellung der entfremdeten Natur mittels einer Rückenfigur und nicht zuletzt das Irreale dieser Szenerie: Meteorologisch kann sich ein Regenbogen gar nicht in derselben Richtung bilden, aus der auch der Mond scheint. Vergleicht man die beiden Regenbogenlandschaften und zieht hinzu, dass es sich bei ersterer offenbar um die Umsetzung eines Goethe-Gedichtes handelt, so scheint es, als habe der Maler gleichsam die Kunstanschauung des Weimarer Dichters mit seiner eigenen Sicht konfrontiert. Die „Landschaft mit dem Regenbogen" weicht in einer Weise von Friedrichs sonstigen Kompositionen ab, dass man von einer Annäherung an das klassische Landschaftsideal sprechen kann. Im selben Maße wird der Verweischarakter des Bildes zurückgenommen: Es erscheint sowohl formal als auch thematisch in sich so geschlossen, dass man es nicht als Allegorie auf etwas Außenstehendes auffassen möchte.

Dagegen konzentriert der Künstler in der „Gebirgslandschaft mit Regenbogen" seine charakteristischen Kompositionsmerkmale zu einem irrealen Szenario, das durchaus nach einer Bedeutung fragen lässt. Der Regenbogen kann hier nicht nur als Wetterphänomen verstanden werden.

Die Art und Weise, wie Friedrich in einigen seiner Bilder Gebirgszüge arrangiert hat, lässt die Vermutung zu, dass das Motiv des fernen Einzelberges als Verweis auf Gott gemeint ist. Diese Interpretation wird von zahlreichen alttestamentlichen Stellen gestützt, in denen Berge als Stätten der Gottesbegegnung geschildert werden. Im Alten Testament ist auch der Regenbogen als Zeichen des Alten Bundes zu finden. Es gibt eine Äußerung Friedrichs, die die Besonderheit dieses Zeichens mit der Serenität der übrigen Bildgegenstände in Beziehung setzt:

> Der liebe Gott lässt zwar seine Sonne scheinen über gerechte und ungerechte und spannt den Bogen der Gnade aus über die ganze Erde; will aber der Mahler und überdies bei den Unvollkommenheiten der Mittel so ihm zu Gebote stehen, einen Regenbogen darstellen, so muss er auch diese himmlische Erscheinung über eine den erhabenen Gegenstand würdige Landschaft ausspannen [...].

Genau dies realisierte Friedrich in der „Gebirgslandschaft mit Regenbogen", die man umgangssprachlich als „erhaben" bezeichnen kann, auch wenn die Rezeption sicher anders abläuft als Immanuel Kant dies vorsah. Freilich bedeutet dies nicht im Umkehrschluss, dass die „Landschaft mit dem Regenbogen", die dem Ideal Goethes zu entsprechen scheint, eines Regenbogens nicht würdig sei. Vielmehr scheint der Maler beide Gemälde als künstlerische Möglichkeiten einander gegenübergestellt zu haben, so wie auch Schiller den naiven und den sentimentalischen Dichter gegenüberstellte. Nach dem bereits mehrfach beschriebenen Verständnis der Romantiker entschied die innere Konstitution des jeweiligen Künstlers, welchen Weg er einzuschlagen hatte. Die Botschaft der Bilder könnte somit eine ähnliche sein, wie sie Wackenroder in seinem Kapitel „Einige Worte über Allgemeinheit, Toleranz und Menschenliebe in der Kunst" in den „Herzensergießungen" beschrieben hat:

> Er [Gott, d. Verf.] erblickt in jeglichem Werke der Kunst, unter allen Zonen der Erde, die Spur von dem himmlischen Funken, der, von Ihm ausgegangen, durch die Brust des Menschen hindurch, in dessen kleine Schöpfungen überging, aus denen er dem großen Schöpfer wieder entgegen glimmt. Ihm ist der gotische Tempel so wohlgefällig als der Tempel der Griechen; [...].

Wenn dieses „ungleiche Paar", das Friedrich 1810 nach Weimar sandte, als „Toleranzaufruf" gedacht war, so erzielte es nur bedingt seine Wirkung. So berichtete Heinrich Meyer an Goethe über die angekommenen Bilder:

© 2010 Oldenbourg Schulbuchverlag

Sie haben ohne Zweifel nähere Nachrichten von den Gegenständen, welche auf denselben dargestellt sind, erhalten, und ich kann ihnen noch ferner von der Kunst und dem Fleiß der Ausführung viel Rühmliches melden. Aber theils versteht dieser Freund durchaus nicht, was man mahlen soll und kann, theils hat er gar keinen Begriff von den ihm zu Geboth stehenden technischen Mitteln und in wie fern sie ausreichen oder nicht; sodann ist er in der Anordnung schwach und weiß Licht und Schatten nicht zu benutzen. Hieraus entsteht nun, dass er mit ungemeinem Talent und ungemeinem Fleiß und Kunstfertigkeit Bilder verfertigt, die wenig erfreuen, ja nach einiger Zeit sogar lästig werden, wie es mir würklich mit den fünf in meiner Stube stehenden ergangen ist.

(Aus: Christian Scholl: Romantische Malerei als neue Sinnbildkunst. Berlin: Deutscher Kunstverlag 2007, S. 252/253.)

© 2010 Oldenbourg Schulbuchverlag

Textquellenverzeichnis

S. 34: Julius Schaumberger: Modern. Aus: Die Münchner Moderne. Die literarische Szene in der „Kunststadt" um die Jahrhundertwende. Hg. v. Walter Schmitz. Stuttgart: Reclam 1990, S. 133 f. – **S. 34:** Secession. Aus: Wikipedia, 2005/06 (Digtiale Bibliothek, Berlin 2005, S. 722837) – **S. 35:** Lexikonauszug Jugendstil. Aus: Kindlers Malerei Lexikon. Copyright © 1964–1971 by Kindler Verlag GmbH, München. Abdruck mit freundlicher Genehmigung des Rowohlt Verlags. – **S. 35 f.:** Zur symbolischen Bedeutung von Farben. Aus: Hans Biedermann: Knaurs Lexikon der Symbolik. München: Knaur 1998, S. 171–172 (Grün), S. 64 (Blau), S. 162 (Gelb), S. 462 (Violett) © 1989 Droemersche Verlagsanstalt Th. Knaur Nachf. GmbH & Co. KG, München. Grau: Aus: Handwörterbuch des deutschen Aberglaubens, Bd. 3. Berlin/New York: de Gruyter 1930/1931/1986, S. 1123 f. – **S. 36:** Kurt Heynicke: Aufbruch. Aus: Menschheitsdämmerung. Ein Dokument des Expressionismus. Hg. v. Kurt Pinthus. Reinbek: Rowohlt 1980, S. 224. – **S. 37:** Gottfried Benn: Kleine Aster. Aus: Ders.: Sämtliche Gedichte. Klett-Cotta, Stuttgart 1998. – **S. 37:** Friedrich Nietzsche: Die fröhliche Wissenschaft. 125. Stück: Aus: Ders.: Werke in drei Bänden. Bd. 2. Hg. v. Karl Schlechta. München: Hanser 1954, S. 127 f. – **S. 37:** Ders.: Also sprach Zarathustra. Aus: Ders.: Werke in drei Bänden. Bd. 2. Hg. v. Karl Schlechta. München: Hanser, 1954. Bd. 2, S. 280. – **S. 38:** Franz Kafka: Tagebücher. Hg. v. H.-G. Koch, M. Müller u. M. Pasley = Franz Kafka Schriften Tagebücher. Kritische Ausgabe. Hg. v. J. Born, G. Neumann, M. Pasley u. J. Schillemeit. Frankfurt/M.: Fischer 1990, S. 131, 307 f. – **S. 38:** Ders.: Briefe an Felice und andere Korrespondenz aus der Verlobungszeit. Hg. v. Erich Heller und Jürgen Born. Frankfurt/M.: Fischer 1976, S. 187, 251, 374. – **S. 39 f.:** Elias Canetti: Das Gewissen der Worte (mit Rede). Wörtlichkeit. © 1975 Carl Hanser Verlag, München. – **S. 70:** Karl Kraus: Die grammatikalische Pest. Aus: Ders.: Die Sprache. München: dtv 1969, S. 15. – **S. 71:** Oskar Maria Graf: Sprache als geistige Heimat. Aus: Interviews beim SWF, 5. 8. 1958. © Ullstein Buchverlage GmbH, Berlin; vertreten durch die Gustav Kiepenheuer Bühnenvertriebs-GmbH, Berlin. – **S. 72:** Bernhard Welte: Der Begriff der Wahrheit. Aus: Ders.: Denken in Begegnung mit den Denkern I: Meister Eckhart – Thomas von Aquin – Bonaventura. Gesammelte Schriften, Bd. II/1. © Verlag Herder GmbH, Freiburg i. Breisgau, 2007, S. 50 f. – **S. 73:** Rose Ausländer: Mutterland. Das Wort I. Aus: Dies.: Gedichte. Hg. v. Helmut Braun. © S. Fischer Verlag GmbH, Frankfurt am Main 2001, S. 269, S. 262; Thomas Weiß: wenn am Anfang. Aus: Ders.: von weit. Gedichte. Tübingen: Klöpfer & Meyer 2010, S. 23. – **S. 74:** Die wirkungsvolle Rede ... Aus: Otto Bantel/Irmgard Schweikle: „Rede". Aus: Günther Schweikle/Irmgard Schweikle (Hg.): Metzler Lexikon Literatur. Begriffe und Definitionen. 2. Auflage. S. 378. © 1990 J. B. Metzlersche Verlagsbuchhandlung und Carl Ernst Poeschel Verlag GmbH in Stuttgart. – **S. 74:** Horst Köhler: Grußwort beim Finale des 50. Vorlesewettbewerbs des Börsenvereins des Deutschen Buchhandels am 25. Juni 2009. Zitiert nach www.bundespraesident.de. – **S. 101:** Bertolt Brecht: Wenn ich mit dir rede. Aus: Ders.: Große kommentierte Berliner und Frankfurter Ausgabe, Band 11. © Suhrkamp Verlag Frankfurt am Main 1988. – **S. 101:** Erich Kästner: Sachliche Romanze: Aus: Ders.: Gedichte. Hg. v. Volker Ladenthin. Stuttgart: Reclam 1987, S. 11. © Artium Verlag, Zürich. – **S. 101:** Joachim Ringelnatz: Volkslied: Aus: Ders.: Gedichte. Auswahl v. Walter Pape. Stuttgart: Reclam 2007, S. 59. © Diogenes Verlag AG, Zürich 1994. – **S. 123 f.:** Siegfried Kracauer: Die Fotografie. Aus: Ders.: Das Ornament der Masse © Suhrkamp Verlag Frankfurt am Main 1963. – **S. 144:** Christa Wolf: Informationen zur Entstehung von „Das siebte Kreuz" von Anna Seghers. Aus: Anna Seghers: Das siebte Kreuz. Nachwort von Christa Wolf. Berlin und Weimar: Aufbau Verlag 1982, S. 413 f. Alle Rechte vorbehalten durch den Suhrkamp Verlag Berlin. – **S. 145:** Gottfried Benn: Doppelleben. Zwei Selbstdarstellungen. (Cotta's Bibliothek der Moderne). Klett-Cotta, Stuttgart 1984, S. 76, 82, 84 f. – **S. 173 f.:** © Peter Stamm; Peter Stamm: Am Eisweiher. Aus: Blitzeis. Erstmals erschienen bei: Arche Verlag, Zürich 1999. – **S. 174:** Ulrich Greiner: „Im Schnee. Was der Schweizer Schriftsteller Peter Stamm alles kann und weshalb er nicht darauf vertrauen sollte." Aus: DIE ZEIT 56 (2001) Nr. 36. – **S. 197:** Wolfgang Borchert: Generation ohne Abschied. Aus: Ders.: Das Gesamtwerk. Herausgegeben von Michael Töteberg unter Mitarbeit von Irmgard Schindler. Copyright © 2007 by Rowohlt Verlag GmbH, Reinbek bei Hamburg. – **S. 198:** Lexikoneintrag Neue Subjektivität. Aus: Wieland Zirbs (Hg.): Literaturlexikon. Fakten und Zusammenhänge. Verlag Cornelsen Scriptor, Berlin 1998, S. 270 f. – **S. 198:** Auf der Suche: Aus: Die deutsche Literatur seit 1945. Hg. v. Heinz Ludwig Arnold. Bd. 9: Letzte Welten 1984–1989. München: dtv 1999, Klappentext. – **S. 199:** Am Rand. Wo Sonst. Ulrich Greiner im Gespräch mit Botho Strauß. Aus: DIE ZEIT, 06/2003. – **S. 200:** Günter Grass: Vom mangelnden Selbstvertrauen der schreibenden Hofnarren unter Berücksichtigung nicht vorhandener Höfe. Aus: Ders.: Essays und Reden Band I/1955–1979. (Werke: Göttinger Ausgabe Band II). © Steidl Verlag, Göttingen 2007. – **S. 218:** Hermann Paul: Deutsches Wörterbuch. Bearbeitet von Werner Betz. 8. Auflage, 1981. Berlin/New York: Walter de Gruyter, S. 373 f. – **S. 226:** Reiner Kunzes Vermächtnis. Gespräch über eine neugegründete Stiftung. Aus: Deutsche Sprachwelt, Ausgabe 31. http://www.reiner-kunze.com/gespraech-ueber-die-stiftung-1.php. – **S. 227:** Bettina Baltschev: Hintergrundinformation: Brecht in der DDR. Aus: mdr-figaro Brecht in der DDR, 14. August 2006. – **S. 254:** Die Nobelpreisträger für Literatur: Aus: Harenberg Lexikon der Weltliteratur. Bd. 4. Hg. v. François Bondy, Ivo Frenzel, Joachim Kaiser. Dortmund: Harenberg Verlag 1994. – **S. 254 f.:** Karsten Deventer: Das Abendland gegen den Rest der Welt. Aus: DIE WELT, 1.10.1999. – **S. 255:** Lexikonartikel zu Feridun Zaimoglu. Aus: Jamal Tuschik: Lexikon der deutschsprachigen Gegenwartsliteratur. Bd. 2. Hg. v. Thomas Kraft. München: Nymphenburger 2003, S. 1364 f. © 2003 by nymphenburger in der F. A. Herbig Verlagsbuchhandlung GmbH, München. – **S. 266 f.:** Rolf Selbmann: Otto Runge, „Der Morgen"; Johann Heinrich Wilhelm Tischbein, „Goethe am Fenster". Aus: Ders.: Die Kulturgeschichte des Fensters von der Antike bis zur Moderne. Berlin: Dietrich Reimer Verlag GmbH 2009. – **S. 267 ff.:** Christian Scholl: Caspar David Friedrichs Auseinandersetzung mit Goethe. Aus: Ders.: Romantische Malerei als neue Sinnbildkunst. Berlin: Deutscher Kunstverlag 2007, Seite 252/253.

Bildquellenverzeichnis

Cover U1: (1) ullstein bild/ADN-Bildarchiv; (2) akg-images/Karel Bauer. © Christian Schad Stiftung Aschaffenburg/VG Bild-Kunst, Bonn 2010; (3) © Badische Landesbibliothek Karlsruhe K 2878,7-943, Foto: Beate Ehlig; (4 Hintergrund): akg-images/Archiv Klaus Wagenbach. **Cover U4:** Münchner Stadtmuseum/Fotomuseum.
Seite 1: akg-images/Archiv K. Wagenbach. Seite 36: Deutsches Literaturarchiv, Marbach. Seite 37: akg-images. Seite 70: wikipedia. Seite 71: mauritius-images/Martin Siepmann. Seite 72: Universität Freiburg, Theologische Fakultät. Seite 73: ullstein bild/Fischer (L). Seite 144: akg-images. Seite 197: akg-images
VG Bild-Kunst, Bonn 2010: Umschlag VorderSeite (2) © Christian Schad Stiftung Aschaffenburg.

Trotz entsprechender Bemühungen ist es nicht in allen Fällen gelungen, den Rechteinhaber ausfindig zu machen. Gegen Nachweis der Rechte zahlt der Verlag für die Abdruckerlaubnis die gesetzlich geschuldete Vergütung.

© 2010 Oldenbourg Schulbuchverlag